De Heilige
SILOUAN
de Athoniet

DE HEILIGE SILOUAN DE ATHONIET

Archimandrite Sophrony

Nederlandse vertaling door Zuster Elisabeth (Koning)

Uitgevers Maxim Hodak & Max Mendor

© 2024, Uitgeverij Orthodox Logos, Nederland

De voorliggende vertaling van de originele Russische tekst, gepubliceerd in Parijs in 1948, werd gemaakt met zegen vanarchimandriet Sophrony.

Oorspronkelijke titel: *Преподобный Силуан Афонский*

Grondtekst, Nederlandse vertaling en reproductie ervan onder welke vorm dan ook: Stavropegic Monastery of Saint John the Baptist
Tolleshunt Knights by Maldon
Essex CM9, Engeland

www.orthodoxlogos.com

ISBN: 978-9-08115-551-9

Niets uit deze uitgave mag worden verveelvoudigd en/of openbaar gemaakt door middel van druk, fotokopie, microfilm of op welke andere wijze ook zonder voorafgaande schriftelijke toestemming van de uitgever.

DE HEILIGE SILOUAN DE ATHONIET

Archimandrite SOPHRONY

UITGEVERIJ ORTHODOX LOGOS

Steeds meer van deze geest doordrongen, verdubbelt hij zijn gebed en vraagt hij God, om hem, de verdwaalde onwetende, een plaats te wijzen. «Een liefdevolle hand plaatste mij in het ascetisch milieu van de heilige berg Athos.»

Op 25 november 1925, op de heilige Berg, in het reusachtige klooster van de Heilige Panteleimon, met 800 monniken, vangt voor hem de tijd van jaren geestelijke arbeid aan. Daar zal hij de monnik Silouan ontmoeten. «Deze ontmoeting was voor mij het belangrijkste geschenk van de goddelijke voorzienigheid in mijn leven.»

☦

Vereniging voor Vlaanderen en Nederland van de heilige Silouan de Athoniet

De nederlandstalige uitgave van dit boek is mede tot stand gekomen door deze vereniging.

Zij stelt zich tot doel, de boodschap die de heilige Silouan van Christus heeft ontvangen: «Houd uw geest in de hel en wanhoop niet,» uit te dragen zoals ze door zijn geestelijke zoon archimandriet Sophrony (†1993) onderwezen werd. De vereniging is actief door ieder jaar op plechtige wijze in het klooster van de Geboorte van de Moeder Gods, nabij Asten, Noord-Brabant, in de nacht van 23 op 24 september het feest van deze heilige liturgisch te vieren, door het verspreiden van de boeken van archimandriet Sophrony en het geven van lezingen over de spiritualiteit van de heilige Silouan, alsook door het organiseren van een jaarlijkse bedevaart naar het klooster van de Heilige Johannes de Doper, dat door archimandriet Sophrony gesticht is in Essex, Engeland.

Tel. 00.32.92268983
E-mail: v.silouan.osseel@scarlet.be

De Heilige Silouan de Athoniet

1ᵉ Herdruk Tweede duizendtal

Over de auteur

Archimandriet Sophrony werd te Moskou op 22 september 1896 uit orthodoxe ouders geboren in het Rusland van de Tsaren. Als kind reeds vertoonde hij een bijzondere aanleg tot het gebed en tot het geestelijk leven in het algemeen. Hij studeerde de schilderkunst aan de Staatsschool voor Schone Kunsten te Moskou. Het was in die periode dat de Indische cultuur de grondtoon van zijn innerlijk leven veranderde; hij had toen de leeftijd van achttien jaar. Het onpersoonlijk Absolute uit de Oosterse Mystiek overtuigde hem meer dan de persoonlijke God uit het christendom.

Door de chaos van de post-revolutionaire periode was het voor kunstenaars zeer moeilijk om in die periode in Rusland te werken en in 1921 wijkt hij uit. Hij bezoekt Berlijn, München en Florence en vestigt zich tenslotte in Parijs, het toenmalige centrum van de kunstwereld.

Ook al kende hij succes, na enige tijd begon voor hem de kunst haar betekenis te verliezen als geestelijk middel tot bevrijding en zoeken naar onsterfelijkheid. Het werd hem duidelijk dat zuivere intelligentie als activiteit van de hersenen alleen, diegene die de realiteit wil onderzoeken niet vooruit helpt. In die periode herinnert hij zich plotseling de aansporing van Christus, «God lief te hebben uit geheel uw hart en uit geheel uw verstand».

Dit plotse inzicht brengt grote gevolgen met zich mee.

Hij begint in te zien dat verstandelijke activiteit zonder liefde niet volstaat en dat werkelijke kennis alleen kan verkregen worden door communio in het zijn, wat dus liefde betekent. Op die wijze trouwens zegevierde Christus en het gebed tot de persoonlijke God, in het bijzonder tot Christus, krijgt weer een plaats in zijn hart. Hij ziet in dat hij voor een nieuwe levenswijze moet kiezen en hij laat zich in 1925 inschrijven in het toen pas geopende Theologisch Instituut «Saint Serge» te Parijs. Maar hij ervaart al snel dat de formele theologie de sleutel tot het Koninkrijk niet heeft en hij trekt naar de berg Athos in Griekenland waar mensen de vereniging met God zoeken door het gebed. Hij wordt er op de lijst der monniken ingeschreven op 25 november 1925. Op 30 april 1930 ontvangt hij de diakenwijding.

Niettegenstaande het onophoudelijk gebed hem tot kleed en adem werd, zou hij vier jaar worstelen, maar dan heeft voor hem de belangrijkste ontmoeting van zijn leven plaats: hij ontmoet Starets Silouan. Deze ontmoeting herkent hij al spoedig als het kostbaarste geschenk dat de Voorzienigheid hem ooit heeft geschonken. Acht jaar zit hij aan de voeten van zijn Starets, tot aan diens dood op 24 september 1938. Met de zegen van zijn overste en van de raad van zijn klooster trekt hij zich terug in «de woestijn» naar een streek «Karoulia» geheten. Kort daarna breekt de tweede wereldoorlog los en, ook al zijn de geruchten die tot de heilige Berg doordringen slechts vaag, toch zijn deze hem een aansporing, met nog meer kracht voor heel de mensheid tot God te bidden. Op het feest van de Ontmoeting in 1941 ontvangt hij de priesterwijding.

Aangezien de Duitse bezetting alle scheepvaart rondom het schiereiland verhinderde, is het op de Athos nog stiller dan gewoonlijk. Maar aan de totale afzondering van archimandriet Sophrony, op een afgelegen plaats omgeven door ravijnen en rotsen, met weinig water en nagenoeg geen plantengroei, komt een einde wanneer hij aanvaardt, te verhuizen naar een andere rotskluis op het grondgebied van het klooster van de heilige Paulus, waar hij geroepen werd als biechtvader. Hij geeft zich volledig over aan deze taak, gevend om niet wat hijzelf om niet ontvangen heeft. De nieuwe rotskluis heeft vele voordelen boven de vorige, onder andere een kleine in de rotswand uitgehakte kapel van vier op drie meter. Maar reeds bij de eerste regenval overstroomt zijn nieuwe kluis en in het regenseisoen moet hij dagelijks vele emmers water uit de kluis scheppen, er is geen mogelijkheid om vuur te maken, alleen de kleine kapel blijft droog, daar kan hij bidden en daar bewaart hij zijn boeken. Na drie jaar zo te hebben doorgebracht moet hij omwille van zijn gebrekkige gezondheidstoestand de kluis verlaten. Op dat ogenblik ontstaat bij hem de gedachte, een boek te schrijven over zijn geestelijke vader Starets Silouan, alles op schrift te stellen wat de Starets hem geleerd had.

Daarvoor moest hij naar Frankrijk, het land waar hij zich beter had thuisgevoeld dan in enig ander land van Europa. In april 1947 nam hij de boot naar Marseille, zijn uiteindelijk reisdoel was Parijs. Hij werkte er in moeilijke omstandigheden, hij werd ziek, moest in februari 1951 een heelkundige ingreep ondergaan en bleef invalide zodat hij zijn plannen voor een latere terugkeer naar Athos moest opgeven. De eerste uitgave in boekvorm van «Starets Silouan» verscheen in 1958. Daarna begonnen de vertalingen: Engels, Duits, Grieks, Frans,

Servisch enz. De asceten op de heilige Athosberg bevestigden dat het boek de authentieke weergave was van de oude tradities van het orthodoxe monastieke leven en zij erkenden in Starets Silouan een spirituele erfgenaam van de grote Vaders van Egypte, Palestina, de Sinaï en andere scholen teruggaand tot de eerste tijden van het christendom.

Archimandriet Sophrony was overtuigd dat de boodschap van Christus «Houd uw geest in de hel en wanhoop niet» door de persoon van Starets Silouan in het bijzonder was gericht naar de mens van de twintigste eeuw, verzonken zoals deze is in wanhoop.

In zijn boek zet archimandriet Sophrony uiteen hoe ieder van ons drager is van de goddelijke vonk en hoe het gebed de zekere weg is naar de godskennis. Voor hem is God aanwezigheid die zich in alles manifesteert.

Getrouw aan de opdracht die zijn Starets hem toevertrouwde stichtte archimandriet Sophrony op 5 maart 1959 in Essex (Engeland) een klooster, waar velen hem om geestelijke hulp kwamen vragen. Bij het toenemen der jaren en de afname van zijn krachten moest hij een deel van zijn taak als geestelijke vader overdragen aan zijn monniken, om zijn energie te sparen voor het celebreren van de goddelijke Liturgie. Hij ervoer de liturgie niet op abstracte wijze, maar in liefde ervoer hij heel het gewicht van het menselijk lijden. Vaak gaf hij de indruk van een mens die in communicatie leeft met een onbekende wijze van zijn, iemand die licht ziet diep in de stilte. Zijn oordeel was helder, begrijpend en streng en opende steeds nieuwe vergezichten.

Hij had de zachte en indringende blik van een asceet.

> Samenvatting van de «Introduction» door Rosemary Edmonds
> op het boek «His Life is Mine» door Archimandriet Sophrony.
> Overname met toelating van Mowbray, A Cassell Imprint, Londen.

Getuigenis

Sinds alle tijden heeft de Heer mensen die op een heel bijzondere wijze door de genade geraakt zijn, gebruikt om op hun eigen manier van Zijn liefde te getuigen: Archimandriet Sophrony was een van hen.

Met grote kracht en in alle eenvoud getuigde hij: «Er is slechts volheid van leven door het kennen van Christus, in de Heilige Geest.»

In niets kende hij oppervlakkigheid. Dit kwam tekens weer tot uiting in de vele gesprekken die we in al die jaren met hem hadden en die steeds doordrongen waren van twee centrale ideeën. Enerzijds de onuitputtelijke goddelijke liefde waarmee God de mens zoekt, en anderzijds wat hij noemde «het drama van de mens». In deze laatste uitdrukking vatte vader archimandriet Sophrony samen: heel het zoeken en het lijden van de mens die zijn eigen onvermogen ziet om ten volle de goddelijke liefde te beantwoorden. Ieder woord, ieder naar voor gebrachte idee van de auteur was doordrongen van een «weten» dat zijn oorsprong had in de Heilige Geest.

De verantwoordelijkheid van zijn erfgenamen, om op hun beurt de geestelijke erfenis zuiver te bewaren is zeer groot en daarbij vormt de spirituele nalatenschap van zijn eigen geestelijke vader, de heilige Silouan de Athoniet, het zwaartepunt van deze erfenis. Door onderhavig boek van vader Archimandriet Sophrony, met de boodschap «Houd uw geest in de hel en wanhoop niet», is de heilige Silouan die een heilige van onze tijd is, een lichtbaken geworden voor de hedendaagse mens die vaak blind aan de ogen van zijn ziel en zijn hart wanhopig in de duisternis rondwaart.

Gedurende de twintig jaar dat ik de auteur mocht kennen waren de hoogtepunten van onze ontmoetingen de liturgische concelebraties, maar ook de vele gesprekken met hem in de intimiteit van zijn «bureau», telkens weer waren zij een bron van genade en van grote vreugde. Het was zeer opvallend hoe archimandriet Sophrony de kunst verstond om orde en rust te brengen in de ziel van zijn geestelijke kinderen door hun de wetmatigheid van het geestelijk leven te laten inzien en hoe hij zo hun ziel tot een vruchtbare bodem omvormde.

Archimandriet Sophrony zal altijd in mijn geest gegrift blijven als een geestelijke reus, klein van gestalte, ascetisch, en zwak van gezondheid, en die aan velen de weg wees naar grote hoogten. Hij deed dit met liefde, geduld en gestrengheid, met de twee voeten vast op de grond en met een zin voor humor. Hij had een open vrije en blije geest, en niettegenstaande dat was zijn blik deze van een mens die God ontmoet had en die Hem onder tranen verder bleef zoeken in een heiligende nostalgie.

In december 1984 gaf archimandriet Sophrony mij zijn zegen om de eerste Nederlandstalige uitgave van zijn boek « De Heilige Silouan de Athoniet» te realiseren. Hij zei toen: «Het zal een moeilijk werk zijn en met veel hindernissen». Inderdaad, na veel tegenslagen is de eerste Nederlandse uitgave pas in 1998 tot stand gekomen, maar we kunnen ons nu in 2007 verheugen in de eerste herdruk.

Op elf juli 1993 werd archimandriet Sophrony op 96-jarige leeftijd voor de eeuwigheid geboren.

Eeuwige gedachtenis ! Eeuwige gedachtenis ! Eeuwige gedachtenis !

In het bijzonder dank ik de vertaalster, de Nederlandse zuster Elisabeth (Koning) die dit werk op voortreffelijke wijze uit de Russische grondtekst vertaalde.

Dank ook aan mijn vriend en broeder in Christus, Bart Verbeke (Eeuwige gedachtenis † 02.11.01) van de uitgeverij Axios, en zijn echtgenote Mia die de lay-out en de eerste uitgave van dit boek verzorgden.

Niet in het minst dank ik hegoumen archimandriet Kyrill en archimandriet Symeon van het klooster van de heilige Johannes de Doper in Essex voor hun adviezen, liefdevolle hulp en bemoedigende woorden bij dit langdurige werk.

Bovenal danken we God, dat Hij door de gebeden van de heilige Silouan de Athoniet en door de gebeden van onze vader in God, archimandriet Sophrony, dit werk tot een goed einde liet komen.

Gent, februari 2007
aartspriester Silouan Osseel

Archimandriet Sophrony (1896-1993)

Inleiding

De Openbaring over God zegt: «God is liefde», «God is licht, en in Hem is geen enkele duisternis» (naar 1Joh. 4:8; 1:5). Wat is het voor ons, mensen, moeilijk om deze woorden aan te nemen. Het is moeilijk, omdat zowel ons persoonlijke leven als ook het leven van heel de ons omringende wereld eerder van het tegendeel getuigt.

Inderdaad, waar is dan dit *licht van de liefde van de Vader*, als wij allen, wanneer we aan het einde van ons leven zijn gekomen, samen met Job met bitterheid in ons hart moeten bekennen: «Mijne dagen zijn voorbijgegaan, uitgerukt zijn mijne gedachten, de bezittingen mijns harten. De nacht stellen zij tot dag; het licht is nabij den ondergang vanwege de duisternis. Zo ik wacht, het graf zal mijn huis wezen; in de duisternis zal ik mijn bed spreiden; tot de groeve roep ik: Waar zou dan nu mijne verwachting wezen? Ja mijne verwachting wie zal ze aanschouwen?» (Job 17:11-15).

Christus Zelf getuigt dat God in Zijn voorzienigheid aandachtig over de gehele schepping waakt, dat Hij het kleinste vogeltje niet vergeet, dat Hij zelfs het gras in de velden tooit en dat Zijn zorg voor de mensen nog onvergelijkbaar veel groter is, dat «zelfs de haren op ons hoofd alle zijn geteld» (naar Matth. 6:30 en Matth. 10:30).

Maar waar is dan deze voorzienigheid die aandacht heeft voor het kleinste detail? Wij worden allen verdrukt door het schouwspel van de onbeteugelbare manifestatie van het kwaad in de wereld. Miljoenen levens die dikwijls nauwelijks begonnen zijn – en voordat zij zich zelfs bewust zijn van hun leven – worden met ongelooflijke wreedheid weggerukt.

Waarom wordt ons dit absurde leven dan gegeven?

En zie, gretig zoekt de ziel naar een ontmoeting met God om tegen Hem te zeggen: «Waarom hebt Gij mij het leven gegeven?... Ik ben doordrenkt met het lijden. Duisternis omgeeft mij. Waarom verbergt Gij U voor mij?... Ik weet dat Gij goed zijt, maar waarom laat mijn lijden U zo onverschillig?

Waarom zijt Gij zo... wreed en zo onbarmhartig jegens mij?

Ik kan U niet begrijpen.»

Er leefde een mens op aarde, een man met een ontzagwekkende geestkracht. Zijn naam was Simeon. Hij bad langdurig, zijn tranen waren onstuitbaar: «Ontferm U over mij.» Maar God luisterde niet naar hem.

Maandenlang verkeerde hij in dit gebed en zijn zielskracht raakte uitgeput; hij werd wanhopig en riep uit: «Gij zijt onvermurwbaar !» En toen er bij deze woorden in zijn ziel, die van wanhoop uitgeput was, iets brak, zag hij plotseling gedurende een ogenblik de levende Christus. Een vuur vervulde zijn hart en zijn gehele lichaam met een dergelijke kracht, dat hij dit visioen niet overleefd zou hebben, als het een ogenblik langer had geduurd. Hierna kon hij de onuitsprekelijk zachtmoedige, oneindig liefhebbende, vreugdevolle blik van Christus nooit meer vergeten; een blik die vervuld was van ondoorgrondelijke vrede. En tijdens de daarop volgende lange jaren van zijn leven getuigde hij onophoudelijk dat God liefde is: oneindige, ondoorgrondelijke liefde.

Over hem, over deze getuige van de goddelijke liefde gaat dit verhaal.

Sinds de tijd van Johannes de Theoloog zijn er gedurende de afgelopen twintig eeuwen honderden van zulke getuigen geweest, maar deze laatste getuige is voor ons bijzonder kostbaar, omdat hij onze tijdgenoot was. Het verlangen, een volledig natuurlijk verlangen, naar zichtbare tekenen van ons geloof is een dikwijls voorkomend verschijnsel bij christenen. Zij verliezen anders hun hoop en dan worden de verhalen over de wonderen van lang vervlogen dagen in hun bewustzijn tot een mythe. Daarom is de herhaling van zulke getuigenissen zo belangrijk, daarom is deze nieuwe getuige voor ons zo waardevol. Wij kunnen in zijn persoon de meest kostbare tekenen van ons geloof zien. Wij weten dat er zelfs maar weinig mensen in hem zullen geloven, zoals er ook maar weinig mensen in de getuigenissen van de vroegere Vaders hebben geloofd; en dat komt niet omdat de getuigenis vals is, maar omdat het geloof verplicht tot een geestelijke strijd.

Wij hebben gezegd dat er gedurende de negentien eeuwen van christelijke geschiedenis honderden getuigen van de liefde van Christus zijn geweest en toch zijn dat er in de onmetelijke oceaan van de mensheid maar zo weinig; ze zijn zo zeldzaam.

Zulke getuigen zijn zo zeldzaam, omdat er geen ascese bestaat die moeilijker en pijnlijker is dan de ascese en de strijd om de liefde, omdat er geen vreeswekkender getuigenis is dan de getuigenis van de liefde en er geen gewaagder verkondiging is dan de prediking van de liefde.

Kijk naar het leven van Christus: Hij kwam in de wereld om de mensen de blijde boodschap van het eeuwige, goddelijke leven te brengen. Deze boodschap onderwees Hij ons in eenvoudige menselijke woorden, in Zijn twee geboden over de liefde tot God en tot de naaste. Uit het verhaal in het Evangelie zien wij aan welke verzoekingen Hij werd onderworpen door de Satan, die alles deed wat hij kon om Christus te dwingen deze geboden te verbreken en Hem daardoor het «recht» te ontnemen ze aan de mens te geven. Kijk maar eens wat er in de woestijn gebeurde (naar Matth. 4; Luk. 4). Aan de antwoorden van Christus zien wij dat de strijd daar om het eerste gebod ging, d.w.z. om de liefde tot God. Toen Christus als overwinnaar in deze strijd uitging om te prediken, omringde de duivel Hem met een sfeer van onverzoenlijke, dodelijke vijandschap. Hij vervolgde Hem op al Zijn wegen, maar ook hier bereikte hij zijn doel niet. De laatste slagen die Christus werden toegebracht, waren: het verraad van Zijn leerling en apostel, de algehele ontrouw en de razende kreten van de menigte die zovele weldaden had ontvangen: «Kruisig Hem, kruisig Hem.» Maar ook hier overwon de liefde van Christus en Hij getuigde er Zelf onvoorwaardelijk van: «Hebt goede moed, Ik heb de wereld overwonnen» (Joh. 16:33). En ook: «De overste van deze wereld komt, maar vermag niets tegen Mij» (Joh. 14:30).

Zo heeft de duivel Hem het recht niet kunnen afnemen om de wereld een nieuw gebod te geven. De Heer heeft overwonnen en Zijn overwinning is voor alle eeuwigheid. En nooit zal iets of iemand deze overwinning kunnen verkleinen.

Jezus Christus had de wereld grenzeloos lief en het werd aan Starets Silouan verleend om de werking van deze liefde te ervaren; als antwoord kreeg hij ook zelf Christus lief. Hij heeft lange jaren in uitzonderlijke ascese doorgebracht, opdat niets en niemand hem van deze gave zou beroven en hij aan het einde van zijn leven met de grote Paulus zou kunnen zeggen: «Wie zal ons scheiden van de liefde van Christus ? Verdrukking, of benauwdheid, of vervolging, of honger, of naaktheid, of gevaar, of zwaard ?... Ik ben ervan overtuigd dat noch dood noch leven, noch engelen noch overheden, noch machten, noch tegenwoordige noch toekomende dingen, noch hoogte noch diepte, noch enig ander schepsel ons zal kunnen scheiden van de liefde Gods, welke is in Christus Jezus, onze Heer» (Rom. 8:35-39).

Als wij bij deze woorden van de apostel Paulus stilstaan, zullen wij begrijpen dat hij zo kon spreken, omdat hij al deze beproevingen zelf had doorgemaakt. En een ieder die Christus volgt, ondergaat talloze beproevingen, zoals blijkt uit de eeuwenlange ervaring.

Ook Starets Silouan heeft ze ondergaan.

———

De zalige Starets, de monnik Silouan, drager van het schima, heeft gedurende zesenveertig jaar de ascese beoefend in het Russische klooster van de heilige grootmartelaar Panteleimon op de berg Athos. In datzelfde klooster heb ik[1] bijna veertien jaar gewoond. Tijdens de laatste jaren van de Starets, van 1931 tot aan zijn sterven op 11/24 september 1938, kwam ik het dichtst bij hem te staan. Ik zie er van af om te verklaren, hoe dat zo gekomen is; zo u wilt, noemen we die omstandigheid ondoorgrondelijk. Enkele bewonderaars van de Starets wisten van mijn relatie tot hem en hun volhardende verzoeken hebben mij genoopt zijn *leven* op te schrijven. Geen eenvoudige opgave voor iemand die noch de gave, noch de ervaring van het «schrijven» heeft. Toch heb ik ingestemd, omdat ik er diep en oprecht van overtuigd ben dat op mij de plicht rust om de mensen over deze waarlijk grote mens te vertellen.

Het voorliggende boek is naar zijn inhoud *voor een nauwe kring van mensen* bestemd, die hun belangstelling richten op de christelijke ascese. Daarom is het niet mijn voornaamste zorg literaire kunst te scheppen, maar een zo nauwkeurig mogelijk «geestelijk portret» van de Starets te geven.

Al mijn aandacht werd tijdens de omgang met hem opgeëist door zijn geestelijke gesteltenis, met als enig doel mijn persoonlijke, geestelijke «nut». Ik was nooit op het idee gekomen om zijn biografie te schrijven en daarom is veel van wat natuurlijk interessant zou zijn voor een biograaf, voor mij onbekend gebleven. Over veel dingen ben ik verplicht te zwijgen, omdat deze verband houden met mensen die nog in leven zijn. Ik geef hier maar enkele feiten uit het leven van de Starets, feiten die hij heeft verteld tijdens onze talloze gesprekken met verschillende, toevallige aanleidingen en feiten die ik van de andere asceten van de heilige Berg heb gehoord, van vrienden van de Starets. Ik veronderstel dat de magere informatie over de uiterlijke kant van zijn leven geen wezenlijk gebrek zal vormen van dit werk.

Ik zou al zeer tevreden zijn, als het zou lukken – zelfs al was het maar gedeeltelijk – om een meer belangrijke opgave te realiseren, namelijk het schilderen van een geestelijk portret van de Starets voor degenen die niet het geluk hebben gehad hem rechtstreeks werkelijk te kennen. Voor zover ik het kan beoordelen en afgaande op de contacten die ik met mensen heb gehad, was hij de enige mens die ik op mijn levensweg heb ontmoet die vrij was van hartstochten. Nu hij niet meer bij ons is, komt hij mij voor als een uitzonderlijke, geestelijke reus.

Toen de Heer op aarde leefde, verborg Zijn nederige verschijning in het vlees Zijn echte goddelijke majesteit voor de blikken der mensen. Pas na Zijn Hemelvaart en na de nederdaling van de Heilige Geest, werd de goddelijkheid van Christus aan de geestelijke blik van Zijn leerlingen en apostelen geopenbaard. Iets dergelijks is mij overkomen in het contact met Starets Silouan. Tijdens zijn leven was hij zo eenvoudig en toegankelijk dat ik mij, ondanks alle eerbied voor hem, ondanks al het besef van de grote heiligheid van deze man, toch niet ten volle bewust was van zijn grootheid. En pas nu, na een hele reeks jaren waarin ik niemand heb ontmoet die met hem kan worden vergeleken, begin ik achteraf de ware grootsheid van deze man te begrijpen, een man die ik, geleid door de onbegrijpelijke voorzienigheid van God, van zo nabij heb mogen leren kennen.

EERSTE DEEL

LEVEN EN ONDERRICHT

VAN DE STARETS

I

KINDERTIJD EN JEUGDJAREN

Uiterlijk beschouwd is het leven van de zalige Starets Silouan weinig interessant verlopen. Tot aan zijn dienstplichtige leeftijd was dat het leven van een arme Russische boer; daarna, in militaire dienst, dat van een gewoon soldaat; en vervolgens zesenveertig jaar lang het monotone kloosterleven van een eenvoudige monnik.

Het kloosterarchief zegt het volgende over hem: vader Silouan, monnik, drager van het grote schima; burgerlijke naam: Simeon Ivanovitsj Antonov, boer uit het gouvernement van Tambov, Lebjedinski district, volost'[2] en dorp genaamd Sjovsk. Geboren in 1866. Op de Athos gekomen in 1893; het kleine schima ontvangen in 1896 en het grote schima in 1911. Hij heeft de volgende taken verricht: op de molen, in het metochion van Kalamaria (een bezit van het klooster buiten de Athos), in het oude Rossikon, op het economaat. Gestorven op 24 september 1938.

Van «geboren» tot «gestorven» is maar een mager onderwerp! Er valt niets over te vertellen; maar het is een onbescheiden en gewaagde onderneming om het innerlijk leven van een mens voor God aan te roeren. Het is bijna heiligschennis om de diepe roerselen van het hart van een christen op het openbare plein van deze wereld te onthullen. Maar verzekerd van het feit dat de Starets, die de wereld heeft verlaten als overwinnaar van deze wereld, voortaan niets meer te vrezen heeft en dat niets zijn eeuwige rust in God meer zal kunnen verstoren, durf ik deze poging aan, iets te vertellen over zijn buitengewoon rijk en koninklijk hoogstaand leven, waarbij ik me richt tot de enkelingen die zelf ook worden aangetrokken tot datzelfde goddelijke leven.

———

Voor iedere mens is allereerst zijn eigen hart het strijdperk, waar zijn geestelijke strijd zich afspeelt. Wie ervan houdt zijn eigen hart binnen te gaan, die zal de uitdrukking van de Profeet David waarderen: «Een mens komt naar voren, zijn hart is diep» (Ps. 63:7).

Het ware christelijke leven vindt daar plaats, in het diepst van het hart, verborgen niet slechts voor vreemde blikken, maar in zijn volheid ook verborgen voor de drager van het hart zelf. Wie deze geheime bruiloftszaal is binnengegaan, heeft ongetwijfeld een onverklaarbare verbazing gevoeld tegenover het mysterie van het zijn. Wie zich met een reine geest heeft overgegeven aan de ingespannen beschouwing van zijn innerlijk, zal begrijpen dat het onmogelijk is om het verloop van zijn eigen leven zelfs voor maar korte duur in zijn totaliteit te volgen. Hij zal eveneens beseffen dat het onmogelijk is om vat te krijgen op de processen van het geestelijke leven van zijn hart, dat in zijn uiterste diepte «het Wezen» aanraakt, in Wie er al geen processen meer zijn. En toch sta ik juist voor die opgave bij deze levensbeschrijving: de innerlijke geestelijke groei van een groot asceet te beschrijven.

Nee, ik zal mijzelf geen onuitvoerbare opgave opleggen. Ik zal slechts gedeeltelijk die perioden uit zijn leven aanroeren, die mij het best bekend zijn. Reden te meer, dat ik een poging tot wetenschappelijke psychoanalyse als misplaatst beschouw, want waar God handelt, daar is de wetenschap niet meer van toepassing.

———

Uit het lange leven van de Starets heb ik vooral enkele feiten in mijn geheugen bewaard die typerend zijn voor zijn innerlijk leven en tegelijkertijd voor zijn «geschiedenis». Het eerste feit heeft chronologisch gezien betrekking op zijn eerste kindertijd, toen hij nog niet ouder was dan vier jaar. Zijn vader hield ervan, zoals zovele Russische boeren, gastvrijheid te betonen aan pelgrims. Eens op een feestdag nodigde hij met bijzonder genoegen een boekenventer bij zich thuis uit. Hij hoopte van deze man, die een «geletterd mens» was, iets nieuws en interessants te leren, want hij leed onder zijn eigen

HOOFDSTUK 1 : KINDERTIJD EN JEUGDJAREN

onwetendheid en hij verlangde gretig naar kennis en verlichting. Thuis kreeg de gast thee en eten aangeboden. De kleine Simeon bekeek de reiziger met kinderlijke nieuwsgierigheid, terwijl hij aandachtig meeluisterde naar het gesprek. De boekenventer probeerde de vader te bewijzen dat Christus niet God was en dat er helemaal geen God bestond. Vooral de woorden «Waar is Hij dan, die God ?» troffen de kleine Simeon en hij dacht: «Als ik groot ben, dan ga ik God over heel de aarde zoeken.» Toen de gast vertrokken was, zei de kleine Simeon tegen zijn vader: «Jij leert mij om te bidden, maar hij zegt dat God niet bestaat.» Hierop antwoordde zijn vader: «Ik dacht dat hij een verstandig mens was, maar hij blijkt een dwaas te zijn. Sla geen acht op wat hij gezegd heeft.» Maar het antwoord van zijn vader had de twijfel die in het hart van de jongen was gezaaid, niet weggenomen.

Er verliepen vele jaren. Simeon groeide op en hij werd een grote, sterke jongeman. Hij werkte niet ver van zijn dorp op het landgoed van de vorst Trubetskoj. Zijn oudste broer werkte daar als voorman in de bouw en Simeon mocht als timmerman deel uitmaken van zijn werkploeg. De werkploeg had een kookster, een vrouw uit het dorp. Op een keer ging zij op bedevaart en bezocht o.a. het graf van een beroemde asceet, de kluizenaar Johannes van Sezenov (1791-1839). Na haar terugkeer vertelde zij over het heilige leven van de kluizenaar en dat er wonderen op zijn graf gebeurden; en iedereen zei dat Johannes een heilige man was.

Toen hij dit gesprek hoorde, dacht Simeon:

«Als hij heilig is, dan betekent dat, dat God met ons is en dan hoef ik niet de gehele aarde over te gaan om Hem te zoeken» en bij deze gedachte ontbrandde zijn jonge hart in liefde voor God.

Het is verbazingwekkend, dat een gedachte die in de ziel van een vierjarig kind was ontstaan toen hij naar de boekenventer had geluisterd, stand had gehouden tot zijn negentiende jaar. Deze gedachte, die hem kennelijk had bezwaard, was ergens in het diepst van zijn hart onopgelost gebleven en werd nu op zulk een ongewone en ogenschijnlijk naïeve manier opgelost.

Nadat Simeon zich bewust werd dat hij het geloof had gevonden, legde zijn geest zich toe op «het indachtig zijn van God» en hij bad veel, terwijl hij tranen vergoot. Toen merkte hij een innerlijke verandering en hij voelde zich aangetrokken tot het kloosterleven. Zoals de Starets het zelf zei, bekeek hij voortaan de mooie jonge dochters van de vorst als zusters, met genegenheid maar zonder begeerte, terwijl deze aanblik hem vroeger onrustig had gemaakt. In diezelfde tijd vroeg hij zijn vader toestemming om naar het Holenklooster in Kiev te mogen gaan, maar zijn vader had stellig geantwoord: «Vervul eerst je militaire dienstplicht, daarna zul je vrij zijn om daarheen te gaan.»

Die ongewone gemoedstoestand duurde drie maanden bij Simeon en verliet hem vervolgens. Simeon nam opnieuw de vriendschappen met zijn leeftijdsgenoten op, ging uit met de dorpsmeisjes, dronk wodka, speelde accordeon en leefde over het geheel genomen zoals alle andere jongens op het platteland.

Jong, mooi en sterk en toen al welgesteld, genoot Simeon van het leven. In het dorp hield men van hem vanwege zijn goede, vredelievende en vrolijke karakter; de meisjes beschouwden hem als een benijdenswaardige partij. Hijzelf voelde zich tot een van hen aangetrokken en voordat er zelfs sprake was van een huwelijk overkwam hen, laat op een avond, wat zo dikwijls gebeurt.

Toen Simeon de volgende morgen aan het werk was met zijn vader, was het opmerkelijk, dat deze zachtjes tegen hem zei:

«Mijn zoon, waar was jij gisteren? Ik had pijn in mijn hart.» Deze milde woorden van zijn vader brandden in de ziel van Simeon en later, toen hij aan zijn vader terugdacht, zei de Starets: «Ik heb mijn vaders maat niet kunnen halen. Hij was volkomen ongeletterd en zelfs het "Onze Vader" bad hij met een fout, hij zei "dnjest" in plaats van "dnjes"[3], want hij had het in de kerk op het gehoor geleerd, maar hij was een zachtmoedig en wijs mens.»

Zij hadden een groot gezin: vader, moeder, vijf zoons en twee dochters. Zij woonden eensgezind samen. De volwassen broers werkten samen met hun vader. Op een keer tijdens de oogst moest Simeon het eten koken voor op het land; het was vrijdag, maar hij had dit vergeten en hij bereidde een gerecht met varkensvlees en allen aten hiervan. Er verstreek een half jaar – het was al winter – toen zijn vader terwijl hij zachtjes glimlachte, op een zekere feestdag tegen Simeon zei:

«Mijn zoon, herinner je je nog dat je ons varkensvlees hebt gebracht op het land? Maar het was immers vrijdag; weet je dat ik dat toen gegeten heb alsof het aas was.»

«Waarom heb je mij dat toen niet gezegd?»

«Ik wilde je toen niet in verwarring brengen, mijn zoon.»

Wanneer hij dergelijke voorvallen uit het leven van zijn ouderlijk huis vertelde, dan voegde de Starets eraan toe:

«Kijk, zo'n starets zou ik willen hebben: hij werd nooit kwaad, hij was altijd gelijkgestemd, altijd zachtmoedig. Stel je eens voor, hij heeft een half jaar geduld gehad en het goede moment afgewacht om mij terecht te wijzen zonder mij in verwarring te brengen.»

Starets Silouan had een zeer grote lichaamskracht, waarvan overigens de volgende gebeurtenissen uit zijn leven getuigen.

Op een keer met Pasen, toen hij nog zeer jong was – vóór zijn militaire dienst – na een overvloedig Paasmaal met veel vlees, bleef hij thuis achter, terwijl zijn broers op visite gingen. Zijn moeder bood aan een omelet voor hem te maken en hij sloeg dat aanbod niet af. Zij bakte voor hem een hele koekepan met wel bijna vijftig eieren en hij at alles op.

In die jaren werkte hij met zijn broers op het landgoed van vorst Trubetskoj. Soms ging hij op feestdagen naar de herberg. Soms dronk hij op één avond wel «een kwart» d.w.z. drie liter wodka, zonder hiervan dronken te worden.

Op een keer toen het na een dooiperiode zeer hard vroor, zat hij in de herberg. Eén van de gasten, die daar had overnacht, wilde terugkeren naar huis; hij ging naar buiten om zijn paard in te spannen, maar hij kwam al gauw terug en zei: Wat een pech ! Ik moet weg, maar ik kan niet: er ligt een dikke laag ijs op de hoeven van mijn paard, maar omdat het pijn doet, laat het mij het ijs er niet afbreken.»

Simeon zei: «Kom, ik zal je helpen.»

In de paardestal pakte hij de hals van het paard vlakbij het hoofd onder zijn arm vast en zei tegen de boer: «Breek het ijs er nu maar af.» Het paard bleef al die tijd onbeweeglijk staan en de man sloeg het ijs van de hoeven af. Hij spande zijn paard in en vertrok.

Simeon kon met zijn blote handen een gloeiende gietijzeren pan met koolsoep vastpakken en van de kookplaat naar de tafel dragen waar zijn werkploeg at. Hij kon met één vuistslag een tamelijk dikke plank doorslaan en zware gewichten optillen. Hij had een bijzonder uithoudingsvermogen bij zowel koude als hitte; hij kon erg veel eten en hard werken.

Maar deze kracht, die het hem later mogelijk zou maken om talloze en buitengewone ascetische inspanningen te volbrengen, was in die tijd de oorzaak van zijn allergrootste zonde, waarvoor hij grote boete heeft gedaan.

Op een keer tijdens het kerkfeest van het dorp, in de namiddag, toen bijna alle dorpsbewoners buiten op straat vrolijk aan het praten waren, wandelde Simeon met een kameraad over straat en speelde op zijn accordeon. Twee broers liepen hen tegemoet, het waren de schoenmakers van het dorp. De oudste, een echte herrieschopper die enorm groot en sterk was, was aangeschoten. Toen zij vlak bij elkaar waren gekomen, probeerde de schoenmaker al spottend de accordeon van Simeon af te pakken. Maar Simeon kon zijn instrument nog juist op tijd aan zijn makker doorgeven. Toen ging Simeon voor de schoenmaker staan en verzocht hem door te lopen. Maar de schoenmaker, die kennelijk op deze dag zijn overwicht op alle jongens in het dorp wilde laten zien – omdat alle meisjes op straat waren en lachend naar dit tafereel stonden te kijken – viel Simeon aan. Zo vertelde de Starets hier zelf over:

«Eerst wilde ik opzij gaan, maar opeens schaamde ik me bij de gedachte dat de meisjes mij zouden uitlachen en ik sloeg hem hard tegen zijn borstkas. Hij schoot een eind achteruit en viel met een zware dreun plat achterover, midden op de weg. Er vloeide schuim en bloed uit zijn mond. Allen waren geschrokken, ik ook. Ik dacht: «Ik heb hem gedood» en ik bleef stokstijf staan. Op dat moment raapte de jongste broer van de schoenlapper een grote kei van de grond en wierp die naar mij: ik kon me nog net omdraaien; de steen trof mij in de rug. Toen zei ik tegen hem: «Hé, wil je dat jou hetzelfde overkomt?» en ik ging op hem af, maar hij rende weg. De schoenmaker bleef lange tijd op de weg liggen; mensen kwamen toegesneld en hielpen hem, zij wasten hem met koud water. Maar het duurde minstens wel een half uur, voordat hij kon opstaan en met grote moeite bracht men hem thuis. Hij is twee maanden ziek geweest, maar gelukkig is hij blijven leven. Maar ik moest daarna lange tijd op mijn hoede zijn: 's avonds loerden de broers van de schoenmaker met hun vrienden op mij, met knuppels en messen in donkere hoeken, maar God heeft mij beschermd.

Op die wijze, in het rumoerige bestaan van zijn jonge leven, vervaagde de eerste roep van God, de roep tot de monastieke ascese, in de ziel van Simeon. Maar God, Die hem had uitgekozen, riep hem opnieuw door middel van een visioen.

Op een keer, na een losbandige periode, was hij ingesluimerd en in die toestand van een lichte slaap droomde hij dat hij een slang zag

HOOFDSTUK 1 : KINDERTIJD EN JEUGDJAREN 27

die door zijn mond naar binnen gleed en in zijn binnenste kroop. Hij voelde een hevige walging en werd wakker. Toen hoorde hij de woorden: «Jij hebt in je droom een slang ingeslikt en daar walg je van; net zo akelig is het voor Mij om te zien wat jij doet.» Simeon zag niemand, hij hoorde slechts de stem die deze woorden sprak. De zoetheid en de schoonheid van die stem waren buitengewoon. Ondanks de kalmte en zoetheid van de stem was het effect dat door deze woorden teweeg werd gebracht, verpletterend. Volgens de diepe en onwankelbare overtuiging van de Starets was het de stem van de Moeder Gods zelf. Tot aan het einde van zijn leven heeft hij haar gedankt, dat zij hem niet verafschuwd had maar dat zij zich verwaardigd had om hem te bezoeken en hem uit zijn val op te richten. Hij zei:

«Nu zie ik, hoezeer de Heer en de Moeder Gods medelijden hebben met de mensen. Denkt u eens in, de Moeder Gods is uit de hemelen gekomen om mij, een jongeman die verzonken was in zijn zonden, te onderrichten.»

Het feit dat hij niet waardig was bevonden om de Moeder Gods te zien, schreef hij toe aan de onreinheid waarin zich hij op dat moment bevond.

Deze tweede roep, die kort vóór zijn militaire dienst plaatsvond, speelde een beslissende rol bij de keuze van zijn verdere weg. Het eerste gevolg was een radicale verandering van zijn leven, dat zulk een verkeerde wending had genomen. Simeon voelde diepe schaamte over zijn verleden en begon vurig berouw te voelen tegenover God. Zijn besluit om na afloop van zijn diensttijd naar een klooster te gaan, kwam met verdubbelde kracht terug. Er ontwaakte een scherp zondegevoel in hem, dat een verandering bewerkte in zijn houding ten opzichte van alles wat hij in zijn leven zag. Deze verandering uitte zich niet slechts in zijn persoonlijke daden en gedrag, maar ook in zijn uitermate interessante gesprekken, waarvan ik er helaas maar enkele kan vermelden, namelijk de verhalen die ik het duidelijkst in mijn geheugen heb bewaard.

———

Op een feestdag, toen er in het dorp werd gedanst, merkte Simeon een boer van middelbare leeftijd op, een mededorpeling die accordeon speelde en danste. Simeon nam deze man terzijde en vroeg hem:

«Stefan, hoe kun jij nu spelen en dansen, terwijl jij toch een mens hebt gedood ?»

De man had inderdaad in een dronkemansgevecht een ander gedood. Toen ging de boer een eindje verderop staan met Simeon en zei tegen hem:

«Weet je, toen ik in de gevangenis zat, heb ik veel tot God gebeden, dat Hij mij zou mogen vergeven en God heeft mij vergeven; daarom speel ik nu en heb vrede.»

Simeon, die zelf nog maar korte tijd daarvoor bijna een mens had gedood, begreep dat het mogelijk was om God om vergeving te smeken. Hij begreep ook de kalmte van zijn dorpsgenoot, een moordenaar die de vergeving van zijn zonden had ontvangen. Deze gebeurtenis tekent voor ons ook heel duidelijk de scherpte van het zondebesef, het hevige gevoel van berouw en de diepe religieuze intuïtie van de Russische boer.

Een andere dorpsgenoot van Simeon had een relatie met een meisje uit een naburig dorp en dat meisje raakte van hem in verwachting. Simeon die merkte dat de jongeman een zeer nonchalante houding innam tegenover die situatie, probeerde hem ervan te overtuigen dat hij met haar moest trouwen, «Anders, zei hij, zal het een zonde zijn.» De jongeman was het er lange tijd niet mee eens dat dit een zonde was en hij wilde niet trouwen, maar toch heeft Simeon hem tenslotte overtuigd en heeft de jongeman gehoorzaamd.

Toen ik dit verhaal uit de mond van de Starets had beluisterd, vroeg ik hem waarom hijzelf niet met het meisje was getrouwd dat hij kende. Hierop had de Starets geantwoord:

«Toen ik het verlangen kreeg monnik te worden, heb ik God veelvuldig gesmeekt om alles zo in te richten dat ik dit verlangen rustig zou kunnen uitvoeren en God heeft ervoor gezorgd. Ik ging in dienst en in die tijd kwam er in ons dorp een koopman – een graanhandelaar – om graan te kopen. Toen hij dat meisje tijdens een rondedans opmerkte en zag hoe knap en slank zij was en hoe mooi zij zong, kreeg hij haar lief en is met haar getrouwd. Zij werden gelukkig en kregen veel kinderen.

De Starets dankte God vurig dat Hij zijn gebed had verhoord, maar hij vergat zijn schuld niet.

HOOFDSTUK 1 : KINDERTIJD EN JEUGDJAREN 29

De militaire dienst

Simeon volbracht zijn diensttijd in Sint-Petersburg in het bataljon van de sapeurs, dat verbonden was met de lijfwacht van de tsaar. Hij ging in dienst met een levend geloof en met een diep gevoel van berouw en hij was God voortdurend indachtig.

In het leger was hij zeer geliefd, als een soldaat die altijd stipt was, met een rustig en goed gedrag. Zijn kameraden hielden van hem als van een trouwe en aangename vriend; dit was in Rusland, waar alle soldaten zeer broederlijk samenleefden, geen uitzonderlijk verschijnsel.

Eens op de vooravond van een kerkfeest ging hij met drie gardesoldaten van hetzelfde regiment naar de stad. Ze betraden een groot restaurant in de hoofdstad, waar alles helverlicht was en de muziek luid speelde; ze bestelden een maaltijd met wodka en praatten vrolijk. Simeon zweeg hoofdzakelijk. Eén van zijn makkers vroeg hem:

«Simeon, jij bent zo stil; waar denk jij aan ?»

«Ik denk eraan, dat wij hier nu in een restaurant zitten en dat wij eten en wodka drinken, naar muziek luisteren en plezier maken, maar dat men onderwijl op de Athos de Vigilie aan het vieren is; de monniken zullen daar de gehele nacht blijven bidden. Dus, wie van ons zal op het Laatste Oordeel een beter antwoord geven, zij of wij ?»

Toen zei een andere kameraad: «Wat is die Simeon toch een type ! Wij luisteren naar muziek en maken plezier, maar hij is in gedachte op de Athos en bij het Laatste Oordeel.»

De woorden van deze soldaat over Simeon: «Hij is met zijn gedachten bij de Athos en bij het Laatste Oordeel,» zijn niet alleen kenmerkend voor het ogenblik dat zij in het restaurant zaten, maar voor zijn gehele diensttijd. Hij dacht dikwijls aan de Athos en hij stuurde er ook enkele malen geld naartoe.

Eens liep hij van het legerkamp in Ustizjorsk, waar zijn bataljon 's zomers gelegerd was, naar het postkantoor in het dorp Kolpino, om daarvandaan een geldwissel naar de Athos te sturen. Op de terugweg, nog niet ver van Kolpino, rende een grote, dolle hond recht op hem af. Toen het dier al vlakbij was gekomen en zich bijna op hem wilde storten, riep hij in zijn angst uit: «Heer, ontferm U !» Nauwelijks had hij dit korte gebed gezegd of een onzichtbare kracht wierp de hond meteen opzij, alsof het dier ergens tegenaan was gebotst. Hij maakte een boog om Simeon heen en rende verder naar het dorp, waar hij aan mens en dier veel schade berokkende.

Deze gebeurtenis maakte een diepe indruk op Simeon. Hij had diep gevoeld, hoezeer God ons behoedt en ons nabij is, en hij legde zich nog meer toe op het indachtig zijn van God.

Tijdens zijn militaire dienst openbaarde zich opnieuw de kracht van zijn raad en van zijn goede invloed. Op een keer toen zijn regiment moest opbreken, zag hij een soldaat wiens diensttijd beëindigd was met gebogen hoofd verdrietig op zijn veldbed zitten.

Simeon ging naar hem toe en vroeg: «Waarom zit je daar zo verdrietig en ben je niet blij zoals de anderen, dat je je diensttijd hebt volbracht en nu naar huis mag gaan ?»

«Ik heb van mijn familie een brief ontvangen, sprak de soldaat, ze schrijven dat mijn vrouw tijdens mijn afwezigheid een kind heeft gekregen.» Hij zweeg even, schudde zijn hoofd en met een zachte stem, waarin verdriet, gekwetstheid en verbittering doorklonk, zei hij: «Ik weet niet, wat ik haar zal aandoen... O, ik ben bang !... Daarom heb ik geen zin om naar huis te gaan.»

Simeon vroeg kalm: «En jij, hoeveel keer ben jij gedurende die tijd naar het bordeel geweest ?» «Ja, dat is voorgekomen,» antwoordde de soldaat, alsof hij zich iets herinnerde. «Jij kon het dus niet volhouden, ging Simeon verder, maar denk jij dat het voor haar gemakkelijker was ?... Jij boft dat jij een man bent, maar zij kan van één keer in verwachting raken... Denk je eens even in, waar jij naar toe bent gegaan !... Jij bent schuldiger tegenover haar, dan zij tegenover jou... vergeef het haar... Als je thuis komt, moet je het kleintje in je armen nemen alsof het jouw eigen kind is, dan zul je zien dat alles goed zal gaan...»

Er verstreken enige maanden. Simeon ontving van diezelfde soldaat een brief vervuld van dankbaarheid. Hij beschreef dat toen hij bij zijn huis aankwam, zijn vader en moeder hem heel verdrietig tegemoet waren gegaan en dat zijn vrouw, verlegen en onzeker, met een baby op de arm bij hun eigen huis had gestaan. Maar zijn hart was opgelucht geweest sinds het gesprek met Simeon in de kazerne. Hij had zijn ouders vrolijk begroet, was vrolijk naar zijn vrouw toe gegaan, had haar omhelsd, de baby op zijn arm genomen en deze ook omhelsd. Iedereen werd vrolijk en men was het huis binnen gegaan. Vervolgens hadden zij hun familieleden en bekenden in het dorp bezocht. Hij was overal naar binnen gelopen met het kind op de arm. Iedereen was blij gestemd. Zij leefden vervolgens in vrede.

In zijn brief bedankte de soldaat zijn vriend Simeon uitgebreid voor zijn goede raad. En toegegeven, de raad was niet slechts goed, maar ook wijs.

Zo begreep Starets Silouan al op jeugdige leeftijd zeer goed dat het besef van elke mens van zijn eigen schuld een noodzakelijke voorwaarde is voor de vrede tussen de mensen.

Toen zijn diensttijd in het regiment was beëindigd, ging Simeon korte tijd voor het ontslag van zijn leeftijdsgroep met de secretaris van zijn regiment naar vader Johannes van Kronstadt[4] om diens gebeden en zegen te vragen. Zij troffen vader Johannes niet in Kronstadt aan en besloten voor hem brieven achter te laten. De secretaris begon in zijn mooiste handschrift een gekunstelde brief op te stellen, maar Simeon schreef slechts enkele woorden op:

«Vader, ik wil monnik worden. Bid voor mij, dat de wereld mij niet tegenhoudt.»

Na hun terugkeer in de kazerne in Sint-Petersburg, voelde Simeon, volgens de woorden van de Starets, al direct de volgende dag, dat er «helse vlammen om hem heen loeiden.»

Na zijn vertrek uit Sint-Petersburg, keerde Simeon naar huis terug, maar hij verbleef daar slechts een week. Haastig zocht men enkele stukken linnen en andere geschenken bij elkaar voor het klooster. Hij nam van iedereen afscheid en vertrok naar de Athos. Maar sinds de dag dat vader Johannes van Kronstadt voor hem had gebeden, «loeiden de helse vlammen» onophoudelijk om hem heen, waar hij ook was: in de trein, in Odessa, op de boot en zelfs op de Athos in het klooster, in de kerk, overal.

Aankomst op de heilige berg Athos

In de herfst van het jaar 1892 bereikte Simeon de heilige Berg waar hij intrad in het Russische klooster van de H. grootmartelaar Panteleimon. Er begon voor hem een nieuw leven van monastieke ascese.

Volgens de gebruiken van de Athos moest de nieuwe novice «broeder Simeon» enkele dagen in volkomen rust doorbrengen, om zich alle zonden uit zijn gehele leven te herinneren, deze op schrift te stellen en ze vervolgens te biechten bij een biechtvader. De helse kwellingen die hij doormaakte, hadden in hem een onstuitbaar, vurig berouw opgewekt. In het Mysterie van de Biecht wilde hij zijn ziel van alles dat hem bezwaarde, bevrijden en daarom belijdde hij bereidwillig en met grote vreze alle daden van zijn leven, zonder zich ook maar in iets te rechtvaardigen.

De biechtvader zei tegen broeder Simeon: «Je hebt je zonden voor God beleden. Weet dat ze je allemaal zijn vergeven... Vanaf nu moet je een nieuw leven beginnen... Ga in vrede en wees verheugd dat de Heer je naar deze haven van verlossing heeft geleid.»

De eenvoudige en trouwe ziel van broeder Simeon gaf zich over aan vreugde, toen hij van zijn biechtvader had gehoord dat al zijn zonden hem vergeven waren – naar diens woord «ga in vrede en verheug je.» Onervaren en naïef als hij was, wist hij nog niet dat een asceet zich zelfs bij vreugde moet matigen en daarom verloor hij direct die spanning waarin zijn ziel had verkeerd sinds zijn bezoek aan Kronstadt. In de ontspanning die er op volgde, moest hij een aanval van wellust verduren. In gedachten bleef hij bij verleidelijke beelden stilstaan die de hartstocht hem ingaf. De «gedachte» zei tegen hem: «Ga naar de wereld en trouw.»

Wat de jonge novice heeft moeten doorstaan toen hij alleen was, weten wij niet. Toen hij ging biechten, zei zijn biechtvader tegen hem: «Neem nooit gedachten aan, maar verjaag hen, zodra ze opkomen.»

Vanwege de onverwachte verstoring die de jonge Simeon overkwam, werd zijn ziel zeer bevreesd. Na de ondervinding van de vreselijke kracht van de zonde, voelde hij zich opnieuw in de vlammen van de hel en hij besloot ingespannen te bidden totdat God hem zou vergeven.

Na de kwellingen van de hel die hij had doorgemaakt en na de vreugde die hij had ondervonden toen hij in het Mysterie van de Biecht

HOOFDSTUK 1 : KINDERTIJD EN JEUGDJAREN 33

de vergeving van zijn zonden had gekregen, was de confrontatie met de gedachte én het besef dat hij de Moeder Gods opnieuw had bedroefd, een gebeurtenis die zijn ziel schokte; hij had gemeend dat hij de haven van de verlossing had bereikt en opeens ontdekte hij dat het zelfs hier mogelijk was, ten onder te gaan.

Deze «val» door middel van de gedachte ontnuchterde broeder Simeon voor de rest van zijn leven. Hoezeer hij ontnuchterd was, blijkt uit het feit dat hij sinds de dag, waarop zijn biechtvader tegen hem had gezegd: «Neem nooit gedachten aan», gedurende de zesenveertig jaar van zijn monniksleven nooit meer één enkele onreine gedachte heeft aangenomen. Wat anderen gedurende vele jaren niet kunnen leren, maakte hij zich na de eerste les eigen. Hierdoor gaf hij blijk van zijn wáre beschaving en wijsheid, naar de zegswijze van de oude Grieken: «Een wijs man zondigt geen tweemaal.»

De hevige, bittere smaak van het berouw gaf aanleiding tot nieuwe strijd. De gedachte gaf hem in:

«Ga naar de woestijn, kleed je in lompen en werk daar aan je redding.»

«Goed, had Simeon geantwoord, ik zal naar de hegoumen gaan en daarvoor zijn zegen vragen.»

«Ga niet, de hegoumen zal je hiervoor geen zegen geven,» zei de gedachte.

«Zojuist heb je geprobeerd mij uit het klooster de wereld in te jagen, antwoordde Simeon, en nu jaag je me naar de woestijn... Als de hegoumen mij zijn zegen niet geeft, dan betekent dit, dat hetgeen je me ingeeft niet goed is.»

En vastbesloten in het diepst van zijn hart zei hij: «Ik zal hier sterven voor mijn zonden.»

———

Broeder Simeon werd, door middel van de eeuwenoude traditie van het kloosterleven op de Athos, het geestelijke, ascetische leven binnengeleid dat doordrenkt was met het onophoudelijk indachtig zijn van God: het afzonderlijke gebed in de cel, de lange diensten in de kerk, vasten en nachtwaken, de veelvuldige Biecht en de Communie, de lezing, het werk, de gehoorzaamheid. Eenvoudig als hij was, werd hij niet in verzoeking gebracht door de talloze problemen die je bij de hedendaagse intelligente mensen constateert. Daarom maakte hij zich zoals de andere monniken het nieuwe leven eerder eigen door een organische versmelting met zijn omgeving dan door mondeling onderricht. Mondelinge aanwijzingen van een hegoumen, van biechtvaders en van staretsen zijn in de meeste gevallen kort en hebben gewoonlijk de vorm van positieve aanwijzingen over wat en hoe iets moet worden gedaan.

Een van zulke lessen voor de beginnende novice was de opdracht dat het gebed in de cel voornamelijk moet bestaan uit het bidden van het Jezusgebed[5] met behulp van een tsjotki[6]. De veelvuldige aanroeping van de alheilige Naam van Jezus Christus was zoet voor de ziel van broeder Simeon. Hij verheugde zich toen hij ontdekte dat het met dit gebed gemakkelijk was om overal en altijd te bidden: tijdens het werk en onder elke omstandigheid; dat het zelfs goed was om dit gebed in de kerk «vast te houden» tijdens kerkdiensten en dat dit gebed het officie verving wanneer er geen mogelijkheid was om naar de kerk te gaan. Hij bad vurig en veelvuldig, want zijn ziel verkeerde in diepe nood en daarom strekte zij zich met kracht uit tot Hem Die haar kon redden.

Zo verliep er enige tijd, ongeveer drie weken, tot hij op een keer 's avonds aan het bidden was voor de icoon van de Moeder Gods: het gebed daalde in zijn hart neer en begon zich daar dag en nacht te voltrekken. Maar in die tijd begreep broeder Simeon de grootte en de zeldzaamheid nog niet van deze gave die hij ontvangen had van de Moeder Gods.

Broeder Simeon was geduldig, zachtmoedig en gehoorzaam. In het klooster hield men van hem en men waardeerde zijn nauwgezette arbeid en zijn goed karakter; en dat vond hij aangenaam. Toen kreeg hij de volgende gedachten: «Jij leidt een heilig leven: jij hebt berouw getoond, je zonden zijn je vergeven, je bidt onophoudelijk, je vervult je taak goed.»

Omdat hij dikwijls en ijverig bad, ervoer hij soms een zekere vrede. Maar dan zeiden de gedachten tegen hem: «Jij bidt en misschien zul je worden gered; maar als je in het paradijs noch je vader noch je moeder noch degenen die je liefhebt zult vinden, dan zul zelfs jij daar geen enkele vreugde hebben.»

De geest van de novice wankelde bij deze gedachten en angst drong binnen in zijn hart, maar vanwege zijn onervarenheid begreep hij niet wat hem eigenlijk overkwam.

HOOFDSTUK 1 : KINDERTIJD EN JEUGDJAREN

Eens raakte zijn cel 's nachts vervuld met een vreemd licht dat zelfs zijn lichaam zodanig doorstraalde, dat hij zijn lichaam van binnen kon zien. De gedachte zei tot hem: «Neem aan, dit is de genade.» De ziel van de novice raakte hiervan echter in verwarring en hij bleef onthutst achter. Het gebed bleef zelfs hierna werkzaam in hem, maar de nederige geest van berouw had zich zozeer verwijderd, dat hij begon te lachen tijdens het bidden. Hij gaf met zijn vuist een harde slag op zijn voorhoofd. Het lachen verdween, maar de geest van berouw was toch nog niet teruggekeerd en het gebed ging voort zonder vermorzeling.

Toen begreep hij dat hem iets slechts was overkomen.

Na het visioen van het vreemde licht kreeg hij ook verschijningen van demonen en – naïef als hij was – sprak hij met hen «als met mensen». Geleidelijk aan namen hun aanvallen in kracht toe. Soms zeiden ze tegen hem: «Nu ben jij heilig», maar dan weer: «Jij zult niet gered worden.» Broeder Simeon vroeg eens aan een demon: «Waarom spreken jullie jezelf steeds tegen: soms zeggen jullie dat ik heilig ben, dan weer dat ik niet gered zal worden ? De demon antwoordde spottend: «Wij spreken nooit de waarheid.»

De afwisseling van de demonische ingevingen, die hem nu eens hemelhoog verhieven naar de trots en dan weer in de afgrond van de eeuwige verdoemenis wierpen, overstelpten de ziel van de jonge novice en dreven hem tot wanhoop. Maar hij bad met verdubbelde inspanning. Hij sliep weinig en met onderbrekingen. Sterk als hij lichamelijk was – hij was een echte reus – ging hij niet op zijn bed liggen, maar bracht elke nacht staand of zittend op een krukje in gebed door; wanneer hij uitgeput was, sluimerde hij al zittend vijftien tot twintig minuten in; daarna stond hij opnieuw op om te bidden. En zo verschillende keren. Gemiddeld sliep hij anderhalf tot twee uur per etmaal .

Zijn eerste taak[7] werd het werk op de molen. Het was de bloeitijd van het Russische monniksleven op de Athos. Het klooster had zich uitgebreid en was als een stad in de woestijn geworden. Het aantal broeders bereikte bijna de tweeduizend. De bezoekers en de pelgrims kwamen met honderden tegelijk uit Rusland en verbleven dikwijls langdurig in de grote gastenverblijven van het klooster. Daarom was er nog al veel werk op de molen. Ondanks zijn korte slaap, ondanks zijn uiterste onthouding van voedsel, zijn onophoudelijk, vurig gebed, zijn brandende en soms wanhopige tranen, vervulde broeder

Simeon stipt het zware werk dat men hem had toevertrouwd en waarvoor hij per dag talloze zware zakken meel moest versjouwen.

———

De maanden verstreken, maar de kwellende demonische aanvallen namen steeds meer toe. De psychische krachten van de jonge novice verzwakten, zijn moed liet hem in de steek; de angst voor de ondergang en de wanhoop groeiden; steeds vaker maakte een verschrikkelijke wanhoop zich meester van heel zijn wezen. Wie iets dergelijks heeft doorgemaakt, weet dat geen enkele menselijke moed, geen enkele menselijke kracht een dergelijke strijd lang kan volhouden. Ook broeder Simeon stortte in: hij kwam tot uiterste wanhoop en 's middags voor de Vespers, gezeten in zijn cel, dacht hij: «God is onverbiddelijk.» Bij die gedachte voelde hij een absolute verlatenheid; zijn ziel werd ondergedompeld in de duisternis van een helse angst. Hij verkeerde bijna een uur in die toestand.

Op diezelfde dag tijdens de Vespers in het kerkje van de H. profeet Elias, dat bij de molen ligt, zag hij rechts van de heilige Deuren op de plaats waar de icoon van de Verlosser hing, de levende Christus.

«De Heer verscheen op onbevattelijke wijze» aan de jonge novice en heel zijn wezen en zijn lichaam werden vervuld met het vuur van de genade van de Heilige Geest; met het vuur dat de Heer door Zijn komst had doen neerdalen op aarde (Luk. 12:49).

Na dit visioen raakte Simeon uitgeput en de Heer verborg zich.

———

Het is onmogelijk om de toestand te beschrijven, waarin hij zich op dat ogenblik bevond. Wij weten uit de geschriften en uit de mond van de zalige Starets, dat een groot goddelijk licht hem toen overstraalde; dat hij uit de wereld werd weggenomen en in de geest omhoog naar de hemel werd gevoerd, waar hij onuitsprekelijke woorden hoorde; dat hij op dat ogenblik als het ware een nieuwe geboorte ontving van boven (naar Joh. 1:13; 3:3). De zachtmoedige blik van Christus Die van vreugde straalt, Die alles vergeeft, Die oneindig goed is, trok het gehele wezen van Simeon tot Zich aan. Vervolgens, na de verdwijning van het visioen bracht de zoetheid van Gods liefde zijn geest in verrukking bij de beschouwing van de Godheid Die iedere voorstelling te boven gaat.

Hoofdstuk 1 : Kindertijd en jeugdjaren

Bij de verschijning van de Heer aan de novice Simeon – een eenvoudig en diep spontaan mens – is bovendien opmerkelijk, dat hij «direct» zowel Christus, als ook de Heilige Geest die in hem werkzaam was, heeft herkend.

In zijn geschriften herhaalt hij telkens dat hij de Heer heeft herkend door de Heilige Geest, dat hij God heeft gezien in de Heilige Geest. Hij bevestigde eveneens dat wanneer de Heer aan de ziel verschijnt, zij dan in Hem haar Schepper en God moet herkennen.

Men kan met zekerheid stellen dat zowel de vlammen als de helse kwellingen die aan de verschijning van Christus aan de novice Simeon voorafgingen, evenals het goddelijke licht dat hem toen overstraalde, voor de meerderheid der mensen onbekende en onbegrijpelijke zaken zijn. Wat een geestelijke mens ziet, wat hij voelt – heel zijn ervaring – kan voor een mens die geen geestelijke ervaring heeft, dikwijls waanzin lijken, de vrucht van een psycho-pathologische toestand. Beroofd van de ervaring van de werkelijkheid van de geestelijke wereld, ontkent hij wat hij niet kent. In aanleg is iedere mens geroepen tot de volheid van het geestelijke leven, maar de voortdurende gerichtheid van de wil op de materiële wereld, op lichamelijke en psychische ervaringen, hebben tot gevolg dat talloze mensen zodanig afstompen dat zij in een toestand geraken waardoor zij niet meer in staat zijn, de geestelijke werkelijkheid op te nemen. In ons dagelijks leven kunnen we dit vergelijken met het verschil tussen een radiobezitter die de radiogolven kan opvangen die de atmosfeer vullen en degene die geen radio bezit en die hun aanwezigheid niet opmerkt.

Het geestelijke leven van een christelijk asceet is vreemd en onbegrijpelijk; wij zien daarin een weefsel van verrassende tegenstellingen: aan de ene kant de demonische aanvallen, de verlatenheid door God, de duisternis van de dood en de kwellingen der hel, en aan de andere kant de godsverschijning en het licht van het beginloze Zijn.

Maar het is onmogelijk om dit in woorden weer te geven.

―――

Iedere mens is een oorspronkelijk en uniek verschijnsel; de weg van elke asceet is eveneens uniek en oorspronkelijk. Maar in hun streven om verschijnselen te ordenen volgens bepaalde criteria, doen mensen dit ook hier.

In de afgelopen eeuwen van het christendom onderscheidde de ervaring van de Vaders drie typen of categorieën bij de ontwikkeling van het christelijk-geestelijke leven.

De overgrote meerderheid der mensen behoort tot de eerste categorie. Zij worden tot het geloof aangetrokken door slechts een lichte aanraking van de genade. Pas aan het einde van hun leven, op grond van doorgemaakt lijden, zullen zij de genade in enigszins ruimere mate leren kennen. Een aantal van hen spant zich overigens meer in en zij ontvangen grote genade voor het einde van hun leven. Dit is het geval met talloze monniken.

Tot de tweede categorie behoren degenen die aanvankelijk aangetrokken zijn door een betrekkelijk lichte genade, maar die zich vervolgens vurig inspannen bij het gebed en bij de strijd tegen de hartstochten. Tijdens deze moeizame inspanning leren zij halverwege hun weg een grote genade kennen. De rest van hun leven brengen zij dan door in een nog grotere ascese en zij bereiken een hoge mate van volmaaktheid.

Tot de derde, meest zeldzame categorie behoort de mens die omwille van zijn vurigheid, of liever gezegd dankzij de voorkennis van God, aan het begin van zijn ascetische weg grote genade ontvangt: de genade van de volmaakten.

Dit laatste type is niet alleen het meest zeldzame, maar ook het moeilijkste. Voorzover men dit kan beoordelen aan de levens en de werken van de heilige Vaders, uit de mondelinge overlevering van de asceten van de afgelopen eeuwen en op grond van de ervaring van onze tijdgenoten, kan niemand de ontvangen gave van de goddelijke liefde volledig bewaren. Na deze gift ervaart de mens gedurende lange tijd het verlies van de genade en de verlatenheid door God. Objectief is dat niet het volledige verlies van de genade, maar subjectief ervaart de ziel zelfs de geringste vermindering van de genade als een verlaten zijn door God.

Dit laatste type asceten lijdt het meest, want nadat zij de genade hebben leren kennen en ná het schouwen van het goddelijke licht, ervaren zij het duister van de verlatenheid door God en de aanvallen van de hartstochten – door de tegenstelling met wat zij daarvoor hebben gevoeld – onvergelijkbaar veel scherper en dieper: zij weten WAT zij hebben verloren. Bovendien verandert de ervaren genade de gehele mens en maakt hem onvergelijkbaar veel gevoeliger voor ieder geestelijk verschijnsel.

Hoofdstuk 1 : Kindertijd en jeugdjaren

Dit laatste type lijdt het meest van allen, want de liefde van Christus wordt in deze wereld onderworpen aan de uitzonderlijk zware «vuurgloed die over u gekomen is om u te beproeven» (1Petr. 4:12); want de liefde van Christus is in deze wereld onvermijdelijk een gekruisigde liefde.

De zalige Starets Silouan behoorde tot deze laatste categorie en dat verklaart een aantal van zijn uitspraken zoals: «U kunt mijn droefheid niet begrijpen» of: «Wie de Heer niet heeft leren kennen, die kan Hem niet onder tranen zoeken.»

Wanneer hij een beschrijving geeft van Adams ontroostbaar verdriet en van zijn klaagzang na zijn verjaging uit het Paradijs, beschrijft hij in wezen zijn eigen tranen en het verdriet van zijn eigen ziel na het verlies van de genade.

Het uitzonderlijke diepe gevoel van berouw van Simeon roept de vraag op: waarom hebben sommige mensen zulk een diep en hevig berouw over hun zonden, anderen een minder sterk en weer anderen tenslotte een heel zwak berouw of helemaal geen berouw ? Hoe kun je het verschil van de intensiteit van het zondebesef bij de mensen verklaren ?

Wij zijn niet in staat om deze vraag te beantwoorden, want het is voor ons onmogelijk door te dringen in het mysterie van het geestelijke leven van de mens. Wij kunnen slechts enkele verschijnselen van het innerlijk leven van een religieus levend mens waarnemen, wanneer deze verschijnselen de vorm aannemen van een psychologische ervaring. Enkele karakteristieke kenmerken van deze ervaringen zijn toegankelijk voor onze waarneming, maar zelfs dan is het onmogelijk, om iets wezenlijks vast te stellen, want aan de basis van elk psychologisch handelen van een christelijk religieus mens staat het absolute vrije handelen van de Heilige Geest, dat zich op geen enkele wijze laat bepalen.

«De Wind blaast, waarheen Hij wil en ge hoort Zijn stem, maar gij weet niet vanwaar Hij komt, en waar Hij heengaat, alzo is een iegelijk die uit den Geest geboren is» (naar Joh. 3:8).

Er is een tweede factor, die zich ook niet laat bepalen: dat is de vrijheid van de mens. Van deze twee factoren: de uitdrukking van de menselijke vrijheid en de werking van de genade van God, is het christelijke, geestelijke leven afhankelijk.

Ons geloof evenals ons berouw hangen in ondefinieerbare mate af van onze vrijheid en tegelijkertijd zijn zij een gave van Gods genade. In Zijn liefde zoekt God de mens om hem niet slechts het leven, maar nog meer te geven: overvloed van leven, zoals Christus het zegt (naar Joh. 10:10). Maar dit leven wordt de mens alleen gegeven met zijn eigen instemming. Als we deze omstandigheid in aanmerking nemen, kunnen we zeggen dat de mate van Gods gave zelfs afhangt van de vrijheid van de mens. Gods gaven gaan gepaard met een zekere ascetische inspanning en als God tevoren voorziet dat een mens zich ten opzichte van Zijn gave op passende wijze zal gedragen, dan wordt deze gave «overvloedig» uitgestort. Men kan zeggen dat het door God tevoren gekende antwoord van de mens op de werking van de genade de reden is dat de gave groter of kleiner is. De apostel Paulus heeft gezegd: «Want wie Hij tevoren heeft gekend, die heeft Hij ook van te voren bestemd om gelijkvormig te worden aan het beeld van Zijn Zoon» (naar Rom. 8:29). En ook: «Toen het Hem, Die mij van de moederschoot af afgezonderd en door Zijn genade geroepen heeft, behaagd had Zijn Zoon in mij te openbaren... ben ik niet eerst bij vlees en bloed te rade gegaan» (Gal. 1:15-16).

God heeft tevoren voorzien dat Simeon, later Silouan, drager van het grote schima, niet te rade zou gaan bij vlees en bloed, maar dat hij zijn leven zou doorbrengen in een ascese die de grootheid van de gave die hij zou ontvangen, waardig was; daarom heeft Hij hem geroepen tot dat buitengewone leven dat wij in hem mogen zien.

Het is volstrekt niet mijn bedoeling om hier een verklaring te geven voor het mysterie van het samengaan van de absoluut vrije scheppingsdaad van God, de Grote Bouwmeester van de wereld, met de geschapen vrijheid van de mens. Maar mijn omgang met de Starets, wiens leven een uitzonderlijk ascetische inspanning van liefde was – en in de liefde openbaart zich de vrijheid bij uitstek – heeft mijn aandacht gericht op de goddelijke voorkennis, waardoor God van tevoren het vrije antwoord van de mens op de oproep van Zijn liefde kent.

Ik veronderstel dat de uitverkiezing om van de liefde te getuigen zo uiterst zeldzaam is, omdat deze getuigenis onvermijdelijk verbonden is met de opoffering van iemands gehele wezen.

De gedachte komt bij mij op dat Gods voorzienigheid in de persoon van Starets Silouan aan de wereld een nieuw voorbeeld, een nieuwe getuigenis van Zijn grenzeloze liefde heeft gegeven, opdat de mensen die verlamd zijn door de wanhoop ook door middel van hem, Silouan, weer moed mogen krijgen, zoals de apostel Paulus gezegd heeft: «Maar juist daarom is mij barmhartigheid bewezen, opdat Jezus Christus in mij, als eerste, Zijn volle lankmoedigheid zou bewijzen om daarmede een voorbeeld te geven, welk soort mensen door het geloof in Hem tot het eeuwige leven zouden komen» (1Tim. 1:16).

Het gebod van Christus was voor Starets Silouan geen ethische norm. Hij verlaagde het christendom niet tot het niveau van een zedenleer, zoals de vertegenwoordigers van de humanistische cultuur, die beroofd zijn van een authentieke religieuze ervaring, dat doen; en die uiteindelijk tot het besef komen dat religie «voor hen» geen noodzaak is en die religie slechts zien als een «een repressief beginsel» voor onwetenden. Nee, hij heeft, zoals de apostel Petrus, het woord van Christus aangenomen als «Woorden van het eeuwige leven» (Joh. 6:68), als geest en leven volgens het woord van de Heer Zelf: «De woorden die Ik tot u gesproken heb, zijn geest en leven» (Joh. 6:63).

Voor Starets Silouan was het woord van Christus de levendmakende Geest, het eeuwige leven Zelf, God in Zijn werkzaamheid.

Simeons geloof kreeg na de hierboven beschreven wedergeboorte direct diepgang. Hij geloofde dat God de mensen zou oordelen, dat degenen die gezondigd hadden zonder berouw te krijgen, naar de eeuwige kwellingen zouden gaan, maar dat degenen die volgens de geboden van Christus het goede hadden gedaan, het hemelse Koninkrijk zouden beërven.

In overeenstemming met de volmaakt ware opmerking van de heilige Maximos de Belijder: «Het geloof brengt vrees voort» (en niet: vrees brengt geloof voort)[8] bracht het vurige geloof van Simeon de grote vreze in zijn ziel voort, veroordeeld te worden vanwege talloze ernstige zonden, waarvan hij zich bewust was.

En toch blijf ik mij verbazen over de uitzonderlijke diepgang van het zondebesef van Simeon. Dat was zeker een genadegave.

Wat is de zonde volgens de christelijke opvatting ?

De zonde is allereerst een geestelijk metafysisch verschijnsel. De wortels van de zonde liggen in de mystieke diepte van de geestelijke natuur van de mens. De kern van de zonde ligt niet in de overtreding van een ethische norm, maar in een verwijdering van het eeuwige, goddelijke leven, waarvoor de mens geschapen is en waartoe hij natuurlijkerwijze, d.w.z. overeenkomstig zijn natuur, geroepen is.

De zonde wordt allereerst begaan in de geheimzinnige diepte van de menselijke geest, maar de gevolgen ervan tasten de gehele mens aan. Een zonde die eenmaal begaan is, wordt weerkaatst op de psychische en lichamelijke gesteldheid van de mens die de zonde heeft begaan; zij weerspiegelt zich op het uiterlijk van die mens; zij beïnvloedt het persoonlijke lot van degene die gezondigd heeft. De zonde overschrijdt onvermijdelijk de grenzen van het individuele leven van de zondaar en verzwaart tevens het gewicht van het kwaad dat op het leven van de gehele mensheid drukt en is dientengevolge van invloed op het lot van de gehele wereld.

Niet slechts de zonde van onze voorvader Adam had gevolgen met een kosmische reikwijdte, maar elke zonde, openlijk of verborgen, van ieder van ons is van invloed op het lot van de gehele wereld.

De vleselijke mens die een zonde begaat, voelt de gevolgen daarvan in zichzelf niet op dezelfde wijze als de geestelijke mens. De vleselijke mens bemerkt geen enkele verandering in zichzelf na het begaan van een zonde, omdat hij voortdurend in een toestand van geestelijke dood verkeert, omdat hij het eeuwige leven van de geest niet heeft leren kennen. De geestelijke mens daarentegen, bemerkt iedere keer wanneer zijn wil tot de zonde neigt, een verandering van zijn innerlijke gesteldheid vanwege een vermindering van de genade.

In Starets Silouan treft mij zijn uitzonderlijke fijngevoeligheid en opmerkelijke geestelijke intuïtie. Ook al voordat de Heer aan hem verscheen, ervoer hij de zonde buitengewoon diep en scherp en in heel zijn verdere leven daarna nog sterker: zijn hart leed ondraaglijke pijn vanwege de zonde en daarom was zijn berouw, vermengd met tranen, onstuitbaar en hevig, totdat zijn ziel voelde dat God hem had vergeven. Velen zullen dit vreemd vinden en sommigen misschien zelfs overdreven, maar het voorbeeld van de Starets is niet voor iedereen.

Wanneer hij berouw had, dan zocht hij niet slechts de vergiffenis, die God gemakkelijk verleent – misschien zelfs al na een zucht van spijt – nee, hij zocht de volkomen vergeving, totdat zijn ziel op merkbare wijze de genade in zich voelde. Hij vroeg God de kracht om indien mogelijk, nooit weer in zijn zonde te vervallen. Hij bad tot God om bevrijding van de «wet der zonde» (Rom. 7:23) die in ons werkzaam is. Het gevolg van de zonde – het verlies van de genade – ervoer hij zo hevig en pijnlijk, dat hij de herhaling van iets dergelijks vreesde. Het verlies in zijn ziel van de liefde van God en van de vrede van Christus was voor hem het allerergste. Het besef dat hij God bedroefde, een God Die zo zachtmoedig en nederig is, was voor hem onverdraaglijk. Hij ondervond het diepste leed, het leed van het geweten dat zondigt tegen de heilige liefde van Christus. Wie op het menselijk vlak zelf liefheeft, maar tegen de liefde een zonde heeft begaan – bijvoorbeeld tegen zijn ouders – die weet, welk een onverdraaglijke kwelling dat voor het geweten is; maar alles wat zich afspeelt in de wereld van de psychologische relaties is slechts een schaduw van onze geestelijke relatie met God.

Aldus kende God Simeon-Silouan al vóór de eeuwen en heeft Hij hem, op een voor ons mysterieuze wijze een zodanige diepgaande en krachtige kennis verleend van het wezen der zonde, dat hij werkelijk de kwellingen van de hel heeft ervaren. Hij bad «uit de afgrond van deze hel», totdat de Heer Zich tot hem neigde en aan hem verscheen, hem de opstanding van de ziel liet kennen en de Zoon des mensen in Zijn Koninkrijk toonde, nog voordat hij de dood van het lichaam had leren kennen (naar Matth. 16:28).

II

MONASTIEKE ASCESE

De verschijning van Christus aan broeder Simeon was ongetwijfeld de belangrijkste gebeurtenis van zijn leven. Zij kon niet anders dan op de meest wezenlijke wijze van invloed zijn op heel de verdere ontwikkeling van zijn leven. Zij kon niet anders dan de meest diepgaande veranderingen in zijn ziel en in zijn bewustzijn veroorzaken. Aan de buitenkant veranderde er echter weinig aan het verloop van zijn leven: hij bleef hetzelfde werk doen – op de molen – en de indeling van de tijd was net als voorheen, d.w.z. het was de algemene leefregel van het klooster: de gebedsregel voor de cel, de urenlange diensten in de kerk en de werkdag met de gebruikelijke menselijke behoeften: voedsel, rust en slaap. De leefregel was voor iedereen gemeenschappelijk, maar elke monnik had een apart «eigen» leven. En als iedere monnik een eigen persoonlijk leven had, dan gold dit nog des te sterker voor Simeon.

Op het ogenblik dat God aan hem verscheen, werd Simeon in heel zijn wezen duidelijk, dat zijn zonden hem vergeven waren.

De helse vlammen die om hem heen hadden geloeid, verdwenen. De helse kwellingen, die hij gedurende een half jaar had gevoeld, hielden op. Nu werd het hem verleend een bijzondere vreugde en de grote vrede van de verzoening met God te ervaren. Een nieuw, zoet gevoel van liefde voor God en voor de mensen, voor elke mens, overweldigde zijn ziel. Zijn berouwvolle gebed hield op; het onstuitbare en vurige zoeken naar de vergeving, waardoor hij zijn ogen geen slaap toestond (naar Ps. 131:14), verdween. Maar betekende dit, dat hij zich nu rustig aan de slaap kon overgeven ? Natuurlijk niet.

Nadat zij haar opstanding had leren kennen en het licht van het waarachtige en eeuwige Zijn had gezien, ervoer Simeons ziel in de eerste tijd na de verschijning een gelukzaligheid als van Pasen. Alles was goed: de wereld was prachtig en de mensen aardig, de natuur was onbeschrijflijk mooi; zijn lichaam werd anders, lichter, en het leek alsof zijn krachten waren toegenomen. Het woord van God schonk zijn ziel vreugde, de nachtelijke diensten in de kerk en vooral de gebeden alleen in zijn cel waren vervuld van zoetheid. Zijn ziel, die overstroomde van vreugde, was vol medelijden met de mensen en hij bad voor heel de wereld.

Na verloop van enige tijd, 's morgens op een feestdag na een Nachtvigilie in de kerk, toen broeder Simeon in de gemeenschappelijke refter hielp te bedienen, werd hij voor de tweede maal bezocht door dezelfde genade als de eerste maal, maar met minder kracht en vervolgens verzwakte geleidelijk haar merkbare invloed. De herinnering aan hetgeen hij had leren kennen, bleef bewaard, maar de vrede en de vreugde die hij in zijn hart had gevoeld, verminderden en maakten plaats voor verslagenheid en voor de angst dat hij zou verliezen wat hij ontvangen had.

Maar wat te doen om dit verlies te verhinderen?

Hij zette zijn ascetische inspanning van nachtwaken, vasten en bidden ongewijzigd voort; toch verzwakten het licht en de liefde, maar zijn ziel verlangde en smachtte naar de Heer Die zich verwijderd had.

Hij begon nauwlettend te zoeken naar een antwoord op zijn toenemende onzekerheid in de antwoorden van zijn biechtvader en in de ascetische werken van de heilige Vaders. De jonge monnik had ontdekt dat hij waardig was bevonden voor een zeldzame, uitzonderlijke gave, maar hij begreep niet waarom zijn geest, die met het licht van de godskennis vervuld was geweest, ondanks al zijn ascetische inspanningen om de geboden te bewaren, opnieuw verduisterd werd door het visioen van demonen, die de eerste tijd na de verschijning van de Heer verdwenen waren.

———

Vol onzekerheid ging Simeon naar het oude Rossikon[9] om raad te vragen aan een oudvader, vader Anatoli. Nadat hij alles gehoord had wat de jonge monnik was overkomen, sprak de oudvader:

«Jij bidt waarschijnlijk veel?»

«Ik bid onophoudelijk,» antwoordde Simeon.

«Ik denk dat jij niet juist bidt en dat je daarom zo dikwijls demonen ziet.»

«Ik begrijp niet wat het betekent om juist of niet juist te bidden, maar ik weet dat je altijd moet bidden en daarom bid ik voortdurend.»

HOOFDSTUK 2 : MONASTIEKE ASCESE

«Tijdens het bidden moet je je geest vrij van iedere fantasie en gedachte bewaren en je moet je geest opsluiten in de woorden van je gebed,» zei de starets en hij legde hem vervolgens uit wat een zuivere geest inhoudt en hoe deze in te sluiten in de woorden van het gebed.

Simeon bracht enige tijd door bij starets Anatoli. Vader Anatoli beëindigde zijn stichtelijk en nuttig onderhoud met woorden van onverholen verbazing:

«Als je nu al zo bent, hoe zul je dan wel niet zijn als je oud bent ?»

Vader Anatoli was een geduldig en volleerd asceet; zoals vader Silouan over hem vertelde, heeft hij zijn lange leven in vasten en berouw doorgebracht, maar pas in zijn ouderdom, na vijfenveertig jaar monniksleven, had hij Gods grote barmhartigheid mogen ervaren en leren kennen hoe de genade werkzaam is. Het was begrijpelijk dat hij zich verbaasde over het leven van de jonge monnik, maar hij had zijn verbazing natuurlijk niet mogen tonen en dat was zijn fout, want hij gaf de jonge asceet grote aanleiding tot ijdelheid, waartegen deze nog niet had leren strijden.

De fout van starets Anatoli was niet slechts pedagogisch, maar zij ging zelfs tegen de genade in. De goddelijke genade staat een ware asceet niet toe zijn medebroeder te loven, want zelfs de meest volmaakte asceten kunnen dit dikwijls niet zonder schade verdragen. Lofuitingen wordt alleen gezegd, wanneer iemand wanhopig is, maar men moet absoluut vermijden de ogen van onze «linkerhand» te openen voor hetgeen de «rechterhand» van God met ons doet; dat mag hoogstens gebeuren met de grootste bedrevenheid en voorzichtigheid.

Hoe het ook zij, voor de jonge en nog onervaren monnik Simeon begon de moeilijkste, meest ingewikkelde, meest subtiele strijd tegen de ijdelheid. Trots en ijdelheid brengen al het kwaad en alle valpartijen met zich mee: de genade verdwijnt, het hart verkilt, het gebed verslapt, de geest wordt verstrooid en de aanvallen van hartstochtelijke gedachten nemen toe. De ziel die een ander leven schouwt, het hart dat de zoetheid van de Heilige Geest heeft geproefd, de geest die de reinheid heeft leren kennen, weigeren om de slechte gedachten die hen belegeren, aan te nemen – maar hoe kan men dat bereiken ?

Vóór de verschijning van Christus wist Simeon niet hoe hij moest strijden tegen de gedachten en hij kwam tot wanhoop, ondanks het gebed dat onophoudelijk in hem werd verricht; ná de verschijning heeft zijn ziel de vrede van de genade van de Heilige Geest leren kennen en werd zijn leven een onafgebroken gebed en lofprijzing. Maar dat alles verdween en de strijd met de gedachten begon opnieuw. Zijn ziel versmachtte, smeekte, bad, weende en bleef strijden om de Onvatbare vast te houden, maar zelfs wanneer het licht terugkwam, dan was het niet voor lang en niet als vroeger en vervolgens verdween het opnieuw. De lange jaren, waarin genade en verlatenheid elkaar afwisselden, waren begonnen.

Noch de ervaring van de doorstane helse kwellingen, noch de gave van het onophoudelijke innerlijke gebed, noch zelfs de verschijning van de Heer, gaven de jonge monnik de volledige bevrijding van de demonische aanvallen en van de strijd tegen de gedachten. Ondanks heel zijn ingespannen gebed, werd zijn geest soms verduisterd door het visioen van de demonen en door het verlies van de vrede. Toch gaf heel zijn bijzondere ervaring hem niet de kennis om in de gesteldheid te blijven die zijn ziel tijdens de verschijning had leren kennen en het was al onmogelijk het verdwijnen van het licht rustig te aanvaarden.

De raad van starets Anatoli – om je geest op te sluiten in de woorden van je gebed – hielp Simeon in zekere mate om zijn geest te reinigen, maar dat was nog niet voldoende en toen werd hij in alle hevigheid geconfronteerd met de ascetische strijd «tegen de gedachten».

Voor de mens die zich op de weg van het geestelijke leven begeeft, is de strijd met de gedachten niet een simpele innerlijke beschouwing over het een of andere onderwerp. De uiterlijke vorm waarmee een gedachte zich bekleedt, maakt het heel dikwijls niet mogelijk te begrijpen *vanwaar* zij komt. Dikwijls komt de gedachte stilletjes en onopvallend en de eerste verbale vorm waarin zij zich voordoet, kan niet alleen volkomen natuurlijk, maar zelfs wijs en heilig lijken. En toch is soms de minste aanraking door een dergelijke gedachte al voldoende om ingrijpende veranderingen in de ziel te veroorzaken. Men kan zeggen dat de beoordeling over de aard van een gedachte nooit behoort uit te gaan van zijn uiterlijke vorm. Slechts de ervaring leidt tot het herkennen van de kracht en daarbij van de subtiliteit die de demonische ingevingen kunnen bereiken. Deze kunnen zich in de meest uiteenlopende vormen voordoen. Zelfs wanneer de gedachte wezenlijk goed is, dan kan daaraan een vreemd element zijn toegevoegd, waardoor de geestelijke inhoud en de invloed van de gedachte op de ziel wezenlijk wordt veranderd.

Hoofdstuk 2 : Monastieke ascese

De gedachte is het eerste stadium van de zonde. Haar verschijning in de bewustzijnssfeer van de mens wordt niet als zonde aangerekend: het is slechts een voorstel tot zonde. Als men de gedachte verwerpt, dan sluit men een verdere ontwikkeling van de zonde uit.

De orthodoxe monnik beschouwt het als zijn voornaamste opgave de innerlijke geestelijke aandacht te verenigen met het gebed in zijn hart, hetgeen hem mogelijk maakt *de gedachte te zien*, voordat deze het hart binnengaat.

De geest die zwijgend in het hart op wacht staat, ziet hoe de gedachte *van buitenaf* naderbij komt en probeert in het hart binnen te dringen; en hij verjaagt deze door het gebed. Simeon begon de handelswijze te leren die de «waakzaamheid van geest», het geestelijke zwijgen of de geestelijke onbewogenheid heet. Sinds de dag waarop het Jezusgebed – dankzij de gave van de Moeder Gods – in zijn hart opwelde, werd dit gebed tot het einde van zijn leven *nooit* onderbroken, maar ondanks alles was het nog niet volmaakt en kon dat toen ook nog niet zijn, omdat hij zijn hartstochten nog niet overwonnen had. De gave die Simeon had ontvangen, was zeer groot en werd een vast fundament voor zijn geestelijke leven, maar deze gave leidde hem nog niet rechtstreeks tot de volmaaktheid. Er gebeurde nog iets meer met hem, wat toch leek op dat wat talloze anderen overkomt: door hun vurige inspanning bereiken zij het onophoudelijke gebed, maar omdat zij nog niet gereinigd zijn van de hartstochten door middel van een langdurige ascese, vallen zij ondanks de werkzaamheid van het gebed vanwege hun hartstochten in zonde. Een asceet kan zich niet tevreden stellen met een dergelijke staat.

Broeder Simeon kon nog niet «zijn geest bewaren.» Als hij aan het bidden was, dan hield hij zijn fantasie, waardoor de demonen handelen, niet tegen. De verbeelding, die voor iedere beginneling van het geestelijke leven onvermijdelijk is, veroorzaakt een vervorming in dat leven. Voorzover zij onvermijdelijk is in de beginperiode wordt de fantasie niet beschouwd als een «bekoring», maar toch wendt de beginneling zich langzamerhand af van deze vorm van gebed en richt hij zich op een andere vorm, die er uit bestaat om «de geest op te sluiten in de woorden van het gebed.» Deze vorm van gebed is moeilijker en minder vruchtbaar, maar daarentegen zuiverder en minder gevaarlijk.

Voor broeder Simeon, die zo vurig op God gericht was, maar die zo volstrekt eenvoudig en naïef was, nam zijn gebed dat gepaard ging met fantasie, al heel spoedig een gevaarlijke vorm aan en dat gaf de demonen de kans om de jonge asceet te verzoeken. Dat vreemde licht dat eens 's nachts zijn cel had vervuld en dat zelfs zijn binnenste had verlicht, die monsterlijke figuren die 's nachts zijn cel hadden bevolkt en zelfs overdag aan hem verschenen en met hem spraken: dat alles bracht bijzonder grote gevaren met zich mee.

Het is waar dat bijna alle heilige asceten een strijd met de demonen hebben doorgemaakt en in die zin is een ontmoeting met hen op de weg naar de geestelijke volmaaktheid een normaal verschijnsel; maar hoeveel asceten hebben hieronder niet geleden ? Hoevelen waren er niet die tot aan het einde van hun leven psychisch ziek bleven en die krankzinnig werden ? Hoeveel mensen zijn er niet tot vreselijke wanhoop gebracht en ten onder gegaan ? Hoeveel zelfmoorden en misdrijven worden er in de wereld niet begaan onder invloed van een demonische «spiritualiteit» ?

Wie tegen hen gestreden heeft, weet hoe verstandig en dikwijls vleiend zij kunnen zijn tegen degenen die hen aannemen en hoe razend zij zijn als men hen afwijst. Telkens wanneer een asceet overkomt, wat broeder Simeon overkwam, spant zijn geestelijke vader zijn aandacht tot het uiterste in. De strijd tegen de demonen hoeft geen angst in te boezemen; angst is al een halve nederlaag: zij verzwakt de ziel en maakt haar meer ontvankelijk voor een demonische aanval.

Broeder Simeon was naïef maar dapper; toch is het onmogelijk om in dergelijke omstandigheden kalm te blijven.

Uit de heiligenlevens, uit de ascetische werken van de heilige Vaders, uit de gesprekken met geestelijke vaders en anderen op de Athos werd de jonge monnik, inmiddels Silouan genaamd, langzamerhand meer bedreven in de ascetische oorlogsvoering en volhardde hij voortdurend in een ascese die de meerderheid der mensen eenvoudigweg onmogelijk zal lijken. Net als voorheen onderbrak hij zijn slaap per etmaal elke vijftien tot twintig minuten; zijn slaap per etmaal duurde

HOOFDSTUK 2 : MONASTIEKE ASCESE

in het totaal anderhalf tot twee uur. Net als voorheen ging hij niet op zijn bed liggen, maar hij sliep zittend op een krukje; overdag werkte hij hard als arbeider; hij beoefende de ascese van de innerlijke gehoorzaamheid: het afsnijden van zijn eigen wil. Hij leerde zichzelf zoveel mogelijk aan de wil van God over te geven. Hij was matig met voedsel, hij beperkte zijn gesprekken, zijn lichaamsbeweging. Hij bad langdurig het Jezusgebed. Dit is het moeilijkste werk, dat praktisch alle krachten van een mens vermorzelt. Ondanks zijn totale ascese verliet het licht van de genade hem toch dikwijls en dan omringde hem 's nachts een menigte van demonen.

De verandering van zijn innerlijke gesteldheid, waarbij een zekere mate van genade werd afgewisseld door verlatenheid en demonische aanvallen, ging niet vruchteloos voorbij. Dankzij die afwisseling bleef de ziel van de monnik Silouan voortdurend innerlijk aandachtig en wakker en zocht zij ijverig naar een uitweg. Het onophoudelijke gebed en de geestelijke waakzaamheid, die hij had geleerd door een geduld en een moed die kenmerkend voor hem waren, openden voor hem nieuwe horizonten van geestelijke kennis en verrijkten hem met nieuwe wapens in de strijd tegen de hartstochten. Zijn geest zocht steeds vaker die «plek van aandacht» in zijn hart op, die het hem mogelijk maakte hetgeen er in de innerlijke wereld van zijn ziel gebeurde, te beschouwen. Door het vergelijken van de verschillende geestelijke staten die zich in hem opvolgden, kreeg hij een duidelijker begrip van hetgeen er zich in hem afspeelde. Zo verwierf hij geleidelijk aan een werkelijk geestelijk onderscheidingsvermogen. Hij leerde hoe de gedachten van de verschillende hartstochten werden ingegeven en hoe de genade handelde. Silouan ging een leven binnen van bewuste geestelijke ascetische strijd, in de wetenschap dat het voornaamste doel van deze strijd bestaat uit het verwerven van de genade. Op die wijze werd het probleem hoe men de genade verwerft, hoe men haar bewaart, hoe en waarom zij de ziel verlaat, een van de fundamentele en belangrijkste problemen van zijn gehele leven.

Bij zijn inspanning om de genade te bewaren, nam de monnik Silouan zijn toevlucht tot middelen die voor andere mensen ontoelaatbaar wreed zullen lijken en die zelfs de gedachte kunnen opwekken dat een dergelijke vorm van hardheid jegens zichzelf een vervorming van het christendom is. Maar natuurlijk is dat niet zo. De ziel die God heeft leren kennen, die omhoog is gevoerd naar het schouwen van de wereld van het eeuwige licht en die daarna deze genade heeft verloren, bevindt zich in een staat waarvan iemand die dat alles niet in dezelfde mate kent, geen weet kan hebben. Het lijden en de droefheid van de ziel zijn niet in woorden weer te geven: zij ervaart een aparte, metafysische pijn. Voor de mens die het licht van het beginloze Zijn heeft gezien, die de volheid, de vreugde en de onuitsprekelijke zoetheid van Gods liefde heeft ondervonden, blijft er in deze wereld niets meer over dat hem zou kunnen bekoren. In zekere zin wordt het leven op aarde voor hem een last zonder vreugde en al wenend zoekt hij weer naar het leven dat hij even heeft mogen aanraken. De man die zijn vurig en diep beminde vrouw heeft verloren of de moeder die haar enige geliefde zoon heeft verloren, kunnen slechts ten dele het leed begrijpen van iemand die de genade heeft verloren, omdat de liefde van God, naar haar kracht, haar waarde, haar zoetheid en haar onuitsprekelijke schoonheid en macht, elke andere menselijke liefde oneindig te boven gaat. Daarom zegt de heilige Johannes Klimakos over hen die de genade hebben verloren, dat hun lijden het lijden overtreft van ter dood veroordeelden of het lijden van hen die hun doden betreuren.

Het uitzonderlijke karakter van het verlies van de genade en van het ermee verbonden lijden spoort tot uitzonderlijke ascetische inspanningen aan. Stelt u zich de gekweldheid van de ziel voor die uitgeput raakt in haar ascese en die ondanks alles toch niet bereikt wat zij zoekt. De genade getuigt slechts zelden, op kortstondige ogenblikken, van haar nabijheid en daarna verdwijnt zij opnieuw. De ziel lijdt hevig in de duisternis van de verlatenheid door God; de geest van de monnik wordt ondanks zijn inspanningen om het onophoudelijke inwendige gebed te bewaren, verduisterd en ziet demonen; 's nachts komen zij hem dikwijls lastig vallen en proberen hem het bidden te beletten, of ze proberen tenminste hem niet de kans te geven onverstrooid te bidden. In deze strijd zijn vele dingen onduidelijk voor de ziel die de zin en het doel van dit alles niet begrijpt. De monnik weent vanwege het vele, pijnlijke lijden van zijn hart; zijn ziel smacht en zoekt God, maar zij wordt omringd door duistere, schaamteloze, gemene, kwaadaardige en afschuwwekkende demonen.

«Waar zijt Gij, o Heer... waarom hebt Gij mij verlaten?»

HOOFDSTUK 2 : MONASTIEKE ASCESE 53

De grote en onvergelijkbare ervaring van onze Vaders heeft ons van generatie op generatie laten zien dat betrekkelijk veel mensen in het begin van hun bekering tot God waardig zijn bevonden, door de genade bezocht te worden, maar slechts enkelingen hebben de geestelijke strijd volgehouden die vervolgens absoluut noodzakelijk is om de gekende maar verloren genade opnieuw bewust te verwerven. Tot die enkelingen moet men de monnik Silouan rekenen. Die paar woorden die hierboven gezegd zijn over het lijden van de ziel die zich door God verlaten voelt, zijn ontoereikend om zelfs maar één enkele nacht weer te geven van de strijd die hij gedurende vele jaren heeft volgehouden. Ik herinner me dat de Starets, die er volstrekt niet van hield veel daarover te spreken, op een keer tegen mij zei: «Als de Heer mij aan het begin niet had getoond, hoezeer Hij de mens liefheeft, dan had ik zelfs niet één enkele nacht doorstaan, en ik heb talloze van zulke nachten meegemaakt.»

Er waren vijftien jaar verstreken sinds de dag waarop de Heer aan hem verschenen was. En zie, op een keer tijdens een van die kwellende nachtelijke worstelingen met de demonen, toen het hem ondanks alle inspanningen niet lukte om onverstrooid te bidden, stond Silouan van zijn krukje op om poklonen[10] te maken. Maar toen zag hij de kolossale gestalte van een demon die voor de iconen stond in afwachting dat er voor hem gebogen zou worden; zijn cel was vol met demonen.

Vader Silouan ging weer op zijn kruk zitten; met gebogen hoofd en met pijn in zijn hart sprak hij toen dit gebed:
«Heer, Gij ziet dat ik onverstrooid tot U wil bidden,
maar de demonen beletten mij dit.
Leer mij wat ik moet doen opdat zij mij niet hinderen.»
En in zijn ziel werd hem het antwoord gegeven:
«De trotsen hebben altijd op die wijze van de demonen te lijden.»
«Heer, sprak Silouan, leer mij wat ik doen moet, opdat mijn ziel nederig worde.»
En opnieuw kwam Gods antwoord in zijn hart:
«Houd je geest in de hel en wanhoop niet.»

―――

Dit korte gesprek met God in het gebed betekende een nieuwe en zeer belangrijke fase in het leven van vader Silouan.

Het was een ongewoon en onbegrijpelijk middel; het middel kon wreed lijken, maar hij aanvaardde het in blijdschap en in dankbaarheid. Zijn hart voelde dat de Heer hem genadig was en dat de Heer hem Zelf leidde. Het was voor hem niet nieuw om in de hel te verblijven. Voordat de Heer aan hem verschenen was, had hij daarin al verbleven. Nieuw in Gods aanwijzing was: «en wanhoop niet.» Vóór die tijd verviel hij tot wanhoop; nu ervoer hij na talloze jaren van zware strijd, van tijden van verlatenheid door God, opnieuw ogenblikken, zo niet van wanhoop, dan toch van een lijden dat daar zeer op leek. De herinnering aan de Heer Die hij aanschouwd had, weerhield hem om tot uiterste wanhoop te komen, maar het lijden dat voortvloeide uit het verlies van de genade was niet minder smartelijk. Feitelijk was hetgeen hij doormaakte ook wanhoop, maar een ander soort wanhoop dan voorheen. Na verloop van zovele jaren had hij ondanks alle inspanningen die tot het uiterste van zijn krachten gingen, niet datgene bereikt waarnaar hij verlangde en daarom verloor hij de hoop het ooit nog te bereiken. Toen hij na een zware strijd om het gebed was opgestaan om poklonen te maken voor God en hij een demon voor zich had zien staan die verwachtte dat de aanbidding hem zou gelden, viel zijn ziel ten prooi aan een hevige pijn. Toen heeft de Heer hem Zelf de weg gewezen tot het gebed zonder verstrooiing.

Ik ben me ervan bewust dat iedere poging om door middel van woorden een diepgaande, geestelijke handeling weer te geven, een poging is met ontoereikende middelen, maar omdat ik geen betere middelen heb, zal ik gebruik maken van hetgeen binnen mijn bereik is.

Wat is de kern van Gods aanwijzing aan vader Silouan?

Vanaf dat ogenblik werd aan zijn ziel, niet op een abstracte, intellectuele wijze, maar op een existentiële wijze onthuld dat de wortel van alle zonden – het zaad van de dood – de trots is; dat God Nederigheid is en dat daarom degene die God wil verwerven, de nederigheid moet verwerven. Hij begreep dat die onuitsprekelijke zoete, grote nederigheid van Christus, die hij tijdens Zijn verschijning had mogen ervaren, een onverbrekelijke eigenschap is van de goddelijke liefde, van het goddelijke Zijn. Voortaan wist hij werkelijk dat heel het ascetische streven gericht moet zijn op het verwerven van de nederigheid.

Toen zegevierde de ziel van de monnik Silouan, zij zegevierde op een bijzondere, voor de wereld onbekende wijze. Hem was verleend het grote mysterie van het *Zijn* op existentiële wijze te leren kennen.

HOOFDSTUK 2 : MONASTIEKE ASCESE 55

Hoe barmhartig is de Heer ! Aan zijn nederige dienaar openbaart Hij Zijn mysteriën en Hij leert hem de wegen van het eeuwige leven ! Voortaan zal Silouan zich met alle zielskracht toeleggen op de door God Zelf gewezen weg.

———

Er begon een nieuwe fase in het geestelijke leven van de monnik Silouan. Zijn eerste visioen van de Heer was vervuld geweest van een onzegbaar licht; het had hem een schat aan ervaringen gebracht, een overvloedige liefde, de vreugde van de Opstanding, het waarachtige en zekere gevoel te zijn overgegaan van de dood naar het leven. Maar onwillekeurig vraagt men zich af: waarom was dit licht verdwenen ? Waarom had deze gave geen onverbrekelijk karakter volgens het woord van de Heer: «En uw vreugde zal niemand van u afnemen» (Joh. 16:22) ? Was deze gave onvolmaakt geweest of had zijn ziel, die haar had aangenomen, haar niet kunnen dragen ?

Nu was de oorzaak voor het verlies duidelijk geworden: het had zijn ziel zowel aan wijsheid als aan kracht ontbroken om de gave te dragen. Maar ditmaal werd aan Silouan «het licht der kennis» geschonken. Voortaan begon hij «de Schrift te verstaan.» De weg naar de verlossing werd aan zijn geestelijke blik duidelijk onthuld. Talloze geheimen uit het leven van de heiligen en uit de geschriften van de Vaders werden hem geopenbaard.

Zijn geest drong door in het mysterie van de strijd van de heilige Serafim van Sarov[11], die nadat de Heer aan hem tijdens de Liturgie in de kerk verschenen was, vervolgens het verlies van de genade en de verlatenheid door God had ervaren en die duizend dagen en duizend nachten op een steen in de eenzaamheid had doorgebracht, terwijl hij smeekte: «God, wees mij zondaar genadig !»

Aan hem werd de ware betekenis en de kracht van het antwoord van de heilige Pimen de Grote[12] aan zijn leerlingen geopenbaard: «Geloof mij, kinderen ! Daar waar de Satan is, daar zal ook ik zijn.»

Hij had begrepen dat de heilige Antonius de Grote[13] door God naar een schoenmaker in Alexandrië werd gestuurd om diezelfde les te leren. De schoenmaker leerde hem om te denken: «Allen zullen worden gered, alleen ik zal verloren gaan.»

Het werd hem duidelijk dat de heilige Sisoë de Grote[14] juist die gedachte bedoelde, d.w.z.: «Allen zullen gered worden, alleen ik zal verloren gaan» toen hij tegen zijn leerlingen sprak: «Wie kan de gedachte van de heilige Antonius op zich nemen ? Ik ken overigens een mens die dat kan.» (Die mens was Sisoë zelf.)

Hij had ingezien en hij wist nu wat de heilige Makarius van Egypte[15] had gedacht, toen hij zei: «Daal af in je hart en voer daar de strijd met Satan.» Hij had begrepen, welk doel de dwazen om Christus' wil navolgden en in het algemeen welke weg de grote asceten doorliepen: Bessarion, Gerasim van Jordanië, Arsenius de Grote[16] en anderen.

Hoe barmhartig is de Heer ! Aan Zijn nederige dienaar Silouan verleende Hij Zijn mysteriën te leren kennen. Hij openbaarde hem de weg van het leven; openbaarde niet abstract-beredenerend, maar door «het feit zelf» d.w.z. *existentieel*.

Hij leerde uit de ervaring van zijn eigen leven kennen dat ons eigen hart het slagveld is van de geestelijke strijd tegen het kwaad, tegen het kosmische kwaad. Met zijn geest zag hij in dat de trots de allerdiepste wortel van de zonde is, de plaag der mensheid, die de mensen losrukt van God en die de wereld in ontelbare rampen en lijden onderdompelt; de trots, dat ware zaad des doods, die de mensheid in het duister der wanhoop heeft gehuld.

Voortaan zou Silouan, die geestelijke reus, al zijn krachten concentreren op de ascetische strijd om de nederigheid van Christus te verwerven, die hem geopenbaard werd tijdens zijn eerste visioen, maar die hij verloren had. Nadat hij zich in de geest had verplaatst in het leven van de Vaders, had hij gezien dat de kennis van de weg naar het eeuwige, goddelijke leven altijd in de Kerk aanwezig was en dat deze kennis door de werking van de Heilige Geest, door de eeuwen heen, van generatie op generatie werd overgedragen.

Vele mensen die contact hebben gehad met monniken in het algemeen en met Starets Silouan in het bijzonder, zien niets bijzonders in hen en daarom zijn zij onvoldaan en zelfs teleurgesteld. Dat komt, omdat zij een monnik benaderen met een verkeerde maat, met ongepaste vragen en eisen.

De monnik verblijft in een onophoudelijke, ascetische en dikwijls uiterst ingespannen strijd, maar de orthodoxe monnik is geen fakir. Hij streeft op geen enkele wijze een prestatie na, om door middel van speciale technieken een aparte ontwikkeling van zijn psychische krachten te bereiken, hetgeen de vele onwetende zoekers van het mystieke leven zozeer imponeert. Een monnik voert een hevige, harde,

HOOFDSTUK 2 : MONASTIEKE ASCESE

vastberaden strijd; sommigen van hen, zoals vader Silouan, voeren een titanische strijd waar de wereld geen weet van heeft, om in zichzelf het trotse beest te doden en mens te worden: een echt mens naar het beeld van de volmaakte Mens, Christus, d.w.z. zachtmoedig en nederig.

Het christelijke leven is voor de wereld vreemd en onbegrijpelijk; alles lijkt daarin tegenstrijdig, alles is er als het ware omgekeerd aan de ordening van de wereld en het is onmogelijk om dat met woorden te verklaren. De enige weg om inzicht te krijgen, is het doen van de wil van God, d.w.z. de geboden van Christus te onderhouden: de weg die Hij Zelf gewezen heeft.

Na de openbaring die de Heer hem gegeven had, volgde de monnik Silouan vastbesloten de geestelijke weg. Vanaf die dag werd zijn «lievelingslied» zoals hij het zelf uitdrukte: «Spoedig zal ik sterven en mijn ongelukkige ziel zal afdalen in de nauwe zwarte hel en daar zal ik alleen versmachten in de donkere vlam en ik zal wenen over de Heer: «Waar zijt Gij, licht van mijn ziel ? Waarom hebt Gij mij verlaten ? Ik kan niet leven zonder U.»

Deze handelswijze leidde al spoedig tot vrede voor zijn ziel en tot een onverstrooid gebed. Maar ook deze vurige weg zou niet van korte duur zijn.

De genade verliet hem voortaan niet meer zoals vroeger; hij droeg haar voelbaar in zijn hart; hij voelde de levende aanwezigheid van God; hij was vervuld van verwondering over Gods barmhartigheid; de diepe vrede van Christus bezocht hem; de Heilige Geest gaf hem opnieuw de kracht om lief te hebben. En ofschoon hij niet meer zo onverstandig was als vroeger, ofschoon hij wijzer tevoorschijn was gekomen uit een lange, zware strijd en ofschoon hij zich tot een groot geestelijk strijder had ontwikkeld, leed hij zelfs toen nog aan de twijfels en de wisselvalligheid van de menselijke natuur en bleef hij wenen met een onuitsprekelijk bedroefd hart, wanneer de genade afnam. En zo zou het nog vijftien lange jaren duren, voordat hij de kracht ontving om met één snelle beweging van zijn geest – die zich door geen enkel uitwendig gebaar verraadde – datgene af te weren wat hem voor die tijd zo zwaar had getroffen.

Naarmate de genade hem in kracht en in duur in toenemende mate bezocht, groeide de dankbaarheid jegens God in Silouans ziel:

«O Heer, hoe zal ik U danken voor deze nieuwe onuitsprekelijke barmhartigheid: aan een leeghoofd en een zondaar openbaart Gij Uw mysteriën. Geketend door de wanhoop, gaat de wereld ten onder, maar aan mij, de laatste en de slechtste van alle mensen, openbaart Gij het eeuwige leven. Heer, ik kan niet de enige zijn, verleen aan heel de wereld U te leren kennen.»

Geleidelijk aan begint in zijn gebed de droefheid te overheersen voor de wereld die God niet kent.

«Bidden voor de mensen: dat is je bloed vergieten,» zei de Starets, aan wie de Heilige Geest de liefde van Christus had geleerd.

De liefde van Christus is een zaligheid die met niets in deze wereld kan worden vergeleken, maar tegelijkertijd is deze liefde een lijden dat groter is dan al het andere lijden.

Liefhebben met de liefde van Christus betekent Zijn kelk drinken, die kelk waarvan het vleesgeworden Woord, Christus, Zelf aan Zijn vader had gesmeekt hem «voorbij te laten gaan.»

Door middel van het onverstrooide gebed van de geest leerde de asceet de mysteriën van de geest kennen. In zijn geest daalt hij af in zijn hart, eerst in zijn vleselijke hart, dan dringt hij geleidelijk door in diepten die al geen lichaam meer zijn. Hij ontdekt zijn *diepe* hart: het geestelijke, metafysische hart en daarin ziet hij dat het bestaan van de gehele mensheid voor hem niet iets vreemds, iets uiterlijks is, maar dat het onverbrekelijk verbonden is met zijn persoonlijke bestaan.

«Onze broeder is ons leven,» zei de Starets.

Door de liefde van Christus, wordt ieder mens ervaren als een onlosmakelijk deel van ons eigen, eeuwige bestaan. Het gebod om de naaste lief te hebben als zichzelf, beschouwt hij niet langer als een ethische norm; in het woord *als* ziet hij geen aanwijzing voor de maat van liefde, maar voor de ontologische gemeenschappelijkheid van het menselijk bestaan.

«De Vader oordeelt niemand, maar heeft heel Zijn oordeel aan de Zoon gegeven... omdat Hij de Zoon der mensen is» (naar Joh. 5:22-27). Deze Mensenzoon, de Grote Rechter van de wereld, zal op het Laatste Oordeel zeggen dat Hijzelf «één van de minsten» is; met andere woorden Hij verenigt het bestaan van elke mens met het Zijne, Hij neemt het op in Zijn persoonlijke bestaan. De Mensenzoon heeft

HOOFDSTUK 2 : MONASTIEKE ASCESE

heel de mensheid, «de gehele Adam» in Zich opgenomen en Hij heeft voor de gehele Adam geleden. De apostel Paulus zegt dat ook wij dezelfde wijze van denken, voelen en leven moeten hebben, die in Christus is (naar Fil. 2:5).

De Heilige Geest, Die Silouan de liefde van Christus leerde, verleende hem werkelijk deze liefde te leven, het leven van de gehele mensheid in zich op te nemen. Zijn uiterst intensief gebed, waarbij zijn tranen voor de gehele wereld rijkelijk stroomden, maakte hem verwant en bond hem met stevige banden aan de «gehele Adam.» Het werd voor hem die de opstanding van zijn ziel had ervaren, een natuurlijke zaak om in iedere mens zijn eeuwige broeder te zien. In ons aardse leven is er een zekere oorzakelijke ordening van tijd en ruimte, maar in de eeuwigheid zijn wij allen één. Daarom moet ieder van ons niet slechts voor zichzelf zorg dragen maar ook voor deze algehele eenheid.

Na zijn ervaring van de helse kwellingen, na de aanwijzing van God: «Houd je geest in de hel,» werd het voor Starets Silouan in het bijzonder kenmerkend om te bidden voor de ontslapenen die in de hel versmachten, maar hij bad eveneens voor de levenden en voor degenen die nog geboren moeten worden. In zijn gebed dat de grenzen van de tijd overschreed, verdween elke gedachte aan de voorbijgaande verschijnselen van het menselijke leven, aan de vijanden. In zijn droefheid voor de wereld werd het hem verleend, de mensen te onderscheiden in hen die God hebben leren kennen en in hen die Hem niet kennen. Het was voor hem onverdraaglijk om te beseffen dat mensen zouden versmachten in de «buitenste duisternis» (Matth. 8:22).

Ik herinner me zijn gesprek met een monnik die kluizenaar was en die zei:

«God zal alle goddelozen straffen. Zij zullen in het eeuwige vuur branden.»

Het verschafte hem kennelijk voldoening, dat zij gestraft zouden worden door het eeuwige vuur. Hierop antwoordde Starets Silouan, die zichtbaar ontsteld was:

«Goed dan ! Maar asjeblieft zeg mij eens, als jij een plaats in de hemel zou krijgen en je zou vandaar kunnen zien hoe iemand in de hel in het vuur brandt, zou je dan vrede hebben ?»

«Wat kun je eraan doen ? Dat is hun eigen schuld,» antwoordde de ander.

Toen antwoordde de Starets met een bedroefd gezicht:

«De liefde kan dat niet verdragen... Wij moeten voor alle mensen bidden.»

En inderdaad, hij bad voor iedereen; het zou onnatuurlijk voor hem zijn om slechts voor zichzelf te bidden. Alle mensen zijn onderworpen aan de zonde, allen zijn beroofd van Gods heerlijkheid (naar Rom. 3:22). Voor hem die in de mate die hem verleend was, de heerlijkheid van God al helder had geschouwd en die vervolgens het verlies van deze genade had ervaren, was alleen al de gedachte aan een dergelijk verlies te pijnlijk. Zijn ziel *werd verteerd* door het besef dat er mensen leefden die God en Zijn liefde niet kenden en hij bad met een *vurig gebed* dat de Heer hun in Zijn onuitsprekelijke liefde zou verlenen Hem te leren kennen.

Ondanks zijn afnemende krachten en ziekte, heeft hij tot aan het einde van zijn leven de gewoonte bewaard om met onderbrekingen te slapen. Hij hield veel tijd over om in afzondering te bidden; hij bad onafgebroken en afhankelijk van de omstandigheden wisselde hij de vorm van zijn gebed af, maar 's nachts tot aan de ochtenddienst werd zijn gebed bijzonder intensief.

Dan bad hij voor de levenden en de doden, voor vriend en vijand, voor iedereen.

Maar wat dacht hij, wat ervoer hij, wat zei hij tegen God in die lange nachten van gebed voor de wereld ?

Enkele aantekeningen van de Starets mogen als voorbeeld voor die gebeden dienen; zij bieden ons de mogelijkheid om te naderen tot dit geheim van de ziel van deze heilige man die ons heeft verlaten.

De woorden van deze gebeden worden heel langzaam woord voor woord uitgesproken. Elk woord maakt zich diep en krachtig meester van het gehele wezen van de mens. De gehele mens wordt, zelfs lichamelijk, tot een eenheid verenigd. Zijn ademhaling verandert, deze wordt samengedrukt, of voltrekt zich liever gezegd in het verborgene, opdat zij niet het ingespannen streven en de aandacht van de geest door haar «vermetelheid» zou verstoren.

Heel de geest, heel het hart en heel het lichaam tot op het bot, alles wordt verenigd tot één eenheid. De geest overdenkt de wereld zonder beelden, het hart leeft het lijden van de wereld zonder beelden en in het hart zelf bereikt het lijden haar uiterste grens. Het hart of veeleer heel het wezen wordt overspoeld met tranen en is verzonken in geweeklaag.

De gebeden van Stàrets Silouan bevatten niet veel woorden, maar zij duurden zeer lang.

Dikwijls verloopt het gebed zonder woorden. Bij deze bijzondere, mentale synthese denkt de geest aan alles tegelijk. De ziel staat daarbij op een grens, waarbij zij elk ogenblik iedere gewaarwording van de wereld en van haar eigen lichaam kan verliezen, waarbij de geest ophoudt te denken in verschillende begrippen; waarbij de menselijke geest, bevrijd van iedere voorstelling, slechts God ziet. Dan vergeet de mens de wereld, zijn gebed verstomt en slechts in zwijgende verwondering verblijft hij in God.

«Wanneer de geest volledig in God is, dan wordt de wereld volkomen vergeten,» zei de Starets.

Maar wanneer dit verblijven in God om de een of andere – voor de mens onbekende – reden ophoudt, dan is er geen gebed meer, maar vrede, liefde en grote rust in de ziel en tegelijkertijd ook een licht verdriet, dat de Heer Zich verwijderd heeft, want de ziel zou eeuwig met Hem willen zijn.

Dan leeft de ziel van hetgeen er overblijft van haar beschouwing.

III

HET UITERLIJK EN DE GESPREKKEN VAN DE STARETS

Tijdens die periode van zijn leven leerde ik Starets Silouan kennen. Er waren lange jaren van zware strijd tegen de hartstochten voorbijgegaan. Hij was in die tijd waarlijk groot van geest. Hij werd onderricht in Gods mysteriën, vanuit den hoge werd hij geleid in de geestelijke strijd en hij vorderde met vaste tred naar de hartstochteloosheid.

Uiterlijk gezien toonde de Starets zich zeer eenvoudig. Hij was wat lengte betreft langer dan het gemiddelde; hij was groot, maar geen reus. Zijn postuur was niet mager, maar evenmin gezet. Zijn romp was krachtig, zijn nek stevig, zijn benen waren sterk en goed geproportioneerd met het lichaam; hij had grote voeten. Hij had de sterke handen van een arbeider, met grote handpalmen en grof van vingers. De proporties van zijn gezicht en hoofd waren harmonisch. Zijn mooie, ronde, gelijkmatige voorhoofd was iets groter dan de lengte van zijn neus. Zijn onderkaak was sterk en wilskrachtig, maar zonder een spoor van zinnelijkheid of wreedheid. Zijn ogen waren donker en klein. Zijn blik was kalm en zacht, maar soms zeer doordringend en opmerkzaam en dikwijls vermoeid vanwege het vele waken en de tranen. Hij had een grote, dichte, licht-grijzende baard. Zijn wenkbrauwen waren zwaar, maar niet doorgegroeid; zij liepen laag en recht, zoals dikwijls bij denkende mensen. Zijn haren waren donker en tot op hoge leeftijd tamelijk dik. Hij werd enkele malen gefotografeerd, maar die foto's waren geen succes. De krachtige, mannelijke trekken in zijn gezicht leken droog, hard en grof, terwijl hij in werkelijkheid eerder een prettige indruk maakte door de vreedzame, edele uitdrukking van zijn gelaat, dat vanwege slaapgebrek, het vele vasten en de overvloedige tranen dikwijls bleek, zacht en volstrekt niet streng leek.

Zo was het gewoonlijk, maar soms veranderde hij tot onherkenbaar toe. Zijn bleke zuivere gelaat kreeg dan een dermate treffende, stralende uitdrukking, dat men hem niet kon aankijken. Na één blik op zijn gezicht moest je je ogen neerslaan. Onwillekeurig moest men denken aan de Heilige Schrift, waar gesproken wordt over de heerlijkheid van Mozes' gelaat, waarnaar het volk niet kon opzien.

Zijn leven was gematigd streng, met een volledige onverschilligheid voor zijn uiterlijk en met grote onachtzaamheid voor zijn lichaam. Evenals het merendeel der asceten op de Athos waste hij zich niet. Zijn kleren waren grof zoals van de monniken die arbeider waren. Hij droeg veel kleren over elkaar heen, want na de jaren waarin hij zijn lichaam volkomen verwaarloosd had, werd hij dikwijls verkouden en leed hij aan reumatiek. Tijdens zijn verblijf in het oude Rossikon had hij ernstig kou gevat aan zijn hoofd en kwellende hoofdpijnen dwongen hem soms te gaan liggen. De nachten bracht hij meestal buiten de muren van het eigenlijke klooster door, in de grote ruimte van de voedselopslag waarover hij de leiding had; hij deed dit omwille van een grotere afzondering.

Zo was het eenvoudige en bescheiden uiterlijk van deze man. Maar als wij iets willen zeggen over zijn karakter en zijn innerlijke persoonlijkheid, dan staan wij voor een zeer moeilijke opgave.

In die jaren waarin ik hem heb kunnen gadeslaan, was hij een toonbeeld van uitzonderlijke harmonie van geestelijke en lichamelijke krachten.

Hij was bijna analfabeet. In zijn jeugdjaren was hij slechts twee «winters» naar de dorpsschool geweest, maar dankzij de voortdurende lezing en het beluisteren in de kerk[17] van de Heilige Schrift en van de grote werken van de heilige Vaders, had hij zich zeer ontwikkeld en maakte hij de indruk van een persoon die zeer belezen was in de monastieke literatuur. Hij had van nature een levendige, schrandere geest en de lange ervaring van geestelijke strijd en van innerlijk gebed, van uitzonderlijk lijden en van de buitengewone goddelijke aanraking, hadden hem bovenmenselijk wijs en scherpzinnig gemaakt.

HOOFDSTUK 3 : HET UITERLIJK EN DE GESPREKKEN

Starets Silouan was een man met een buitengewoon teder hart, met een tedere liefde vol barmhartigheid en met een grote fijngevoeligheid en weerklank op alle droefheid en leed, maar zonder de minste verwekelijkte, ziekelijke overgevoeligheid. Zijn onafgebroken, geestelijke tranen veranderden nooit in een huilerige sentimentaliteit. Zijn gespannen innerlijke waakzaamheid had geen spoor van nervositeit.

De grote kuisheid van een man met zulk een krachtig en sterk lichaam was niet minder bewonderenswaardig. Hij vermeed iedere gedachte die God niet welgevallig was, maar dat verhinderde hem niet om vrij, gelijkmatig en ongedwongen, liefdevol en vriendelijk met alle mensen om te gaan en met hen te spreken, zonder dat hij hun sociale positie of levenswandel in aanmerking nam. Hij had geen afschuw in zich voor mensen die onrein leefden, maar in het diepst van zijn ziel treurde hij over hun val, zoals een liefhebbende vader of moeder treurt over de misstappen van hun innig geliefde kinderen.

Hij kwam verzoekingen tegen en verdroeg deze met grote dapperheid.

Hij was een mens die volkomen onverschrokken en vrij was, maar tegelijkertijd was er geen spoor van vrijpostigheid in hem. Onverschrokken als hij was, leefde hij in de vreze Gods: God te kwetsen, al was het maar door een slechte gedachte – dat vreesde hij werkelijk.

Naast zijn buitengewone moed was hij tegelijkertijd uitzonderlijk zachtmoedig. Moed en zachtmoedigheid – wat een zeldzame en ongewoon mooie combinatie.

De Starets was een man met een diepe en waarachtige nederigheid, tegenover God en tegenover de mensen. Hij gaf graag de voorkeur aan anderen, hij hield ervan de minste te zijn, als eerste te groeten, de zegen te vragen aan de dragers van het geestelijke ambt, in het bijzonder van bisschoppen en van de hegoumen, maar hij deed dit zonder enig gunstbejag of behaagzucht. Hij had werkelijk eerbied voor mensen met een ambt en een sociale positie of voor ontwikkelde mensen en nooit was er haat of vernedering in hem, misschien wel omdat hij zich diep bewust was van de vergankelijkheid van elke wereldse positie, van macht, van rijkdom of zelfs van wetenschappelijke kennis. Hij wist «hoezeer de Heer Zijn volk liefheeft» en uit liefde voor God en voor de mensen waardeerde en respecteerde hij werkelijk iedere mens.

Het uiterlijke gedrag van deze man was zeer eenvoudig en tegelijkertijd was innerlijke adeldom een onbetwijfelbare eigenschap van hem, zo men wil, adeldom in de hoogste zin van dat woord. Tijdens contact met hem in de meest uiteenlopende situaties, kon iemand met zelfs de fijnste intuïtie niet de minste groffe beweging van zijn hart ontdekken: het afstoten, gebrek aan eerbied en aandacht, gemaaktheid en dergelijke houdingen. Hij was werkelijk een edel mens zoals misschien alleen een christen edel kan zijn.

De Starets lachte nooit hardop; hij sprak nooit dubbelzinnig, spotte niet en maakte zelfs geen grapjes over mensen. Op zijn gewoonlijk ernstige en rustige gezicht tekende zich soms nauwelijks merkbaar een glimlach af, zonder dat zijn lippen zich plooiden in een glimlach, als hij daarbij tenminste niet sprak.

Hij was vrij van woede als hartstocht; maar naast een verbazingwekkende zachtmoedigheid, zeldzame inschikkelijkheid en gehoorzaamheid had hij een groot, vastberaden verzet tegen alles wat leugenachtig, boos en laaghartig was. Het oordelen van anderen, boosaardigheid, kleingeestigheid en dergelijke hadden geen vat op hem; hier bleek zijn onwankelbare standvastigheid, maar hij zorgde ervoor om zijn gespreksgenoot niet te kwetsen, niet slechts uiterlijk niet te kwetsen, maar wat het belangrijkste was, zelfs niet door een beweging van zijn hart, want een fijngevoelig mens zou ook dat opvangen. Hij bereikte dit door middel van het inwendige gebed, waardoor hij rustig bleef en niet ontvankelijk was voor al het slechte.

Zijn wilskracht was uitzonderlijk, zonder koppigheid; eenvoud, vrijheid, onverschrokkenheid en moed, samen met zachtmoedigheid en zachtheid; nederigheid en gehoorzaamheid, zonder behaagzucht of vernedering; hij was een echt mens, het beeld en de gelijkenis van God.

De wereld is prachtig, zij is de schepping van de grote God, maar er is niets mooiers dan de mens, de echte mens: de zoon van God.

———

Ik heb nooit belangstelling gehad voor de gebeurtenissen van het uiterlijke leven van de zalige Starets. Dat is misschien een fout van mijn kant, maar gedane zaken nemen geen keer. Na de ontmoeting met de Starets werd al mijn aandacht volkomen opgeëist door het verlangen om van zijn geestelijk onderricht niets te missen; met de geest te begrijpen, met het hart te verstaan, met de ziel zijn woorden vast te houden en te bewaren, of liever gezegd, zich zijn instelling van geest eigen te maken.

HOOFDSTUK 3 : HET UITERLIJK EN DE GESPREKKEN 67

Soms scheen het mij toe dat de Starets de kracht was verleend om door het gebed invloed uit te oefenen op zijn gespreksgenoten. Dat was des te noodzakelijker, omdat zijn woord uiterlijk bezien, zeer eenvoudig was en als het ware niets «bijzonders» bevatte, terwijl het in wezen verwees naar een bovenwezenlijke gesteldheid. Hij moest zijn gespreksgenoot met behulp van het gebed in diezelfde geestelijke gesteldheid brengen waarvan sprake was, anders zou alles tevergeefs zijn: het woord zou onbegrijpelijk, ondoorgrondelijk en verborgen blijven.

De omgang met de Starets had een speciaal, uitzonderlijk karakter: er was volkomen eenvoud en ongedwongenheid, zonder enige verlegenheid, zonder angst om zich te vergissen; men kreeg de diepe overtuiging dat niets – geen enkele handeling, geen enkel onbeholpen of zelfs misplaatst woord – een scheur zou veroorzaken, de vrede zou verstoren, noch als antwoord een verwijt of een bruuske reactie zou oproepen. In zijn nabijheid kon geen angst het hart raken en tegelijkertijd werd de meest innerlijke snaar van de ziel gespannen in een uiterst ingespannen gebed, om waardig te worden gekeurd diezelfde geest te ademen waarvan hij vervuld was.

Wanneer u een plaats betreedt die vervuld is met een heerlijke geur, dan openen uw longen zich onwillekeurig om deze met diepe teugen met geheel uw wezen op te nemen. Een dergelijke beweging van de ziel kon men opmerken in de omgang met de Starets. Een rustig, vreedzaam, maar daarbij zeer sterk en diep verlangen maakte zich van de ziel meester: om de heerlijke geur van de sfeer van de geest van Christus op te vangen, waarin de Starets mocht leven.

Welk een zeldzame, bijzondere en volkomen unieke genieting geeft de omgang met een dergelijk mens !

De Starets kon zonder de minste ijdelheid zeer eenvoudig spreken over dingen die de grenzen van de menselijke ervaring overschreden. Wanneer de toehoorder geloof in hem had, dan ontving deze, in de mate die voor hem mogelijk was, eveneens die bovennatuurlijke gesteldheid waarin de Starets zich bevond.

Ik herinner me zijn verhaal over een opmerkelijke Russische asceet, vader Stratonik, die uit de Kaukasus was gekomen om de Athos te bezoeken. Vader Stratonik had de zeldzame gave van het woord en van het gebed met tranen. Hij had vele kluizenaars en monniken in de Kaukasus uit hun verslapping en moedeloosheid opgewekt en hen tot nieuwe ascese gebracht door hun de weg van de geestelijke strijd te tonen. Op de Athos was hij liefdevol opgenomen in de kring der asceten. Zijn inspirerende woorden maakten op velen een diepe indruk. Hij bezat een rijk onderscheidingsvermogen, een zuivere en sterke geest, een ruime ervaring, de gave van het ware gebed – dat alles maakte hem tot een centrale figuur in de kring van asceten. Hij had ongeveer twee maanden op de Athos doorgebracht en begon het al te betreuren dat hij de grote inspanning van de verre reis omwille van het geestelijke «nut» tevergeefs had ondernomen, want zelf had hij uit de ontmoetingen met de athosmonniken nog niets nieuws geleerd. Hij kwam bij de geestelijke vader van het Russische klooster van de heilige Panteleimon, starets Agathadorus, en nadat hij van zijn teleurstelling had verteld, vroeg hij hem om hem iemand van de vaders te wijzen met wie hij over de gehoorzaamheid zou kunnen spreken en over andere ascetische aangelegenheden van monniken. Vader Agathadorus stuurde hem als gast naar het oude Rossikon, waar in die jaren (vóór de oorlog van 1914) enkele zeer bijzondere oudvaders uit de broederschap van het klooster bijeen waren.

Het oude Rossikon is gelegen in de bergen, op een hoogte van ongeveer tweehonderdvijftig meter boven de zeespiegel, ten oosten van het klooster, op een afstand van een uur en tien minuten lopen. Daar werd geleefd volgens een strengere regel dan in het klooster. Het was een plaats van eenzaamheid en van zwijgen en daarom trokken die monniken daarheen die omwille van het Jezusgebed naar meer afzondering verlangden. In die tijd leefde vader Silouan daar ook.

Vader Stratonik werd zeer welwillend ontvangen in het oude Rossikon. Hij voerde vele gesprekken met de vaders van het Rossikon zowel apart als in groepjes. Op een keer op een feestdag nodigde vader Dositheus hem in zijn cel uit, samen met nog enkele andere monniken; onder hen waren de vaders Benjamin uit Kalagra[18], Onisiforus en Silouan. Het gesprek was zeer onderhoudend. Allen waren enthousiast over hetgeen vader Stratonik zei, die niet alleen als gast voorrang had, maar ook door de gave van het woord de anderen overtrof. Vader Silouan was van de aanwezigen de allerjongste en daarom bleef hij vanzelfsprekend in de hoek van de cel zitten en zweeg. Hij luisterde aandachtig mee naar ieder woord van de Kaukasische asceet. Omdat vader Stratonik vader Silouan nog niet bezocht had, uitte hij na het gesprek de wens om hem te komen opzoeken in diens kalyva[19]. Vader Silouan had deze voor zichzelf ge-

Hoofdstuk 3 : Het uiterlijk en de gesprekken 69

bouwd op een loopafstand van vijf à zes minuten, zuidoostelijk van het hoofdgebouw van de broeders, omwille van de afzondering. Ze spraken af voor de volgende dag om drie uur. In die nacht bad vader Silouan veel, opdat de Heer hun ontmoeting en gesprek zou zegenen.

Vader Stratonik kwam op het afgesproken uur. Het gesprek tussen de twee asceten kwam gemakkelijk op gang en nam direct een gunstige wending. Beiden waren voortdurend gericht op hetzelfde doel en hun geest leefde onafgebroken met dezelfde vragen die voor hen de enig belangrijke waren.

Silouan, die de vorige dag aandachtig naar vader Stratonik had geluisterd, merkte op dat deze laatste «vanuit zijn eigen geest» sprak en dat zijn verhaal over de ontmoeting van de menselijke wil met de wil van God en zijn verhaal over de gehoorzaamheid «onduidelijk» waren.

Vader Silouan begon het gesprek door drie vragen te stellen.

«Hoe spreken de volmaakten ?»

«Wat betekent het om zich over te geven aan de wil van God ?»

«Waaruit bestaat de kern van de gehoorzaamheid ?»

Blijkbaar was de buitengewone geestelijke atmosfeer waarin de Starets verbleef, direct van invloed op vader Stratonik; hij voelde het gewicht en de diepte van de vragen en hij verzonk in gepeins. Na een kort stilzwijgen zei hij: «Dat weet ik niet... Zegt u het mij.»

Silouan antwoordde:

«Zij zeggen niets vanuit zichzelf... zij zeggen alleen wat de Geest hun ingeeft.»

Vader Stratonik ervoer op dat moment die gesteldheid waarover Silouan sprak. Er openbaarde zich een nieuw mysterie van het geestelijke leven aan hem, dat hem tot dan toe onbekend was. Hij werd zich bewust van zijn lacunes in het verleden en hij begreep hoe ver hij nog af was van de volmaaktheid. Na zovele ontmoetingen met monniken, waarbij zijn overwicht duidelijk was, waren er gedachten over zijn volmaaktheid op hem afgekomen; en hij had toch vele en opmerkelijke asceten ontmoet. Dankbaar keek hij vader Silouan aan.

Nadat de eerst vraag in de diepte van zijn ziel was opgelost, vanuit de ervaring van deze gesteldheid die hem op het gebed van vader Silouan werd verleend, was het voor hem gemakkelijk de volgende twee vragen in zich op te nemen.

Het gesprek ging verder over het gebed. Vader Stratonik zei dat wanneer het gebed niet gepaard ging met tranen, het dan zijn plaats niet had bereikt en daarom onvruchtbaar bleef. Hierop antwoordde vader Silouan dat de tranen tijdens het gebed uitgeput kunnen raken zoals iedere andere lichaamsfunctie, maar dat de geest, gescherpt door het wenen, dan tot een haarscherp gevoel van God komt en vrij van alle gedachten in onbewogenheid God schouwt. En dat kan zelfs kostbaarder zijn dan tranen.

Vader Stratonik vertrok dankbaar gestemd. Later kwam hij nog enkele malen bij Silouan en tot aan het einde van zijn verblijf op de heilige Berg, bestond er tussen hen een diepe genegenheid. Tijdens een van zijn volgende bezoeken bevestigde hij de woorden van Starets Silouan over het gebed. Ongetwijfeld had God ook aan hem verleend die staat te leren kennen.

Korte tijd na dit gesprek verliet vader Stratonik het oude Rossikon en ging naar een kluizenaar, vader Benjamin: een man van een zeldzame adeldom; hij was intelligent, ontwikkeld met een rijk onderscheidingsvermogen; heel zijn uiterlijke verschijning, zijn gezicht en zijn smalle, lange en strenge silhouet, weerspiegelden een verborgen innerlijke tragedie. Hij had tientallen jaren in afzondering doorgebracht in Kalagra. Graag had ik veel willen vertellen over deze bijzondere asceet, maar dergelijke uitweidingen kan ik me hier onmogelijk veroorloven om ons verhaal niet te lang te maken. Vader Stratonik was vroeger ook al dikwijls op bezoek geweest bij vader Benjamin en zij hadden samen veel gesproken, maar deze keer was hij tegen zijn gewoonte in zwijgzaam en verzonken in gedachten. Alle vragen van vader Benjamin beantwoordde hij met stilzwijgen. Tenslotte vroeg vader Benjamin, terwijl hij van verbazing met een enigszins theatrale gratie die hem eigen was, de handen in elkaar sloeg:

«Vader Stratonik, wat is er met u aan de hand ? Ik herken u niet meer. U was altijd zo alert en nu zit u hier volkomen teneergeslagen en blijven uw inspirerende lippen gesloten... Wat is er met u ?»

«Wat zou ik kunnen zeggen op uw vragen ?» antwoordde vader Stratonik. «Het is niet aan mij om daarover te spreken. U heeft vader Silouan, vraag het hem.»

Vader Benjamin verbaasde zich; hij kende Silouan al lange tijd, hield van hem en had eerbied voor hem, maar hij beschouwde hem niet als zodanig groot, dat hij zich om raad tot hem zou wenden.

Hoofdstuk 3 : Het uiterlijk en de gesprekken

Het is niet uitgesloten dat vader Stratonik op dat ogenblik een zeer moeilijke ervaring doormaakte in zijn ziel. Van de ene kant was hij naar de Athos gekomen om voor zichzelf «nut» te zoeken, van de andere kant was hij vanwege talrijke eerdere bezoeken eraan gewend overwicht te hebben. Zijn buitengewone uithoudingsvermogen in de ascetische strijd en de zeldzame gave van tranen zouden aanleiding kunnen geven tot gedachten dat hij de volmaaktheid al had bereikt, maar plotseling was zijn ontoereikendheid zo duidelijk en sterk aan het licht gekomen tijdens de ontmoeting met een eenvoudige monnik die de schitterende gaven waaraan hij zelf rijk was, niet scheen te bezitten. Het is mogelijk dat hij zweeg en bedroefd was omdat hij de gesteldheid niet had vastgehouden die hij had leren kennen tijdens het gesprek met Starets Silouan.

―――

Op een keer wandelde vader Benjamin van Kalagra op een feestdag samen met vader Silouan door het bos en stelde hem voor naar de toentertijd op de Athos zeer bekende en opmerkelijke starets, vader Ambrosius, te gaan, de geestelijke vader van het Bulgaarse klooster Zografos. Silouan stemde direct toe... Zo gingen ze op weg... Vader Benjamin was nieuwsgierig naar de vragen die Silouan aan starets Ambrosius zou stellen.

«Ik ben niet van plan de starets iets te vragen, antwoordde Silouan, ik heb op dit ogenblik geen vragen.»

«Waarom ga je er dan heen ?»

«Ik ga erheen, omdat jij dat wilt.»

«Maar je gaat toch naar een starets omwille van het geestelijke nut.»

«Ik snijd mijn wil voor jou af en dat geeft mij een groter nut dan welke raad van welke starets dan ook.»

Vader Benjamin verwonderde zich over dit gesprek, maar ook ditmaal had hij Silouan niet begrepen.

Kort voor zijn dood verliet vader Benjamin zijn kluizenaarsbestaan en keerde terug naar het klooster van de H. Panteleimon. Hij leed aan waterzucht en werd opgenomen in het hospitaal dat door het klooster werd onderhouden ten behoeve van de kluizenaars en in het algemeen voor dakloze pelgrims. Dit hospitaal heette «de Rust». Het bevond zich in een groot stenen gebouw met veel verdiepingen, dat gelegen was aan de kust buiten de poorten van het eigenlijke klooster. Naast dit gebouw lag een ander, kleiner gebouw, waar zich de opslagplaats bevond, die in die tijd werd beheerd door vader Silouan. De nabije ligging van de opslagplaats naast «de Rust» maakte het mogelijk dat Silouan vader Benjamin dikwijls kon bezoeken en helpen. Maar in de begintijd toen hij nog kon lopen, ging vader Benjamin, al was het met moeite, ook dikwijls op bezoek bij zijn vriend.

Spoedig na zijn aankomst ging vader Benjamin bij vader Silouan langs en hadden zij een lang en belangrijk gesprek. De volgende dag kwam ik bij vader Benjamin op bezoek in het ziekenhuis. Hij was nog volkomen onder de indruk van zijn gesprek met vader Silouan en hij herhaalde ettelijke malen met onverholen verbazing en dankbaarheid:

«Wat een vriend heeft de Heer mij gegeven!... Weet u, hij heeft mijn innerlijk voor me blootgelegd... Daarna heeft hij mij drie aanwijzingen gegeven; hij heeft ze enkele keren herhaald opdat ik ze niet zou vergeten en tot slot had hij er streng aan toegevoegd, alsof hij ergens een grote spijker insloeg: "Als je niet zult doen zoals ik je gezegd heb, dan zul je niet gered worden." »

Aan alles was te zien dat deze ontmoeting met vader Silouan voor vader Benjamin een grote openbaring was geweest. Dit gebeurde op maandag, de eerste dag van de Apostelvasten[20]. Ofschoon er volgens de regel van het klooster tot de avond niet mocht worden gegeten, had vader Silouan hem thee aangeboden en zelf ook gedronken. En dit kleine onbeduidende detail had vader Benjamin opgevat als een teken van de vrijheid van vader Silouan, voor wat betreft de vormen; een vrijheid die niet op minachting van deze vormen duidde, maar op hun overtreffing, want hij kende zijn zeer grote matigheid.

Ik bracht ongeveer een uur door bij vader Benjamin; gedurende die tijd was hij diep geconcentreerd en kon hij aan niets anders denken en over niets anders praten, maar herhaalde telkens:

«Wat een vriend heeft de Heer mij gegeven!»

Op die wijze leerde hij aan het einde van zijn leven begrijpen wie Silouan was; vroeger had hij zich weliswaar ook zeer vriendschappelijk tegenover hem gedragen, maar toch enigszins neerbuigend; als tegenover een goede, maar toch jongere monnik. Zo is het ook enkele andere vaders vergaan op de heilige Berg, die vader Silouan pas na zijn dood hebben leren waarderen.

HOOFDSTUK 3 : HET UITERLIJK EN DE GESPREKKEN

Het klooster van de H. Panteleimon is enorm groot en het beheer ervan is zeer ingewikkeld. De diverse afdelingen van dit beheer hebben elk hun eigen hoofden die economen worden genoemd. Deze economen kunnen vanwege hun verplichtingen de gemeenschappelijke regel van het klooster soms niet volgen en daarom is er in de grote refter een aparte tafel voor de economen, waar zij kunnen eten wanneer hun bezigheden dit toelaten. Aan het einde van zijn leven was Silouan gedurende vele jaren econoom en at hij op weekdagen aan die tafel.

Onder de economen bevond zich een monnik, vader P., een man die zich sterk onderscheidde van de broeders vanwege zijn capaciteiten, maar vreemd genoeg «zat 't hem tegen». Meestal vonden zijn initiatieven geen weerklank bij de vaders en dikwijls liepen zijn ondernemingen op een mislukking uit. Op een keer, naar aanleiding van de zoveelste mislukking van een van zijn initiatieven, werd er in de refter aan de «economentafel» fel kritiek geuit op zijn manier van doen. Vader Silouan was eveneens aanwezig, maar hij nam geen deel aan het «gericht». Toen draaide één van de economen, vader M., zich naar hem om en zei:

«Vader Silouan, jij zwijgt, dus jij bent voor vader P. ... Gaan de belangen van het klooster jou dan niet aan het hart ?... Wat heeft hij een schade berokkend aan het klooster.»

Vader Silouan bleef zwijgen, at snel zijn maaltijd op, ging daarna naar vader M. toe, die al van tafel was opgestaan, en zei tegen hem:

«Hoeveel jaar ben je al in het klooster, vader M. ?»

«Vijfendertig.»

«Heb je ooit gehoord dat ik iemand veroordeeld heb ?»

«Neen, nooit.»

«Waarom wil je dan nu dat ik vader P. zou berispen ?»

Vader M. raakte in verlegenheid en antwoordde beschaamd:

«Vergeef mij.»

«God vergeve.»

Nadat vader Silouan door de hegoumen tot econoom was benoemd, bad hij na terugkeer in zijn cel vurig dat de Heer hem zou mogen helpen om deze verantwoordelijke taak uit te voeren. Na een lang gebed kreeg hij in zijn ziel het volgende antwoord: «Bewaar de genade die je verleend is.» Toen begreep hij dat het bewaren van de genade belangrijker en kostbaarder was dan alle andere zaken en daarom zorgde hij er nauwlettend voor dat zijn gebed niet werd onderbroken toen hij aan zijn nieuwe taak begon.

Hij had bijna tweehonderd arbeiders onder zijn leiding. 's Morgens bij zijn ronde door de werkplaatsen, gaf hij aan de oudere voormannen in algemene lijnen aanwijzingen en daarna ging hij terug naar zijn cel om over «Gods volk» te wenen. Zijn hart deed hem pijn uit droefheid voor deze arbeiders; hij beweende het lot van elk van hen.

«Kijk eens naar Michaël: hij heeft vrouw en kinderen achtergelaten in zijn dorp en werkt hier om een paar stuivers te verdienen. Hoe moet hij zich wel niet voelen, zo ver weg van huis, zonder dat hij zijn vrouw en zijn dierbare kinderen kan zien. Dan is er Nikita die pas getrouwd is: hij heeft zijn jonge vrouw die in verwachting is en zijn oude moeder moeten achterlaten... wat een verdriet voor deze vrouwen dat zij Nikita, die nog zo jong is en een geliefde zoon en echtgenoot, moesten laten gaan. En dan is er Grigorij: die heeft zijn oude ouders, zijn jonge vrouw en twee kleine kinderen moeten achterlaten. Hij is hier om een stuk brood komen werken... maar wat verdient hij hier nu ?... Hoe arm zijn zij wel niet, dat zij hebben besloten om hun hele familie achter te laten. Hoe verdrietig zullen ze zijn... En wat leeft dit volk in een ellendige armoede... Kijk, dan heb je Nikolka: die is nog maar een jongen... Wat een pijn zal het zijn ouders hebben gedaan om hem zo ver weg te moeten laten gaan, tussen vreemde mensen omwille van een armzalig loon; wat zullen zijn ouders een verdriet hebben... O wat leeft het volk in lijden en armoede... Allen zijn zij als verdwaalde schapen; niemand bekommert zich om hen, noch om hun opvoeding, noch om hun ontwikkeling... zij leren allerlei ondeugden, ze verwilderen en worden "ruw"... »

Zo sprak de zalige Starets en zijn ziel leed voor al deze arme lieden; zij leed ongetwijfeld nog meer dan zij zelf leden, want hij zag in hun leven ook nog wat zij vanwege hun onwetendheid niet in zichzelf opmerkten.

«Het ene hart openbaart zich aan het andere,» zegt een volksgezegde. De Starets bad in het geheim voor Gods volk. De arbeiders voelden dit en hielden van hem. Hij liep hen nooit na tijdens hun werk, hij jaagde hen niet op, maar omdat zij beleefd werden behandeld, werkten zij vrolijker en met meer energie voor hem dan voor de andere economen. De andere economen «hielden de belangen van het klooster in het oog»; maar iedereen weet dat wanneer men «zijn eigen belangen» nastreeft, men dan de mens niet meer ziet. Het belang, het ware belang van het klooster, zag de Starets in de naleving van het gebod van Christus.

«De Heer heeft met iedereen medelijden,» zei de Starets. Hij zéi dat niet slechts, maar vervuld van Christus' geest als hij was, hád hij ook medelijden met allen. Bij het zien van het hem omringende leven, bij de herinnering aan zijn eigen verleden en dankzij zijn diepe persoonlijke ervaring, leefde hij met het lijden van zijn volk, van de gehele wereld, en er was geen einde aan zijn gebed. Hij bad zijn *grote* gebed voor de gehele wereld. Hij vergat zichzelf, hij wilde lijden voor het volk uit medelijden met hen; hij was bereid om voor de wereld en haar verlossing zijn bloed te vergieten en hij vergoot het tijdens zijn gebeden.

«Bidden voor de mensen is bloed vergieten,» zei de Starets.

Is het nog nodig om te onderstrepen op welk een intensief gebed en op welke tranen deze woorden duiden ?

Eens vroeg ik de Starets: «Is het veeleisende werk van een econoom, waarbij je met talrijke mensen moet omgaan, niet schadelijk voor het stilzwijgen van een monnik ?» Hierop antwoordde de Starets:

«Wat is stilzwijgen ? Stilzwijgen is het onophoudelijke gebed en het verblijf van de geest in God. Vader Johannes van Kronstadt was altijd met het volk, maar hij was nog meer in God dan vele kluizenaars. Ik ben econoom geworden omwille van de gehoorzaamheid en dankzij de zegen van de hegoumen kon ik tijdens dat werk beter bidden dan in het oude Rossikon, waarheen ik vanuit mijn eigen wil omwille van het stilzwijgen, had gevraagd te mogen gaan... Als de ziel de mensen liefheeft en medelijden met hen heeft, dan kan haar gebed niet ophouden.

Heel opmerkelijk is een opvallende trek in het karakter van de Starets: zijn houding ten opzichte van diegenen die het niet met hem eens waren en die een andere opvatting hadden. Zijn verlangen om de ander zo goed mogelijk te begrijpen en hem niet te kwetsen in hetgeen voor hem heilig was, was alleroprechtst en diepgaand. Hij bleef altijd zichzelf. Hij was er vast van overtuigd dat de verlossing in de nederigheid van Christus ligt en vanuit deze nederigheid wilde hij van harte iedereen zo goed mogelijk begrijpen; met zijn fijne intuïtie nam hij in iedere mens diens bezieling waar, diens aanleg om Christus lief te hebben.

We weten van een gesprek van de Starets met een archimandriet die onder niet-orthodoxe christenen missioneringswerk bedreef. Deze archimandriet had veel ontzag voor de Starets en bezocht hem verschillende malen, om tijdens zijn verblijven op de Athos met hem te spreken. De Starets vroeg hem hoe hij predikte. De archimandriet, die nog jong en onervaren was, antwoordde geestdriftig terwijl hij druk gebaarde en met zijn hele lichaam bewoog:

«Ik zeg tegen hen: "Jullie geloof is ontucht. Alles is bij jullie verdraaid, alles is onwaar en er is geen redding voor jullie, als jullie je niet bekeren." »

De Starets hoorde hem aan en vroeg:

«Maar zeg eens, vader archimandriet, geloven zij in de Heer Jezus Christus, geloven zij dat Hij de ware God is ?»

«Dat geloven zij.»

«En vereren zij de Moeder Gods ?»

«Ja, zij vereren haar, maar hun leer over haar is onjuist.»

«Vereren zij de heiligen ?»

«Ja, zij vereren hen, maar welke heiligen kunnen zij dan hebben sinds hun afscheiding van de Kerk ?»

«Vieren zij de diensten in de kerken, lezen zij Gods woord ?»

«Ja, zij hebben zowel kerken als diensten, maar als u eens kon zien wat voor een diensten dat zijn vergeleken met de onze; wat een kou en wat een harteloosheid.»

«Dus, vader Alexander, hun ziel weet dat zij het goede doen door in Jezus Christus te geloven, door de Moeder Gods en de heiligen te vereren en hen aan te roepen in hun gebeden; maar wanneer u dan tegen hen zegt dat hun geloof ontucht is, dan zullen zij niet naar u luisteren. U moet tegen de mensen zeggen dat zij er goed aan doen in God te geloven; dat zij er goed aan doen de Moeder Gods en de heiligen te vereren; dat zij er goed aan doen naar de kerk te gaan voor de diensten en thuis te bidden, Gods Woord te lezen enzovoort, maar dat zij zich op sommige punten vergissen en dat zij deze fout moeten herstellen en dat dan alles goed zal zijn. En de Heer zal zich in hen

Hoofdstuk 3 : Het uiterlijk en de gesprekken

verheugen en zo zullen we allen gered worden door Gods barmhartigheid... God is liefde en daarom moet elke prediking ook altijd uitgaan van de liefde; dan zal zij nut hebben zowel voor degene die predikt, als ook voor degene die luistert. Maar als u veroordeelt, dan zal de ziel van het volk niet naar u luisteren en zal het geen enkel nut hebben.»

Op een keer was vader Silouan in gesprek met een student die de Athos bezocht en die veel sprak over de vrijheid. Als altijd, volgde de Starets de gedachten en de ervaringen van zijn jonge, sympathieke, maar naïeve gespreksgenoot met welwillende aandacht. Natuurlijk kwamen zijn voorstellingen over de vrijheid aan de ene kant neer op het zoeken van politieke vrijheden en aan de andere kant op de mogelijkheid om meer te handelen volgens zijn eigen opwellingen en verlangens.

Als antwoord ontvouwde de Starets hem zijn eigen opvattingen en streven, zeggend:

«Wie wil er geen vrijheid ? Iedereen wil haar, maar je moet weten waaruit zij bestaat en hoe je haar kunt vinden... Om vrij te worden, is het allereerst nodig om jezelf te "binden". Des te meer je jezelf bindt, des te groter zal de vrijheid van je geest zijn... Je moet je hartstochten in jezelf vastbinden, opdat zij je niet overheersen; je moet jezelf binden, opdat je je naaste niet benadeelt... Gewoonlijk zoeken de mensen de vrijheid om te kunnen doen wat zij willen. Maar dat is geen vrijheid, dat is de macht van de zonde over jou. De vrijheid om ontucht te bedrijven, mateloos te eten, zich te bedrinken, haatdragend en gewelddadig te zijn, te doden, of iets dergelijks: dat is helemaal geen vrijheid, want zoals de Heer heeft gezegd: "Een ieder die de zonde doet, die is een slaaf van de zonde." We moeten veel bidden dat we van deze slavernij mogen worden bevrijd.

Ik denk dat de ware vrijheid eruit bestaat niet te zondigen en met heel je hart en met al je krachten God en je naaste lief te hebben.

De ware liefde is het voortdurend verblijven in God.»

Hoewel de diepte van de woorden van de Starets het begrip van de jonge student te boven gingen en ondanks de uiterlijke eenvoud van zijn woorden, verliet zijn gespreksgenoot hem diep onder de indruk.

Ik heb een schriftelijke aantekening bewaard over een gesprek van de Starets met een monnik die hem kwam bezoeken; dit gesprek had plaats in mijn aanwezigheid op 18/31 maart 1932.

De Starets zei dat de ervaring van de heilige Vaders ons laat zien dat er verschillende manieren zijn om te strijden tegen de gedachten, maar dat het de allerbeste methode is om helemaal niet met hen in gesprek te gaan.

De geest die in gesprek gaat met de gedachte, krijgt te maken met een onophoudelijke ontwikkeling van de gedachten en afgeleid door dit gesprek, laat de geest zich afkeren van het «indachtig zijn van God», wat juist het doel van de demonen is. Want zodra de geest zich van God heeft losgemaakt, komen de demonen op wat voor manier dan ook verwarring brengen. En de geest komt niet rein te voorschijn uit het gesprek met een of andere gedachte.

De woestijnvader Stefan, die een luipaard uit zijn hand voerde[21], begaf zich voor zijn sterven in twistgesprek met zijn gedachten, vanwege zijn gewoonte om hen tegen te spreken en daarom bevond hij zich in een toestand van strijd met de demonen.

De zalige Markus van Thracië, die vóór zijn sterven al zijn werken opsomde om zijn ziel te troosten, werd in de lucht gedurende één uur vastgehouden; deze vermelding « gedurende één uur» betekent dat het gevaar bestond dat hij er voor altijd had moeten blijven...

Andere Vaders waren wijzer in hun geestelijke strijd.

De heilige Makarius de Grote, die de tolhuizen passeerde, bleef zichzelf vernederen en toen de demonen hem al van verre toeschreeuwden dat hij aan hen ontkomen was, antwoordde hij dat hij nog niet aan hen ontkomen was. Hij antwoordde aldus, omdat hij eraan gewend was zijn geest in de hel te houden en hierdoor ontkwam hij inderdaad aan de demonen.

De heilige Pimen de Grote, die geoefend was door een lange strijd tegen de demonen, wist dat de allergevaarlijkste en sterkste vijand de trots was. Hij spande zich zijn leven lang in om de nederigheid te verwerven en daarom zei hij tegen zijn leerlingen: «Gelooft mij, kinderen: waar de Satan is, daar zal ik ook zijn», maar in het diepst van zijn ziel wist hij hoe goed en barmhartig de Heer is en hij hoopte vast dat Hij hem zou redden.

Deze manier van zichzelf vernederen is de beste manier om je geest rein te bewaren van iedere hartstochtelijke gedachte. Veel asceten begrepen dit echter niet en konden niet zo denken, maar wanhoop-

HOOFDSTUK 3 : HET UITERLIJK EN DE GESPREKKEN

ten omdat zij hun geest niet in de hel konden houden en daarbij op Gods genade vertrouwen...

Je moet helemaal niet in gesprek gaan met de gedachte, je moet je met heel je geest en met al je kracht vasthechten aan God en zeggen: «Heer, ik ben zondig en Uw barmhartigheid onwaardig, maar Gij alleen, red mij door Uw barmhartigheid...»

De ziel verliest dikwijls veel omwille van een enkele gedachte van twijfel aan de barmhartigheid van God: «Maar als de Heer nu eens niet vergeeft...» De wanhoop is het ergste van alles, het is een beschimping van God, alsof Hij niet bij machte zou zijn om te verlossen, of dat de mate van onze zonden de mate van Zijn barmhartigheid te boven zou kunnen gaan... Hij heeft de zonden van de gehele wereld volkomen op Zich genomen... Als een moeder haar kind alles vergeeft, omdat het nog op een onverstandige leeftijd is, hoeveel te meer schenkt de Heer dan vergeving, als wij onszelf vernederen en boete doen...

De geestelijke strijd lijkt in veel opzichten op een gewone oorlog; ook in onze strijd moet je dapper zijn. Geestelijke moed gaat samen met een vaste hoop op Gods barmhartigheid. Een moedige asceet gaat, zelfs als hij in de zonde valt, of zich laat verleiden en van de goede weg afraakt, of zelfs als hij zich overgeeft aan de aanbidding van de demonen, niet verloren; maar zodra hij zich berouwvol en hoopvol tot God keert, zegeviert hij op die wijze over zijn vijanden. Maar de ziel die niet moedig is, die in verwarring raakt, komt tot wanhoop en gaat zo verloren...

Wie van de goede weg afraakt en in de bekoring valt, die moet allereerst bij zijn geestelijke vader biechten en hem alles vertellen. Na die Biecht zal de invloed van de bekoring verslappen en daarna zal er, ook al is het niet direct, een volledig herstel komen.

Talrijk zijn zij die afdwalen, maar ongelukkigerwijs beteren zich maar weinigen.

Talrijk zijn zij die in het begin de genade ontvangen, maar er zijn slechts zeer weinigen die haar terugkrijgen nadat zij haar verloren hebben.

De monnik vroeg aan de Starets:

«Waarom bad de zalige Johannes Kolobos[22] dat de hartstochten bij hem zouden terugkomen ?»

Hierop antwoordde de Starets:

«De zalige Johannes Kolobos overwon door zijn diepe berouw al spoedig zijn hartstochten, maar hij ontving de liefde en het gebed voor de wereld niet. Toen de hartstochten hem niet meer kwelden, verslapte zijn gebed en daarom begon hij te smeken of hij de hartstochten mocht terugkrijgen, omdat hij in de strijd tegen de hartstochten onophoudelijk in vurig gebed was. Maar als hij na de overwinning op de hartstochten ook het gebed voor de wereld had verworven, dan zou hij er geen behoefte aan hebben gehad, dat de verzoekingen terugkwamen. Waneer een mens tegen de hartstochten strijdt, kan hij God niet met een reine geest aanschouwen of vurig bidden voor de wereld... Dat denk ik ervan.»

De monnik vroeg:

«Waarom antwoordde een starets die door de heilige Pimen werd ondervraagd, dat hij de gedachte in zijn hart moest toelaten en er pas vanaf dat ogenblik tegen moest gaan strijden, maar zei hij tegen een andere broeder, die minder ervaren was, dat hij integendeel de gedachte direct moest afsnijden?»

Starets Silouan antwoordde:

«Uit deze raad wordt duidelijk dat sommige Vaders een dergelijke methode hanteerden, d.w.z. zij lieten eerst de gedachte toe in hun hart en pas daarna begonnen ze de strijd tegen hen; men moet echter wel twee verschillende situaties onderscheiden: ten eerste, wanneer een mens zijn geest niet weet te bewaken, dringen de gedachten door in zijn hart en de strijd begint eerst dan. Dit is een spel waarbij men ook kan verliezen. Ten tweede, wanneer een monnik niet vanwege zijn onmacht, maar bewust de gedachte laat doordringen in zijn hart, om alle werkingen ervan te bestuderen; maar ook die methode maakt het niet mogelijk om in de beschouwing te blijven en daarom is het beter om helemaal geen gedachten toe te laten, maar om met een reine geest te bidden.

De onervaren broeder, aan wie de Starets de raad gaf om direct zijn gedachten af te snijden en er op geen enkele wijze mee in gesprek te gaan, kreeg deze raad, omdat hij zwak was en zich niet kon verzetten tegen de hartstochtelijke gedachte; maar ondanks de raad van de Starets kon hij toch de gedachten nog niet tegenhouden, zoals hij had gemoeten en in navolging van de opdracht van de Starets begon hij deze moeilijke wetenschap toen pas te leren: de strijd tegen de gedachten. De heilige Pimen was sterker en had meer ervaring in de geestelijke strijd dan de andere broeder, maar toch is het beter om je geest altijd onverstrooid te bewaren van iedere gedachte en om uit alle macht te bidden, want wie met een onverstrooide geest bidt, wordt verlicht door de Heer.»

«Hoe is het mogelijk om je geest onverstrooid te bewaren ?» vroeg de monnik.

«De heilige Vaders hebben ons de leer nagelaten over het innerlijke gebed; door middel van het gebed wordt de geest bewaakt; en ik zie geen andere weg die een betere mogelijkheid zou geven om de geboden van God te onderhouden.»

Diverse malen vroegen jonge mensen hem, welke levensweg zij moesten kiezen. De Starets antwoordde hun verschillend. Sommigen raadde hij aan theologie te gaan studeren, en daarna een pastorale taak in de Kerk te gaan vervullen, anderen gaf hij de zegen om te gaan studeren, maar zodanig dat de studie samen kon gaan met het gebed en met het monastieke leven, maar weer anderen adviseerde hij om geen onderwijs te volgen, maar om al hun kracht te concentreren op het gebed en op de geestelijke, ascetische strijd. Deze laatste raad was het meest zeldzaam, omdat Starets Silouan meende dat de tijd was aangebroken waarover vader Stratonik had voorzegd dat er vele «geleerde» mensen monniken in de wereld zouden zijn. Volgens hem waren in het algemeen de voorwaarden voor het kloosterleven, in de vorm waarin dat in de vorige eeuwen had bestaan, ongunstig geworden, maar de roeping en de aantrekkingskracht voor kloosterleven zouden blijven bestaan.

Bij de Starets bemerkte ik de volkomen vaste overtuiging dat het geestelijke leven, d.w.z. een leven van gebed en ascese, gepaard met een diep geloof, hoger stond dan elk andere levensvorm. Daarom zou degene aan wie dat leven verleend is, omwille van dit leven als omwille van een kostbare parel al het andere en zelfs de «studie» moeten opofferen.

Hij meende dat wanneer een geestelijk mens zich op de wetenschap zou richten en het ascetische leven achterlaten, hij blijk zou geven van grotere capaciteiten in de wetenschap dan iemand die op het geestelijke vlak minder begaafd was. Met andere woorden, de mens die geestelijk begaafd is, die geestelijk leeft, leeft op een niveau van een hogere en grotere waarde, dan de mens die zijn leven aan de wetenschap en aan de sfeer van het logische denken wijdt. Omdat hij een hogere vorm van bestaan heeft, toont hij wanneer hij op een lager niveau komt te staan eveneens een grotere begaafdheid, hoewel misschien niet meteen, dan de mens die geen geestelijk leven leidt. Hij zei dat «de zonen van deze eeuw verstandiger zijn dan de zonen van het licht» (naar Luk. 16:8) niet omdat zij ook «werkelijk» knapper zouden zijn, maar omdat de geestelijke mens zich bezig houdt met God en maar weinig bezig is met wereldse zaken.»

In zijn gesprekken met mij drukte de Starets zich dikwijls uit in een abstracte vorm, maar in de gesprekken met monniken sprak hij zich heel eenvoudig uit over zijn denkbeelden aan de hand van concrete gebeurtenissen, om begrijpelijk te zijn.

«Het is geen wonder dat een mens zonder geestelijk leven de dagelijkse zaken beter organiseert dan een geestelijk mens. De eerste denkt na over die dingen, maar de tweede probeert met zijn geest in God te verblijven. Dit gebeurt ook dikwijls met leken; een handige koopman lacht om een geleerd mens die geen verstand heeft van zijn handel, maar dat betekent volstrekt niet dat de handelaar intelligenter is.»

We zullen hier een gesprek weergeven dat karakteristiek is voor de Starets.

Spoedig na de eerste Wereldoorlog van 1914-1918 begon men in het klooster met de exploitatie van de bossen die hun eigendom waren; ze kochten toen een stoommachine voor de zagerij. De econoom, vader T., een bekwame en van nature begaafde Rus, begon, nadat de machine was geïnstalleerd en in werking was gezet en hij tevreden was over haar werk, het Duitse genie te prijzen (de machine was van Duitse makelij); hij hemelde de Duitsers op en liet zich geringschattend uit over de onwetendheid en de onkunde van de Russen. Vader Silouan die in de vrije tijd van zijn werk in het magazijn, naar de zagerij ging om een handje mee te helpen, luisterde zwijgend naar vader T.; pas tegen de avond, toen de monnik-arbeiders aan tafel gingen voor het avondmaal, vroeg hij aan vader T.:

«Wat denk jij vader T., hoe komt het toch dat Duitsers beter dan Russen machines en andere dingen kunnen bouwen ?»

Als antwoord begon vader T. opnieuw de Duitsers op te hemelen, als een volk dat veel bekwamer, verstandiger en begaafder was en tegelijkertijd zei hij «dat wij Russen nergens toe dienden.»

Vader Silouan antwoordde hierop:

«En ik denk dat er een volkomen andere reden is, dan de onbekwaamheid van de Russen. Want volgens mij staan de Russische mensen hun eerste gedachte en hun eerste kracht aan God af en houden zij zich maar weinig bezig met het aardse; maar als het Russische volk, net als de andere volken, zich geheel en al zou keren tot de aarde en zich uitsluitend daarmee zou gaan bezighouden, dan zou het hen al spoedig inhalen, omdat dat minder moeilijk is.»

Sommige van de aanwezige monniken die wisten dat er op de wereld niets moeilijkers bestaat dan bidden, waren het eens met vader Silouan.

Het klooster van de H. Panteleimon is een van de grootste kloosters op de heilige Berg. Het heeft een prachtige bibliotheek, die 20.000 boeken telt, waaronder vele oude Griekse en Slavische handschriften. Er zijn talloze buitengewoon kostbare oude boeken, die een bibliografische zeldzaamheid vormen; de afdelingen van theologie, geschiedenis en andere boeken zijn rijkelijk voorzien.

In de ruime, goed ingerichte kamers van het gastenverblijf van het klooster werden dikwijls bezoekers ontvangen, voornamelijk buitenlanders. Vader V. was belast met de taak om het contact met hen te onderhouden; hij had een theologische opleiding en kende vele vreemde talen.

In het jaar 1932 bezocht een katholieke doctor, vader Ch. B. het klooster. Hij sprak langdurig met vader B. over de verschillende problemen van het leven op de heilige Berg en hij vroeg onder andere:

«Welke boeken lezen uw monniken ?»

«Johannes Klimakos, Abba Dorotheus, Theodoor de Studiet, Cassianus van Rome, Efraïm de Syriër, Barsanufius en Johannes, Makarius de Grote, Isaäk de Syriër, Symeon de nieuwe Theoloog, Niketas Stithatos, Gregorius de Sinaïet, Gregorius Palamas, Maximos de Belijder, Hesychius, Diadochus, Nilus en de andere Vaders die in de "Filokalie" staan,» antwoordde vader V.

«Lezen uw monniken die boeken !... Bij ons lezen alleen professoren zulke boeken,» zei de doctor met onverholen verbazing.

«Dat zijn de lievelingsboeken van al onze monniken,» antwoordde vader V. «Ze lezen ook nog andere boeken van de heilige Kerkvaders en werken van latere ascetische auteurs, zoals bisschop Ignatij

Brjantsjaninov, bisschop Theofan de Recluus, de heilige Nil Sorski, Païsius Velitsjkovski, Johannes van Kronstadt en anderen.»

Vader V. vertelde over dit gesprek aan Starets Silouan, die hij diep bewonderde. De Starets merkte op:

«U had tegen de doctor kunnen zeggen dat onze monniken niet alleen deze boeken lezen, maar dat zij zelf ook dergelijke boeken zouden kunnen schrijven... De monniken schrijven niet, omdat zij al talloze uitstekende boeken hebben en zij stellen zich daarmee tevreden, maar als deze boeken om de een of andere reden verloren zouden gaan, dan zouden de monniken nieuwe boeken schrijven.»

Tijdens zijn lange leven op de Athos heeft de Starets vele grote asceten ontmoet; sommigen van hen kenden uit ervaring de toestand waarover de grote asceten zoals Isaäk de Syriër, Makarius de Grote en anderen schrijven en daarom lijkt het verhaal van de Starets mij volkomen vanzelfsprekend.

Gedurende talrijke jaren leidde vader Diadoch de grote kleermakerij van het klooster. Hij was een monnik die in alles voorbeeldig was en die nauwkeurig was op het pedante af; hij was een liefhebber van de liturgische diensten, hij was belezen, rustig van aard en edelmoedig in zijn omgang met mensen; hij genoot algehele achting. Op een keer, op zijn naamdag, ging ik bij hem langs en trof hem in het gezelschap van zijn geestelijke vrienden: een biechtvader, vader Trofimus en Starets Silouan. Waarover ze spraken voordat ik bij hen kwam, weet ik niet, maar ik hoorde het volgende:

De biechtvader vertelde over iets dat hij gelezen had in de krant en hij richtte zich tot Starets Silouan en vroeg hem:

«En u, vader Silouan, wat vindt u daarvan ?»

«Mijn beste vader, ik houd niet van kranten en krantennieuws,» antwoordde hij.

«En waarom niet ?» vroeg de ander.

«Het lezen van kranten verduistert de geest en verhindert om zuiver te bidden.»

«Dat is vreemd,» zei de biechtvader. «Volgens mij helpen kranten juist integendeel om te bidden. Wij leven hier afgezonderd, we zien niets en op die wijze vergeet de ziel de wereld langzamerhand; zij wordt in zichzelf opgesloten en daardoor verzwakt het gebed... Wanneer ik kranten lees, dan zie ik hoe de wereld leeft en hoe de mensen lijden; dat wekt in mij het verlangen op om te bidden. Wanneer ik de Liturgie vier of in mijn cel aan het bidden ben, dan smeek ik God met hart en ziel dat Hij Zich ontferme over de mensen en over de wereld.»

«Wanneer de ziel bidt voor de wereld, dan weet zij zonder kranten nog beter hoe de gehele aarde treurt, zij weet ook welke noden de mensen hebben en zij heeft medelijden met hen.»

«Hoe kan de ziel nu vanuit zichzelf weten, wat er in de wereld gebeurt ?» vroeg de biechtvader.

«De kranten schrijven niet over mensen maar over gebeurtenissen en dat ook nog onjuist; zij brengen de geest in verwarring en de waarheid kom je toch niet te weten, maar het gebed reinigt de geest en dan ziet hij alles beter.»

«Dat is mij onduidelijk. Wat wilt u zeggen ?» vroeg de biechtvader opnieuw.

Allen wachtten op het antwoord van Starets Silouan, maar deze bleef met gebogen hoofd zwijgend zitten en hij stond het zichzelf niet toe om in de aanwezigheid van de biechtvader en van de oude monniken te verklaren op welke wijze de ziel die ver van alles verwijderd is en in gebed voor de gehele wereld verblijft, door de geest het leven van de wereld, de noden en het lijden van de mensen kan kennen.

Waardig bevonden voor een kennis die slechts aan een enkeling per generatie wordt verleend, ontzegde de Starets zichzelf in gesprekken verder te gaan dan een toespeling, zodat zijn grote wijsheid en volstrekt unieke ervaring dikwijls verborgen bleef voor zijn gespreksgenoot. Wanneer hij zag dat zijn eerste woorden niet begrepen werden, gaf de Starets gewoonlijk de hoop op om door middel van verklaringen datgene te doen begrijpen wat op de eerste plaats uit ervaring wordt gekend; en vanwege zijn wijze, geestelijke zuiverheid waagde hij het niet dat laatste te onthullen. Zo bleef hij tijdens zijn leven «onbekend». Dat was ongetwijfeld niet alleen Gods wil voor hem, maar ook zijn eigen verlangen dat door God werd aanvaard en verhoord; zo bleef de Starets zelfs verborgen voor de vaders van de heilige Berg. Overigens bleef hij niet tot het einde verborgen in volkomen onbekendheid. Enkele monniken en anderen die geen monnik waren en personen die de Athos bezocht hadden of die met hem correspondeerden, waardeerden hem en hielden zeer van hem. Onder hen waren bisschoppen en priesters met een hogere theologische opleiding en vrome leken.

Ik herinner me een geval. In het klooster logeerde gedurende vrij lange tijd een orthodoxe buitenlander. De Starets had een diepe indruk op hem gemaakt. Hij vatte grote eerbied op voor de Starets en bezocht hem dikwijls; de monniken kwamen dit te weten. Op een keer toen een van de meer invloedrijke leden van de Raad der ouden, de hiëromonnik N., een belezen man met een levendige geest, de gast in de gangen van het klooster tegenkwam, zei hij:

«Ik begrijp niet waarom jullie, geleerde academici, vader Silouan bezoeken, die een ongeletterde boer is ? Is er dan echt niemand in het klooster die verstandiger is dan hij ?»

«Om vader Silouan te begrijpen, moet je "academicus" zijn,» antwoordde de gast niet zonder pijn in zijn hart.

Maar diezelfde hiëromonnik kon maar niet begrijpen, waarom «geleerde mensen» Starets Silouan hoogachtten en bezochten, en eens toen hij in gesprek was met vader Methodius, een monnik die gedurende vele jaren de boekwinkel van het klooster had beheerd, maakte hij de volgende opmerking:

«Ik vraag me af waarom ze hem bezoeken. Hij leest toch immers niets.»

«Hij leest niets, maar hij doet alles, terwijl anderen wel lezen, maar niets doen,» antwoordde vader Methodius.

IV

HET ONDERRICHT VAN DE STARETS

Naast hetgeen hiervoor verteld is, vindt de lezer in de geschriften van de Starets zelf openhartige verhalen over enkele gebeurtenissen uit zijn leven. Ik zou nu over willen gaan tot een uiteenzetting van de leer van de Starets. Niet dat hij in de eigenlijke zin des woords een leer had. Wat ik hier uiteenzet is slechts een poging om samen te vatten wat ik tijdens de jaren van ons contact van hem gehoord heb. Het lijkt mij onmogelijk om te verklaren hoe en waarom ik vertrouwen in de Starets heb gekregen, maar misschien is het niet overbodig iets te zeggen over mijn houding ten opzichte van hem.

De thema's van mijn gesprekken met de Starets werden heel dikwijls ingegeven door mijn eigen behoefte, door mijn omgang met hem. Veel van hetgeen in die gesprekken werd aangeroerd, is niet opgenomen in de geschriften van de Starets. Als ik hem vragen stelde, of gewoon naar hem luisterde, werd ik me bewust dat zijn woorden voortkwamen uit een ervaring die hem van boven was gegeven. Tot op zekere hoogte stelde ik mij op zoals de gehele christelijke wereld zich opstelt tegenover de Heilige Schrift, waarin over waarheden gesproken wordt als bekende en onbetwistbare feiten. Wat de Starets zei, was geen vrucht van «zijn» persoonlijke overpeinzing. Neen, zijn innerlijk proces was volkomen anders: een werkelijke ervaring en een waarachtige kennis gingen vooraf aan zijn woorden en verleenden daaraan het karakter van een positieve getuigenis van de feiten van de geestelijke wereld. Zoals Johannes de Theoloog zei ook hij: «Wij weten» (1Joh. 3:14 e.a.).

Laten we dit voorbeeld uit de geschriften van de Starets nemen:

«Wij weten dat hoe groter de liefde is, hoe groter het lijden van de ziel is; des te voller de liefde, des te voller de kennis; des te vuriger de liefde, des te vuriger het gebed; des te volmaakter de liefde, des te heiliger het leven.»[23]

Elk van deze vier stellingen zou de kostbare bekroning van zeer diepzinnig en ingewikkeld filosofisch, psychologisch en theologisch onderzoek kunnen zijn, maar de Starets had geen behoefte aan een dergelijk onderzoek en verwaardigde zich daar niet toe.

Ik heb al gezegd dat het contact met de Starets een volstrekt uitzonderlijk karakter had. Het scheen mij toe dat hij door zijn gesprekken — die zo eenvoudig van vorm waren — en door de kracht van zijn gebeden, zijn gesprekgenoot kon overbrengen naar een aparte wereld. Hierbij was het allerbelangrijkste dat de gesprekgenoot niet op een abstracte wijze in die wereld werd binnengevoerd, maar door middel van een innerlijke ervaring die op hem werd overgebracht.

Het is waar dat het voor bijna niemand mogelijk was, voorzover ik weet, de aldus ontvangen gesteldheid vervolgens vast te houden en, hetgeen iemand tijdens zijn omgang met de Starets had geleerd, in zijn eigen leven te verwerkelijken.

Ongetwijfeld was dat voor sommigen voor de rest van hun leven een onuitputtelijke bron van droefheid, want hoe zou de ziel, als zij het licht heeft gezien en het daarna heeft verloren, daardoor niet bedroefd kunnen zijn. Desondanks zou het nog verdrietiger en nog hopelozer zijn, dat licht helemaal niet te hebben gekend en zelfs, wat vaak voorkomt, het bestaan ervan niet te vermoeden. Uit alles wat wij over vader Stratonik gehoord hebben van de asceten van de heilige Berg die hem gekend hebben, heb ik enige aanleiding om te veronderstellen dat hij tegelijkertijd dankbaar was jegens de Starets vanwege de door hem ontvangen openbaring en bedroefd, omdat hij besefte dat hij niet in staat was om de ervaren gesteldheid te bewaren.

Ik weet zeker dat er velen zijn die in het begin met liefde naar de Starets zijn toegesneld omwille van zijn onderricht, maar die later van hem losraakten, omdat zij niet in staat waren overeenkomstig zijn woord te leven. Zijn woord was eenvoudig, vreedzaam, stil en goed, maar om het op te volgen, moest je net zo onverbiddelijk jegens jezelf zijn, als de Starets dat zelf was. Je moet die vastbeslotenheid hebben die de Heer van Zijn volgelingen verlangt, d.w.z. tot en met het haten van jezelf (naar Luk. 14:26).

Over het leren kennen van de goddelijke wil

De Starets zei dikwijls: «Het is goed om altijd en overal Gods verlichting te zoeken, om te weten hoe je moet handelen en wat je moet zeggen.» Met andere woorden: men moet onder alle omstandigheden zoeken naar het leren kennen van de wil van God en naar de wegen om deze te verwezenlijken.

Het zoeken van de wil van God is het allerbelangrijkste werk van ons leven, want wanneer een mens op de weg van deze wil komt, dan wordt hij opgenomen in het eeuwige, goddelijke leven.

Men kan de wil van God langs verschillende wegen leren kennen. Eén van die wegen is Gods Woord, de geboden van Christus. Maar, in de evangelische geboden wordt, ondanks hun volmaaktheid – of liever gezegd: krachtens hun volmaaktheid – aan de wil van God uitdrukking gegeven in een algemene zin, terwijl de mens, die in zijn dagelijkse leven een oneindige verscheidenheid aan situaties tegenkomt, dikwijls niet begrijpt hoe hij moet handelen opdat zijn handelswijze overeenstemt met de wil van God.

Opdat een handelswijze, een daad, tot een goed einde kome, is het onvoldoende om Gods wil slechts in de algemene uitdrukking van de geboden te kennen, d.w.z.: God lief te hebben met geheel je hart, geheel je verstand, al je kracht en je naaste zoals je zelf. We moeten nog door God verlicht worden over de manier waarop we deze geboden in ons leven moeten verwezenlijken; bovendien is voor ons daarbij ook *kracht van boven* onontbeerlijk.

Wie de liefde van God in zijn hart heeft verworven, wie door deze liefde wordt bewogen, die handelt volgens ingevingen die zich dichtbij de wil van God bevinden; maar zij benaderen Zijn wil slechts, ze zijn niet volmaakt. Omdat de volheid van de volmaaktheid nog onbereikbaar is, zijn wij allen genoodzaakt onophoudelijk tot God te bidden om verlichting en hulp.

De mens heeft niet slechts geen volmaaktheid in de liefde, maar daarbij ook nog geen volmaakte alwetendheid. De handelswijze die, naar het lijkt, voortvloeit uit de allerbeste bedoeling, heeft dikwijls ongewenste en zelfs slechte gevolgen. Dat komt omdat de middelen, of de wijze van uitvoeren, niet goed of eenvoudigweg verkeerd waren in het gegeven geval. Dikwijls hoort men dat iemand zichzelf rechtvaardigt door te zeggen dat zijn bedoeling goed was, maar dat is onvoldoende. Het menselijke leven is vervuld van zulke fouten. Daarom zoekt degene die God liefheeft altijd naar de verlichting van boven en luistert hij voortdurend binnenin zichzelf naar Gods stem.

In de praktijk gebeurt dit als volgt: iedere christen en in het bijzonder elke bisschop of priester die voor de noodzaak is geplaatst, in overeenstemming met de wil van God een besluit te nemen voor het ene of het andere geval, doet in zijn binnenste afstand van al zijn eigen kennis, van zijn vooringenomen ideeën, van zijn wensen en plannen; aldus bevrijd van al wat hem «eigen» is, bidt hij aandachtig in zijn hart tot God en de eerste gedachte die in zijn ziel opkomt na dat gebed neemt hij aan als een aanwijzing van boven.

Deze wijze van zoeken om Gods wil te leren kennen door middel van een rechtstreekse toevlucht tot God door het gebed, in het bijzonder bij nood en droefheid, leidt ertoe, zoals de Starets het zei, «dat de mens in zijn ziel Gods antwoord hoort en Gods leiding zal leren begrijpen... Zo moeten wij allen leren om Gods wil te herkennen; maar als wij ons niet inspannen om te leren, dan zullen wij die weg nooit leren kennen.»

In een volmaaktere vorm gaat aan dit zoeken de gewoonte vooraf om voortdurend te bidden en de aandacht in het hart vast te houden. Maar om de stem van God ondubbelzinnig in zichzelf te horen, moet de mens zijn eigen wil afsnijden en bereid zijn tot ieder offer, zoals Abraham en – volgens het woord van de apostel Paulus – zelfs zoals Christus, Die «aan de Vader tot de dood gehoorzaam is geworden» (naar Fil. 2:8).

Wie deze weg is opgegaan, zal vorderingen maken zodra hij uit ervaring heeft geleerd, hoe de genade van de Heilige Geest in de mens werkzaam is en wanneer de toornige onbaatzuchtigheid in zijn hart wortel heeft geschoten, d.w.z. de resolute afwijzing van de eigen kleine «individuele» wil, omwille van het vinden en het volbrengen van de heilige wil van God. Aan een dergelijk persoon wordt de ware betekenis van de vraag die Starets Silouan aan vader Stratonik stelde, geopenbaard: «Hoe spreken de volmaakten ?»

De woorden van de heilige Vaders: «Want het heeft de Heilige Geest en ons goedgedacht» (Hand. 15:28) zullen hem eigen worden. Hij zal die plaatsen in de Heilige Schrift van het Oude en het Nieuwe Testament beter begrijpen, waar gesproken wordt over een dergelijk rechtstreeks gesprek van de ziel met God. Hij zal tot een waar begrip komen van het spreken van de apostelen en de profeten.

HOOFDSTUK 4 : HET ONDERRICHT

De mens is geschapen naar het beeld en de gelijkenis van God en hij is geroepen tot de volheid van de rechtstreekse omgang met God. Ieder mens zou daarom zonder uitzondering die weg moeten volgen, maar de ervaring van het leven laat zien dat hij lang «niet voor iedereen» toegankelijk is. Dat komt omdat het merendeel der mensen de stem van God niet horen in hun hart, deze niet begrijpen. Zij volgen de stem van de hartstocht die in hun ziel leeft en die door zijn lawaai de bescheiden stem van God overstemt.

De Kerk biedt de uitweg uit deze jammerlijke toestand: raad vragen aan een geestelijke vader en gehoorzaam zijn aan hem. De Starets zelf hield zeer van deze weg en hij volgde hem, verwees daarnaar en schreef erover.[24] De nederige weg van de gehoorzaamheid beschouwde hij in het algemeen als de meest betrouwbare. Hij geloofde vast dat dankzij het geloof van degene die raad vraagt, het antwoord van een geestelijke vader altijd goed, nuttig en God welgevallig zou zijn. Zijn geloof in de werkzaamheid van het Mysterie van de Kerk en in de genade van de geestelijkheid werd nog in het bijzonder versterkt nadat hij in het oude Rossikon tijdens de Grote Vasten in de Vesperdienst de geestelijke vader, starets Abraham, had gezien, die «naar het beeld van Christus» getransfigureerd was en «onuitsprekelijk straalde».

Vervuld van een genaderijk geloof, leefde hij in de realiteit van de Mysteriën van de Kerk en, let wel, hij vond dat ook «menselijkerwijs gesproken», d.w.z. op psychologisch niveau, het voordeel van de gehoorzaamheid aan een geestelijke vader opmerkelijk is. Wanneer een geestelijke vader tijdens het vervullen van zijn dienst de aan hem gestelde vragen beantwoordt, is hij op dat ogenblik vrij van de kracht van de hartstocht, onder wiens invloed de vragensteller zich bevindt. Daardoor ziet hij de dingen helderder en is hij gemakkelijker toegankelijk voor de werking van de goddelijke genade.

Het antwoord van een geestelijke vader zal in de meeste gevallen het stempel van de onvolmaaktheid dragen. Dat komt niet omdat de geestelijke vader beroofd zou zijn van de genade der kennis, maar omdat een volmaakte handeling de krachten van de vragensteller te boven gaat en onbereikbaar voor hem is.

Ondanks de onvolmaaktheid van de aanwijzing van een geestelijke vader, zal deze als zij in geloof wordt aangenomen en werkelijk wordt uitgevoerd, altijd leiden tot groei in het goede. Gewoonlijk wordt deze weg verdraaid, omdat de vragensteller die slechts een mens voor zich ziet, in zijn eigen geloof wankelt en daarom niet het *eerste* woord van de geestelijke vader aanneemt, maar hem tegenspreekt en zijn eigen meningen en twijfels daartegenover stelt.

Over dit belangrijke onderwerp had vader Silouan een gesprek met zijn hegoumen, archimandriet Misaël (+ 22 jan. 1940), een geestelijk man die God welgevallig was en die openlijk door God werd beschermd.

Vader Silouan vroeg aan de hegoumen: «Hoe kan een monnik de wil van God leren kennen ?»

«Hij moet mijn eerste woord als de wil van God aanvaarden,» zei de hegoumen. «Op wie zo handelt, zal Gods zegen rusten, maar als hij zich tegen mij verzet, dan zal ik als mens wijken.»

Het woord van hegoumen Misaël heeft de volgende betekenis:

Wanneer een geestelijke vader om raad gevraagd wordt, dan bidt hij om te worden verlicht door God. Als mens antwoordt hij echter volgens de mate van zijn geloof, volgens de woorden van de apostel Paulus: «Wij geloven, en daarom spreken wij» (2Cor. 4:13), maar «wij weten slechts gedeeltelijk, en wij verkondigen slechts gedeeltelijk» (1Cor. 13:9).

In zijn verlangen om niet te zondigen is hij zelf, wanneer hij een raad of een aanwijzing geeft, onderworpen aan het gericht van God en daarom besluit hij, zodra hij op een tegenwerping stuit of op zelfs maar een innerlijke weerstand van de zijde van de vragensteller, niet voet bij stuk te houden – hij waagt het niet zijn woord te bevestigen als de uitdrukking van de wil van God – en «als mens trekt hij zich terug».

Dit bewustzijn heeft zich in het leven van de hegoumen Misaël heel duidelijk gemanifesteerd. Op een keer riep hij een novice bij zich, vader S., en gaf hem een ingewikkelde en moeilijke taak. De novice nam de opdracht bereidwillig aan en nadat hij de voorgeschreven pokloon had gemaakt, liep hij naar de deur. Plotseling riep de hegoumen hem. De novice bleef staan. Terwijl hij zijn hoofd boog, zei de hegoumen rustig, maar veelzeggend:

«Vader S., denk eraan: God oordeelt geen twee keer. Wanneer jij iets doet uit gehoorzaamheid aan mij, zal ik geoordeeld worden door God, maar jij draagt geen verantwoordelijkheid.»

Hegoumen Misaël was ondanks zijn administratieve functie een asceet. Wanneer iemand bij een opdracht of een instructie van hem zelfs maar in de minste mate tegensputterde, dan antwoordde deze dappere man gewoonlijk:

HOOFDSTUK 4 : HET ONDERRICHT

«Welnu, doe maar zoals je wilt,» en vervolgens herhaalde hij zijn woorden niet meer. Ook Starets Silouan zweeg direct als hij tegenstand ontmoette.

Waarom was dat zo ? Omdat aan de ene kant de Geest van God geen geweld, geen discussie duldt en aan de andere kant omdat Gods wil een te grote zaak is. In het woord van de geestelijke vader, dat altijd de stempel draagt van de betrekkelijkheid, kan de wil van God niet worden bevat, kan hij niet volledig worden uitgedrukt. Slechts wie het woord van zijn geestelijke vader aanneemt als zijnde God welgevallig en het niet aan zijn eigen oordeel onderwerpt of – zoals dikwijls wordt gezegd – het «zonder redeneren» aanvaardt, slechts deze heeft de ware weg gevonden, want hij gelooft werkelijk dat «voor God alles mogelijk is» (Matth. 19:26).

Zo is de weg van het geloof, een weg die gekend en bevestigd wordt door de duizendjarige ervaring van de Kerk.

Het is niet altijd ongevaarlijk te spreken over de onderwerpen die het «mysterie zonder geheimen» van het christelijke leven vormen en die desondanks de grenzen van de gewone alledaagsheid en van de gewoonlijk kleine geestelijke ervaring overstijgen. Velen kunnen deze woorden verkeerd begrijpen en ze in de praktijk verkeerd toepassen. Zij kunnen dan in plaats van nut, schade veroorzaken, in het bijzonder wanneer iemand het ascetische leven begint met een trotse zelfverzekerdheid.

Wanneer iemand de Starets om raad vroeg, dan hield hij er niet van en wilde hij ook geen antwoord geven «vanuit zijn eigen verstand». Hij herinnerde zich de woorden van de heilige Serafim van Sarov: «Wanneer ik sprak vanuit mijn eigen verstand, dan maakte ik fouten» en hij voegde eraan toe dat fouten klein konden zijn, maar ook groot.

Die geestelijke gesteldheid waarover vader Stratonik sprak, namelijk: «de volmaakten zeggen niets vanuit zichzelf, zij zeggen slechts wat de Geest hun geeft», wordt zelfs niet altijd gegeven aan degenen die al genaderd zijn tot de volmaaktheid, evenmin als dat de apostelen en de andere heiligen voortdurend wonderen verrichtten, of dat de Geest der profetie overal op gelijke wijze werkzaam was in de profeten. Soms handelde Hij met grote kracht en soms verliet Hij hen.

De Starets maakte een duidelijk onderscheid tussen «het woord gebaseerd op de ervaring» en de directe ingeving die van boven wordt ontvangen, d.w.z. het woord dat de Geest «geeft». Het eerste is ook waardevol, maar het tweede is hoger en betrouwbaarder (zie 1Cor. 7:25). Soms zei hij tot een vraagsteller met geloof en stelligheid, dat het de wil van God was dat hij als volgt zou handelen, maar soms antwoordde hij dat hij de wil van God voor de betreffende persoon niet kende. Hij zei dat de Heer soms Zijn wil zelfs niet aan de heiligen openbaarde, omdat degene die zich tot hen gewend had, dit met een ongelovig en listig hart gedaan had.

Volgens het woord van de Starets kent degene die vurig bidt veel veranderingen in zijn gebed: de strijd met de vijand, de strijd met zichzelf, met de hartstochten, de strijd met de mensen, met de verbeelding. In die omstandigheden is zijn geest niet rein en is alles onduidelijk. Maar wanneer het gebed onverstrooid wordt, wanneer de geest verenigd met het hart, woordeloos voor God staat, wanneer de ziel voelbaar de genade in zich heeft en zich heeft overgegeven aan de wil van God, vrij van de verduisterende werking van de hartstochten en van de fantasie, dan kan de biddende mens de ingeving van de genade horen.

Wanneer iemand die niet voldoende ervaring heeft, aan het werk gaat om Gods wil te zoeken door middel van het gebed en als hij niet met betrouwbaarheid de werking van de genade «naar de smaak» kan onderscheiden van de uitingen van de hartstochten, in het bijzonder van de trots, dan is het absoluut noodzakelijk dat hij zich tot zijn geestelijke vader wendt. Bij elk geestelijk verschijnsel of ingeving die zich aan hem voordoet, moet hij zich tot aan de beslissing van zijn leermeester strikt houden aan de ascetische regel: «*niet aannemen en niet verwerpen.*»

Een christen die «niet aanneemt», beschermt zichzelf tegen het gevaar een demonische werking of ingeving te beschouwen als een goddelijke handeling en hij beschermt zichzelf tegen het gevaar eraan te wennen «aandacht te schenken aan dwaalgeesten en duivelse leringen» (1Tim. 4:1) en de demonen de aanbidding te geven die men slechts God verschuldigd is.

Als een mens «niet verwerpt», dan ontkomt hij aan een ander gevaar, namelijk: een goddelijke handelswijze toe te schrijven aan de demonen en hierdoor te vallen in de zonde «van de lastering tegen de Heilige Geest», zoals de Farizeeën toen zij de verjaging van de demonen door Christus toeschreven «aan de macht van Beëlsebub, de vorst der demonen.»

Dit tweede gevaar is geduchter dan het eerste, omdat de ziel eraan kan wennen de genade te verwerpen, haar te haten en de gesteldheid van verzet tegen God dermate te versterken in zichzelf, dat zij zich ten opzichte van het eeuwige plan net zo zal instellen, waardoor deze zonde niet zal worden vergeven in deze eeuw of in de toekomende eeuw» (Matth. 12:22-32).

In het eerste geval, daarentegen, zal de mens de vergissing van de ziel sneller inzien en door berouw zal deze de verlossing bereiken, omdat er geen zonde bestaat waarvoor geen vergeving is, behalve dan de zonde waarover men geen berouw heeft.

Er zou nog veel kunnen worden gezegd over deze bijzonder belangrijke ascetische regel van het «niet aannemen en niet verwerpen» en over de wijze waarop deze wordt toegepast in het ascetische leven. Maar aangezien ik in dit boek voor de opgave om slechts fundamentele principes uiteen te zetten en geen details, moeten wij terugkeren tot ons vorige thema.

In zijn meest volmaakte vorm is het leren kennen van de wil van God door middel van het gebed een zeldzaam verschijnsel, slechts mogelijk ten koste van een langdurige inspanning en van een grote ervaring in de strijd tegen de hartstochten. Deze kennis wordt verworven na talloze en zware verzoekingen van de demonen van de ene kant en van grote goddelijke bescherming van de andere kant. Maar een vurig gebed om hulp is een goed werk en voor allen noodzakelijk: voor hen die leiding geven en voor ondergeschikten, voor jong en oud, voor hen die onderrichten en voor hen die leren, voor vaders en voor hun kinderen. De Starets drong erop aan dat iedereen zonder uitzondering, onafhankelijk van zijn positie, gesteldheid of leeftijd, altijd en bij alles – een ieder naar zijn kunnen – God om verlichting zou vragen om op die wijze zijn weg gaandeweg dichter bij de wegen van de heilige wil van God te brengen, totdat men de volmaaktheid heeft bereikt.

Over de gehoorzaamheid

De kwestie van het herkennen van de wil van God en van de overgave aan Zijn wil is ten nauwste verbonden met de gehoorzaamheid. De Starets hechtte hieraan een buitengewone betekenis, niet slechts voor het persoonlijke leven van elke monnik en van elke christen, maar ook voor het leven van het gehele «lichaam van de Kerk», van heel haar «volheid».

Starets Silouan had geen leerlingen in de gebruikelijke zin van dit woord en hij gedroeg zich ook niet als een leermeester. Zelf was hij evenmin leerling van een bepaalde starets, maar zoals de meeste monniken van de Athos werd hij gevormd in de stroom van de gemeenschappelijke traditie: door voortdurend aanwezig te zijn bij de diensten in de kerk, door het beluisteren en lezen van Gods woord en van de werken van de heilige Vaders, door middel van gesprekken met de andere asceten op de heilige Berg, door het streng in acht nemen van de voorgeschreven vasten, door gehoorzaamheid aan de hegoumen, aan zijn biechtvader en aan zijn econoom.

Hij hechtte een bijzonder belang aan de innerlijke, geestelijke gehoorzaamheid aan de hegoumen en aan de biechtvader en hij beschouwde deze gehoorzaamheid als een *mysterie van de Kerk* en als een genadegave. Wanneer hij zich tot zijn biechtvader wendde, dan bad hij dat de Heer Zich over hem zou ontfermen door deze dienaar Gods; en aan hem Zijn wil en de weg die tot de redding leidt, zou openbaren. Aangezien hij wist dat de eerste gedachte die na het gebed in de ziel opkomt, een aanwijzing van boven is, lette hij scherp op het *eerste woord* van zijn geestelijke vader, op diens eerste *toespeling* en verlengde hij het gesprek niet verder. Dat is nu de wijsheid en het geheim van de ware gehoorzaamheid, waarvan het doel is: het leren kennen en uitvoeren van de wil van God en niet van de menselijke wil. Een dergelijke geestelijke gehoorzaamheid, zonder tegenspraak en verzet, geuit of ongeuit, is in het algemeen de *enige* absolute voorwaarde voor het opnemen van de levende Traditie.

De levende Traditie van de Kerk, die door de eeuwen heen van generatie op generatie wordt doorgegeven, is een van de meest wezenlijke en tegelijkertijd subtiele aspecten van haar leven. Wanneer er van de kant van de leerling geen enkel verzet tegen de leraar is, dan opent de ziel van deze laatste zich als antwoord op het geloof en de nederigheid van de eerste, gemakkelijk en misschien wel volkomen. Maar zodra er slechts het minste verzet tegen de geestelijke vader ontstaat, dan breekt de draad van de zuivere Traditie onvermijdelijk en sluit de ziel van de leraar zich weer.

Ten onrechte denkt men dikwijls dat een geestelijke vader «zelf ook maar een onvolmaakt mens is», dat men hem alles uitvoerig moet uitleggen, omdat hij het anders niet zal begrijpen», dat hij «zich gemakkelijk kan vergissen» en dat hij daarom moet worden «gecorrigeerd.» Wie zijn geestelijke vader tegenspreekt en hem terecht wijst, die plaatst zich boven hem en is dan niet meer zijn leerling. Natuurlijk is niemand volmaakt en wie zou het durven zoals Christus «met gezag» te onderrichten ? Want de inhoud van het geestelijke onderricht komt niet «van de mens» en is niet «volgens de mens» (naar Gal. 1:11-12), maar de onschatbare schat van de gaven van de Heilige Geest wordt in «lemen vaten» bewaard; deze is niet slechts onschatbaar, maar ook nog ver*borgen* naar zijn aard en slechts degene die de weg bewandelt van de eerlijke en volledige gehoorzaamheid, dringt in die geheime schatkamer door.

Een verstandige novice of biechteling gedraagt zich bij een geestelijke vader op de volgende wijze: in enkele woorden geeft hij zijn gedachte of het meest wezenlijke van zijn gesteldheid weer en daarna geeft hij zijn geestelijke vader de vrijheid. De geestelijke vader bidt vanaf het eerste ogenblik van het gesprek en wacht op verlichting van God; en als hij in zijn ziel een «aanwijzing»[25] bemerkt, dan geeft hij zijn antwoord. Men behoort zich hierbij te houden, want wanneer men zich het eerste woord van een geestelijke vader laat ontgaan, dan verzwakt de werkzaamheid van het Mysterie eveneens en kan de Biecht veranderen in een gewoon menselijk gesprek.

Wanneer de novice of biechteling en de geestelijke vader de juiste houding in acht nemen ten opzichte van het Mysterie, verleent God spoedig bericht. Als dat om de een of andere reden niet gebeurt, kan de geestelijke vader om aanvullende inlichtingen vragen en slechts dan komen deze van pas. Maar als de biechteling niet de verschuldigde aandacht geeft aan het eerste woord van de geestelijke vader en hem overstelpt met zijn verklaringen, dan verraadt hij daardoor zijn gebrek aan geloof en begrip en volgt hij een verborgen verlangen om de geestelijke vader over te halen tot zijn eigen gedachte. In dat geval ontstaat er een psychologisch conflict dat de apostel Paulus «niet nuttig» noemde (naar Hebr. 13:17).

Het geloof in de kracht van het Mysterie en de zekerheid dat de Heer de mens liefheeft en nooit diegene in de steek laat die zich heeft afgekeerd van zijn eigen wil en van zijn eigen verstandelijk oordeel omwille van Zijn naam en van Zijn heilige wil, maken de novice vastbesloten en onverschrokken. Als de novice van zijn geestelijke vader een bevel of eenvoudigweg een richtlijn heeft gekregen, dan zal hij in zijn streven om dit op te volgen, zelfs de dood verachten. Dat is zo, denk ik, omdat hij «van de dood naar het leven is overgegaan.»

Vanaf de eerste dagen van zijn monastieke leven was Starets Silouan die volmaakte novice en daarom was elke biechtvader een goede leermeester voor hem. Hij zei dat wanneer monniken en in het algemeen de gelovige christenen naar hun biechtvaders en herders zouden luisteren zonder hen te oordelen, zonder kritiek te leveren en zonder innerlijke weerstand te bieden, dat zij dan zelf ook gered zouden worden. De gehele Kerk zou dan een vol leven leiden.

De weg van de Starets is zodanig dat degene die deze weg volgt spoedig en gemakkelijk de gave van de grote barmhartigheid van God ontvangt. Degenen die eigenzinnig en eigenwijs zijn, mogen – hoe geleerd en scherpzinnig zij ook mogen zijn – zich wel afbeulen met de strengste ascetische inspanningen of geleerde theologische werken voortbrengen, maar dan nog zullen zij zich slechts ternauwernood voeden met de kruimels die van de Troon der Barmhartigheid vallen. Zij zullen voortleven en zich inbeelden eigenaars te zijn van rijkdommen, terwijl zij dat in werkelijkheid niet zijn.

De Starets zei: «Het is één ding om in God te geloven, het is iets anders om God te kennen.»

In de geweldige zee van het kerkelijke leven, volgt de ware en zuivere Traditie van de Geest als een smal stroompje haar weg. Wie dit smalle stroompje wil bereiken, die moet afstand doen van zijn «eigen oordeel». Daar waar het «eigen oordeel verschijnt, verdwijnt onherroepelijk de reinheid, want de menselijke wijsheid en waarheid zijn tegengesteld aan de goddelijke wijsheid en waarheid. Dat lijkt voor eigenwijze mensen onverdraaglijk zwaar en zelfs dwaasheid, maar slechts hij die niet bang is om "dwaas" te worden (naar 1Cor. 3:18-19), zal het ware leven en de ware wijsheid leren kennen.»

Over de Heilige Traditie en de Heilige Schrift

De instelling van de Starets ten opzichte van de gehoorzaamheid, als zijnde een noodzakelijke voorwaarde voor de vooruitgang in het geestelijke leven, was nauw verbonden met zijn verhouding tot de Heilige Traditie en het goddelijke Woord.

Het leven van de Kerk vatte hij op als een leven in de Heilige Geest en de Heilige Traditie als de ononderbroken werkzaamheid van de Heilige Geest in de Kerk. De Traditie, als eeuwige en onveranderlijke aanwezigheid van de Heilige Geest in de Kerk, is het diepste fundament van haar bestaan. De Traditie omvat het gehele leven van de Kerk zodanig dat de Heilige Schrift slechts een van haar vormen is. Hieruit volgt dat als de Kerk beroofd zou worden van haar Traditie, zij dan zou ophouden te zijn wat zij is, want de dienst van het Nieuwe Testament is de dienst van de Geest, «die niet opgeschreven is met inkt, maar met de Geest van de levende God en niet in stenen tafelen, maar in vlezen tafelen des harten» (2Cor. 3:3-6).

Maar als we zouden veronderstellen dat de Kerk om de een of andere reden al haar boeken zou verliezen, d.w.z. het Oude en het Nieuwe Testament, de werken van de Vaders en de liturgische boeken, dan zou de Traditie de Schrift herstellen, ook al was het niet woordelijk en in een andere taal, maar naar haar wezen zou ook deze nieuwe Heilige Schrift de uitdrukking zijn van datzelfde «dat eenmaal den heiligen is overgeleverd» (Jud. 1:3) en de openbaring van dezelfde en Ene Geest Die onveranderlijk werkzaam is in de Kerk en Die haar basis, haar wezen is.

De Heilige Schrift is niet diepgaander of belangrijker dan de Heilige Traditie, maar zoals hierboven al gezegd is, is zij één van haar vormen. Deze vorm is de kostbaarste, want zij is én gemakkelijk te bewaren én gemakkelijk te gebruiken. Onttrokken aan de stroom van de Heilige Traditie, zal de Schrift echter door geen enkel wetenschappelijk onderzoek juist kunnen worden begrepen.

Als het waar is dat de apostel Paulus «Christus' Geest» had (1Cor. 2:16), dan is dat reden te meer dat de Heilige Kerk deze Geest bezit, want zij bevat immers Paulus in haar schoot. En als de geschriften van Paulus en van de andere apostelen de Heilige Schrift vormen, dan zou de nieuwe Schrift van de Kerk – d.w.z. na een eventueel verlies van de oude boeken – eveneens heilig zijn, want volgens de belofte van de Heer verblijft God, de Heilige Drie-Eenheid, onveranderlijk in de Kerk.

Zij die de Traditie van de Kerk verwerpen en die – naar zij denken – naar haar bronnen gaan, d.w.z. naar de Heilige Schrift, handelen onjuist. Niet de Heilige Schrift, maar de Heilige Traditie is de bron van de Kerk. Tijdens de eerste decennia van Haar geschiedenis bezat de Kerk de boeken van het Nieuwe Testament nog niet en leefde slechts volgens de Traditie; deze Traditie te bewaren, daartoe roept de apostel Paulus de gelovigen op (2Thess. 2:15).

Het is een algemeen bekend feit dat alle ketters zich altijd hebben gebaseerd op de Heilige Schrift, met slechts dit verschil dat ze deze op hun eigen wijze uitlegden. De apostel Petrus waarschuwde al voor het gevaar van het verdraaien van de betekenis van de Heilige Schrift door persoonlijke interpretaties (2Petr. 3:16).

Afzonderlijk genomen slagen de ledematen van de Kerk, met inbegrip van haar beste zonen en leermeesters, er niet in de gehele volheid van de gaven van de Heilige Geest in zich te verenigen en daarom kunnen zich in hun geloofsleer en hun geschriften zekere onvolmaaktheden en soms zelfs fouten voordoen, maar in haar totaliteit blijft de leer van de Kerk, die de volheid van de geestelijke gaven en van de kennis bezit, voor eeuwig waar.

Een onwankelbaar geloof in de waarheid van de leer van de orthodoxe Kerk in zijn geheel en een diep vertrouwen in al hetgeen zij in haar ervaring aangenomen en bevestigd heeft, liggen aan de basis van het leven van de athosmonnik en behoeden hem voor een dilettantisme zonder traditie en voor blind gezoek. Deze toegang tot het leven van de Kerk, door middel van het geloof, maakt de monnik tot mede-erfgenaam van haar onmetelijke rijkdom en verleent dadelijk een onvoorwaardelijk betrouwbaar karakter aan zijn persoonlijke ervaring.

Bij de bestudering van de Heilige Schrift, de werken van de heilige Vaders en de liturgische boeken – onuitputtelijke schatten op het gebied van dogmatiek en gebed – ontdekt de monnik een onmetelijke rijkdom. Daarom zal hij niet geneigd zijn ook over dezelfde onderwerpen te schrijven als hij daaraan niet iets wezenlijk nieuws kan toevoegen. Maar als in het leven van de Kerk de noodzaak werkelijk ontstaat, dan zullen er nieuwe boeken worden geschreven.

Hoofdstuk 4 : Het onderricht

Elk nieuw boek dat aanspraak maakt op opname in de geloofsleer van de Kerk, of dat meent daarvan een uitdrukking te zijn, wordt onderworpen aan het oordeel van de Kerk, dat alle aspecten van dat boek, allereerst de invloed van de doctrine op het leven, traag controleert en beproeft. Dit criterium, d.w.z. de invloed van de doctrine op het leven, heeft een uiterst belangrijke betekenis krachtens de zeer hechte band die er bestaat tussen het dogmatische bewustzijn en het leven. De Kerk zal alles verwerpen wat in tegenspraak of niet in overeenstemming blijkt te zijn met de geest van de liefde van Christus, volgens dewelke de Kerk leeft.

Afzonderlijk genomen wankelen de zonen en de ledematen van de Kerk op de weg naar deze liefde en zij vallen en begaan zelfs misdaden, maar door de Heilige Geest kent de Kerk diep in zichzelf de ware liefde van Christus. En waar het woord «liefde» ook maar met een andere inhoud wordt aangevoerd, laat de Kerk zich door geen enkele filosofie, door de schittering van geen enkele doctrine verleiden. De Kerk vergist zich niet.

Wij geloven dat de trouwe zoon van de Kerk, de zalige Starets Silouan, ons in zijn geschriften op het hoogste en meest betrouwbare criterium van de waarheid in de Kerk wijst.

Dit criterium is de *liefde van Christus voor de vijanden en de nederigheid van Christus*.

De Starets heeft geschreven:

«Niemand kan vanuit zichzelf weten wat goddelijke liefde is, als de Heilige Geest hem dat niet leert; maar in onze Kerk wordt de liefde van God gekend door de Heilige Geest en daarom spreken wij hierover.»

«De Heer is goed en barmhartig, maar wij zouden buiten de Heilige Schrift niets kunnen zeggen over Zijn liefde, als de Heilige Geest ons niet zou onderrichten.»

«Wij kunnen slechts oordelen in de mate waarin wij de genade van de Heilige Geest hebben leren kennen...»

«De heiligen spreken over hetgeen zij werkelijk hebben gezien en over wat zij kennen. Zij spreken niet over wat zij niet hebben gezien...» (verg. Col. 2:18).

«De heiligen zeggen niets vanuit hun eigen geest.»

De goddelijk geïnspireerde Schrift is het meest ware woord (2Petr. 1:19), nuttig om te leren en om te onderrichten bij ieder goed werk dat God welgevallig is; (2Tim. 3:16-17) maar de kennis van God die eruit geput wordt, kan niet de gezochte volmaaktheid bereiken, als de Heer ons niet Zelf door Zijn Heilige Geest komt onderrichten.

Naast al zijn waarachtige oprechtheid en zachtmoedigheid, bevestigde de Starets met een onwankelbare overtuiging en een innerlijke zekerheid, dat de mens «met zijn eigen geest» het goddelijke niet kan begrijpen, maar dat het goddelijke «slechts wordt gekend door de Heilige Geest». Daarom kan ook de Heilige Schrift «die geschreven is door de Heilige Geest» niet worden begrepen door middel van wetenschappelijk onderzoek, dat slechts enkele uiterlijke aspecten en details zal verstaan, maar geenszins de kern.

Zolang aan de mens niet van boven de gave zal worden verleend «de Schrift te begrijpen» en «de mysteriën van het Koninkrijk Gods» te leren kennen, zolang hij niet door middel van een lange strijd met de hartstochten nederig zal zijn geworden, zolang hij niet door eigen ervaring de opstanding van zijn ziel zal hebben leren kennen en alles wat zich op die geweldige en mysterieuze weg bevindt, tot zolang moet hij zich streng houden aan de Traditie en de leer van de Kerk en het niet wagen ook maar iets op eigen gezag te onderrichten, hoe geleerd hij «volgens menselijke begrippen» ook moge zijn, want zelfs de geniaalste menselijke gedachten staan ver af van het ware leven van de Geest.

De Heilige Geest, de Geest der waarheid, leeft tot op zekere hoogte in iedere mens, vooral als hij christen is, maar men behoort die kleine ervaring van de genade niet te overdrijven noch zich vermetel daarop te baseren.

De Heilige Geest Die altijd werkelijk in de Kerk aanwezig is, zoekt geduldig, zachtmoedig en wacht op iedere ziel, maar zelf geeft de mens Hem de vrijheid niet om in hem te handelen en daarom blijft de mens buiten het licht en de kennis van de mysteriën van het geestelijke leven.

Het is een veel voorkomend verschijnsel dat de mens na enige ervaring van de genade haar niet doet toenemen, maar haar verliest; zijn geloofsleven wordt cerebraal, als een abstracte kennis. Als hij in die gesteldheid verkeert, dan meent hij dikwijls in het bezit te zijn van geestelijke kennis, maar hij is er zich niet van bewust dat een dergelijk abstract begrip, zelfs als er een zekere ervaring van de genade aan is voorafgegaan, een verdraaiing sui generis van Gods Woord is. In haar kern blijft de Heilige Schrift voor een dergelijk mens «een boek dat verzegeld is met zeven zegels» (Openb. 5:1).

De Heilige Schrift is het woord dat «Gods heilige mannen hebben gesproken die bewogen werden door de Heilige Geest» (2Petr. 1:21). De uitspraken van de heiligen zijn echter niet geheel onafhankelijk van het geestelijke niveau en van de geestelijke gesteldheid van degenen tot wie zij gericht zijn. Neen, het waren levende woorden, gericht tot levende, concrete mensen en daarom zal een wetenschappelijke (historische, archeologische, filologische enzovoort) uitleg van de Schrift onvermijdelijk fout zijn.

Overal in de gehele Heilige Schrift bevindt zich onderliggend het uiteindelijke doel van de mens; tot dat altijd unieke en onveranderlijke doel hebben de heilige profeten, apostelen en andere leraren der Kerk de levende, hen omringende mensen geleid; en zij pasten zich aan hun begripsvermogen aan.

Een bijzonder duidelijk voorbeeld is in dit verband de heilige apostel Paulus. Hij heeft zich zeker nooit afgekeerd van zijn ene visioen en van zijn godskennis, maar hij is «alles voor allen geworden, opdat hij immers enigen behouden zou... » (1Cor. 9:19-22).

Met andere woorden, Paulus sprak met iedereen op verschillende wijze; en als men zijn brieven slechts zou benaderen vanuit een wetenschappelijke analyse, dan zou de kern van «zijn theologische systeem» onvermijdelijk onbegrijpelijk blijven.

De Starets had zeer veel respect voor de theologische wetenschap en voor haar vertegenwoordigers. Hij vond echter dat de wetenschappelijke theologie slechts een positieve rol op het niveau van de historische omstandigheden van het leven van de Kerk speelde en geenszins op het niveau van het ware eeuwige leven van de Geest.

Het menselijke woord heeft een zekere onvermijdelijke flexibiliteit en vaagheid. Deze eigenschap bestaat zelfs in de Heilige Schrift; daarom kunnen menselijke woorden slechts tot op een bepaalde hoogte de goddelijke waarheid uitdrukken.

Hierdoor wordt het goddelijke Woord echter niet omlaag gehaald tot het niveau van de gewone menselijke betrekkelijkheid. Neen, de gedachte van de Starets gaat hierover dat het begrijpen van het Woord van God op de weg ligt van de vervulling van de Geboden van Christus en niet op de weg van wetenschappelijk onderzoek. Dat heeft de Heer Zelf ook onderricht:

«En de Joden verbaasden zich en vroegen: "Hoe kent Hij de Schriften zonder te hebben gestudeerd ?" Jezus antwoordde hen, zeggend: "Mijn leer is niet van Mij, maar van Degene Die mij gezonden heeft. Wie Zijn wil wil doen, die zal weten over deze leer, of hij van God komt, of dat Ik het Zelf vanuit Mijzelf zeg" (Joh. 7:15-17).»

De Heer herleidde de gehele Heilige Schrift tot één korte formule: «Hebt God en uw naaste lief» (Matth. 22:40). Maar wat het woord «liefde» betekent wanneer het door Christus wordt uitgesproken, zal een mysterie blijven voor alle filologen voor alle eeuwigheid. Dat woord «liefde» is de Naam van God Zelf en de ware betekenis wordt niet anders geopenbaard dan door het handelen van God.

Over de Naam van God

De Starets gaf God meestal de naam «Heer». Soms bedoelde hij met deze naam de Heilige Drie-Eenheid, soms God de Vader, soms God de Zoon, maar zelden de Heilige Geest, Wiens naam hij vaak aanriep. Maar zelfs waar het mogelijk zou zijn een voornaamwoord te gebruiken, herhaalde hij telkens opnieuw voluit de naam «Heilige Geest». Ongetwijfeld deed hij dit omdat de naam van de «Heilige Geest», evenals de naam «Heer» en andere goddelijke namen, voortdurend een levende weerklank in zijn ziel opriepen, een gevoel van vreugde en van liefde.

Dit verschijnsel, d.w.z. de vreugde en het gevoel van licht en liefde in het hart bij de aanroeping van God, was de oorzaak van lange theologische twisten over de aard van de goddelijke Naam. Deze discussies begonnen op de Athos in verband met de verschijning van het boek van een Kaukasische kluizenaar, de monnik HILARION, *In de bergen van de Kaukasus*. Deze twisten bereikten vervolgens Rusland, alwaar zij in de jaren 1912-1916 het Russische theologische denken en de aandacht van de kerkelijke hiërarchie in beslag namen. Deze discussies leidden in dogmatisch opzicht tot een volledig geslaagd resultaat.

De discussies over de goddelijke Naam vielen samen met de periode in het geestelijke leven van de Starets, toen hij zich in een felle strijd bevond tegen alle uitingen in hemzelf van de hartstochten, van de ijdelheid en de trots, die de voornaamste redenen van zijn hevige gekweldheid waren. In zijn hart droeg hij voortdurend de allerzoetste Naam van Christus, want het Jezusgebed was voortdurend in hem werkzaam. Hij hield zich echter afzijdig van elke discussie over de aard van deze Naam. Hij wist dat de genade van de Heilige Geest door het Jezusgebed in het hart van de mens komt, dat de aanroeping van de goddelijke Naam van Jezus de gehele mens heiligt en de hartstochten verbrandt in hem, maar hij ontweek een dogmatische interpretatie van zijn eigen innerlijke ervaring, omdat hij vreesde «zich te vergissen in zijn verstandelijk oordeel.» Van weerskanten werden er zulke fouten gemaakt totdat er een juiste dogmatische oplossing werd gevonden.

Deze twisten hadden een zeer hevig en stormachtig karakter en dat bedroefde de ziel van de Starets die zijn nachten doorbracht in de «klaagzang van Adam.»

Gedachten van de Starets : over planten en dieren

De zalige Starets was voor mij een groot geschenk van boven en een uitzonderlijk verschijnsel. Het was het volmaakte beeld van de ware christen dat mij vooral in hem verwonderd deed staan; men kon in hem de wonderbare harmonische combinatie van onverenigbaar lijkende uitersten zien. Zo vond ik in hem aan de ene kant een ongewoon medelijden (voor een dergelijk manhaftige man) met alles wat leeft, met elk schepsel; een medelijden dat zover ging dat het gemakkelijk kon worden aangezien voor een pathologische gevoeligheid. Maar aan de andere kant toonden andere aspecten van zijn leven direct dat dit medelijden geenszins een pathologisch verschijnsel was, maar de uitdrukking van een waarlijk bovennatuurlijke grootsheid en goedheid van ziel, die door de genade werd veroorzaakt.

De Starets nam zelfs een voorzichtige houding aan tegenover planten; elke lompe daad die hun schade berokkende, beschouwde hij als strijdig met de leer van de genade. Ik herinner mij dat we samen op een keer over een paadje liepen dat van het klooster naar de kalyva[26] voerde, waar ik een jaar heb doorgebracht. Deze «kalyva» was op ongeveer een km van het klooster gelegen. De Starets kwam mijn woning bekijken. In onze hand hadden wij ieder een stok, zoals je die gewoonlijk in bergachtig gebied gebruikt. Aan beide kanten van het pad groeiden enkele zeldzame struiken van een hoog, wild kruid. Met de bedoeling om het pad niet door dat kruid te laten overgroeien, sloeg ik met mijn stok op het stammetje vlak onder de top van de struik om het af te breken, zodat er geen zaden zouden rijpen. De Starets vond dit een ruw gebaar en verbaasd schudde hij lichtjes met zijn hoofd. Ik begreep wat dat betekende en schaamde me.

De Starets zei dat de Geest van God leert om met de gehele schepping medelijden te hebben, zodat men zonder noodzaak zelfs nog geen blad aan een boom wil beschadigen.

«Aan de boom zat een groen blad en jij hebt het er zonder noodzaak afgetrokken. Ook al is dit geen zonde, toch is het ook jammer van het blad, want het hart dat heeft leren liefhebben, heeft medelijden met elk schepsel.

Maar dit medelijden met een groen boomblaadje of met een vertrapte veldbloem, ging in hem samen met een uiterst realistische houding tot alle dingen in de wereld. Hij was er zich als christen van bewust dat alles geschapen was om de mens te dienen; en daarom mocht de mens, wanneer het «nodig» was, alles gebruiken. Hij maaide zelf gras, hij kapte bomen, hij hakte hout voor de winter, hij at vis.[27]

Als u de geschriften van de Starets leest, is het raadzaam uw aandacht te richten op zijn gedachten en gevoelens voor dieren. Hier wordt men werkelijk getroffen door zijn medelijden met elk schepsel; men kan zich hiervan een voorstelling maken aan de hand van het verhaal waarin hij vertelt hoe hij lange tijd «zijn wreedheid jegens schepsels» heeft beweend, toen hij «zonder noodzaak» een vlieg had doodgeslagen, of toen hij een vleermuis die zich op het balkon van zijn magazijn had genesteld, met kokend water overgoten had, of toen hij «met de gehele schepping en met ieder lijdend schepsel medelijden kreeg», toen hij op de weg een dode slang zag liggen die in stukjes was gesneden. Aan de andere kant maakte zijn vurig streven naar God hem los van elk schepsel.

Hij meende dat de dieren «aarde» waren, waaraan de geest van een mens zich niet behoorde te hechten, want men moet God liefhebben met heel zijn verstand, heel zijn hart, heel zijn kracht, d.w.z. met heel zijn wezen, en de aarde vergeten.

De gehechtheid van mensen aan dieren, die men vaak ziet en die soms zelfs zo ver gaat als een «vriendschap» met hen, beschouwde de Starets als een ontaarding van de door God ingestelde ordening en als strijdig met de normale toestand van de mens (naar Gen. 2:20).

Een kat aaien en daarbij «poeze, poeze» zeggen, of spelen en praten met een hond en daarbij God vergeten, of vanwege de zorg voor dieren het lijden van de naaste vergeten, of vanwege dieren met mensen redetwisten – dat alles was voor de Starets een schending van de goddelijke geboden die de mens, als hij hen trouw onderhoudt, tot de volmaaktheid leiden. In het gehele Nieuwe Testament vinden wij niet één plaats waarvan er sprake is dat de Heer Zijn aandacht zou hebben geschonken aan dieren, maar toch had Hij natuurlijk de gehele schepping lief. Het bereiken van deze volmaakte menselijkheid, naar het beeld van de Mens-Christus, is onze opgave, overeenkomstig onze natuur die geschapen is naar het beeld van God. Ook beschouwde de Starets innerlijke gehechtheid en hartstocht voor dieren als een verlaging van de menselijke zijnswijze. Hierover schrijft hij het volgende:

«Sommigen hechten zich aan dieren, maar daardoor beledigen zij hun Schepper, want de mens is geroepen om eeuwig met de Heer te leven, met Hem te heersen en slechts God lief te hebben. Men moet niet gehecht zijn aan dieren, maar men moet slechts een welwillend hart hebben voor elk schepsel.»

Hij zei dat alles geschapen is om de mens te dienen. Daarom mag men, wanneer het nodig is, al het geschapene gebruiken; maar tegelijkertijd rust daarbij de plicht op de mens, voor elk schepsel zorg te dragen; en daarom is elk kwaad dat zonder noodzaak aan een dier, of zelfs aan een plant, wordt toegebracht in strijd met de wet der genade. Maar elke gehechtheid aan dieren is eveneens in strijd met de geboden van God, omdat het de liefde voor God en voor de naaste verkleint.

Wie waarlijk van mensen houdt en wie in zijn gebeden voor de gehele wereld weent, kan zich niet aan dieren hechten.

De schoonheid van de wereld

De ziel van de Starets was verrukt over de schoonheid van de zichtbare wereld. Deze geestdrift liet hij niet blijken door houdingen of door gebaren; zij bleek slechts uit de uitdrukking van zijn gezicht en uit de intonatie van zijn stem. Deze discrete terughoudendheid onderstreepte slechts de echtheid van zijn diepe ervaring. Hij was altijd geconcentreerd op zijn innerlijk leven en hij keek maar weinig naar de wereld buiten hem, maar wanneer zijn blik zich richtte op de zichtbare schoonheid van de wereld, dan was dat een nieuwe aanleiding voor hem om de goddelijke glorie te beschouwen en opnieuw zijn hart tot God te wenden.

In dat opzicht was hij als een kind: alles verbaasde hem. In zijn aantekeningen merkte hij zeer terecht op dat de mens die de genade verloren heeft, niet de schoonheid van de wereld kan opmerken en dat niets hem in verbazing brengt. Heel de onuitsprekelijke pracht van Gods schepping raakt hem niet. Als daarentegen, de genade van God met de mens is, dan veroorzaakt elk verschijnsel een onbegrijpelijke verwondering in zijn ziel en tijdens de beschouwing van de zichtbare schoonheid wordt de ziel zich bewust van de wonderbaarlijke tegenwoordigheid van God in alle dingen.

De Starets keek met een scherp gevoel voor schoonheid naar de wolken, de zee, de bergen, de bossen, de weiden, naar een enkele boom. Hij zei dat de heerlijkheid van de Schepper zelfs in deze zichtbare wereld schitterend was, maar hij voegde hieraan toe dat het schouwen van de glorie van de Heer in de Heilige Geest, een gezicht is dat elke menselijke gedachte oneindig te boven gaat.

Op een keer, toen hij het spel van de wolken aan de smaragdblauwe Griekse hemel gadesloeg, zei hij:

«Ik denk: hoe vol van majesteit is onze Heer ! Welk een schoonheid heeft Hij geschapen te Zijner glorie, voor het heil van Zijn volk, opdat de volkeren in vreugde hun Schepper mogen verheerlijken... O hemelse Koningin, maak uw volk waardig om de heerlijkheid des Heren te zien.»

Als hij op deze wijze korte tijd had stilgestaan bij de beschouwing van de zichtbare schoonheid en van de glorie van God Die zich daarin openbaart, dan keerde hij weer terug tot het gebed voor de wereld.

Over kerkdiensten

De Starets hield zeer veel van de lange diensten in de kerk, die naar hun geestelijke inhoud zo oneindig rijk zijn. Hij had veel respect voor de inspanningen van de zangers en de lezers en hij bad veel voor hen en vroeg God hen bij te staan, in het bijzonder tijdens de nachtelijke vigilies.[28]

Maar ondanks al zijn liefde voor de pracht, de schoonheid en de muziek van de diensten, zei hij toch steeds dat de diensten, ofschoon zij door de werking van de genade van de Heilige Geest zijn ingesteld, naar hun vorm echter geen volmaakt gebed voorstellen, maar dat zij aan het «gelovige volk» zijn gegeven, omdat zij nuttig en toegankelijk voor allen zijn.

«De Heer heeft ons, als aan zwakke kinderen, de gezongen diensten gegeven; wij kunnen nog niet bidden zoals het behoort, terwijl de zang voor iedereen nuttig is wanneer men in nederigheid zingt. Maar het is beter dat ons hart een tempel voor de Heer wordt en onze geest Zijn altaar,» schreef hij. En ook:

«De Heer wordt verheerlijkt in de heilige kerken, maar de hesychasten (zie [34]) verheerlijken Hem in hun hart. Het hart van de hesychast is een tempel en zijn geest dient als altaar, want de Heer houdt ervan om in het hart en de geest van de mens te wonen.»

Hij zei ook nog dat wanneer het onophoudelijke gebed zich in de diepte van het hart vestigt, de gehele wereld dan in een tempel Gods verandert.

Over de gelijkenis
van de mens met Christus

De Starets heeft dikwijls zowel gezegd als ook geschreven dat degenen die de geboden van de Heer onderhouden op Christus lijken. Deze gelijkenis kan meer of minder groot zijn, maar er zijn geen grenzen gesteld. Zo is de onbegrijpelijke grootheid van de roeping van de mens dat hij werkelijk op God gaat lijken.

De Starets zegt: «De Heer heeft Zijn schepsel zozeer liefgehad: de mens is geworden naar de gelijkenis van God.»

Hierbij herinnert hij aan de woorden van Johannes de Theoloog: «Wij zullen Hem gelijk wezen; want wij zullen Hem zien gelijk Hij is» (naar 1Joh. 3:2).

De Starets had de woorden van Christus oneindig lief:

«Vader, Ik wil dat waar Ik ben, ook die bij Mij zijn, die Gij Mij gegeven hebt, mogen zijn, opdat zij Mijn heerlijkheid mogen aanschouwen» (naar Joh. 17:24).

Men kan deze heerlijkheid niet zien zonder er zelf bij betrokken te zijn. Daarom betekenen deze woorden: «opdat zij Mijn heerlijkheid mogen aanschouwen»: opdat deze heerlijkheid ook aan hen moge worden gegeven.

God is liefde en als oneindige liefde wil Hij Zich volkomen aan de mens geven.

«En ik heb hun de heerlijkheid gegeven, die Gij Mij gegeven hebt» (Joh. 17:22).

Wanneer deze heerlijkheid aan de mensen zal worden gegeven, dan blijft de mens naar zijn wezen een schepsel, maar naar de genade wordt hij god, d.w.z. ontvangt hij een vorm van goddelijk bestaan. Zoals Christus, Die de goddelijke staat heeft, bij Zijn menswording de vorm van het menselijke bestaan aanneemt, zo ontvangt de mens in Christus de vorm van het goddelijke bestaan, terwijl hij in zijn natuurlijke staat slechts een slaaf is (naar Fil. 2:6-7).

Zelfs de Heilige Schrift bewaart een bescheiden terughoudendheid over dit onderwerp en spreekt er niet graag over.

Waarom?... Misschien omdat onder degenen die deze waarheden zouden horen, sommigen van hen zich zouden kunnen laten verleiden om hun verbeelding de vrije loop te laten en zich in hun dromerij tot duizelingwekkende hoogten te verheffen, terwijl zij vergeten of niet weten dat God nederigheid is.

De Starets die in de Heer een Vader zag Die het meest nabij, het dierbaarst en het meest vertrouwd was, zei: «De Heilige Geest heeft ons nauw verwant gemaakt aan God.»

De Heilige Geest bevestigt door Zijn komst in de ziel een verwantschap van de mens met God, zodat de ziel met een diep gevoel van zekerheid tegen de Heer zegt: «Vader !».

De ziel van de Starets was diep bewogen bij de gedachte aan de majesteit van de Heer, Die voor de zonden der mensen van heel de wereld had geleden. Hij was verstomd over de oneindige liefde van God en over Diens nederigheid.

In zijn ziel zong hij een loflied voor de Heer omwille van Zijn verlossend Lijden. Hij wist wat de genade van de Heilige Geest was, die hem deze lofprijzing had geleerd. En dit gezang was voor hem zoeter dan ieder ander gezang.

De lofprijzing van de hemelse krachten vatte hij op als een onophoudelijke verheerlijking, gericht tot de Heer omwille van Zijn nederigheid en Zijn Lijden, waardoor Hij de mens had vrijgekocht van de eeuwige dood.

Met zijn geest luisterde de Starets op mystieke wijze naar deze cherubijnenhymnen, die zoals hij het uitdrukte «gehoord worden door alle hemelen» en die «zoet zijn, want zij worden gezongen door de Heilige Geest.»

Over het zoeken naar God

De Starets had een eigen denkbeeld dat slechts diegene God kan zoeken die Hem al heeft leren kennen en Hem daarna heeft verloren. Hij meende dat elke zoektocht naar God wordt voorafgegaan door een bepaalde Godservaring.

God oefent geen enkel geweld uit op de mens, maar Hij staat geduldig voor de deur van het hart van de mens en wacht nederig totdat het hart voor Hem zal opengaan.

Zelf zoekt God de mens nog voordat de mens Hem zoekt. Pas wanneer de Heer op een gunstig moment aan de mens verschijnt, zal de mens God leren kennen in de hem verleende mate en dan pas begint hij God te zoeken, Die zich weer voor zijn hart verbergt. De Starets zei:

«Hoe zul je zoeken wat je niet verloren hebt? Hoe zul je zoeken wat je volstrekt niet kent? Maar de ziel kent de Heer en daarom zoekt zij Hem.»

Over de relatie tot de naaste

Wat een mens uit eigen geestelijke ervaring over zichzelf te weten is gekomen, dat ziet hij ook in anderen. Daarom is de verhouding van een mens tot zijn naaste de ware graadmeter van de door hem bereikte mate van zelfkennis.

Wie in zichzelf aan de ene kant heeft ervaren welke diepte, welke hevigheid het lijden van de menselijke geest kan bereiken als hij gescheiden is van het licht van het ware zijn en aan de andere kant heeft leren kennen WAT de mens is, wanneer hij in God is, ja, die mens weet dat elke mens een eeuwige, onvergankelijke waarde is, kostbaarder dan heel de overige wereld, en die kent de waardigheid van de mens; hij weet hoe kostbaar voor God ieder «van een van deze minsten is» (naar Matth. 25:40). Daarom zint hij zelfs in zijn gedachten nooit op doodslag en hij staat zichzelf niet toe zijn naaste te schaden of hem zelfs maar te beledigen.

Wie «slechts gelooft», wie in zichzelf slechts een lichte aanraking van de genade heeft ervaren en nog een onduidelijk voorgevoel heeft van het eeuwige leven, die zal zichzelf naar de mate van zijn liefde voor God ervan weerhouden te zondigen, maar zijn liefde is nog verre van volmaakt en hij kan zijn broeder kwetsen.

Maar wie onbarmhartig «omwille van zijn eigen voordeel en belang» anderen schaadt, moorden beraamt of uitvoert, die is ofwel gelijk aan een wild dier en is er zich in zijn diepste wezen van bewust een dierlijk leven te leiden, dat wil zeggen, dat hij niet gelooft in het eeuwige leven, ofwel hij is de weg opgegaan van een demonische spiritualiteit.

De verschijning van Christus aan de Starets liet hem deze gelijkenis met God, die in iedere mens verborgen is, ervaren. Hij beschouwde alle mensen als kinderen van God, als dragers van de Heilige Geest. De Heilige Geest als de Geest en het licht der waarheid leeft in zekere mate in iedere mens en verlicht hem. Wie in de genade is, ziet haar ook in de anderen, maar wie de genade niet in zich voelt, die ziet haar evenmin in de ander. Hij zei dat de houding van een mens ten opzichte van zijn naaste, de mate van genade laat zien die hij in zichzelf draagt: «Als een mens in zijn broeder de aanwezigheid van de Heilige Geest ziet, betekent dat ook dat hij zelf een grote genade heeft; maar wie zijn broeder haat, wordt zelf bezeten door een boze geest.»

Dit laatste stond voor de Starets volkomen buiten twijfel; het was voor hem overduidelijk dat elke mens – wie hij ook mocht zijn – die zijn broeder haatte, zijn hart tot een woonplaats had gemaakt van de boze geest en zich daardoor van Christus had afgescheiden.

Over de eenheid van de geestelijke wereld en de grootheid der heiligen

De Starets beschouwde het leven van de geestelijke wereld als één geheel. Krachtens deze eenheid weerspiegelt elk geestelijk verschijnsel zich in de gesteldheid van heel deze wereld. Als het verschijnsel goed is, dan verheugt zich heel de wereld van hemelse geesten, «alle hemelen». Als het daarentegen boos is, dan zijn zij bedroefd. Ofschoon elk geestelijk verschijnsel onvermijdelijk zijn spoor achterlaat op de staat van heel de geestelijke wereld, zijn het toch vooral de heiligen die de gave van het fijne vermogen hebben om zoiets op te merken. Een dergelijke kennis die de grenzen van de menselijke beperktheid overschrijdt, schreef de Starets toe aan de werking van de Heilige Geest. De ziel «ziet» in de Heilige Geest de gehele wereld en omvat haar in haar liefde.

De Starets was ervan overtuigd dat de heiligen onze gebeden horen. Hij zei dat dit duidelijk bleek uit de bestendige ervaring van de omgang in gebed met de heiligen. In de Heilige Geest ontvangen de heiligen deze gave al gedeeltelijk hier op aarde en na hun heengaan neemt die gave toe.

Als hij over die waarlijk goddelijke eigenschap van de heiligen sprak, verwonderde hij zich over de oneindige liefde van God voor de mens:

«Zozeer heeft de Heer de mens liefgekregen dat Hij hem de Heilige Geest heeft geschonken en in de Heilige Geest is de mens geworden naar de gelijkenis van God. Wie dit niet geloven en wie niet tot de heiligen bidden, hebben niet ervaren hoezeer de Heer de mens liefheeft en hoezeer Hij hem verheven heeft.»

Over het geestelijke visioen van de wereld

De Starets zei dikwijls: «Wanneer heel de geest in God is, dan wordt de wereld vergeten». Tegelijkertijd schrijft hij: «De geestelijke mens vliegt als een adelaar in de hoogte en zijn ziel voelt de aanwezigheid van God en ofschoon hij zelfs in het duister van de nacht bidt, ziet hij de gehele wereld.»

De vraag komt op of dit niet tegenstrijdig is ?

En een andere vraag is of dit visioen van de wereld geen verbeelding is.

Maar dan schrijft hij verder: «Zeldzaam zijn de zielen die U kennen en zeldzaam zijn de mensen met wie men over U kan spreken.»

Wij rekenen allereerst onszelf tot degenen die God niet kennen en die niet over Hem kunnen spreken en daarom vragen wij aan allen die God hebben leren kennen, ons omwille van Zijn lankmoedigheid te vergeven, dat wij de vrijmoedige en dwaze poging ondernemen om, zij het slechts gedeeltelijk, de betekenis van de woorden van de zalige Starets te onthullen.

Het onverstrooide gebed leidt de geest in het hart en het verenigt heel de mens, met inbegrip van zijn lichaam, tot één geheel. De geest die verzonken is in het hart, laat de beelden van de wereld achter zich en de ziel die met al haar kracht gericht is op God in inwendig gebed, ziet zichzelf op zeer bijzondere wijze bij het licht dat van God uitgaat. Zij ziet daarbij geen uiterlijke verschijnselen en levensomstandigheden, maar zij ziet zichzelf blootgelegd tot op de diepste wortelen van haar wezen.

Ondanks de afwezigheid van zichtbare beelden, ondanks de eenvoud en de «bondigheid» van dit schouwen, dat gericht is op de bron van het leven, op God Zelf, worden daarin de grenzen geopenbaard waarbinnen het bestaan van de gehele geschapen geestelijke wereld zich beweegt. De ziel die zich van alles heeft losgemaakt en die niets ziet, «ziet» de gehele wereld in God en is zich bewust van haar eenheid met de wereld en zij bidt voor haar.

«En ik, schrijft de Starets, verlang slechts een ding: voor allen te mogen bidden als voor mijzelf.»

Wij zijn allemaal wel eens verrukt geweest bij de beschouwing van de grootsheid en de schoonheid van de natuur. Maar kijk, nu ligt er een kleine zwart-wit foto voor ons en in plaats van de onafzienbare en voor het oog onbereikbare verten, zien wij een stukje papier. In plaats van de onbeschrijflijke rijkdom van licht, beweging, kleuren en vormen, zien we slechts een reeks donkere en grijze vlekken. Zo groot als het verschil is tussen een kleine, levenloze foto en hetgeen daarop afgebeeld staat, zo groot, ja zelfs nog veel groter, is het verschil tussen de bovengenoemde woorden en het leven dat achter hen schuilt.

Over de twee wijzen der kennis van de wereld

De Starets was begiftigd met een mooi, levendig en ongewoon stoutmoedig verstand. Hij schreef:

«We kunnen met ons verstand zelfs niet bevatten hoe de zon is gemaakt; wanneer wij God vragen: "Zeg ons, hoe Gij de zon hebt gemaakt," dan klinkt het heldere antwoord in onze ziel: "Word nederig en je zult niet slechts de zon leren kennen, maar ook haar Schepper." Maar wanneer de ziel door de Heilige Geest de Heer leert kennen, dan vergeet zij van vreugde de gehele wereld en laat zij de bezorgdheid over aardse kennis achter.»

Hier is onder een bijna naïeve uitdrukkingsvorm de aanwijzing verborgen voor de twee verschillende wijzen der kennis van het zijn. De gewone en voor allen bekende weg tot de kennis, bestaat uit het richten van het cognitieve vermogen van de menselijke geest op de uiterlijke wereld, die daar een talloze verscheidenheid tegenkomt van verschijnselen, aspecten, vormen en een eindeloze versnippering van alles wat er bestaat. Daarom bereikt deze kennis nooit de volheid, noch een werkelijke eenheid.

Bij deze vorm van kennis neemt het verstand dat volhardend de eenheid zoekt, zijn toevlucht tot de synthese die altijd en onvermijdelijk kunstmatig is. De eenheid die door het verstand op deze weg wordt bereikt, is niet iets werkelijks noch iets objectiefs, maar slechts een vorm van abstract denken die het verstand eigen is.

De andere weg tot de kennis over het zijn, bestaat uit het richten van de menselijke geest binnen in zichzelf en vervolgens op God.

Hierbij gebeurt het omgekeerde van wat wij bij de eerste wijze van kennisverwerving hebben gezien: het verstand trekt zich terug uit de eindeloze menigvuldigheid en versnippering van de verschijnselen der uiterlijke wereld en richt zich met al zijn kracht op God; en als het in God verblijft, ziet het zowel zichzelf als de gehele wereld.

Naar deze wijze van kennis, die door middel van het gebed wordt verkregen, streefde de ziel van de Starets en ofschoon hij een gezond gevoel voor de realiteit van deze wereld niet verloor, hield hij zich toch zijn leven lang ver van wereldse zaken en waren nieuwsgierigheid en gehechtheid hem vreemd. Zijn geest werd slechts voortdurend in beslag genomen door God en door de mens.

Over het onderscheiden van de genade en de bekoring

In mijn verlangen om van de Starets te weten te komen of er een absoluut criterium is dat de mogelijkheid geeft om de ware geestelijke weg betrouwbaar te onderscheiden van die «spoken der waarheid» die men tegenkomt als men van die weg afwijkt, heb ik met hem een gesprek gevoerd over dit onderwerp en zijn woord was voor mij uiterst kostbaar. Hij zei:

«Wanneer de Heilige Geest heel de mens vervult met de zoetheid van Zijn liefde, dan wordt de wereld volkomen vergeten en de ziel schouwt God in een onuitsprekelijke vreugde. Maar wanneer de ziel zich de wereld opnieuw herinnert, weent zij uit liefde voor God en uit medelijden met de mens en bidt zij voor de gehele wereld.

Als zij zich heeft overgegeven aan tranen en aan het gebed voor de wereld, dat door de liefde ontstaat, kan de ziel omwille van de zoetheid van de Heilige Geest opnieuw de wereld vergeten en haar rust vinden in God. Als zij zich de wereld herinnert, zal zij opnieuw in grote droefheid onder tranen bidden en wensen dat allen worden gered.

En dat is de ware weg die door de Heilige Geest wordt geleerd.

De Heilige Geest is liefde, vrede en zoetheid. De Heilige Geest leert God lief te hebben en de naaste. Maar de geest van de bekoring is een

Hoofdstuk 4 : Het onderricht

trotse geest. Hij spaart de mens en de andere schepsels niet, omdat hij niets heeft geschapen. Hij handelt als een dief en een rover en zijn weg is bezaaid met verwoesting.

De geest der bekoring kan geen ware zoetheid geven; hij brengt slechts de onrustige zoetheid der ijdelheid; daarin is noch nederigheid, noch vrede, noch liefde; maar het is de koude onverschilligheid van de trots.

De Heilige Geest leert de liefde van God en de ziel verlangt naar God en vervuld van zoetheid en onder tranen zoekt zij Hem dag en nacht, maar de vijand brengt zijn sombere zwaarmoedigheid die de ziel doodt.

Met behulp van deze tekenen kan men duidelijk de genade van God onderscheiden van de bekoring van de vijand.»

Ik heb tegen de Starets gezegd dat er mensen zijn die de hartstochteloosheid niet beschouwen als de liefde van God, maar als een bijzondere bespiegeling van het zijn, die boven het onderscheid tussen goed en kwaad staat en dat zij een dergelijke bespiegeling als hoger beschouwen dan de christelijke liefde.

De Starets antwoordde hierop:

«Dat is een leer van de vijand. De Heilige Geest onderricht niet zo.»

En toen ik naar de Starets luisterde, moest ik denken aan demonische beelden van de «supermensen» die zich «boven goed en kwaad» stellen.

De Starets zei:

«De Heilige Geest is liefde en Hij geeft de ziel de kracht de vijanden lief te hebben. En wie zijn vijanden niet liefheeft, die kent God niet.»

Dit laatste criterium had in de ziel van de Starets een volstrekt uitzonderlijke en onbetwistbare plaats. Hij zei:

«De Heer is de barmhartige Schepper. En Hij heeft met allen erbarmen. God heeft erbarmen met alle zondaars, zoals een moeder medelijden heeft met haar kinderen, zelfs wanneer zij een slechte weg volgen. Daar, waar geen liefde is voor de vijanden of de zondaars, is de Geest van de Heer afwezig.»

Gedachten over de vrijheid

Eerder hebben we het gesprek aangehaald van de Starets met een jonge student, waaruit gedeeltelijk zijn opvattingen blijken over vrijheid, maar hier wil ik aanvullend ook andere gedachten van hem citeren die hij zowel mondeling als schriftelijk heeft uitgedrukt, maar in een taal die grotendeels onbegrijpelijk is.

Het leven van de Starets verliep hoofdzakelijk in gebed en een biddend mens denkt niet, dat wil zeggen, hij redeneert niet maar leeft. De activiteit van het verstand steunt tijdens het bidden niet op abstracte begrippen, maar neemt direct deel aan het zijn. Het verstand dat werkelijk bidt, heeft niet te maken met de categorieën van het rationele denken, maar met categorieën die kwalitatief anders zijn. Dit andere type categorie is een directe existentiële waarneming die zich niet laat opsluiten in het nauwe kader van abstracte begrippen.

De Starets was geen filosoof in de gewone zin van dit woord, maar hij was een waarlijk wijs man die kennis bezat die de grenzen van de filosofie oversteeg.

Laten wij als voorbeeld de ervaring nemen van «het indachtig zijn van de dood»: in de ascetische geschriften verstaat men hieronder niet het gewone besef dat de mens heeft van zijn sterfelijkheid, niet de eenvoudige herinnering aan het feit dat wij zullen sterven, maar een bijzonder geestelijk gevoel.

Het indachtig zijn van de dood begint met de ervaring van de korte duur van ons aardse bestaan; soms zwakker, dan weer sterker verandert deze ervaring op sommige ogenblikken in de diepe gewaarwording van de vergankelijkheid en de bederfelijkheid van al het aardse, waardoor de verhouding van de mens tot alles in de wereld wordt veranderd; alles wat niet eeuwig blijft, wordt in zijn ogen minder waard en het gevoel ontstaat van de zinloosheid van alle verworvenheden op aarde. De aandacht van de geest keert zich af van de hem uiterlijk omringende wereld en hij concentreert zich op het innerlijk, waar de ziel geconfronteerd wordt met een ondoorgrondelijke, duistere afgrond. Dit gezicht ontstelt de ziel en deze angst veroorzaakt een ingespannen gebed dat zich dag en nacht voortzet. De tijd verliest zijn duur, maar aanvankelijk niet omdat de ziel het licht van het eeuwige leven heeft gezien, maar integendeel, omdat alles wordt opgeslokt door een gevoel van de eeuwige dood. Als de ziel tenslotte talrijke en verschillende stadia heeft doorlopen, wordt zij door de werking van de genade omhoog geleid naar het beginloze goddelijke licht. En dat is geen filosofische «transcendentie», maar het leven zelf in zijn ware openbaring, dat geen dialectische «bewijzen» nodig heeft. Dit is een ondefinieerbare, onbewijsbare en verborgen kennis, maar ondanks haar totaal ondefinieerbare karakter, is deze kennis als werkelijk leven onvergelijkbaar veel machtiger en innerlijk overtuigender dan de meest smetteloze, abstracte dialectiek.

De Starets bidt:

«Heer, de mensen hebben U, hun Schepper, vergeten en zij zoeken hun eigen vrijheid en zij begrijpen niet dat Gij barmhartig zijt en dat Gij de zondaars die berouw hebben, liefhebt en hun de genade van Uw Heilige Geest schenkt.»

Wanneer de Starets tot de Alwetende God aan het bidden was, gebruikte hij weinig woorden en verduidelijkte hij zijn gedachten niet. «De mensen zoeken *hun* eigen vrijheid», d.w.z. buiten God, buiten het werkelijke leven, daar waar geen leven is en kan zijn, waar «de buitenste duisternis» is, want vrijheid is slechts daar waar geen dood is, waar het waarlijk eeuwige leven is, d.w.z. in God.

«Gij zijt barmhartig en geeft hun de genade van Uw Heilige Geest.» God geeft de gave van de Heilige Geest en dan wordt de mens vrij. «Waar de Geest des Heren is, daar is vrijheid» (naar 2Cor. 3:17).

«Alwie de zonde doet, is slaaf der zonde. De slaaf nu blijft niet voor altijd in het huis. Als dan de Zoon u vrijmaakt, zult gij waarlijk vrij zijn» (naar Joh. 8:34-36).

In een gebed dat voortkomt uit de genade is de existentiële kennis of – zoals de Starets het zei – de kennis uit ervaring van de menselijke vrijheid buitengewoon diep. Hij was er met hart en ziel van overtuigd dat er maar één echte slavernij was: die van de zonde, en dat de enige ware vrijheid de opstanding in God is.

Zolang de mens zijn opstanding in Christus niet heeft bereikt, zolang zal alles in hem vervormd zijn door de angst voor de dood en bijgevolg ook door de slavernij van de zonde. Onder degenen die nog niet de genade van hun opstanding hebben leren kennen, zullen slechts zij over wie gezegd is: «Zalig zijn zij die niet gezien hebben, maar toch geloven», deze vervormingen kunnen vermijden.

Wij kennen geen enkel begrip om het geestelijke leven te definiëren, want het is ondoorgrondelijk en ondefinieerbaar in zijn bronnen, in zijn eeuwige oorsprong en tegelijkertijd eenvoudig en één in zijn natuur. Misschien zou iemand dat gebied het «supra-bewustzijn» kunnen noemen... maar dat woord is ook onbegrijpelijk en het definieert niets, behalve de verhouding die bestaat tussen het bespiegelende bewustzijn en de wereld die de grenzen van dat bewustzijn overschrijdt.

Als we uit dat ondefinieerbare gebied overstappen naar de sfeer die aan onze innerlijke beschouwing en zelfs aan een zekere controle onderworpen is, openbaart het geestelijke leven zich op twee manieren: als een geestelijke staat of ervaring en als een dogmatisch bewustzijn. Deze twee verschillende aspecten, die zelfs in zekere mate gescheiden zijn in hun «incarnatie» – d.w.z. in hun formele expressie in ons empirische leven – zijn naar hun wezen één geheel en ondeelbaar leven.

Op grond hiervan is iedere ascetische handeling, iedere geestelijke gesteldheid onverbrekelijk verbonden met een dogmatisch bewustzijn dat daarmee overeenstemt.

Met het oog op het voorafgaande heb ik steeds geprobeerd te begrijpen met welk dogmatisch bewustzijn het grote gebed van de Starets en de vurige tranen die hij voor de wereld vergoot, verbonden was.

Door de woorden van de Starets, die in hun heilige en grootse eenvoud moeilijk te begrijpen zijn, te vertalen in een taal die meer toegankelijk is voor het begrip van de moderne mens, hoop ik vervolgens dichterbij de inhoud van zijn dogmatisch bewustzijn te komen.

De Starets zei en schreef dat de liefde van Christus de ondergang van geen enkele mens kan verdragen en dat deze liefde in haar zorg om allen te redden en om haar doel te bereiken de weg volgt van het offer.

«De Heer schenkt aan de monnik de liefde van de Heilige Geest en vanwege deze liefde treurt het hart van de monnik over de mensen, omdat niet allen de weg der verlossing volgen. De Heer was Zelf zozeer bedroefd over het volk dat Hij Zich heeft overgeleverd aan de kruisdood. En de Moeder Gods droeg diezelfde droefheid voor de mensen in haar hart. Evenals haar geliefde Zoon, verlangde zij tot aan het einde naar de verlossing voor allen. De Heer heeft Diezelfde Heilige Geest aan Zijn apostelen, aan onze heilige Vaders en aan de herders van de Kerk gegeven.»

Op een waarlijk christelijke wijze kan men anderen slechts door de liefde redden, d.w.z. door hen aan te trekken; hierbij kan er geen sprake zijn van geweld. In haar zoektocht om allen te redden, wil de liefde tot het einde volhouden en daarom omvat zij niet slechts de wereld van degenen die nu op aarde leven, maar ook alle gestorvenen, de hel zelf en degenen die nog niet geboren zijn, d.w.z. de gehele Adam. De liefde jubelt en verheugt zich wanneer zij de redding van broeders ziet; als zij het tegenovergestelde ziet, d.w.z. hun ondergang, dan weent en bidt zij.

Ik vroeg de Starets: «Hoe kan iemand alle mensen liefhebben ? En waar vind je een zodanige liefde om één te worden met allen ?»

De Starets antwoordde:

«Om met allen één te worden, zoals de Heer zegt: opdat allen één mogen zijn (naar Joh. 17:21), hoeven wij niets te verzinnen, wij hebben allen dezelfde natuur en daarom zou het voor ons natuurlijk moeten zijn om allen lief te hebben; en de kracht om lief te hebben wordt door de Heilige Geest gegeven.»

De kracht van de liefde is groot en zegevierend, maar zij is niet onbeperkt. Er is in het menselijke bestaan een bepaald gebied waar zelfs aan de liefde een grens is gesteld, waar zelfs zij de volheid van haar macht niet bereikt. Wat is dat dan ?

Dat is de vrijheid.

De vrijheid van de mens is inderdaad zo werkelijk en zo groot dat noch het offer van Christus, noch het offer van al degenen die Christus nagevolgd zijn, noodzakelijkerwijs tot de overwinning leidt.

De Heer heeft gezegd: «En Ik, wanneer Ik van de aarde opgeheven ben (d.w.z. gekruisigd op het Kruis), zal allen tot Mij trekken» (naar Joh. 12:32-33). Op die wijze hoopt de liefde van Christus allen tot Zich te trekken en daarom daalt zij af tot de bodem van de hel. Maar zelfs tegen deze volmaakte liefde en tegen dit volmaakte offer kan iemand – wie zal het zijn ? Dat weet men niet en hoeveel zullen het er zijn ? Dat weet men ook niet – zelfs op het eeuwige vlak met een weigering antwoorden en zeggen: «Maar ik wil niet.»

En deze vreselijke mogelijkheid van de vrijheid die de Kerk door haar geestelijke ervaring kent, heeft geleid tot de verwerping van de doctrine van de aanhangers van Origenes.[29]

Er bestaat geen twijfel dat er in het bewustzijn van een aanhanger van Origenes geen gebed kan ontstaan zoals wij dat zien in het leven van de Starets.

Hetgeen de Starets had leren kennen op het ogenblik van de verschijning van Christus was voor hem verheven boven elke twijfel en aarzeling. Hij *wist* dat Degene Die hem verschenen was, de Heer, de Albeheerser, was.

Hij wist dat het kwam door de werking van God, de Heilige Geest, dat hij de nederigheid van Christus had leren kennen en dat hij vervuld werd met een liefde die zijn draagkracht te boven ging. Door de Heilige Geest had hij leren kennen dat God oneindige liefde en eindeloze barmhartigheid is. En toch had de kennis van deze waarheid hem niet op de gedachte gebracht dat «iedereen toch gered zal worden.» Zijn geest bleef zich altijd diep bewust van de mogelijkheid van de eeuwige ondergang, want aan de ziel wordt in de staat van genade de volle maat van de menselijke vrijheid geopenbaard.

De kern van de absolute vrijheid bestaat uit de mogelijkheid om het eigen bestaan op ieder vlak te bepalen, zonder enige afhankelijkheid of noodzaak, zonder enige beperking. Dat is de vrijheid van God; de mens heeft een dergelijke vrijheid niet.

Het is de verzoeking voor de mens, die geschapen is naar het beeld van God, zijn eigen bestaan te willen scheppen, zelf dat bestaan in alles te bepalen, zelf gelijk te worden aan God, maar niet slechts aan te nemen wat er gegeven wordt, want dat impliceert een gevoel van afhankelijkheid.

De zalige Starets zei dat ook deze verzoeking door het geloof in God kan worden overwonnen, zoals elke andere verzoeking. Het geloof in de goede en barmhartige God, het geloof dat Hij boven elke volmaaktheid is, doet de genade in de ziel neerdalen en dan verdwijnt dat moeilijke gevoel van afhankelijkheid en de ziel heeft God lief als haar eigen Vader en zij leeft door Hem.

De Starets was een man met weinig scholing, maar zijn verlangen naar de kennis der waarheid was echter niet minder dan van wie ook; maar op zoek naar deze waarheid volgde hij een weg die volstrekt niet leek op die van de speculatieve filosofie. Ik wist dit en volgde met grote belangstelling hoe de meest verschillende theologische problemen, in een volkomen bijzondere atmosfeer en in een eigen vorm, zich aan zijn geest voordeden en hoe hun oplossing vorm aannam in zijn bewustzijn. Hij kon een probleem niet ontwikkelen volgens de regels van de dialectiek noch het in een systeem van rationele begrippen uitdrukken, want hij was bevreesd «om zich te vergissen in zijn redeneringen»; maar de stellingen die hij uitsprak, droegen het teken van een uitzonderlijke diepgang, zodat onwillekeurig de vraag opkwam: hoe komt hij aan deze wijsheid ?

De Starets was er de levende getuigenis van, dat de kennis van de hoogste geestelijke waarheden wordt verkregen door het onderhouden van de evangelische geboden en niet door een «aan het uiterlijk» ontleende geleerdheid. Hij leefde door God en hij ontving uit den hoge verlichting van God en zijn kennis was geen abstract kennen, maar het leven zelf.

Aan het begin van dit hoofdstuk heb ik voorgesteld de leer van de Starets uiteen te zetten, maar gaandeweg ben ik tot de gedachte geneigd, dat we ons doel misschien beter zullen bereiken als ik, in de mate waarin dat voor mij toegankelijk is, zijn geestelijke ervaring zal beschrijven. Als zijnde een handeling van God in de mens, brengt elke geestelijke ervaring, in elk concreet historisch geval, iets dat eeuwig nieuw is aan de ene kant en aan de andere kant zijn alle gedachten van de Starets betreffende de meest diepgaande religieuze problemen het gevolg van de ascese van zijn gebed en van de komst van de goddelijke genade.

Het christendom is geen filosofie, het is geen «leer» (doctrine), maar het *leven*, en alle gesprekken van de Starets en al zijn geschriften zijn een getuigenis van dit leven.

Over de persoonlijke verhouding van de mens met de persoonlijke God

De Heer heeft tot Pontius Pilatus gezegd: «Ik ben in de wereld gekomen om te getuigen van de waarheid.» Pilatus had sceptisch geantwoord: «Wat is waarheid ?» en ervan overtuigd dat er op deze vraag geen antwoord was, wachtte hij ook niet op een antwoord van Christus, maar ging naar buiten naar de Joden.

Pilatus had gelijk: als men met de vraag «WAT is waarheid ?» de ultieme waarheid bedoelt die ten grondslag ligt aan heel het bestaan van de wereld, dan is er geen antwoord op deze vraag.

Maar als Pilatus de Eerste Waarheid of de Waarheid op Zich bedoeld zou hebben en hij zou de vraag zo gesteld hebben, zoals zij ook moet worden gesteld, namelijk: «WIE is de waarheid ?», dan zou hij het antwoord hebben gekregen dat de Heer kort daarvoor – met voorkennis van de vraag van Pilatus – op het Laatste Avondmaal tot Zijn geliefde leerlingen had gezegd en door hen, ook aan heel de wereld:

«Ik ben de waarheid» (naar Joh. 14:6; 18:37-38).

De wetenschap en de filosofie stellen zich de vraag:

«Wat is de waarheid ?», terwijl het ware christelijke religieuze bewustzijn altijd gericht is op de persoonlijke waarheid: «WIE is de waarheid ?».

De vertegenwoordigers van wetenschap en filosofie beschouwen christenen dikwijls als ongemotiveerde dromers en zichzelf als stevig verankerd op vaste bodem; daarom noemen zij zichzelf «positivisten». Vreemd genoeg, begrijpen zij niet hoe negatief hun opvatting van de onpersoonlijke waarheid is; zij begrijpen niet dat de echte en absolute waarheid slechts een Persoon, een onderwerp, «WIE ?», kan zijn en nooit een voorwerp, «WAT ?», omdat de waarheid geen abstracte formule of abstract idee is, maar het *Leven Zelf* («*Ik ben de Zijnde*» [Ex. 3:14]).

Inderdaad, wat kan er nog abstracter of negatiever zijn dan een waar IETS ? En deze grote paradox komen wij op heel de historische weg der mensheid tegen sinds de zondenval van Adam.

Betoverd door haar verstand leeft de mensheid in een soort van bedwelming, zodat het niet alleen de «positieve» wetenschap en de filosofie zijn die zoals Pilatus de vraag stellen: «WAT is de waarheid ?», maar zodat men zelfs in het religieuze leven van de mensheid datzelfde grote bedrog kan waarnemen. Zelfs daar zijn de mensen voortdurend op zoek naar een waar IETS.

Het verstand veronderstelt dat wanneer het dit door hem gezochte ware IETS zal leren kennen, dat het dan magische krachten zal verwerven en een vrij meester zal worden van het bestaan.

In het geestelijke leven vervalt de mens die de weg van het verstandelijke zoeken opgaat, onherroepelijk in een pantheïstische wereldbeschouwing. Telkens wanneer een theoloog op eigen kracht de waarheid over God probeert te leren kennen, of hij zich daarvan bewust is of niet, vervalt hij onvermijdelijk in dezelfde fout als de wetenschap, de theologie en het pantheïsme, namelijk: het zoeken en het beschouwen van een waar IETS.

De waarheid die IEMAND is, kan nooit door het verstand worden gekend. God, de Persoon, kan slechts worden gekend door existentiële omgang, dat wil zeggen slechts door de Heilige Geest. Dit onderstreepte Starets Silouan voortdurend.

De Heer heeft hier Zelf als volgt over gesproken:

«Als iemand Mij liefheeft, zal hij Mijn woord onderhouden en Mijn Vader zal hem liefhebben, en Wij zullen tot hem komen en bij hem woning nemen.» «Maar de vertrooster, de Heilige Geest, Dien de Vader in Mijn naam zenden zal, Die zal u alles leren» (naar Joh. 14:23-6).

De orthodoxe, ascetische traditie verwerpt de weg van de abstracte beschouwing, als zijnde onjuist. Wie in zijn religieuze contemplatie blijft stilstaan bij de abstracte beschouwing van het goede, van de schoonheid, van de eeuwigheid, van de liefde enz., bewandelt een verkeerde weg. Wie slechts afstand neemt van alle empirische beelden en begrippen, heeft ook de ware weg nog niet gevonden.

De orthodoxe contemplatie is geen abstracte contemplatie van het goede, van de liefde enz. Het is ook geen simpel afstand nemen door het verstand van alle empirische beelden en begrippen. De ware contemplatie wordt door God verleend door middel van Zijn komst in de ziel en dan schouwt de ziel God en ziet dat Hij liefheeft, dat Hij goed is, dat Hij glorierijk is en dat Hij eeuwig is; zij ziet Zijn transcendentie en onuitsprekelijk karakter. Maar er wordt *niets* abstract beschouwd.

Het ware geestelijke leven is vreemd aan verbeelding, maar het is in alles volkomen concreet en positief. De ware gemeenschap met God kan door een mens slechts gezocht worden in een persoonlijk gebed dat tot de persoonlijke God is gericht. De waarachtige, christelijke, geestelijke ervaring is een gemeenschap met een God die absoluut vrij is en daarom hangt deze niet van de inspanningen of van de wil van de mens alleen af, zoals dit mogelijk is bij een niet-christelijke (pantheïstische) ervaring.

Mijn onbeholpen woorden zijn ontoereikend om aan de lezer datgene over te brengen, wat mij van de Starets het meeste trof in ons contact. Een gesprek met hem had een volkomen uitzonderlijk karakter. Ondanks alle eenvoud en zachtmoedigheid van een gesprek, was zijn woord uiterst doeltreffend, als een woord dat ontsprongen was aan een diepgaande ervaring van het bestaan, als het woord van een mens die waarlijk de Geest des levens in zich draagt.

De verschijning van Christus werd een *persoonlijke* ontmoeting, waardoor ook zijn gerichtheid op God een diep persoonlijk karakter kreeg. Als hij bad, dan sprak hij met God van *aangezicht tot Aangezicht*. De waarneming van de persoonlijke God reinigt het gebed van fantasie en van abstracte beschouwingen en verplaatst het naar het onzichtbare centrum van een levendige en innerlijke gemeenschap. Als het gebed zich in het innerlijk concentreert, is het niet langer een «roepen in de ruimte» en de geest wordt geheel en al aandacht en gehoor. Wanneer hij God aanriep met de goddelijke namen – Vader, Heer en andere – bevond hij zich in een staat die «het een mens niet geoorloofd is uit te spreken» (2Cor. 12:4), maar wie zelf de aanwezigheid van de levende God heeft ervaren, zal het begrijpen.

Een opmerkelijke asceet van het klooster, vader Trofim, merkte deze staat op bij Starets Silouan en dat veroorzaakte in hem angst en ontsteltenis, waarover hij mij na het overlijden van de Starets heeft verteld.

Over de liefde voor de vijanden

Iedere rationalistische wereldbeschouwing heeft haar eigen logische structuur, haar interne dialectiek; zo heeft ook de geestelijke wereld – om zich op een gebruikelijke wijze uit te drukken – natuurlijk haar eigen structuur en dialectiek. Maar de dialectiek van de geestelijke ervaring is volkomen uniek en stemt niet overeen met het gewone verloop van het denken.

Zo zal het voor de rationalisten misschien vreemd lijken dat de zalige Starets de liefde voor de vijand aanwijst als het criterium van het ware geloof, van de ware gemeenschap met God, als het kenmerk van de echte werkzaamheid van de genade.

Ondanks mijn verlangen om zo kort mogelijk te zijn en al het overbodige te vermijden, acht ik het toch noodzakelijk hier enige uitleg te geven.

De mens leeft in de hoop om in de komende eeuwigheid de gave van de gelijkenis op God en de volmaakte gelukzaligheid te ontvangen, maar hier op aarde zal hij slechts een «voorpand» van die toekomstige staat leren kennen. In de begrenzing van zijn aardse ervaring kan de mens, die met vlees bekleed is, tijdens het gebed in God verblijven en zich tegelijkertijd de wereld herinneren, maar wanneer men met een grotere volheid in God verblijft, dan «wordt de wereld vergeten», net zoals de mens die zich volkomen aan de aarde heeft gehecht, God zal vergeten.

Maar als men de wereld vergeet, wanneer men de staat bereikt van het volledige verkeren in God, hoe kan men dan nog spreken over de liefde voor de vijand als het criterium van de ware gemeenschap met God ? Want als een mens de wereld vergeet, dan denkt de mens noch aan zijn vrienden, noch aan zijn vijanden.

Naar Zijn wezen staat God boven de wereld en is transcendent; door Zijn Energieën verblijft Hij in de wereld, is Hij immanent.

De absolute transcendentie van het goddelijke Zijn wordt geenszins verstoord door Zijn onophoudelijke werkzaamheid in de wereld. Maar de mens die bekleed is met vlees en die op aarde leeft, heeft die volmaaktheid niet in zich; zelfs wanneer hij geheel en al, d.w.z. met heel de kracht van zijn geest en van zijn hart in God verblijft, verliest hij ieder besef van de wereld. Hieruit moet men echter niet concluderen dat er geen relatie zou zijn tussen het volledig verkeren in God en de liefde voor de vijanden. De Starets verzekert dat er integendeel een zeer nauwe band tussen beide bestaat.

Tijdens de verschijning van de Heer had de Starets een graad van kennis ontvangen die elke twijfel of aarzeling uitsluit. Hij beweerde stellig dat wie God liefheeft, door de Heilige Geest ook zeker de gehele schepping van God zal liefhebben en de mens op de eerste plaats. Hij beschouwde die liefde als een gave van de Heilige Geest; hij aanvaardde haar als een kracht die vanuit de hoge was neergedaald; en omgekeerd, kende hij ook de volkomen onderdompeling in God, die voortvloeit uit een liefde voor de naaste, die door de genade ontstaan is.

Wanneer hij over vijanden sprak, gebruikte de Starets de taal van het hem omringende milieu, in die tijd dat er veel werd geschreven en gesproken over de vijanden van het geloof. Zelf verdeelde hij de mensen niet in vijanden en vrienden, maar in degenen die God hebben leren kennen en degenen die Hem niet hebben leren kennen. Als de historische situatie anders was geweest, dan zou men zich kunnen voorstellen dat ook de Starets zich anders zou hebben uitgedrukt, hetgeen trouwens verschillende keren gebeurde wanneer hij over de liefde voor de medemens in het algemeen sprak, d.w.z. voor alle mensen, zowel voor de weldoeners als voor de boosdoeners. Hierin zag hij de gelijkenis naar Christus Die «Zijn armen op het Kruis heeft uitgestrekt» om alle mensen te verenigen.

Waarop berust de kracht van het gebod van Christus: «Hebt uw vijanden lief» ? Waarom heeft de Heer gezegd dat degenen die Zijn geboden onderhouden, zullen weten *vanwaar* deze leer komt (Joh. 7:17) ? Hoe begreep de Starets dit ?

God is liefde, absolute liefde die in haar overvloed de gehele schepping omvat. God is als liefde zelfs aanwezig in de hel. De Heilige Geest, Die aan de mens in de mate van diens bevattingsvermogen verleent om deze liefde in haar werking te leren kennen, openbaart hem daardoor de weg tot de volheid van het bestaan.

Daar waar «vijanden» zijn, is ook verwerping. Als een mens verwerpt, valt hij uit het volle goddelijke bestaan en is niet meer in God. Wie het hemelse Koninkrijk hebben bereikt en wie in God verblijven, zien in de Heilige Geest alle afgronden van de hel, want er is geen enkel gebied waar God niet aanwezig is. «De ganse hemel van de heiligen leeft door de Heilige Geest en voor de Heilige Geest is niets op deze wereld verborgen»... «God is liefde; en in de heiligen ís de Heilige Geest liefde.» Terwijl zij in de hemelen wonen, zien de heiligen de hel en omvatten haar ook in hun liefde.

Wie hun broeder haten en hem verwerpen, zijn gekortwiekt in hun bestaan en zij hebben de ware God, Die allesomvattende liefde is, niet leren kennen en de weg tot Hem niet gevonden.

De mens kan niet gelijktijdig volkomen in God én volkomen in de wereld verblijven. Het is dus pas mogelijk om te beoordelen of de contemplatie waarachtig of integendeel denkbeeldig is geweest na de «terugkeer» tot het geheugen en tot de waarneming van de wereld. De Starets verzekerde dat, wanneer men na een geestelijke toestand die beschouwd wordt als een goddelijke contemplatie of een gemeenschap met God, geen liefde voor de vijand heeft en dientengevolge geen liefde voor de gehele schepping, dit een betrouwbare indicatie is dat deze contemplatie niet waarachtig was, d.w.z. niet in de ware God was.

De mens kan tijdens de contemplatie in geestverrukking raken voordat hij zich dat zelfs realiseert. In de toestand van vervoering, zelfs als deze niet van God komt, kan de mens niet begrijpen wat hem is overkomen. Als na de terugkeer tot een gewoon bewustzijn de vrucht van de contemplatie trots en onverschilligheid is voor het lot der wereld en voor de mensen, dan was deze contemplatie ongetwijfeld onwaar. Op die wijze wordt de waarheid of het bedrog van de contemplatie herkend aan haar vruchten.

De beide geboden van Christus: de liefde voor God en de liefde voor de naaste, zijn onscheidbaar. Als men gelooft in God te leven en God lief te hebben terwijl men zijn broeder haat, verkeert men in een dwaling. Zo geeft het tweede gebod ons de mogelijkheid te controleren in hoeverre wij werkelijk in de ware God leven.

Over het onderscheid tussen goed en kwaad

Het tweede gebod over de liefde voor de naaste is volgens de Starets de toetssteen om de juistheid van onze weg tot God te controleren. Op gelijke wijze is het betrouwbare criterium voor het onderscheiden van goed en kwaad niet zozeer het doel waarnaar wij streven, hoe heilig en hoog dat ook moge lijken, als wel de middelen die worden uitgekozen om dat doel te bereiken.

Alleen God is absoluut. Het kwaad is niet een realiteit die haar eigen natuur heeft, maar het is slechts een verzet van het vrije schepsel tegen het oorspronkelijke Zijn, tegen God. Het kan dus niet absoluut zijn en daarom bestaat het kwaad niet in *zuivere* vorm en kan zo ook niet bestaan. Elk kwaad dat door vrije schepsels wordt begaan, leeft noodzakelijkerwijs als een parasiet op het «lichaam» van het goede; het moet een *rechtvaardiging* voor zichzelf vinden, zich voordoen verborgen onder de schijn van het goede en dikwijls van het allerhoogste goed. Het kwaad doet zich altijd en onvermijdelijk voor vermengd met een element van positief streven en het is door deze kant dat het de mens «verleidt».

Het kwaad probeert zijn positieve aspect aan de mens voor te stellen als een doel dat zo belangrijk is dat *alle middelen geoorloofd zijn* om het te bereiken.

In zijn aardse bestaan kan de mens het absolute goed niet bereiken; in elke menselijke onderneming is er een zeker onvolmaakt deel. De aanwezigheid van onvolmaaktheid in het goede van de mens aan de ene kant en de onvermijdelijke aanwezigheid van een goed voorwendsel in het kwaad aan de andere kant maken het onderscheid tussen goed en kwaad zeer moeilijk.

De Starets meende dat het kwaad altijd «door bedrog» handelt, terwijl het zich maskeert met het goede, maar dat het goede voor zijn verwezenlijking geen medewerking van het kwaad nodig heeft; daarom, van zodra men verkeerde middelen gebruikt – sluwheid, leugen, geweld en dergelijke – betreedt men een gebied dat vreemd is aan de geest van Christus. Het goede wordt niet door slechte middelen bereikt en het doel rechtvaardigt de middelen niet.

«Het goede dat door het kwaad tot stand is gekomen, is het goede niet.» Dit is het voorschrift dat apostelen en de heilige Vaders ons hebben nagelaten. Wanneer het goede dikwijls overwint en door zijn aanwezigheid het kwaad recht maakt, dan zou het toch onjuist zijn om te denken dat het kwaad tot dat goede heeft geleid, dat het goede het resultaat zou zijn van het kwaad. Dat is onmogelijk. Maar de kracht van God is zodanig dat waar zij ook verschijnt, zij alles geneest, want God is de volheid van het leven en schept het leven uit het niets.

De weg van de Kerk

«Het is onze Kerk verleend om in de Heilige Geest de mysteriën van God te begrijpen en zij is sterk door haar heilige gedachten en door haar geduld.»[30]

Het goddelijke mysterie, dat de Kerk door de Heilige Geest kent, is de liefde van Christus.

De heilige gedachte van de Kerk is «dat allen mogen worden gered.» En de weg die de Kerk volgt naar dit heilige doel is het geduld, d.w.z. het offer.

De Kerk predikt de liefde van Christus in de wereld en zij roept iedereen tot de volheid van het goddelijke leven, maar de mensen begrijpen deze oproep niet en verwerpen hem. De Kerk roept allen op, het gebod van Christus te bewaren: «Hebt uw vijanden lief,» waardoor zij midden tussen alle vijandige krachten is gaan staan en de woede waarmee deze vijandige krachten onderling vervuld zijn, keert zich tegen haar. Maar de Kerk, die het werk van Christus op deze aarde uitvoert, d.w.z. de redding van de gehele wereld, neemt bewust de last van de algemene woede op zich, net zoals Christus alle zonden van de wereld op zich heeft genomen. En zoals Christus in deze wereld van zonde vervolgd werd en moest lijden, zo zal de ware Kerk van Christus ook onvermijdelijk vervolgd worden en moeten lijden. Dit is een geestelijke wet van het leven in Christus, waarover zowel de Heer Zelf als ook Zijn apostelen hebben gesproken; maar de goddelijke Paulus gaf deze wet van het leven als volgt absoluut weer: «Zo zullen ook allen die in Christus Jezus godvruchtig willen leven, vervolgingen te lijden hebben» (2Tim. 3:12).

En dit zal altijd en overal in de gehele wereld zo zijn, sinds het bestaan van de zonde.

«Zalig de vredestichters, want zij zullen kinderen Gods worden genoemd.» Hier zegt de Heer dat degenen die de vrede van God verkondigen, op Hem, de Eniggeboren Zoon van God, zullen gaan lijken. Zij zullen in alles aan Hem gelijk worden, d.w.z. niet slechts in Zijn heerlijkheid en Zijn Opstanding, maar ook in Zijn vernedering en Zijn dood. Hierover wordt veel gesproken in de Schrift; en daarom mogen degenen die de vrede van God werkelijk verkondigen Golgotha nooit vergeten.

En dit alles komt uitsluitend vanwege het woord: «Hebt uw vijanden lief.» «Gij zoekt Mij te doden, want Mijn woord heeft in u gene plaats» (naar Joh. 8:37).

En de Kerk verkondigt ditzelfde woord: «Hebt uw vijanden lief», maar de wereld kan dit woord niet verdragen. Daarom heeft de wereld de ware Kerk door de eeuwen heen vervolgd en zal haar blijven vervolgen, heeft haar dienaren gedood en zal hen blijven doden.

Tijdens mijn ontmoetingen met de zalige Starets heb ik er nooit in het minst aan getwijfeld dat zijn woorden «de woorden van het eeuwige leven» waren, die hij van de hemel had gehoord en dat hij deze waarheid, waarvan hij door heel zijn leven heeft getuigd, niet had geleerd door middel van oppervlakkige, listige verzinsels. Talloze mensen praten gemakkelijk over de liefde van Christus, maar hun werken zijn een schande voor de wereld en daarom zijn ook hun woorden beroofd van levenmakende kracht.

Het leven van de Starets dat ik een aantal jaren van zo dichtbij heb meegemaakt en dat ik nu in mijn onbezonnenheid durf te beschrijven, was een zo grote en zo schitterende ascetische inspanning dat ik niet in staat ben woorden te vinden om mijn bewondering uit te drukken. Tegelijkertijd was zijn leven zo eenvoudig, zo natuurlijk en waarlijk nederig dat elk bombastisch of gekunsteld woord een vreemd element zou inbrengen en daarom is het zo moeilijk om over hem te schrijven.

Er zijn mensen die niet in staat zijn om de werkelijke betekenis te zien die zich achter een gewoon woord verstopt, maar er zijn ook mensen wier gehoor gekwetst wordt als zij valse noten horen die door aanmatigende woorden worden veroorzaakt. Het heilige en reine woord van de Starets is helaas voor veel mensen niet gemakkelijk te begrijpen, juist vanwege zijn eenvoud en daarom waag ik het mijn droge en lelijke commentaar hieraan toe te voegen, omdat ik – waarschijnlijk ten onrechte – veronderstel op die manier diegenen die een andere levensstijl en taalgebruik gewend zijn, te kunnen helpen de Starets te begrijpen.

Laten we als voorbeeld een korte raadgeving van de Starets nemen:

«Wat is er nodig om vrede in je ziel en in je lichaam te hebben ?»

«Daarvoor moet men alle mensen liefhebben zoals zichzelf en ieder ogenblik bereid zijn te sterven.»

Bij de gedachte aan een nabije dood wordt de ziel gewoonlijk onrustig en angstig, maar dikwijls zelfs zo wanhopig dat de nood van de ziel het lichaam zelf ziek maakt. Hoe kan de Starets dan zeggen dat als men voortdurend bereid is om te sterven en dat als men alle mensen liefheeft, niet slechts de ziel maar ook het lichaam met vrede vervuld wordt ? Wat een vreemde en onbegrijpelijke leer.

Wanneer de Starets hier spreekt over de vrede in de ziel en het lichaam, dan bedoelt hij de geestelijke staat, waarin de werking van de genade zich niet slechts in de ziel, maar ook in het lichaam voelbaar uit. In dit geval spreekt hij echter over een mate van genade die minder is dan degene die hij ervaren heeft tijdens de verschijning van de Heer. In dat laatste geval was de genade in zijn ziel en in zijn lichaam zo sterk dat zelfs zijn lichaam duidelijk zijn heiliging voelde. De zoetheid van de Heilige Geest maakte zulk een vurige liefde voor Christus in zijn lichaam wakker, dat ook het lichaam wilde lijden voor de Heer.

Over het verschil tussen de christelijke liefde en de menselijke rechtvaardigheid

De mensen hebben gewoonlijk een juridische opvatting van rechtvaardigheid. Zij verwerpen het idee als onjuist om iemand de verantwoordelijkheid te laten dragen voor de schuld van een ander. Dat past niet in hun juridisch bewustzijn. Maar de geest van de liefde van Christus zegt iets anders. Volgens de geest van deze liefde is het niet vreemd, maar zelfs vanzelfsprekend, de verantwoordelijkheid van de schuld van degene die wij liefhebben, te delen en die zelfs volledig op ons te nemen. Bovendien treedt door het dragen van de schuld van een ander de echtheid van de liefde aan het licht en wordt men zich werkelijk van haar bewust. Wat zou de zin van de liefde zijn als men slechts haar aangename kant zou benutten ? Maar wanneer men vrijwillig de schuld en de lasten van de geliefde persoon op zich neemt, dan bereikt de liefde in alle opzichten de volmaaktheid.

Veel mensen kunnen of willen niet vrijwillig de gevolgen van de oerzonde van Adam dragen. Zij zeggen: «Adam en Eva hebben de verboden vrucht gegeten, maar wat heb ik daar mee te maken ? Ik ben bereid om verantwoording af te leggen voor mijn eigen zonden, maar alleen voor mijn persoonlijke zonden en nooit voor de zonden van een ander.» En de mens begrijpt niet dat hij door deze beweging van zijn hart in zichzelf de zonde van onze voorvader herhaalt, die op deze wijze zijn persoonlijke zonde en val wordt. Adam heeft zijn verantwoordelijkheid ontkend en de schuld bij Eva en bij God gelegd, Die hem deze vrouw gegeven had en daardoor heeft hij de eenheid van de mens en zijn vereniging met God verbroken. Zo herhalen wij, telkens wanneer wij weigeren onze verantwoordelijkheid voor het algemene kwaad en voor de daden van onze naasten te dragen, dezelfde zonde en vernietigen eveneens de eenheid van de mens. In het paradijs heeft de Heer Adam vóór Eva opgeroepen tot berouw. En we moeten bedenken dat wanneer hij in plaats van zich te rechtvaardigen de verantwoordelijkheid voor hun gemeenschappelijke schuld op zich had genomen, het lot van de wereld anders zou zijn geweest. Zo zou het lot van de wereld ook anders worden, als ook wij de last van de schuld van onze naasten op ons zouden nemen.

Iedere mens kan bij alles veel verontschuldigingen aanvoeren om zich te rechtvaardigen, maar als hij aandachtig in zijn hart zou schouwen, dan zou hij zien dat hij bedrieglijk handelt als hij zich rechtvaardigt.

Een mens rechtvaardigt zich allereerst, omdat hij niet wil erkennen, al was het maar gedeeltelijk, dat hij schuldig is aan het kwaad in de wereld. Vervolgens rechtvaardigt hij zich omdat hij zich niet bewust is dat hij begiftigd is met een vrijheid naar het beeld van God, maar hij beschouwt zich slechts als een verschijnsel, een object van deze wereld en bijgevolg daarvan afhankelijk. In een dergelijk bewustzijn is veel slaafsheid; daarom is het zich willen rechtvaardigen de daad van een slaaf, maar niet van een zoon van God.

Deze neiging om zich te rechtvaardigden vond ik niet in de zalige Starets. Maar het is vreemd dat deze manier van handelen, d.w.z. de schuld van een ander op zich nemen en het vragen van vergeving, juist door veel mensen voor slaafsheid wordt gehouden. Zo is het verschil tussen de zienswijzen van de zonen van de Geest van Christus en die van de kinderen van deze wereld. Voor de niet-geestelijke mens lijkt het ongelooflijk dat men de gehele mensheid in zijn totaliteit zou kunnen ervaren, als een volkomen bestaan dat omvat wordt in het persoonlijke bestaan van elke mens, zonder dat daardoor het onvereenvoudigbare «anders zijn» van andere personen wordt opgeheven.

In overeenstemming met de betekenis van het tweede gebod: «Heb uw naaste lief gelijk uzelf», moet men – en dat is mogelijk – het totaal van het menselijke bestaan opnemen in zijn eigen persoonlijke bestaan. Dan zal ieder kwaad dat in de wereld gebeurt, niet slechts worden beschouwd als iets dat ons vreemd is, maar ook als ons eigen kwaad.

Als elke menselijke persoon (hypostase) die geschapen is naar het beeld van de absolute goddelijke Hypostasen, in staat is om de volheid van heel het menselijke bestaan in zich te bevatten, zoals elke goddelijke Hypostase de drager is van heel de volheid van het goddelijke Zijn – en dat is de diepe betekenis van het tweede gebod – dan zal een ieder van ons de strijd ondernemen tegen het kwaad, tegen het kosmische kwaad, te beginnen bij zichzelf.

De Starets sprak zelf altijd slechts over de liefde van God en nooit over Zijn rechtvaardigheid, maar ik heb het gesprek opzettelijk op dit thema gebracht. Hij zei ongeveer het volgende:

«Men mag van God niet zeggen dat Hij onrechtvaardig zou zijn, d.w.z. dat er in Hem onrechtvaardigheid zou zijn, maar men mag ook niet zeggen dat Hij rechtvaardig zou zijn, in de zin zoals wij de rechtvaardigheid begrijpen. De heilige Isaäk de Syriër zegt: "Waag het niet om God rechtvaardig te noemen; want wat is dat voor een rechtvaardigheid: wij hebben gezondigd en Zijn Eniggeboren Zoon sterft aan het Kruis ?" En aan deze woorden van de heilige Isaäk kan men nog toevoegen: wíj hebben gezondigd en God heeft Zijn heilige engelen aangesteld om voor onze verlossing te dienen. Maar de engelen, die vervuld zijn van liefde, hebben ook zelf het verlangen om ons te dienen en in dit dienen nemen zij het lijden op zich. En zie, de Heer heeft de redeloze dieren en de overige schepping overgegeven aan de wet van het bederf, want de schepping mocht niet vrij blijven van deze wet, toen de mens, voor wie zij geschapen was, vanwege zijn zonde de slaaf werd van het bederf. Aldus, vrijwillig of onvrijwillig, "zucht de gehele schepping en is in barensnood tot nu toe," (naar Rom. 8:20-22) volgens het woord van de Apostel, en lijdt mee met de mens. En dat is niet de wet van rechtvaardigheid, maar de wet van de liefde.»

De liefde van Christus, als goddelijke kracht, als gave van de Heilige Geest, van de Ene Geest Die in alles werkzaam is, verbindt op ontologische wijze tot eenheid; de liefde neemt het leven van de geliefde in zich op. Wie God liefheeft, wordt in het leven van de Godheid opgenomen; wie zijn broeder liefheeft, neemt in zijn persoonlijk (hypostatisch) bestaan het leven van zijn broeder op; wie de gehele wereld liefheeft, omvat met zijn geest de gehele wereld.

Het grote gebed voor de wereld dat Starets Silouan tot God richtte, leidt juist tot deze gewaarwording, of liever gezegd, tot de bewustwording van de ontologische gemeenschappelijkheid van elk persoonlijk bestaan met dat van de mensheid in zijn totaliteit. Als men kan zeggen, zoals enkele moderne filosofen dat doen, dat onze gevoelsmatige waarneming van een willekeurig ding (object) niet slechts een subjectieve, psychologische handeling is, los van het objectieve bestaan van het ding zelf, maar dat het dat ding zelf is, dat door zijn reële werking in ons bewustzijn doordringt, waardoor er een ontologisch contact ontstaat, dan hoeveel te meer moet men spreken van ontologische gemeenschappelijkheid daar, waar de ene, alomtegenwoordige goddelijke genade van de Heilige Geest, de Schepper van alle dingen, werkzaam is .

Over het onophoudelijke gebed van de Starets

De Heer heeft voordat Hij de wereld verliet, gezegd: «De vorst van deze wereld zal komen, en vermag niets tegen Mij» (Joh. 14:30).

Wie ooit geprobeerd heeft om werkelijk de geboden van Christus in zijn leven te bewaren, die kan in zekere mate de onmetelijke verhevenheid van deze woorden van Christus begrijpen, een verhevenheid die alle mensen van de gehele wereldgeschiedenis overtreft.

Tijdens het leven van Christus op aarde hadden de mensen die toen naar Hem luisterden, dezelfde twijfel als de mensen van nu. Wat Christus zei, was niet «naar de mens» (naar Gal. 1:11), dat was voor iedereen duidelijk. Maar omdat zij niet in staat waren om de openbaring van God in die nederige gedaante te aanvaarden, riepen zij uit: «Hij is bezeten door de duivel», maar anderen zeiden: «Neen, Zijn woorden zijn niet van een bezetene»; «Velen zeiden: Hij is bezeten en is uitzinnig, wat hoort gij Hem ?» Maar anderen antwoordden: «Hij is waarlijk een profeet» en «Er was onenigheid onder het volk over Hem» (naar Joh. 7:20; 7:43; 8:48-9:52; 9:16; 10:19-21).

Starets Silouan was een mens en de woorden van het gebed van de Kerk: «Er bestaat geen mens die leeft en die niet gezondigd heeft»,

HOOFDSTUK 4 : HET ONDERRICHT 137

zijn volkomen op hem van toepassing. Maar toch komen wij zowel in zijn gesprekken als in zijn aantekeningen woorden tegen die de maat van een gewoon mens te boven gaan en die zich op een niveau bevinden waar het begrip van «normale» mensen niet bij kan en tegelijkertijd bestaat er geen twijfel en kan er geen twijfel bestaan dat hij over zichzelf de zuivere waarheid heeft gezegd. Hij heeft bijna een halve eeuw doorgebracht in het klooster voor de ogen van vele honderden monniken, van wie er enkelen nog tot op deze dag in leven zijn. Hij heeft een cenobitisch kloosterleven geleid, in omstandigheden waarbij elke psychische ziekte bijzonder duidelijk aan het licht treedt. Vele monniken hielden niet van hem; sommigen scholden hem uit in zijn gezicht en noemden hem «de ziener», anderen zeiden: «Ach, vervloekte heilige»; en hij reageerde *niet eenmaal* onbehoorlijk. Natuurlijk was dit een gave van de genade, maar om die te behouden, heeft hij zijn leven lang in een buitengewone ascetische inspanning doorgebracht.

Om ons boek niet te overbelasten, zullen we hier niet alle woorden van de zalige Starets aanhalen die de grenzen van de gewone menselijke maat te boven gaan. Een aandachtig lezer zal zelf in zijn «Geschriften» zulke passages vinden, waar de Starets uitgaande van zijn eigen jarenlange ervaring zegt dat het gebed van de heiligen nooit onderbroken wordt, of het volgende:

«In het begin nam ik op een keer uit onervarenheid een onreine gedachte aan; ik ging naar mijn biechtvader en zei: "Ik heb een onreine gedachte aangenomen." Mijn biechtvader zei tegen mij: "Neem die nooit meer aan." En sinds die tijd zijn er vijfenveertig jaar verstreken en ik heb geen enkele keer meer een onreine gedachte aangenomen en ik ben nooit boos op iemand geweest, want mijn ziel herinnert zich de liefde van de Heer en de zoetheid van de Heilige Geest, en ik vergeet de beledigingen.»

Het volgende geval deed zich in het klooster voor. Er was onder de broeders van het klooster een opmerkelijke asceet, de monnik Spiridon, drager van het grote schima, die een halve eeuw in het klooster had gewoond. Hij was van nature een fors gebouwde man, sterk van lichaam en geest en een zeer harde werker. Hij was een echte monnik die gevorderd was in de ascese. Vanaf zijn eerste jaren in het klooster had hij het Jezusgebed liefgekregen en onveranderlijk verbleef hij voortdurend in deze «ascese» die een uitzonderlijk geduld, aandacht en onthouding vereist. Zoals het merendeel der monniken van de heilige Berg, was vader Spiridon een eenvoudig, bijna ongeletterd man, maar hij was toch wijs. Door een lange ervaring met het Jezusgebed had hij een helder begrip gekregen van de menselijke mogelijkheden en van de eigenschappen van de ziel. Hij begreep dat het gebed van het hart vereist dat de geest vrij is van alle mogelijke indrukken en met een diep en vasthoudend geloof voerde hij deze ascetische strijd die voor het merendeel der mensen ondoorgrondelijk is.

Vader Spiridon had een drukke taak. Hij was econoom van een metochion (landgoed) van het klooster, dat «Krumitsa» heette, gelegen in het noordwestelijke deel van het Athosschiereiland. Dit bezit bestond voornamelijk uit olijfbomen en wijngaarden. De laatste drie of vier jaren van zijn leven bracht hij door in het ziekenhuis van het klooster, omdat hij ernstig leed aan reumatiek die de gewrichten van zijn handen en voeten had vervormd en die hem belette om te werken.

Op een keer kreeg Starets Silouan 's winters griep en kwam hij tijdelijk terecht in de ziekenzaal, waar hij een bed kreeg naast vader Spiridon. In diezelfde tijd bevond zich een zieke hiërodiaken in de aangrenzende kamer.

Eens zat vader Spiridon overdag op zijn bed met zijn gezicht naar vader Silouan gekeerd; deze laatste lag aangekleed op zijn bed, dat wil zeggen in zijn podraznik met zijn riem om, zoals dat het gebruik is bij de asceten van de Athos als teken van hun voortdurende paraatheid, dag en nacht, om op te staan voor het gebed. Vader Spiridon sprak over het gebed en vader Silouan luisterde zwijgend.

«Men probeert uit alle macht het gebed vast te houden, zei vader Spiridon, maar als men werk moet doen dat enige concentratie vraagt, dan word het gebed direct onderbroken... Zo ging ik olijven snoeien en terwijl ik naar de takken keek en overdacht hoe je die het beste kon afsnijden, raakte ik het gebed kwijt.»

Bij deze woorden stond vader Silouan op, trok zijn laarzen en een korte dikke jas aan, want het was koud, en zei zachtjes: «Zo vergaat het mij niet.» Na deze woorden verliet hij de ziekenzaal en ging naar zijn eigen cel.

Volkomen verbaasd, bleef vader Spiridon enige tijd zitten, hij was perplex, en daarna ging hij naar de zieke hiërodiaken in het aangrenzende vertrek en vertelde hem zijn gesprek met vader Silouan en zei:

«Vader diaken, u kent vader Silouan goed; zeg mij eens, wat betekenen deze woorden: zo vergaat het mij niet ?»

De diaken bleef zwijgen. Vader Spiridon ging verder:

«Ofwel hij is in een dwaling ofwel hij is groot.»

De hiërodiaken die vader Spiridon kende als een oude en ervaren asceet antwoordde hem:

«Vader Spiridon, u kunt zelf beter dan ik begrijpen wat die woorden betekenen.»

Vader Spiridon bleef nog enige tijd zitten, in gedachten verzonken, toen ging hij weg en zei:

«Ja, het is verbazingwekkend.»

V

OVER HET HESYCHASME EN HET ZUIVERE GEBED

Heel het leven van de zalige Starets Silouan was gebed. Hij bad onophoudelijk; en afhankelijk van de omstandigheden in het dagelijkse leven veranderde hij in de loop van de dag de wijze van het bidden. Hij had ook de gave van de hoogste vorm van gebed van de geest (Grieks: *nous*[31]), dat van de hesychasten, waaraan hij zich voornamelijk 's nachts wijdde, wanneer er volledige stilte en duisternis heersten, die dit gebed bevorderden.

De vraag over de soorten of de vormen van gebed is één van de belangrijkste vragen van het ascetische leven in het algemeen. En dit was ook zo voor de Starets en daarom zullen we hierbij blijven stilstaan.

Over de drie vormen van gebed

Het gebed is de allerhoogste schepping, de schepping bij uitstek, de schepping bij voorkeur en op grond daarvan is het eindeloos gevarieerd. Maar het is toch mogelijk het gebed in typen te verdelen afhankelijk van het streven en van de gerichtheid van de belangrijkste geestelijke krachten van de mens, wat de Kerkvaders ook doen.

In dat opzicht valt het gebed samen met de normale ontwikkeling van de menselijke geest.

De eerste beweging van de geest is de beweging naar buiten; de tweede beweging is de terugkeer tot zichzelf; en de derde beweging is de opgang tot God door de innerlijke mens heen.

In overeenstemming met deze volgorde hebben de heilige Vaders drie vormen van gebed vastgesteld: de eerste wordt, vanwege het onvermogen van de geest om rechtstreeks op te gaan tot het reine schouwen van God, gekenmerkt door de verbeelding. De tweede vorm wordt gekenmerkt door de overweging en de derde vorm door de onderdompeling in de beschouwing. Slechts de derde vorm wordt door de Vaders als werkelijk passend, verschuldigd en vruchtbaar beschouwd, maar omdat zij rekening houden met het menselijke onvermogen een dergelijk rein gebed, vanaf het begin van de weg tot God, te beheersen, worden de twee eerste typen van gebed als normaal en op hun tijd als nuttig beschouwd. Zij wijzen er echter op, dat wanneer een mens zich tevreden stelt met het eerste soort gebed en dat gaat cultiveren in zijn gebedsleven, dat dit gebed dan niet slechts onvruchtbaar blijft, maar zelfs ernstige geestesziekten kan veroorzaken. Wat betreft het tweede soort gebed, dat naar zijn waarde weliswaar het eerste gebed in vele opzichten te boven gaat, dit is toch eveneens weinig vruchtbaar en het leidt de mens niet uit de voortdurende strijd met de gedachten, het laat hem niet de bevrijding van de hartstochten bereiken, noch tot de reine beschouwing komen. De derde, meest volmaakte vorm van gebed is die gesteldheid van de geest in het hart, waarbij degene die uit het diepst van zijn wezen bidt, vrij van beelden, met een reine geest voor God staat.

De eerste soort van gebed houdt de mens op een voortdurend dwaalspoor, in een fantasiewereld, in een droomwereld, of zoals u wilt, in een wereld van «poëtische creativiteit». Het goddelijke en in het algemeen al het geestelijke wordt voorgesteld in allerlei fantastische beelden en vervolgens wordt ook het concrete, menselijke leven geleidelijk aan doordrongen van elementen die uit de sfeer der verbeelding komen.

Bij de tweede soort van gebed zijn de toegangswegen tot het innerlijk van het hart en van de geest wijd geopend voor alle dingen die van buiten doordringen en op grond waarvan de mens leeft. Daarbij is hij voortdurend onderworpen aan de meest verschillende invloeden van buiten, maar omdat hij niet begrijpt wat er eigenlijk objectief met hem gebeurt, d.w.z. op welke wijze al die gedachten en strijd in hem opkomen, is hij machteloos de druk van de hartstochten naar behoren te weerstaan. Soms ontvangt de mens bij dit soort gebed genade en bereikt hij een goede gesteldheid, maar vanwege zijn onjuiste innerlijke gesteldheid, kan hij niet in die genade blijven. Als hij enige religieuze kennis heeft vergaard en zijn gedrag betrekkelijk onberispelijk is en als hij zich tevreden stelt met deze toestand, dan laat hij zich geleidelijk aan meeslepen door de speculatieve theologie. Naar de mate waarin hij op deze weg vorderingen maakt, wordt de innerlijke strijd met de subtiele hartstochten van zijn ziel – de ijdelheid en de trots – ingewikkelder en wordt het verlies van de genade groter. Dit gebed kenmerkt zich vooral door de concentratie van de aandacht in de hersenen en in zijn ontwikkeling brengt het de mens tot verstandelijke, filosofische beschouwingen, die hem evenals de eerste vorm van gebed naar een wereld van abstracte voorstellingen en fantasie voert. Het is waar dat deze soort abstracte, intellectuele verbeelding minder naïef, minder grof en minder ver van de waarheid staat dan de eerste soort.

De derde vorm van gebed – *de vereniging van de geest met het hart*, is in het algemeen *de normale religieuze gesteldheid* van de menselijke geest die gewenst en gezocht is en van boven wordt geschonken. Elke gelovige ervaart de vereniging van de geest met het hart, wanneer hij aandachtig, «van harte» bidt; hij zal deze staat in nog grotere mate ervaren, wanneer het berouw[32] en het zoete gevoel van de liefde van God over hem komt. De tranen van berouw bij het bidden zijn een betrouwbare aanwijzing dat de geest verenigd is met het hart en dat het aanwezige gebed zijn eerste plaats heeft bereikt, d.w.z. de eerste trede van de opgang tot God; daarom worden deze tranen door alle asceten zo hoog geschat. Maar in dit geval, wanneer we spreken over de derde vorm van gebed, dan bedoelen we iets anders, iets groters, te weten: *de geest die met de aandacht voor het gebed in het hart verblijft*.

Een kenmerkend gevolg of eigenschap van deze innerlijke beweging en van het zetelen van de geest in het hart, is de beëindiging van de activiteit van de verbeelding en de bevrijding van de geest van elk willekeurig beeld dat tot hem doordringt. De geest wordt hierbij geheel en al oor en oog en hoort en ziet elke gedachte die van buiten nadert, voordat deze het hart binnendringt. Terwijl de geest bidt, verhindert hij niet slechts dat de gedachten doordringen tot het hart, maar hij «duwt» hen ook «terug» en beschermt zichzelf tegen iedere verbinding met hen; zo bereikt men dat de werking van elke hartstocht wordt afgesneden in het allereerste stadium, in haar kiem. Dit is een uiterst ingewikkeld en diepgaand onderwerp en wij kunnen hier slechts een zeer primitieve schets geven.

Over de ontwikkeling van de gedachte

De zonde komt tot stand tijdens het verloop van bepaalde fasen van een innerlijke ontwikkeling.

Het eerste ogenblik is het van buitenaf tot de mens naderen van een bepaalde geestelijke invloed, die in het begin misschien volstrekt onduidelijk en vormloos is. Het eerste stadium van zijn vorming is het verschijnen van een bepaald beeld in het innerlijke gezichtsveld van de mens, maar omdat deze verschijning niet afhangt van de wil van de mens, wordt zij ook niet als zonde beschouwd. In sommige gevallen hebben deze voorstellingen voornamelijk een beeldend karakter, in andere gevallen zijn het voornamelijk mentale structuren, maar in de meeste gevallen hebben zij een gemengd karakter. Omdat ook visuele beelden door een bepaalde gedachte gevolgd worden, wordt elk beeld door de asceten «gedachte»[33] genoemd.

Bij de mens die vrij is van hartstochten kan de geest die oppermachtig is, als cognitief vermogen bij de opgekomen gedachte stil blijven staan en daarbij volledig vrij blijven van diens macht. Maar als er in de mens «plaats» is voor de gedachte, dat wil zeggen een overeenstemmende voedingsbodem, zoals een neiging tot de geest die in de gedachte besloten is, dan zal de energie van die gedachte ernaar streven de psychische wereld, d.w.z. het hart en de ziel van de mens in bezit te nemen. Hij bereikt dat door in de ziel – die van te voren geneigd is tot de ondeugd – een bepaald gevoel van genieting op te roepen die eigen is aan deze of gene hartstocht. In deze genieting is de «verzoeking» verborgen. Maar ook dit ogenblik van genieting wordt, ofschoon het getuigt van de onvolkomenheid van de mens, echter niet toegerekend als zonde; het is slechts een ingeving van de zonde.

De verdere ontwikkeling van de zondige gedachte kan ruw-schematisch als volgt worden aangeduid: de genieting die door de hartstocht aangeboden wordt, trekt de aandacht van de geest, hetgeen een uiterst belangrijk en verantwoordelijk moment is, omdat het samengaan van de geest met de gedachte een gunstige voorwaarde schept voor de ontwikkeling van deze laatste. Als de geest zich niet losrukt van de aangeboden genieting door een innerlijke wilsdaad, maar zijn aandacht daarin laat verwijlen, dan verschijnt de sympathie voor de gedachte, het aangename gesprek daarmee, vervolgens het zich voegen naar de gedachte, dat kan uitlopen op de volledige en actieve

Hoofdstuk 5 : Hesychasme en zuiver gebed

«instemming». Daarna kan de steeds toenemende hartstochtelijke genieting zich meester maken van de geest en de wil van de mens, hetgeen de «gevangenschap» wordt genoemd. Hierna richten alle krachten van de «gevangene» zich op de min of meer directe verwezenlijking van de zonde door de daad, als daarvoor geen uiterlijke belemmeringen zijn, of als er wel belemmeringen zijn, op het zoeken naar de mogelijkheid van zijn verwezenlijking.

Die «gevangenschap» kan eenmalig zijn en zich nooit meer voordoen, als zij slechts het gevolg was van de onervarenheid van de persoon die in de ascetische strijd verkeerde. Maar als de «gevangenschap» zich herhaalt, dan heeft dit de gewoonte van de hartstocht tot gevolg; dan stellen alle natuurlijke krachten van de mens zich ten dienste van de hartstocht.

Vanaf het allereerste ogenblik van de verschijning van de verzoetende werking van de hartstocht – hetgeen wij hierboven «de ingeving» noemden – moet de strijd beginnen, die zich tijdens alle fasen van de ontwikkeling van de zondige gedachte kan voordoen; in ieder stadium kan de gedachte worden overwonnen en op die manier niet zijn voltooiing in de daad bereiken. Toch is er vanaf het ogenblik dat de wil aarzelt al een element van zonde en moet berouw worden getoond om de genade niet te verliezen.

Iemand die op geestelijk gebied onervaren is, komt dikwijls de zondige gedachte pas tegen als deze al ongemerkt de eerste stadia van zijn ontwikkeling is gepasseerd, d.w.z. als hij al een bepaalde kracht heeft verkregen en zelfs meer: als het gevaar al dichtbij is om de zonde metterdaad uit te voeren.

Om dit niet zover te laten komen, is het onontbeerlijk om de geest gewapend met het gebed in het hart te verankeren. Dat is een wezenlijke noodzaak voor elke asceet die ernaar verlangt zich door een werkelijk berouw te versterken in het geestelijke leven, omdat – zoals hierboven is gezegd – bij een dergelijke innerlijke gesteldheid de zonde wordt afgesneden in haar kiem. Hier is het misschien passend om te denken aan de woorden van de profeet: «Rampzalige dochter van Babylon,... gelukkig die uw kinderen zal grijpen om ze te verpletteren op de rots» (Ps. 136:8-9); deze rots is de Naam van Christus.

Dit is een wonderbaar werk, dat voor het merendeel der mensen, dat lui is, onbereikbaar is en dat slechts door een kleine minderheid met grote moeite wordt bereikt. Dit werk is helemaal niet zo eenvoudig, helemaal niet zo gemakkelijk; en wij die op zoek zijn naar een korte, maar duidelijke formule, zullen nog dikwijls gedwongen zijn, vanuit verschillende kanten hulpeloos terug te keren tot dit werk, zonder de hoop het echter op enigerlei wijze uit te putten of het enigszins bevredigend voor te stellen.

De kern van de ascetische weg van de Starets kan in enkele woorden worden weergegeven: het behoeden van het hart tegen elke vreemde gedachte met behulp van de innerlijke aandacht van de geest, zodat wanneer iedere vreemde invloed verwijderd is, het staan voor God in rein gebed bereikt wordt.

Dit werk wordt genoemd: *het zwijgen van de geest*.

Het is ons nagelaten door de levende en schriftelijke overlevering van de heilige Vaders vanaf de eerste eeuwen van het christendom tot aan onze tijd en daarom is het mogelijk te spreken over de ascetische weg van de Starets, zoals hij dat zelf ook deed, wanneer hij sprak over de weg van het orthodoxe kloosterleven in het algemeen.

De heilige zei:

«Als je theoloog bent dan is je gebed rein; als je gebed rein is dan ben je theoloog.»

Een monnik-asceet is geen theoloog in de academische zin des woords, maar hij is theoloog in een andere zin, want door het reine gebed maakt hij zich de goddelijke beschouwing waardig. Het begin van de weg tot het reine gebed is de strijd met de hartstochten. De geest wordt in de mate waarin hij van de hartstochten gereinigd is, sterker in de strijd met de gedachten, standvastiger in het gebed en het indachtig zijn van God; en het hart, dat bevrijd is van de verduistering der hartstochten, begint al het geestelijke zuiverder en duidelijker te zien, tot aan de zekere, directe gewaarwording.

De monnik geeft de voorkeur aan deze weg boven de weg van de wetenschappelijke theologie om de volgende reden: Ook al bestaat de mogelijkheid om met behulp van de abstracte, filosofische beschouwing tot het inzicht te komen van de onmogelijkheid onze empirische begrippen op God toe te passen en zelfs de mogelijkheid om die gesteldheid te bereiken waarin de geest begint te «zwijgen», toch is dit «zwijgen van de geest» van de theoloog-filosoof lang niet altijd de ware beschouwing van God, ook al nadert het haar grenzen.

Het bereiken van de ware beschouwing zonder een gereinigd hart is onmogelijk. Slechts een hart dat gereinigd is van de hartstochten is in staat tot de bijzondere verwondering bij het aanschouwen van de ondoorgrondelijkheid van God. Bij deze verwondering zwijgt het hart verheugd en is krachteloos geworden door de grootsheid van het geschouwde.

De filosofische theoloog volgt een andere weg tot de staat van beschouwing dan de monnik-asceet. De geest van de laatstgenoemde wordt door geen enkele overweging in beslag genomen. Hij let alleen zwijgend op, als een wachter, dat niets van buitenaf het hart binnengaat. Bij dit «heilige zwijgen» leven het hart en de geest van de Naam van Christus en van Zijn geboden; zij leven een onvergelijkbaar leven, terwijl zij alles wat zich binnen in hen voordoet niet door middel van logisch onderzoek, maar door middel van een speciaal, geestelijk gevoel controleren.

De geest die verenigd is met het hart, blijft in die staat die hem de mogelijkheid geeft om elke beweging te zien die in de «sfeer van het onderbewuste» plaatsvindt. (Dit begrip van de moderne wetenschappelijke psychologie gebruiken we hier onder voorbehoud, want het stemt niet overeen met de voorstellingen van de orthodoxe, ascetische antropologie.)

Als hij binnen in het hart verblijft, bemerkt de geest de beelden en de gedachten die rondom hem opkomen, die voortkomen uit de sfeer van het kosmische zijn en die proberen zich meester te maken van het hart en de geest van de mens.

In de vorm van gedachten, d.w.z. de gedachte die verbonden is aan een bepaalde voorstelling, verschijnt de energie van een of andere geest. De aanval van de gedachten die van buitenaf komen, is buitengewoon hevig en om deze te verzwakken, is de monnik gedwongen zich gedurende de ganse dag elk hartstochtelijk beeld en elke voorliefde te ontzeggen. De monnik streeft er voortdurend naar om het aantal uiterlijke indrukken terug te brengen tot het laagst mogelijke minimum, omdat anders, alles wat indrukken heeft achtergelaten op de tijd van het Jezusgebed, als een onstuitbare muur tegen het hart optrekt en grote verwarring voortbrengt.

Het doel van de monnik is het bereiken van de onafgebroken aandacht in hart en geest; en wanneer na vele jaren van dergelijke inspanning – die het *moeilijkste* is van alle ascetische inspanningen – de gevoeligheid in het hart verscherpt wordt, dan zal de geest vanwege de *vele tranen* die hij vergoten heeft, de kracht krijgen iedere verzoeking van hartstochtelijke gedachten af te weren, dan wordt de staat van het gebed onafgebroken en het bewustzijn dat God aanwezig en werkzaam is, krijgt grote kracht en helderheid.

Zo is de weg van de ascetische monnik en ook de zalige Starets bewandelde die weg.

De weg der «Areopagieten» is anders, hier overheerst het nadenken en niet het gebed. Zij die deze weg bewandelen, komen dikwijls bedrogen uit, want het is gemakkelijk zich zelfs apofatische vormen van theologie tot intellectueel bezit te maken; zij stellen zich tevreden met de door hen ervaren intellectuele genieting. Zij onderschatten de onoverwonnen hartstochten en zij beelden zich gemakkelijk in dat zij datgene bereikt hebben waarover in de werken van de «Areopagiet» wordt gesproken, hoewel zij toch in het overweldigende merendeel der gevallen de logische structuur van zijn theologisch systeem doorgronden zonder werkelijk Degene te bereiken Die zij zoeken.

De Starets zag de kern van het «hesychasme» niet in de opsluiting of in de fysieke afzondering in de woestijn, maar in het voortdurend verblijven in God. Gezien het grote belang van dit onderwerp zullen wij hierbij nauwkeuriger stilhouden.

De Starets zei dat zowel de opsluiting als ook de afzondering in de woestijn op zich slechts hulpmiddelen zijn en op geen enkele wijze een doel. Zij kunnen bijdragen tot de vermindering van uiterlijke indrukken en invloeden, of tot de verwijdering uit het lawaai van de wereld en aldus het reine gebed bevorderen, maar dat is slechts het geval wanneer de afzondering volgens Gods wil en niet volgens de eigen wil gebeurt; in dat laatste geval zullen zowel de afzondering als elke andere ascetische inspanning onvruchtbaar blijven, omdat de essentie van ons leven niet zetelt in een eigenzinnige ascese, maar in de gehoorzaamheid aan de wil van God.

Velen denken dat het hesychasme in de eenzaamheid de allerhoogste levensvorm is; sommigen beschouwen de afzondering als zodanig; anderen geven de voorkeur aan de dwaasheid om Christus' wil; weer anderen aan de pastorale dienst of aan wetenschappelijke, theologische arbeid en dergelijke.

HOOFDSTUK 5 : HESYCHASME EN ZUIVER GEBED   149

De Starets vond dat, op zich beschouwd, geen van deze vormen van ascetisch leven een hogere vorm van geestelijk leven was, maar elk van deze vormen kan voor deze of gene een dergelijke, hoge vorm zijn, als hij overeenkomt met de wil van God voor de betreffende persoon; de wil van God kan voor iedere mens bijzonder zijn.

Maar hoe Gods wil voor iedere mens ook moge zijn, wanneer het gaat om een bepaalde ascese of om de plaats of de vorm van het dienen, in al deze gevallen blijft het zoeken naar het reine gebed een noodzaak.

De Starets beschouwt het gebed als rein, wanneer het wordt opgedragen in een geest van berouw, zodat het hart en de geest gelijktijdig met de woorden van het opgedragen gebed leven, dat daarbij door niets kan worden onderbroken, d.w.z. niet door de verstrooide aandacht op iets uiterlijks en niet door de overdenking van een onderwerp dat afwijkt van het gegeven gebed. Deze vorm van gebed is, zoals eerder gezegd, een normale religieuze staat die zeer vruchtbaar is voor de ziel en die in meer of mindere mate door talloze gelovigen wordt gekend, maar deze vorm gaat slechts in zeldzame gevallen over in volmaakt gebed.

Het is een andere vorm van rein gebed, wanneer de geest in het hart besloten is en zich daar zwijgend, vrij van vreemde gedachten en beelden, oefent in het indachtig zijn van Gods Naam. Dit gebed is verbonden met een voortdurende inspanning; het is een handeling die in zekere mate afhangt van de wil van de mens; het is werk, ascetische arbeid. Alles wat hierboven gezegd is over deze verbazingwekkende vorm van hesychastisch gebed (en speciaal dat deze vorm de mogelijkheid geeft om de gedachte te zien voordat deze in het hart komt, of de mogelijkheid geeft de diepte van het onderbewustzijn te controleren en de mogelijkheid geeft zich van de verwarring te bevrijden waarin de mens wordt vastgehouden vanwege het voortdurend opkomen van allerlei invloeden uit het duistere gebied van het onderbewustzijn, of liever gezegd, uit de afgrond van het zondige, kosmische leven) dat alles vormt het negatieve aspect van dit werk, terwijl het positieve aspect ieder menselijk begrip te boven gaat.

God is het ongenaakbare licht. Zijn bestaan is hoger dan elke vorm, niet slechts van de stoffelijke, maar ook van de geestelijke vorm, en daarom bereikt de menselijke geest, zolang hij in beslag wordt genomen door het denken, door woorden, begrippen en beelden, de volmaaktheid van het gebed niet.

De geschapen menselijke geest, de geschapen menselijke persoon, gesteld tegenover de Eerste Geest, de persoonlijke God, bereikt slechts dan een waarlijk rein en volmaakt gebed, wanneer hij uit liefde voor God alle schepsels achterlaat. Of wanneer hij, zoals de Starets het graag zei, de wereld en zijn eigen lichaam vergeet, zodat de mens al niet meer weet of hij tijdens het bidden in zijn lichaam of buiten zijn lichaam was (naar 2Cor. 12:2).

Zulk een gebed, dat in overwegende zin *rein* is, is een zeldzame gave van God; het hangt op geen enkele wijze van menselijke inspanningen af, maar wanneer Gods kracht komt, dan brengt deze de mens met een ondoorgrondelijke voorzichtigheid en onverklaarbare tederheid over naar de wereld van het goddelijke licht, of liever gezegd: het goddelijke licht verschijnt en omvat heel de mens zo liefdevol dat deze zich niets meer kan herinneren en over niets kan nadenken.

Met het oog op dit laatste gebed zei Starets Silouan: «Hij is theoloog, die op reine wijze bidt.»

Wie die ervaring niet heeft gehad, die heeft de theologie, – die opgevat wordt als de staat van het schouwen van God – niet bereikt. De geest die nooit reinheid heeft ervaren, de geest die nog nooit het eeuwige goddelijke licht heeft geschouwd, hoe verfijnd zijn intellectuele ervaring ook moge zijn, is onvermijdelijk onderworpen aan de verbeelding. In zijn inspanningen om het goddelijke te leren kennen, leeft hij van gissingen en bouwt hij veronderstellingen die hij jammer genoeg dikwijls houdt voor ware openbaringen en voor het schouwen van God, terwijl hij zijn fout niet begrijpt.

Aan het hesychasme[34] ligt het gebod van Christus ten grondslag: God liefhebben met heel je verstand en heel je hart

Enkele heilige Vaders maken in hun ascetische werken verschil tussen twee vormen van geestelijk leven: actief en contemplatief en zij noemden de eerste vorm de weg voor het onderhouden van de geboden.

Hoofdstuk 5 : Hesychasme en zuiver gebed

Starets Silouan dacht enigszins anders: hij verdeelde het leven ook in een actief en een contemplatief aspect, maar zowel de ene als de andere vorm beschouwde hij als het onderhouden van de geboden. De woorden van het eerste gebod: «Heb God lief met heel je hart, heel je verstand, heel je ziel» waren voor hem de belangrijkste basis voor het hesychasme. Hij schrijft:

«Wie de liefde van God heeft leren kennen, die zal zeggen: "Ik heb het gebod niet bewaard. Ofschoon ik dag en nacht bid en mij inspan elk goed werk te doen, heb ik toch het gebod van de liefde voor God niet onderhouden. Ik bereik het gebod van God slechts op zeldzame ogenblikken, maar mijn ziel zou voortdurend in dat gebod willen verblijven." Wanneer de gedachten van buitenaf tot jouw geest doordringen, dan denkt de geest zowel aan God als aan iets anders. Dit betekent dat het gebod – God met *heel* je hart en *heel* je geest liefhebben – niet uitgevoerd is. Maar wanneer de geest volkomen in God is en er geen andere gedachten zijn, dan wordt het eerste gebod uitgevoerd, zij het nog steeds onvolmaakt.»[35]

In de ascetische ervaring van het onverstrooide gebed, wordt de geest die elk beeld en begrip heeft afgelegd, na diep berouw en vele tranen, het ware schouwen van God waardig gekeurd.

Het hesychasme heeft speciaal in het Westen altijd veel tegenstanders ontmoet, die de noodzakelijke ervaring niet bezaten en in hun abstracte benadering van deze vorm van gebed, dachten dat het ging om het zoeken van een bepaalde mechanische methode die tot het goddelijke schouwen leidt. Maar dat is natuurlijk niet zo.

God, Die absoluut vrij is, is aan geen enkele mechanische werking en in het algemeen aan geen enkele dwang onderworpen. Het hesychasme, verbonden met grote zelfverloochening, is de allermoeilijkste ascese. Het vrije wilsbesluit van de mens tot dit grote lijden, teneinde de geboden van God beter te onderhouden, trekt de genade van God aan, als deze ascese wordt verricht in de geest van nederigheid.

De trotse mens zal, welke methoden hij ook moge gebruiken, geen ware gemeenschap met God bereiken. Door het verlangen van de mens alleen, zal de geest niet verenigd worden met het hart en als hij op de een of andere wijze toch doordringt tot in het hart, dan ziet hij daar slechts zichzelf, zijn geschapen schoonheid, die prachtig is, want deze is naar het beeld van God gemaakt, maar hij vindt er de ware God niet.

Daarom heeft de heilige Starets, die streed om nederig te worden, zijn toevlucht genomen tot het vurige wapen dat de Heer hem gegeven heeft:

«Houd je geest in de hel en wanhoop niet.»

Deze mens die intellectueel niet geraffineerd was, deze «eenvoudige man» en «onwetende ziel», werd het reine schouwen van God vele malen waardig gekeurd en daarom had hij werkelijk reden om te zeggen: «Als je rein bidt, dan ben je theoloog.» En ook nog: «Er zijn vele gelovigen op aarde, maar er zijn maar zeer weinigen die God kennen.»

Onder kennis verstond hij geen gnostische, theologische theorieën, maar de ervaring van de levende omgang, de ervaring van het deelhebben aan het goddelijke licht.

Kennis is *samen-zijn*.

De antropologische basis van het hesychasme

Voorzover dat voor mij mogelijk is, zet ik in dit «heiligenleven» de uiteenzetting van de positieve ervaring van de Starets voort, maar ik wil vermijden dat dit werk een formeel wetenschappelijk karakter aanneemt en daarom ontwijk ik systematisch de vele vergelijkingen en verwijzingen naar de werken van de H. Vaders.

Dit geschrift is een poging om een portret te geven van de Starets en zijn geestelijke weg te beschrijven die, hoewel volledig ingebed in de ascetische traditie van de Orthodoxe Kerk, toch als een waarlijk levende uiting een uniek en weergaloos stempel draagt.

De dogmatische problemen die hier even worden aangeroerd, vormen geen theologisch traktaat. Ik houd erbij stil, omdat ik van het feit uitga dat het dogmatische bewustzijn organisch verbonden is met heel het verloop van het geestelijke leven. Veranderen wij iets in ons dogmatische bewustzijn, dan zal er dienovereenkomstig onvermijdelijk ook iets in onze geestelijke mentaliteit veranderen en in het algemeen in de vorm van onze geestelijke ontwikkeling. En omgekeerd, een afwijking van de waarheid in ons innerlijke, geestelijke leven brengt een verandering in het dogmatische bewustzijn met zich mee.

Als we over het hesychasme spreken, waarvan de Starets zozeer hield, is het niet overbodig om in enkele woorden de antropologische basis van dit werk te samen te vatten, namelijk hoe deze uit de ervaring zelf verklaard wordt.

De antropologie van de Starets kan worden uitgedrukt in de woorden van de H. Makarius de Grote en de H. Isaäk de Syriër, wier werken hij uitstekend kende.

«De ziel is van nature niet goddelijk en evenmin van de natuur van de bedrieglijke duisternis, maar zij is een geestelijk schepsel (Grieks: noëra), vervuld van schoonheid, groot en wonderbaar, een prachtige gelijkenis en beeld van God; en de boosaardigheid van de duistere hartstochten is in de ziel gekomen als gevolg van de zonde.»[36]

«God heeft degene die hij geschapen heeft naar Zijn beeld, zonder hartstochten geschapen..., daarom... behoren de hartstochten niet tot de natuur van de ziel..., maar zij zijn iets dat toegevoegd is en de ziel heeft daar zelf schuld aan.»[37]

«Wanneer de zintuigen worden opgesloten in het stilzwijgen, dan zul je zien welke schatten de ziel in zich verborgen heeft.»[38]

Wanneer wij zeggen dat de geest in gebed in het hart is en vandaar iedere gedachte ziet die tot het hart nadert, voordat deze het hart binnengaat, dan bedoelen wij met de «gedachte»: de werking van de «boze hartstochten» die van buitenaf de ziel aanvallen, die – volgens een uitdrukking van de H. Isaäk – «toegevoegd» is, maar niet inherent aan het hart. Tegen al deze toegevoegde, vreemde, opdringerige elementen die ernaar streven het hart binnen te gaan, houdt de geest stand door het gebed en hij drijft hen door het gebed terug.

Maar het is voor de geest mogelijk nog dieper binnen te gaan in het hart, wanneer hij door de goddelijke werking op zodanige wijze verenigd wordt met het hart dat hij absoluut ieder beeld en begrip aflegt, terwijl tegelijkertijd alle toegangen in het hart zich sluiten voor al wat vreemd is. Dan treedt de ziel een «duisternis» binnen van een zeer bijzondere orde en wordt zij vervolgens waardig gekeurd om op onzegbare wijze met een reine geest voor God te staan.

«Wie op reine wijze bidt, die is theoloog», zei de Starets. Theoloog niet in de academische betekenis van het woord, maar theoloog in de zin van schouwer en kenner van God.

Er is echter nog een hogere staat dan deze, namelijk de staat wanneer de mens existentieel en met onweerlegbare duidelijkheid aan het eeuwige leven en de onuitsprekelijke rust in God deelneemt. De mens blijft echter niet lang in deze staat, als de Heer volgens de alleen door Hem gekende plannen, zijn leven op aarde nog wenst te verlengen. Hij keert terug naar de wereld en, zoals de apostel Petrus op de Thabor, zegt hij over zijn innerlijk verblijf met God: «Het is goed, Heer, om hier met U te zijn» (Matth. 17:4).

Ervaring van de eeuwigheid

Het hesychasme is een leven dat verrassend is in zijn rijkdom en schoonheid en vanwege deze bijzonderheid heeft zijn beschrijving altijd een inconsequent en tegenstrijdig karakter. Wij twijfelen er niet aan dat de woorden: «de mens wordt gedurende enige tijd onweerlegbaar duidelijk en existentieel naar de eeuwigheid geleid», vele logisch denkende mensen kunnen verwarren. Het lijkt duidelijk onzin om voor een bepaalde tijd eeuwig te worden. Maar we zullen proberen enige opheldering te geven over deze uitdrukking.

Tijd en eeuwigheid zijn voor het begrip van de asceet twee verschillende vormen van het zijn. Het eerste, d.w.z. de tijd, is een vorm van het zijn die onophoudelijk ontstaat en die zich in zijn beweging ontwikkelt en die op ondoorgrondelijke wijze door God uit het niets geschapen is. Het tweede begrip d.w.z. de eeuwigheid, is de vorm van het goddelijke Zijn, waarop onze begrippen van duur en opeenvolging niet van toepassing zijn. De eeuwigheid is een unieke daad die in zijn volheid een ondoorgrondelijke daad van het goddelijke Zijn is, die tegelijkertijd alle modaliteiten van duur en opeenvolging van de wereld overstijgt en omvat. Alleen God is naar Zijn natuur eeuwig. De eeuwigheid is geen abstract begrip of iets dat op zichzelf staat, maar zij is God Zelf in Zijn Wezen. Wanneer de mens volgens Gods welbehagen de gave van de genade ontvangt, dan wordt hij als deelgenoot van het goddelijke leven niet slechts onsterfelijk in de zin van de eindeloze voortzetting van zijn leven, maar hij wordt ook «beginloos», want de sfeer van het goddelijk Zijn, waartoe hij werd verheven, heeft geen begin of einde. Als we hier van de mens zeggen dat hij «beginloos» wordt, dan bedoelen we niet de preëxistentie van de ziel en niet de transformatie van onze geschapen natuur in de beginloze goddelijke natuur, maar het deelachtig worden aan het beginloze goddelijke leven krachtens de vergoddelijking van het schepsel door de genade.

Wanneer de geest en het hart, gericht op Christus, zich niet door hun eigen inspanningen maar door de werkzaamheid van God in een mystieke band verenigen, dan ziet de mens zichzelf werkelijk in zijn allerdiepste oorsprong, dan ziet hij als geest die gelijkvormig is aan God, als geest die lijkt op God, als onsterfelijke hypostase (persoon), God zonder beelden. Maar zolang hij verbonden is aan zijn vlees, zal zijn kennis niet volmaakt zijn en kan hij niet begrijpen, hoe zijn eeuwige bestaan zal zijn totdat hij de laatste drempel van het aardse leven zal overschrijden, d.w.z. na de bevrijding van de last van het vlees en nadat hij zonder het gewicht van het vlees het gebied van het beginloze goddelijke licht is binnengaan, als het God behaagt om hem te ontvangen. Maar de vraag: «Hoe zal het eeuwige bestaan zijn?» wordt niet gesteld tijdens het schouwen, wanneer de ziel geheel en al in de eeuwige God is en zij niet weet of zij in het lichaam of buiten het lichaam is, maar pas dan, wanneer de ziel opnieuw deze wereld ziet, wanneer zij zich opnieuw in de boeien van het vlees bevindt en een bepaalde sluier van dit vlees haar tegelijkertijd opnieuw omhult.

In zichzelf, d.w.z. binnen de grenzen van zijn geschapen natuur, bezit de mens het eeuwige leven niet. Als hij deelkrijgt aan het goddelijke leven door de gave van de genade, dan wordt hij eeuwig. Deze eeuwigheid kan hij hier al met ongelijke, soms meerdere, soms mindere kracht ervaren.

Alle uitdrukkingen zijn hier paradoxaal, maar misschien kan de volgende uitdrukking duidelijker zijn: voorzover wij in God zijn, zijn wij eeuwig. In de staat van het schouwen vraagt de ziel niets. De ondoorgrondelijke daad van haar opheffing tot de goddelijke wereld gebeurt niet volgens haar wil, omdat zij ook niet kan wensen wat zij nog niet gekend heeft – maar vindt ook niet plaats zonder haar medewerking, in die zin dat zij op sommige voorafgaande ogenblikken uit vrije wil vurig naar God gestreefd heeft, in het onderhouden van

Zijn geboden. Het schouwen van God wordt voorafgegaan door een groot lijden, door overvloedige tranen, door diepe berouwvolle tranen uit het diepst van het hart: brandende tranen die de vleselijke, de psychische en de geestelijke trots in de mens verbranden.

Zolang de mens in zijn vlees woont, kan hij geen volmaakte kennis bereiken, maar hetgeen God hem geeft is een ware, zekere, existentiële ervaring van het eeuwige Koninkrijk en ofschoon deze kennis slechts «gedeeltelijk» is, zoals de Starets zegt, is zij toch verheven boven iedere twijfel.

Wie geschapen is «naar het beeld van God», is geschapen voor het leven en «naar Zijn gelijkenis». Wie de «verlossing» heeft bereikt in God, die ontvangt het leven, een leven dat lijkt op dat van God Zelf. God is alomtegenwoordig en alwetend en de heiligen ontvangen in de Heilige Geest de gelijkenis van de alomtegenwoordigheid en alwetendheid. God is licht en de heiligen worden licht in de Heilige Geest. God is liefde, die al wat is omvat en de heiligen omvatten door hun liefde de gehele wereld in de Heilige Geest. Maar heiligheid is geen ethisch, maar een ontologisch begrip. Heilig is niet wie verheven is volgens de menselijke moraal, of wie op grond van zijn leven in de zin van ascese of zelfs van gebed hoog staat (ook de Farizeeën vastten en zeiden lange gebeden), maar die de Heilige Geest in zich draagt. De enige God is waarheid en leven en de deelgenoten van de Heilige Geest worden levend en waar, terwijl zij die afvallen van God, geestelijk sterven en verdwijnen in de «buitenste duisternis».

Toen we hierboven zeiden dat de mens, die door de scheppende daad van God uit het «niet-zijn» tot het zijn geroepen wordt, het eeuwige leven niet in zich heeft, meenden wij volstrekt niet dat de mens als hij sterft, opnieuw zal terugkeren tot het «niets», tot het volkomen «niet-zijn». Nee. Als hij afvalt van God, zich van Hem afkeert, omdat hij begiftigd is met een vrije wil, dan verwijdert hij zich van het licht en het leven naar het gebied van de eeuwige dood en de buitenste duisternis; maar deze duisternis en deze dood, zijn niet dat «niets», dat «niet-zijn», waaruit het schepsel tot het zijn geroepen wordt. Het is de «staat» van het verstandelijke schepsel, dat in zijn wezen onverwoestbaar is. Het schepsel dat zich van God afkeert, kan echter niet naar een gebied verdwijnen dat voor Hem onbereikbaar is: ook in de hel omvat de liefde van God iedereen, maar terwijl deze liefde voor

HOOFDSTUK 5 : HESYCHASME EN ZUIVER GEBED

hen die God liefhebben vreugde en leven is, is zij kwellend voor hen die Hem haten.

Als we spreken over de ervaring van de eeuwigheid en van de opstanding van de ziel, dan spreken we over die grote goddelijke weldaad die de mens «wegvoert» naar het gebied van het eeuwige licht, nadat zij over hem is uitgestort, en zij laat hem met zekerheid zijn bevrijding uit de dood, zijn eeuwigheid ervaren.

Ofschoon de «terugkeer» uit de staat van dit visioen ook een zekere «bescherming» aan de mens geeft, veranderen daardoor zowel zijn persoonlijk bewustzijn als ook zijn gewaarwording van de wereld toch wezenlijk; zij moeten wel veranderen om vele redenen. De ervaring van zijn val en van zijn lijden laat de mens in elke andere mens dezelfde tragedie zien. De ervaring van zijn persoonlijke onsterfelijkheid heeft tot gevolg dat de mens ook in elke andere mens zijn onsterfelijke broeder ziet. De levende ervaring van de eeuwigheid en van het innerlijke schouwen van God, losgemaakt van de schepping, vervult de ziel op onuitsprekelijke wijze met liefde voor de mens en voor de gehele schepping. Het blijkt dat slechts degene die in zijn geestelijke ervaring de grootheid van de mens heeft leren kennen, in staat is om zijn naaste werkelijk te respecteren en lief te hebben.

En hier is nog een onverklaarbaar verschijnsel: tijdens het visioen, volgens de uitdrukking van de Starets, «wordt de wereld volkomen vergeten»; de tijd waarin het visioen plaatsvindt, is niet de tijd waarin het denken optreedt, volstrekt niet ! Het gewone, redenerende denken houdt dan op. De activiteit van de geest blijft bestaan, maar het is een buitengewoon soort activiteit. Het is verbazingwekkend dat wanneer deze beeldeloze ervaring beëindigd wordt, de ziel zich opnieuw bekleedt met gevormde gedachten en gevoelens... De staat van het visioen is het licht van de goddelijke liefde en onder invloed van deze liefde ontstaan er in de ziel nieuwe gevoelens en nieuwe gedachten over God en over de wereld.

De eerste «verrukking» bij het visioen wordt de mens van boven gegeven zonder dat hij dat zoekt, want omdat hij geen kennis heeft, kan hij het ook niet zoeken. Maar vervolgens kan hij dat visioen niet meer vergeten en met een innig bedroefd hart zoekt hij het telkens opnieuw en niet slechts voor hemzelf, maar voor alle mensen.

Het begin van het geestelijke leven: de strijd tegen de hartstochten

Aan het onderwerp van de ascetische antropologie, betreffende het hesychastische gebed, voegen wij nog enkele woorden toe, om te verklaren waaruit dit ascetische werk bestaat en tot welke resultaten het leidt.

Als hij zijn aandacht in het hart concentreert, spant de asceet zich in zijn geest te vrijwaren van iedere gedachte. De gedachten kunnen natuurlijk zijn voor de mens in de omstandigheden van zijn aardse bestaan, maar zij kunnen ook het gevolg zijn van demonische invloeden. Wanneer de asceet bidt, doet hij tijdelijk afstand van de behoeften van zijn natuur, binnen de grenzen van het mogelijke – en die zijn voor iedereen verschillend – en dan verwerpt hij de gedachten van demonische oorsprong volkomen. Het gevolg hiervan is dat de geest op het uur van het gebed elke gedachte, zowel de natuurlijke als ook de demonische, verwerpt.

Als hij bezwijkt onder de demonische invloed, dan ondergaat de mens het verlies van zijn vrijheid, die naar de gelijkenis van God is, en valt hij af van het goddelijke leven. Deze staat wordt in de ascetische terminologie «passie» genoemd, als zijnde lijden. In die benaming wordt aan de ene kant het idee van het lijden in de zin van passiviteit en slavernij weergegeven, aan de andere kant het idee van het lijden in de zin van verwoesting en dood.

«Een iegelijk die de zonde doet, is een dienstknecht der zonde; en de dienstknecht blijft niet eeuwig in het huis, de zoon blijft er eeuwig» (Joh. 8:34-35). Zo zijn er in de staat van de zondige hartstocht twee aspecten van het lijden: de slavernij en de verwoesting; daarom kan de «dienstknecht der zonde» niet het ware besef hebben van de grootsheid van de God-gelijkende vrijheid van de mens, als zoon van God.

De hartstochten bezitten aantrekkingskracht, maar zonder instemming van de mens kan geen enkel hartstochtelijk beeld of gedachte zich ooit in de ziel wortelen of bevestigen, want er is in heel het bestaan *niets* dat sterk genoeg is om de vrije mens te beroven van de mogelijkheid om zich te verzetten en te weigeren. Maar wanneer een bepaalde hartstochtelijke gedachte of beeld zich in de ziel vestigt, dan wordt de mens in zekere mate bezeten. De hartstochten zijn «bezetenheid» in verschillende mate van hevigheid.

De meeslepende kracht van de hartstocht bestaat uit de belofte van genot. Het lijden in de zin van verwoesting is het gevolg van hartstochtelijke genietingen. Als er in de beweging van de hartstocht geen ogenblik van genot was, maar als zij direct met het lijden zou beginnen, dan zou zij niet de wil van de mens in haar richting kunnen ombuigen. De hartstocht, als lijden en dood, wordt slechts direct vastgesteld door de geestelijke mens die de levendmakende werking van de goddelijke genade heeft ervaren, die in de ziel afkeer, «haat», doet ontstaan tegen de zondige bewegingen in haar.

Het begin van het geestelijke leven is de strijd tegen de hartstochten. Als deze strijd slechts verbonden zou zijn met het weigeren van genot, dan zou hij gemakkelijk zijn. In de gegeven strijd is de tweede etappe veel moeilijker, speciaal wanneer de hartstocht die niet bevredigd is, de mens begint te kwellen door allerlei ziekten. In dat geval heeft de asceet een zeer groot en langdurig geduld nodig, want het weldadige gevolg van de weerstand tegen hartstochten komt niet spoedig.

Het is normaal voor de mens om in zijn gegeven situatie zijn hele leven in strijd te verkeren, maar er zijn twee bijzondere situaties die gekenmerkt worden door het ontbreken van deze strijd. Wie hartstochteloos is, die heeft geen strijd in die zin dat de genieting die door de hartstocht wordt aangeboden hem op geen enkele wijze bekoort en alles houdt op bij de «kale» gedachte. Wie, ofschoon hij onderworpen is aan de aanvallen van de gedachten, ontoegankelijk blijft voor hun aantrekkingskracht, kan ook hartstochteloos worden genoemd. Maar het kenmerk van de volkomen onderwerping is eveneens de afwezigheid van strijd, maar dan wel hierom, omdat de mens in iedere fase van de ontwikkeling van de hartstochtelijke gedachte niet slechts geen weerstand biedt, maar integendeel die gedachte zelf tegemoet gaat en ermee leeft.

In de omstandigheden van zijn vleselijke, aardse bestaan heeft de mens ook hartstochten die niet zondig zijn, d.w.z. lijden of behoeften, zonder wier bevrediging de voortzetting van het leven niet mogelijk is, bijvoorbeeld voeding, slaap en dergelijke. Gedurende korte tijdsperioden verwaarloost de asceet die behoeften en als de stem van deze behoeften begint te dreigen met ziekten, dan gaat de asceet soms, in zijn vastbeslotenheid om zich niet aan hen te onderwerpen, tot aan de dood. Maar we moeten opmerken dat de werkelijke dood zich in dergelijke gevallen gewoonlijk niet voordoet en dat integendeel de mens door God in een nog grotere mate behouden wordt. Deze dappere vastbeslotenheid is nodig, anders is het niet mogelijk om zelfs maar korte tijd bevrijd te worden van de aanval der gedachten.

Door gebed ondergedompeld in de diepte van het hart bevrijdt de geest zich van elk beeld – zowel van visuele als ook van geestelijke beelden – en in deze reine staat wordt hij waardig bevonden voor God te staan; en wat uit deze diepte voortkomt, die boven beelden uitgaat, is geen hartstocht meer, maar het ware leven in God.

In deze staat wordt duidelijk dat de ziel natuurlijkerwijze naar God streeft en dat zij op Hem lijkt en dat zij van nature hartstochteloos is.

Uit de afwisseling van de gesteldheden: deelname aan de genade en terugtrekking van de genade, komt de mens met zekerheid tot de overtuiging dat hij «geen leven in zichzelf heeft»; dat zijn leven in God is; buiten Hem is de dood. Wanneer de ziel de komst van het goddelijke licht wordt waardig gekeurd, dan heeft zij werkelijk deel aan het eeuwige leven, d.w.z. aan God Zelf; en waar God is, daar is een vrijheid die niet in woorden is weer te geven, want dan is de mens buiten de dood en de angst.

In die staat herkent de mens zichzelf en als hij zichzelf herkent, dan kent hij de mens in het algemeen op grond van de eenwezenlijkheid van heel het menselijke geslacht.

In de diepten, daar waar de ware Gods-gelijkenis van de menselijke natuur wordt geopenbaard, daar waar zijn grote roeping wordt onthuld, ziet de asceet datgene wat volkomen onbekend is voor iemand die zijn hart niet heeft betreden.

In de stichieren van de begrafenis zegt de H. Johannes Damascenus:

«Ik ween en ik snik wanneer ik denk aan de dood, wanneer ik onze schoonheid, die gemaakt is naar het beeld van God, lelijk en roemloos in het graf zie liggen.»

Zo weent en snikt een ieder die in God de oorspronkelijke, paradijselijke schoonheid van de mens heeft leren kennen, wanneer hij, teruggekeerd van het onuitsprekelijke, geestelijke festijn in de diepe bruiloftszaal van het hart, de roemloosheid en de lelijkheid ziet die in de wereld heerst.

VI

OVER DE SOORTEN VAN VERBEELDING EN OVER DE STRIJD DAARMEE

Nu wij het gewaagd hebben over het «heilige hesychasme» te schrijven, dat Starets Silouan zozeer beminde, voelen wij ons genoopt te spreken over de noodzaak van de ascetische strijd tegen de verbeelding. En dit probleem van het geestelijke leven is zo moeilijk en zo ingewikkeld dat onze uitleg niet uitputtend kan zijn. Aangezien onze primaire opgave bestaat in het verklaren van een bepaalde concrete ervaring, beschouwen wij het als onze plicht slechts dát bewustzijn en dié begrippen te beschrijven die tot op heden bij de asceten op de heilige Berg hebben bestaan en die ook door de Starets werden onderschreven. Wij laten de theorieën van de moderne wetenschappelijke psychologie links liggen en wij onthouden ons zowel van vergelijkingen als van kritiek op deze of gene theorie; wij zullen slechts opmerken dat zij in vele opzichten niet overeenstemmen met de opvattingen van de orthodoxe ascese, omdat er aan deze laatste volkomen andere kosmologische en antropologische begrippen ten grondslag liggen.

———

De Starets schrijft:

«Broeders, laten wij de aarde en alles wat zich daarop bevindt, vergeten ! Zij leidt ons af van de beschouwing van de Heilige Drie-Eenheid, Die voor ons verstand ondoorgrondelijk is maar Die in de hemelen in de Heilige Geest door de heiligen wordt geschouwd.

Maar wij moeten zonder enige verbeelding volharden in het gebed...»

«Wanneer de ziel door de Heilige Geest de Heer leert kennen, dan verwondert zij zich voortdurend over Gods barmhartigheid en over Zijn majesteit en Zijn macht; en de Heer Zelf onderwijst de ziel door Zijn genade, barmhartig zoals een moeder haar lievelingskind, door middel van goede, nederige gedachten en Hij laat Zijn aanwezigheid en Zijn nabijheid aan de ziel merken; en de ziel schouwt de Heer in nederigheid zonder enige gedachten.»

De verbeeldingskracht is in haar uitingen zeer gevarieerd. De asceet strijdt allereerst met de verbeelding die verbonden is met de invloed van de vleselijke hartstochten. Hij weet dat elke hartstocht haar eigen beeld heeft, omdat zij behoort tot de sfeer van de geschapen wereld, die onvermijdelijk bestaat in deze of gene vorm, die het ene of ander beeld draagt. Normaal krijgt de invloed van de hartstochtelijke begeerte slechts dan kracht, wanneer het beeld van de hartstocht dat innerlijk is aangenomen, de geest tot zich aantrekt. Als de geest het aangedragen beeld van de hartstocht afwijst, dan kan de hartstocht zich niet ontwikkelen en dooft uit. Bijvoorbeeld: als de vleselijke begeerte opkomt, ook al zou dat fysiologisch normaal zijn, dan beschermt de asceet zijn geest tegen het beeld dat in hem ontstaat – dat hem van buiten wordt gebracht – van de hartstocht die zich aanbiedt aan hem; en als de geest dat beeld niet heeft aangenomen, dan kan de hartstocht zijn invloed niet ontwikkelen en dooft onherroepelijk uit. Als we hier spreken over de geest, dan bedoelen wij niet het verstand, niet het logisch redenerend vermogen van de geest, maar datgene wat misschien het best kan worden bepaald door het woord «aandacht». Een dergelijke bescherming van de geest tegen het beeld van de hartstocht geeft, zelfs aan een sterke man, de reële mogelijkheid – waarvan een duizendjarige ascetische ervaring getuigt – om heel zijn leven in kuisheid door te brengen, zoals wij dat ook zien aan het voorbeeld van de Starets. Als daarentegen de geest van de mens het beeld van de hartstocht met genot aanneemt, dan zal de energie van die hartstocht zelfs een uitgeput, ziek en zwak lichaam onderwerpen aan een tyrannieke dwang.

Laten we een andere hartstocht nemen, bijvoorbeeld de haat. Ook deze hartstocht heeft haar eigen beeld en als de geest zich beschermt tegen de vereniging met dit beeld, dan kan de hartstocht zich niet ontwikkelen; maar als de geest zich wel met de hartstocht verenigt,

HOOFDSTUK 6 : SOORTEN VAN VERBEELDING EN DE STRIJD ERMEE

dan zal deze, afhankelijk van deze vereniging, steeds meer in kracht toenemen en kan een mate van bezetenheid bereiken.

Een andere vorm van verbeelding waarmee de asceet strijdt, wordt gewoonlijk dromerij genoemd. De mens verlaat de werkelijke stand van zaken in de wereld en leeft in een fantasiewereld. De voortbrengselen der fantasie – die machteloos is om iets te scheppen dat volstrekt niet bestaat, dat volstrekt «uit het niets» komt – kunnen niet volkomen vreemd zijn aan de wereld die ons omringt. Met andere woorden: er zullen onvermijdelijk elementen in de fantasie zijn die ontleend zijn aan de werkelijke, concrete wereld, zoals zij ook in dromen voorkomen en daarom is de wereld der fantasie niet absoluut ondoorgrondelijk. Bijvoorbeeld: een arme man verbeeldt zich dat hij koning is of profeet of een grote geleerde. De geschiedenis kent gevallen, dat arme mensen, die in de sociale hiërarchie de laagste plaatsen innamen, keizers e.d. zijn geworden, maar dat gebeurt gewoonlijk niet met de mensen die *dromen*.

Hopelijk is het de lezer duidelijk wat er bedoeld wordt, wanneer wij spreken over «dromerij»; om het verhaal niet te lang te maken, gaan we over naar een andere uitingsvorm van de verbeeldingskracht. De mens die gebruikt maakt van de capaciteit van het geheugen en van begrippen, kan nadenken over de oplossing van een bepaald probleem, bijvoorbeeld van een technisch probleem. Dan zoekt zijn verstand met behulp van het denken naar de mogelijkheid van de praktische verwezenlijking van een bepaald idee. Deze soort van activiteit van de geest, die gepaard gaat met de verbeelding, is van grote betekenis in de menselijke cultuur en onontbeerlijk voor de opbouw van het leven, maar de asceet die zich inspant voor het reine gebed, streeft ernaar zich in alles te beperken door niets te verwerven, opdat ook deze vorm van de verbeelding hem niet verhinderene «zijn eerste gedachte en zijn eerste kracht aan God te schenken», d.w.z. zich volledig op God te concentreren.

Tenslotte is er nog een vorm van de verbeelding waarover wij willen spreken: de pogingen van het verstandelijke vermogen, door te dringen in het mysterie van het bestaan en de goddelijke wereld te begrijpen. Deze pogingen gaan onvermijdelijk gepaard met de verbeelding waaraan velen geneigd zijn de dure naam «theologische creativiteit» toe te kennen. De asceet die het hesychasme en het reine gebed beoefent, strijdt beslist in zichzelf tegen deze vorm van «scheppingskracht», omdat deze vorm het omgekeerde proces is van de ordening van het werkelijke bestaan, omdat de mens hierbij God schept naar zijn eigen beeld en gelijkenis.

Mogelijkerwijs zal deze uitspraak talloze misverstanden en tegenwerpingen oproepen, maar wij kunnen niet stil blijven staan bij verklaringen en hopen dat men ons met goede wil naar behoren zal begrijpen.

De asceet die het gebed beoefent, gaat uit van het geloof dat God ons geschapen heeft en niet dat wij God scheppen. In zijn afwijzing van iedere theologische en filosofische scheppingsdrang, keert hij zich daarom tot God door middel van het beeldenloze gebed. En als Gods welbehagen neerdaalt tot hem die bidt en wanneer hem verleend wordt de toenadering van God te proeven, dan zal ook in dit geval de kennis over God, Die boven ieder beeld is, in een of ander beeld worden aangeboden. Dat beeld is echter niet uitgedacht door een asceet of profeet, maar wordt hem van boven «verleend».

De asceet zoekt God, Zijn Schepper, door middel van het gebed; in Zijn lankmoedigheid en welbehagen geeft God kennis over Zichzelf in beelden die toegankelijk zijn voor de mens. Deze beelden verbranden de hartstochten in de mens en heiligen hem, maar als hij hen aanvaardt als de voltooiing van een openbaring, dan zal hij in dwaling vervallen en dan kunnen zelfs deze beelden die hem «van boven» zijn gegeven, een onoverkomelijke hindernis worden voor een meer volmaakte kennis van God.

Het scheppende idee van God wordt verwezenlijkt en gematerialiseerd in de wereld, maar de geschapen vrijheid volgt de omgekeerde weg: zij zoekt God Zelf, in Wie haar uiteindelijke doel en de uiteindelijke zin van haar bestaan is. Het doel van de geschapen wereld is niet haar bestaan op zichzelf, in zichzelf, omwille van zichzelf, in haar eigen bestaansvorm, maar dat de Schepper door het schepsel gekend moge worden en de vergoddelijking van het schepsel.

De reden van de schepping der wereld is de overweldigende goddelijke goedheid en geenszins de noodzaak van de vleeswording van God-het-Woord; met andere woorden: de menswording van God-het-Woord was geenszins *noodzakelijk* voor het Woord Zelf en de schepping van de wereld was geenszins slechts een daad die voorafging aan de menswording van God.

De nederdaling van het Woord is geen indicatie van de zelfgenoegzame waarde van de wereld, maar het doel of de zin van deze nederdaling wordt geopenbaard in de Naam die het Woord Gods bij Zijn nederige vleeswording heeft aangenomen: *Jezus de verlosser*; «en gij zult Zijn Naam noemen Jezus, want Hij zal Zijn volk verlossen van hun zonden» (naar Matth. 1:21).

God is niet een ideële wereld in de zin van een wereld van ideeën; de vorm van het gegeven empirische zijn is niet de verwezenlijking van de goddelijke, ideële wereld, d.w.z. een verwezenlijking, zonder welke zelfs het goddelijke Zijn incompleet of onvolmaakt zou zijn.

In de menselijke scheppingskracht die zich op de wereld richt, zoekt het menselijke idee zijn eigen vleeswording, zijn verwezenlijking, zonder welke hij onvoltooid zal blijven in zijn ontwikkeling; maar in de goddelijke wereld is de menswording van het Woord niet de voltooiing van het theogonische proces, d.w.z. de voltooiing van een ontwikkeling in de Godheid Zelf en in die zin noodzakelijk voor God Zelf, voor de volheid van Zijn eigen Zijn.

Dat is in het kort de dogmatische basis van het hesychastische gebed, waarover deze samenvatting handelt.

Dit gebed is noch een kunstzinnige schepping, noch een wetenschappelijk werk, noch een filosofische zoektocht, noch een religieuze of theologische overdenking. Het echte geestelijke leven is evenmin de bevrediging van ons persoonlijk streven, zoals de kunst een bevrediging is voor ons emotioneel en visueel streven. Tussen de verschillende vormen van verbeelding die wij zojuist genoemd hebben, bevindt zich een aantal dat edeler is dan andere. Dat betekent dat een hiërarchische ordening van deze vormen volgens hun oorsprong en doel mogelijk is. Desalniettemin behoren zij allen tot een sfeer die moet worden overwonnen zodat het bewustzijn het volmaakte gebed, de ware theologie, het leven in Gods Geest kan bereiken.

De weg van de orthodoxe asceet is als volgt:

Hij zoekt de ware God, zijn Schepper. Daarom voert hij met behulp van het Jezusgebed de strijd tegen de duisternis van de verschillende beelden en beeldvormen, d.w.z. degene die een bepaalde uiterlijke vorm hebben: omtrek, uitstrekking in ruimte en tijd, licht en dergelijke; en tegen de denkbeelden, d.w.z. de begrippen, om – na elk geschapen beeld te hebben afgelegd – tot God te mogen bidden van *aangezicht tot Aangezicht*.

God schept de wereld en deze schepping volgt een afdalende lijn; maar de mens gaat naar God in stijgende lijn en in het opstijgen van het schepsel tot God ontkent de asceet de realiteit en de waarde der schepping niet, maar hij verabsoluteert en vergoddelijkt haar niet; hij beschouwt haar niet als een doel of een waarde op zich. God heeft de wereld niet geschapen om er Zelf het leven van het schepsel te leven, maar om het schepsel dat met verstand begiftigd is, te verenigen met Zijn goddelijk Zijn. Maar wanneer de mens de vergoddelijking – die niet gerealiseerd kan worden zonder zijn eigen deelname – niet bereikt, dan verdwijnt ook de eigenlijke zin van zijn bestaan. Zich bewust van haar goddelijke roeping wordt de ziel gegrepen door vervoering wanneer zij het werk beschouwt van de Schepper die haar vergoddelijkt. Deze vervoering geeft een realistische betekenis aan al het geschapene, maar tegelijkertijd leidt dit ertoe dat de ziel zich nog meer losmaakt van het schepsel om God te kunnen schouwen. Deze verwijdering is geen vervreemding van het werkelijke, geschapen bestaan in de zin van een aflegging of een ontkenning daarvan als zijnde een «illusie»; deze verwijdering is evenmin een poëtische of filosofische vlucht in de sfeer van verheven en prachtige beelden of «zuivere» ideeën, hoe axiologisch verheven zij ook mogen zijn, omdat ook een dergelijke gerichtheid ons opnieuw naar de wereld van de verbeelding brengt. Nee, het is de aantrekkingskracht tot de levende en de ware God, krachtens de liefde voor Hem, krachtens onze roeping: te leven in God, in Wie het eigenlijke doel zelf en de eigenlijke waarde zelf ligt. In God is de voltooiing die geen menswording behoeft; in God is de volmaaktheid die iedere strijd en tragisme uitsluit. God is niet «aan gene zijde van goed en kwaad» want Hij is het licht in Wie geen enkele duisternis is.

De eenvoudige en nederige gelovige bereikt de bevrijding uit de macht van de verbeelding door een simpel en volkomen streven om te leven volgens de wil van God. Dat is zo *eenvoudig* en tegelijkertijd zo «verborgen voor de wijzen en de verstandigen» en het is niet mogelijk om dit met woorden te verklaren.

In dit zoeken naar de wil van God is de «verzaking aan de wereld» besloten. De ziel wil met God en volgens God leven en niet naar haar eigen wil en daarom geeft zij haar wil en verbeelding op, die geen reëel bestaan kunnen scheppen, maar die de «uiterste duisternis» zijn.

De wereld van de menselijke wil en van de verbeelding is een wereld van «spookbeelden» der waarheid. Deze wereld heeft de mens gemeen met de gevallen demonen en daarom is de verbeelding een geleider van demonische energie.

HOOFDSTUK 6 : SOORTEN VAN VERBEELDING EN DE STRIJD ERMEE 167

Zowel de demonische beelden als ook de beelden die door de mens zelf worden bedacht, kunnen de mensen beïnvloeden, hen veranderen en omvormen, maar hierbij is één ding onvermijdelijk: elk beeld dat door de mens zelf gecreëerd is of ingegeven door de demonen en aangenomen door de ziel, verdraait het geestelijke beeld van de mens, die geschapen is naar het beeld en de gelijkenis van God. Een dergelijke «creativiteit» leidt uiteindelijk tot de zelfvergoddelijking van het schepsel d.w.z. tot de bevestiging van een goddelijk begin als zijnde besloten in de natuur van de mens. Op grond hiervan neemt de natuurlijke religie, d.w.z. de religie van het menselijke verstand, op noodlottige wijze een pantheïstisch karakter aan.

Zowel de menselijke als ook de demonische beelden hebben hun eigen kracht die soms zeer groot is, maar dat is niet omdat zij in de uiteindelijke zin des woords echt zijn als een goddelijke kracht, die uit het niets creëert, maar omdat de menselijke wil zich voor die beelden buigt en slechts in het geval dat hij met hen instemt, wordt hij door hen gevormd. Maar de Heer bevrijdt degenen die berouw hebben uit de macht van de hartstochten en van de verbeelding; en de christen die aldus van deze bevrijd is, spot met de macht van de beelden.

De kracht van het kosmische kwaad over de mens is zo geweldig groot dat geen van de nakomelingen van Adam dat kan overwinnen zonder Christus of buiten Christus. Hij is Jezus de verlosser in de eigenlijke en enige zin van dit woord. Dit is het geloof van de orthodoxe asceet en daarom wordt het gebed van het hesychasme verricht met de onophoudelijke aanroeping van de Naam van Jezus Christus, waardoor dit gebed de naam kreeg van het «Jezusgebed».

De monnik die het zwijgen beoefent, komt in de zware strijd met de verbeelding terecht die het geestelijke leven verdraait en hij ontmoet er de verscheidenheid van haar verschijningsvormen, die op verschillende manieren kunnen worden ingedeeld. De Starets heeft ze herleid tot de vier hoger genoemde vormen, die hem de mogelijkheid gaven de kern van het probleem weer te geven.

De eerste vorm betreft in het algemeen de strijd tegen elke hartstocht.

De tweede vorm kenmerkt hen die bidden volgens de eerste soort van gebed. Tot die vorm van verbeelding behoort eveneens de bekende methode van de «bespiegeling van God» of «meditatie», wanneer de mens door de inspanning van zijn verbeelding in zijn geest visuele beelden uit het leven van Christus of andere heilige beelden creëert. Het zijn gewoonlijk de beginnelingen of onervaren asceten die hun toevlucht nemen tot deze kunstgreep. Iemand die een dergelijk «gefantaseerd» gebed beoefent, heeft zijn geest niet in zijn hart gesloten omwille van de innerlijke soberheid, maar hij houdt stil bij de visuele kant van de door hem gecreëerde beelden, die volgens hem goddelijk zijn. Hij brengt zichzelf tot een staat van psychische opwinding, die bij een grote concentratie een eigenaardige pathologische extase kan bereiken. Daarbij verheugt hij zich over zijn «prestaties», hecht zich aan dergelijke gesteldheden, cultiveert ze, beschouwt ze als geestelijk, genaderijk en zelfs verheven. Hij beschouwt zichzelf als heilig en als een schouwer van de goddelijke mysteriën en als gevolg hiervan komt hij tot hallucinaties, wordt psychisch ernstig ziek of verkeert in het gunstigste geval in een «waan»,[39] omdat hij zijn leven doorbrengt in een gefantaseerde wereld.

Over de derde en vierde vorm van de verbeelding kunnen we zeggen dat zij ten grondslag liggen aan heel de rationalistische cultuur en daarom is het voor de ontwikkelde mens die in deze cultuur zijn geestelijke rijkdom ziet, bijzonder moeilijk er afstand van te doen. Dit opgeven is onvergelijkbaar veel moeilijker dan het opgeven van materiële rijkdom.

Wij hebben wat dit betreft trouwens een bijzonder verschijnsel kunnen vaststellen: bij de eenvoudige en laagontwikkelde asceten die het hesychastische gebed hebben liefgekregen, ziet men vaker dat er een grote hoogte en reinheid wordt bereikt, dan bij de ontwikkelde asceten die voor de overgrote meerderheid der gevallen bij de tweede soort van gebed blijven.

Diep religieus en ascetisch georiënteerde mensen onderscheiden snel dat de derde vorm van verbeelding gericht is op de aarde; en omdat haar onverenigbaarheid met het gebed hun overduidelijk is, is de strijd ertegen tijdens het gebed eenvoudiger. Het is anders gesteld met de vierde vorm, die een zodanige subtiliteit kan bereiken dat het schijnt dat zij het leven in God is. Haar uitzonderlijke belang voor de ascese dwingt ons hier uitvoeriger bij stil te staan.

HOOFDSTUK 6 : SOORTEN VAN VERBEELDING EN DE STRIJD ERMEE

Bij degenen die bidden volgens de eerste vorm overweegt de dromerige verbeelding, maar bij degenen die bidden volgens de tweede vorm overweegt de verzoeking om alles te begrijpen met behulp van het verstand. Bij hen is het leven geconcentreerd in de hersenen. Hun geest, die niet verenigd is met het hart, tracht in zijn streven om alles te begrijpen en alles te beheersen, voortdurend te ontsnappen naar buiten. Als er enige werkelijke religieuze ervaring aanwezig is, maar nog in onvoldoende mate, dan streven zij ernaar «met hun eigen geest» de leemten van deze ervaring op te vullen en door te dringen in de mysteriën van het goddelijke Zijn en dan vervallen zij *onvermijdelijk* in de verbeelding. In hun vervoering willen of kunnen zij niet begrijpen dat zij de ware hiërarchie van het zijn, de ware ordening der dingen, omverwerpen. Zij schijnen te vergeten dat God óns geschapen heeft naar Zijn beeld en gelijkenis en zij beginnen zelf te scheppen en met betrekking tot het goddelijk Wezen creëren zij elementen naar hún eigen beeld en gelijkenis. De sfeer van ideeën waarin zij leven en een gegeven intellectuele begaafdheid geeft hun een schijnbaar overwicht tegenover anderen en deze omstandigheid versterkt hun zelfvertrouwen.

De kenmerkende deformatie waar de tweede soort van gebed toe leidt, is het rationalisme.

De rationalistische theoloog bouwt zijn eigen systeem, zoals een architect een paleis of een kerk. Hij gebruikt empirische en metafysische begrippen als bouwmateriaal en hij maakt zich niet zozeer druk over de overeenkomst van zijn ideale bouwsel met de reële werkelijkheid van het bestaan, als wel over de pracht en het harmonische geheel van zijn kunstwerk in zijn logische samenhang.

Hoe vreemd het ook zij, weinig grote mensen hebben weerstand kunnen bieden aan deze verzoeking, die in wezen zo naïef is en waarvan de trots de verborgen bron is.

Men hecht zich dikwijls aan de vruchten van zijn verstand zoals een moeder zich aan haar kind hecht dat uit haar schoot is voortgekomen.

De maker houdt van zijn creatie als van zichzelf, want hij identificeert zich ermee en is opgesloten in zijn eigen sfeer.

In die gevallen is geen enkele menselijke tussenkomst van buitenaf in staat te helpen en als hij zich niet afkeert van zijn vergankelijke rijkdom, zal hij nooit het reine gebed en de ware beschouwing bereiken.

Een ieder die bidt volgens de derde soort van gebed, kent de moeilijkheid van een dergelijke verzaking, maar wij zullen hierover elders nog meer zeggen.

———

Vele filosofische theologen, die in wezen rationalisten zijn, bereiken een supra-rationele, wij zouden zeggen een supra-logische intellectuele sfeer, maar deze supra-logische sfeer is nog niet de goddelijke wereld, maar is besloten binnen de grenzen van de menselijke, geschapen natuur; en als zodanig besloten in haar natuur, is zij toegankelijk voor het verstand langs natuurlijke weg.

Hun rationele waarnemingen passen niet in het kader van het «ennomische» denken, d.w.z. van de formele logica en zij gaan over naar de sfeer van de metalogica en het antinomische denken. Desalniettemin blijven hun waarnemingen in wezen het resultaat van de verstandelijke activiteit.

De overwinning op het beperkte ennomische rationalisme is het bewijs van een hoge intellectuele cultuur, maar het is nog niet het «ware geloof» en het ware schouwen van God.

Deze categorie mensen, die dikwijls voortreffelijke capaciteiten bezitten voor rationalistisch denken, komen op grond van dit vermogen volkomen consequent tot de kennis van het relatieve karakter van de wetten van het menselijke denken en van de onmogelijkheid om heel het bestaan met de stalen banden van logische conclusies te omwinden; door deze kennis worden zij verheven tot de supra-rationele, of liever gezegd, supra-logische beschouwing, maar ook dan schouwen zij nog slechts de schoonheid van hetgeen geschapen is naar het beeld van God; en omdat zij voor de eerste maal deze sfeer van het «zwijgen van de geest» binnengaan, ervaren zij een zekere «mystieke opwinding». Zij beschouwen hun waarnemingen als de ervaring van de mystieke omgang met God, terwijl zij in werkelijkheid nog binnen de grenzen van de geschapen menselijke natuur blijven.

De categorieën waarmee de redenerende geest in dergelijke toestanden werkt, overschrijden de grenzen van tijd en ruimte en zij geven aan de beschouwer het gevoel van de eeuwige wijsheid. Dit zijn de uiterste grenzen die de redenerende geest op de wegen van zijn eigen, natuurlijke ontwikkeling en zelfbeschouwing kan bereiken. Deze ervaring, onafhankelijk hoe zij zal worden geïnterpreteerd, d.w.z. welke dogmatische formulering daaraan gegeven wordt, is in haar wezen een ervaring van pantheïstische orde.

Als de mens deze «perken des lichts met de duisternis» (naar Job 26:10) heeft bereikt, dan schouwt hij de schoonheid van zijn eigen geest, die velen als godheid hebben beschouwd. Het licht dat door hen wordt geschouwd, is licht maar niet het ware licht, waarin geen enkele duisternis is. Het is wel het *natuurlijke* licht van de geest van de geschapen mens naar het beeld van God.

Dit licht van de geest, dat in zijn waarde het licht van elke empirische kennis te boven gaat, kan met hetzelfde recht *duisternis* worden genoemd, want het is de duisternis van de abstractie of van de berooidheid waarin God niet is; en in dit geval, misschien nog meer dan in ieder ander geval, moet men zich de woorden van de Heer herinneren: «Zie dan toe dat het licht dat in u is, geen duisternis is» (Luk. 11:35). De eerste kosmische, voorhistorische ramp, d.w.z. de val van de morgenster, van Lucifer, die duisternis werd, was immers het gevolg van de op zichzelf gerichte, verliefde beschouwing van eigen schoonheid; een beschouwing die eindigde met zelfvergoddelijking.

Wij spreken een kille en onsamenhangende taal, maar wie op deze geestelijke plaatsen heeft vertoefd, zal misschien zeggen: «Maar zo is het toch vreselijk... Waar is dan de garantie van de ware omgang met God, ter onderscheiding van de dromerige, filosofische, pantheïstische omgang?»

De heilige Starets Silouan beweerde categorisch dat de liefde voor de vijanden een dergelijke garantie is, op een niveau dat ondergeschikt is aan onze logische controle. Hij zei:

«De Heer is nederig en zachtmoedig en Hij heeft Zijn schepsel lief en daar waar de Geest van de Heer is, zal onherroepelijk een nederige liefde voor de vijanden en een gebed voor de wereld zijn. En als jij deze liefde niet hebt, dan moet jij hierom bidden; en de Heer, Die gezegd heeft: "Bidt, en u zal gegeven worden, zoekt en gij zult vinden" (Matth. 7:7), zal het aan je verlenen.»

En laat niemand het wagen deze «psychologische» wet te minimaliseren, want een dergelijke psychische staat is het gevolg van de ware goddelijke werkzaamheid. God de verlosser redt heel de mens, dus niet slechts het verstand met de geest. Maar ook de psyche met de emoties, zowel het denken als het lichaam, alles wordt door God geheiligd.

Wij roeren maar nauwelijks – en als het ware vluchtig – de eeuwenoude problemen aan van het geestelijke bestaan van de mens. Wij hebben geenszins de pretentie dat wij ze op dialectische wijze toegankelijk kunnen maken, om hen met het verstand te begrijpen. Als wij voor de opgave zouden staan van een dergelijke uitleg, dan zou het onontbeerlijk zijn een hele reeks van historische voorbeelden te bestuderen, maar laat iemand anders dat werk op zich nemen. Persoonlijk beschouwen wij een dergelijke abstracte uitleg als niet te verwezenlijken; wij zijn er volkomen van overtuigd dat de enige weg die tot de waarheid leidt, de weg van het geloof en de levende ervaring is, d.w.z. de weg van het bestaan zelf. Hierbij moet er echter op worden gewezen dat de ervaring die wij bedoelen, van geen enkele wilsuiting van de mens afhangt, maar aan hem wordt gegeven van boven, als een gave van Gods welbehagen. De filosofische en de pantheïstische ervaring zijn mogelijk afhankelijk van de natuurlijke capaciteit van de mens en van diens vrije wil, maar de christelijke ervaring van de bovennatuurlijke omgang met God overschrijdt de grenzen van onze eigen wil.

Het christelijk leven is de overeenstemming van twee «willen»: De goddelijke wil en de menselijke, geschapen wil. God kan aan iedere mens op alle wegen verschijnen, op elk ogenblik en op iedere geestelijke of fysieke plaats, maar terwijl Hij boven elke dwang staat, doet Hij de vrijheid van Zijn eigen beeld nooit geweld aan. Als de geschapen vrijheid egoïstisch op zichzelf is gericht, of zichzelf identificeert als het ongeschapen, goddelijke beginsel, dan sluit zij zich af voor de werking van de goddelijke genade, onafhankelijk van de hoogte van haar beschouwingen.

De omgang met God wordt bereikt op de wegen van het gebed en ons gesprek gaat over het gebed. Als wij tot op zekere hoogte overgaan naar het gebied van de dialectiek, dan is dat niet omdat wij hopen iemand langs deze weg te overtuigen, maar om te laten zien dat de wegen van het gebed ook dit gebied van het menselijke bestaan

Hoofdstuk 6 : Soorten van verbeelding en de strijd ermee   173

doorkruisen. Bij iedere poging om de geestelijke ervaring te rationaliseren, zien wij dat er de meest verschillende tegenwerpingen mogelijk zijn. Dit is te verklaren uit het gegeven dat een ieder van ons, in de ideale sfeer van zijn wereldbeschouwing, vrij is om elke willekeurige hiërarchie van waarden vast te stellen.

Wij gaan nu verder met ons gesprek over het gebed en zullen proberen schematisch een van de moeilijkste worstelingen te beschrijven die een orthodox asceet op zijn weg tegenkomt bij de overgang van de tweede soort van gebed naar de derde soort, namelijk: de strijd tegen *de verstandelijke verbeelding*.

———

Bij aandachtige zelfbeschouwing ontdekt de mens dat zijn rationele denken een psychologische eigenschap bezit die men kan definiëren als de immanente zekerheid van ons denken, of anders gezegd, als het subjectieve bewijs van de juistheid van onze logische conclusies. Er is een zekere dwingende kracht in de argumenten van het verstand, van zijn bewijzen, en er is een grote cultuur en een diepe geestelijke ervaring nodig om dit vreemde bedrog te ontdekken, maar om uit zijn macht bevrijd te worden is goddelijke hulp onontbeerlijk.

Het is tot op zekere hoogte ook mogelijk dit bedrog te onthullen op de wegen van het speculatieve onderzoek van de wetten die het mechanisme van ons denken besturen, d.w.z. de wet van de identiteit en de wet van de voldoende reden.

De eerste wet – van de identiteit – is het statische moment van ons denken: het onbeweeglijke steunpunt, in zijn onbeweeglijkheid beroofd van leven.

Het tweede moment van ons denken is het dynamische moment en wordt uitgedrukt door de wet van de «voldoende» reden. De eeuwenlange ervaring van de geschiedenis heeft met grote overtuiging de uiterste relativiteit van deze wet laten zien; een oordeel over de voldoende reden is altijd subjectief: wat voor de één voldoende lijkt, is dat voor de ander volstrekt niet. En als wij hier dieper op ingaan, dan zullen we zien dat de reden in werkelijkheid nooit helemaal voldoende is.

De orthodoxe asceet onthult de relativiteit van ons denken op een andere wijze, zoals hij ook in het algemeen alle problemen van ons bestaan langs andere wegen oplost, namelijk langs de wegen van het geloof en van het gebed. Hij gelooft niet in zijn eigen zwakke verstand maar in de Almachtige God. Hij gelooft dat de geboden van Christus de onfeilbare maatstaf zijn, het meetsnoer van de waarheid; dat zij volgens hun kenmerkende eigenschap de goddelijke kracht en het eeuwige leven zijn. Dit geloof brengt hem ertoe onafgebroken te staan voor het gericht van God, dat het enige rechtvaardige is. Elk woord, elke daad, zelfs elke kleinste, niet uitgedrukte, externe beweging van een gedachte of van een gevoel, dat alles zal voor het gericht van het woord van Christus worden gesteld.

Wanneer de genade van de Heilige Geest ons vervult en een innerlijke werkzame kracht in ons wordt, dan komen de impulsen van onze ziel natuurlijkerwijs naderbij tot de volmaaktheid van de geboden; wanneer dan de uren aanbreken van de verlatenheid, van de verwijdering van God, en wanneer het goddelijke licht wordt vervangen door de zware duisternis van de opstand van de hartstochten, dan verandert alles in ons en begint er een grote innerlijke strijd.

De geestelijke strijd is gevarieerd, maar de moeilijkste en zwaarste strijd is de strijd tegen de trots. De trots is de tegenstander van de goddelijke wet. Hij verdraait de goddelijke ordening van het bestaan en brengt overal verval en dood. Hij openbaart zich ook in het vlees, maar het is het gebied van de geest en het verstand waar hij bij uitstek waanzinnig te keer gaat. Hij stelt zichzelf op de eerste plaats en voert de strijd om alles te overheersen en haar belangrijkste instrument in deze strijd is het verstand, de ratio.

Het «gezonde» verstand dat met zijn argumenten optreedt, verwerpt de geboden van Christus als waanzin, waaronder het gebod: «Oordeelt niet, opdat gij niet geoordeeld wordt» (Matth. 7:1). Het zegt dat het vermogen om te oordelen een kenmerkend voorrecht van de mens is, in dit vermogen is zijn superioriteit over de gehele wereld besloten; slechts dankzij dit vermogen kan het verstand heersen.

Om zijn primaat in het bestaan te bevestigen, wijst het verstand op zijn prestaties, op zijn cultuur; het voert talloze bewijzen aan – die sterk zijn door hun zelf-evidentie en die zogenaamd door de ervaring in de loop der geschiedenis zouden zijn bewezen – dat aan hem en aan hem alleen het recht van beslissen toekomt, het recht van het bepalen of van het constateren van de waarheid; het noemt zichzelf het verstand dat het bestaan regelt.

HOOFDSTUK 6 : SOORTEN VAN VERBEELDING EN DE STRIJD ERMEE

Onpersoonlijk in zijn mechanistisch functioneren, is het verstand van nature slechts een van de uitingen van het leven van de menselijke persoonlijkheid, een van de energieën van de persoonlijkheid; wanneer hem de voornaamste plaats in het geestelijke bestaan van de mens wordt toegewezen, dan komt het verstand er vervolgens toe te gaan strijden met zijn eigen bron, d.w.z. met zijn persoonlijke oorsprong.

Terwijl het verstand volgens de intellectuele trots tot de uiterste hoogten opgaat en schijnbaar tot de uiterste diepten afdaalt, is het zijn streven om de grenzen van het bestaan af te tasten, om aan alles een «bepaling» te geven die hem eigen is; en als hij zijn doel niet bereikt, valt hij uitgeput neer en besluit: «Er is geen God !»

Als de intellectuele trots daarna de strijd om te overheersen, voortzet, zegt hij brutaal en enigszins bedroefd: «Als God bestaat, *hoe* kan ik het er dan mee eens zijn dat ik niet deze God ben ?» (Deze uitdrukking is van iemand die een dergelijke weg ging.)

Zonder dat hij de grenzen van het bestaan heeft bereikt en nadat hij deze oneindigheid aan zichzelf heeft toegeschreven, richt de intellectuele trots zich met een fiere opstandigheid op en zegt:

«Ik heb alles onderzocht en nergens heb ik iets groters gevonden dan mijzelf, dientengevolge ben ik God.»

Wanneer het geestelijke bestaan van de mens geconcentreerd is, regeert zijn verstandelijke vermogen inderdaad zodanig in de abstracte atmosfeer die hem eigen is, dat het niets hogers dan zichzelf vindt en daarom eindigt het met de erkenning van de goddelijke oorsprong in zichzelf.

Dit is de uiterste grens van de verbeelding van het verstand en tegelijkertijd de uiterste diepte van de val en van de duisternis.

Er zijn mensen die aan de hierboven genoemde aanspraken van het verstandelijke vermogen tegemoet komen en hen als de waarheid aannemen, maar de orthodoxe asceet begeeft zich daartegen in de strijd. Bij deze strijd openbaart zich de inmenging van vreemde krachten, waartegen de strijd een tragisch karakter aanneemt en een buitengewone spanning bereikt; een zegevierende uitkomst voor de asceet is slechts mogelijk door het geloof dat de wereld overwint: «Een ieder die geboren is uit God, overwint de wereld; en dit is de overwinning, de wereld te hebben overwonnen is ons geloof» (1Joh. 5:4).

Om deze problemen op te lossen, gaat de monnik niet in een gemakkelijke stoel van de studeerkamer zitten, maar in de stilte van de nacht, ver van de wereld, door niemand gezien of gehoord, valt hij neer voor God terwijl hij bloedige tranen schreit en zoals de zondaar zegt: «God, wees mij, zondaar, genadig» of zoals Petrus: «Heer, red mij» (Luk. 18:13; Matth. 14:30).

In de geest ziet hij de afgrond van de «buitenste duisternis», die zich voor hem opent en daarom is zijn gebed vurig... Woorden zijn niet in staat om het mysterie van dit visioen en de hevigheid van deze strijd te tonen, die jaren kan duren, totdat de mens gereinigd zal worden van zijn hartstochten, totdat het goddelijke licht zal komen, dat de ongerechtigheid van onze oordelen zal openbaren en de ziel uit zal leiden naar de onmetelijke ruimte van het ware leven.

Uitvoerig heb ik met de Starets over deze vraagstukken gesproken; hij zei dat de oorzaak van de strijd niet in het verstand als zodanig lag, maar in de trots van onze geest. De trots versterkt de werking van de verbeelding, maar de nederigheid maakt een einde aan hem; de trots blaast zichzelf op om zijn eigen wereld te scheppen, maar de nederigheid aanvaardt het leven van God.

Gedurende lange jaren van hevige strijd heeft de zalige Starets de kracht verworven zijn geest voortdurend in God te bewaren en de aanstormende gedachten te verwerpen. In de strijd met de vijanden heeft hij zeer veel leed verdragen, maar toen ik hem leerde kennen, sprak hij met een grote vrede in zijn ziel over het verleden en in zeer eenvoudige bewoordingen:

«De geest strijdt met de geest... onze geest met de geest van de vijand... »

«De vijand is door de trots en door de verbeelding gevallen en daarheen wil hij ons ook meeslepen... In deze strijd is grote moed nodig... De Heer laat zijn dienaar strijden en Zelf kijkt Hij naar hem zoals Hij naar de heilige Antonius keek, toen die met de demonen streed. U herinnert zich ongetwijfeld dat er in het heiligenleven van Antonius wordt verteld, hoe hij zijn intrek had genomen in een graf; daar sloegen de demonen hem buiten bewustzijn; een vriend die hem diende, droeg de heilige naar de dorpskerk; toen Antonius 's nachts bij bewustzijn kwam, smeekte hij zijn vriend hem terug te brengen naar het graf. Volkomen ziek als hij was, kon hij niet op zijn benen staan en bad liggend; na zijn gebed werd hij opnieuw aan een wrede aanval van de demonen onderworpen en toen hij hevige pijnen van hen moest dulden, sloeg hij zijn ogen op, zag licht en herkende daarin de komst van de Heer en riep uit: "Waar waart Gij dan, barmhartige Jezus, toen de vijanden mij pijnigden ?" »

«En de Heer antwoordde hem: "Ik was hier, Antonius, en Ik keek naar je moed." »

«Zo moeten wij altijd onthouden dat de Heer onze strijd met de vijand ziet en daarom moeten wij niet afgeschrikt worden maar moedig zijn, zelfs al zou de gehele hel ons aanvallen.»

«De heiligen zijn volleerd in de strijd tegen de vijand; zij weten dat hij door middel van het bedrog werkzaam is door de gedachten en daarom hebben zij hun leven lang geen gedachten aangenomen. De gedachte komt eerst in een vorm die niet slecht lijkt, maar daarna rukt zij de geest weg van het gebed en dan gaat zij verwarring zaaien. Daarom is het noodzakelijk alle gedachten, ook al lijken ze goed, te verwerpen en een geest te hebben die rein is in God. En als de gedachte toch opkomt, dan moet men zich niet laten verwarren, maar vast op God hopen en in gebed blijven... Men moet niet onrustig worden, omdat de vijanden zich dan ook verheugen over onze verwarring... Bidt en de gedachte gaat weg... *Dat is de weg van de heiligen.*»

Over de trots zei de Starets dat er geen einde is aan zijn pretenties. In zijn aantekeningen is de volgende aanschouwelijke gelijkenis te vinden:

«Een zeker jager hield ervan om in het bos en in het veld op prooi uit te gaan. Eens was hij lang bezig een berg te beklimmen, toen hij het spoor van een wild dier volgde; vermoeid ging hij op een grote rots zitten uitrusten. Toen hij een grote vlucht vogels zag die van de ene bergtop naar de andere vlogen, begon hij te denken: "Waarom heeft God de mens geen vleugels gegeven zodat hij kan vliegen ?" Op datzelfde ogenblik kwam er langs die plek een nederige kluizenaar die de gedachten van de jager kende en tegen hem zei:

"Jij denkt dus dat God jou geen vleugels heeft gegeven; maar als jij vleugels zou krijgen, dan zou je toch niet tevreden zijn en zeggen: 'Mijn vleugels zijn zwak en ik kan niet naar de hemel vliegen om te zien wat daar is.' Als je zulke sterke vleugels zou krijgen dat je naar de hemel zou kunnen vliegen, dan zou je nog ontevreden zijn en zeggen: 'Ik begrijp niet wat hier gebeurt.' En als jou kennis zou worden gegeven, dan zou je opnieuw ontevreden zijn en zeggen: 'Waarom ben ik geen engel ?' En als ze van jou een engel zouden maken, dan zou je opnieuw ontevreden zijn en zeggen: 'Waarom ben ik geen cherubijn ?' En als je een cherubijn zou worden, dan zou je zeggen: 'Waarom laat God mij de hemel niet besturen ?' En als je de hemel zou mogen besturen, dan zou je nog niet tevreden zijn en als geen ander zou je brutaal om nog meer vragen. Daarom moet jij jezelf altijd vernederen en je tevreden stellen met wat je gegeven wordt en dan zul jij met God leven."

De jager zag dat de kluizenaar de waarheid had gesproken en hij dankte God dat Hij hem een monnik had gestuurd die hem inzicht had geschonken en die de weg van de nederigheid had geopenbaard.»

De Starets herhaalde nadrukkelijk dat de weg van de heiligen daarin bestaat, dat zij zichzelf vernederen en hun geest reinigen van elke verbeelding:

«De heiligen zeggen: "Ik zal in de hel lijden." En dat, ondanks het feit dat zij wonderen hebben gedaan. Zij weten uit ervaring dat wanneer de ziel zichzelf veroordeelt tot de hel, maar tegelijkertijd hoopt op de barmhartigheid van God, dan de kracht van God in de ziel komt en de Heilige Geest duidelijk getuigt van haar redding. Door zelfveroordeling wordt de ziel nederig en dan is zij vrij van elke gedachte en staat zij met een reine geest voor God.

Dat is de geestelijke wijsheid.»

De mens boort met ijzer in de grond, om uit het binnenste der aarde olie te winnen en hij bereikt zijn gestelde doel. De mens boort met zijn verstand in de hemel om het goddelijke vuur te roven, maar God verstoot hem vanwege zijn trots.

De goddelijke beschouwingen worden aan de mens niet verleend, wanneer hij deze speciaal zoekt, maar wanneer de ziel afdaalt in de hel van het berouw en zich werkelijk slechter beschouwt dan ieder ander schepsel. De beschouwingen die met geweld door het verstand worden verkregen, zijn geen werkelijke maar schijnbare beschouwingen; en als dit schijnbare voor waarheid wordt gehouden, worden er in de ziel van de mens omstandigheden geschapen die de mogelijkheid van de werking van de genade bemoeilijken, d.w.z. van het ware schouwen.

Tijdens het genaderijke schouwen worden dingen geopenbaard die zelfs de allerrijkste scheppende verbeelding te boven gaan, zoals de goddelijke Paulus zegt: «Geen oor heeft het gehoord en het is in geen verstand opgekomen, en in geen hart is gebleven» (vrij naar 1Cor. 2:9). Wanneer een mens, zoals de apostelen, door de genade in verrukking wordt gebracht bij het aanschouwen van het goddelijke licht, dan spreekt hij daarna goddelijke taal en «vertelt» over hetgeen hij gezien heeft en over hetgeen hij heeft leren kennen. De ware theologie is geen hypothese van het menselijke verstand of het resultaat van kritisch onderzoek maar het verhaal over de werkelijkheid waarheen de mens door de werking van de Heilige Geest werd gebracht. Daarbij wordt iemand soms het woord ingegeven, maar soms stuit men op moeilijkheden bij het zoeken naar begrippen en uitdrukkingen waarmee het mogelijk zou zijn om iets te verhalen over datgene wat elk aards beeld en begrip te boven gaat. Maar ondanks deze moeilijkheden en de onontkoombare verschillen in uitdrukkingswijze, zal degene die heeft *leren kennen*, ook op een andere verbale wijze het werkelijk geschouwde vernemen en onderscheiden van de gefantaseerde, verstandelijke veronderstelling, hoe geniaal deze laatste ook zou mogen zijn.

VII

OVER DE GAVE VAN DE HELDERZIENDHEID[40] EN HAAR VORMEN

Als de asceet de toegangen tot het hart afsluit en zijn geest – ontdaan van de verbeelding en van het denken en gewapend met het gebed en met de Naam van Jezus Christus – daar als een wachter plaatst, dan begeeft hij zich in de strijd tegen elke invloed en elke gedachte die van buiten komt. Dit is de essentie van de waakzaamheid[41] van de geest, waarvan het doel de strijd met de hartstochten is. In een ruimere en meer omvattende zin wordt de overwinning op de hartstochten bereikt door het onderhouden van de geboden van Christus; maar in dit geval spreken wij over een speciale vorm van ascetische waakzaamheid die pas begint nadat de asceet de bekende etappes van de geestelijke ontwikkeling heeft doorlopen en het gebed van de verbeelding volgens de eerste vorm heeft opgegeven en vervolgens ook dat van de tweede vorm en hij zich uit ervaring bewust is geworden van zijn onvolmaaktheid.

Het bewaren van de geest en van het hart tegen alle gedachten is verbonden met een langdurige strijd die buitengewoon moeilijk en subtiel is. De mens die tussen een eindeloze hoeveelheid van de meest verschillende invloeden en indrukken leeft, kan tengevolge van de voortdurende verandering van deze invloeden en indrukken, noch hun herkomst, noch hun kracht doorgronden. Maar de asceet die het hesychasme beoefent, die afstand doet van al wat uiterlijk is, die zich dag en nacht beijvert om het aantal indrukken van buitenaf tot het minimum te beperken en die zich daarom verwijdert van de nieuwsgierige beschouwing van de uiterlijke wereld, van het luisteren naar andermans gesprekken en van het lezen van boeken, concentreert zich uit alle macht op zijn innerlijk bestaan; daar treedt hij in een *tweegevecht* met de gedachte. Slechts op die voorwaarde kan hij de herkomst en de kracht van de gedachte, die soms reusachtig is, leren kennen. De mens die niet voldoende oplettend is op zijn innerlijk, kan heel gemakkelijk onder de invloed geraken van de gedachte en daarvan de slaaf worden. Wanneer zijn wil naar de gedachte neigt, gaat de mens geestelijk daarop lijken en wordt zelfs identiek met de geest, wiens energie besloten is in de gedachte. Als hij met zijn hart een hartstochtelijke gedachte aanneemt, die zeer dikwijls het resultaat is van een demonische invloed, dan wordt de mens hierdoor het werktuig van de demonische kracht.

De mens die met zijn geest diep verzonken is in gebed, voelt soms de nadering van buitenaf van een bepaalde geest, maar als de aandacht voor het gebed niet verbroken wordt, dan gaat die geest weg zonder te zijn aangenomen, zodat iemand na zijn gebed niet kan zeggen wie, waarom en waarmee hij kwam.

Soms gebeurt er bij een zeer intensief gebed iets dat moeilijk verklaarbaar is. In de buurt van de geest doen zich lichtverschijnselen voor die de aandacht van de geest proberen te trekken en als de geest daaraan geen aandacht schenkt, dan zeggen zij als het ware tegen hem: «Ik breng jou wijsheid en inzicht en als jij mij nu niet aanneemt, dan zul je mij misschien nooit meer zien.» Maar de ervaren asceet schenkt hier *geen enkele* aandacht aan en zij gaan weg zonder te zijn aangenomen en ook zonder te zijn herkend. En de asceet weet zelf niet zeker of het een kwade vijand of een goede engel was; maar hij weet uit ervaring dat wanneer hij met zijn aandacht stilhoudt om een schitterende gedachte die wordt aangeboden, te onderzoeken, dat hij dan zijn gebed verliest en het later met grote moeite opnieuw zoekt. De ervaring heeft getoond dat men op het uur van het gebed zelfs niet stil moet blijven staan bij gedachten die op het oog goed lijken, omdat de geest daarbij beslist andere gedachten zal tegenkomen en, zoals de Starets zei, «daaruit niet rein te voorschijn zal komen.»

Het verlies van het onverstrooide gebed is een verlies dat zich door niets laat compenseren.

In de strijd om zijn vrijheid, voert de asceet zulk een ingespannen strijd tegen de gedachte dat iemand die dat niet uit ervaring heeft ondervonden, het zich niet kan voorstellen. In deze innerlijke strijd met de gedachte, in dit rechtstreekse verzet tegen de gedachte, waarbij de ziel van de beginneling dikwijls een gedeeltelijke nederlaag verduurt, maar soms ook de overwinning behaalt, heeft de asceet de mogelijkheid om de aard van de gedachte tot in de fijnste details te bestuderen, zodat hij, ofschoon hij de zonde die aan hem wordt aangeboden in feite niet begaat, de invloed (de energie) van elke hartstocht echter veel dieper en gedetailleerder kent, dan iemand die daardoor beheerst wordt. Deze laatste kan de manifestatie van de energie van een bepaalde hartstocht in zichzelf en in anderen, op zichzelf en op anderen, waarnemen, maar om een diepere kennis daarvan te krijgen, is het onontbeerlijk de geestelijke plaats te bereiken, waar iemand verblijft die volgens de derde vorm bidt en die iedere hartstocht in haar kiem ziet.

De kennis van de hartstochten, die verkregen wordt doordat men hen overwint, leidt tot het vooruitzien vanuit de ervaring. Maar we moeten opmerken dat het vooruitzien, dat het gevolg is van de ervaring van een lange strijd met de hartstochten, niet diezelfde volmaaktheid bereikt die de gave van de «helderziendheid»[42] heeft, die het gevolg is van de bijzondere werking van de genade. De eerste vorm herkent de geestelijke gesteldheid van een mens aan bepaalde gebaren, aan het gezicht, aan enkele woorden, aan de aard van het zwijgen of het spreken en aan de psychische atmosfeer die door de mens wordt gecreëerd. Een meer betrouwbare basis voor de beoordeling van de mens is echter het gesprek met hem, omdat uit zijn woorden de mate van zijn werkelijke geestelijke ervaring zal blijken en datgene wat slechts het gevolg is van uiterlijk onderricht. De tweede vorm, d.w.z. de gave van vooruitzien uit de genade, ontdekt alles door het gebed en heeft de aanwezigheid van de mens niet nodig.

In het proces van de langdurige, innerlijke strijd ontmoet de asceet, behalve de hierboven genoemde vormen, drie vormen van vooruitzien.

De eerste vorm bestaat op grond van de intuïtie, die voor sommige mensen natuurlijk is en die toeneemt door een leven in vasten, de tweede vorm bestaat door de demonische invloed en de derde door de gave van de genade.

De eerste vorm kan voor de mens die vroom en nederig is ingesteld, nuttig zijn en op een goede manier worden gebruikt, omdat hij bijdraagt tot het nauwgezetter onderhouden van Christus' geboden met betrekking tot de naaste. Aan de trotse en hartstochtelijke mens brengt hij schade toe, want deze vorm vermeerdert de aanleidingen tot de hartstochten en opent meer mogelijkheden voor hun vervulling.

De tweede vorm is uitermate gevaarlijk voor wie hem aanvaarden, want vroeg of laat leidt hij tot een ziekelijke verstoring van alle psychische en geestelijke krachten van de mens en vervormt ook zijn karakter.

De derde vorm gaat gepaard met de allergrootste verantwoordelijkheid en is een bron van veel geestelijk lijden voor degene die deze gave bezit. Aan de trotse mens wordt zij in het geheel niet gegeven.

Deze vormen van vooruitzien veroorzaken alle drie lijden. Bij de eerste vorm, d.w.z. de natuurlijke intuïtie, is het lijden het gevolg van een verhoogde gevoeligheid van het neuro-psychische gestel. Bij de tweede vorm vanwege de eigenschap van de demonische invloeden om in het algemeen te vernietigen en te bederven, hetgeen dikwijls pas duidelijk wordt na verloop van veel tijd. Bij deze vorm openbaart zich soms het vermogen om de gedachte van de ander te «lezen», maar toch blijft het diepe innerlijk van de mens ontoegankelijk. Soms manifesteert deze «helderziendheid» zich met grotere betrouwbaarheid wanneer het uiterlijke gebeurtenissen betreft. Wie deze vorm aanwenden, worden blootgesteld aan de verleiding, van de ijdelheid te genieten.

Het ware geestelijke vooruitzien is een genadegave. Bij deze vorm wordt de diepte van de menselijke ziel geopenbaard, die dikwijls voor de mens zelf verborgen is. Deze vorm heeft geenszins een psychopathologisch karakter en veroorzaakt slechts lijden aan zijn drager, omdat hij vervuld wordt met de door God gegeven liefde en toch voornamelijk gedwongen is «de onooglijkheid en de roemloosheid» van de mens te zien. Dat is het lijden van de liefde. Wie deze gave bezitten, streven er nooit naar om haar vast te houden; verheffing en ijdelheid zijn hun vreemd.

———

In de voorafgaande paragraaf hebben we een bijzondere plaats verleend aan de vorm van vooruitzien die voortvloeit uit de ervaring. De heilige Vaders noemen dat: de gave van het onderscheidingsvermogen, die zij beschouwen als een van de hoogste ascetische verworvenheden. De essentie daarvan bestaat aan de ene kant uit het vermogen de oorzaak van een bepaald geestelijk verschijnsel te herkennen, d.w.z. of het voortkomt uit de genade of uit de demonische invloeden of uit de natuurlijke, menselijke ontwikkeling; en aan de andere kant uit het vermogen de ordening van het geestelijke leven, de volgorde van geestelijke gesteldheden en hun relatieve waarde of verdienste te kennen.

Deze gave wordt buitengewoon hoog geschat door de asceten, omdat zij slechts verschijnt als het resultaat van een lange ervaring in de strijd tegen de hartstochten, van een ervaring van de grote bescherming en van de komst van de genade en van een ervaring van de vele verzoekingen en de vijandelijke aanvallen. De gave is kostbaar voor leermeesters, omdat de vijand zich graag hult in de gedaante van een engel van het licht; zeldzaam zijn degenen die hem helder kunnen doorzien.

Er zijn mij gevallen bekend dat de zalige Starets Silouan door het gebed «iets dat ver weg was», zag «alsof het vlakbij gebeurde», dat hij de toekomst van een mens voorzag, of dat hem de diepe geheimen van de menselijke ziel werden geopenbaard, iets waarover velen zouden kunnen getuigen die dit zelf hebben ervaren en die nog «in leven» zijn. Maar de Starets heeft daar zelf nooit naar gestreefd en er ook geen grote betekenis aan gehecht. Zijn ziel werd geheel en al in beslag genomen door het medelijden met de wereld; hij was volkomen geconcentreerd op het gebed voor de wereld en in zijn geestelijk bestaan schatte hij deze liefde het hoogst.

Over geestelijke leiding

Mijn langdurige omgang met de zalige Starets heeft mij ervan overtuigd dat de geheimen van de geest hem bekend waren en daarom was hij werkelijk een «betrouwbaar leermeester». Na de uitzonderlijke en herhaaldelijke komst van de genade, die zo zeldzaam is in de geschiedenis van de Kerk, en waartoe hij verwaardigd werd na de niet aflatende ascese van bijna een halve eeuw – een ascetische inspanning waarin hij verbleef na enkele fouten die hij heeft doorstaan in de eerste helft van zijn lange, ascetische leven – naderde de Starets tot die mate van kennis en tot die mate van volmaaktheid die hem tot een absolute steun voor anderen maakte.

Hij kende de hiërarchie van de geestelijke gesteldheden, d.w.z. de volgorde van de geestelijke groei, hetgeen zo belangrijk en soms ook zo noodzakelijk is voor het garanderen van een onberispelijke vooruitgang. In het geestelijke leven, zowel van monniken als van niet-monniken, komt het dikwijls voor dat deze hiërarchie wordt verstoord of misvormd, in die zin dat een bepaalde geestelijke staat of ascetisch werk de mens voldoening schenkt en dat hij een volgende fase die op zijn weg ligt, weigert, omdat hij deze nieuwe staat als lager beschouwt dan de vorige en waardoor hij een grens stelt aan zijn eigen vooruitgang.

De Starets bezat een ervaren kennis van de geestelijke weg. Hij wees op drie fundamentele etappen op deze weg: de eerste etappe is het ontvangen van de genade, de tweede etappe het verlies van de genade en de derde etappe de terugkeer van de genade of het wederom verwerven van de genade door middel van de ascetische strijd om de nederigheid. Velen hebben de genade ontvangen en niet slechts zij die zich in de Kerk bevinden, maar ook zij die buiten haar staan, want de Heer kent geen aanzien des persoons, maar niemand heeft die eerste genade bewaard en slechts zeer weinigen hebben haar opnieuw verworven. Wie deze tweede periode niet kent, wie uit ervaring de strijd om de terugkeer van de genade niet heeft doorgemaakt, die heeft in wezen geen echte geestelijke kennis.

Starets Silouan was niet slechts rijk aan persoonlijke, geestelijke ervaring, maar hij was ook theoretisch goed onderlegd in de ascetische literatuur van de Kerkvaders en dankzij de gave van God was hij niet slechts trouw aan de Traditie van de Kerk, maar werd ook in hemzelf de ervaring van de grote Vaders herhaald.

Hij las heel weinig, hij hield niet van lezen, omdat het proces van lezen hem verhinderde te bidden; maar hij hield ervan om te luisteren, omdat hij zonder het Jezusgebed te onderbreken, tegelijkertijd aandacht kon schenken aan hetgeen er gelezen werd. Hij luisterde naar de lezing in de kerk tijdens de nachtelijke diensten; hij las een beetje in zijn eigen cel. Hij nam veel op door middel van het levende gesprek met de andere asceten van de heilige Berg, van wie er velen rijkelijk begaafd waren. In de dertiger jaren ging hij gedurende lange tijd dikwijls naar zijn vriend, de schimonach vader Kassian, toen deze in de buurt van het klooster woonde in de «Cypressen». Vader Kassian hield van Starets Silouan en had veel respect voor hem. Hij stelde zijn bezoeken op prijs en las hem gaarne voor. De Starets kon vele dingen uit de Werken van de heilige Vaders goed onthouden, hetgeen voor hem werd vergemakkelijkt door zijn overeenkomstige ervaring. Het is zeer moeilijk om iets te onthouden dat geestelijk is, omdat er in het geestelijke leven te weinig uiterlijke, beeldende begrippen zijn, waarop het stoffelijke geheugen zou kunnen steunen. Heeft de Alwetende Heer niet daarom Zijn leer over de mysteriën van het Koninkrijk aan het volk uiteengezet in levendige voorbeelden uit de werkelijkheid en in gelijkenissen ?... Een bepaald surrogaat van geestelijke kennis is mogelijk door middel van «uiterlijk onderricht», hetgeen voorkomt bij mensen met een grote intellectuele ervaring. Maar, werkelijk de leer van de Vaders onthouden, dat kan natuurlijk slechts hij die ook zelf alles heeft verduurd en die de «kennis uit ervaring» van de mysteriën van de geestelijke wereld van boven heeft ontvangen.

Deze «eenvoudige» mens is uit zijn lange strijd te voorschijn gekomen als de bezitter van een diepgaande kennis van zowel de methoden als de middelen van de ascetische strijd; deze kennis heeft hem in zijn geestelijke kracht aan de ene kant vrij gemaakt van de slavernij aan de vorm en hem aan de andere kant bevrijd van het dwalen over onbekende wegen, in twijfel en onbegrip over hetgeen er gebeurt.

Er liggen vele onbekende wegen parallel met de enige ware weg. Vele gebieden die afgesloten en onbekend zijn voor het christendom doemen op voor de geestelijke blik van de asceet en hij kan ze niet onderscheiden als het goddelijke licht niet met hem is. De Starets die waardig werd gekeurd, Christus in de Heilige Geest te zien en die door de Heilige Geest werd opgeheven naar het visioen van het ongeschapen licht, droeg dit licht in zich en daarom kon hij met een verbazingwekkende scherpzinnigheid de echte waarheid onderscheiden van die maskers en schijnbeelden van de waarheid die de mens op zijn geestelijke wegen onherroepelijk tegenkomt.

VIII

OVER HET ONGESCHAPEN GODDELIJKE LICHT EN OVER DE VORMEN VAN ZIJN BESCHOUWING

Het ongeschapen goddelijke licht verschilt naar zijn natuur volkomen van het natuurlijke licht. Als men het schouwt, dan verschijnt allereerst de gewaarwording van de levende God, die zich meester maakt van heel de mens; de onstoffelijke gewaarwording van de Onstoffelijke; een geestelijke gewaarwording, maar geen verstandelijke; de gewaarwording dat de mens ontrukt wordt naar een andere wereld, met machtige kracht, maar tegelijkertijd onverklaarbaar voorzichtig, zodat de mens het ogenblik waarop dit met hem is gebeurd niet opmerkt; hij weet dan van zichzelf niet of hij in zijn lichaam of buiten zijn lichaam is. Hij is zich daarbij zo diep en zo helder van zichzelf bewust als nooit tevoren in het gewone leven en daarbij vergeet hij zowel zichzelf als de wereld, omdat hij wordt meegevoerd door de zoetheid van de goddelijke liefde. In de geest ziet hij de Onzichtbare; hij ademt in Hem, hij is volkomen in Hem.

Bij deze supra-mentale, alles overheersende gewaarwording van de levende God voegt zich nog het visioen van het licht; maar van een licht dat naar zijn natuur totaal anders is dan het natuurlijke licht. De mens verblijft dan zelf in het licht, wordt daarmee één, wordt daardoor vergeestelijkt en hij ziet noch voelt zijn eigen stoffelijkheid, noch die van de wereld.

Dit visioen komt op ondoorgrondelijke wijze, op een tijd waarop men het niet verwacht; het komt niet van buiten en zelfs niet van binnen, maar op onverklaarbare wijze omvat het de geest van de mens en voert hem omhoog naar de wereld van het goddelijke licht; hij kan niet zeggen of dat een extase was, d.w.z. het uittreden van de ziel uit het lichaam, omdat hij ook de terugkeer in het lichaam niet opmerkte. Zo is er aan dit verschijnsel niets pathologisch.

God handelt; de mens ontvangt; dan kent hij geen ruimte of tijd meer, geen geboorte of dood, geen geslacht of leeftijd, geen sociale of hiërarchische positie, noch andere omstandigheden en relaties van deze wereld.

De Heer is gekomen, de Beginloze Meester en Licht van het leven en in Zijn barmhartigheid bezoekt Hij de ziel die berouw heeft.

Het goddelijke licht wordt geschouwd onafhankelijk van de omstandigheden, zowel in de duisternis van de nacht als op klaarheldere dag. Het goddelijke welbehagen bezoekt de mens soms op zodanige wijze dat de waarneming van zowel het lichaam als van de omringende wereld bewaard blijft. Dan kan de mens zijn ogen openhouden en tegelijkertijd *twee* lichten zien, d.w.z. het natuurlijke en het goddelijke licht. Een dergelijk visioen wordt bij de heilige Vaders het schouwen met de *natuurlijke* ogen genoemd. Dat betekent echter niet dat de handeling van het zien van dat licht in alles analoog is aan het gewone psycho-fysiologische proces van het natuurlijke zien. Met andere woorden: het betekent niet dat het goddelijke licht – ongeacht welke wetenschappelijke theorie we aannemen – een specifieke trilling van de optische zenuw veroorzaakt, zoals het natuurlijke licht, die vervolgens overgaat in het psychologische proces van het zien, want het goddelijke licht is *anders* van nature; het is het licht van de geest, het licht van de liefde en het licht van het leven.

In de fysieke wereld is het natuurlijke licht het beeld van het goddelijke licht. Zo is het slechts mogelijk de voorwerpen die ons omringen bij licht te zien. Als het licht zwak is, dan onderscheidt het oog de voorwerpen maar nauwelijks; als het licht overvloediger is, dan ziet het ze beter en tenslotte bereikt het zien in het volle zonlicht een zekere volmaaktheid. Zo is het ook in de geestelijke wereld, waar elk waarachtig visioen *niet anders* mogelijk is dan in het goddelijke licht. Maar dit licht wordt niet in gelijke mate aan de mensen gegeven: het geloof is licht, maar zwak; de hoop is ook licht, maar nog onvolmaakt; maar de liefde is licht dat al volmaakt is.

HOOFDSTUK 8 : HET ONGESCHAPEN GODDELIJKE LICHT

Het ongeschapen licht verlicht, zoals de zon, de geestelijke wereld en laat de geestelijke wegen zien, die anders onzichtbaar zijn. Zonder dit licht kan de mens de geboden van Christus niet begrijpen, noch schouwen, noch minder hen uitvoeren, want hij verblijft in de duisternis. Het ongeschapen licht draagt het eeuwige leven in zich en de kracht van de goddelijke liefde; of liever gezegd: het ís dit eeuwige leven en deze goddelijke liefde.

Wie niet met kracht en zekerheid het ongeschapen licht heeft geschouwd, die heeft het ware schouwen niet bereikt. Wie het waagt, voordat hij het ongeschapen licht heeft gezien, «met zijn eigen verstand» de goddelijke mysteriën te peilen, die ziet ze niet alleen niet, maar die verspert ook voor zichzelf de weg die daarheen voert. Hij zal slechts maskers en spookbeelden van de waarheid zien, die ofwel door hem zelf gemaakt zijn, ofwel door de vijandige kracht van demonische dromen worden aangedragen.

Het ware schouwen komt moeiteloos en kalm van boven. Het geestelijke schouwen is niet hetzelfde als het abstracte, intellectuele schouwen. Het is kwalitatief *anders*, het is het licht van het leven, dat door Gods welbehagen van boven wordt geschonken en de organische weg daarheen is niet het redeneren maar het berouw.

Het goddelijke licht is het eeuwige leven, het Koninkrijk Gods, het is de ongeschapen energie van de Godheid. Het is niet inherent aan de geschapen natuur van de mens; het is van een andere natuur dan de onze en daarom kan het in ons door geen enkele ascetische inspanning worden gerealiseerd; maar dit licht komt uitsluitend als een gave van Gods barmhartigheid.

Ik heb de Starets gevraagd hoe de mens dit uit zijn ervaring kan weten. De heilige Starets bevestigde dat wanneer God in een groot licht verschijnt, er geen enkele twijfel bestaat dat het de Heer, de Schepper en Albeheerser Zelf is. Maar wie slechts waardig gekeurd is een klein licht te zien, die kan – indien hij zijn geloof niet baseert op de getuigenis van de Kerkvaders maar slechts op zijn eigen ervaring – niet duidelijk onderscheid maken tussen de natuur van dit licht en de natuur van zijn eigen ziel. Slechts de ervaring van het afwisselende komen en gaan van het licht zal hem leren het goddelijke handelen te onderscheiden van het natuurlijke, menselijke handelen.

Als de mens, tijdens het bidden, voor de eerste maal het goddelijke licht ziet, dan is hetgeen door hem geschouwd en ervaren wordt zo nieuw en zo ongewoon dat hij het niet kan bevatten; hij voelt dat de grenzen van zijn bestaan onuitsprekelijk zijn ver*breed*, dat het verschenen licht hem van de dood naar het leven heeft overgebracht, maar de ontzagwekkende gebeurtenis verbaast en ontstelt hem en slechts een herhaling van deze verschijning onthult hem de grootte en de betekenis van de gave die hij van God heeft ontvangen. Tijdens dit schouwen en daarna blijft de ziel vervuld van een diepe vrede en van een zoete, goddelijke liefde; dan streeft zij niet naar roem, naar rijkdom of naar enig ander wereldlijk geluk en zelfs niet naar het leven zelf, maar dat alles lijkt haar nietig en «verlangend streeft zij» naar de levende oneindigheid van Christus, in Wie geen begin noch einde, duisternis noch dood is.

Van de twee hierboven beschreven vormen van het schouwen van het goddelijke licht gaf de Starets de voorkeur aan de vorm waarbij de wereld volkomen vergeten wordt, d.w.z. wanneer de geest van de mens die bevrijd is van de beelden der wereld, tijdens het gebed wordt binnengeleid in het gebied van het oneindige licht, want een dergelijk schouwen geeft meer kennis over de mysteriën van «de komende eeuwigheid». In de staat van dit schouwen ervaart de ziel haar deelname aan het goddelijke leven zeer intens, zij ervaart werkelijk die komst van God, waarover de menselijke taal niet kan spreken. Maar wanneer dit visioen vanwege redenen die de mens onbekend zijn, ophoudt – evenzo onafhankelijk van zijn wil als het begonnen is – dan keert de ziel met een zekere traagheid terug tot de gewaarwording van de omringende wereld en een subtiel verdriet voegt zich bij de stille vreugde van de goddelijke liefde, omdat zij wederom het licht van de geschapen zon zal zien.

De mens is het beeld van God, maar men zal vragen: wat is het beeld van God in hem ? Of anders: waaruit bestaat dit beeld ? Uit het lichaam ? Uit de psychische of psychosomatische structuur van de mens ? In de drievoudigheid van de krachten of de uitingen van zijn ziel ?... Een antwoord op deze vraag is buitengewoon moeilijk. Enige weerkaatsingen en weerschijnsels van het beeld van God zijn niet uitgesloten bij hetgeen opgesomd is, maar het meest wezenlijke is de *wijze van bestaan*. Het geschapen wezen wordt dankzij de gave van het goddelijke welbehagen deelachtig aan het ongeschapen beginloze *Zijn*. Hoe is dat mogelijk ? Dat is net zo onverklaarbaar en ondoorgrondelijk als de schepping van de wereld uit het «niets»; en toch is het welbehagen van de hemelse Vader zodanig dat het schepsel dat naar Zijn beeld en gelijkenis is geschapen, het vermogen heeft gekregen om de vergoddelijking te ontvangen, d.w.z. om deelgenoot te worden van het goddelijke leven, een goddelijke bestaanswijze te ontvangen, een god te worden door de genade.

De mens *ontvangt* de vergoddelijking, d.w.z. in de handeling van de vergoddelijking is God het handelende beginsel, de mens het ontvangende beginsel. Dit ontvangen is echter geen passieve toestand, want de handeling der vergoddelijking kan niet anders worden voltrokken dan met toestemming van de mens zelf, in het tegenovergestelde geval verdwijnt zelfs de mogelijkheid tot de vergoddelijking. Hierin ligt het wezenlijke verschil tussen de oorspronkelijke scheppingsdaad en haar uiteindelijke stadium: de vergoddelijking van het verstandelijke schepsel.

Als het mysterie van de schepping der wereld ondoorgrondelijk groot is, dan is het mysterie van de schepping van de eeuwige goden nog oneindig veel verhevener. Als heel het leven dat ons omringt een verrassend wonder is vanwege zijn omvang, dan heeft het goddelijke wonder, dat geschiedt wanneer de mens in de wereld van het ongeschapen licht wordt binnengeleid, nog onvergelijkbaar meer diepgang en kracht.

Als hij erbij bleef stilstaan zou het feit van zijn eigen bestaan voor iedere mens een voorwerp van grote verwondering zijn. Wij hebben mensen ontmoet die opgingen in de sfeer van het verstand, dat aan de menselijke natuur eigen is, en die verblind waren door zijn lichtstralende pracht. Maar wanneer de mens door de werking van God in de wereld van het ongeschapen licht wordt binnengeleid, dan is zijn «verbazing tegenover God» onuitsprekelijk en kan hij geen woorden, beelden of zuchten vinden om zijn dankbaarheid te uiten.

Over de hartstochteloosheid naar Gods gelijkenis

Wanneer het ongeschapen licht dat uitgaat van God, Die hartstochteloos is, aan de mens verschijnt, verleent het een hartstochteloosheid die gelijk is aan die van God en die het uiteindelijke doel van de christelijke ascese vormt.

«Maar, kan men vragen, wat is hartstochteloosheid ?»

Naar zijn filologische vorm is het een negatief begrip; is het dan ook niet negatief volgens zijn werkelijke betekenis ?

Betekent dat niet het afleggen van het bestaan ? Nee, het is niet het afleggen van het bestaan, maar het is het zich bekleden met een nieuw leven, een heilig, eeuwig leven, d.w.z. een leven in God. De apostel Paulus zegt: «Wij willen niet ontkleed, maar overkleed worden, opdat het sterfelijke door het leven verslonden worde» (2Cor. 5:4).

In zijn zoektocht naar de hartstochteloosheid streeft de orthodoxe asceet naar een levende en werkelijke omgang met God, Die hij kent als de Hartstochteloze.

De hartstochteloosheid van God is niet iets doods, iets statisch. Onverschilligheid voor het leven van de wereld en van de mens is Hem niet eigen. De hartstochteloosheid van God is niet de afwezigheid in Hem van bewogenheid, van medelijden, van liefde. Maar zodra we deze woorden uitspreken, roepen deze begrippen in ons verstand hun empirische beperktheid op en daardoor ontstaat er een reeks van misverstanden. Bewogenheid, medelijden, liefde en dergelijke: introduceren deze termen betrekkelijkheid in het goddelijke Zijn ? Als wij zo spreken, passen wij dan niet een antropomorfisme op God toe, dat Hem onwaardig is ?

God is volkomen leven, is volkomen liefde; God is licht waarin geen enkele duisternis is, d.w.z. de duisternis van het lijden in de zin van vernietiging en dood, de duisternis der onwetendheid, van het nietzijn of van het kwaad, de duisternis van de onoverkomelijke, innerlijke tegenstellingen en onvolmaaktheden, van breuken of van onderbrekingen in het bestaan. God is een levende, dynamische God, maar de dynamiek van het goddelijke leven is de volheid van het bestaan, dat zonder begin en zonder einde is en dat elk proces van theogonie uitsluit.

HOOFDSTUK 8 : HET ONGESCHAPEN GODDELIJKE LICHT

God is hartstochteloos, maar dat sluit niet zijn deelname uit aan het leven van het schepsel. God heeft lief, betreurt, heeft medelijden, verheugt zich, maar dat alles veroorzaakt in Zijn Wezen geen desintegratie, betrekkelijkheid of hartstocht. God zorgt voor zijn schepsel tot in het kleinste detail met een mathematische precisie; Hij redt als een vader, als een vriend; Hij troost als een moeder; Hij neemt innig deel aan heel de geschiedenis van de mensheid, aan het leven van elke mens, maar deze deelname impliceert geen verandering, geen wisselvalligheid, geen evoluerend proces in het goddelijke Wezen zelf.

God leeft de gehele tragedie van de wereld, maar dat wil niet zeggen dat ook in God Zelf, in de schoot van de Godheid, zich eveneens een tragedie voltrekt of dat er zich een strijd afspeelt die het gevolg zou zijn van onvolledigheid of van duisternis in Hem Zelf, die nog niet zouden zijn overwonnen.

God heeft de wereld lief, handelt in de wereld; Hij komt in de wereld, neemt vlees aan, lijdt en sterft zelfs in Zijn vlees, maar Hij blijft onveranderlijk in Zijn bovenwerelds Zijn. Dit alles volbrengt Hij net zo hartstochteloos als dat Hij op een integrale en niet-ruimtelijke wijze in Zijn eeuwigheid heel de omvang en heel de opeenvolging van tijd van de geschapen wereld omvat. In God vormen statische en dynamische momenten een zodanige eenheid dat men geen enkele van onze afzonderlijke begrippen op Zijn Wezen kan toepassen.

In zijn streven naar de goddelijke hartstochteloosheid stelt de orthodoxe asceet zich deze niet voor als «koude onverschilligheid» of als «het afleggen van een denkbeeldig bestaan» of als de beschouwing «aan gene zijde van goed en kwaad» maar als het leven in de Heilige Geest.

De hartstochteloze mens is vol liefde, medelijden en betrokkenheid, maar dat alles gaat uit van God, Die in hem werkzaam is. Hartstochteloosheid kan men definiëren als «het verwerven van de Heilige Geest», als Christus Die in ons leeft. De hartstochteloosheid is het licht van een nieuw leven, dat in de mens nieuwe en heilige gevoelens opwekt, nieuwe goddelijke gedachten, een nieuw licht van eeuwige kennis.

De heilige Vaders van de Kerk definieerden de hartstochteloosheid als «de opstanding van de ziel voor de algemene opstanding van de doden»[43], als het «verwerven van de oneindige oneindigheid».[44]

De organische weg naar de hartstochteloosheid:

Het eerste stadium is het geloof dat niet opgevat wordt als een logische overtuiging maar als het gevoel van de levende God; uit het geloof volgt de vreze voor Gods gericht; uit de vreze het berouw; uit het berouw het gebed, het belijden van de zonden, de tranen. Als het berouw, het gebed en de tranen toenemen en dieper worden, dan leiden zij tot een eerste, gedeeltelijke bevrijding van de hartstochten, waaruit de hoop voortkomt. De hoop doet de ascetische inspanningen, de gebeden en de tranen toenemen; zij zuivert en verdiept het zondegevoel, waardoor de vreze toeneemt, die in een zeer diep berouw overgaat, dat de goddelijke barmhartigheid aantrekt en de ziel ontvangt de genade van de Heilige Geest, die vervuld is van het licht van de goddelijke liefde.

Ook het geloof is liefde, maar een nog zwakke liefde; de hoop is liefde, maar onvolmaakt. Telkens wanneer de ziel opgaat van een lagere graad van liefde naar een hogere graad, passeert zij onvermijdelijk de vrees. De liefde verjaagt door haar verschijning de vrees, maar als deze verjaagd is door een zwakke liefde, dan herleeft zij weer bij de overgang van de ziel naar een grotere liefde en wordt opnieuw overwonnen door de liefde; en volgens de getuigenis van de grote Apostel der liefde kan slechts de volmaakte liefde de vrees volkomen verjagen, d.w.z. die vrees waarin kwelling bestaat.

Er is een andere vrees voor God, waarin geen kwelling bestaat, maar de vreugde en de adem van de heilige eeuwigheid. Over deze vrees die de mens niet mag verlaten tijdens zijn aardse bestaan, zegt de Starets het volgende:

«Voor God moet men leven in vreze en in liefde. In vreze omdat Hij Heer is; in vreze om de Heer niet te kwetsen door een slechte gedachte; in liefde omdat de Heer liefde is.»

———

Het innerlijk zwijgen van de geest in het hesychastische gebed van de orthodoxe monnik is organisch ontstaan uit een diep berouw en uit zijn streven om Christus' geboden te onderhouden. Het is absoluut geen kunsmatige toepassing van de «areopagitische» theologie op het geestelijke leven. De theologische stellingen van de «Areopagiet» zijn niet in tegenspraak met de resultaten van het hesychasme en in die zin raken zij elkaar en vallen daarmee samen. Wij beschouwen het echter als onontbeerlijk om op een zeer belangrijk punt te wijzen, nl. dat niet de abstracte filosofie van de apofatische theologie het uitgangspunt en de basis van het hesychasme is, maar het berouw en de strijd «met de wet der zonde», die in ons werkzaam zijn (Rom. 7:23).

En juist op deze weg, bij het streven om van de geboden van Christus de enige en volkomen wet van ons eeuwige bestaan te maken, leert men de *ondoorgrondelijkheid* van de Godheid kennen. Het is juist op deze weg dat de geest van de mens alle beelden van de wereld aflegt en zich boven de wereld bevindt.

Dit laatste gebeurt met hem, als hij zich diep bewust is dat hijzelf «slechter is dan elk ander schepsel.»

Over de duisternis van het afleggen van de gedachten

Omdat God licht is waarin geen enkele duisternis is, verschijnt Hij altijd in het licht en als licht. Maar bij de verwezenlijking van het gebed in zijn hesychastische vorm komt de asceet een bepaalde soort duisternis tegen waarvan een beschrijving van buitenaf net zo tegenstrijdig en paradoxaal is als die van het merendeel der andere onderwerpen van de christelijke geestelijke ervaring. Enerzijds wordt deze tegenstrijdigheid opgeroepen door de aard van deze ervaring, anderzijds door het standpunt van waaruit men een geestelijke gebeurtenis bekijkt en definieert.

De ziel van de asceet wordt innerlijk ondergedompeld in de duisternis waarover we hier spreken, wanneer hij door een vrije wilsdaad met behulp van speciale, ascetische methodes, iedere voorstelling en verbeelding van zichtbare dingen en verstandelijke beschouwingen en begrippen aflegt, wanneer hij zijn geest en verbeelding «stopzet»; en daarom mogen we dat de «duisternis van het afleggen» noemen; dit gebed wordt «methodisch» genoemd omdat men het beoefent volgens een speciale, voor dat doel bestaande methode.

Wanneer men tracht om de geestelijke plaats van «deze duisternis» vast te stellen, kan men zeggen dat deze plaats zich op de grens van de verschijning van het ongeschapen licht bevindt. Maar wanneer het hesychastische gebed wordt verricht zonder het verschuldigde berouw en zonder dat het gebed zich volledig op God richt, dan kan de ziel die ontbloot is van elke voorstelling enige tijd in de duisternis van dat «afleggen» verblijven zonder God te zien, want God is niet in deze duisternis.

Wanneer de geest «in de duisternis van de aflegging» is, dan ervaart hij een bijzonder genot en een rust; als hij zich op dat ogenblik tot zichzelf wendt, dan kan hij iets ervaren dat op licht lijkt, maar dat echter nog niet het ongeschapen licht der Godheid is, maar een natuurlijke eigenschap van de geest die geschapen is naar Gods beeld. Terwijl zij de grenzen der tijd overschrijdt, brengt deze beschouwing de geest dichterbij de kennis van het onvergankelijke en maakt de mens tot bezitter van een nieuwe kennis, echter van een nog abstracte kennis. Wee degene die deze wijsheid aanneemt als de kennis van de ware God en dit schouwen als een deelname aan het goddelijke Zijn. Wee, omdat in dat geval «de duisternis van het afleggen», die zich op de drempel bevindt van het ware visioen van God, verandert in een ondoordringbaar scherm tegen de Godheid en in een stevige muur, die hem nog verder van God verwijdert dan de duisternis van het opstaan van de grove hartstochten, de duisternis van openlijke demonische aanvallen of de duisternis van het verlies van de genade en van het verlaten zijn door God. Wee, want het zou een dwaling, een «bekoring» zijn, want God is niet «in de duisternis van de aflegging». God verschijnt in het licht en als licht.

Wanneer wij onze rationele kennis en bespiegelend bewustzijn licht noemen, dan is het vanuit dat standpunt, in zekere zin, mogelijk te spreken over de «duisternis van het schouwen van God», omdat dit onverklaarbaar is in rationele begrippen, omdat voor onze geest God ondoorgrondelijk en onbereikbaar blijft. Maar deze wijze van uitdrukken, d.w.z. de «duisternis van het schouwen van God» is volledig betrekkelijk, want God is licht, waarin geen enkele duisternis is en verschijnt altijd als licht en leidt de mens door Zijn verschijnen binnen in het licht van het eeuwige goddelijke Zijn.

De werking van het goddelijke licht verzengt de hartstochten van de zondaar; daarom kan het soms worden ervaren als een verzengend vuur. Iedere ascetische christen die vroom wenst te leven, maakt het branden in dit vuur onvermijdelijk door.

De duisternis «van het afleggen» is niet de enige «plaats» waar het ongeschapen licht der Godheid verschijnt. God kan aan elke mens verschijnen op diens weg, zelfs aan Zijn vervolgers. Het is waar dat Hij door Zijn verschijning de mens aan deze wereld ontrukt en in die zin volgt het afleggen van materiële beelden en verstandelijke begrippen, maar dat zal een andere ordening en volgorde zijn. De mens aan wie God Zijn licht heeft willen tonen, zal zich voortaan niet meer laten bekoren door het natuurlijke licht van zijn eigen geest; zodat de dwaling waarover we hierboven spraken slechts mogelijk is wanneer de mens, vooraleer het ongeschapen licht aan hem verschijnt door middel van een ascetische techniek de duisternis «van het afleggen» bereikt en daarbij op zichzelf vertrouwt en niet de leiding van de Vaders volgt.

Wanneer het licht dat hem verschenen is, de mens verlaat, dan smacht zijn ziel ernaar en zoekt het opnieuw op alle manieren die zij kan vinden en die door de Kerkvaders worden aangewezen, waaronder de methode van het hesychastische gebed. Toevlucht nemen tot deze ascetische kunst of wetenschap is, zoals een eeuwenlange ervaring heeft getoond, volledig gerechtvaardigd, maar men moet de betekenis daarvan niet overdrijven; zoals men omgekeerd deze methode ook niet onverstandig moet verwerpen, zoals sommigen doen. Deze kunstmatige methode is niet een verplichte voorwaarde voor de verlossing; zij is slechts een ondersteuning in die gevallen, waarin de invloed van de genade, die de geest met het hart verenigt, verzwakt; dan wordt deze vereniging van de geest met het hart gezocht door een inspanning van de mens zelf.

Gewoonlijk behoort het hesychastische gebed een positieve inhoud te hebben; met andere woorden: het behoort uit te gaan van een gevoel van berouw en van een streven naar God. Als dat niet het geval is, dan is dat gebed slechts een negatieve, ascetische invloed, die vanwege zijn negatieve karakter niet als een doel op zich beschouwd kan worden, maar slechts als een middel in onze empirisch gegeven staat van de zondeval, waarbij wij door de hartstochten overheerst worden, d.w.z. wanneer de zonde in ons werkzaam is en bijna een wet is geworden van ons aardse bestaan.

En hier herhalen wij opnieuw hetgeen hiervoor gezegd werd, dat het orthodoxe zwijgen niet een kunstmatige toepassing van het «areopagitische apofatisme» is op het leven. Nee. Dit zwijgen vloeit voort uit een diep berouw; hieraan ligt volgens de woorden van Starets Silouan Christus' gebod ten grondslag: «Heb de Heer uw God lief met geheel uw hart en geheel uw ziel, en met al uw kracht en met geheel uw verstand» (Luk. 10:27). De apofatica van het ascetische afleggen wordt opgeroepen door het zoeken naar de levende God, «Die door de ziel wordt gekend»; door het zoeken naar de bevrijding van de geest van alle beelden der wereld, met het doel om voor God te staan in de volheid der liefde, van aangezicht tot Aangezicht, met een reine geest en met een rein gebed van het hart. Dat is op de eerste plaats gebed en niet een verstandelijke filosofische analyse.

De Starets hield van het zwijgen van de geest en nam daartoe voortdurend zijn toevlucht. Dat ging hem gemakkelijk af, omdat het Jezusgebed in zijn hart nooit was onderbroken sinds de dag dat hij deze gave van de Moeder Gods had ontvangen.

Een wenselijke, uiterlijke voorwaarde ter vervolmaking van het hesychastische gebed is: zo mogelijk volkomen rust van iedere zintuiglijke indruk, en vooral: duisternis en stilte.

Zoals over het algemeen alle asceten die het zwijgen beoefenen, moest de Starets deze uiterlijke hulpmiddelen zoeken. We vermelden hier enkele kleine bijzonderheden uit zijn leven. Toen hij nog betrekkelijk jong was, kreeg hij van zijn hegoumen de toestemming omwille van het zwijgen naar het oude Rossikon te gaan, waar hij een aparte kleine kalyva vlakbij het woonhuis der monniken bouwde. Daar heeft hij ook vader Stratonik ontvangen. Hij heeft niet lang gewoond in het oude Rossikon. Hij werd opnieuw overgeplaatst naar het klooster en tot econoom benoemd. Toen sloot hij zich op in zijn cel en verstopte zijn wekker tot ver achter in de kast om niet het getik te horen. Soms trok hij zijn dikke wollen muts zo omlaag dat zijn ogen en oren werden bedekt. Toen hij de opslag van de voorraden ging leiden, die zich buiten de muren van het klooster bevond, richtte hij voor zichzelf in de grote ruimte van het magazijn een hoek in voor zijn hesychastische gebed en daar bracht hij zijn nachten door; hij kwam 's morgens naar de kerk voor de ochtenddienst zodra de poorten van het klooster voor het begin van de dienst werden geopend. In het magazijn werd hij nog erger verkouden en hij had veel te lijden van reumatiek. Deze ziekte dwong hem de laatste jaren van zijn leven 's winters door te brengen binnen in het klooster in zijn cel, die hij goed verwarmde. Zijn laatste cel bevond zich op dezelfde etage als die van de hegoumen. 's Nachts ging hij dikwijls naar een andere kleine cel, die hij gebruikte als houtstapel. Die cel lag op dezelfde etage in een doodlopende gang met zeer dikke stenen muren, naast soortgelijke cellen die na de afname van het aantal broeders veranderd waren in opslagplaatsen voor hout. In dat stenen hol had hij zowel meer eenzaamheid als ook meer stilte en duisternis.

Voor de oppervlakkige waarnemer bleef de Starets tot aan het einde van zijn leven een «gewoon» mens. Hij leefde zoals goede monniken in het algemeen leven; hij voerde zijn werk uit, hij leefde in onthouding bij alles, hij nam de regels en de tradities van zijn klooster in acht. Hij communiceerde tweemaal per week. In vastentijden driemaal. Zijn werk in het magazijn was eenvoudig en zelfs gemakkelijk voor zijn krachten. Het nam relatief weinig tijd in beslag, ofschoon het overdag zijn aanwezigheid in de winkel vereiste. Tot op het laatst bleef hij kalm en gemoedelijk. In heel zijn innerlijke en uiterlijke gesteldheid was geen spoor van onnatuurlijkheid of van misvormingen door de hartstochten. Als een waarlijk ervaren asceet kon hij uiterlijk verbergen dat hij volgens de geboden van de Heer in het geheim voor God stond. Tot op het laatst hield hij zich verre van wereldse belangen en was onverschillig tegenover de dingen van deze wereld, maar diep in zijn hart droeg hij onophoudelijk het vuur van de liefde van Christus.

IX

OVER DE GENADE EN OVER DE DAARUIT VOORTKOMENDE DOGMATISCHE KENNIS

In de geschriften van de Starets wordt het woord genade voortdurend herhaald. Voor een beter begrip van wat er met dit woord bedoeld wordt, zou ik willen stilstaan bij de wijze waarop een orthodox monnik de genade verstaat.

Het Russische woord voor genade is «blagodat'». Volgens zijn semantische structuur komt dit woord van de wortel «blag», dat goed(heid) betekent en van de wortel «dat'» wat de betekenis van gave heeft. Dit woord drukt dus tot op zekere hoogte het theologische begrip en de natuur van de genade uit, namelijk: «goede gave van God» of «gave van de goedheid van God», de ongeschapen, bovenwereldlijke, goddelijke kracht (energie).

De mens is geschapen naar het beeld van God, zijn Schepper. In de natuur van de geschapen mens is er niets dat ongeschapen is. Dit geschapen beeld van God kan niet deelnemen aan het goddelijke Wezen, maar het heeft de aanleg gekregen om met de ongeschapen Godheid in gemeenschap te treden door de deelname aan Zijn genade. Ofschoon de mens geen deel uitmaakt van het goddelijke Wezen, wordt hij door de genade toch deelgenoot van het goddelijke leven.

De genade als de ongeschapen energie van God is volgens de orthodoxe opvatting de «Godheid». Als de Godheid zich in Zijn goedgunstigheid verenigt met het menselijke wezen, dan ziet en voelt de mens de werking van de goddelijke kracht in zich, die hem transfigureert en die hem dan niet slechts potentieel gelijk maakt aan God, «naar het beeld van God», maar ook actueel «naar de gelijkenis» van het zijn (volgens een ontologische deelname). De genade, de Godheid, heiligt de mens, vergoddelijkt hem, d.w.z. maakt hem tot god.

Het gebod van Christus is, zoals we al zeiden, geen ethische norm, maar het is het eeuwige, goddelijke leven in zichzelf. De natuurlijke mens heeft dit leven niet in zijn eigen geschapen natuur en daarom kan de mens de wil van God niet uitvoeren, d.w.z. leven volgens de geboden van God. Maar het is hem eigen om naar God te streven, naar de zaligheid van het eeuwige leven. Het streven van de (natuurlijke) mens zou echter niet te verwezenlijken zijn, als de goddelijke kracht, de genade die hij juist zoekt, d.w.z. het eeuwige, goddelijke leven, hem niet tegemoet zou komen.

Door zijn ervaring raakt de christelijke asceet ervan overtuigd dat de genade naar haar werking slechts een goddelijke oorsprong kan hebben. Door zijn ervaring raakt hij ervan overtuigd dat deze kracht niet in de natuur zelf van de mens is. Vervolgens krijgt hij door zijn ervaring de zekerheid dat niet slechts de mens God zoekt, maar dat God Zelf ook de mens zoekt en zelfs in een onvergelijkbaar grotere mate. God zoekt de mens onophoudelijk en daarom zal de genade al aanwezig zijn zodra de mens zijn verlangen naar het goede uit en het zoekt te verwezenlijken. Maar de werking of de invloed van de genade is op geen enkele wijze afhankelijk van de wil van de mens. De genade komt en gaat volgens de wil van God, Die absoluut vrij is en verheven boven elke dwang. Wat de mens ook moge ondernemen, als God het niet zegent, zal hij buiten het ware leven blijven, buiten het goddelijke licht in de «buitenste duisternis».

De orthodoxe monnik die dit uit zijn ervaring heeft leren kennen, legt heel de zin van zijn leven in het verwerven van de genade van de Heilige Geest.

Ook in het leven van Starets Silouan stond het probleem van het verwerven van de Heilige Geest centraal; dit kwam tot uitdrukking in zijn voortdurend streven naar de genade en in zijn voortdurende gesprekken over hoe men haar kan verwerven en waarom men haar verliest.

Hoofdstuk 9 : De genade

Uitgaande van de gegevens van de geschiedenis der Kerk en van de omgang met vele asceten, ben ik tot de conclusie gekomen dat wie de genade hebben ervaren en grote genadegaven en visioenen hebben mogen ontvangen, deze ervaring slechts na verloop van vele jaren van ascetisch leven dieper in zich opnemen. Zij neemt dan de vorm aan van geestelijke kennis, die ik bij voorkeur zou willen definiëren als dogmatisch bewustzijn, maar niet in de academische betekenis van dat woord.

De historische ervaring van de Kerk, waartoe wij ook die van de heilige apostelen en van de grote, oude en nieuwe Vaders rekenen, maakt het mogelijk om dit tijdsverloop vast te stellen, beginnend met vijftien jaren. Zo werd de eerste Brief van de apostel Paulus (aan de Thessalonicenzen) bijna vijftien jaar na de verschijning van de Heer aan hem op de weg naar Damascus geschreven. Voor velen duurt deze periode twintig, vijfentwintig, dertig jaar of zelfs meer. De evangelisten en de andere apostelen schreven hun getuigenissen en hun brieven op, talrijke jaren na de Hemelvaart des Heren. In de meeste gevallen hebben de heilige Vaders slechts aan het einde van hun ascetische weg getuigd van hun visioenen en hun ervaring. Wij zien dat er in het leven van Starets Silouan meer dan dertig jaar verstreek, voordat hij zijn ervaring op schrift zette met een voltooid en rijp dogmatisch bewustzijn. Zo lang duurt het proces van het opnemen van de genade.

Het dogmatische bewustzijn dat wij hier bedoelen, komt voort uit een geestelijke ervaring en niet uit de rationele activiteit van ons verstand. Wanneer de heiligen hun ervaring in woorden vertalen, dan heeft dat niet het karakter van scholastieke constructies, maar het is de openbaring van een ziel. Het is mogelijk eenvoudig over God en over het leven in Hem te spreken zonder ingewikkelde overdenkingen; het woord ontstaat vanzelf in de ziel.

Het ascetische, dogmatische bewustzijn is niet een intellectuele reflectie over de innerlijke ervaring, hetgeen psychologisch beschouwd volkomen natuurlijk zou zijn. De asceten houden zich ver van de wegen van het «verstand» omdat de rationele reflectie niet slechts de intensiteit van de beschouwing van het licht doet afnemen, maar bovendien leidt tot de beëindiging van de ware beschouwing. Dan wordt de ziel ondergedompeld in de duisternis en houdt zij slechts een abstracte, rationele kennis over, die beroofd is van levenskracht.

Welk nut heeft het over de natuur van de genade te redeneren, als men haar werking niet in zich voelt ? Welk nut heeft het om het licht van de Thabor te declameren, als men daarin niet existentieel verblijft ? Heeft het zin om een subtiele theologie over de H. Drie-Eenheid te ontwikkelen, als men niet de heilige kracht van de Vader, de zachtmoedige liefde van de Zoon en het ongeschapen licht van de Heilige Geest in zich heeft ?

Het dogmatische bewustzijn, opgevat als geestelijke kennis, wordt geschonken door God, evenals elk werkelijk leven in God, dat slechts mogelijk is door de komst van God. Deze kennis wordt lang niet altijd meegedeeld in gesproken of geschreven woord. Wanneer het welbehagen van God op een mens rust, dan ontbreekt het verlangen in zijn ziel om deze ervaring in rationele begrippen of in logische verklaringen uit te drukken. Hieraan heeft de ziel geen enkele behoefte, want zij weet op zekere wijze, weliswaar onbewijsbaar – maar dit verlangt ook geen bewijzen – dat zij werkelijk in God leeft. En als zij nog kracht in zich over heeft, dan streeft zij naar een nog grotere volheid. Maar als de werking van God haar krachten te boven gaat, dan zwijgt zij in een gelukzalige uitputting.

Het is niet mogelijk de geestelijke ervaring onberispelijk in woorden te vertalen; het menselijke woord kan het leven van de geest niet nauwkeurig uitdrukken. Wat zich niet laat uitdrukken of begrijpen door middel van logisch denken, wordt op existentiële wijze bereikt. Men leert God kennen door het geloof en door een levende omgang. Maar wanneer het menselijke woord tussenbeide komt met zijn conventioneel karakter en al zijn wisselvalligheden, dan is de weg geopend voor oneindige misverstanden en tegenstellingen.

Men kan met zekerheid zeggen dat geen enkele heilige het zou nastreven, zijn geestelijke ervaring in woorden te uiten, maar dat hij voor altijd in het stilzwijgen van «dit mysterie van de komende eeuw» zou volharden, als hij niet voor de opgave zou staan zijn naaste te onderrichten; en als de liefde niet de hoop zou voortbrengen dat iemand, «desnoods slechts één ziel», zo schrijft Starets Silouan, na het horen van dit woord zich bekeert en gered wordt.

Reeds bij de eerste ervaring van de genade worden onverminderd de fundamenten van de dogmatische kennis verleend en als dit aspect van het enige en ondeelbare geestelijke leven zich niet dadelijk openbaart, dan is dat niet omdat er iets ontbreekt aan de goddelijke gave, maar omdat de mens een lang innerlijk proces nodig heeft om deze gave in zich op te nemen.

Hoofdstuk 9 : De genade

De mens die voor de eerste maal het ongeschapen goddelijke licht schouwt en die voor de eerste maal wordt binnengeleid in de wereld van het eeuwige leven, verbaast zich ten zeerste over de nieuwheid van dit visioen. En omdat deze wereld, die aan hem verschijnt, onmeetbaar is en geen relatie heeft met de stoffelijke wereld die ons omringt, verkeert hij in een gelukzalige verwondering die hij niet in woorden kan weergeven. Hij zal zwijgen of zomaar iets zeggen dat bijna ongerijmd is. Als hij geen roeping heeft om de blijde boodschap te verkondigen, zal hij de woorden die hij gehoord heeft en die geen enkele menselijke taal zou kunnen weergeven, opbergen in zijn hart.

Hoe groot de eerste gave van de goddelijke genade ook moge zijn, zolang de mens deze gave niet heeft opgenomen, zal hij niet slechts aan wisselvalligheden blootgesteld zijn, maar zelfs aan het gevaar te vallen. Wij hebben hiervan een goed voorbeeld in de persoon van de apostel Petrus. Op de Thabor verkeerde hij in gelukzalige verwondering; later, tijdens het Lijden van Christus, verloochent hij Hem; en vele jaren daarna verwijst hij in zijn Brief naar zijn visioen op de Thabor als naar een getuigenis van de waarheid.

De duur van het proces om de genade op te nemen, is niet voor iedereen hetzelfde. Maar in grote lijnen is de normale weg als volgt: de eerste ervaring van de komst van God raakt de gehele mens diep en sleept hem volledig mee naar het innerlijke leven, naar het gebed en naar de strijd tegen de hartstochten. In deze periode is het hart vervuld met geestelijke gewaarwordingen en de ervaringen zijn zo sterk dat zij alle aandacht van het verstand trekken om hieraan deel te nemen. Tijdens de volgende periode dompelt het verlies van de genade de mens onder in grote droefheid en in een radeloze zoektocht naar de oorzaken van dit verlies en naar de middelen om de goddelijke gave terug te vinden. En pas na het verloop van vele jaren, waarin deze geestelijke gesteldheden elkaar afwisselen – jaren, die gewoonlijk worden doorgebracht met het lezen van de Heilige Schrift en van de werken der heilige Kerkvaders, met gesprekken met geestelijke leermeesters en met andere vrome asceten, met de lange strijd tegen de hartstochten – ontdekt de mens in zich het licht der kennis van de wegen der geest, dat op mystieke wijze en «niet met zichtbare tekenen», is gekomen (Luk. 17:20). Deze kennis, die wij het dogmatische bewustzijn hebben genoemd, is het diepe leven van de geest en dat is volstrekt geen abstracte gnosis.

God is niet afgunstig. God kent geen eigenliefde, geen eerzucht. Hij zoekt nederig en geduldig naar iedere mens op al diens wegen en daarom kan een ieder God in meer of mindere mate leren kennen, niet slechts in de Kerk, maar ook daarbuiten. Toch is de volmaakte kennis van God niet mogelijk zonder Christus of buiten Christus (Matth. 11:27).

Buiten Christus laat geen enkele geestelijke (mystieke) ervaring de mens het goddelijke Wezen kennen, als de Ene, ondoorgrondelijke, absolute Objectiviteit, d.w.z. als de wezens-ene en ondeelbare Drie-Eenheid. Maar in Christus wordt deze openbaring, deze kennis, tot het licht van het eeuwige leven, dat alle uitingen van het menselijke leven verlicht.

In de geschriften van Starets Silouan is duidelijk te zien hoe hij ontegenzeggelijk met de Ene God in Drie Personen leefde. Hij gebruikt in zijn gebeden dezelfde namen: Vader, Heer, Meester, Koning, Schepper, verlosser en andere namen, dan weer voor elke Persoon van de Heilige Drie-Eenheid apart, dan weer voor de Eenheid van de Drie Personen.

Volgens de stellige getuigenis van de Starets wordt de Godheid van Jezus Christus gekend door de Heilige Geest. Wie op deze wijze de Godheid van Christus heeft leren kennen, zal door zijn geestelijke ervaring de vereniging zonder vermenging begrijpen van de twee naturen en van de twee willen. Het is ook door de Heilige Geest dat in de geestelijke ervaring de ongeschapen natuur van het goddelijke licht en de andere dogma's van ons geloof gekend worden. Maar wij moeten hierbij beslist opmerken dat het dogmatische bewustzijn dat voortvloeit uit de ervaring van de genade, kwalitatief verschilt van het dogmatische bewustzijn dat er uiterlijk op lijkt, maar dat het gevolg is van het «geloof uit het gehoor» of van academische studie, of van filosofische overtuigingen, in de zin van abstracte, ideële voorstellingen.

«In God geloven is één ding, God kennen, iets anders,» zegt de Starets.

Abstracte, ideële voorstellingen kunnen overeenstemmen met de werkelijkheid, maar zelfs dan zijn zij niet die kennis van God, die in zijn Wezen het eeuwige leven is (Joh. 17:3), omdat zij gescheiden zijn van de positieve ervaring van de genade. Maar zij zijn toch waardevol, want zij kunnen de mens op ieder ogenblik van pas komen, zelfs op het niveau van het ware, geestelijke leven.

HOOFDSTUK 9 : DE GENADE

Een intellectualistische theoloog zou mogelijkerwijs over de geschriften van de Starets kunnen zeggen: «Hierin vind ik niet de rijkdom van het theologische denken. Ik zie hier geen dogmatische kennis in.» Hij spreekt zo, omdat zijn spiritualiteit tot een ander niveau van het religieuze leven behoort.

Een rationele theoloog wordt in beslag genomen door talloze problemen, waarvoor hij oplossingen zoekt langs de weg van rationele theorieën. Zijn werkelijke religieuze ervaring is niet groot; zijn ervaring ligt hoofdzakelijk op het gebied van het rationele denken, zonder de levende omgang met God. Hij beschouwt zijn wetenschappelijke eruditie en rationele ervaring als een geestelijke rijkdom en hecht daaraan zoveel waarde dat in zijn ogen elke andere ervaring op het tweede plan staat.

Voor een mens, die werkelijk religieus is en die een levende gemeenschap zoekt met God (met de levende God) is de overdreven, naïeve bewondering van de rationalist overduidelijk. Hij kan in zekere zin niet begrijpen hoe een intelligente mens genoegen kan nemen met zijn eigen veronderstellingen en abstracte constructies. De rationalisten zwoegen bijvoorbeeld al eeuwen lang om het probleem van de relatie tussen de genade en de geschapen vrijheid op te lossen. Zij vergeten als het ware dat er een andere weg is voor de oplossing van deze vragen: de weg van de existentiële kennis van de wisselwerking tussen de goddelijke genade en de menselijke vrijheid. Dit was de weg van Starets Silouan. Dit is in het algemeen de weg van de Kerk. De Kerk is sterk en rijk, niet door haar wetenschappelijke geleerdheid, maar veeleer doordat zij de genadegaven bezit. De Kerk leeft door de Heilige Geest, zij ademt door Hem en weet uit de feitelijke omgang met Hem, hoe Hij werkzaam is. Zij weet eveneens hoe en binnen welke grenzen de menselijke vrijheid zich openbaart.

De wisselwerking tussen de genade en de vrijheid is oneindig gevarieerd. Deze variatie is aan de ene kant het gevolg van de mate, van de graad of van de kracht van de genade en aan de andere kant van de geestelijke gesteldheid van elke mens afzonderlijk. Volgens de getuigenis van de Kerkvaders en van de Starets verliest de mens – wanneer de Heer in zijn ziel komt, wanneer het goddelijke licht *heel* de mens omvat, wanneer heel de mens in God is – als het ware zijn vrijheid. Dan openbaart zijn vrijheid zich slechts daarin, dat hij zich volkomen wijdt aan God en al niet meer handelt vanuit zichzelf, maar slechts aanneemt wat God hem schenkt. In die staat *vraagt de mens niets* (Joh. 16:23). Met andere woorden: elke vraag, elke «problematiek», valt weg.

Wij bedoelen hiermee volstrekt niet te zeggen dat wij de vragen en het vertwijfelde zoeken van de ziel als kunstmatig of onrechtmatig beschouwen. Neen. Maar wij hebben het over verschillende wegen. Terwijl de één naar een antwoord verlangt op het rationele vlak en daarmee genoegen neemt, zoekt de ander dit antwoord in het werkelijke zijn. De rationalist construeert de meest ingewikkelde, filosofische systemen om aan de eisen van zijn verstand te beantwoorden; hij verzet kolossaal werk om zijn eigen visie op de aard der dingen zo niet te bewijzen dan toch minstens uiteen te zetten en dialectisch te ontwikkelen. Het gebeurt niet zelden dat hij heel zijn leven, al zijn krachten en zijn opmerkelijke talenten daaraan opoffert. Maar vreemd genoeg merkt hij niet dat er aan een dergelijke zoektocht een vast fundament ontbreekt.

Is het dan werkelijk mogelijk de vraagstukken van het eeuwige leven die voor ons liggen, via die wegen op te lossen ? En als dat mogelijk zou zijn, is abstracte kennis dan toch het ware leven ? Kan de geest van een mens dan werkelijk genoegen nemen met een dergelijke naïeve oplossing ?

Al vanaf jonge leeftijd had de zalige Starets de noodzaak gevoeld het ware leven te vinden; hij zocht vurig naar deze werkelijkheid, die in zichzelf een onweerlegbare getuigenis voor onze geest draagt over het eeuwige leven. Een getuigenis die net zo onweerlegbaar is als het bewustzijn van ons eigen, aardse bestaan.

De geschiedenis van het menselijke denken en van de geestelijke ervaring kende een belangrijk ogenblik, toen de volgende woorden werden gesproken: «Ik denk, dus ik besta» (Descartes). Een hedendaagse filosoof begreep het leven anders: «Ik zou gezegd hebben: Ik heb lief, dus ik besta; want ik beschouw de liefde als de diepste beweegreden voor de bewustwording van ons eigen bestaan.» Anderen zouden kunnen zeggen: «Ik eet, ik loop, dus ik besta»: d.w.z. «elke handeling of uiting van mijn «ik» is een bewijs van mijn bestaan.»

Al deze uitdrukkingen hebben elementen in zich van de rationele reactie op de vraag: besta ik ? Maar zelfs onafhankelijk van een dergelijke reactie, al op het vlak van het irrationele bewustzijn, is iedere mens zich ervan bewust dat hij bestaat.

HOOFDSTUK 9 : DE GENADE

Zo zijn er ook geestelijke gesteldheden, waarin de mens met zekerheid weet dat hij niet sterft, dat hij deel heeft aan het eeuwige leven: wanneer de Heilige Geest, volgens een uitdrukking van de Starets, aan de ziel getuigt van haar redding. Het zoeken naar de oplossing van de problemen die zich aan ons voordoen, is werkelijk een wijs man waardig. Wat de Kerk van Christus volgt, is de weg van het leven. De authentieke ervaring van het goddelijke leven vormt de rijkdom van de Kerk. En de zalige Starets was juist rijk aan deze ervaring van het eeuwige leven, dat wordt geschonken door de Heilige Geest en waarop hij zich baseerde.

De Starets zegt:

«Heilige Geest... Gij hebt mij een ondoorgrondelijk mysterie geopenbaard.»

En als men tegen hem zou zeggen: «Ontsluier dit mysterie dan voor ons, dat de Heilige Geest jou verleend heeft te leren kennen,» dan volgt er een antwoord dat men niet verwacht.

Hij zegt:

«De Heilige Geest schenkt op onzichtbare wijze kennis aan de ziel.»

«Hij heeft mij de Heer, mijn Schepper, doen leren kennen. Hij heeft mij doen kennen hoezeer de Heer ons liefheeft... Het is onmogelijk om dat uit te leggen... »[45]

Zo arm is de Starets op dialectisch gebied. Het zou echter verkeerd zijn om te denken dat dit het gevolg is van zijn gebrek aan onderwijs. Want zelfs een mens die intellectueel uitzonderlijk begaafd is en die gewend is rationeel te denken, zal zich evenmin kunnen uitdrukken als hij in contact komt met de realiteit waarover de Starets spreekt.

Daar kan geen sprake zijn van de «rijkdom» van het denken en van theologische begrippen. Het menselijke woord is niet in staat dat leven uit te drukken waartoe wij geroepen zijn en dat God ons schenkt. Zelfs de Heer heeft zich ervan onthouden dat in woorden te beschrijven, maar Hij heeft gezegd: «Wanneer Hij komt, de Geest der waarheid, zal Hij u in de volle waarheid inleiden... en te dien dage zult gij Mij naar niets meer vragen» (Joh. 16:13;23).

X

GEESTELIJKE BEPROEVINGEN

De mens heeft het niet altijd gemakkelijk met God. In de periode waarin de genade wordt weggenomen, die gewoonlijk zeer langdurig is, kan God aan de mens soms voorkomen als een genadeloze tiran. Als hij ondanks zijn uiterste ascese en inspanning de genade van God niet bereikt, dan lijdt de mens zo hevig dat hij zou afzien van elke vorm van bestaan, indien dat mogelijk was.

Maar waaruit bestaat zijn lijden dan? Het is geen gemakkelijke opgave om deze vraag te beantwoorden.

Nadat de ziel God heeft ontmoet, nadat zij het leven in het licht van Gods aangezicht heeft leren kennen, vindt zij in niets in de wereld meer rust of voldoening. Zij interesseert zich voor niets en ze wordt door alles, behalve door God, omringd. Alles wat zij heeft leren kennen, als kwaad en als duisternis, elke demonische invloed, alles doet haar wankelen; de foltering der hartstochten bereikt soms een uiterste hevigheid, maar dit alles gebeurt alsof God zich heeft afgekeerd van de mens en niet de minste aandacht schenkt aan zijn roepen. Als een volkomen hulpeloos wezen, heeft hij het gevoel dat hij boven een angstaanjagende afgrond hangt; hij schreeuwt God om hulp, maar hij krijgt geen gehoor op al zijn kreten.

Het lijkt wel of zijn lijden God onverschillig laat. De ziel weet dat ze zich verwijderd heeft van de liefde van God en zij wordt gekweld door het besef van haar ongerechtigheid en van haar ontrouw aan God, maar toch roept ze tot Hem opdat Hij zich over haar ontferme, maar het is tevergeefs. God vertoont Zich slechts om de ziel te beschuldigen van haar ongerechtigheden en zij bezwijkt onder deze beschuldigingen. Zij erkent de rechtvaardigheid van het goddelijke gericht, maar haar lijden wordt daardoor niet verminderd. Het is geen verbeelding, maar zij wordt werkelijk ondergedompeld in de schaduw des doods; en omdat zij God niet naast zich vindt, tot Wie zij dag en nacht roept, lijdt de ziel op ondraaglijke wijze.

Men vraagt zich af: wat is de zin van dit alles ?

Wanneer de beproeving zich voordoet, kan de ziel haar niet opvatten als een uiting van goddelijke barmhartigheid of van Gods vertrouwen in haar of als Gods verlangen om de mens te laten delen in de heiligheid en de volheid van het leven dat in Hem is. De ziel weet slechts één ding: God heeft haar verlaten nadat Hij haar Zijn licht heeft getoond, waardoor haar lijden oneindig veel groter wordt. En als zij tenslotte aan het einde van haar krachten is, dan ziet zij God niet Die Zich barmhartig over haar neerbuigt en dan komen er gedachten en gevoelens waarover men beter kan zwijgen. De ziel daalt af in de hel, maar niet zoals degenen die de goddelijke Geest niet hebben leren kennen en die het licht van de ware godskennis niet in zich hebben en daarom blind zijn. Nee, zij daalt daarin af, terwijl zij in staat is de aard van de duisternis die zij opmerkt te onderscheiden.

Dit overkomt slechts degenen die de goddelijke genade hebben leren kennen en haar vervolgens hebben verloren. Het zaad van de goddelijke liefde, dat de ziel diep in zich draagt, brengt dan een berouw in haar voort, waarvan de kracht en de volheid de maat van het gewone religieuze bewustzijn te boven gaan. Terwijl hij overvloedig tranen schreit, keert de mens zich *met heel zijn wezen*, met al zijn kracht tot God en zo ontdekt hij het ware gebed dat hem uit deze wereld naar een andere wereld rukt, waar hij woorden hoort die geen enkele menselijke taal zou kunnen weergeven. Ze zijn onuitsprekelijk, want zodra zij in gangbare woorden en begrippen worden vertaald, zal iedere toehoorder daarin slechts datgene beluisteren en begrijpen wat hij in zijn eigen ervaring heeft leren kennen en meer niet. Wanneer de ziel deze hele reeks van zware beproevingen heeft doorgemaakt, ziet zij duidelijk in zichzelf dat er op de wereld geen plaats, geen lijden, geen vreugde, geen macht en geen schepsel is, dat haar zou kunnen losrukken van Gods liefde. En voortaan kan de duisternis het licht van dit leven niet meer verslinden.

Tussen God en de mens zijn de dingen niet altijd gemakkelijk. Ook is het niet altijd gemakkelijk om met een heilige te leven. Er zijn vele mensen die in hun naïviteit denken dat het contact met heiligen aangenaam en vreugdevol is; zij betreuren het dat zij omringd zijn door zondaars en zij dromen ervan een heilige te ontmoeten. Uit enkele, toevallige ontmoetingen – waardoor de ziel, die voorheen bedroefd was, dikwijls met blijde hoop en nieuwe kracht wordt vervuld – concluderen zij dat het verblijf met heiligen altijd zo bezielend inwerkt op de ziel. Dit is een dwaling. Geen enkele heilige kan ons ontslaan van de noodzaak te strijden tegen de zonde die in ons leeft. Hij kan ons bijstaan door zijn gebeden, door zijn woord en zijn onderricht en ons versterken door zijn voorbeeld, maar hij kan ons niet bevrijden van de persoonlijke inspanning en de ascese. En wanneer een heilige ons aanspoort en ons overhaalt volgens de geboden van Christus te leven, dan kan hij «hard» lijken. Hebben sommigen niet over Christus gezegd en zeggen dat tot op heden: «Dit is harde taal, wie kan dat aanhoren» (Joh. 6:60). Zo wordt ook de taal van de heiligen onverdraaglijk en «hard», wanneer zij van ons eisen dat wij de geboden in al hun zuiverheid bewaren.

Starets Silouan was altijd zachtmoedig, inschikkelijk en goed, maar in werkelijkheid is hij nooit afgeweken van hetgeen God hem onderricht heeft. Zijn houding was eenvoudig en duidelijk: «De Heer heeft met iedereen medelijden. Hij heeft de mensen zozeer lief dat hij de last van heel de wereld op zich heeft genomen... En Hij verwacht van ons dat wij onze broeders liefhebben.» Wanneer men naar de Starets luisterde, dan was men zich met hart en ziel bewust dat hij de waarheid sprak, maar het was bovenmenselijk zwaar om hem te volgen. En velen zijn bij hem weggegaan. De geestelijke geur die van hem uitging, deed in de ziel een diep schaamtegevoel over zichzelf ontstaan en het besef van de eigen stank en laagheid. Wanneer u zich bij hem beklaagde over degenen die u hadden beledigd, dan begreep hij uw smart en deelde uw verdriet, maar niet uw woede. Wanneer u zich voornam om kwaad met kwaad te vergelden, dan werd hij al bedroefd over u. En wanneer u het schadelijk achtte om een slecht mens met goed te vergelden, dan kon hij niet begrijpen hoe een mens, die zich christen noemt, kon menen dat een daad die in overeenstemming is met de geboden van Christus, iemand schade zou kunnen berokkenen. De geboden van Christus waren voor hem de wet van de absolute volmaaktheid en de enige weg die naar de overwinning op het kwaad in de wereld leidt en naar het eeuwige licht. Het onderhouden van de geboden kan alleen maar nuttig zijn; nuttig zowel voor degenen die ze opvolgen als ook voor degenen voor wie ze worden uitgevoerd. Nee, er kan geen enkel geval bestaan, waarbij het opvolgen van de geboden van Christus schade zou kunnen veroorzaken, mits men schade niet als een tijdelijke, uiterlijke schade opvat, maar ze beschouwt op het niveau van het ware, eeuwige leven, want het gebod van Christus is het toonbeeld van het absolute goede.

Het gebeurde een keer dat een priestermonnik tegen de Starets zei dat, wanneer men naar zijn woorden zou handelen, dit tot voordeel van de vijanden zou zijn en dat het kwaad zou overwinnen. Op dat ogenblik bleef de Starets zwijgen, omdat degene die deze bedenking had gemaakt, niet in staat was zijn woord te begrijpen, maar naderhand zei hij tegen iemand anders: «Kan de geest van Christus dan werkelijk iemand kwaad toewensen ? Zijn wij dan werkelijk daartoe geroepen door God ?»

De boosheid van het geweten van de mens die beheerst wordt door zijn hartstochten is zowel groot als subtiel. In het geestelijke leven stelt de mens die door een hartstocht wordt bezeten haar dikwijls voor als een zoektocht naar de waarheid en naar het goede en soms zelfs als een strijd ter ere van God. In de naam van Christus, Die Zich omwille van Zijn vijanden aan de dood heeft overgegeven, zijn mensen soms bereid bloed te vergieten, maar dan niet hun eigen bloed, maar dat van hun «broeder-vijand». Zo is het altijd geweest, maar het leven van de Starets viel samen met een periode in de geschiedenis waar deze verdraaiing van de betekenis van het Evangelie met bijzondere kracht aan het licht trad.

«Is dat de weg van Christus ?» zei hij bedroefd.

Het woord van de Starets is «hard». Wie kan het aanhoren ? Leven volgens dit woord betekent: zichzelf overgeven aan het martelaarschap, niet slechts in de exclusieve betekenis van dit woord, maar ook in het leven van elke dag.

Ergens wordt verteld – ik herinner me nu niet waar – over een vroom mens die zijn leven lang God had gesmeekt hem de martelaarsdood te schenken; en toen het uur van zijn vreedzame einde naderde, zei hij bedroefd: «De Heer heeft mijn gebed niet verhoord.» Maar hij had deze woorden nog maar nauwelijks uitgesproken of hij ontving de «innerlijke boodschap» dat zijn gehele leven een martelaarschap was geweest en als zodanig was aanvaard.

HOOFDSTUK 10 : GEESTELIJKE BEPROEVINGEN

De Starets zei dat de genade die hij in het begin ontvangen had vergelijkbaar was met «die van de martelaren», zodat hij zelfs dacht dat de Heer hem misschien had voorbestemd voor het martelaarschap; maar evenals die vrome mens had hij een vreedzaam einde. De Starets was in alles uitermate sober. Hij gaf zich niet over aan dromerijen over de volmaaktheid en nadat hij de volmaakte liefde van Christus had leren kennen, bracht hij de rest van zijn leven in een intensieve ascese door om haar te verwerven. Hij wist beter dan wie ook «dat de geest gewillig is, maar het vlees zwak.» Daarom zei hij dat men soms mensen tegenkomt die wensen te lijden voor Christus, maar als men «*in het lichaam geen genade heeft*», kan het zijn dat men de martelingen niet zou kunnen verdragen. Daarom moet men niet vermetel beginnen aan een dergelijke heldendaad. Maar als de Heer ons daartoe roept, dan moeten wij Zijn hulp vragen en Hij zal ons helpen.

De Starets zocht het martelaarschap niet, ofschoon hij de genade van de martelaren had leren kennen. Zijn gehele leven was echter een waarachtig martelaarschap. Men zou kunnen zeggen zelfs meer dan dat. De martelaar offert soms zijn leven in het korte ogenblik van zijn dappere geloofsbelijdenis. Maar tientallen jaren in ascese leven, zoals de Starets dat heeft gedaan, en tientallen jaren bidden voor de wereld, zoals hij heeft gebeden – «bidden voor de mensen is je bloed vergieten» – is meer dan een eenvoudig martelaarschap.

De weg van een christen is in het algemeen gesproken, die van het martelaarschap. Wie deze weg naar behoren volgt, zal er slechts met moeite toe besluiten haar aan te prijzen. Zijn ziel verlangt er vurig naar om zijn broeder als deelgenoot te zien van het eeuwige licht, maar het lijden wil hij liever alleen dragen en daarom geeft hij zich, voor alles en bovenal, geheel over aan het gebed voor de wereld.

Binnen de grenzen van het aardse leven, in dit gebied waar God zowel de positieve als ook de negatieve mogelijkheden van de vrijheid toelaat, kan niemand en niets de uiting van het kwaad volledig tegenhouden; het gebed van de liefde is echter voldoende sterk om veel te veranderen in de loop der gebeurtenissen en om de afmetingen van het kwaad te verminderen.

«Het leven is het licht der mensen. Het licht schijnt in de duisternis en de duisternis heeft het niet begrepen» (naar Joh. 1:4-5). De duisternis van het «niet-zijn» kan het licht van het leven niet verslinden. Al het goede dat van God uitgaat en dat terugkeert tot God is *onvernietigbaar*. Het gebed is een van de hoogste vormen van dit ontologische, onverwoestbare en eeuwige goed. Het is dat «goede deel, dat nooit zal worden ontnomen» (naar Luk. 10:42).

Op zoek naar zijn redding en naar die van zijn naasten ziet de asceet, die zich concentreert op zijn innerlijke mens, de kracht «van de wet der zonde» in zichzelf (Rom. 7:23). Als hij ziet hoe de zonde hem vermoordt, hem doodt (naar Rom. 7:11), ondanks heel zijn vastberadenheid om het goede te doen, bereikt hij niet zelden de grens der wanhoop en in deze moeilijke toestand bidt hij.

Ik herinner me een opmerkelijk bezoek. Een monnik die als kluizenaar leefde, kwam ons opzoeken. Hij was toen ongeveer zeventig jaar. Hij leefde op een afgelegen plaats gelegen aan de weg die van het klooster naar de skite leidde, in een ravijn vlakbij een bron midden in het bos. Zijn afgematte, bleke gelaat, dat doorgroefd was met rimpels, had een ongewassen, grijsachtige kleur; zijn baard en zijn donkergrijze haren waren slordig en vuil; zijn grijsblauwe ogen lagen diep verzonken in hun kassen. Wij hadden een lang gesprek met hem. Hij vertelde het volgende over zichzelf:

«Mijn ziel lijdt al talloze jaren, wanneer ik aan ons, monniken, denk. Wij hebben de wereld verzaakt, wij hebben onze familie en ons vaderland verlaten en alles achtergelaten waaruit gewoonlijk het menselijk leven bestaat. Wij hebben onze geloften gedaan voor God, voor de engelen en voor de mensen om te leven volgens de wet van Christus. Wij hebben onze eigen wil opgegeven en leiden in wezen het leven van een martelaar, en toch vorderen we niet in het goede. Zullen er velen van ons zijn, die worden gered? Ik ga als eerste ten gronde. Ik zie ook anderen die de slaaf zijn van hun hartstochten. En als ik mensen uit de wereld tegenkom, dan zie ik dat zij in een grote onwetendheid leven, zorgeloos en zonder berouw. En zo ben ik geleidelijk aan zonder dat ik het zelf merkte, gaan bidden voor de wereld. Ik heb veel geweend bij de gedachte dat als wij monniken die de wereld hebben verzaakt, niet gered zullen worden, wat er dan wel niet zal gebeuren met de wereld? Zo nam mijn droefheid geleidelijk toe en ik begon tranen van wanhoop te schreien. En zie, vorig jaar toen ik aldus wanhopig en moe van het wenen op een nacht op de grond lag, verscheen de Heer aan mij en sprak: "Waarom ween jij?"... Ik zweeg... "Weet jij dan niet dat Ik het ben Die de wereld zal oordelen?"... Ik zweeg nog steeds... De Heer sprak: "Ik zal barmhartig zijn voor iedere mens die God, al was het slechts eenmaal in zijn leven, heeft

Hoofdstuk 10 : Geestelijke beproevingen 219

aangeroepen." De gedachte ging door mij heen: "Maar waarom kwellen wij onszelf dan elke dag zo ?" De Heer antwoordde op de beweging van mijn gedachte: "Zij die lijden omwille van Mijn gebod zullen Mijn vrienden zijn in het Koninkrijk der hemelen; maar voor de anderen zal Ik slechts barmhartig zijn." En na deze woorden verdween de Heer.»

Dit visioen had hij terwijl hij wakker was. Hij vertelde ons ook nog twee visioenen die hij had gehad in een toestand van lichte slaap nadat hij in grote smart voor de wereld gebeden had.

Ik zal de naam van deze monnik niet noemen, want hij leeft nog en ik onthoud me van een oordeel over zijn visioen. Wij hebben naar hem geluisterd zonder blijk te geven van onze mening over hetgeen hij ons verteld had. Hierbij volgden wij de strenge regel van de Athosmonniken: bijzonder voorzichtig zijn wanneer er sprake is van visioenen. Misschien was het onze kille behoedzaamheid of een andere onaardigheid van onze kant die deze oude monnik afschrikte; in elk geval is hij vervolgens niet meer bij ons teruggekomen. Ik had inderdaad de onbescheiden gedachte om hem verder uit te horen. Misschien heeft dat hem gekwetst ? Ik weet het niet.

Tijdens mijn contact met de monniken van de heilige Berg heb ik negen monniken ontmoet die met liefde voor de wereld baden en die tijdens hun gebed tranen vergoten. Op een keer hoorde ik dit gesprek tussen twee monniken. De een zei:

«Ik kan niet begrijpen waarom de Heer de wereld geen vrede geeft, ook al zou maar één enkele mens Hem hierom smeken ?»

De ander antwoordde:

«En hoe zou er een volmaakte vrede op aarde mogelijk zijn, zolang er ook maar één enkele mens van kwade wil zou overblijven ?

Maar laat ons terugkeren tot ons hoofdthema.

God is niet altijd gemakkelijk voor de mens.

Ik verval in herhaling, maar het onderwerp van ons gesprek is zodanig dat herhaling onvermijdelijk is. De gedachtenkring van een asceet is niet rijk of gevarieerd, maar zijn gedachten betreffen een bestaan dat men zich niet gemakkelijk eigen maakt. Er gaan eeuwen voorbij en gedurende die lange tijd wordt dezelfde ervaring bijna onveranderlijk herhaald en toch kennen slechts weinigen het verloop van de christelijke ascese en zij verdwalen op hun weg. De Heer heeft gezegd: «Eng is de poort en smal is de weg die naar het leven voert, en weinigen zijn er die hem vinden» (Matth. 7:14).

Ik zou nogmaals willen terugkomen op wat het onderwerp was van de lange gesprekken tussen Starets Silouan en vader Stratonik. De weg van een christen is in grote lijnen als volgt: eerst wordt de mens door de gave van de genade aangetrokken tot God en nadat hij aangetrokken is, breekt er een lange periode van beproevingen aan. De vrijheid van de mens en zijn vertrouwen op God worden beproefd en soms zelfs «hard» beproefd. In het begin van zijn bekering tot God worden zijn nauwelijks geuite gebeden, zowel zijn kleine als zijn grote, gewoonlijk snel en wonderbaar door God verhoord. Maar als de periode van de beproevingen aanbreekt, verandert alles en lijkt het alsof de hemel zich sluit en doof wordt voor iedere smeekbede. Alles in zijn leven wordt moeilijk voor een vurig christen. De houding van de mensen jegens hem verslechtert; men toont geen respect meer voor hem; wat men anderen vergeeft, wordt hem niet vergeven; zijn arbeid wordt bijna altijd ondergewaardeerd; de weerstand van zijn lichaam tegen ziekten vermindert; de natuur, de omstandigheden, de mensen, alles keert zich tegen hem. Wat zijn natuurlijke talenten betreft, die niet minder groot zijn als van andere mensen: zij worden niet benut. En bovendien moet hij ook nog talrijke aanvallen van demonische machten verduren. En de laatste, zwaarste en meest ondraaglijke kwelling is dat God hem verlaat. Dan bereikt zijn lijden een hoogtepunt, want hierdoor wordt *de hele mens* op alle niveaus van zijn bestaan getroffen.

Verlaat God de mens ?... Zou dat mogelijk zijn ?... En toch komt er in de ziel, in plaats van de ervaring van de nabijheid van God, een ander gevoel op: dat Hij oneindig, onbereikbaar ver weg is, verder dan de sterren; alle smeekbeden tot Hem gaan hulpeloos verloren in de ruimte. Innerlijk roept de ziel nog heviger tot God, maar zij ziet noch Zijn hulp, noch zelfs Zijn aandacht. Dan wordt alles moeizaam en wordt slechts verkregen door onevenredig grote, bovenmenselijke inspanning. Het leven wordt een voortdurend lijden en de mens krijgt de indruk dat de vloek en de woede van God op hem zijn neergedaald. Maar wanneer deze beproevingen voorbij gaan, zal de mens zien dat de ondoorgrondelijke, wonderbare goddelijke voorzienigheid hem nauwlettend behoed heeft op al zijn wegen.

De duizendjarige ervaring, die van geslacht op geslacht wordt doorgegeven, leert dat wanneer God ziet dat de ziel van een asceet Hem trouw is zoals die van Job, Hij haar door afgronden en hoogten leidt die alleen voor hem toegankelijk zijn. Hoe voller en sterker de trouw en het godsvertrouwen van een mens zijn, des te groter zullen zijn beproevingen zijn en des te groter de volheid van zijn ervaring, die reikt tot de uiterste grenzen die een mens kan bereiken.

Zolang er een sterke trots in de mens huist, kan hij onderworpen worden aan de aanvallen van een bijzonder martelende, helse wanhoop, die alle voorstellingen over God en over de wegen van Zijn voorzienigheid verdraait.

De trotse ziel die in de duisternis van de hel in hevig lijden verkeert, beschouwt God als de oorzaak van haar lijden en stelt zich Hem als grenzeloos wreed voor. Beroofd van het ware leven in God, beoordeelt zij alle dingen vanuit haar kwellende ziekelijke toestand en gaat zij zelfs haar eigen leven en in het algemeen gesproken, alles wat er op de wereld bestaat, haten.

Wanneer zij buiten het goddelijke licht verblijft, komt zij er in haar wanhoop toe zelfs het bestaan van God Zelf te beschouwen als hopeloze ongerijmdheid. Hierdoor neemt haar verwijdering van God en haar haat voor alles wat er bestaat steeds meer toe.

Mensen met geloof ontsnappen aan een dergelijke wanhoop en aan deze haat, want de mens wordt door het geloof gered; door het geloof in de liefde en in de barmhartigheid van God, door het geloof in Zijn Woord en door het geloof in de getuigenis van de Kerkvaders. Het merendeel der vrome christenen hebben misschien in de loop van hun leven niet hun eigen opstanding ervaren, maar hun geloof daarin behoudt hen. Over dit geloof heeft de Starets dikwijls gesproken en verwees naar de woorden van de Heer: «Zalig zijn zij die niet gezien hebben en toch geloven» (Joh. 20:29). Het uur zal komen wanneer dit geloof de mens uit de duisternis en de verdrukking van zijn slavernij zal voeren naar de weidse ruimten van het ware, onvergankelijke leven, waarvan de schoonheid volkomen uitzonderlijk is en niet lijkt op de gewone, menselijke opvatting over pracht en schoonheid.

De duivel, de vijand, handelt niet op dezelfde wijze met hen die hem aanvaarden als met hen die hem bestrijden. Het lijden vanwege de wanhoop die voortkomt uit de trots is één ding, het lijden van een vrome ziel, wanneer God toelaat dat de Satan haar bestrijdt, is een ander ding. Deze laatste soort beproeving is buitengewoon zwaar en wordt zelden toegelaten.

Wanneer de mens die voor de eerste maal door de voorzienigheid, door God, wordt verlaten, de nadering van de Satan ervaart, valt heel zijn wezen, zijn lichaam en zijn ziel, ten prooi aan grote ellende en aan een angst die men niet kan vergelijken met de angst, die men voelt voor misdadigers en moordenaars, omdat deze angst wordt veroorzaakt door de duisternis van de eeuwige ondergang. De ziel begrijpt dan WAT de duivel is; zij begrijpt de macht van zijn wreedheid en, getroffen door het ontzagwekkende kwaad dat voor haar staat, krimpt zij volkomen ineen. Zij komt vanwege de verschrikking, de wanhoop en de angst tot zulk een uitputting, dat zij geen kracht meer in zich vindt om te bidden. Zij voelt God, haar Beschermer, niet naast zich en de vijand zegt tegen haar: «Jij bent in mijn macht... Hoop maar niet op God en vergeet Hem. Hij is onverbiddelijk.» De ziel die de duivel niet wenst aan te nemen staat op dat moment roerloos, zonder woorden, als verstijfd bij de gedachte aan God, of in het beste geval vindt zij de kracht om innerlijk de Naam van God aan te roepen. Pas later zal zij begrijpen dat God juist in deze strijd in het bijzonder op haar let.

In de geschriften van de Starets zult u zien dat hij tweemaal een dergelijke strijd met de Satan heeft ervaren. De eerste maal werd hij gered omdat hij het Jezusgebed uitsprak, dat hij nog niet had voltooid of de Heer verscheen aan hem. De tweede maal was hij al meer gesterkt en gehard en vond hij de kracht in zich om te gaan zitten en zich tot God te richten in gebed; toen ontving hij als antwoord de ongewone en vreemde woorden: «Houd je geest in de hel en wanhoop niet.»

Toen begreep hij door welke wapens de duivel overwonnen wordt; telkens wanneer hij tot de ziel nadert, moet zij met al haar kracht de haat tegen zichzelf keren en zichzelf, als haar ergste vijand, veroordelen tot de eeuwige kwellingen, terwijl ze hieraan toevoegt: «Maar God is heilig, waar en gezegend in de eeuwen der eeuwen.»

HOOFDSTUK 10 : GEESTELIJKE BEPROEVINGEN

Gewapend met dit wapen, bevrijdt de ziel zich van elke angst en wordt ontoegankelijk voor de vijand. Bij iedere aanval van de vijand werpt een dergelijke «ervaren» ziel zich met grote woede in de afgrond van de eeuwige duisternis, omdat zij dit waard zou zijn; de vijand verlaat haar, omdat hij het geweld van het vuur dat hem tegemoet komt niet kan verdragen en de ziel die zich van hem heeft bevrijd, kan zich met een reine geest tot God wenden om te bidden.

«De vijand is door de trots gevallen.» De trots is het begin van de zonde; in de trots zijn alle aspecten van het kwaad besloten: ijdelheid, eerzucht, machtzucht, kilheid, wreedheid, onverschilligheid voor het lijden van de naaste; neiging van het verstand tot dromerigheid, verhoogde activiteit van de fantasie, demonische uitdrukking van de ogen, het demonische karakter van het gehele uiterlijk; somberheid, melancholie, wanhoop, haat; jaloersheid, minderwaardigheidscomplex, bij velen het vervallen in vleselijke begeerte; een stekende, innerlijke onrust, ongehoorzaamheid, vrees voor de dood of integendeel, het verlangen zelfmoord te plegen en tenslotte, wat niet zeldzaam is, totale krankzinnigheid. Dit zijn de kenmerken van de demonische spiritualiteit. Maar zolang zij zich niet duidelijk manifesteren, blijven zij voor velen dikwijls onopgemerkt.

Niet alle opgesomde kenmerken hoeven iemand te karakteriseren, die zich heeft laten verleiden door demonische gedachten, door «visioenen» of door «openbaringen». Bij sommigen overheerst grootheidswaanzin, eerzucht en machtzucht; bij anderen melancholie, wanhoop, verborgen onrust; bij weer anderen jaloersheid, somberheid of haat; bij velen vleselijke wellust. Maar bij allen komt men beslist een ongebreidelde fantasie en een trots tegen die zich zelfs kan verbergen onder de schijn van een uiterste nederigheid.

Wanneer de mens zich laat «verleiden» door de vijand en hem volgt zonder te begrijpen *wat* de vijand is, dan kent hij de vinnige kracht van een rechtstreekse strijd met de vijand niet en dan lijdt hij, omdat hij door de vijand uit het licht van het ware leven naar de duisternis wordt weggevoerd, waarin deze laatste zelf verblijft. Dit lijden draagt de stempel van geestelijke blindheid. In sommige gevallen verschaft de vijand hem een onrustig genot door een trots bewustzijn van zijn ingebeelde grootheid op te wekken; in andere gevallen, veroorzaakt de vijand een hevige pijn in de ziel en zet haar op tegen God; en de ziel die niet de werkelijke oorzaken van haar lijden kent, keert zich dan met haat tegen God.

Maar de vrome ziel die de liefde van God heeft leren kennen, lijdt vanwege deze rechtstreekse strijd tegen de vijand, vanwege de grote kracht van het kwaad van de duivel, dat in deze strijd tegen haar gericht wordt. De mens ziet duidelijk dat deze kracht hem volledig kan verpletteren.

In het eerste geval worstelt de ziel gewoonlijk langdurig en zonder een uitweg te vinden die naar God leidt. In het tweede geval verschijnt God in een groot licht aan de mens, zodra de termijn van de beproeving verstreken is. Het is God Die de duur en de kracht van de verzoeking vaststelt. Voor sommigen duurt de beproeving enkele minuten, voor anderen een uur of meer; eens heeft een asceet drie dagen in een beproeving verkeerd. De duur van de beproeving kan aan de ene kant afhangen van de meer of minder grote intensiteit van de strijd en aan de andere kant van het uithoudingsvermogen van de mens, want de kracht van zielen is niet gelijk.

———

Er is geen verzoeking die sterker is dan de hierboven beschreven strijd van de ziel met de Satan. Dit leed is het grootste van alle ongeluk dat op aarde mogelijk is. Maar er bestaat een lijden dat zelfs dit leed nog te boven gaat. Dat is het lijden van de ziel die tot in het diepst van haar wezen gewond is door de liefde van God en die Hem Die zij zoekt niet bereiken kan.

Hoe ondoorgrondelijk is de wijze waarop God met de ziel omgaat! Nadat Hij in haar een vurige liefde heeft opgewekt, verbergt Hij Zich op mysterieuze wijze voor haar en wanneer de ziel uitgeput is omdat zij verlaten is, komt Hij opnieuw zachtjes naderbij met Zijn onuitsprekelijke vertroosting. Op sommige ogenblikken overstijgt de kwelling van door God verlaten te zijn elk lijden van de hel, maar het verschilt daarmee, omdat het de levenschenkende kracht van God in zich heeft, die het leed in de zoete gelukzaligheid van de liefde van God kan veranderen.

———

Zolang de mens in zijn aardse vlees leeft, kan hij niet onwankelbaar zijn. Op bepaalde ogenblikken van onverstrooid gebed raakt de ziel van de asceet het ware, eeuwige leven aan, dat haar uiteindelijke en enige doel is, maar wanneer dit gebed ophoudt, daalt zij opnieuw af tot de staat van een middelmatige gewaarwording van God of van de zintuiglijke waarneming van de wereld. Tegelijkertijd keert de duisternis van het lichaam terug en verslapt de kracht van de innerlijke gewaarwording van de aanwezigheid van God.

Talloze mensen zijn dusdanig vastgeklonken aan een zintuiglijke waarneming van de wereld, dat zij bijna geen andere vorm van kennis hebben en dan worden zij het «vlees» dat de wet van God niet aanneemt. Maar voor een asceet is de terugval uit het onverstrooide gebed in het zware gewicht van de zintuiglijke waarneming der wereld gelijk aan de verwijdering van de Heer. De apostel Paulus zegt: «Zolang wij in dit lichaam wonen, ver van de Heer... wensen wij liever uit het lichaam te verhuizen en bij de Heer te wonen» (2Cor. 5:6-7). Slechts door een onafgebroken ascese kan de asceet zichzelf behoeden tegen deze verlaging, waarheen zijn vlees hem door zijn gewicht voortdurend meesleept. En hoe veelvuldiger en langduriger zijn geestelijke gesteldheden zijn, des te moeilijker is het voor hem terug te vallen in een vleselijke waarneming van de wereld.

Wanneer een asceet die door de geest van de liefde van God bewogen wordt, met vele tranen bidt, kan hij op een bepaald ogenblik een zekere gesteldheid bereiken die hij niet kan overtreffen en dan ervaart zijn geest vrede vanwege de nabijheid van God. Maar wanneer het gebed ophoudt, duurt deze vrede slechts bepaalde tijd voort in de ziel, soms langer, soms minder lang, waarna de ziel opnieuw terugvalt in onrustige gedachten. De afwisseling van deze gesteldheden leidt tot verschillende resultaten. Sommigen bereiken in een bepaald stadium van hun geestelijke weg een mate van gebed die hun ziel leidt tot vreze en beving en daarna gaan zij minder bidden en verslappen in hun gebed. Andere, dappere zielen groeien daarentegen onvermoeibaar en zij zoeken naar een steeds grotere volheid van gebed, totdat zij in hun ziel het verlangen en zelfs de behoefte hebben doen wortelen, zichzelf niet te sparen tot het einde en als het ware hun ziel «te haten en te verliezen.» Maar ook deze staat is, zoals we zien uit de geschriften van de Starets, nog niet de hoogste liefde die de Heer Zijn dienaren verleent te kennen en waarvan de zoetheid de mens instaat stelt, gemakkelijk elk lijden en zelfs de dood te verdragen.

De zalige Starets wist met absolute zekerheid dat de liefde die de Heilige Geest hem had doen leren kennen de *waarheid* is, waarvan de ontologische, wezenlijke echtheid boven iedere twijfel verheven is.

Hij ondervond dit niveau van kennis tijdens de verschijning van de Heer. Hij zei dat wanneer de Heer Zelf aan de ziel verschijnt, zij dan in Hem haar Schepper en haar God wel moet herkennen. Door de werking van de Heilige Geest werd het hem verleend de volmaakte heiligheid van God te beschouwen en hij hunkerde met heel zijn wezen, met heel zijn hart naar de deelname aan en de verkrijging van deze heiligheid.

Wie deze weg volgt, mag zich niet overgeven aan een abstracte rationele denkwijze, zelfs waar het de mysteriën van het geloof betreft. Zijn ziel wijst elk «rationeel geredeneer» af, dat een zekere breuk met zich meebrengt in de heelheid en de eenheid van het leven van de geest die in gebed op God gericht is. Wie voortdurend in gebed is, verliest al de uiterlijke zaken uit het geheugen en als de gewoonte van vroegere jaren niet te hulp zou komen om hem te bevrijden van de noodzaak na te denken over de taken van het dagelijkse leven, zou hij ze niet kunnen volbrengen.

«De mens die de Heer en de zoetheid van de Heilige Geest heeft leren kennen, wordt als dwaas; hij blijft stilzitten, zwijgt en wil niet spreken; en als verdwaasd kijkt hij naar de wereld en verlangt niet naar haar en ziet haar niet. En de mensen weten niet dat hij de geliefde Heer schouwt en de wereld blijft als het ware achter en wordt vergeten en de ziel wil niet aan de wereld denken, omdat in haar geen zoetheid is.» [46]

XI

«HOUD JE GEEST IN DE HEL EN WANHOOP NIET.»

Bij de geestelijke contemplatie schouwt de asceet zaken die voor de overgrote meerderheid der mensen een mysterie zijn, maar hij staat voor de onmogelijkheid om dit mysterie mee te delen, want als het wordt uitgedrukt in menselijke taal, krijgt de toehoorder er een volkomen andere voorstelling van. Menselijke woorden en begrippen hebben een zeer beperkte mogelijkheid om de innerlijke gesteldheid van de één over te brengen aan de ander. Een gemeenschappelijke of een identieke ervaring zijn een absolute voorwaarde voor wederzijds begrip. Is die gemeenschap er niet, dan zal er ook geen begrip bereikt worden, want achter elk van onze woorden schuilt heel ons leven. Een ieder van ons legt in elk begrip de inhoud van zijn eigen ervaring, daarom spreken wij onvermijdelijk in verschillende talen. Maar dankzij de ene natuur van het menselijke geslacht is het ook door middel van het woord mogelijk, een nieuwe ervaring op te roepen in de ziel van de toehoorder en hierdoor in hem als het ware een nieuw leven te verwekken. Als dit het geval is bij onze menselijke relaties, dan gebeurt dit nog des te meer als God Zelf handelt. Het goddelijke woord brengt – bij een bepaalde, innerlijke gesteldheid van de ziel die dat woord aanneemt – door zijn verschijnen werkelijk nieuw leven, het eeuwige leven dat in dit woord besloten is.

Met het oog niet slechts op de onvolmaaktheid van ons middel –de taal – maar eveneens op mijn onwetendheid en onkunde, zou ik toch willen terugkeren naar dit «gebed-gesprek» dat naar zijn vorm zo vreemd is en waarover we al eerder gesproken hebben, namelijk de woorden: «Houd je geest in de hel en wanhoop niet.»

Wie het Evangelie leest, heeft zeker opgemerkt welke onverwachte wending alle gesprekken van Christus nemen. Aan de buitenkant lijkt daarin geen enkele logische volgorde te bestaan. Neem bijvoorbeeld de gesprekken met Nikodemos, met de Samaritaanse, met de leerlingen bij het Laatste Avondmaal. De aandacht van Christus is niet zozeer gericht op de woorden van de ander, als wel op wat er diep binnen in diens hart is en of hij in staat is te begrijpen wat er van God komt.

Zo lijkt ook dit gebed-gesprek van Starets Silouan, van de buitenkant beschouwd maar weinig betekenis te bevatten en voor sommigen lijkt het gewoon op wartaal. Maar als de werkelijke inhoud en de kracht van de openbaring die aan Silouan verleend werd, aan ons zou worden onthuld, dan kan men met zekerheid zeggen dat ons gehele wezen hierdoor tot op de bodem zou zijn geschokt.

Starets Silouan heeft gedurende tientallen jaren de Heer onder tranen gesmeekt dat de wereld God zou mogen kennen.

Hij onderkende dat wanneer alle volkeren – hij dacht aan volkeren en droeg hen in liefdevol gebed in zijn hart – de liefde en de nederigheid van God zouden leren kennen, zij dan evenals de apostel Paulus hun interesses en al hun bezigheden als vuilnis (Fil. 3:7-8) en als speelgoed zouden opgeven en deze nederigheid en deze liefde dag en nacht uit alle macht zouden najagen.

Als dit zo zou geschieden, dan zou het gezicht van de aarde en het lot van alle mensen veranderen en heel de wereld zou, zoals Starets Silouan het zei, «binnen één uur» getransfigureerd worden. Zo groot is deze kracht.

Misschien vindt u het vreemd om te horen dat het mysterie van de zondeval en de boetedoening en alle geestelijke wegen van de mens daarna aan Starets Silouan werden geopenbaard. Aan de goddelijke Petrus werd op de Thabor en op de dag van de nederdaling van de Heilige Geest op overduidelijke wijze geopenbaard dat «er onder de hemel geen andere Naam aan de mensen is gegeven waardoor wij behoudenis verkrijgen kunnen.» En niet slechts de oversten der joden en de schriftgeleerden stonden verwonderd over de vrijmoedige uitspraken van Johannes en Petrus, «ongeletterde en eenvoudige mensen» (naar Hand. 4:12-13), maar tot op heden toe zijn wij allen verwonderd. Onwillekeurig komt de vraag op: «Petrus, hoe kun jij, die toch eenvoudig en ongeletterd bent, weten welke namen er gege-

Hoofdstuk 11 : «Hou je geest in de hel en wanhoop niet.»

ven zijn onder de hemel ? Kende jij dan werkelijk de geschiedenis van de culturen en de religies van China, India, Babylon, Egypte enz. ?

Aan de «ongeletterde en eenvoudige» Silouan werden eveneens mysteriën geopenbaard die verborgen zijn voor «de wijzen en de verstandigen». Deze nacht, toen dat «gebed-gesprek» plaatsvond, heeft een buitengewone betekenis in zijn leven. De wereld is ondergedompeld in de duisternis van de geestelijke onwetendheid. De weg naar het eeuwige leven wordt onophoudelijk in alle talen verkondigd, maar er worden nauwelijks mensen gevonden die deze weg werkelijk kennen; het zijn enkelingen in elke generatie.

«Houd je geest in de hel en wanhoop niet.»

Een onbegrijpelijke uitdrukking... Wat betekent het om je geest in de hel te houden ? Moet men zich hierbij zoiets voorstellen als de plaatjes en de schilderijen die ontspringen aan de naïeve fantasie van de mens ? Dat is hier niet het geval. Het werd aan vader Silouan, evenals aan enkele andere grote vaders, zoals Antonius, Sisoë, Makarius en Pimen verleend, tijdens hun leven werkelijk de kwellingen der hel te ervaren. De herhaling van deze staat liet tenslotte zulke diepe sporen in hun hart achter, dat zij hem uit eigen wil in hun ziel konden doen herleven. Zij konden daartoe terugkeren, als zij dat wilden, door een dienovereenkomstige, innerlijke beweging van de geest. Zij namen hun toevlucht tot deze ascetische praktijk, zodra er een willekeurige hartstocht in hun ziel opkwam – in het bijzonder de diepst gewortelde en meest subtiele van alle hartstochten: de trots.

De strijd tegen de trots is de laatste etappe van de strijd tegen de hartstochten. In de eerste periode strijdt de asceet tegen de grove, vleselijke hartstochten, vervolgens tegen de prikkelbaarheid en tenslotte tegen de trots. Deze laatste strijd is ongetwijfeld de moeilijkste. De asceet heeft na lange ervaring geleerd dat de trots leidt tot het verlies van de genade en daarom daalt hij in een bepaalde, innerlijke beweging met zijn ziel af in de hel en door het vuur van de hel verbrandt hij de werking van elke hartstocht in zichzelf.

De Starets merkte op dat de meeste mensen die tot deze grenzen zijn genaderd, ontsteld worden in hun kleingelovigheid en het niet volhouden. Daarom sprak de grote Sisoë in de vorm van een vraag: «Wie kan de gedachte van Antonius dragen ? Ik ken overigens een mens (hijzelf, Sisoë), die hem *kan* dragen.»

Starets Silouan legde uit dat Sisoë de gedachte bedoelde, die de grote Antonius van de schoenmaker in Alexandrië had geleerd. De heilige Antonius had gebeden dat de Heer hem zou openbaren welke maat hij had bereikt. En hij kreeg de aanwijzing dat hij de maat van de schoenmaker nog niet had gehaald. Toen hij bij de schoenmaker was gekomen, vroeg de heilige hem hoe hij leefde. De man antwoordde dat hij een derde deel van zijn verdiensten aan de kerk gaf, een derde deel aan de armen en dat hij de rest overhield voor zijn eigen behoeften. Antonius die al zijn bezit had weggegeven en die in de woestijn in grotere armoede leefde dan de schoenmaker, was niet onder de indruk van dit werk. Daarin overtrof de schoenmaker hem dus niet. Toen zei hij tegen de schoenmaker: «De Heer heeft mij naar jou gezonden om te zien hoe jij leeft.» De nederige schoenmaker vereerde Antonius en geschrokken door dit woord sprak hij: «Ik doe helemaal niets bijzonders, ik werk slechts, ik kijk naar de voorbijgangers en denk: zij allen zullen worden gered, alleen ik zal te gronde gaan.»

Antonius, die door God was gestuurd om bij de schoenmaker in de leer te gaan, Antonius, die door zijn lange, buitengewone ascese, die heel Egypte verbaasd had doen staan, voorbereid was het woord dat hij gehoord had op de juiste wijze te begrijpen, voelde dankzij Gods genade de kracht van de gedachte van de schoenmaker. En hij begreep werkelijk dat hij de maat van de schoenmaker nog niet had bereikt. Teruggekeerd in de woestijn, legde hij zich toe op dit geestelijke werk.

Aan Antonius, grondlegger van het oosterse monnikenleven, werd tegelijk met het begrip ook de kracht verleend om deze gedachte te dragen. Hij leerde dit werk aan de kluizenaars die in staat waren om geen «melk, maar vaste spijs» (naar Hebr. 5:12-14) op te nemen. Ook de andere grote Woestijnvaders namen dit geestelijke werk van hem over en als een onschatbare schat hebben zij deze erfenis door de eeuwen heen doorgegeven. Iedereen drukte deze woorden op eigen wijze uit. Zo zei Pimen tegen zijn leerlingen: «Geloof mij, mijn kinderen, waar de Satan is, daar zal ik ook zijn.» In wezen komt dit op hetzelfde neer.

De zalige Starets zei dat vele asceten die tot deze staat genaderd waren, die onontbeerlijk is voor de reiniging van de hartstochten, wanhoopten en daarom niet verder konden gaan. Maar wie weet dat «de Heer ons zeer liefheeft,» die ontvlucht de verderfelijke invloed van deze laatste wanhoop en die blijft voorzichtig *bij de rand van de*

HOOFDSTUK 11 : «HOU JE GEEST IN DE HEL EN WANHOOP NIET.»

afgrond stilstaan, zodat hij iedere hartstocht in hemzelf door de kracht van het vuur der hel verbrandt, zonder dat hij hierbij het slachtoffer van de wanhoop wordt. «En wanhoop niet.»

Het verhaal van de Starets is eenvoudig, zoals ook het woord van de schoenmaker uit Alexandrië eenvoudig was; en zo eenvoudig spraken ook de heilige Sisoë, de heilige Pimen of de andere Vaders; maar de kracht van het woord en de diepte van het mysterie van dit geestelijke werk zullen onbegrijpelijk blijven voor iemand die aan de ene kant niet een soortgelijke ervaring van de helse kwellingen heeft doorgemaakt en die aan de andere kant niet de ervaring van de genadegaven heeft gekend.

Vooral na die ene nacht was heel het lange, ascetische leven van de Starets één vurige zoektocht naar de nederigheid. En als wij de wijze en het geheim van zijn strijd om de hartstochteloosheid te bereiken zouden willen leren kennen, dan moeten wij stilhouden bij zijn vreemde woorden:

«Dit is mijn lievelingslied: spoedig zal ik sterven en mijn onzalige ziel zal afdalen in de hel; en daar in de donkere kerker zal ik alleen lijden en bitter wenen: mijn ziel smacht naar de Heer en ik zoek Hem onder tranen. Hoe zou ik Hem niet zoeken ? Eerst heeft Hij mij gezocht en Hij is aan mij, zondaar, verschenen.»

Wanneer hij zei: «mijn onzalige ziel zal afdalen in de hel,» waren dat niet slechts woorden, maar de werkelijke ervaring van het helse lijden, dat gegrift was in zijn hart. Zo kon hij met een bewuste, innerlijke beweging van geest deze gesteldheid in zichzelf hernieuwen, soms in meerdere en soms in mindere mate. En wanneer het vuur van de helse kwelling de gezochte werking had veroorzaakt, d.w.z. de hartstochtelijke gedachte gedood had, dan stelde hij tegenover het algehele, verderfelijke effect van dit vuur de verlossende werking van de liefde van Christus, die hij ook kende en die hij in zijn hart droeg.

Hij had dit geestelijke werk geleerd nadat hij het antwoord had ontvangen: «Houd je geest in de hel en wanhoop niet.»

Met behulp van het eerste deel van zijn «lievelingslied» verzonk hij in de hel en met behulp van het tweede deel – als hij de liefde van God opnieuw indachtig werd – vermeed hij de wanhoop. «En wanhoop niet.»

Slechts weinigen kunnen handelen zoals de Starets dat deed. De ziel die voortdurend in deze ascese verkeert, raakt hieraan gewend en krijgt een bijzonder uithoudingsvermogen, zodat de herinnering aan de hel zo vertrouwd wordt voor de ziel dat die haar bijna niet meer loslaat. Het is noodzakelijk om te volharden in deze herinnering, want de mens «die in de wereld leeft en het vlees draagt» wordt onophoudelijk onderworpen aan de invloeden van de zonde die hem omringt en waartegen de ziel zich verdedigt door zich te bekleden met het harnas van de nederigheid die tot de onderwereld, tot de hel gaat.

De Starets zegt: «De Heer heeft mij Zelf geleerd, hoe men nederig moet worden: "Houd je geest in de hel en wanhoop niet." Hierdoor worden de vijanden overwonnen; maar zodra mijn geest het vuur verlaat, nemen de gedachten weer toe in kracht.»

Het is onmogelijk om uit mijn armzalige en onsamenhangende woorden een echt beeld te krijgen van dit wonderbaarlijke en onbeschrijflijke leven, waar het uiterste lijden dat door de menselijke natuur kan worden verdragen, gecombineerd wordt met de uiterste gelukzaligheid die zij kan verdragen. Op vreemde wijze gaat het een met het ander samen. Als er slechts lijden was, dan zou het onmogelijk zijn om dat te verdragen. En als er slechts gelukzaligheid was, dan zou het ook onmogelijk zijn om dat te verdragen.

XII

OVER HET GODDELIJKE WOORD EN OVER DE GRENZEN VAN DE MOGELIJKHEDEN VAN DE SCHEPPING

Iedere menselijke gedachte en elk menselijk woord is een energie, een kracht. En als dit geldt voor de gedachte en het woord van de mens, dan geldt dit nog meer voor het woord van God, het woord van Christus.

Bij het horen van de geurige, kalme en zoete evangelische woorden van Christus: «Zalig zijn de reinen van hart, want zij zullen God zien»..., «Dit is Mijn gebod voor u: Hebt elkander lief»... of: «Leert van Mij, want ik ben zachtmoedig en nederig van hart,» dan moeten wij niet vergeten dat dit zachtmoedige woord van Christus de ondoorgrondelijke en oneindige kracht is die alles wat er bestaat – de talloze werelden, de ontelbare verscheidenheid van redelijke en onredelijke schepsels – uit de duisternis van het niet-zijn heeft geroepen tot het licht van het leven.

Het woord van Christus, dat bekleed is met de nederige en zintuiglijk waarneembare vorm van het menselijke, geschapen woord, dat zelfs op schrift gesteld kan worden, dit woord nu is in zijn kern de energie van de grote, almachtige God, de Schepper van alle dingen. Men moet over dit woord hetzelfde zeggen als wat er in de Schrift wordt gezegd over God, namelijk dat het een «verterend vuur» is, dat de aardgeborenen met de grootste eerbied en vreze behoren te benaderen (Hebr. 12:28-29).

«Uw woord is als het zuiverste vuur,» zegt de Psalmist (Ps. 118,140).

Het woord van Christus is het meest mysterieuze woord dat er bestaat. Het is ontoegankelijk en ondoorgrondelijk voor zelfs de grootste geesten en tegelijkertijd is het zo eenvoudig en zo helder dat het zelfs toegankelijk is voor kleine kinderen.

Het woord van Christus is ons zo nabij, zo begrijpelijk, zo natuurlijk en zo diep verwant aan ons menselijk hart en toch gaat het ongetwijfeld de kracht van de geschapen natuur oneindig te boven: het is goddelijk, ondoorgrondelijk, bovennatuurlijk en zoals de apostel Paulus zegt: «geen mensenwerk en ook niet van een mens» (Gal. 1:11-12).

Het woord van Christus, dat gericht is tot de vrije mens, is zachtmoedig en geweldloos, maar tegelijkertijd is het als het woord van de absolute autoriteit, als het woord van de ondeelbare Meester van heel het bestaan, oneindig verheven boven de mens.

Het woord van Christus dat in diep geloof wordt aanvaard, leidt de mens naar het eeuwige leven over een weg waarop hij talloze, ongewone dingen zal tegenkomen en waarvan degenen die Christus niet volgen, geen weet hebben. Op deze edele weg wordt alles wat een mens in zijn bestaan kan ervaren en leren kennen, aan hem geopenbaard. Het licht van het woord van Christus bereikt de uiterste grenzen van de donkere afgrond en onthult de aard van de talloze spookbeelden van de waarheid, die vanuit hun duisternis de mens tot zich trekken. Het woord van Christus is een vuur dat alles beproeft wat er in de mens en – in het algemeen – in het bestaan van de wereld is, want zoals de apostel Paulus getuigt: «Niets van het geschapene is verborgen voor Hem» (naar Hebr. 4:13).

Het woord van Christus is geest en eeuwig leven, volheid van liefde en hemelse vreugde. Het woord van Christus is het ongeschapen, goddelijke licht... Het richt zich niet tot het oppervlakkige, logische verstand, maar tot de diepte van het hart; en wie het woord tegemoet komt en zijn hart tot de uiterste diepte openstelt om dit goddelijke licht waardig te ontvangen, om zich daarmee te verenigen, die wordt naar de gelijkenis van God.

HOOFDSTUK 12 : HET GODDELIJKE WOORD

«Geen mens heeft ooit God gezien. De Eniggeboren Zoon, Die aan de borst van de Vader rust – Die heeft Hem geopenbaard» (naar Joh. 1:18). De komst van God het Woord (de Logos) in het vlees en Zijn woord liggen aan de basis van het christelijke leven. Men kan dit leven niet aan degenen verklaren die het niet hebben leren kennen door de ervaring; daarom zal iedere poging tevergeefs zijn om de geestelijke plaats waar de mens zich dan bevindt, in woorden te beschrijven. Zowel de afgrond van de «buitenste duisternis» als het eeuwige licht der Godheid openen zich voor hem en hij staat daar zelf tussenin. De menselijke geest bidt dan uit alle macht en lijdt, want hij is zich bewust van zijn uiterste nood. Hij bidt met grote inspanning en met een volkomen concentratie van heel zijn wezen.

Een ieder kan min of meer begrijpen dat, toen de heilige Serafim van Sarov duizend dagen en duizend nachten op een steen doorbracht, smekend: «God, wees mij zondaar genadig,» zijn geest zich in een reusachtige strijd bevond.

Antonius de Grote, Arsenius de Grote, Serafim van Sarov en onze andere Vaders waren mensen met een uitzonderlijke moed, die de wereld hadden verzaakt en die elk gevaar verachtten. En wanneer zij weenden, dan weenden zij niet om een verloren materiële bezitting of om welk ander tijdelijk verlies dan ook, maar kennelijk stond hen iets voor ogen dat schrikwekkender was dan elk ander gevaar dat de mens zich op aarde kon voorstellen.

Wij nemen de vrijheid de naam van Starets Silouan toe te voegen aan deze grote namen en aan degenen die op hen lijken. Wanneer wij bij hem lezen over de klaagzang van Adam, waarnaar «de hele woestijn», de grote woestijn der wereld, luisterde, behoort men niet te vergeten dat het zíjn klaagzang was. Hij leefde de grote tragedie van de zondeval van de mens. Hij vergoot talloze geestelijke tranen, waarbij vergeleken de gewone weeklachten van de mensen niets zijn. Zo kan alleen iemand wenen die het eeuwige licht van God heeft gezien. De mensen die dit niet gezien hebben of, zoals de Starets zelf zegt, die God niet hebben leren kennen, kunnen al dit lijden niet begrijpen en zij kunnen ook niet zulke tranen vergieten.

Het contact met de Starets heeft mij er vast van overtuigd dat de grenzen van de menselijke mogelijkheden aan een trouwe christen, aan een heilige asceet worden onthuld. Alle problemen van het menselijk bestaan rijzen voor hem op en doen zich buitengewoon hevig aan hem voor: het probleem van leven en dood, van vrijheid en creativiteit, van de zin van het leven en het lijden; de problemen van de relatie tussen openbaring en geloof; van geloof en kennis, van wet en genade, van eeuwigheid en tijd, van God en Zijn relaties met de wereld en met de mens, van het lot der wereld en het gericht van God.

De ervaring van de grote asceten getuigt ervan dat heel de keten van deze problemen, de ganse reeks van dogmatische stellingen zich aan hen heeft voorgedaan, maar dat alles gebeurt onder bijzondere omstandigheden die volkomen verschillen van die van de wetenschappelijke, academische arbeid.

De menselijke geest wordt door de Geest van Christus naar de kennis van God, naar een existentiële kennis geleid, zodat het woord «kennis» hier niet de betekenis heeft van een abstracte, intellectuele studie, of van een rationeel inzicht, maar de toegang tot het goddelijke bestaan, het deelnemen aan het Zijn.

Wanneer wij zeggen dat de grenzen van de menselijke mogelijkheden zich voor de christelijke asceet ontvouwen, wanneer wij spreken over de volheid van de christelijke ervaring, d.w.z. van een universeel-menselijke ervaring, dan bedoelen wij niet de ervaring van de verschillende beroepen, het gebied van wetenschappelijke kennis, van diverse sociale omstandigheden en gezinssituaties of van verschillen in leeftijd en dergelijke. Nee. Wij spreken over de mogelijkheid voor de mens, de afgrond van de zondeval, van het berouw en van de opstanding in Christus te ervaren.

De eerstgenoemde ervaring d.w.z. de beroepservaring, de ervaring van wetenschappelijke kennis, van sociale posities e.d. behoort tot het plan van het tijdelijke, empirische bestaan; de tweede ervaring d.w.z. die van de verlossing en van de opstanding in Christus, is de ervaring van de eeuwigheid.

In de eerste categorie bestaat versplintering en oneindige verscheidenheid. In de tweede categorie manifesteren zich de gelijkenis van de mens met God en de wezenseenheid van het menselijk geslacht. De eerste categorie kan niets aan de tweede categorie toevoegen, indien deze bestaat; en kan er helemaal niets aan afdoen, als zij ontbreekt. Maar de eerste categorie verschijnt als een omstandigheid en tot op zekere hoogte als voorwaarde voor de tweede categorie. Elke

HOOFDSTUK 12 : HET GODDELIJKE WOORD 237

mens, die fysiek uiterst beperkt is, kan van de eerste categorie slechts een zeer beperkte ervaring hebben, maar de menselijke geest is zodanig dat hij zelfs in dit beperkte empirische bestaan niet van de mogelijkheid is beroofd om de volheid van de tweede categorie te ervaren.

De ervaring van de tweede categorie hangt in haar uiteindelijke ondoorgrondelijkheid niet af van de empirische omstandigheden van het leven van de mens. Met andere woorden: er zijn geen uiterlijke omstandigheden – en er kunnen er geen bestaan – die het absoluut onmogelijk zouden maken om de geboden van God na te volgen.

Misschien zal iemand geneigd zijn om te zeggen: Is het niet een te grote aanmatiging wanneer wij zeggen dat de christelijke ervaring de volheid van het universeel-menselijke bestaan omvat ? Is deze ervaring, evenals elke andere ervaring, niet gewoon één van de aspecten van het oneindige, rijke, kosmische bestaan dat uit talrijke sferen van realiteiten is opgebouwd, die toegankelijk zijn voor een bepaalde soort ervaring, bijvoorbeeld: de ene voor wetenschap, de andere voor kunst, de volgende voor filosofie, weer een volgende voor pantheïsme en nog weer een volgende voor christendom enzovoort ?

Als wij zeggen dat de christelijke ervaring alle mogelijkheden van het menselijke bestaan omvat, gaan wij uit van de veronderstelling dat het bestaan van elk geschapen, redelijke wezen zich tussen twee polen beweegt: de ene is de liefde voor God tot en met de haat tegen zichzelf; de ander is de liefde voor zichzelf tot en met de haat tegen God.

Geen enkele handeling van alle redelijke schepsels kan buiten de grenzen van deze polen treden. Alles wat zich in ons persoonlijke leven voltrekt, is in werkelijkheid onze geestelijke zelfbeschikking juist volgens dit plan, onafhankelijk van het feit of wij ons hiervan duidelijk en rationeel rekenschap geven, of dat deze zelfbeschikking voortkomt uit de irrationele diepte van onze geest, waaruit ons rationele denken zelf voortkomt.

Bij het definiëren van deze beide polen zien wij dezelfde woorden: liefde en haat; zij staan slechts in een verschillende volgorde en in een verschillende combinatie. Hier ligt het verschil echter niet slechts in de volgorde, maar ook in de diepe betekenis van deze woorden. In het eerste geval gaat het om de heilige en volmaakte liefde en de heilige en volmaakte haat; in het tweede geval om de zondige eigenliefde en de zondige haat. De eerste haat is het gevolg van de volheid van de liefde voor God, vanaf de volledige bundeling van alle krachten van ons wezen in God tot en met het vergeten van zichzelf en tot en met de tegenzin om tot zichzelf terug te keren. Deze gesteldheid om niet tot zichzelf te willen terugkeren, krijgt een absoluut karakter en dan wordt zij gedefinieerd als «woede» of als «haat» jegens zichzelf. Elke welwillende gerichtheid op zichzelf vermindert en beëindigt het verblijf in het licht der Godheid zelfs; daarom keert degene die de liefde van God en de bitterheid van het verlies van deze liefde heeft gekend, zich zo scherp en zo woedend van alles af dat tot dit verlies kan leiden.

Op heel andere wijze moet men spreken over de haat tegen God. Zij die van zichzelf houden tot en met het haten van God, zijn degenen die «de duisternis hebben verkozen boven het licht» (Joh. 3:19).

Dit onderwerp gaat onze krachten te boven en daarom spreken wij er verder niet over.

God roept ons allemaal. Maar niet allen geven gehoor aan Zijn oproep. Zij die gehoor hebben gegeven, worden streng beproefd door God en de mate van de gestrengheid van deze beproeving wordt door God afgemeten naar de mate van onze trouw en van onze toewijding aan Hem. Wie God liefhebben, maken talloze, buitengewoon zware beproevingen door. Nu zou ik een uiterst belangrijke kwestie willen aanroeren maar ik weet niet goed hoe ik dit moet zeggen. Ik vind noch de woorden noch de manier om dit onderwerp te verduidelijken. Probeert u mij, indien mogelijk, te begrijpen uit de volgende onsamenhangende woorden.

Wie God liefheeft, maakt zulk een lijden door dat degene die geen diep geloof in God heeft, dat niet zou verdragen en psychisch ziek zou worden. Uit een diep geloof en uit de liefde ontstaat de grote moed waarover de Starets spreekt. Deze moed redt de mens van ziek worden wanneer hij de wereld van de geesten van het kwaad tegenkomt.

Wie God liefheeft, kent dit lijden, maar ondanks de ervaring van dergelijk lijden blijft hij niet slechts normaal, d.w.z. bewaart hij niet slechts zijn zelfbeheersingsvermogen, het vermogen van logische en morele controle over zichzelf en van al hetgeen dat kan worden beschouwd als een kenmerk van «normaliteit», maar bovendien bereikt hij een onvergelijkbaar veel grotere diepte en verfijning van al deze vermogens dan men gewoonlijk waarneemt.

Wie uit ervaring de grootsheid en de moeilijkheid van de christelijke weg heeft leren kennen, wordt door twee gevoelens verscheurd: het ene is het brandende verlangen dat alle mensen de kennis van de ware God en het licht van het eeuwige leven mogen leren kennen; het andere is de vrees dat de geroepenen het gewicht der beproevingen niet zullen verdragen.

En daarom richt hij zich meer op God en bidt meer voor de redding van allen en van elk, dan dat hij zich toelegt op de prediking. Het ware christendom wordt in de wereld bijna niet verkondigd, omdat deze prediking de krachten van de mens te boven gaat.

Het ware christendom is naar zijn wezen zodanig dat het nooit agressief is.

Door de gehele geschiedenis van het christendom heen kan men een grote voorzichtigheid van de kant van de heilige asceten vaststellen, wanneer zij de ervaring die aan hen gegeven was blijkbaar moesten bekend maken. Deze behoedzaamheid wordt aan de ene kant ingegeven door het volgende besef: de mensen zijn in het algemeen bang voor het lijden, zelfs de minste ascetische inspanning treden ze kleingelovig tegemoet; wanneer ze nu van de inspanningen en het leed zouden horen dat deze asceten verduurd hebben, zouden zij zich eenvoudig afkeren van het christendom. Aan de andere kant wisten de heilige Vaders dat wanneer God door Zijn genade tot deze strijd oproept, hetgeen onverdraaglijk lijkt voor hen die de liefde van God niet hebben gekend, dit zich op een heel andere wijze voordoet.

God is onzichtbaar en de geestelijke wegen die naar Hem leiden, zijn eveneens onzichtbaar. Hoe is het dan mogelijk om dit mysterieuze leven in woorden weer te geven, dat zo vervuld is van de grote strijd die Christus voert voor het eeuwige leven van de mens, die door Hem geschapen is en die Hij liefheeft ?

God behoedt de vrijheid van de mens als het meest kostbare beginsel dat de mens bezit en ook trekt Hij door zijn nederigheid de ziel tot Zijn liefde aan; maar op de weg die naar deze liefde leidt, ontmoet de mens degene die haar geweld aandoet: de duivel. De Heer laat toe dat dit zo gebeurt. Hij voedt de ziel van de mens op niet door hem de ontmoeting met het kwaad te besparen, maar door hem de kracht te verlenen om elk kwaad te overwinnen.

De weg van de mens naar God is bezaaid met moeilijke problemen. De geest van de asceet, die streeft naar de eeuwige, goddelijke liefde, maakt onherroepelijk een lange reeks van beproevingen door, om waarlijk de kennis en het vermogen voor deze liefde te verwerven.

De asceet wordt aan de liefde van God ontrukt door de protesten van het verstand, van zijn eigen verstand, dat de wet van Christus niet kan bevatten of aanvaarden, die hem voorkomt als waanzin. Op het ogenblik waarop hij zich door God verlaten voelt, kunnen deze protesten buitengewoon hevig worden.

De asceet zou om verschillende redenen van de liefde van God kunnen worden losgerukt: soms zal dat het verlangen zijn om te leven, soms de angst voor de dood, soms de aantrekkingskracht van de genietingen, soms ziekten, honger of vervolgingen en ander lijden, soms de hoogte en de schittering van bepaalde andere openbaringen of inzichten; soms de diepte en de pracht van bepaalde andere ervaringen; soms de grootsheid van bepaalde andere capaciteiten of de ruimte van bepaalde andere mogelijkheden, soms de visioenen van engelen en van andere hemelse wezens, soms de aanvallen van verschrikkelijke, donkere krachten.

Men kan op goede grond bevestigen dat de christelijke asceet op zijn weg naar het verwerven van de liefde van God een hele reeks van alle mogelijke verzoekingen en beproevingen zal tegenkomen. Op die manier zal de asceet later inzicht hebben in de totaliteit van de ervaringen van een willekeurig mens. Daar komt de gave vandaan die een starets heeft om de ziel te begrijpen van elke mens, wie hij ook moge zijn, onafhankelijk van zijn sociale positie, van zijn lichamelijke ontwikkeling, van zijn geestelijk niveau of van zijn ervaring in de strijd tegen de hartstochten.

Ik durf te beweren – het contact met de Starets heeft mij hiervan overtuigd – dat alle menselijke wegen bekend zijn aan een christelijke asceet, terwijl zijn eigen wegen verborgen zijn voor vreemde blikken (naar Cor. 2:15-16).

Over de betekenis van het gebed voor de wereld

De zalige Starets schrijft: «De monnik is een mens die bidt voor de gehele wereld... Onze Heer Jezus Christus, de Zoon van God, geeft de monnik de liefde van de Heilige Geest en vanwege deze liefde is het hart van de monnik altijd vervuld met droefheid voor de mensen, omdat niet allen bezig zijn met hun redding. De Heer was Zelf zozeer bedroefd over het volk dat Hij Zich aan de kruisdood heeft overgeleverd. En de Moeder Gods droeg dezelfde droefheid voor de mensen in haar hart. De Heer heeft dezelfde Heilige Geest aan Zijn apostelen, aan onze heilige Vaders en aan de herders van de Kerk gegeven... Hieruit bestaat onze dienst aan de wereld. En daarom zouden de herders van de Kerk en de monniken zich niet bezig moeten houden met wereldse zaken, maar zij behoren de Moeder Gods na te volgen, die in de Tempel, in het "Heilige der Heiligen", dag en nacht de wet des Heren overwoog en die voortdurend in gebed was voor het volk.»[47]

Het gebed voor de gehele wereld, voor de gehele Adam, leidt in vele gevallen tot een verwijdering van een persoonlijke dienst aan de mensen. Misschien zal iemand zich afvragen: Is een dergelijke verwijdering dan geen weigering van concrete hulp ten behoeve van iets dat abstract is? Natuurlijk niet, want de gehele Adam is geen abstractie, maar de meest concrete volheid van het menselijke bestaan.

De natuur van het totale menselijke bestaan is van dien aard dat elke persoon die het kwaad in zichzelf overwint, door deze overwinning zulk een grote nederlaag aan het kosmische kwaad toebrengt, dat de gevolgen van deze overwinning een weldadige invloed hebben op het lot van heel de wereld. Aan de andere kant is de natuur van het kosmische kwaad zodanig dat dit kwaad, als het in afzonderlijke, menselijke hypostasen (personen) wordt overwonnen, een nederlaag lijdt waarvan de draagwijdte en de omvang absoluut niet evenredig zijn aan het aantal van deze personen.

Iedere afzonderlijke heilige is een buitengewoon fenomeen voor heel de mensheid. Slechts door het feit van hun bestaan – ofschoon dat zelfs onbekend is aan de wereld maar bekend aan God – brengen de heiligen over heel de mensheid een grote zegen van God. De Starets schrijft:

«Omwille van deze mensen behoudt de Heer de wereld, denk ik, want zij zijn God welgevallig en God verhoort Zijn nederige dienaren altijd en het gaat ons allen goed dankzij hun gebeden.»[48]

« De wereld houdt stand door het gebed; maar wanneer het gebed verslapt, dan zal de wereld vergaan»... «Jij zult misschien zeggen dat er tegenwoordig geen monniken meer zijn die voor de gehele wereld bidden; maar ik zeg je dat wanneer er op de wereld geen mensen meer zullen zijn die bidden, het einde van de wereld dan is aangebroken en er grote rampen zullen komen; en die zijn er nu ook al.»[49]

De heiligen leven door de liefde van Christus; deze liefde is de goddelijke kracht die de wereld heeft geschapen en die haar draagt; daarom is hun gebed zo belangrijk. De heilige Barsanufius[50] bijvoorbeeld getuigt dat in zijn tijd het gebed van drie mannen de wereld heeft behoed voor een ramp.

Dankzij heiligen die onbekend zijn aan de wereld wordt het verloop van historische en zelfs kosmische gebeurtenissen gewijzigd en daarom is iedere heilige een fenomeen van kosmische draagwijdte, waarvan het belang de grenzen van de aardse geschiedenis overschrijdt en terugkaatst in de eeuwigheid. De heiligen zijn het zout der aarde, zij zijn de reden van haar bestaan, zij zijn de vrucht omwille waarvan de aarde behouden wordt. Maar wanneer de aarde niet langer heiligen voortbrengt, dan zal de kracht die de wereld voor rampen behoedt, van haar worden weggenomen.

Elke heilige, zoals Antonius, Arsenius, Nikolaas, Efraïm, Sergius en Serafim en zij die op hen lijken, vormen de meest kostbare en eeuwige schat van heel de wereld, ofschoon de wereld dit liever niet wil weten en dikwijls haar profeten doodt.

Er zijn mensen die vreemd genoeg niet begrijpen dat de grootsheid van religieuze daden voortkomt uit het feit dat zij geworteld zijn in het beginloze, goddelijke Mysterie. Deze mensen beschouwen religieus, geestelijk leven als subjectieve, psychologische ervaringen, die afsterven zodra zij in de ziel niet meer worden opgemerkt.

HOOFDSTUK 12 : HET GODDELIJKE WOORD 243

Uit mijn lange contact met de Starets en uit zijn woorden die hierboven vermeld zijn, constateer ik dat hij grote betekenis hechtte aan geestelijke gesteldheden vanwege hun ontologische, eeuwige betekenis. Hij ervoer het gebed voor de vijanden en voor de gehele wereld als eeuwig leven, als goddelijke werkzaamheid in de ziel van de mens, als ongeschapen genade en gave van de Heilige Geest. En zolang de wereld deze gave bezit, zal zij blijven bestaan; maar zodra er op aarde tussen heel de grote mensenmenigte zelfs geen afzonderlijke dragers meer van deze genade zullen zijn, dan zal de geschiedenis van de aarde aflopen en geen enkele menselijke wetenschap of cultuur zal deze ondergang kunnen verhinderen.

―――

De ervaring van iedere dag overtuigt ons dat zelfs de mensen die innerlijk het gebod van Christus over de liefde voor de vijand aanvaarden, dit gebod in hun leven niet waarmaken. Waarom niet ? Allereerst omdat wij zonder genade onze vijanden niet kunnen liefhebben; maar als de mensen zouden begrijpen dat dit hun natuurlijke krachten te boven gaat en als zij God zouden vragen hen te helpen door Zijn genade, zoals de heilige Starets zegt, dan zouden zij deze gave ongetwijfeld ontvangen.

Ongelukkigerwijs overheerst het omgekeerde verschijnsel, namelijk: niet slechts de ongelovigen, maar zelfs zij die zich christenen noemen, zijn bevreesd om ten opzichte van hun vijanden te handelen volgens het gebod van Christus. Zij denken dat dit slechts voordelig zou zijn voor de vijanden; dat de vijanden, die worden voorgesteld door het donkere prisma van de haat en die volgens hun voorstelling gewoonlijk niets goeds in zich hebben, gebruik zullen maken van hun «zwakheid» en hun liefde zullen beantwoorden door hen te kruisigen of schaamteloos te vertrappen en te onderwerpen; en dan zal het kwaad zegevieren, dat in het algemeen door de vijand wordt verpersoonlijkt.

Het idee van de «zwakheid» van het christendom is volkomen onjuist. De heiligen beschikken over een kracht die voldoende is om te heersen over mensen, over massa's, maar zij gaan de *omgekeerde* weg: zij onderwerpen zich aan hun broeder en verkrijgen daardoor een liefde die in haar essentie onvergankelijk is. Op deze weg behalen zij een overwinning die eeuwig duurt; terwijl een overwinning die door geweld is verkregen nooit duurzaam is en door haar aard niet zozeer de glorie als wel de schande der mensheid is.

―――

De Starets beschouwde de menswording van God, het Woord, evenals heel het aardse leven van Christus, als liefde voor de gehele wereld, hoewel deze laatste vervuld is van vijandschap tegen God. Hij had de Heilige Geest eveneens leren kennen in de liefde die door haar komst alle haat verjaagt, zoals het licht de duisternis verjaagt; in de liefde die de mens naar de gelijkenis van Christus maakt in de meest innerlijke roerselen van zijn ziel.

«Vele mensen hebben alle geloofsrichtingen bestudeerd, maar het ware geloof dat men zou moeten kennen, hebben zij op die manier niet leren kennen; maar wie nederig tot God bidt dat de Heer hem moge verlichten, aan hem zal de Heer doen kennen hoezeer Hij de mens liefheeft.»[51]

De mensen hebben angst om zich in het vuur te werpen dat de Heer op de aarde heeft gebracht. Zij zijn bevreesd om daarin te verbranden en hun ziel «te gronde te richten.» Maar wie niet teruggedeinsd zijn en dit geloof hebben bewaard (naar Luk. 17:33; Joh. 12:25), zoals we aan het voorbeeld van de Starets zien, weten dat zij het eeuwige leven hebben gevonden; zij weten dit met zekerheid en zij hebben geen andere getuigenis nodig dan die van de Geest Die in henzelf getuigt (naar 1Joh. 3:14; 5:10).

Gedurende vele jaren was het leven van de Starets een gebed voor de wereld; en op een wijze die voor ons onbekend is, heeft de genade van God hem te kennen gegeven dat zolang er een dergelijke liefde en gebed in de wereld bestaan, zij door God zal worden behouden, maar wanneer de liefde voor de vijand volkomen van de aardbodem zal verdwijnen, dan zal de wereld ten ondergaan in het vuur van de algehele vijandschap.

De weg van de Starets is de weg der heiligen, die door Christus Zelf is aangewezen, maar die de wereld in haar totaliteit niet heeft aanvaard. Om het kwaad te bestrijden dat zich ook openbaart op fysiek niveau, nemen de mensen hun toevlucht tot fysiek geweld. Zelfs christenen begeven zich op die weg. In de Middeleeuwen werd in de Westerse Kerk de fysieke strijd tegen het kwaad dogmatisch gerechtvaardigd en zij heeft dit tot op heden nog niet afgekeurd. Toen werd het geweld in de vorm gegoten van de «heilige Inquisitie», maar nu neemt het andere vormen aan, die echter in hun geestelijke kern precies hetzelfde verschijnsel zijn. In de oude zowel als de nieuwe geschiedenis van de Orthodoxe Kerk, tot aan onze tijd toe, zijn er eveneens vele gevallen bekend waarbij men neigt tot het idee van de fysieke strijd met het kwaad, maar gelukkig zijn dat uitbarstingen geweest van afzonderlijke patriarchen of van kerkelijke groeperingen. Maar de Kerk Zelf heeft deze middelen nooit geheiligd of gedogmatiseerd, maar juist altijd de sporen gevolgd van de gekruisigde Christus, Die de zondelast der wereld op zich heeft genomen.

De Starets was er zich heel scherp van bewust dat het kwaad slechts door het goede kan worden overwonnen; dat de strijd door geweld slechts leidt tot het vervangen van het ene geweld door het andere. Het is dikwijls voorgekomen dat ik met hem over dit onderwerp heb gesproken. Hij zei: «In het Evangelie wordt het duidelijk gezegd... Toen de Samaritanen Christus niet wilden ontvangen, wilden de apostelen Jacobus en Johannes het vuur uit de hemel laten neerdalen om hen te verteren, maar de Heer verbood het hen en zei tegen hen: "Gij weet niet van welke geest gij zijt... Ik ben gekomen niet om mensen te verderven, maar om hen te redden." (naar Luk. 9:52-56). *Ook wij moeten slechts deze ene gedachte hebben: dat allen mogen worden gered.*»

Het heeft God behaagd mij toe te staan vlakbij de Starets te leven en in hem gedeeltelijk te zien welk een wonderbaar leven Christus op aarde heeft gebracht; te zien hoe in één hart op wonderlijke wijze een diepe, onwankelbare vrede en een diepe, verscheurende jammerklacht naast elkaar bestaan; de vreugde en de vrede bij alles en tegelijkertijd het grote leed van de geest die de tragedie der mensheid beleeft.

De wet – als dat woord hier op zijn plaats is – van het eeuwige leven bestaat uit twee geboden: die van de liefde tot God en die van de liefde voor onze medemens. Wanneer een asceet zich terugtrekt uit de wereld, concentreert zijn leven zich in het begin op het eerste gebod en op het persoonlijk berouw en het lijkt dan een egoïstisch karakter aan te nemen. Maar later, als het berouw een zekere maat van volheid heeft bereikt en de ziel van de asceet geraakt wordt door de genade, dan begint de liefde van Christus in hem te handelen, die over de mensen en over heel de mensheid wordt uitgestort. Zelfs als hij in de woestijn woont en de wereld niet met zijn lichamelijke ogen ziet, dan ziet hij haar in de geest en hij beleeft het lijden van de wereld zeer diep, omdat hij dat beleeft met het christelijke bewustzijn van het unieke karakter en van de grote, eeuwige waarde van iedere mens.

Waar de mens ook heen moge gaan, in welke woestijn hij zich ook zou afzonderen, als hij de wegen van het ware leven in God volgt zal hij de tragedie van de wereld beleven en zelfs onvergelijkbaar veel dieper en intensiever dan degenen die zelf midden in de wereld leven, omdat zij niet weten waarvan zij beroofd zijn. De mensen lijden talloze ontberingen, maar op een enkele uitzondering na, weten zij niet wat zij ontberen. Wanneer zij beroofd zijn van tijdelijke goederen en zich van dat tekort bewust zijn, treuren zij en beklagen zij zich. Maar welke tranen zou de gehele wereld niet vergieten, als zij zich bewust was van haar belangrijkste gemis; en met welk een vurige ijver zou zij niet zoeken «naar het ene ding dat nodig is» (naar Luk. 10:42) ?

Er kan een droefheid om de wereld bestaan die waarachtig, heilig en God welgevallig is, maar zij kan ook misvormd en duister zijn. In de ziel van de mens die de volmaakte liefde niet heeft leren kennen, komen de twee geboden van Christus dikwijls tot een scherpe tegenstelling.

Wie Christus liefheeft, verlaat de wereld en wordt ondergedompeld in een zeker geestelijk egoïsme en, alsof hij onverschillig zou staan tegenover wat zich in de wereld afspeelt, werkt hij aan de redding van *zijn eigen* ziel. Wie de mensenwereld hartstochtelijk liefheeft, die beleeft haar lijden. Bezield met een gevoel van medelijden voor de wereld, staat hij op tegen God, want hij beschouwt Hem als verantwoordelijk voor al het lijden dat de gehele wereld overstroomt. Soms gaat deze opstandigheid zo ver als verwoede haat. Maar in de zalige Starets kon men naar het beeld van Christus zowel de ene als de andere liefde vinden in hun organische eenheid, maar ook in hun verschillende uitingsvormen: terwijl zij zegeviert in de eeuwigheid, lijdt de liefde in onze zondige wereld.

God heeft mij toegestaan gedeeltelijk te zien, hoe de Starets weende dat de wereld niet zou worden beroofd van de genade van de Heilige Geest, Die hij had mogen leren kennen. Hij werd verscheurd door een diep «medelijden» en hij smeekte God om barmhartigheid voor «alle volkeren der aarde».

Zo wordt een ware liefde voor God uitgegoten in een ware liefde voor de mens. En daarom verzekerde de Starets voortdurend: «Wie zijn vijanden niet liefheeft, die heeft geen goddelijke liefde in zich.»

Met «medelijden hebben voor de vijanden» bedoelde hij geen minachtend medelijden, maar *het medelijden van een liefhebbend* hart; en dat was voor hem het kenmerk van de waarheid van Gods weg.

Het laatste woord

Als we in gedachte een blik zouden werpen op de tweeduizendjarige geschiedenis van het christendom, dan vertoont zich aan ons de onafzienbare rijkdom van de verworvenheden van de christelijke cultuur: gigantische bibliotheken vol met schitterende werken van de menselijke geest en van het verstand; talloze academies, universiteiten, instituten – waar honderdduizenden jonge mensen, soms met ingehouden adem, soms met kloppend hart, dankbaar voor het geluk en de zegen die hen gegeven is, soms met een vurig enthousiasme dat de slaap en de zorg voor het lichaam verjaagt, de oevers naderen van deze grote oceaan en er gretig het levende water der wijsheid drinken – tienduizenden schitterende kerken, wonderbare scheppingen van menselijk vernuft; ontelbare, kostbare kunstwerken uit alle kunstrichtingen: muziek, schilderkunst, beeldhouwkunst, poëzie en nog zoveel meer. Maar alsof hij dit alles negeerde, heeft de Starets slechts bij één punt stilgestaan: de nederigheid en de liefde voor de vijand: daarin is *alles*.

Ik herinner me dat ik op een bepaald ogenblik in mijn leven in mijn enthousiasme over de werken van de heilige Vaders bedroefd tegen hem heb gezegd:

«Ik vind het jammer dat ik niet de kracht of de tijd heb om theologie te studeren.» Hierop antwoordde hij:

«En vindt u dat een belangrijke zaak ?»... Na enig stilzwijgen, voegde hij eraan toe: «Volgens mij is er slechts één belangrijke zaak: nederig worden, want de trots verhindert ons lief te hebben.»

Er zijn omstandigheden in mijn leven geweest dat God mij getoond heeft dat de Starets werkelijk de drager van de Heilige Geest was en daarom geloofde ik in zijn woord zonder van mijn kant ongepast en ellendig te oordelen. Ook nu heb ik niet de minste bedenking tegen de Starets, maar ik voel in mijn hart dat zijn woord het *laatste* woord is.

De Heer heeft heel de Wet en de profeten herleid tot twee zeer korte geboden (verg. Matth. 22:40). En bij het Laatste Avondmaal, kort voordat Hij naar Zijn Kruisdood opging, heeft Hij tegen de apostelen gezegd: «Een groter liefde kan niemand hebben dan dat hij zijn leven geeft voor zijn vrienden... ; maar u heb Ik vrienden genoemd, want alles wat Ik van Mijn Vader gehoord heb, heb Ik u bekend gemaakt.» Zo werd alles in die paar woorden gezegd. En zonder deze woorden zijn alle wetten, alle profeten en alle culturen *niets*.

Er zijn tien jaar verlopen sinds de sterfdag van de Starets en daarom is het mogelijk geworden om de gelovigen zijn woord aan te bieden. Zolang iemand nog in leven is, vertelt hij dit woord slechts aan zijn trouwste en naaste vrienden en dan nog slechts op zeldzame en bijzondere ogenblikken, want de mens weet niet hoe hij zijn weg zal voltooien; hij weet niet of hij zijn woord zal rechtvaardigen door zijn leven en door zijn dood.

En als dit onderricht van mij was, dan zou ik het niet verkondigen, omdat ik het niet rechtvaardig door mijn leven en Zijn oordeel niet zou doorstaan. Maar in dit geval kan men mijn taak vergelijken met het werk van een postbode die een brief bezorgt die hij zelf niet geschreven heeft of met dat van een zetter die het werk drukt van een ander. Ik waag het echter om te denken dat het woord van de Starets de allergrootste aandacht en bestudering verdient, niet van de buitenkant natuurlijk, maar door het leven zelf. Wij kennen niemand die zo stellig, met zulk een waarlijk apostolische overtuiging of zelfs liever gezegd kennis, zou hebben beweerd dat de liefde voor de vijanden het *enige* betrouwbare criterium is van de waarheid en dat niet slechts in soteriologische zin, d.w.z. betrekking hebbend op het geestelijke en morele niveau van het leven, waar de mens zijn redding kan vinden, maar ook op het dogmatische vlak, d.w.z. van de abstracte, ideële voorstellingen over het Zijn.

HOOFDSTUK 12 : HET GODDELIJKE WOORD

De gehele wereld zoekt tot op de dag van vandaag naar criteria voor de waarheid. Voor de gelovige is het criterium de Kerk, want zij is de «zuil en het fundament der waarheid» (1Tim. 3:15), krachtens haar ontologische band met Christus, haar Hoofd, waarvan zij het mystieke lichaam is; krachtens het onophoudelijk verblijf en de werking in haar van de Heilige Geest volgens de belofte van God. Maar de historische ervaring heeft de ontoereikendheid van dit criterium getoond, want er is niet slechts de ene ware Kerk, maar er zijn ook alle pseudo-kerken die zich «de Kerk» noemen; er bestaat geen uiterlijk kenmerk dat de ware Kerk op onbetwistbare wijze van de pseudo-kerken onderscheidt.

Maar het criterium dat de Starets heeft aangewezen kan universeel genoemd worden omdat het, dankzij de controle die door ons bewustzijn op de psychische uitingen van ons geestelijke leven wordt uitgeoefend, aan elke mens de mogelijkheid geeft niet slechts de geestelijke staat te bepalen waarin hij zich bevindt, d.w.z. weten of onze individuele weg tegenover God juist of verkeerd is, maar ook nog de leer van de ware Kerk te onderscheiden van alle vreemde en scheve elementen die aan deze leer kunnen worden toegevoegd.

De dogmatische belijdenis van de Kerk vormt een organische, onverbreekbare, totale eenheid, waarvan men naar willekeur geen afzonderlijke delen mag afbreken. Elke dogmatische fout weerspiegelt zich onherroepelijk in de vorm van het geestelijke leven van de mens. Misschien zijn er bepaalde zonden en afwijkingen in onze denkwijze over het goddelijke leven of over de geboden, die niet op noodlottige wijze terugkaatsen op het werk van onze redding, maar toch bestaan er ook afwijkingen en misvormingen die onze redding belemmeren.

De leer van de Kerk heeft niet het karakter van «zuivere» wetenschap en haar dogma's zijn geen abstracte leer over het goddelijke Zijn, hetgeen een «gnosis» zou zijn, die de Kerk vreemd is. Nee. De dogma's van de ware Kerk hebben altijd twee aspecten: ontologisch[52] en soteriologisch. Als het Huis van de levende God, wordt de Kerk voor alles en bovenal in beslag genomen door de vraag van het *leven*. Haar doel en haar opgave is de redding van de mens; en daarom hecht zij niet de voornaamste betekenis aan een abstracte ontologie, maar aan de vraag van de verlossing. De verlossing nu, wordt bereikt door het opvolgen van de geboden van Christus – de geboden over de liefde voor God en voor de naaste. Het tweede gebod van

Christus omvat ook het voorschrift van de Heer: «Hebt uw vijanden lief.» Het was *op die wijze* dat de Starets de hem verschenen Christus leerde kennen; en hij onderstreepte dat deze weg de enige ware en betrouwbare weg is tot deze kennis van God, die het eeuwige leven is; het is de weg tot de kennis van God door middel van Zijn komst en Zijn intrek in de ziel van de mens (naar Joh. 17:3; 14:21-23).

De ware Kerk bewaart de leer van Christus altijd ongeschonden, maar niet allen die zich als haar ledematen beschouwen en die zelfs uit haar naam spreken, begrijpen deze leer, want de poorten van haar liefde zijn voor elke mens wijd geopend, onafhankelijk van diens geestelijke niveau, mits hij maar het geloof belijdt en zijn voornemen om gered te worden. Daarom stelt de Kerk in haar empirisch gegeven bestaan altijd een vermenging voor van de waarheid die geopenbaard wordt door de heiligheid van haar leven, met de on-waarheid die wordt ingebracht door de zonden van haar zwakkere ledematen, waarop zelfs sommige vertegenwoordigers van de heilige hiërarchie geen uitzondering vormen.

Deze omstandigheid compliceert de kwestie zeer om de ware Kerk te onderscheiden van de pseudo-kerken, die eveneens kunnen wijzen op hun eigen historische opvolging uit de apostolische tijden en die ook dogmatische kennis verkondigen die uit de Heilige Schrift wordt geput, maar waarbij elementen worden toegevoegd die vreemd zijn aan de goddelijke waarheid en de goddelijke wil. De bron van deze ingebrachte misvormingen en beschadigingen is de zondige menselijke of demonische wil, die dikwijls niet alleen niet logisch kan worden bewezen aan een ander maar die zelfs niet duidelijk is voor zichzelf.

En juist voor al deze gevallen is het door Starets Silouan aangegeven criterium kostbaar, want dat maakt het mogelijk feilloos de aanwezigheid te ontmaskeren van een wil die vreemd is aan God, «Die wil dat alle mensen zalig worden» (naar 1Tim. 2:1-6) en Die ons het gebod heeft gegeven: «Hebt uw vijanden lief.»

Dit gebod van Christus, dat de afspiegeling in de wereld is van de alvolmaakte liefde van de drie-enige God, is de hoeksteen van heel onze leer; het is de ultieme synthese van heel onze theologie; het is de «kracht van boven» en die «overvloed van leven» die Christus ons geschonken heeft (naar Joh. 10:10); het is de «doop met de Heilige Geest en met vuur» waarover Johannes de Doper spreekt (naar Matth. 3:12). Dit woord, «Hebt uw vijanden lief», is het vuur dat de Heer op

HOOFDSTUK 12 : HET GODDELIJKE WOORD

aarde heeft geworpen bij Zijn komst (naar Luk. 12:49); het is het ongeschapen goddelijke licht dat aan de apostelen op de Thabor is verschenen; het zijn de tongen als van vuur waarin de Heilige Geest is neergedaald op de apostelen in de bovenzaal van Sion; het is het Koninkrijk Gods in ons dat «met kracht is gekomen» (naar Mark. 9:1); het is de volheid van het mens-zijn en de volmaakte godsgelijkenis (naar Matth. 5:44-48).

Hoe wijs, geleerd en edel een mens ook moge zijn, als hij zijn vijanden niet liefheeft, d.w.z. iedere medemens, dan heeft hij God nog niet bereikt. En omgekeerd, hoe eenvoudig, hoe arm en hoe «onwetend» een mens ook moge zijn, als hij in zijn hart deze liefde draagt, dan «verblijft hij in God en God verblijft in Hem.» Het is niet mogelijk volgens de Starets zijn vijanden lief te hebben buiten de enige, ware God. De drager van een dergelijke liefde is deelgenoot van het eeuwige leven en hij heeft daarvan een onmiskenbare getuigenis in zijn hart. Hij is de woonplaats van de Heilige Geest en in de Heilige Geest kent hij de Vader en de Zoon, hij kent met een ware en levenschenkende kennis. In de Heilige Geest is hij de broeder en de vriend van Christus; hij is de zoon van God en god door de genade.

Als ik naar Starets Silouan keek, dacht ik dikwijls: «Hoe wij het christelijke leven ook mogen beschouwen, het zal zich aan ons altijd en in alles strijdig vertonen met het gewone verloop van het menselijke leven en zijn waardepatroon. Wij zullen in alles een vreemde paradox zien.»

Een christen wordt tot het uiterste nederig in zijn hart, hij verlaagt zich in zijn bewustzijn «beneden ieder ander schepsel» en door die nederigheid wordt hij opgeheven tot God en bevindt hij zich boven ieder ander schepsel.

Een christen verlaat de wereld; in de «egoïstische» zorg om zijn redding laat hij alles achter omdat het niet nodig is; hij «haat» zijn vader en zijn moeder en zijn kinderen, als hij die heeft; hij verbreekt iedere vleselijke en psychologische band; in zijn vurig streven naar God «haat» hij de wereld en trekt hij zich tot diep in zijn hart volkomen terug. En als hij werkelijk zijn hart betreedt om strijd te leveren met de Satan en om het te reinigen van elke zondige hartstocht, ontmoet hij God diep in zijn eigen hart en in God begint hij te zien dat hijzelf onafscheidelijk verbonden is met heel het kosmische bestaan en dan is niets hem meer vreemd of uitwendig.

Als hij in het begin gebroken heeft met de wereld vindt hij later door Christus de wereld opnieuw in zichzelf, maar dan op een volkomen andere wijze en wordt hij daarmee door een liefdesband voor alle eeuwigheid verbonden. Dan neemt hij door middel van zijn gebed alle mensen op in zijn eigen eeuwige leven, onafhankelijk van de afstand of van de plaats waar zij leven, of van de historische tijd waarin zij leefden. Dan ontdekt hij dat zijn hart niet slechts een fysiek orgaan is of het orgaan van zijn psychische leven, maar dat het iets is dat zich niet laat definiëren en dat het in staat is in aanraking te komen met God, met de Bron van alle zijn. Diep in zijn hart leeft de christen op een bepaalde manier de hele geschiedenis van de wereld alsof het zijn eigen geschiedenis is. Hij ziet niet slechts zichzelf maar ook heel de mensheid, heel het complex van mogelijke gedachten en van geestelijke ervaringen en dan is geen enkele mens meer een vreemde voor hem en dan heeft hij elke mens lief, zoals Christus dat geboden heeft.

Om in de liefde van God te blijven is het onontbeerlijk dat woede en «haat» hun uiterste intensiteit bereiken, maar zij moeten gericht zijn op de zonde die in míj leeft, op het kwaad dat in míj werkzaam is, *in mij* en niet in mijn broeder.

Alle kracht van de tegenstand tegen het kosmische kwaad wordt diep in het hart van de christen samengebundeld, terwijl hij aan de buitenkant volgens het gebod van de Heer «den kwaadwillige geen tegenstand biedt» (naar Matth. 5:39).

Het hart van de christen vreest alles, tot en met de kleinste beweging van zijn gedachte of van een kwaadwillig gevoel; het maakt zich ongerust over alles, het lijdt en treurt over alles en tegelijkertijd is het voor helemaal niets bevreesd. Al zou «de hemel met de aarde botsen» en al zouden de bergen met al hun denkbaar gewicht met groot lawaai op ons hoofd vallen, dan zal in het diepe hart van een christen toch een onverstoorbare vrede heersen.

De christen is een volkomen hulpeloos wezen; hij is het mikpunt van allen en van een ieder; de christen is de slaaf van allen en het uitvaagsel van allen (naar 1Cor. 4:13), en tegelijkertijd is hij – en hij alleen – vrij en onaantastbaar in de diepste en meest volmaakte betekenis van dit woord.

Op zijn weg naar God begint de christen met de verzaking, de verwerping en «de haat», volgens het woord van Christus: «Wanneer iemand tot Mij komt en niet haat zijn vader en moeder en vrouw en kinderen en broeders en zusters, ja zelfs zijn eigen leven, dan kan hij Mijn discipel niet zijn» (Luk. 14:26) en ook: «Niemand van u die geen afstand doet van zijn bezit, [op materieel, intellectueel of psychisch gebied] kan Mijn discipel zijn» (naar Luk. 14:33) en hij komt uiteindelijk tot het verlangen om zijn leven voor Christus en «voor zijn vrienden en zijn vijanden» te geven.

Als de christen aldus alles verwerpt, met alles breekt, alles «haat», dan zal hij van God de gave ontvangen van de eeuwige, geestelijke liefde voor allen en alles. Als hij alles achterlaat, aan alles verzaakt, dan komt hij in het bezit van onvergelijkbaar veel grotere rijkdommen, die waarachtig en eeuwig zijn. «Niets hebbend, bezitten wij toch alles» (naar 2Cor. 6:10).

Vergeleken met het gewone leven lijkt het christelijke leven in alles tegengesteld en paradoxaal.

In mijn contact met de Starets dacht ik dikwijls: «Hij loopt met zijn voeten op de aarde, hij werkt met zijn handen en hij leeft temidden van de mensen als de meest eenvoudige mens, maar niemand kent hem behalve God.»

XIII

HET EINDE VAN DE STARETS

Het is onmogelijk om christelijk te leven; men kan slechts christelijk sterven, zoals de apostel Paulus, die iedere dag stierf (naar 1Cor. 15:31).

In mijn zwakke poging om de geestelijke weg van de grote Starets te beschrijven, naderen we het einde van zijn weg op aarde, hetgeen in gewone mensentaal de dood genoemd wordt en in de taal van gelovigen het einde. De laatste jaren van zijn leven was de Starets voortdurend verdiept in het gebed voor de wereld. Tot op het laatst bleef hij uiterlijk kalm en gelijkmatig gestemd, maar zijn ogen hadden zeer dikwijls een peinzende, droevige uitdrukking. In zijn gesprekken kwam hij vooral op twee thema's terug. Hij zei:

«"Ik ga naar Mijn Vader en naar uw Vader, naar Mijn God en naar uw God." Denkt u eens hoe barmhartig deze woorden zijn... De Heer maakt van ons allen één gezin.»

Hij zei ook nog: «Bidt voor de mensen... Hebt medelijden met het volk van God.»

Op mijn opmerking dat het moeilijk is om te bidden voor de mensen, antwoordde hij:

«Natuurlijk is dat moeilijk... Bidden voor de mensen, dat is je bloed vergieten... maar we moeten bidden. Alles wat de genade ons ooit heeft geleerd, moeten wij tot aan het einde van ons leven doen... Soms verlaat de Heer de ziel om haar te beproeven zodat de ziel haar wijsheid en haar vrije wil kan tonen, maar als de mens zichzelf niet dwingt om te bidden, dan zal hij de genade verliezen; als hij daarentegen zijn goede wil laat zien, dan zal de genade hem liefkrijgen en hem niet meer verlaten.»

Het was overduidelijk dat de genade hem liefhad en hem niet meer verliet. Maar waar leidt de genade heen ?

———

In de structuur van de wereld ziet men een hiërarchische ordening, een verdeling in hoger en lager, met andere woorden: de *piramide van het zijn*. Maar in het menselijke bewustzijn vinden we het idee van de gelijkheid als een uitdrukkelijke eis van ons diepste geweten.

Sommige mensen, die aan de ene kant het bestaan der wereld beschouwen in haar psycho-fysische dimensie en aan de andere kant het empirische leven van de mensheid in haar spirituele dimensie en die zowel bij de één als bij de ander een piramidale structuur, d.w.z. de aanwezigheid van ongelijkheid vaststellen, komen tot de gedachte dat ongelijkheid iets ontologisch is, iets dat ook voor de menselijke natuur noodzakelijk is; en dan doven zij ofwel uit hartstocht ofwel vanuit een onverstoorbare, filosofische overtuiging de eisen van hun geweten in zich. Anderen die juist uitgaan van deze onophoudelijke eis van hun geweten, van het diepe bewustzijn van de menselijke geest, streven onveranderlijk naar de verwezenlijking van de gelijkheid in het bestaan van de mensheid.

Maar is gelijkheid daar mogelijk waar vrijheid het fundamentele principe is van het bestaan ? Volgens de ervaring van duizenden jaren die in de geschiedenis der mensheid voorbijgegaan zijn, ligt het antwoord voor de hand en dat luidt *nee*.

Maar wat kunnen we doen om deze orde der dingen die voor onze geest onaanvaardbaar is, te veranderen ? Want we *kunnen* immers ons diepste geestelijke verlangen – om alle mensen in hun volheid als gelijken te zien – *niet* opgeven.

Laten wij ons tot Christus wenden en kijken hoe Hij deze opgave oplost.

De Heer ontkent noch het feit van de ongelijkheid, noch de hiërarchie, noch de verdeling in hogere en lagere, meer en mindere niveaus, maar Hij keert deze piramide van het bestaan ondersteboven en bereikt daardoor de uiterste volmaaktheid.

De onbetwiste top van deze piramide is de Mensenzoon Zelf, de enige, de ware, de eeuwige Heer. Hij zegt over Zichzelf dat Hij «niet is gekomen om gediend te worden, maar om te dienen en om Zijn leven te geven als losprijs voor velen» (naar Matth. 20:28). Over de engelen hebben wij geleerd dat zij wezens zijn die hoger staan dan wij door hun kennis en door hun wijze van bestaan, vergeleken bij ons aardse bestaan, maar de Apostel spreekt over hen als over «dienstbare geesten die uitgezonden zijn ten dienste van hen die het heil beërven zullen» (Hebr. 1:14).

De Heer gebiedt Zijn leerlingen om Zijn voorbeeld te volgen dat Hij gegeven heeft door hen de voeten te wassen (naar Joh. 13:15). Hij zegt tot hen: «Gij weet dat de vorsten over de volken heersen en dat de groten hun de overmacht laten gevoelen. Zo moet het echter onder u niet zijn. Maar wie onder u groot wil zijn, moet een dienaar zijn; en wie onder u de eerste wil wezen, moet aller knecht zijn» (Matth. 20:25-27; Mark. 10:42-44). Hierdoor wordt het doel en de zin van de kerkelijke hiërarchie als volgt bepaald: de verhoging van degenen die lager staan tot dat niveau van geestelijke volmaaktheid, waarop degene zich bevindt die hoger staat in de hiërarchie, volgens het woord van de Apostel: «En Hij is het ook die sommigen tot apostelen heeft gemaakt, anderen tot profeten, anderen tot evangelisten, weer anderen tot herders en leraars, om de heiligen toe te rusten tot de uitoefening van de bediening, tot opbouw van het Lichaam van Christus, totdat wij allen komen tot de eenheid in het geloof en in de kennis van de Zoon van God, tot de mannelijke rijpheid, tot de maat van de volkomen wasdom van Christus» (Ef. 4:11-14).

Christus, de Schepper – en in die zin de *oorzaak* – van de geschapen wereld, verschijnt als «verantwoordelijk» voor haar bestaan en bijgevolg heeft Hij de last op Zich genomen, de zonde van de gehele wereld. Hij is de top van de omgekeerde piramide, de top waarop het gewicht van heel de piramide van het bestaan drukt.

De volgelingen van Christus gaan op onverklaarbare wijze op Hem lijken, wanneer zij de lasten of de zwakheden van anderen op zich nemen: «Wij die sterk zijn, moeten de zwakheden der zwakken verdragen» (Rom. 15:1).

Ik spreek hier over dit alles om te wijzen op een kenmerkende bijzonderheid van de christelijke weg en over hetgeen ik heb kunnen waarnemen van het innerlijke leven van de Starets. Ik ben me bewust van de ontoereikendheid van woorden en beelden om dit leven te ontvouwen.

De christen gaat *naar beneden*, naar de diepte van de omgekeerde piramide, waar een vreselijke druk geconcentreerd is en waar Diegene Zich bevindt Die de zonde der wereld op zich heeft genomen: Christus.

Wanneer het hart van de mens wordt geraakt door een grote genade van God, dan begint de kracht van de liefde van Christus in hem te werken; en meegesleept door deze liefde daalt de ziel werkelijk af tot de diepte van de omgekeerde piramide, achter Christus aan: zij wordt naar Zijn gelijkenis. Naar de mate van zijn krachten neemt de mens de last van zijn broeders op zich.

En dan ontstaat er een gesteldheid die men onmogelijk onder woorden kan brengen. Het hevige en diepe lijden dat de mens in zijn leven heeft doorgemaakt, heeft zijn hart vervuld met een groot medelijden voor allen die lijden; de medelijdende liefde is bereid zichzelf op te offeren, heel haar leven op te offeren voor het welzijn van de naaste; en tegelijkertijd sleept de liefde heel de mens onweerstaanbaar mee naar God: de geest, het hart en ook het lichaam – heel het menselijke wezen – wordt tot God aangetrokken in een diep en vurig gebed met tranen voor de mensen, soms voor bepaalde, bekende of onbekende personen afzonderlijk, soms voor heel de mensheid «vanaf het begin der tijden». Maar soms geeft de ziel zich na een lang lijden van de liefde volkomen over aan God en vergeet de gehele wereld.

«Wanneer de ziel in God is, dan wordt de wereld volkomen vergeten en de ziel schouwt God.»

Nadat dit innerlijke offer is gebracht, d.w.z. na de innerlijke verzaking aan alles, ontstaat er een totale rust in de mens. Dan komt er een diepe innerlijke vrede, de vrede van Christus, «die alle verstand te boven gaat» (Fil. 4:7).

Aan de basis van de omgekeerde piramide, waarvan de onpeilbare diepte de top is, bevindt Christus Zich, Die Zich uit liefde voor de wereld heeft laten kruisigen. Daar is een volstrekt bijzonder leven, een volstrekt bijzonder licht en een bijzonder aangename geur. De asceet van Christus wordt door de liefde daarheen aangetrokken. De liefde van Christus kwelt haar uitverkorene, verdrukt hem en maakt zijn leven ondraaglijk zwaar, totdat zij haar uiteindelijke verlangen heeft bereikt; de wegen die zij kiest om dit laatste doel te bereiken zijn ongewoon.

HOOFDSTUK 13 : HET EINDE VAN DE STARETS

«Bidden voor de mensen, dat is je bloed vergieten.»

En ik heb gezien en getuig daarvan dat de zalige Starets Silouan, die voor de mensen, voor de wereld, voor de gehele mensheid, voor de gehele Adam bad, in dit gebed zijn leven heeft geofferd.

Een dergelijk gebed is het berouw dat voor de zonden van de mensen wordt opgedragen; dit berouw bestaat eruit dat men de zondelast der mensen op zich neemt; dit gebed voor de gehele wereld bestaat eruit, dat men tot op zekere hoogte de last van de wereld draagt.

Maar alvorens een mens de vermetelheid in zich vindt om aan een dergelijk gebed te beginnen, moet zijn eigen berouw eerst een zekere voltooiing hebben bereikt, want als hij in zonde en in hartstochten blijft leven, dan legt hij, in plaats van de last van zijn broeders op zich te nemen, zijn last op hen. Om deel te nemen aan het Lijden van Christus voor de wereld, om «gemeenschap aan Zijn Lijden» (naar Fil. 3:10; 1Petr. 4:13) te mogen hebben, moet men gebroken hebben met de zonde (naar 1Petr. 4:1).

Het is niet mogelijk om christelijk te leven; men kan slechts christelijk sterven. Zolang de mens in deze wereld, in dit vlees leeft, is hij altijd als het ware met een sluier bedekt: deze sluier staat hem niet toe om volmaakt te leven en onophoudelijk in God te verblijven, tot Wie zijn ziel zich verheft. Zolang de mens bekleed is met dit vlees bevindt hij zich hierdoor altijd in de relativiteit van het aardse bestaan en daarom hebben al zijn daden ook een relatief karakter en hij bereikt de volmaaktheid slechts door het grote mysterie van de dood, die het zegel van de eeuwige waarheid zal plaatsen op heel de aardse weg die hij heeft afgelegd of die integendeel zijn leugen zal ontmaskeren. De dood is – als de vernietiging van het organische leven van het lichaam – voor alle mensen hetzelfde, maar als een geestelijke gebeurtenis krijgt hij voor ieder mens apart zijn eigen bijzondere zin en betekenis.

In dit boek stel ik mij niet voor de onmogelijke opgave om het mysterie van het christelijke, geestelijke leven in zijn volheid te ontvouwen; ik los hier geen enkel probleem op. Mijn opgave bestaat er slechts in, dit onderwerp gedeeltelijk aan te roeren en uitgaande van de ervaring van de Starets – zoals ik hem heb waargenomen – te laten zien dat de christelijke asceet die zich door het gebod van Christus laat leiden, onvermijdelijk zal stilhouden bij de enige voorwaarde die de uitvoering van dat gebod mogelijk maakt, namelijk: «Wanneer iemand zijn eigen leven niet haat, dan kan hij Mijn discipel niet zijn» (naar Luk. 14:26).

Wanneer de christen in zijn vurig streven naar de opgedragen volmaaktheid ook deze voorwaarde, die door Heer Zelf is aangewezen, diep in zijn ziel aanvaardt, dan begint er een ervaring waarvan we met gegronde reden mogen zeggen dat zij de mens tot de uiterste grenzen brengt die voor hem bereikbaar zijn.

Christus is volmaakt God en volmaakt mens. Volmaakt mens zowel in de betekenis van de uiterste volmaaktheid als ook in de betekenis van een echte, waarachtige mens. Slechts Hij, de alvolmaakte mens, heeft tot aan het einde, heel de volheid van de menselijke ervaring uitgeput; degenen die Hem navolgen, geleid door Zijn gebod en door Zijn Geest, benaderen slechts deze volheid, zonder haar uit te putten – althans binnen de grenzen van het leven op aarde.

Als we spreken over de volheid van de algemeen-menselijke ervaring, dan zijn wij ervan overtuigd dat zij in alle omstandigheden voor de mens toegankelijk is, zodat het kloosterleven in die zin geen uitzondering vormt op de algemene situatie. Aan ons allen is hetzelfde gebod gegeven, met andere woorden niemand van ons is kleiner voor God maar elke mens wordt in gelijke mate geacht. Wij allen hebben het bedrag ontvangen waarvoor – als men het zo mag uitdrukken – de hoogst mogelijke volmaaktheid die een mens kan bereiken, te verkrijgen is en waarvan de prijs voor elk van ons hetzelfde is: zichzelf tot het einde niet ontzien. Dit betekent niet alleen: «al mijn bezittingen uitdelen of mijn lichaam geven om verbrand te worden» (naar 1Cor. 13:3) maar afstand doen van alles wat ik bezit (naar Luk. 14:33), binnen de grenzen van mijn geschapen bestaan, dat van God gescheiden is in zijn egoïstische isolatie van mijn naaste en zijn negatieve opstelling tegenover mijn medemens.

Deze volmaaktheid wordt in haar volheid slechts in de dood bereikt en daarom kan men in wezen niet christelijk leven; men kan slechts christelijk sterven.

―――

De zalige Starets zei dikwijls dat de Heilige Geest hem heeft geleerd met de liefde van Christus lief te hebben. Liefhebben met de liefde van Christus betekent de kelk van Christus drinken; die kelk, waarvan de mens-Christus Zelf Zijn Vader had gesmeekt hem «te laten voorbijgaan». De liefde van Christus is een gelukzaligheid die met niets op deze wereld vergelijkbaar is en tegelijkertijd is het een lijden dat groter is dan al het andere lijden, een lijden tot aan de dood. Deze laatste drempel, de dood, is eveneens de laatste beproeving van onze liefde en van onze vrijheid. Wie Christus in Zijn opgang naar Jeruzalem navolgt – al is het onvolkomen en van verre – zal de vrees begrijpen die Zijn leerlingen die Hem volgden, hebben ondervonden (naar Mark. 10:32). Dit is zo omdat elke handeling volgens het gebod van Christus door een beproeving gaat, *het is niet anders*; en slechts door de beproeving ontvangt een daad zijn eeuwige waarde. De asceet die deze geestelijke wet kent, komt er dikwijls slechts met grote vreze toe, deze liefde na te volgen, maar later, wanneer hij de beproeving zal doormaken en wanneer hij de grootsheid van de gave van God voor de mens zal begrijpen: de gave van de vrijheid en van het leven, die naar de gelijkenis van God zijn; dan vindt hij noch de woorden noch de verzuchtingen om zijn dankbare liefde voor God uit te drukken.

In het leven van de asceet bestaan er situaties waarin hij volledig bereid is te sterven maar gewoonlijk draagt hij dit vuur heimelijk in zijn ziel en wordt de volle kracht daarvan niet geopenbaard; maar een gematigde, uiterlijk verborgen werking van dat vuur is echter zelfs noodzakelijk in de loop van het dagelijkse leven opdat hij de geboden naar vermogen blijft onderhouden.

In zijn gebed voor de wereld komt de mens door een grote liefde tot een staat waarin hij zichzelf in niets ontziet; als dit innerlijke offer is gebracht bereikt zijn ziel een diepe vrede; maar als het gebed is geëindigd ziet de ziel wederom de wereld die verzonken is in lijden en duisternis en dan beweegt zij zich opnieuw naar het gebed en zo gaat het verder totdat zij de laatste grens van haar leven zal bereiken.

Als de ziel terugkeert van het gebed naar de last van het psychosomatische leven, ervaart zij een zekere droefheid bij de gedachte aan haar ontoereikende offer en zelfs een zekere schaamte voor haar leugen, zoals er gezegd wordt: «Iedere mens is leugen» (Ps. 115:2). Leugen, omdat hij niet onveranderlijk trouw blijft en als hij vandaag heeft gezegd: «Ik heb lief», dan vindt hij morgen die liefde al niet meer in zich. Zo ontstaat er gaandeweg in de ziel van de mens de behoefte om de leugen in zijn leven te overwinnen en het gebed tot zijn ultieme waarheid te brengen, wat slechts bereikt wordt in de dood.

Op donderdag 2/15 september 1938 om ongeveer vijf uur 's ochtends (volgens de athostijd rond elf uur) ging ik bij de Starets langs in het magazijn en trof hem daar als gewoonlijk kalm aan; hij sprak met zijn gebruikelijk doffe stem. Uiterlijk merkte ik aan hem geen enkele verandering; hij was bezig met zijn gewone werk.

's Morgens tegen tienen bezocht ik hem na de maaltijd in zijn cel. Hij zat op een stoel bij een tafeltje. Omdat ik hem veranderd vond, vroeg ik hem: «Starets, wat is er met u ?»

«Ik voel me niet goed.»

«Wat is er dan met u ?»

«Ik weet het niet.»

Hij stond op van zijn stoel en ging helemaal achterop zijn bed zitten en terwijl hij met zijn rug tegen de muur leunde, ondersteunde hij met zijn rechterarm zijn half uitgestrekte lichaam; langzaam strekte hij zijn hals en richtte hij zijn hoofd op; op zijn gezicht tekende zich pijn af.

Ik vroeg: «Starets, gaat u sterven ?»

«Ik heb de nederigheid nog niet bereikt,» antwoordde hij.

Voorzichtig trok hij zijn benen op het bed, terwijl zijn hoofd neerzakte op het kussen en zo bleef hij aangekleed liggen.

«Starets, zou het niet beter zijn als u naar het hospitaal ging ?»

«Ik heb geen zin om naar het hospitaal te gaan, want daar zijn zoveel mensen; en dan geeft men mij misschien weer een plaats onder de klok, zoals de laatste keer; en dat getik stoort mij bij het bidden.»

«Maar hier kunt u, ziek als u bent, toch niet blijven; wie zou u kunnen verzorgen ?... Het is daar toch geriefelijker.»

«Als men mij een aparte kamer zou geven, dan ging ik er wel heen.»

«Ik zal daarover met de dokter spreken,» zei ik tegen hem en ging op zoek naar vader Thomas, de monnik die het hospitaal leidde en die men «dokter» noemde. Vader Thomas had in de wereld geen medicijnen gestudeerd, maar hij had zijn leven lang op de ziekenzaal van het klooster gewerkt en daar had hij een aanzienlijke praktijkervaring en zelfs enige theoretische kennis opgedaan. Hij bezat een

Hoofdstuk 13 : Het einde van de Starets

schrandere intuïtie op medisch gebied en hij was uitermate nuttig voor het klooster, want er waren op de Athos geen echte ziekenhuizen of artsen.

Het hospitaal van het Panteleimonklooster nam twee etages in beslag en was verdeeld in twee afdelingen, een boven en een beneden. De afdeling beneden was ingericht in een grote zaal die door een wand in tweeën was gedeeld. In die tweede, achterste helft, bij de ramen aan de zeekant, waren twee kleine kamertjes door dunne wandjes van de algemene ruimte afgescheiden. De dokter was zo vriendelijk het rechterkamertje ter beschikking te stellen van de Starets.

Teruggekomen bij de Starets, zei ik hem dat de dokter hem een kamer in de benedenzaal had gegeven. De Starets stemde toe om daarheen te gaan, maar hij was al te ziek om daar alleen heen te lopen en hij moest worden ondersteund. Bedroefd bracht ik hem naar het hospitaal.

De ziekenzaal van het klooster beschikte niet over technische hulpmiddelen om een diagnose te kunnen stellen. Niemand wist precies wat er met de Starets aan de hand was. Zijn gezondheidstoestand verslechterde snel. Volgens gebruik van het klooster ontving hij, als ernstig zieke, iedere dag de heilige Communie. Op maandag 6/19 september ontving hij het Mysterie van de heilige Ziekenzalving.

Ik bezocht hem dikwijls, maar durfde hem niet te storen door met hem te praten; ik ging voor het kamertje, naast de half-openstaande deur zitten, omdat het kamertje erg klein was. Tijdens het leven van de Starets heb ik dikwijls de gelegenheid gehad om te zien hoe hij leefde en om veel dingen van hem te horen die een beeld gaven van zijn innerlijke, geestelijke weg; het was tot op zekere hoogte mogelijk voor mij om te volgen hoe hij naderde tot het grote mysterie van de dood, maar het eigenlijke ogenblik van zijn dood is voor mij verborgen gebleven.

De Starets heeft de laatste dagen van zijn leven, vanaf het begin van zijn ziekte tot aan zijn dood, gezwegen. Tijdens zijn leven had hij eens verteld hoe een monnik, een drager van het grote schima, die zich in het hospitaal voorbereidde op de dood, voortdurend zijn ogen gesloten hield om het indachtig zijn van God niet door een uiterlijke indruk te verstoren. Wanneer zijn goede vriend en metgezel in de ascese bij hem op bezoek kwam, wisselde deze monnik slechts enkele woorden met hem zonder zijn ogen te openen en hij herkende zijn vriend slechts aan diens stem. Toen ik mij dit herinnerde, verstoorde ik op een enkele uitzondering na, de rust van de Starets niet door mijn vragen.

Na verloop van een week werd de toestand van de Starets kritiek.

Op vrijdag 10/23 september, 's avonds vlak voor zonsondergang, kwam vader Sergius, zijn biechtvader, bij hem om de Smeekcanon van de Moeder Gods voor het heengaan van de ziel ofwel de «gebeden voor de stervenden» voor hem te lezen. Toen hij het bed van de zieke naderde, zei hij:

«Zegen, vader Silouan !»

De Starets opende zijn ogen en zwijgend keek hij ons met zachtheid aan. Zijn gezicht was uitzonderlijk bleek maar kalm. Toen hij zag dat de Starets zweeg, vroeg de biechtvader:

«Welnu, vader Silouan, herkent u ons ?»

«Ja, ik herken u,» antwoordde hij met een zwakke maar duidelijke stem.

«En hoe voelt u zich ?»

«Goed, ik voel me goed.»

Werd dit antwoord ingegeven door zijn ascetisch verlangen om zijn lijden te verbergen en het niet te tonen, omdat hij zich niet wilde beklagen over zijn ziekte, of doordat de Starets zich geestelijk werkelijk zo goed voelde dat de ziekte al niet meer werd opgemerkt en de vrede van zijn ziel niet meer verstoorde, ik weet het niet.

«Wij zijn gekomen om met u te bidden en de canon van de Moeder Gods voor te lezen... Wilt u dat ?» zei de biechtvader.

Ja, dat wil ik graag... dank u wel,... dat wil ik zeer graag.»

Vader Sergius begon de canon te lezen. Met gesloten ogen lag de Starets zeer bleek, kalm en onbeweeglijk op zijn rug; zijn rechterarm rustte op zijn borst, zijn linkerarm lag langs zijn zijde. Zonder zijn linkerarm te verplaatsen voelde ik voorzichtig zijn pols, die zeer slecht was: dan weer heel zwak en nauwelijks merkbaar, dan weer sterker, maar in beide gevallen was het ritme zo onregelmatig dat het per halve minuut verschillende keren veranderde.

Het lezen van de gebeden voor de stervenden was afgelopen. De Starets opende zijn ogen opnieuw, bedankte ons zachtjes en wij namen afscheid van hem en zeiden:

«Tot morgen».

Hoofdstuk 13 : Het einde van de Starets

Tegen middernacht ging vader Nikolaj, de verpleger, het kamertje binnen. De Starets vroeg hem:

«Worden de Metten gelezen ?»

«Ja,» antwoordde de verpleger en hij voegde hieraan toe:

«Heeft u nog iets nodig ?»

«Nee, dank u; ik heb niets nodig.»

De kalmte waarmee de Starets zijn vraag stelde, evenals zijn antwoord aan de verpleger en het feit dat hij de lezing hoorde, die in zijn afgelegen hoek maar nauwelijks hoorbaar was, dat alles bewijst dat hij volledig bij bewustzijn was en in het volledige bezit van al zijn vermogens. Aan het einde van de Metten, dat wil zeggen anderhalf uur na dit korte gesprek, ging vader Nikolaj opnieuw langs bij de zieke en was uiterst verwonderd toen hij hem al gestorven aantrof. Niemand had hem horen sterven, zelfs niet degenen die in zijn buurt lagen. Zo stil is hij naar God heengegaan.

Volgens de canons van de Kerk behoort men het lichaam van een overleden monnik niet te ontkleden en daarom wordt er geen volledige wassing verricht, maar maakt men slechts met een vochtige spons een kruisteken op het voorhoofd, de borst, de handen, de voeten en de knieën. Gekleed in al zijn monastieke kledingstukken, in zijn podraznik, met daarover het schima, worden het lichaam en het hoofd van de overledene ingewikkeld in zijn rjasa[53], die dichtgenaaid wordt. Vervolgens wordt het lichaam op een speciale baar gelegd. Na een korte dienst voor de ontslapenen wordt het lichaam overgebracht naar de kerk, bedekt met een zwarte doek waarop een donkerrood kruis is geborduurd in de vorm van het kruis op het schima.

De Metten werden in het hospitaal aanzienlijk vlotter gelezen dan in het Katholikon (de hoofdkerk van het klooster); daarom bleef er voor de aanvang van de Liturgie nog enige tijd over voor zeer eenvoudige voorbereidingen, alvorens het lichaam van de monnik naar de kapel van het hospitaal werd overgebracht. Het lichaam van de Starets werd op een draagbaar in de kapel geplaatst waar men de Liturgie voor de ontslapenen vierde. Na afloop van deze dienst lazen de monniken die elkaar afwisselden het psalmboek «over» hem.

Volgens het gebruik van het klooster werd de begrafenisdienst voor de Starets, die lang in het klooster had geleefd en die verantwoordelijk werk had gedaan, door enkele priestermonniken gezamenlijk gevierd. Na de Vespers werd zijn lichaam daarom overgebracht vanuit de kapel van het hospitaal naar de hoofdkerk van het klooster, gewijd aan de heilige grootmartelaar Panteleimon. Daar vierden enkele priestermonniken de begrafenisdienst. Gewoonlijk gaat de hegoumen in dat geval de gemeenschappelijke dienst voor, maar de oude hegoumen, archimandriet Misaël, verliet zijn cel in die tijd al niet meer, omdat hij aan hemiplegie leed en daarom ging zijn plaatsvervanger, de priestermonnik vader Justinus de dienst voor. Na afloop van de begrafenisdienst voor monniken werd het lichaam van de Starets naar de begraafplaats gedragen, die buiten de kloosterpoort is gelegen. Daar werd hij in zijn rjasa, zonder kist, onder het zingen van de slot-litia en van «Eeuwige gedachtenis» neergelaten in het graf.

De heilige Starets Silouan, drager van het grote schima, overleed tussen één en twee uur in de nacht van 11/24 september van het jaar 1938 en hij werd op diezelfde dag om vier uur in de namiddag begraven.

XIV

GETUIGENISSEN

Het monnikendom op de Athos houdt zich in zijn nuchter wantrouwen ten opzichte van de mens aan de regel van de Vaders: «Verklaar niemand voor zijn einde heilig.» Deze positieve nuchterheid, zoals alles wat menselijk is, kan de grenzen van het redelijke overschrijden en in een overdreven angst voor de waardeloosheid van de mens veranderen. De monniken op de Athos kunnen eerder worden beschuldigd van dat laatste.

Tijdens zijn leven sprak Starets Silouan in gesprekken met monniken soms de gedachten uit die de lezer in zijn geschriften zal vinden en omdat deze woorden de maat van een gewone mens te boven gaan, werden natuurlijk vele monniken bevreesd voor hem en sommigen zeiden: «Wij zullen wel zien hoe hij zal sterven !» Veel monniken hielden van de Starets omwille van zijn kalmte, zijn zachtmoedigheid en onveranderlijke welwillendheid, maar vreemd genoeg bleef voor het merendeel van hen het uitzonderlijke leven van de Starets gedurende bijna een halve eeuw praktisch onbekend en pas na zijn dood werd men zich bewust van zijn heiligheid.[54] Een monnik, vader Stefan, die in de apotheek van het klooster werkte, hield bijzonder veel van de Starets. Hij vertelde mij het volgende:

«'s Morgens op de dag van het sterven van Starets Silouan liet ik mijn werk in de steek en ging naar de kerk om Psalmen "over" hem te lezen en ik smeekte de Heer vurig om mij te verlenen uit de lezing te begrijpen hoe de Starets zijn monastieke weg had afgelegd en of hij aan God welgevallig was. Toen ik de kerk betrad, las de daar aanwezige monnik: "Gij zijt mijn God, U zal ik verheffen. Ik wil U belijden omdat Gij mij verhoord hebt; Gij zijt mij tot heil geworden. Belijdt de Heer, want Hij is goed: in eeuwigheid duurt Zijn erbarmen." Toen ik zag dat hij het 16e kathisma beëindigd had, zei ik tegen hem: "Ga maar uitrusten, dan zal ik verder gaan." Hij ging weg en ik ging bij de analoj staan en ik begon het volgende kathisma, het 17e te lezen:

"Zalig de onbevlekten op hun levensweg, die wandelen in de Wet des Heren. Zalig die Zijn getuigenissen overwegen, die Hem zoeken met heel hun hart... Uw gerechtigheden wil ik onderhouden... Ik zoek U met heel mijn hart... Met mijn lippen heb ik alle oordelen van Uw mond verkondigd. Ik vind meer vreugde in de weg van Uw Getuigenissen, dan in de grootste rijkdom" en de rest van deze wonderbare psalm. En toen kreeg mijn hart de zekerheid dat hij aan God behaagd had.»

Na de dood van de Starets vroeg een hiërodiaken de zegen aan de hegoumen van het klooster om de «woestijn» in te gaan. Hij werd opgeroepen voor de Raad van Ouderen en moest verklaren waarom hij het klooster uit wilde gaan. De diaken antwoordde dat hij dacht dat het nuttig voor zijn redding zou zijn. Toen vroeg één van de leden van de Raad, vader Mattheus: «Zijn er hier dan geen gunstige omstandigheden om zalig te worden ? Wijlen vader Silouan heeft heel zijn leven in ons klooster doorgebracht; zou u dan iemand in de "woestijn" kunnen vinden die groter is dan hij ?» En dit zei vader Mattheus die tijdens het leven van Starets Silouan één van degenen was geweest die het meest voor hem gevreesd had.

Een van de andere oudste monniken van het klooster, vader Trofim, die een zeer buitengewoon asceet was en wiens leven voor velen een goed voorbeeld zou kunnen zijn, las na het overlijden van de Starets een gedeelte van diens aantekeningen. De woorden van de Starets over de liefde van God, over de nederigheid, over de noodzaak «je geest in de hel te houden en niet te wanhopen» en nog andere, hadden diepe indruk op hem gemaakt. Ik herinner me een ontmoeting met hem bij de «Kleine Poort» van het klooster. Hij hield mij tegen en zei:

«Nu zie ik dat vader Silouan de maat van de heilige Vaders heeft bereikt... Zijn dood heeft mij overtuigd.»

«Vader Trofim, waagde ik te zeggen, heeft een halve eeuw van gemeenschappelijk kloosterleven u daarvan niet overtuigd, maar zijn dood wel ?»

« Ik heb altijd van hem gehouden en ik was blij wanneer ik hem tegenkwam maar het leek mij dat hij te direct met God sprak; en om de waarheid te zeggen was ik ongerust over hem.»

«Hoe sprak hij dan, dat u zich ongerust over hem maakte ?»

«Ofschoon hij zich zeer eenvoudig uitdrukte, sprak hij toch zo gedurfd en zo stoutmoedig over het gebed en over God als over zijn eigen Vader, dat ik hem soms onderbrak en tegen hem zei: "Houd op, vader." Het leek mij alsof hij de vreze Gods verloren had.»

«En wanneer u hem in de rede viel, wat zei hij dan ?»

«Hij was altijd gelijkmatig gestemd. Als ik hem onderbrak, dan zweeg hij.»

«Maar was hij kwaad, wanneer u hem onderbrak ?»

«O nee ! Hij was een zachtaardig mens en ik herinner me niet dat hij ooit kwaad is geweest.»

«Vader Trofim, u weet toch dat zij die in bekoring zijn altijd ongehoorzaam en beledigd zijn, als men hen berispt. Waarom heeft u dat dan niet opgemerkt ?»

«Dat heeft God dus voor mij verborgen... Werkelijk waar, hij was zo eenvoudig ! Ik heb nu pas mijn fout begrepen.»

«En wat zegt u van zijn aantekeningen ?»

«Dat heb ik u al gezegd: hij heeft de maat van de heilige Vaders bereikt.»

Een Servische bisschop, die enkele malen de heilige Berg had bezocht en die zeer veel van de Starets hield, schreef toen hij van zijn ontslapen hoorde, in zijn missionair tijdschrift een necrologie met de titel: «Een mens van grote liefde», waarin onder meer het volgende over hem werd gezegd:

Over deze voortreffelijke monnik kan men slechts zeggen: hij is een ziel vervuld van zoetheid. Niet alleen ik heb deze zoetheid mogen ervaren, maar dat geldt voor elke Athos-pelgrim die hem heeft mogen ontmoeten. Silouan was lang en sterk; hij had een grote zwarte baard en door zijn uiterlijk nam hij een onbekende niet direct voor zich in. Maar één gesprek was voldoende om deze mens lief te krijgen... Hij sprak over de onmetelijke liefde van God voor de mens en hij wist zondaars ertoe te brengen dat zij zichzelf streng veroordeelden.

Vervolgens vertelt de bisschop over enkele gesprekken met de Starets en dan schrijft hij verder:

Deze wonderbare asceet was een eenvoudige monnik, maar hij was rijk aan de liefde voor God en voor zijn naasten. Van alle kanten van de heilige Berg snelden monniken naar hem toe om raad, maar hij was in het bijzonder geliefd bij de Servische monniken van Chilandari[55] en bij de skite van de heilige Sabbas. Zij beschouwden hem als hun geestelijke vader die hen bezielde door zijn liefde. Zij zijn allen pijnlijk getroffen door de scheiding met hem. En ze zullen zich nog lang, nog zeer lang, de liefde van vader Silouan en zijn wijze raadgevingen herinneren.

> *Ook voor mij is vader Silouan een zeer grote geestelijke hulp geweest. Ik voelde hoezeer zijn gebed mij versterkte. Telkens wanneer ik de heilige Athos bezocht, haastte ik mij om hem te ontmoeten.*

De auteur beëindigde zijn necrologie met de volgende woorden:

> *Er is nog veel en veel meer, dat ik van vader Silouan zelf heb gehoord en dat ik van anderen over hem heb gehoord. Maar wie zou dat alles kunnen opsommen en opschrijven ? Het boek van zijn leven is geheel getooid met de parels van de wijsheid en het goud der liefde. Het is een ontzagwekkend en onvergankelijk boek. Nu is het gesloten en wordt het uit de handen van zijn beschermengel aangeboden aan de eeuwige en rechtvaardige Rechter. En de eeuwige en rechtvaardige Rechter zal tegen de ziel, die Hem op aarde zozeer heeft liefgehad, zeggen: «Mijn trouwe dienaar, Silouan, treed binnen in de vreugde van Uw Heer.» Amen.*

(ondertekend) *Bisschop Nikolaas*

Toen een andere Russische bisschop, metropoliet Benjamin, die de Starets slechts kende uit hun correspondentie en uit de verhalen van mensen die hem persoonlijk gekend hadden, het bericht van zijn ontslapen had ontvangen, schreef hij aan de hegoumen Justinus (op 18 november 1938):

> *Hoogeerwaarde en zeer geëerde Vader Hegoumen en Broeders !*
>
> *Ik heb uw brief met de aankondiging over het overlijden van de zalige monnik Starets Silouan ontvangen... Moge de Heer hem Zijn eeuwige Koninkrijk schenken !...*
>
> *Het is niet aan ons, zondaars, om te oordelen over heilige mensen. God zelf verheerlijkt hen wanneer Hij het wil. Maar ik zeg u volkomen eerlijk dat ik de afgelopen jaren bij niemand zulk een krachtige genade heb ervaren als bij vader Silouan.*
>
> *Het is moeilijk om in woorden weer te geven waaruit die kracht bestond.*
>
> *Zoals over onze Heer Jezus Christus wordt gezegd dat Hij tijdens Zijn leven op aarde met macht sprak en niet zoals de schriftgeleerden... zo heb ik, zondaar, ook uit de brieven van vader Silouan volkomen duidelijk die kracht kunnen merken die ik bij geen enkel ander mens heb ervaren. Een hemelse, goddelijke geest... die overtuigend is zonder enige bewijzen... als een stem die van «boven» komt, van God... en beter kan ik het niet zeggen... en daarom bewaar ik zijn brieven aan mij zorgvuldig. En zelfs wanneer ik niets zou weten over zijn leven, zijn ascese, zijn gebed en zijn gehoorzaamheid, dan was voor mij, zondaar, toch de geest van zijn brieven al voldoende om hem als heilig te beschouwen.*

HOOFDSTUK 14 : GETUIGENISSEN

Maar ik zal nog een geval van zijn helderziendheid vertellen.

Een zekere moeder die nu in het buitenland woont, had al sinds lange tijd het contact met haar dochter verloren, die in Rusland was achtergebleven. Zij wilde graag weten hoe zij voor haar dochter moest bidden: voor een levende of voor een dode ?

Zij richtte zich tot Starets Silouan en hij antwoordde haar met zekerheid dat haar dochter in leven was en het goed maakte. En inderdaad, enkele maanden later ging er een vrouw naar Rusland die de verloren dochter opspoorde, haar mocht ontmoeten en met haar sprak.[56]

Vervolgens vertelde de metropoliet nog over een ander, gelijkluidend geval van helderziendheid en voegde er aan toe:

Sta mij toe u iets te vragen: Zou u geen archief willen samenstellen van alle informatie die men over hem heeft ? Dat is voor ons, zondaars, immers én leerzaam én aanmoedigend én heilzaam. En ook zou men zijn brieven moeten verzamelen (desnoods de kopieën).

Ook vraag ik u nog, vader S., toestemming te geven om mij iets op te sturen dat aan de overledene heeft toebehoord en eveneens om mij te troosten met een antwoord op de brief die ik geschreven heb.

(ondertekend) *Metropoliet Benjamin*

In de brief die hij aan mij had gericht, schreef de metropoliet:

Ik dank u buitengewoon voor uw brief over vader Silouan... Ik smacht naar nog meer informatie over hem... Uit mijn brief aan de hegoumen zult u begrijpen hoe mijn houding tegenover de overleden Starets was. En als u nog meer over hem zou schrijven, dan zou niet slechts ik, maar zeer vele anderen u ook zeer, zeer dankbaar zijn.

Wie was hij ? Waar is hij geweest voor zijn komst naar de Athos ? Waarom is hij daarheen gegaan ? Hoe heeft hij gewerkt aan de redding van zijn ziel ? Wat zei hij ? (Zelfs de kleinste details zijn belangrijk.) Kent u geen bijzondere feiten ? Hoe bad hij ?

Zolang u en andere getuigen nog in leven zijn, moet u alles over hem verzamelen en opschrijven tot op de kleinste details... Dit is Geschiedenis van de Kerk.

Ik gedenk vader Silouan in mijn gebeden samen met de heilige dienaar Gods, Vader Johannes van Kronstadt en ik smeek om zijn voorspraak bij God... Nogmaals dank ik u en ik verwacht (en niet alleen ik) nog veel meer, als het God moge behagen. En voor vader Silouan kan het nu al geen kwaad meer.[57]

(ondertekend) *Metropoliet Benjamin*

NAWOORD

Ik had mijzelf voor de opgave gesteld binnen de grenzen te blijven van wat noodzakelijk maar voldoende is om de meest belangrijke ogenblikken die mij bekend zijn uit het leven van de zalige Starets en de meest wezenlijke aspecten van zijn leer duidelijk omschreven onder de aandacht van de lezer te brengen. En nu beëindig ik mijn werk.

Als de lezer in het tweede gedeelte van dit boek met de geschriften van de Starets zelf kennismaakt, zal hij zien dat ik in dogmatisch en ascetisch opzicht vele belangrijke problemen van het geestelijke leven van de mens, die door de zalige vader worden aangeroerd, niet heb onderzocht. De vraag bijvoorbeeld over de deelname van het lichaam bij de kennis van God, of het probleem van het vasten dat door de Starets op een zeer originele en tegelijkertijd ongewoon diepe wijze wordt behandeld, die lijkt op de benadering van Christus Zelf. «Men moet zoveel eten dat men na het eten nog verlangen heeft om te bidden» (vgl. Luk. 21:34).

Bovendien zal de lezer in mijn uiteenzetting een hele reeks onderwerpen tegenkomen die ik voornamelijk ontvouw op grond van de talloze mondelinge gesprekken met de Starets. Bij de keuze van het materiaal was een gebruikelijke omschrijving en een beperking van mijn opgave onvermijdelijk. Het zou onverstandig zijn geweest om zich tot doel te stellen het materiaal uitputtend te behandelen; maar het zou aan de andere kant ook ondoelmatig zijn geweest om vanwege de overvloed van het materiaal de gedachte van de lezer af te brengen van het wezenlijke, waarop de aandacht van mijn geestelijke vader was geconcentreerd.

Behalve de hierboven vermelde getuigenissen over de vrome verering voor Starets Silouan, zijn mij ook nog andere, soortgelijke getuigenissen bekend. Ook ken ik heel wat gevallen waar zieken en lijdende mensen door zijn gebeden geholpen werden, evenals voorbeelden van zijn opvallende intuïtie en helderziendheid. Maar ik besloot hierover te zwijgen aan de ene kant omdat deze gebeurtenissen personen betreffen die, zoals al gezegd, voor het merendeel nog in leven zijn en aan de andere kant omdat ik volstrekt niet geneigd ben, mij door die verschijnselen te laten meeslepen; ik volg in dit opzicht de geest van de Starets zelf, die er geen grote betekenis aan hechtte. De geschiedenis kent ook vele gevallen van genezingen en van helderziendheid door personen die niet heilig waren. Het is niet dít aspect van zijn leven dat zijn ware grootheid toont.

De heilige Johannes Klimakos zegt: «Sommigen verheerlijken vooral de gave van wonderen en de zichtbare kant van de geestelijke gaven, maar zij weten niet dat er vele hogere en verborgen gaven zijn en die daarom onvervreemdbaar blijven.»[58]

Maar welke van deze «verborgen gaven» kan nog «groter» zijn dan de gave van wonderen ? De Starets zei hierover het volgende:

«Hoe zwak is mijn geest ! Als een kaarsje dooft hij door een briesje uit; maar de geest van de heiligen brandde vurig als het Braambos en vreesde de wind niet. Wie zal mij een zodanig vuur geven dat ik overdag noch 's nachts rust zal kennen van de liefde van God ? De liefde van God is brandend. Omwille van deze liefde hebben de heiligen al het lijden verdragen en hebben zij de macht gekregen wonderen te doen. Zij hebben zieken genezen, doden opgewekt, zij liepen op de wateren en werden tijdens hun gebed in de lucht opgeheven; door hun gebed lieten zij de regen uit de hemel neerdalen. Maar ik zou slechts de nederigheid en de liefde van Christus willen leren opdat ik niemand moge kwetsen, maar *voor allen moge bidden, als voor mijzelf.*»[59]

Over dit *verheven* en *verborgen* aspect in het leven van de Starets heb ik naar vermogen geprobeerd te spreken. In navolging van dit doel heb ik besloten openlijk te schrijven over de wegen voor het bereiken van de geestelijke vrijheid in God, zonder te verzwijgen of te verbergen wat ik gehoord heb.

In diezelfde «Ladder» van de heilige Johannes Klimakos staat een opmerkelijke passage «over de zalige veroordeelden en over de kerker der boetelingen». De heilige schrijver, die op profetische wijze vooruitzag dat deze passage zelfs tot op heden aan vele mensen aanstoot zou geven, zei onder andere:

«De dappere man zal dit uit de weg gaan, als ware hij gewond door een scherp voorwerp, door een brandende pijl in zijn hart. Maar de minder ijverige mens zal zijn zwakte inzien en als hij de nederigheid gemakkelijk bereikt heeft door zelfverwijt, snelt hij de sporen van de eerste na; maar ik weet niet of hij hem zal inhalen. Maar wat de zorgeloze mens betreft, laat hij hetgeen hier beschreven is niet aanroeren opdat hij, als hij wanhopig zou worden, niet ook nog zou opgeven wat hij tot dan toe deed.»[60]

Uit vrees dat naïeve en kleingelovige personen door de openhartige verhalen over de moeilijkheden van de geestelijke strijd zouden worden misleid, heb ik in het begin gezegd dat *dit boek voor een zeer nauwe kring van mensen bedoeld is* en nu zou ik diezelfde waarschuwing opnieuw willen herhalen, want hoe eenvoudig Starets Silouan ook moge zijn, zijn leven was een uitzonderlijk hoge en grote ascetische inspanning van liefde voor God.

Eerlijk gezegd heb ik heel wat schaamte moeten overwinnen, alvorens ik ertoe ben gekomen dit heiligenleven te schrijven, omdat ik mijn nabijheid tot de zalige vader vanwege omstandigheden niet mocht verbergen. Ik ben ervan overtuigd dat een ieder die hem kende en die mij kent, verontwaardigd zal opmerken: «Heb jíj het gedurfd over de Starets te schrijven?» Maar zij die hem niet hebben gekend, maar die mij kennen of die mij slechts gezien hebben, zullen minachtend opmerken: «Als dat de leerling is, dan was de leraar dus ook niets.»

Ik ben mij bewust dat het voor de naam van deze grote Starets een vernedering is om een biograaf en getuige te hebben zoals ik. Maar er was geen andere uitweg... Ik had mijzelf liever verborgen en dit werk anoniem afgegeven, zodat ik de grootheid van de Starets niet zou verkleinen door mijn armzaligheid, maar ik kon dit mijzelf niet permitteren, omdat ik het nodig achtte de verantwoordelijkheid te dragen voor mijn getuigenis over hem. Als gedeeltelijke rechtvaardiging voor mijn vermetelheid moet ik zeggen dat ik tot dit werk gedwongen ben door de wens en de nadrukkelijke verzoeken van vele personen, maar eveneens uit gehoorzaamheid aan mijn geestelijke vader – de zeer oude starets Pinufrius, priester-monnik en drager van het schima, die nu nog in goede gezondheid verkeert – die mij hiervoor rechtstreeks de zegen heeft gegeven. En toch heb ik lange tijd inwendig strijd gevoerd, omdat het geestelijke woord een energie is van een volstrekt eigen orde. Wie dat woord zelf als eerste zegt, die wordt veroordeeld vanwege het woord dat door hem uitgesproken wordt en daarom geef ik mij natuurlijk over aan volkomen verdiende smaad en ik weet dat ik zowel door God als door de mensen veroordeeld zal worden. Het feit dat geen enkele gedachte in dit boek van mijzelf is, betekent voor mijn geweten een zekere opluchting, want alles is geput uit het onderricht en de gesprekken van Starets Silouan en van mijn andere leermeesters. Ik vrees echter dat ik bij gebrek aan geestelijk verstand (d.w.z. aan kennis) zowel bij de beschrijving van het leven van de Starets als ook bij de uiteenzetting van zijn heilig onderricht enkele fouten niet heb kunnen vermijden. In dat geval verzoek ik de verantwoordelijkheid daarvoor geheel bij mij te leggen, opdat de ervaring van de Starets, die door zijn heilige leven en zijn heilig woord bezegeld werd, niet bezoedeld worde.

Ik verzoek iedere vrome lezer die de moeilijkheid begrijpt van de opgave die voor mij stond, zoveel mogelijk toegeeflijk en gematigd te zijn over de aan mij gestelde eisen. Ik verzoek u mij al mijn ongewilde fouten te vergeven – gewilde fouten zouden er niet moeten zijn, want ik heb mij laten leiden door de vreze die niet toestaat «te liegen over het heilige» – en ze te verbeteren. Ter voorkoming van verlies of schade aan het meest wezenlijke verzoek ik u geen aandacht te willen schenken aan de talloze inwendige en uitwendige onvolkomenheden van mijn werk, zoals de onhandige indeling en de presentatie van het verhaal, de onbegaafde psychologische beschrijvingen, de herhalingen, de ongeschikte en fragmentarische theologische definities, waardoor onvermijdelijk talloze misverstanden en verwijten zullen ontstaan. Tenslotte verzoek ik u mij mijn zware, onhandige taalgebruik te willen vergeven dat zozeer dissoneert met de heilige en grootse eenvoud van de geestesgesteldheid van de zalige Starets.

Vanwege de situatie van mijn huidige leven ben ik niet meer in staat geweest om enkele van de genoemde tekortkomingen te bestrijden, maar de mogelijkheid is niet uitgesloten dat het in een volgend werk zal lukken om die tekortkomingen in zekere mate te verminderen. Maar, naar ik hoop, zal nu het woord van de Starets, dat voortkomt uit een hart dat vervuld is van liefde, de geest en de ziel van de lezers meevoeren, want voor wie oren hebben om te horen en voor wie ogen hebben om te zien, draagt dit woord de duidelijke getuigenis in zich van zijn gerechtigheid en waarheid.

Het woord van de Starets, dat op een buitengewoon hoog niveau van geestelijke volmaaktheid staat, is de getuigenis van het heilige leven dat hem verleend werd te leven. Voor vele mensen zal dit woord, ondanks heel zijn eenvoud en helderheid, onbegrijpelijk en ontoegankelijk blijven. De ervaring heeft bewezen dat zijn woord gedeeltelijk onbegrijpelijk is juist vanwege de eenvoud en de wijze waarop de Starets dacht en zich uitdrukte, die de moderne intellectueel vreemd is. Deze omstandigheid was voor mij de aanleiding om zijn geschriften te begeleiden en zelfs te laten voorafgaan door verklaringen in een taal die beter toegankelijk is voor de mensen van onze tijd, in de hoop, al was het slechts een enkele persoon te helpen om de wegen van de heiligheid te begrijpen. Maar wanneer de lezer de noodzaak in aanmerking neemt scherp te letten op die eenvoudige, kalme woorden van de Starets, waarin de diepe vragen van het menselijke bestaan worden aangeroerd of de innerlijke geestelijke strijd wordt beschreven of de werking van de genade, dan vervalt natuurlijk elke behoefte aan mijn verklaringen en blijft slechts het heilige, reine woord van de zalige vader van kracht.

Vandaag vieren wij de gedachtenis van onze vader Starets Silouan ter gelegenheid van het tiende jaar van zijn sterfdag en mijn ziel keert zich in gebed met een eerbiedige liefde tot hem:

Vergeef mij, heilige Vader, dat ik het in mijn waanzin heb gedurfd te spreken over hetgeen u mij in uw toegeeflijkheid hebt toevertrouwd. Dankbaar jegens God, Die mij het onverdiende geluk heeft verleend om u te kennen en om dikwijls en vrij toegang tot u te hebben tijdens uw leven op aarde, smeek ik u mij toe te staan u dit te vragen: «Nu dat u alle grenzen van de aarde hebt overschreden en de ondoorgrondelijke schoonheid van de Heer aanschouwt, Die u liefheeft en Die door u wordt liefgehad; en van Zijn alheilige Moeder – heeft u door de zoetheid van Gods liefde onze droevige wereld vergeten en herinnert u zich haar niet meer ? Of gaat u voort met nog meer ijver voor haar te bidden, want zoals u gezegd heeft: "de liefde kan niet vergeten noch rust vinden totdat zij haar laatste verlangen zal hebben bereikt" ?»

En ofschoon mijn verduisterde ziel die dood is voor al het goede, niet in staat is om heden uw stem te horen, zijn uw woorden echter bij ons achtergebleven, waarin wij uw antwoord horen: «De ziel die God, zijn Schepper en hemelse Vader, heeft leren kennen, kan geen rust op aarde hebben. En de ziel overdenkt: "Als ik voor de Heer verschijn, dan zal ik Zijn ontferming voor alle christenen afsmeken." En opnieuw denkt zij: "Ik zal bidden voor alle christenen, opdat alle mensen zich mogen bekeren tot de Heer en rust in Hem mogen vinden, want de liefde van God wil dat allen worden gered."

In de diepe overtuiging dat onze zalige vader Silouan God en deze volmaakte liefde, waarnaar hij zo onstuitbaar gestreefd heeft, bereikt heeft en dat hij heden in de Heilige Geest de gehele wereld omvat door zijn gebed in een nog grotere mate dan tijdens zijn aardse leven, en zonder te willen vooruitlopen op de toekomst, zonder iets aan iemand te willen opleggen en hierbij slechts de opwelling van mijn hart volgend, eindig ik mijn onzalig woord met het gebed:

Heilige Vader Silouan,
Bid God Voor Ons !

Frankrijk, Sainte-Geneviève-des-Bois,
Donjon, 11/24 september 1948

Archimandriet Sophrony

Troparion tot de heilige Starets Silouan de Athoniet

Door uw gebeden hebt gij op de weg der nederigheid Christus als uw meester ontvangen; en in uw hart getuigde de Heilige Geest over uw redding. Daarom verheugen zich allen die geroepen zijn tot een leven in hoop; en zij vieren uw gedachtenis, heilige Vader Silouan, bid tot Christus voor de redding van onze zielen.

Icoon van de heilige Starets Silouan de Athoniet

VOORWOORD
OP HET TWEEDE DEEL

Alvorens wij het belangrijkste dat zich in dit boek bevindt onder de aandacht van de lezer brengen, met name de excerpten uit de geschriften van de heilige Silouan, staan wij ons toe enige gedachten over zijn geschriften uit te spreken.

De Heer heeft gezegd: «Al wie uit de waarheid is, luistert naar mijn stem» (Joh. 18:37) en Johannes de Doper zegt: «Wie God kent, luistert naar ons; wie uit God niet is, luistert naar ons niet» (1Joh. 4:6).

Wij nemen diep in ons hart aan dat deze woorden toepasbaar zijn op de geschriften van de heilige Silouan. Wij denken dat wie de geest en het verstand van God heeft om Hem te leren kennen, duidelijk in de geschriften van de heilige Starets de adem van de Heilige Geest zal voelen.

De geschriften van de Starets, die een bijna ongeletterd man was, zijn een getuigenis van hetgeen hem verleend was te zien; dikwijls lijkt zijn woord naar de vorm op de psalmen en dat komt natuurlijk omdat het is voortgevloeid uit een onophoudelijk gebed. Het ritme van zijn geschriften is zeer langzaam, hetgeen kenmerkend is voor een diep gebed. Hij komt voortdurend op dezelfde thema's terug: God en al wat hemels is, leert de mens slechts kennen door de Heilige Geest; de Heer heeft de mens oneindig lief en deze liefde wordt gekend in de Heilige Geest; de Heilige Geest is de geest van matigheid, kuisheid, zachtmoedigheid en nederigheid; de Heilige Geest is de geest van vrede, van medelijden en van liefde voor de vijanden.

De ziel van de Starets en zijn geest worden door weinig gedachten in beslag genomen, maar deze gedachten zijn ontologisch zeer diep, zij zijn de maat van alles. Wie in het diepst van zijn wezen met deze gedachten leeft, ziet er heel de wereld door als door een mysterieus geestelijk prisma.

Gedurende tweeduizend jaar wordt het woord van God in alle talen op de meest verschillende manieren voortdurend verkondigd, maar de Heer Zelf heeft de mens in enkele woorden de kennis gegeven over het eeuwige goddelijke leven. Gods leven overstijgt ieder beeld. Uit deze sfeer van het ontoegankelijke licht, in Zijn beweging naar het schepsel, wordt het goddelijke leven om te beginnen meegedeeld in een beperkt aantal zeer eenvoudige en onbewogen «geestelijke» beelden en vervolgens wordt het trapsgewijs volgens een hiërarchische opeenvolging doorgegeven, het verzwakt steeds meer en bereikt rudimentaire, onbeduidende vormen die al vervormingen zijn geworden. Brengt men bijvoorbeeld een klein kind voor een icoon en leert het te bidden: «Lieve Heer», dan is de icoon voor dat kind niet slechts één van de vormen van de openbaring of van de theologie, maar de Lieve Heer, God Zelf, tot wie het kind bidt.

In deze neergaande beweging bereikt het licht der kennis van God vanuit zijn beperkte zuiverheid grove en dikwijls misvormde positieve (=katafatische) vormen; maar in het ontwikkelingsproces van de mens ziet men het omgekeerde verloop, van beneden naar boven: vanuit een positieve, nog onontwikkelde vorm verheft hij zich tot een hartstochteloos begrip van God en zelfs tot een onuitsprekelijke gemeenschap met God die ieder beeld overstijgt.

Het is niet onze bedoeling om stil te blijven staan bij het vraagstuk van de ontwikkeling van het menselijke bewustzijn of te onderzoeken hoe dat bewustzijn vanuit de empirische begrippen en beelden van deze wereld opgaat tot de gewaarwording van het eeuwige goddelijke mysterie. Wij merken slechts op dat deze onvermijdelijke evolutie hierdoor wordt verklaard dat de leer over God allereerst aan het volk voornamelijk in de vorm van de christelijke moraal wordt onderricht, die meer toegankelijk is voor een eenvoudig begrip. Ook in deze vorm, ondanks de verlaging en zelfs de vervorming van de waarheid, is toch het licht van de ware kennis van God, hoe zwak dan ook, aanwezig: het is deze «melk» die aan de kleine kinderen wordt aangeboden (naar 1Cor. 3:2).

Als het toegestaan is om analogieën te ontlenen aan de ons omringende werkelijkheid, dan zouden wij deze nederdaling van het goddelijke licht willen vergelijken met de lichtbundel van een projector: des te dichter men bij de lichtbron, bij de camera van de projector komt, des te verblindender is het licht, maar de verlichte oppervlakte is kleiner; en omgekeerd: des te verder men van de lichtbron is, des te groter is het verlichte oppervlak, maar des te zwakker en verstrooider is het licht. Er gaan duizenden jaren voorbij, maar net als vroeger wordt aan de volkeren juist dat zwakke en verstrooide licht van de kennis van God onderwezen in een eindeloze hoeveelheid van woorden en beelden. Des te verder de mens van God staat, des te fragmentarischer is zijn denken, des te vager en onrustiger zijn zijn geestelijke ervaringen; en omgekeerd: des te dichter de mens bij God is, des te *enger*, als hier een dergelijke uitdrukking geoorloofd is, is zijn gedachtenkring, die zich tenslotte concentreert op een hartstochteloze gedachte die al geen gedachte meer is, maar een bijzonder onuitsprekelijk visioen of geestelijke gewaarwording.

Om de heilige Silouan te begrijpen, is het onontbeerlijk om dit laatste op het oog te hebben. De Starets was een mens van een enkele gedachte die zijn hele wezen vervulde, die het gevolg was van de ondoorgrondelijke verschijning van God aan hem. In deze geheimzinnige verschijning van de Heer aan hem heeft hij geleerd dat God oneindige liefde is. Hij onderstreept dat deze liefde onherroepelijk ook over de vijanden wordt uitgestort en dat zij slechts wordt gekend door de Heilige Geest.

De Heilige Geest heeft hem Christus getoond, de Heilige Geest heeft hem de nederigheid geleerd en de liefde voor de vijanden en voor elk schepsel. Wat hij op het ogenblik van de goddelijke verschijning heeft begrepen en wat daar het onmiddellijke gevolg van was, heeft hij beschouwd als de voorwaarde en als de indicatie van de gemeenschap met God, als het criterium van de ware weg en als de maat van elk verschijnsel van het geestelijke leven, en als het doel van ons dagelijks zoeken en handelen.

Dankzij de herhaalde komst van de Heilige Geest en na een jarenlange, hardnekkige, geestelijke strijd heeft dit alles bij hem de vorm van dogmatische kennis aangenomen en toen hij al werkelijk opging in de zuivere sferen van de heilige hartstochteloosheid, beschouwde hij het toen met de diepste nederigheid als zijn plicht om datgene mee te delen wat hem van boven was gegeven. Hij drukte zich in weinig woorden uit, maar dat is misschien juist het bewijs van zijn waarachtigheid; hij heeft weinig woorden, maar deze zijn in staat door te dringen in het hart van de mens en de ziel te doen herleven; hij heeft weinig woorden, maar er valt best veel over te zeggen, als men het zich tot opgave stelt om hun inhoud te onthullen en tenminste toegankelijk te maken voor het intellectuele begrip van bredere kringen.

Bij het lezen van de geschriften van de Starets zal iemand misschien voor deze vraag komen te staan: «Is hij niet één van degenen die in de taal van de asceten "in staat van bekoring zijn" en die in de spreektaal "waanzinnig" worden genoemd ?» Zijn aanspraken zijn beslist te groot dat men hem als «normaal» zou kunnen beschouwen.

Men hoeft hem niet gezien of persoonlijk gekend te hebben. Het volstaat, naar onze mening, zijn (soms poëtisch geïnspireerde en zelfs naar hun vorm zeer volmaakte, maar soms gewoonweg onontwikkelde) aantekeningen te lezen en zijn gedachtengang of het gevoelspatroon van zijn hart te volgen om volledig overtuigd te raken dat deze woorden niet de woorden zijn van een geesteszieke. In de gehele opbouw van zijn taal valt vooral zijn diepe, waarachtige nederigheid op, die zo wezenlijk tegengesteld is aan de trots van megalomanen of aan die eigenaardige, voor het merendeel miskende uitingsvorm van de trots: het beroemde, ziekelijke «minderwaardigheidscomplex».

Bij een zeer nauwlettend onderzoek zullen wij geen spoor ontdekken van zelfbedrog of van een ziekelijk geëxalteerde verbeelding, zelfs wanneer hij zich tot «alle volkeren van de aarde» richt. Integendeel, men krijgt bij alles het diepe gevoel dat zijn getuigenis betrouwbaar is.

Het hart voelt dat hij werkelijk datgene waarover hij spreekt niet van mensen en niet uit boeken geleerd heeft, maar rechtstreeks van de Geest van God en daarom is zijn leer zozeer in harmonie met de geboden van Christus.

De Starets was een man van één enkele gedachte, maar deze gedachte is het allerdiepste, het allermooiste en ontologisch het meest volkomen; en wat het allerbelangrijkste is: hij heeft deze gedachte in zijn leven waar gemaakt. Op sommige plaatsen is hij naar de geest gelijk aan de heilige Johannes de Theoloog. De Heilige Geest heeft hem werkelijk naar de gelijkenis van Christus Zelf gemaakt, Die hij heeft mogen aanschouwen. En over deze gelijkenis heeft hij zoveel gesproken onder verwijzing naar de woorden van de grote Apostel: «Wij zullen Hem gelijk zijn, want wij zullen Hem zien, zoals Hij is» (naar 1Joh. 3:2).

De belangrijkste getuigenis van heel zijn leven is dat de liefde voor de vijanden absoluut noodzakelijk is voor het leren kennen van de mysteriën van God.

Hij beweerde stellig dat wie geen liefde voor de vijanden in zich heeft, buiten God is en God niet heeft leren kennen. Het was onmogelijk hem te bedriegen. Daar waar men de vijand haatte, zag hij de aanwezigheid van de donkere afgrond, hoe men ook mocht menen God te dienen (naar Joh. 16:2) en met welke profetische bombast die haat ook mocht worden toegedekt.

De getuigenis van een dergelijk mens, die niet misleid was door de sluwheid van de intellectualistische cultuur, de getuigenis van iemand die werkelijk heel zijn leven het bloed van zijn hart vergoot in zijn gebed voor de vijanden en voor de gehele wereld, verkrijgt een buitengewone kracht en betekenis.

Dikwijls heb ik mij afgevraagd wie de Starets geweest zou zijn als hij naast zijn natuurlijke, bijzondere begaafdheid een hoge wetenschappelijke en theologische opleiding zou hebben ontvangen. Het leek mij dat hij een reus van wereldformaat en een beroemdheid zou zijn geworden. Maar soms dacht ik juist het omgekeerde: het feit dat hij een man was met zulk een direct opmerkingsvermogen, zoals we dat zien bij de evangelisten, dat hij een mens was die volstrekt niet bedorven was door de slechtheid van de moderne beschaving – juist dit feit maakt zijn getuigenis onweerlegbaar overtuigend. En in wezen kan geen enkele menselijke wetenschap iets toevoegen aan de diepte en de kwaliteit van de waarheid waarvan hij getuigt.

Wie de Starets dus niet persoonlijk heeft gekend, kan zich een beeld van hem vormen uit zijn geschriften en wie hem wel heeft gekend, wie zijn oprechte eenvoud en nederigheid heeft gezien, zijn voortdurend vriendelijke, gemoedelijke, evenwichtige, vreedzame en zachtmoedige gestemdheid, weet dat hij een man van grote volmaaktheid was.

Het woord van de Starets is zachtmoedig, dikwijls zoet en het heeft een genezende uitwerking op de ziel, maar om het te volgen is een grote vurige vastbeslotenheid nodig die gaat tot en met de «haat» voor zichzelf (naar Luk. 14:26).

TWEEDE DEEL

DE GESCHRIFTEN

VAN

DE HEILIGE SILOUAN

I

HET VERLANGEN NAAR GOD

Mijn ziel smacht naar de Heer
en onder tranen zoek ik Hem.
Hoe zou ik U niet zoeken ?
Gij hebt mij het eerst gevonden
en mij laten genieten van Uw Heilige Geest
en mijn ziel kreeg U lief.
Gij, Heer, ziet mijn verdriet en mijn tranen...
Als Gij mij door Uw liefde niet had aangetrokken,
zou ik U niet zo zoeken, zoals ik U zoek;
maar Uw Geest heeft U aan mij bekend gemaakt,
en mijn ziel verheugt zich
omdat Gij mijn God en mijn Heer zijt,
en tot tranen toe verlang ik naar U.

―――

Mijn ziel smacht naar God en onder tranen zoekt zij Hem.
Barmhartige Heer, Gij ziet mijn val en mijn smart,
maar ik smeek nederig om Uw ontferming:
stort de genade van Uw Heilige Geest over mij, zondaar, uit.
De herinnering aan Uw genade brengt mijn geest ertoe
opnieuw Uw barmhartigheid te vinden.
Heer, verleen mij Uw nederige geest
opdat ik niet opnieuw Uw genade verlieze
en daarover zou gaan wenen
zoals Adam weende over het paradijs en over God.

―――

In het eerste jaar van mijn leven in het klooster heeft mijn ziel de Heer in de Heilige Geest leren kennen.

De Heer heeft ons zeer lief; dit heb ik geleerd van de Heilige Geest, Die de Heer mij uit pure ontferming heeft gegeven.

Ik ben een oud man die zich voorbereidt op de dood en ik schrijf de waarheid ter wille van het volk.

De Geest van Christus, Die de Heer mij gegeven heeft, wil voor allen de redding, opdat allen God mogen leren kennen.

De Heer heeft het paradijs aan de Rover geschonken; dat zal Hij ook aan elke zondaar schenken. Door mijn zonden ben ik erger dan een stinkende straathond, maar ik ben God gaan smeken om vergeving en Hij heeft me *niet slechts vergeving, maar ook nog de Heilige Geest geschonken* en in de Heilige Geest heb ik God leren kennen.

Zie je de liefde van God voor ons ? En wie zal deze barmhartigheid beschrijven ?

O, mijn broeders, ik val neer op mijn knieën en smeek jullie: gelooft in God, gelooft dat de Heilige Geest bestaat, Die van Hem getuigt in alle kerken en in mijn ziel.

De Heilige Geest is liefde; deze liefde is uitgestort in de zielen van alle heilige hemelbewoners en diezelfde Heilige Geest leeft op aarde in de zielen van degenen die God liefhebben.

In de Heilige Geest zien alle hemelen de aarde; zij horen onze gebeden en brengen die naar God.

De Heer is barmhartig, dat weet mijn ziel, maar dit laat zich onmogelijk beschrijven. Hij is oneindig zachtmoedig en nederig en wanneer de ziel Hem ziet, dan verandert zij volkomen in liefde voor God en voor haar naaste; zij zelf wordt zachtmoedig en nederig. Maar wanneer de mens de genade verliest, dan zal hij wenen zoals Adam na zijn verjaging uit het paradijs. Hij schreide en heel de woestijn hoorde zijn geweeklaag; zijn tranen waren bitter van smart en hij vergoot ze jarenlang.

Wanneer de ziel die de goddelijke genade heeft gekend, deze weer verliest, verlangt zij zo naar God en zegt:

«Mijn ziel smacht naar God en onder tranen zoek ik Hem.»

Hoofdstuk 1 : Het verlangen naar God

Ik ben een groot zondaar maar ik heb de grote liefde en de ontferming van de Heer voor mij gezien.

Van kindsbeen af bad ik voor de mensen die mij hadden gekwetst; ik zei dan: «Heer, reken hun hun zonden jegens mij niet aan.» Maar ofschoon ik er van hield om te bidden, ontkwam ik toch niet aan de zonde. Maar de Heer is mijn zonden niet indachtig geweest en Hij verleende mij de mensen lief te hebben. En mijn ziel verlangt ernaar, dat heel de wereld zal worden gered en dat zij in het hemelse Koninkrijk zal leven, de heerlijkheid van de Heer zal zien en van de liefde van God zal genieten.

Ik oordeel naar mijzelf: als de Heer mij zozeer heeft liefgekregen, dan betekent dit dat Hij alle zondaars evenzeer liefheeft als mij.

O liefde van de Heer ! De kracht ontbreekt mij om haar te beschrijven, want zij is onmetelijk groot en wonderbaar.

De genade van God geeft de kracht om de Beminde lief te hebben; mijn ziel wordt onophoudelijk tot het gebed aangetrokken en zij kan de Heer geen ogenblik vergeten.

Menslievende Heer, waarom hebt Gij Uw zondige dienaar niet vergeten ? Vanuit Uw heerlijkheid hebt Gij barmhartig op mij neergezien en zijt Gij mij op onbegrijpelijke wijze verschenen.

Steeds heb ik U gekwetst en verdriet gedaan. Maar zodra ik mij tot U wendde, hebt Gij, Heer, mij verleend om Uw grote liefde en onmetelijke goedheid te leren kennen.

Uw stille, zachtmoedige blik heeft mijn ziel aangetrokken. Wat zal ik U teruggeven, Heer, of welke lofprijzing zal ik U toezingen ?

Gij geeft Uw genade, opdat de ziel voortdurend moge branden van liefde; dag en nacht kent zij geen rust in haar liefde voor God.

De herinnering aan U verwarmt mijn ziel; op aarde vindt zij nergens haar rust tenzij in U en daarom zoek ik U onder tranen en verlies U opnieuw; en opnieuw zou mijn geest van U willen genieten, maar Uw Aangezicht, waarnaar mijn ziel dag en nacht verlangt, toont Gij niet.

Heer, verleen mij slechts U lief te hebben.

Gij hebt mij geschapen, Gij hebt mij verlicht door de heilige Doop, Gij vergeeft mij mijn zonden en laat mij deelnemen aan Uw alheilig Lichaam en Bloed; geef mij ook de kracht om steeds in U te wonen.

Heer, verleen ons het berouw van Adam en Uw heilige nederigheid.

―――

Mijn ziel kwijnt hier op aarde en smacht naar het hemelse leven.

De Heer is op aarde gekomen om ons daarheen omhoog te voeren waar Hij verblijft, evenals Zijn alheilige Moeder die Hem op aarde omwille van onze verlossing gediend heeft, en waar de leerlingen en de volgelingen van de Heer zijn.

Daarheen roept de Heer ons, ondanks onze zonden.

Daar zullen wij de heilige apostelen zien, die in de heerlijkheid zijn omwille van hun verkondiging van het Evangelie; daar zullen we de heilige profeten en de heilige bisschoppen zien – de leraren der Kerk; daar zullen we de zalige monniken zien, die door te vasten hebben gestreden om nederig te worden; daar worden «de Dwazen om Christus' wil» verheerlijkt, want zij hebben de wereld overwonnen.

Daar zullen allen verheerlijkt worden die zichzelf overwonnen hebben, die gebeden hebben voor de gehele wereld en die het leed van de gehele wereld op zich hebben genomen, want zij hadden de liefde van Christus; en de liefde verdraagt niet dat er ook maar één ziel verloren gaat.

Daar wil de ziel haar intrek nemen, maar niets onreins zal er binnengaan; men kan daar slechts binnenkomen door veel lijden, met een vermorzelde geest en door overvloedige tranen.

Slechts de kinderen die de genade van de heilige Doop hebben bewaard, bereiken die plaats zonder smarten en daar zullen zij door de Heilige Geest de Heer leren kennen.

―――

Mijn ziel verlangt voortdurend naar de Heer en zij bidt dag en nacht, want de Naam des Heren is zoet en begerenswaardig voor de ziel van een biddende mens en hij verwarmt haar om God lief te hebben.

Lange tijd heb ik op de aarde gewoond en ik heb veel gezien en gehoord. Ik heb veel muziek gehoord die mijn ziel bekoord heeft; ik

Hoofdstuk 1 : Het verlangen naar God

dacht: als deze muziek al zo zoet is, hoezeer zal de ziel dan niet bekoord worden door het hemelse gezang, waar de Heer in de Heilige Geest verheerlijkt wordt omwille van Zijn Lijden.

De ziel leeft lang op aarde en zij houdt van aardse schoonheid: zij houdt van de hemel en van de zon, van prachtige tuinen, van de zee, van rivieren, bossen en weiden; de ziel houdt ook van muziek en al deze aardse zaken zijn een genot voor de ziel. Maar wanneer zij onze Heer Jezus Christus heeft leren kennen, dan wil zij het aardse al niet meer zien.

Ik zag koningen van deze wereld in hun glorie en ik heb dat werkelijk gewaardeerd, maar wanneer de ziel de Heer heeft leren kennen, acht zij alle glorie van koningen gering; dan smacht zij onafgebroken naar de Heer en onverzadigbaar verlangt zij er dag en nacht naar, de Onzichtbare te zien, de Ontastbare aan te raken.

De Heilige Geest zal jou, wanneer jouw ziel Hem kent, inzicht geven, hoe Hij de ziel onderricht om de Heer te leren kennen en hoe zoet deze kennis is.

Barmhartige Heer, verlicht Uw volkeren opdat zij U mogen leren kennen en mogen weten, hoezeer Gij ons liefhebt.

Wonderbaar zijn de werken van de Heer: Hij heeft de mens geschapen uit het stof der aarde en Hij heeft Zich in de Heilige Geest aan dit stoffelijk schepsel bekend gemaakt, zodat de mens zegt: «Mijn Heer en mijn God»; en hij zegt dit uit de volheid van geloof en liefde.

Wat zou de ziel op aarde kunnen zoeken dat nog groter is ?

Het is een groot wonder: plotseling leert de ziel Zijn Schepper en Diens liefde kennen.

Wanneer de ziel de Heer ziet, hoe zachtmoedig en nederig Hij is, dan wordt zij ook tot het einde nederig en verlangt zij bovenal naar de nederigheid van Christus. Hoelang de ziel op aarde ook mag leven, steeds zal zij toch verlangen en zoeken naar deze ondoorgrondelijke nederigheid, die men niet kan vergeten.

Heer, hoezeer hebt Gij de mens lief !

Barmhartige Heer, schenk Uw genade aan alle volkeren van de wereld, opdat zij U mogen leren kennen,

want zonder Uw Heilige Geest kan de mens U niet kennen
noch Uw liefde begrijpen.
Heer, zend Uw Heilige Geest op ons neer,
want Gij en al het Uwe, wordt slechts gekend
in de Heilige Geest,
Die Gij in den beginne aan Adam hebt geschonken
en later aan de heilige profeten
en vervolgens aan de christenen.

Verleen, Heer, aan alle volkeren om Uw liefde
en de zoetheid van de Heilige Geest te begrijpen
opdat de mensen het leed van de wereld mogen vergeten
en het kwade nalaten
en zij zich aan U mogen vasthechten door de liefde
en in vrede mogen leven op aarde
om Uw wil te doen te Uwer heerlijkheid.

Heer, maak ons waardig voor de gave van de Heilige Geest
opdat wij Uw heerlijkheid mogen begrijpen
en in vrede en liefde op aarde wonen.
Laat er geen boosheid zijn, noch oorlog, noch vijanden
maar moge de liefde slechts heersen.
Dan zullen er geen legers meer nodig zijn noch gevangenissen
en het zal voor allen gemakkelijk zijn op aarde te leven.

―――

Ik smeek U, barmhartige Heer, dat alle volkeren op aarde U door de Heilige Geest mogen leren kennen.

Zoals Gij mij, zondaar, verleend hebt om U in de Heilige Geest te leren kennen, mogen zo ook alle volkeren op aarde U leren kennen en U dag en nacht loven.

Ik weet, Heer, dat Gij Uw volk liefhebt, maar de mensen begrijpen Uw liefde niet; en alle volkeren op aarde zijn in beroering en hun gedachten zijn als wolken die door de wind naar alle kanten worden opgejaagd.

Hoofdstuk 1 : Het verlangen naar God

De mensen hebben U, hun Schepper, vergeten en zij zoeken hun eigen vrijheid zonder te begrijpen dat Gij barmhartig zijt en dat Gij berouwvolle zondaars liefhebt en hun Uw genade van de Heilige Geest geeft.

Heer, o Heer, verleen de kracht van Uw genade, opdat alle volkeren U mogen leren kennen in de Heilige Geest en U vreugdevol loven, zoals Gij ook mij, onreine en ellendige, de vreugde van het verlangen naar U hebt geschonken; mijn ziel wordt dag en nacht onverzadigbaar aangetrokken tot Uw liefde.

O, hoe onmetelijk is Gods barmhartigheid voor ons !

Menig rijk en machtig man zou er veel voor geven om de Heer of Zijn alheilige Moeder te mogen zien, maar God verschijnt niet aan rijkdom maar aan een nederige ziel.

En wat moeten wij met geld ? De heilige Spiridon[61] heeft een slang veranderd in goud; wij hebben niets nodig behalve de Heer: in Hem is de volheid van het leven.

Als de Heer ons niet heeft doen kennen hoe talloze dingen van deze wereld zijn geformeerd, dan betekent dit dat het voor ons niet nodig is; we kunnen met ons verstand niet de gehele schepping kennen.

Maar de Schepper van hemel en aarde en van al het geschapene maakt Zich aan ons kenbaar door de Heilige Geest. In diezelfde Heilige Geest leren we de Moeder Gods kennen, de engelen en de heiligen; en onze geest brandt van liefde voor hen.

Maar wie zijn vijanden niet liefheeft, die kan de Heer en de zoetheid van de Heilige Geest niet leren kennen.

De Heilige Geest leert om de vijanden zodanig lief te hebben dat de ziel medelijden met hen krijgt als met haar eigen kinderen.

Er zijn mensen die hun vijanden of de vijanden van de Kerk de ondergang en de kwellingen in het vuur van de hel toewensen. Zij denken zo, omdat zij van de Heilige Geest niet de liefde voor God hebben geleerd, want wie dat wél heeft geleerd, die zal tranen vergieten voor de gehele wereld.

Jij zegt dat hij een boosdoener is en dat hij maar moet branden in de hel.

Maar dan vraag ik jou: «Stel dat God jou een goede plaats in de hemel geeft en jij zou diegene zien branden die jij de kwellingen van de hel had toegewenst, zou je dan nog geen medelijden met hem hebben, wie hij ook moge zijn, zelfs wanneer hij een vijand van de Kerk is ?»

«Of heb je een hart van ijzer ? Maar in het paradijs is geen ijzer nodig. Daar is nederigheid nodig en de liefde van Christus, die *met allen medelijden heeft.*»

Wie zijn vijanden niet liefheeft, heeft de genade van God niet in zich.

Barmhartige Heer, leer ons door Uw Heilige Geest onze vijanden lief te hebben en onder tranen voor hen te bidden.

Heer, geef de Heilige Geest aan de aarde
opdat alle volkeren U mogen leren kennen en Uw liefde leren.

———

Heer, zoals Gij voor Uw vijanden hebt gebeden,
leer zo ook aan ons,
door Uw Heilige Geest, onze vijanden lief te hebben.
Heer, alle volkeren zijn het werk van Uw Handen,
keer hen af van vijandschap en boosheid, tot berouw,
opdat zij allen Uw liefde mogen leren kennen.
Heer, Gij hebt geboden de vijand lief te hebben, maar dat is voor
ons, zondaars, moeilijk, als Uw genade niet met ons is.
Heer, stort Uw genade uit over de aarde;
verleen alle volkeren op aarde Uw liefde te leren kennen;
en te leren kennen dat Gij ons liefhebt als een moeder
en meer dan een moeder
want zelfs een moeder kan haar kind vergeten
maar Gij vergeet nooit
want Gij hebt Uw schepsel oneindig lief
en de liefde kan niet vergeten.
Barmhartige Heer, red in Uw overvloedige ontferming
alle volkeren.

———

Hoofdstuk 1 : Het verlangen naar God

Het is aan onze Orthodoxe Kerk verleend, door de Heilige Geest, de mysteriën van God te begrijpen. Zij is sterk door haar heilig denken en door haar geduld.

De ziel van de orthodoxe gelovige leert zich door middel van de genade stevig vast te hechten aan de Heer en aan Zijn alheilige Moeder; en zijn geest verblijdt zich als hij God beschouwt, Die hij kent.

Maar God kan slechts worden gekend door de Heilige Geest en wie in zijn trots de Schepper met zijn eigen verstand wil leren kennen, die is blind en dwaas.

We kunnen met ons verstand zelfs niet eens begrijpen hoe de zon gemaakt is; wanneer wij God smeken ons te zeggen, hoe Hij de zon heeft gemaakt, klinkt het heldere antwoord in onze ziel: «Word nederig en je zult niet slechts de zon leren kennen, maar ook haar Schepper.»

Maar wanneer de ziel de Heer leert kennen, vergeet zij van vreugde de zon en de gehele schepping en laat zij alle bezorgdheid over aardse kennis achter.

―――

De Heer openbaart Zijn mysteriën aan een nederige ziel. Hun leven lang vernederden de heiligen zich en streden tegen de hoogmoed. Ook ik verneder mijzelf dag en nacht en toch ben ik nog steeds niet nederig geworden zoals het behoort, maar mijn ziel heeft in de Heilige Geest de nederigheid van Christus leren kennen, waarvan Hij ons opgedragen heeft, ze van Hem te leren; mijn ziel wordt onophoudelijk tot Hem aangetrokken.

O nederigheid van Christus ! Zij schenkt de ziel een onbeschrijflijke vreugde in God en vanwege de liefde van God vergeet de ziel zowel de hemel als de aarde en richt zij al haar verlangen op God.

O nederigheid van Christus ! Hoe zoet en aangenaam is zij ! Slechts bij de engelen en in de zielen van heiligen wordt zij gevonden, maar wij moeten onszelf beschouwen als het slechtst van alle mensen; dan zal de Heer ook ons verlenen de nederigheid van Christus te leren kennen door de Heilige Geest.

De Heer, Zijn heerlijkheid en alles wat in de hemel is, wordt slechts gekend in de Heilige Geest.

―――

De Heer heeft ons de Heilige Geest geschonken; wij hebben het lied van de Heer geleerd en omwille van de zoetheid van Gods liefde vergeten we de aarde.

De liefde van de Heer is vurig en gunt ons geen gedachte meer aan de wereld. Wie deze liefde ervaren heeft, zoekt haar onvermoeibaar dag en nacht en wordt er toe aangetrokken. Wij verliezen deze liefde vanwege onze trots en ijdelheid, vanwege vijandigheid jegens onze broeder, vanwege het oordelen van onze naaste en vanwege onze afgunst; zij verlaat ons vanwege een onreine gedachte, vanwege de begeerte naar aardse zaken; door dat alles verdwijnt de genade en dan verlangt de verlaten en moedeloze ziel naar God, zoals onze vader Adam naar Hem smachtte, toen hij verdreven was uit het paradijs.

Onder tranen riep Adam tot God:
«Mijn ziel smacht naar U, o Heer,
en ik zoek U onder tranen.
Zie neer op mijn smart en verlicht mijn duisternis
opdat mijn ziel zich moge verheugen.
Ik kan U niet vergeten. Hoe zou ik U vergeten ?
Uw stille, zachtmoedige blik heeft mijn ziel aangetrokken
en mijn geest verheugde zich in het paradijs,
waar ik Uw Aangezicht heb gezien.
Hoe zou ik het paradijs vergeten,
waar de liefde van de hemelse Vader mij verblijding schonk ?»

Als de wereld de kracht van de woorden van Christus zou kennen: «Leert zachtmoedigheid en nederigheid van Mij» (naar Matth. 11:29), dan zou de ganse wereld, heel het universum alle andere wetenschap achterlaten om slechts deze hemelse wetenschap te bestuderen.

De mensen kennen de kracht van de nederigheid van Christus niet en daarom worden zij tot aardse zaken aangetrokken; en de mens kan de kracht van deze woorden van Christus niet kennen zonder de Heilige Geest; maar wie dit heeft leren kennen, verlaat deze wetenschap niet, zelfs al zou men hem alle koninkrijken van de wereld schenken.

Hoofdstuk 1 : Het verlangen naar God

Heer, verleen mij Uw nederigheid
opdat Uw liefde zich in mij moge vestigen
en Uw heilige vrees in mij wonen.

Het is zwaar om zonder liefde voor God te leven; voor de ziel is het duister en droevig. Maar wanneer de liefde komt, is de vreugde van de ziel onbeschrijflijk.

Mijn ziel dorst naar het vinden van de nederigheid van Christus; dag en nacht smacht zij hiernaar en soms *roep ik luid*: «Mijn ziel smacht naar U, Heer, en onder tranen zoek ik U.»

Heer, hoezeer hebt Gij Uw schepping lief, onzichtbaar schouwt de ziel Uw genade en in vreze en liefde zegt zij U eerbiedig dank.

Mijn geliefde broeders, onder tranen schrijf ik deze regels.

Wanneer de ziel de Heer leert kennen door de Heilige Geest, verwondert zij zich elk ogenblik en onophoudelijk over Gods barmhartigheid en over Zijn majesteit en Zijn macht. Maar als de ziel de nederigheid nog niet heeft verworven, maar haar slechts nastreeft, zal zij veranderingen doormaken; soms verkeert de ziel in strijd met de gedachten[62] en vindt zij geen rust, maar soms wordt ze van deze gedachten bevrijd en kan zij de Heer schouwen en Zijn liefde begrijpen. Daarom zegt de Heer ook:

«Leert zachtmoedigheid en nederigheid van Mij en gij zult rust vinden voor uw zielen» (naar Matth. 11:29).

Als iemand geen nederigheid, liefde en goedhartigheid leert, dan zal de Heer hem niet verlenen Hem te leren kennen. Maar de ziel die de Heer in de Heilige Geest heeft leren kennen, is gewond door Zijn liefde. Zij kan Hem niet vergeten, maar zoals een zieke steeds zijn ziekte indachtig is, zo zal de ziel die de Heer liefheeft, voortdurend de Heer en Zijn liefde voor het gehele menselijke geslacht indachtig zijn.

Hoe zal ik het U vergelden, Heer ?
O Barmhartige, Gij hebt mijn ziel opgewekt uit de zonden
en mij verleend, Uw genade voor mij te leren kennen

en mijn hart is door U gevangen
en het strekt zich onophoudelijk uit naar U, mijn Licht.
Hoe zal ik het U vergelden, Heer ?
Gij hebt mijn ziel uit de zonde opgewekt om U
en mijn naaste lief te hebben
en Gij geeft mij tranen om voor heel de wereld te bidden.

Zalig is de ziel die haar Schepper heeft leren kennen
en Hem heeft liefgekregen
want zij is met volmaakte rust in Hem tot rust gekomen.
De Heer is oneindig barmhartig.

Mijn ziel kent Zijn barmhartigheid jegens mij en ik schrijf hierover in de hoop dat tenminste één ziel de Heer zal liefkrijgen en in vurig berouw zal ontbranden voor Hem.

Als de Heer mij de Heilige Geest niet zou hebben gegeven om Zijn ontferming te leren kennen, dan zou ik gewanhoopt hebben om de menigte van mijn zonden, maar nu heeft Hij mijn ziel aangetrokken en zij heeft Hem liefgekregen en vergeet al het aardse.

O Heer, geef nederigheid aan mijn hart
opdat het U steeds welgevallig moge zijn.

———

Begrijpt dan toch, alle volkeren der aarde, hoezeer de Heer jullie liefheeft en genadig tot Zich roept:

«Komt tot Mij en Ik zal u rust schenken» (naar Matth. 11:28).

«Ik zal zowel de aarde als de hemel rust schenken en gij zult Mijn glorie zien.»

«Nu kunt gij dit niet begrijpen, maar de Heilige Geest zal u verlenen Mijn liefde voor u te begrijpen.»

«Talmt niet, komt tot Mij, Ik wacht verlangend op u als op geliefde kinderen, en Ik zal u Mijn vrede schenken en gij zult in vreugde verkeren en uw vreugde zal eeuwig zijn.»

Geliefde broeders, onder tranen schrijf ik deze regels.

Wanneer de ziel de Heer in de Heilige Geest leert kennen, zal zij

Hoofdstuk 1 : Het verlangen naar God

zich onophoudelijk verwonderen over Gods barmhartigheid, over Zijn majesteit en Zijn macht en zoals een moeder haar geliefd kind onderricht, zo zal de Heer Zelf door Zijn genade de ziel met tederheid onderrichten door nederige en goede overwegingen. Hij laat haar Zijn aanwezigheid en nabijheid voelen en de ziel zal de Heer schouwen in nederigheid zonder één enkele gedachte.

De Heer heeft de mens lief en Zijn genade zal in de Kerk blijven tot aan de tijd van het Laatste Oordeel, zoals zij er verbleef in vroegere tijden.

De Heer bemint de mens en ofschoon Hij hem geschapen heeft uit stof, heeft Hij hem toch ook gesierd met de Heilige Geest.

Door de Heilige Geest wordt de Heer gekend en in de Heilige Geest wordt de Heer bemind, maar zonder de Heilige Geest is de mens zondige stof.

De Heer voedt Zijn kinderen op door de Heilige Geest en door Zijn alheilig Bloed en Lichaam en allen die de Heer volgen, lijken op de Heer, hun Vader.

De Heilige Geest heeft ons verwant gemaakt aan de Heer; weet dan dat als jij in jezelf een goddelijke vrede en liefde voor alle mensen voelt, je ziel op de Heer lijkt.

De goddelijke genade heeft ons dit geleerd en de ziel weet wanneer zij verrijkt is met de genade; maar de ziel voelt eveneens wanneer ze de genade verliest en ze voelt ook de komst van de vijand.

Vroeger wist ik dit niet, maar toen ik de genade verloor, werd mij dit uit ervaring duidelijk.

Daarom, broeders, behoudt uit alle macht de vrede van God, die ons om niet is gegeven; en wanneer iemand ons ergert, laten we hem dan lief hebben, al zouden we onszelf moeten dwingen; en de Heer Die onze inspanning ziet, zal ons helpen met Zijn genade.

Zo spreken de heilige Vaders; en jarenlange ervaring laat zien dat inspanningen onontbeerlijk zijn.

De genade van de Heilige Geest maakt iedere mens al op aarde naar de gelijkenis van de Heer Jezus Christus.

Wie in de Heilige Geest is, lijkt reeds hier op aarde op de Heer, maar wie geen berouw toont en niet gelooft, lijkt op de vijand.

De Heer heeft ons waardig geacht op Hem te lijken; en de Heer is immers zo zachtmoedig en nederig ! En als je Hem zou zien, dan zou je van grote vreugde willen zeggen: «Heer, ik smelt voor Uw genade,» maar op dat ogenblik kun je geen enkel woord over God zeggen, want jouw ziel zal veranderd zijn door de overvloed van de Heilige Geest. Zo kon de heilige Serafim van Sarov niet spreken toen hij de Heer had aanschouwd.

De Heer draagt ons op Hem lief te hebben met geheel ons hart en geheel onze ziel, maar hoe is het mogelijk Hem lief te hebben, Die we nog nooit hebben gezien ? En hoe is deze liefde te leren ? De Heer wordt gekend door Zijn werkzaamheid in de ziel. Wanneer de Heer komt, dan weet de ziel dat er de geliefde Gast is gekomen en dat Hij weer vertrokken is; dan smacht de ziel naar Hem en onder tranen zoekt zij Hem: «Waar zijt Gij, mijn Licht, waar zijt Gij mijn vreugde ? Uw sporen laten een geurig reukwerk achter in mijn ziel, maar Gij zijt er niet en mijn ziel verlangt naar U; mijn hart is moedeloos en lijdt pijn en niets verblijdt mij meer, want ik heb de Heer bedroefd en Hij heeft zich voor mij verborgen.»

Waren we maar eenvoudig, zoals kinderen, dan zou de Heer ons het paradijs laten zien, dan zouden we Hem zien in de heerlijkheid van de cherubijnen en de serafijnen, van alle hemelse machten en van de heiligen, maar wij zijn niet nederig en daarom kwellen we onszelf en de anderen die met ons samen leven.

Wat een vreugde voor ons, dat de Heer niet slechts onze zonden vergeeft, maar dat Hij Zich ook nog bekendmaakt aan de ziel, zodra zij zich vernedert. De allerarmste stakker kan nederig worden en God leren kennen in de Heilige Geest. Om God te leren kennen heb je geen geld en geen bezit nodig, maar slechts nederigheid. De Heer schenkt Zichzelf om niet, uit pure genade. Vroeger wist ik dit niet, maar nu zie ik Gods barmhartigheid helder: iedere dag, ieder uur en iedere minuut. De Heer geeft zelfs vrede tijdens de slaap, maar zonder God is er geen vrede in de ziel.

HOOFDSTUK 1 : HET VERLANGEN NAAR GOD

Aan veel mensen maakt de Heer Zich niet bekend vanwege de trots van hun verstand, maar toch denken zij dat zij veel weten. Maar wat is hun kennis waard als zij de Heer niet kennen noch de genade van de Heilige Geest en als ze niet weten hoe deze komt en waardoor deze verloren gaat.

Maar laten wij ons vernederen, broeders, en de Heer zal ons alles laten zien, zoals een liefhebbende vader alles toont aan zijn kinderen.

Merk met je geest op wat er in jouw ziel gebeurt. Als er een beetje genade is, dan is er vrede in jouw ziel en voel jij liefde voor iedereen; als de genade groter is, dan is er licht en grote vreugde in de ziel, maar als er nog meer genade is, dan voelt zelfs het lichaam de genade van de Heilige Geest.

Er bestaat geen groter verdriet dan het verliezen van de genade. Dan smacht de ziel naar God en waarmee zal ik dit verlangen vergelijken ? Ik zal het vergelijken met het wenen van een moeder die haar enige, geliefde zoon heeft verloren en die uitroept: «Waar ben je, mijn geliefd kind, waar ben je, mijn vreugde ?»

Op deze wijze en nog heviger smacht de ziel naar de Heer wanneer zij de genade en de zoetheid van de goddelijke liefde verliest.

«Waar zijt Gij, mijn barmhartige God ? Waar zijt Gij, nimmer ondergaand Licht ? Waarom hebt Gij U voor mij verborgen en zie ik Uw zachtmoedig en stralend Aangezicht niet meer ?»

«Zeldzaam zijn de zielen die U kennen en zeldzaam zijn de mensen met wie men over U kan spreken: de meeste mensen worden gered door het geloof. Maar zoals Gijzelf tot Uw apostel Thomas hebt gezegd: «Je hebt gezien en betast, maar zalig zijn ook zij die niet gezien hebben maar geloven» (naar Joh. 20:29). Zo bemerkt niet iedereen de Heilige Geest, maar allen die God vrezen en die Zijn geboden onderhouden, zullen worden gered, want de Heer heeft ons oneindig lief en ik zou deze liefde niet kunnen kennen, als de Heilige Geest, Die al het goede leert, mij niet had onderricht.

Mijn hart kreeg U lief, o Heer
en daarom smacht ik naar U
en onder tranen zoek ik U.

Gij hebt de hemel met sterren gesierd, de lucht met wolken en de aarde met zeeën, rivieren en groene tuinen, waar vogels zingen, maar mijn ziel kreeg U lief en zij wil niet naar deze wereld kijken, ondanks haar pracht.

Slechts naar U verlangt mijn ziel, o Heer. Uw stille en zachtmoedige blik kan ik niet vergeten en onder tranen bid ik U: Kom en verblijf in mij en reinig mij van mijn zonden. Gij ziet vanuit de hoogte van Uw heilige glorie, hoezeer mijn ziel naar U smacht. Verlaat mij, Uw dienaar, niet; verhoor mij, die als de profeet David uitschreeuwt:

«Ontferm U over mij, o God, volgens Uw grote ontferming» (Ps. 50:1).

Heilige apostelen, gij verkondigdet aan de gehele wereld: «Leert de liefde van God kennen.» En mijn zondige ziel heeft deze liefde leren kennen door de Heilige Geest; maar ik heb deze Geest verloren en ik verlang naar Hem en ik smeek u: bidt de Heer, dat Hij mij de gave van de Heilige Geest moge teruggeven, Die door mijn ziel wordt gekend en ik zal voor de hele wereld bidden dat er vrede op aarde kome.

Alle heiligen, bidt tot de Heer, onze God, voor mij. Gij schouwt de heerlijkheid van de Heer in de hemelen, want gij hebt op aarde de Heer met heel uw ziel en heel uw verstand liefgekregen; gij hebt de wereld overwonnen door de kracht van de genade die de Heer u geschonken heeft omwille van uw nederigheid; gij hebt alle smarten geduld omwille van de liefde van God; en mijn geest hunkert ernaar om u te zien, hoe gij de glorie van de Heer aanschouwt; mijn ziel smacht dag en nacht naar de Heer en verlangt ernaar het genot te smaken van Zijn liefde.

De ware staretsen zijn nederig en zij lijken op Christus. Zij geven door hun leven een levend voorbeeld. Zij hebben de vrede verworven en zoals de levensboom in het paradijs verzadigen zij talloze mensen met hun vruchten, d.w.z. met de vruchten van deze vrede.

Hoofdstuk 1 : Het verlangen naar God

De levensboom, die midden in het paradijs staat, is Christus. Deze is nu voor elke mens toegankelijk en de gehele wereld kan er zich mee voeden en verzadigd worden door de Heilige Geest.

Wanneer er geen goede leermeesters zijn, dan moeten we ons nederig aan de wil van God overgeven; dan zal de Heer door Zijn genade inzicht schenken, want de Heer heeft ons zozeer lief dat het zelfs onmogelijk is om dit uit te drukken en het verstand kan het niet begrijpen en de liefde van God wordt slechts door de Heilige Geest uit het geloof gekend, maar niet uit het verstand.

Sommige mensen redetwisten over het geloof en deze woordenstrijd is eindeloos, want men moet niet twisten maar slechts bidden tot God en de Moeder Gods en de Heer zal ons zonder woordenstrijd verlichten en Hij zal ons spoedig verlichten.

Vele mensen hebben alle geloofsrichtingen bestudeerd maar het ware geloof dat men behoort te bezitten, hebben zij op die manier niet leren kennen; maar wie nederig tot God bidt dat de Heer hem moge verlichten, aan hem zal de Heer laten kennen hoezeer Hij de mensen liefheeft.

Trotse mensen denken alles te kunnen begrijpen met het verstand, maar God verleent hun dit niet.

Maar wij kennen de Heer: Hij heeft zich aan ons getoond door de Heilige Geest en de ziel kent Hem; zij is blij, vrolijk en rustig; hieruit bestaat ons heilige leven.

―――

De Heer heeft gezegd: «Waar Ik ben, daar zal ook Mijn dienaar zijn en hij zal Mijn heerlijkheid zien» (naar Joh. 12:26). Maar de mensen begrijpen de Heilige Schrift niet; deze is als het ware verzegeld. Maar wanneer de Heilige Geest ons onderricht, zal alles begrijpelijk worden en de ziel zal zich in de hemel wanen, want diezelfde Heilige Geest is in de hemel en op de aarde, in de Heilige Schrift en in de zielen van degenen die God liefhebben. Maar zonder de Heilige Geest verdwalen de mensen; al studeren zij onafgebroken, toch kunnen zij God niet leren kennen, noch de rust in Hem vinden.

Wie de liefde van God heeft ontdekt, die houdt van de gehele wereld en moppert nooit over zijn lot, want tijdelijk leed omwille van God verschaft eeuwige vreugde.

Een hoogmoedige ziel die zich niet aan Gods wil heeft overgegeven, kan niets leren kennen, maar zij gaat van de ene naar de andere gedachte; en zo bidt zij nooit met een reine geest en verheerlijkt zij de goddelijke grootheid niet.

De ziel die zich nederig aan de wil van God heeft overgegeven, ziet God iedere seconde onzichtbaar en dit alles kan de ziel zelf niet weergeven; zij kan er niet over vertellen, maar slechts door de ervaring leert zij Gods barmhartigheid kennen en zij weet wanneer de Heer met haar is. De ziel heeft zich aan Hem overgegeven als een klein kind dat iedere dag zijn voedsel krijgt maar dat niet weet vanwaar dit voedsel komt; op die wijze voelt de ziel zich goed met God, maar hoe dit komt, kan zij niet verklaren.

Heer, verlicht Uw volk door Uw Heilige Geest, opdat alle mensen Uw liefde mogen leren kennen.

De Heer geeft ons in, voor de mensen te bidden en Hijzelf geeft de kracht voor dit gebed en daarvoor beloont Hij de ziel.

Zo is de barmhartigheid van de Heer jegens ons.

Van kindsbeen af heb ik van de wereld en haar schoonheid gehouden. Ik hield van struiken en van groene tuinen, ik hield van de velden en van heel de prachtig geschapen wereld van God. Ik hield ervan om naar de lichte wolken te kijken, hoe zij in de blauwe hoogte dreven. Maar sinds ik mijn Heer heb leren kennen en Hij mijn ziel gevangen heeft, is alles in mijn ziel veranderd; ik wil al niet meer naar deze wereld kijken, maar mijn ziel hunkert steeds naar de wereld waar de Heer leeft. Zoals een vogel in een kooi, zo kwijnt mijn ziel op aarde. Zoals een vogel ernaar verlangt uit zijn nauwe kooi weg te vliegen in het groene struikgewas, zo hunkert mijn ziel ernaar opnieuw de Heer te zien, want Hij heeft mijn ziel tot Zich aangetrokken en zij smacht naar Hem en roept:

«Waar woont Gij, mijn Licht ? Gij ziet: onder tranen zoek ik U. Als Gij niet aan mij waart verschenen, dan zou ik U niet zo kunnen zoeken, zoals ik nu zoek. Maar Gij hebt mij, zondaar, gevonden en mij verleend Uw liefde te leren kennen. Gij hebt mij verleend te zien dat Uw liefde voor ons, U naar het Kruis heeft gebracht en dat Gij in lijden voor ons zijt gestorven.

Hoofdstuk 1 : Het verlangen naar God

Gij hebt mij verleend te leren kennen dat Uw liefde U vanuit de hemelen naar de aarde heeft gevoerd en zelfs tot in de onderwereld, opdat wij Uw heerlijkheid zouden mogen zien.

Gij hebt medelijden gekregen met mij en Gij hebt Uw Gelaat aan mij getoond en nu hunkert mijn ziel naar U, Heer; zij vindt in niets rust, dag noch nacht, en ik ween zoals een kind dat zijn moeder heeft verloren.

Maar zelfs een kind zal zijn moeder vergeten en zij hem, wanneer zij U zouden aanschouwen: de ziel die U ziet, vergeet de ganse wereld. Zo wordt mijn ziel tot U aangetrokken; zij smacht naar U en wil de schoonheid van deze wereld niet meer zien.

Wanneer de ziel in de Heilige Geest is, dan zal zij de Moeder Gods leren kennen; wanneer zij in de Heilige Geest is, dan wordt zij verwant aan de apostelen, de heilige bisschoppen, de zalige monniken, aan alle heiligen en gerechten; dan wordt zij onweerstaanbaar aangetrokken tot die wereld en kan niet stilhouden, maar zij smacht, kwijnt en weent. Zij kan zich niet losscheuren van het gebed en ondanks het uitgeputte lichaam, dat op bed wil rusten – en zelfs wanneer het daar ligt – strekt de ziel zich uit naar de Heer en naar het Koninkrijk van de heiligen.

De ouderdom is gekomen, het lichaam is verzwakt en wil op een rustplaats liggen, maar de geest ligt niet; hij strekt zich uit naar God, naar zijn eigen hemelse Vader. Hij heeft ons aan Zichzelf verwant gemaakt door Zijn Lichaam en Zijn kostbaar Bloed en door de Heilige Geest. Hij heeft ons verleend te leren kennen *wat* het eeuwige leven is. Gedeeltelijk hebben wij dit leren kennen: de Heilige Geest is het eeuwige leven; de ziel verblijft in de liefde van God, in de nederigheid en de zachtmoedigheid van de Heilige Geest; maar we moeten de Heilige Geest ruimte geven in onze ziel zodat Hij in haar kan leven, zodat de ziel Hem werkelijk kan voelen.

Wie op aarde door de Heilige Geest in de liefde van God verblijven, die zullen ook daarginds samen met de Heer zijn, want de liefde kan niet verdwijnen. Maar opdat wij ons niet vergissen in verstandelijk geredeneer, laten wij ons verdeemoedigen volgens Gods woord: «Weest als kinderen, want van hen is het Koninkrijk Gods» (naar Matth. 18:3).

Wee mij, want ik heb de Heer leren kennen in de Heilige Geest, maar ik verlies Hem en kan Hem in Zijn volheid niet bereiken, ofschoon ik de barmhartigheid van God toch dichtbij mij zie.

Zozeer als de Heer ons liefheeft, kunnen we onszelf niet liefhebben; maar de ziel denkt in haar ellende dat de Heer haar vergeten heeft en dat Hij zelfs niet naar haar wil kijken en zij lijdt en versmacht.

Maar zo is het niet, broeders. De Heer heeft ons oneindig lief en verleent ons de genade van de Heilige Geest en Hij troost ons. De Heer wil niet dat de ziel moedeloos en vertwijfeld zou zijn over haar redding. Gelooft vast dat wij slechts zullen lijden totdat we nederig zijn geworden; maar zodra we nederig zijn, is er een einde aan ons lijden, want omwille van haar nederigheid boodschapt de goddelijke Geest aan de ziel dat zij gered is.

Ere zij de Heer omwille van Zijn grote liefde voor ons; en deze liefde wordt gekend in de Heilige Geest.

―――

Mijn ziel smacht naar de Heer en onder tranen zoek ik Hem.

Hoe kan ik Hem niet zoeken ? Hij heeft zich aan mij getoond in de Heilige Geest en mijn hart heeft Hem liefgekregen. Hij heeft mijn ziel aangetrokken en zij verlangt naar Hem.

De ziel lijkt op een bruid en de Heer op een bruidegom; en zij hebben elkander lief en verlangen naar elkaar. De Heer verlangt in Zijn liefde naar de ziel en treurt als er in haar geen plaats is voor de Heilige Geest; en de ziel die de Heer heeft leren kennen, smacht naar Hem omdat haar leven en vreugde in Hem is.

Een zondig leven is de dood voor de ziel, maar de liefde van God is dat zoete paradijs, waarin onze vader Adam leefde vóór zijn val.

Adam, onze vader, zeg ons hoe uw ziel de Heer liefhad in het paradijs ?

Het is onmogelijk dit te begrijpen; slechts die ziel die aangeraakt is door de liefde van God, kan dit gedeeltelijk begrijpen.

Maar de Moeder Gods, hoe had zij de Heer, haar Zoon lief ?

Geen mens kan dit begrijpen, behalve zijzelf. Maar de goddelijke Geest leert ons de liefde. En in haar leefde en leeft deze goddelijke Geest, Die liefde is, en daarom kan degene die de Heilige Geest heeft leren kennen, gedeeltelijk ook haar liefde begrijpen.

―――

Hoofdstuk 1 : Het verlangen naar God

Wat een geluk voor ons christenen dat wij zulk een God hebben !

Hoe beklagenswaardig zijn de mensen die God niet kennen. Zij zien het eeuwige Licht niet en na hun dood gaan zij naar de eeuwige duisternis. Wij weten dit omdat de Heilige Geest in de Kerk aan de heiligen openbaart wat er in de hemel en wat in de hel is.

O ongelukkig, verdwaald volk ! Zij kunnen niet weten wat ware vreugde is. Soms zijn zij vrolijk en lachen zij, maar dat lachen waarmee zij lachen, en die blijdschap waarmee zij blij zijn, zullen voor hen veranderen in geween en smart.

Maar onze vreugde is Christus. Door Zijn Lijden heeft Hij ons opgetekend in het Boek des Levens en in het hemelse Koninkrijk zullen wij eeuwig met God zijn en zullen we Zijn heerlijkheid zien en van Hem genieten. Onze vreugde is de Heilige Geest. Hij is zo zoet en goed. Hij getuigt aan de ziel over haar verlossing.

O broeders, ik vraag en smeek u uit naam van de barmhartigheid van God, gelooft in het Evangelie en in de getuigenis van de Heilige Kerk en gij zult nog op aarde de zaligheid van het paradijs proeven. Het Koninkrijk Gods is immers binnen in ons. De goddelijke liefde schenkt het paradijs aan de ziel. Vele vorsten en heersers lieten hun troon in de steek toen zij de liefde van God hadden leren kennen. En dit is begrijpelijk, omdat de liefde van God een verterend vuur is; zij verzoet de ziel tot tranen toe door de genade van de Heilige Geest en niets op aarde kan met haar vergeleken worden.

Het aardse wordt gekend door het menselijke verstand, maar God – en al wat hemels is – wordt slechts gekend door de Heilige Geest en kan niet slechts door het verstand worden gekend.

Wie God heeft leren kennen door de Heilige Geest vergeet de wereld alsof zij niet bestaat, maar na zijn gebed zal hij zijn ogen opslaan en kijk, dan ziet hij haar opnieuw.

Broeders, de heiligen in het hemelse Koninkrijk schouwen de glorie van God; maar wij, laten wij nederig worden en de Heer zal ons liefhebben en ons op aarde alles geven wat nuttig is voor ziel en lichaam en Hij zal ons alle mysteriën openbaren.

De mensen zijn met heel hun ziel vastgehecht aan wat aards is en zij hebben de goddelijke liefde verloren en daarom is er geen vrede op aarde. Talloze mensen zijn bijvoorbeeld hun leven lang geïnteresseerd te onderzoeken, hoe de zon is gemaakt, maar ze bekommeren er zich niet om God te leren kennen. De Heer heeft ons echter niet gesproken over de zon, maar Hij heeft ons de Vader en het hemelse Koninkrijk geopenbaard. Hij heeft gezegd dat de gerechten in het Koninkrijk van hun Vader zullen stralen als de zon (naar Matth. 13:43), en de Heilige Schrift zegt dat de Heer het Licht zal zijn in het paradijs (Openb. 21:23; 22:5), en het Licht van de Heer zal in de *ziel*, de *geest* en het *lichaam* van de heiligen zijn.

Wij leven op aarde en zien God niet; we kunnen Hem niet zien. Maar als de Heilige Geest in onze ziel komt, zullen we God zien, zoals de heilige protodiaken Stefanus Hem heeft geschouwd. De ziel en de geest zullen in de Heilige Geest de *Heer* direct herkennen. Zo heeft de heilige Simeon de Goddragende de Heer door de Heilige Geest in de zuigeling herkend; en de heilige Johannes de Doper heeft eveneens door de Heilige Geest de Heer herkend en het volk op Hem gewezen. Maar zonder de Heilige Geest kan niemand God leren kennen, noch weten hoezeer Hij ons liefheeft.

Ook al lezen wij dat Hij ons heeft liefgehad en dat Hij voor ons geleden heeft uit liefde voor ons, overdenken wij dit slechts met ons verstand, maar met onze ziel begrijpen we deze liefde van Christus niet op de juiste wijze; maar wanneer de Heilige Geest ons onderricht, zullen wij deze liefde duidelijk en voelbaar leren kennen en worden wij naar de gelijkenis van de Heer.

Barmhartige Heer, leer ons allen door Uw Heilige Geest
te leven volgens Uw wil, opdat wij allen in Uw Licht
U, onze ware God, mogen leren kennen,
want zonder Uw Licht
kunnen wij de volheid van Uw liefde niet begrijpen.
Verlicht ons door Uw genade
en zij zal onze harten doen ontbranden
om U lief te hebben.

II

OVER HET GEBED

Wie God liefheeft, die heeft Hem steeds in gedachten en het indachtig zijn van God brengt het gebed voort. Als je de Heer niet indachtig bent, dan zul je ook niet bidden en zonder gebed verblijft je ziel niet in de liefde van God, want door het gebed komt de genade van de Heilige Geest. Door het gebed wordt de mens behoed tegen de zonde, want de geest van de biddende mens wordt in beslag genomen door God en hij staat in nederigheid voor het Aangezicht van de Heer, van Degene Die door zijn ziel wordt gekend.

Maar een beginneling heeft natuurlijk een leidsman nodig, omdat de ziel vóór de komst van de genade van de Heilige Geest een heftige strijd voert met de vijanden en zij nog niet kan begrijpen wanneer het de vijand is die haar zijn zoetheid brengt. Slechts wie uit ervaring de genade van de Heilige Geest heeft geproefd, kan dit begrijpen. Wie de Heilige Geest heeft geproefd, zal de genade aan haar *smaak* onderkennen.

Wie het gebed wil beoefenen zonder leidsman en wie in zijn trots meent dat hij dit kan leren uit boeken, zonder naar een starets te gaan, die verkeert al half in bekoring. Maar een nederig mens zal door de Heer worden geholpen en indien hij geen ervaren leidsman heeft en naar ongeacht welke geestelijke vader gaat, zal de Heer hem omwille van zijn nederigheid beschermen.

Bedenk dat de Heilige Geest in jouw geestelijke vader woont en dat hij jou zal zeggen wat je nodig hebt. Maar als jij meent dat jouw geestelijke vader zorgeloos leeft en jij jezelf afvraagt, hoe de Heilige Geest in hem kan leven, dan zul jij om een dergelijke gedachte hevig lijden en de Heer zal jou vernederen en jij zult onherroepelijk in bekoring vallen.

Het gebed wordt geschonken aan degene die bidt, zoals in de Heilige Schrift gezegd wordt; maar een gebed alleen uit gewoonte, zonder een vermorzeld hart over je zonden, is de Heer niet welgevallig.

Nu onderbreek ik voor een ogenblik dit verhaal over het gebed.

Mijn ziel smacht naar de Heer en verlangend zoek ik Hem
en mijn ziel verdraagt het niet om aan iets anders te denken.
Mijn ziel verlangt naar de levende Heer
en mijn geest strekt zich naar Hem uit
als naar haar eigen hemelse Vader.
De Heer heeft ons door de Heilige Geest met Hem verenigd.
De Heer is zoet voor ons hart:
Hij is onze vreugde, onze blijdschap en onze vaste hoop.
Goede Heer, zoek in Uw ontferming Uw schepsel op
en toon Uzelf aan de mensen in Uw Heilige Geest
zoals Gij Uzelf toont aan Uw dienaren.
Schenk vreugde, Heer, aan iedere bedroefde ziel
door de komst van Uw Heilige Geest.
Verleen, o Heer, dat alle mensen die tot U bidden
de Heilige Geest mogen leren kennen.
Mensen, laat ons allen nederig worden
omwille van de Heer en omwille van het hemels Koninkrijk.
Laten wij ons vernederen
en de Heer zal ons verlenen
om de kracht te leren kennen van het Jezusgebed.
Laten wij ons vernederen
en Gods Geest Zelf zal onze ziel onderrichten.
O mens ! Leer de nederigheid van Christus
en de Heer zal je verlenen
om de zoetheid van het gebed te proeven.
En als jij het reine gebed zoekt,
wees dan nederig, wees gematigd,
belijd je zonden oprecht
en het gebed zal jou liefkrijgen.

HOOFDSTUK 2 : OVER HET GEBED

Wees gehoorzaam, onderwerp je met een goed geweten aan hen die boven je staan en wees met alles tevreden, dan zal je geest gereinigd worden van ijdele gedachten. Bedenk dat de Heer jou ziet en wees bevreesd om je broeder door iets te kwetsen; oordeel hem niet en maak hem niet bedroefd, zelfs niet door een gelaatsuitdrukking, dan zal de Heilige Geest jou liefhebben en zal Hij jou met alles helpen.

De Heilige Geest lijkt zeer op een lieve moeder. Zoals een moeder van haar kind houdt en medelijden met hem heeft, zo heeft ook de Heilige Geest medelijden met ons. Hij vergeeft en geneest ons, schenkt ons verstand en vreugde; de Heilige Geest wordt gekend in een nederig gebed.

Wie zijn vijanden liefheeft, zal de Heer spoedig leren kennen in de Heilige Geest, maar wie hen niet liefheeft, over hem wil ik zelfs niet schrijven. Maar ik beklaag hem, want hij kwelt zichzelf en anderen en hij zal de Heer niet leren kennen.

De ziel die de Heer liefheeft kan niet zonder het gebed, want zij wordt tot Hem aangetrokken door de genade die zij in het gebed heeft leren kennen.

Voor het gebed zijn ons kerken gegeven; in de kerk wordt de dienst gevierd uit boeken; maar de kerk kun je niet meenemen en jij hebt niet altijd boeken, maar het inwendige gebed is altijd en overal bij je. In de kerken worden de goddelijke diensten gevierd en de Geest van God woont er, maar de beste kerk van God is de ziel en voor degene die in zijn ziel bidt, wordt de gehele wereld een kerk; maar dit is niet voor iedereen.

Veel mensen bidden met hun lippen en zij houden ervan uit boeken te bidden; en dat is goed. De Heer aanvaardt hun gebed en ontfermt Zich over hen. Maar wanneer iemand terwijl hij bidt, aan iets anders denkt, dan zal de Heer niet naar een dergelijk gebed luisteren.

Wie uit gewoonte bidt, ervaart geen verandering in zijn gebed, maar wie vurig bidt, beleeft veel veranderingen in zijn gebed: er komt strijd voor met de vijand, strijd met zichzelf en met de hartstochten, strijd met de mensen; en bij dit alles moet men dapper zijn.

Zoek raad bij ervaren mensen, als je hen vindt; en smeek de Heer nederig en Hij zal je verstand schenken omwille van jouw nederigheid.

Als ons gebed de Heer welgevallig is, dan getuigt de goddelijke Geest daarvan in de ziel. Hij is goed en stil; maar vroeger wist ik niet of de Heer mijn gebed had aanvaard of niet en waaraan je dit kon herkennen.

Leed en gevaar hebben veel mensen leren bidden. Eens kwam er een militair langs in mijn magazijn; hij was op weg naar Thessaloniki. Mijn ziel kreeg hem lief en ik zei tegen hem:

«Bid de Heer om verlichting van het lijden.»

En hij antwoordde: «Ik kan bidden. Ik heb dat in de oorlog geleerd tijdens de gevechten. Ik heb de Heer hevig gesmeekt om mijn leven te sparen. Het regende kogels, er ontploften granaten en maar weinig mensen overleefden het, maar ik heb dikwijls aan gevechten deelgenomen en de Heer heeft mij behouden.» Onderwijl liet hij mij zien, hoe hij gewoon was te bidden en aan zijn lichaamshouding was te zien hoe hij volkomen opging in God.

Talloze mensen houden ervan om goede boeken te lezen en dat is goed, maar bidden is het allerbeste; maar wie slechte boeken of kranten leest, die wordt gestraft met een hongerige ziel. Zijn ziel lijdt honger omdat het voedsel van de ziel en haar ware genot in God zijn.

In God is ook haar leven, vreugde en blijdschap en de Heer heeft ons onuitsprekelijk lief en deze liefde wordt in de Heilige Geest gekend.

Als jouw geest wil bidden in je hart en dat niet kan, zeg dan het gebed met je lippen en houd je geest bij de woorden van het gebed, zoals in «de Ladder» wordt gezegd. Mettertijd zal de Heer je het gebed van het hart schenken zonder verstrooidheid en zul je gemakkelijk bidden. Sommigen hebben hun hart geschaad omdat ze zich teveel hebben ingespannen om met hun geest het gebed in hun hart te verrichten en zij zijn zo ver gegaan dat ze vervolgens het gebed ook niet meer met hun lippen konden uitspreken. Maar ken de wetmatigheid van het geestelijke leven: de gaven worden slechts aan een eenvoudige, nederige en gehoorzame ziel gegeven. Aan degene die gehoorzaam en gematigd is in alles: in voedsel, woorden en bewegingen, schenkt de Heer het gebed en dit wordt gemakkelijk in het hart verricht.

Hoofdstuk 2 : Over het gebed

Het onophoudelijke gebed komt voort uit de liefde, maar gaat verloren door oordelen, door nutteloos gepraat en door onmatigheid. Wie de Heer liefheeft, kan dag en nacht aan Hem denken, want *geen enkele bezigheid verhindert het liefhebben van de Heer*. De apostelen hadden de Heer lief en de wereld stoorde hen niet, terwijl ze de wereld toch herdachten, voor haar baden en zich wijdden aan de verkondiging.

En zie, tegen Arsenius de Grote werd het volgende gezegd: «Vlucht voor de mensen,» maar de goddelijke Geest leert ons zelfs in de woestijn te bidden voor de mensen en voor de gehele wereld.

In deze wereld heeft iedere mens zijn taak: de één is koning, de ander patriarch, weer een ander is kok, smid of leraar, maar de Heer heeft alle mensen lief en wie God meer liefheeft, die zal ook een grotere beloning ontvangen. De Heer heeft ons het gebod gegeven God lief te hebben met geheel ons hart, geheel ons verstand en geheel onze ziel. Maar hoe kan men liefhebben zonder het gebed ? Daarom moeten de geest en het hart van een mens altijd vrij zijn voor het gebed.

Als je iemand liefhebt, wil je aan hem denken, over hem spreken en wil je bij hem zijn. En de ziel heeft de Heer lief als haar Vader en haar Schepper en zij staat voor Hem in vreze en in liefde: in vreze omdat Hij de Heer is, in liefde omdat de ziel Hem kent als haar Vader; Hij is barmhartig en Zijn genade is boven alles zoet.

Ook ik heb ervaren dat bidden gemakkelijk is omdat de genade van God ons helpt. De Heer heeft ons in Zijn ontferming lief en verleent ons door het gebed met Hem te spreken, berouw te tonen en dank te zeggen.

Ik ben niet in staat om te beschrijven hoezeer de Heer ons liefheeft; deze liefde wordt in de Heilige Geest gekend en de ziel van degene die bidt, kent de Heilige Geest.

Sommige mensen zeggen dat de bekoring voortkomt uit het gebed. Dit is een vergissing. De bekoring komt voort uit eigenmachtigheid maar niet uit gebed. Alle heiligen hebben veel gebeden en zij roepen anderen op tot het gebed. Het gebed is de allerbeste bezigheid voor de ziel. Door het gebed komt men tot God; door het gebed vraagt men om nederigheid, geduld en alle andere goede dingen. Wie zich uitspreekt tegen het gebed heeft kennelijk nooit geproefd hoe goed de Heer is en hoezeer Hij ons liefheeft. Er komt geen kwaad van God.

Alle heiligen hebben onophoudelijk gebeden; zij waren zelfs geen ogenblik zonder gebed.

De ziel die de nederigheid verliest, verliest tegelijkertijd de genade en de liefde voor God en dan dooft het vurige gebed; maar wanneer de ziel tot rust komt van de hartstochten en zij de nederigheid zal verwerven, geeft de Heer haar Zijn genade. En dan bidt zij voor haar vijanden als voor zichzelf en met brandende tranen bidt zij voor de gehele wereld.

III

OVER DE NEDERIGHEID

Er zijn tegenwoordig maar weinig staretsen die de liefde van de Heer voor ons kennen en die de strijd tegen de vijanden kennen en die weten dat men om hen te overwinnen de nederigheid van Christus moet hebben.

De Heer heeft de mens zozeer lief dat Hij hem de gaven van de Heilige Geest geeft, maar totdat de ziel geleerd heeft de genade te bewaren, maakt zij veel lijden door.

Het eerste jaar na het ontvangen van de Heilige Geest dacht ik: «De Heer heeft mij mijn zonden vergeven: hiervan getuigt de genade; wat heb ik nog meer nodig ?» Maar zo moet men niet denken. Ofschoon onze zonden ons vergeven zijn, moeten wij ze toch ons leven lang indachtig zijn en ze betreuren om de rouwmoedigheid te behouden. Ik deed dit niet en ik was niet meer rouwmoedig en ik heb veel moeten verduren van de demonen. Ik begreep niet wat er met mij gebeurde: «Mijn ziel kent de Heer en Zijn liefde; waarom krijg ik dan slechte gedachten ?» Maar de Heer kreeg medelijden met mij en Hij heeft mij Zelf geleerd hoe ik nederig moest worden: «Houd je geest in de hel en wanhoop niet.» En hierdoor worden de vijanden overwonnen; maar zodra mijn geest het vuur verlaat, nemen de gedachten weer in kracht toe.

―――

Laat hij die zoals ik de genade verloren heeft, moedig strijden tegen de demonen. Weet dat je zelf schuldig bent: jij bent in trots en ijdelheid gevallen, maar de Heer heeft jou in Zijn genade geleerd wat het betekent om in de Heilige Geest te zijn en wat het betekent om in strijd te zijn met de demonen. Zo zal de ziel uit ervaring de schade van de hoogmoed leren kennen en dan vlucht zij voor de ijdelheid, voor menselijke lofuitingen en voor opdringerige gedachten. Dan begint de ziel te genezen en te leren de genade te bewaren. Hoe kan men begrijpen of de ziel gezond is of ziek ? De zieke ziel is trots; maar de gezonde ziel bemint de nederigheid, zoals de Heilige Geest haar geleerd heeft en als zij deze nederigheid nog niet kent, beschouwt zij zichzelf als het slechtst van allen.

Al nam de Heer een ziel iedere dag mee naar de hemel en toonde Hij haar alle hemelse heerlijkheid waarin Hij verblijft en de liefde van de serafijnen, van de cherubijnen en van alle heiligen – zelfs dan zou de nederige ziel die door de ervaring is onderricht, zeggen: «Heer, Gij toont mij Uw heerlijkheid omdat Gij Uw schepsel liefhebt, maar geef mij liever tranen en de kracht om U te danken. Aan U komt toe de eer in de hemel en op aarde, maar aan mij komt toe het wenen over mijn zonden.» Anders zul je de genade van de Heilige Geest, die de Heer in Zijn ontferming om niet schenkt, niet behouden.

De Heer heeft veel medelijden met mij gehad en mij laten inzien dat ik mijn leven lang moet wenen. *Zo is de weg van de Heer.* En zie, ik schrijf nu uit medelijden met die mensen die zoals ik trots zijn en daarom lijden. Ik schrijf opdat zij de nederigheid mogen leren en de rust in God mogen vinden. Sommigen zeggen dat het ooit vroeger zo was, maar dat dit alles nu achterhaald is; maar bij de Heer *gaat nooit iets voorbij,* maar alleen wij veranderen, wij worden slecht en verliezen zo de genade; maar aan degene die vraagt, geeft de Heer alles; niet omdat wij dat waardig zijn, maar omdat de Heer barmhartig is en ons liefheeft.

Ik schrijf hierover, omdat mijn ziel de Heer kent.

Het is een groot goed om de nederigheid van Christus te leren; hierdoor wordt het leven eenvoudig en vreugdevol en alles komt het hart zoet voor. Slechts aan de nederigen toont de Heer Zich in de Heilige Geest, maar als wij niet nederig zijn, zullen wij God niet zien. De nederigheid is het licht waarin wij het Licht – God – mogen aanschouwen, zoals wordt gezongen: «En in Uw licht zien wij het Licht.»

De Heer heeft mij geleerd mijn geest in de hel te houden en niet te wanhopen; en zo vernedert mijn ziel zich, maar dit is nog niet de ware nederigheid die onbeschrijflijk is. Wanneer de ziel de Heer nadert, is zij bevreesd, maar wanneer zij de Heer ziet, verheugt zij zich onuitsprekelijk vanwege de pracht van Zijn heerlijkheid. En omwille

Hoofdstuk 3 : Over de nederigheid

van de liefde van God en van de zoetheid van de Heilige Geest vergeet zij de wereld volkomen. Zo is het paradijs van de Heer. Allen zullen er in liefde verblijven en door de nederigheid van Christus zullen allen gelukkig zijn door de anderen hoger verheven te zien dan zichzelf. De nederigheid van Christus woont in de allerkleinsten; zij zijn blij dat zij het kleinst zijn. Zo heeft de Heer mij dat laten begrijpen.

Heiligen, bidt allen voor mij dat mijn ziel de nederigheid van Christus moge leren; mijn ziel dorst naar haar maar ik kan haar niet bereiken en onder tranen zoek ik haar, zoals een verdwaald kind zijn moeder.

«Waar zijt Gij, mijn Heer ?
Gij hebt U verborgen voor mijn ziel
en onder tranen zoek ik U.
Heer, geef mij de kracht
om nederig te worden voor Uw majesteit.
Heer, aan U komt toe de eer in de hemelen en op aarde
maar schenk aan mij, Uw nietige schepsel, Uw nederige Geest.
Ik smeek Uw goedheid, o Heer;
zie op mij neer vanuit de hoogte van Uw heerlijkheid
en schenk mij de kracht, U dag en nacht te loven,
want mijn ziel heeft U in de Heilige Geest liefgekregen
en ik smacht naar U en zoek U onder tranen.

Heer, schenk ons de Heilige Geest;
in Hem zullen wij U dag en nacht loven,
ons vlees is immers zwak
maar Uw Geest is waakzaam
en Hij geeft de kracht aan de ziel om U bereidwillig te dienen.
Hij bevestigt onze geest in Uw liefde
en brengt hem in U tot rust met een volkomen rust
en hij wil al aan niets anders meer denken dan aan Uw liefde.

Genadige Heer, mijn zwakke geest kan U niet bereiken,
en daarom roep ik tot U, zoals Koning Abgar:
Kom en genees mij
van de wonden van mijn zondige gedachten
en ik zal U dag en nacht loven
en U aan de mensen verkondigen
opdat alle volkeren mogen weten
dat Gij, Heer, net als voorheen, wonderen verricht,
dat Gij de zonden vergeeft,
dat Gij heiligt en het leven schenkt.»

―――

Er is een zeer groot verschil tussen de allereenvoudigste mens die de Heer heeft leren kennen in de Heilige Geest en de mens die, ondanks groot aanzien, de genade van de Heilige Geest niet heeft leren kennen.

Het is een groot verschil om slechts te geloven dat God bestaat, Hem te leren kennen uit de natuur of uit de Schriften en om de Heer te leren kennen door de Heilige Geest.

Wie de Heer heeft leren kennen door de Heilige Geest, diens geest brandt dag en nacht uit liefde voor God en zijn ziel kan zich aan niets aards meer hechten.

De ziel die de zoetheid van de Heilige Geest niet heeft ervaren, verheugt zich over ijdelheid en wereldse roem, over rijkdom of over macht. Maar de ziel die de Heer heeft leren kennen door de Heilige Geest, verlangt slechts naar de Heer; rijkdom en wereldse glorie tellen niet voor haar.

De ziel die de Heilige Geest geproefd heeft, onderscheidt Hem naar de smaak. Er staat geschreven: «Proeft en ziet dat de Heer goed is» (naar Ps. 33:9). David heeft door de ervaring kennis gekregen en tot op heden verleent de Heer aan Zijn dienaren Zijn goedheid te leren kennen door de ervaring; en Hij zal Zijn dienaren tot aan het einde der tijden onderrichten.

Wie de Heer heeft leren kennen in de Heilige Geest, die heeft van Hem de nederigheid geleerd en lijkt op Zijn Leermeester, Christus, de Zoon van God, en is geworden «naar Zijn gelijkenis».

HOOFDSTUK 3 : OVER DE NEDERIGHEID

«Heer, maak ons waardig voor de gave van Uw heilige nederigheid.
Heer, schenk ons Uw nederige Heilige Geest om niet,
zoals Gij om niet bent gekomen om de mensen te redden
en hen naar de hemel omhoog te voeren
opdat zij Uw heerlijkheid mogen zien.»
Nederigheid van Christus ! Ik ken je
maar kan jou niet bereiken.
Je vruchten zijn zoet omdat zij niet van deze wereld zijn.»

Wanneer de ziel moedeloos wordt, hoe kun je dan opnieuw het vuur in haar ontsteken, opdat ze elk uur moge branden met liefde ? Dit vuur is bij God en de Heer is op aarde gekomen om ons het vuur van de genade van de Heilige Geest te schenken; wie de nederigheid zoekt, bezit dit vuur ook, want de Heer geeft Zijn genade aan de nederigen.

Er moet veel inspanning worden geleverd en er moeten vele tranen worden vergoten om de nederige geest van Christus vast te houden; maar zonder deze geest dooft het levenslicht in de ziel en sterft zij. Men kan het lichaam in korte tijd door vasten uitteren, maar het is niet eenvoudig en niet snel mogelijk de ziel zo te vernederen dat zij onafgebroken nederig blijft.

De heilige Maria van Egypte[63] heeft zeventien jaar tegen haar hartstochten als tegen wilde dieren gestreden en pas toen heeft zij de vrede verworven; en toch had zij haar lichaam snel uitgeteerd, omdat zij in de woestijn niets had om zich mee te voeden.

Wij zijn volkomen verhard en wij begrijpen niet wat de nederigheid van Christus of wat de liefde is. Inderdaad worden deze nederigheid en deze liefde gekend door de genade van de Heilige Geest, maar wij vergeten dat het mogelijk is die genade naar ons toe te trekken. Daarvoor moeten wij met hart en ziel naar de genade verlangen. Maar hoe kan ik naar iets verlangen waarvan ik geen kennis heb ? Een beetje kennis hebben wij allemaal en de Heilige Geest brengt iedere ziel ertoe God te zoeken.

Hoezeer moet men de Heer smeken om aan de ziel de Heilige Geest te schenken ! De nederige ziel heeft grote vrede, maar de trotse ziel kwelt zichzelf. De trotse mens kent de goddelijke liefde niet en hij is ver van God. Hij is er trots op rijk te zijn of geleerd, of aanzien te genieten, maar de ongelukkige kent zijn armoede en zijn ondergang niet, want hij kent God niet.

Maar wie tegen zijn trots strijdt, zal door de Heer geholpen worden om deze hartstocht te overwinnen.

De Heer heeft gezegd: «Leert van Mij, want ik ben zachtmoedig en nederig van hart» (naar Matth. 11:29). Daarnaar smacht mijn ziel dag en nacht en ik bid tot God en ik smeek alle heiligen in de hemel en u allen, die de nederigheid van Christus hebt leren kennen: bidt voor mij, opdat de geest van de nederigheid van Christus op mij moge neerdalen, waarnaar mijn ziel onder tranen verlangt. Ik moet wel verlangen naar deze nederigheid, want mijn ziel heeft haar door de Heilige Geest leren kennen, maar ik heb deze gave verloren en daarom smacht mijn ziel tot tranen toe.

Lankmoedige Meester, schenk ons een nederige geest
opdat onze zielen de rust in U mogen verwerven.

Alheilige Moeder van onze Heer, gij barmhartige,
smeek voor ons om een nederige geest.

Alle heiligen, gij woont in de hemelen
en gij ziet de heerlijkheid van de Heer
en uw geest verheugt zich;
bidt opdat ook wij met u mogen zijn.
Mijn ziel strekt zich ook uit om de Heer te zien,
en zij smacht naar Hem in nederigheid
en zij weet dat zij deze gave onwaardig is.
Genadige Heer, leer ons Uw nederigheid door Uw Heilige Geest.

De trots verhindert de ziel de weg van het geloof te betreden. Aan een ongelovige geef ik de volgende raad: laat hij zeggen: «Heer, als Gij bestaat, verlicht mij, dan zal ik U dienen met heel mijn hart en heel mijn ziel.» En omwille van een dergelijke nederige gedachte en

Hoofdstuk 3 : Over de nederigheid

de bereidheid God te dienen, zal de Heer hem zeker verlichten. Maar je moet niet zeggen: «Indien Gij bestaat, straf mij dan,» omdat als er straf komt, jij misschien niet de kracht zult vinden om God te danken en berouw te tonen.

En wanneer de Heer jou zal verlichten, zal jouw ziel Zijn aanwezigheid voelen; zij zal voelen dat de Heer haar vergeven heeft en dat Hij haar liefheeft. Jij zult dit uit ervaring leren en de genade van de Heilige Geest zal in jouw ziel getuigen van je redding. Dan zul je over de gehele wereld willen uitroepen: «Hoe groot is de liefde van God voor ons !»

Voordat de apostel Paulus de Heer kende, heeft hij Hem vervolgd, maar nadat hij Hem had leren kennen, is hij door de ganse wereld getrokken en heeft Christus verkondigd.

Als de Heer ons niet verleent, door de Heilige Geest te vernemen hoezeer Hij ons liefheeft, dan kan een mens dit ook niet weten, omdat het onmogelijk is voor het aardse verstand om vanuit de wetenschap te begrijpen welke liefde de Heer voor de mensen heeft.

Maar om gered te worden moet men nederig worden, want als men een trotse mens met geweld in het paradijs zou binnenbrengen, dan zou hij zelfs daar geen rust vinden en hij zou er ontevreden zijn en zeggen: «Waarom heb ik niet de eerste plaats ?» Maar een nederige ziel is vervuld van liefde en zij zoekt geen voorrang, zij wenst voor allen het goede en is met alles tevreden.

Een ijdel mens is of bang voor de demonen of lijkt op hen; maar we moeten niet bang zijn voor de demonen, maar voor de ijdelheid en de trots, want daardoor gaat de genade verloren.

Wie met duivels spreekt, die bezoedelt zijn geest, maar wie in gebed is, diens geest wordt verlicht door de Heer. De Heer heeft ons zeer lief maar wij vallen toch omdat wij geen nederigheid hebben. Om de nederigheid te bewaren, moeten wij het vlees versterven en de Geest van Christus aandoen. De heiligen voerden een hardnekkige strijd met de demonen; zij hebben hen door nederigheid, gebed en vasten overwonnen.

Wie zich heeft vernederd, heeft de vijanden overwonnen.

Wat moeten wij doen om in ziel en lichaam vrede te hebben?

Daartoe moeten we alle mensen liefhebben als onszelf en ieder ogenblik op de dood zijn voorbereid. Wanneer de ziel de dood indachtig is, dan komt zij tot de nederigheid en geeft zij zich helemaal over aan de wil van God en zij verlangt ernaar om met alle mensen vrede te hebben en allen lief te hebben.

Wanneer de vrede van Christus in de ziel komt, is zij blij om zoals Job op de mesthoop te zitten en de anderen in heerlijkheid te zien; dan is de ziel blij dat zij de minste van allen is. Dit mysterie van de nederigheid van Christus is te groot en het is onmogelijk om het te verklaren. Uit liefde wenst de ziel voor iedere andere mens meer van het goede dan voor zichzelf en zij verheugt zich, als zij ziet dat het anderen beter gaat en zij treurt als zij ziet dat anderen lijden.

Bidt voor mij alle heiligen en alle volkeren,
dat de heilige nederigheid van Christus over mij kome!

De Heer heeft de mensen lief, maar Hij stuurt leed opdat de mensen hun onmacht mogen leren kennen en nederig worden en omwille van hun nederigheid de Heilige Geest mogen ontvangen. Met de Heilige Geest is alles goed, is alles vreugdevol, is alles prachtig.

Als iemand veel lijdt vanwege armoede en ziekte, maar niet nederig wordt, dan lijdt hij zonder nut. Maar wie zich verdeemoedigt, die zal tevreden zijn met elk lot, omdat de Heer zijn rijkdom en zijn vreugde is; en alle mensen zullen zich verwonderen over de schoonheid van zijn ziel.

Jij zegt: «Ik heb veel ellende in mijn leven.» Maar ik zeg jou, of liever de Heer Zelf zegt jou: «Word nederig» en je zult zien dat jouw tegenspoed in rust zal veranderen, zodat je ook zelf verwonderd zult zijn en zult zeggen: «Waarom heb ik mijzelf vroeger zo afgetobd en treurde ik?» Maar nu verheug jij je omdat jij je vernederd hebt en Gods genade gekomen is; ook al zou jij nu zelfs in armoede verkeren, dan zou de vreugde jou niet verlaten, omdat in jouw ziel de vrede is waarvan de Heer heeft gezegd: «Ik schenk u Mijn vrede» (naar Joh. 14:27). Zo geeft de Heer vrede aan elke nederige ziel.

Hoofdstuk 3 : Over de nederigheid

De ziel van de nederige mens is als de zee: gooi een steen in de zee, dan zal die gedurende een minuut heel even de oppervlakte in beroering brengen en vervolgens in de diepte van de zee verzinken.

Zo verdrinken de droefenissen in het hart van de nederige mens, omdat de kracht van de Heer met hem is.

Waar heb jij jouw verblijf, nederige ziel ? Wie woont in jou ?
En waarmee zal ik jou vergelijken ?
Jij brandt helder als de zon en jij verbrandt niet, maar door jouw warmte verwarm jij iedereen.
Het land van de zachtmoedigen behoort jou toe,
volgens het woord van de Heer (naar Matth. 5:5).
Jij bent als een bloeiende tuin
waarin een prachtig huis ligt, waar de Heer graag woont.
De hemel en de aarde hebben jou lief.
De heilige apostelen, de profeten,
de hiërarchen en de monniken hebben jou lief.
De engelen, de serafijnen en de cherubijnen hebben jou lief.
De alreine Moeder Gods heeft jou in je nederigheid lief.
De Heer heeft jou lief en over jou verheugt Hij Zich.

De Heer toont Zich niet aan de trotse ziel. Al had zij alle boeken bestudeerd, toch zal de trotse ziel nooit de Heer leren kennen, want door haar trots laat zij geen ruimte in zichzelf voor de genade van de Heilige Geest, maar het is slechts door de Heilige Geest dat de Heer gekend wordt.

Mensen die verlicht zijn door de Doop geloven in God, maar er zijn zelfs mensen die Hem ook kennen. Geloven in God is goed maar God kennen is zaliger. Toch zijn ook de gelovigen zalig, zoals de Heer tot de apostel Thomas heeft gezegd: «Omdat je Mij gezien en betast hebt, heb je ook geloofd, maar zalig zijn zij die Mij niet hebben gezien en die toch geloven» (naar Joh. 20:29).

Als wij nederig waren, zou de Heer ons in Zijn liefde alles hebben getoond, dan zou Hij alle Mysteriën hebben geopenbaard, maar het is ons ongeluk dat wij niet nederig zijn; wij zijn trots en zelfingenomen over elke kleinigheid en daardoor kwellen wij zowel onszelf als ook anderen.

Ofschoon de Heer genadig is, laat Hij de ziel toch vanwege haar trots honger lijden. Hij verleent haar de genade niet voordat zij de nederigheid heeft geleerd. Ik ging ten onder aan mijn zonden en zou al lang in de hel zijn geweest, als de Heer en de alreine, gezegende Moeder Gods zich niet over mij hadden erbarmd. Wat is haar stem stil en zacht ! Een hemelse stem die wij op aarde nooit zullen horen. En onder tranen schrijf ik nu over de barmhartige Heer als over mijn eigen Vader. Het is zoet voor de ziel om met de Heer te zijn. Adam proefde deze zaligheid in het paradijs, toen hij de Heer van aangezicht tot Aangezicht zag; en onze ziel voelt dat Hij met ons is, zoals door Hem beloofd is: «Ik zal met u zijn alle dagen, tot aan het einde der tijden» (naar Matth. 28:20).

De Heer is met ons ! Kan men zich nog meer wensen ? De Heer heeft de mens geschapen om eeuwig met Hem te leven en gelukzalig te zijn; om met Hem en in Hem te zijn. De Heer wil ook Zelf mét ons en ín ons zijn. De Heer is onze vreugde en onze blijdschap; wanneer wij ons door onze trots van de Heer verwijderen, dan leveren we onszelf uit aan het lijden: droefheid, moedeloosheid en kwade gedachten verscheuren ons.

Heer, wijs ons terecht, zoals een tedere moeder
haar kleine kinderen terechtwijst.
Verleen aan elke ziel om de vreugde te leren kennen
van Uw komst en de kracht van Uw hulp.
Geef verkwikking aan de gekwelde zielen van Uw volk
en leer ons allen om U te kennen in de Heilige Geest.
De menselijke ziel versmacht op aarde, o Heer,
en met haar geest kan zij niet sterk worden in U,
want zij kent noch U noch Uw goedheid.
Onze geest is verduisterd door aardse zorgen,
en wij kunnen de volheid van Uw liefde niet begrijpen.
Verlicht ons.
Uw barmhartigheid vermag alles.
Gij hebt gezegd in het heilige Evangelie
dat de doden de stem van de Zoon van God zullen horen

Hoofdstuk 3 : Over de nederigheid

en levend worden; (naar Joh. 5:25)
maak dan nu dat onze dode zielen Uw stem zullen horen
en in vreugde zullen herleven.
Heer, zeg aan de wereld: «Al uw zonden zijn u allen vergeven»
en zij zullen zijn vergeven.
Heilig ons, Heer,
en allen zullen worden geheiligd door Uw Heilige Geest
en al Uw volkeren zullen U op aarde loven
en Uw wil zal geschieden op aarde zoals in de hemel
want voor U is alles mogelijk.

De trotse mens is bang voor berispingen maar de nederige mens geenszins. Wie de nederigheid van Christus heeft verworven, wil zichzelf steeds berispen en die verheugt zich over beschimpingen en treurt wanneer men hem prijst. Maar dat is pas het begin van de nederigheid; wanneer de ziel de Heer in de Heilige Geest zal leren kennen, hoe nederig en zachtmoedig Hij is, beschouwt zij zichzelf als de minste van allen en zij is blij om als Job in vuile kleren op de mesthoop te zitten en om de mensen in de Heilige Geest te zien, stralend en gelijkend op Christus.

Moge de barmhartige Heer aan iedereen verlenen om de nederigheid van Christus te proeven, die onbeschrijflijk is; dan zal de ziel al niets meer verlangen, maar zal zij eeuwig in nederigheid, liefde en zachtmoedigheid leven.

Mijn ziel smacht naar U, Heer: Gij hebt Uw Gelaat voor mij verborgen en ik ben verward en tot stervens toe verlangt mijn ziel er opnieuw naar, U te zien, want Gij hebt haar aangetrokken. Als Gij mij niet had meegesleept door Uw genade, zou ik niet zo naar U kunnen smachten en U onder tranen zoeken. Hoe zou iemand iets gaan zoeken en wat zou hij zoeken dat hij niet heeft leren kennen en dat hij niet verloren heeft ?

Toen ik in de wereld leefde, dacht ik wel aan U, maar niet voortdurend, maar nu brandt mijn geest tot tranen toe uit verlangen om U, mijn Licht, te zien.

Gij hebt mij onderricht door Uw barmhartigheid. Gij verborgt U voor mij, opdat mijn ziel de nederigheid zou leren, want zonder de nederigheid kan de genade niet worden bewaard in de ziel en put de zware moedeloosheid haar uit. Maar wanneer de ziel de nederigheid heeft geleerd, dan kunnen noch moedeloosheid noch leed tot haar naderen, omdat de Geest van God haar vreugde schenkt en verblijdt.

Ik heb medelijden met de arme mensen die God niet kennen. Ze zijn er trots op dat ze kunnen vliegen; maar dat is helemaal niet verwonderlijk: vogels vliegen ook en zij roemen God; de mens echter, Gods schepsel, verlaat Zijn Schepper. Maar jij, denk je eens in, hoe jij zult staan voor het Laatste Oordeel van God. Waarheen zul jij vluchten en waar zul jij je verbergen voor Gods Aangezicht ?

Ik bid veel tot God voor u, opdat gij allen moogt worden gered en u eeuwig moogt verheugen met de engelen en met de heiligen.

En ik smeek u: bekeert u en wordt nederig, verblijdt de Heer Die vol verlangen en liefde op u wacht. De Heer verleent medelijden voor de mensen aan de ziel die Hij liefheeft, zodat zij met tranen bidt; ook mijn ziel lijdt pijn en ik bid veel voor u.

Ere zij de Heer en Zijn barmhartigheid, dat Hij Zich aan ons, Zijn zondige dienaren, toont door Zijn Heilige Geest; de ziel kent Hem beter dan haar eigen vader, omdat we onze eigen vader buiten onszelf zien, terwijl de Heilige Geest de gehele ziel, de geest en het lichaam doordringt.

Zalig is de nederige ziel: de Heer heeft haar lief.

De ganse hemel en de aarde prijzen de nederige heiligen zalig en de Heer geeft hun de eer om met Hem te zijn: «Waar Ik ben, daar zal ook Mijn dienaar zijn» (naar Joh. 12:26).

De Moeder Gods staat hoger dan allen in de nederigheid en daarom prijzen alle geslachten op aarde haar zalig en dienen alle hemelse machten haar. De Heer heeft ons Zijn Moeder geschonken tot bescherming en hulp.

Er gaat niets boven het leven in nederigheid en in liefde. Dan zal er grote vrede zijn in de ziel en zal zij zich niet boven haar broeder stellen. Als wij onze vijanden liefhebben, zal er in onze ziel geen plaats zijn voor de trots, want in de liefde van Christus bestaat geen zelfverheffing. De trots verslindt al het goede als een vuur, maar de nederigheid van Christus is onbeschrijflijk en zoet. Als de mensen dit zouden weten, dan zou de gehele wereld deze wetenschap bestuderen.

Hoofdstuk 3 : Over de nederigheid

Ik oefen mij daarin mijn leven lang, dag en nacht, maar ik kan haar niet meester worden. Mijn ziel overdenkt steeds: ik heb nog niet bereikt waarnaar ik verlang en ik kan geen rust vinden, maar ik vraag u nederig, broeders, die de liefde van Christus kent: bidt voor mij opdat ik bevrijd moge worden van de trotse geest, opdat de nederigheid van Christus haar intrek moge nemen in mij.

Er zijn vele soorten nederigheid. De ene mens is gehoorzaam en berispt zichzelf bij alles en dit is nederigheid. De ander berouwt zijn zonden en vindt zichzelf afschuwwekkend voor God; ook dat is nederigheid. Maar wie de Heer heeft leren kennen in de Heilige Geest, die heeft een andere nederigheid: hij heeft een andere kennis en een andere smaak. Wanneer de ziel door de Heilige Geest ziet hoe zachtmoedig en nederig de Heer is, wordt zij zelf tot aan het einde nederig. En dit is een zeer bijzondere nederigheid; niemand kan haar beschrijven en zij wordt slechts gekend door de Heilige Geest. Indien de mensen door de Heilige Geest zouden leren kennen hoe onze Heer is, dan zouden zij volkomen veranderen: de rijken zouden hun rijkdom verachten, de geleerden hun wetenschap, de heersers hun aanzien en macht en allen zouden nederig worden en in diepe vrede en liefde leven en er zou grote vreugde zijn op aarde.

Wanneer een ziel zich aan de wil van God heeft overgegeven, bestaat er in haar geest niets behalve God en de ziel staat met een reine geest voor God.

Heer, leer ons om door Uw Heilige Geest
gehoorzaam en sober te zijn.
Geef ons de geest van berouw van Adam
en tranen voor onze zonden.
Verleen ons U eeuwig te loven en te danken.
Gij hebt ons Uw allerzuiverst Lichaam en Bloed geschonken
opdat wij in eeuwigheid met U mogen leven
en daar mogen zijn waar Gij zijt, om Uw heerlijkheid te zien.
Heer, verleen alle volkeren op de gehele aarde te leren kennen
hoezeer Gij ons liefhebt
en welk een wonderbaar leven Gij aan hen geeft
die in U geloven.

IV

OVER DE VREDE

Alle mensen willen de vrede, maar zij weten niet hoe die te bereiken is. Eens was de grote Païsius geërgerd en hij smeekte de Heer om hem van zijn prikkelbaarheid te verlossen. De Heer verscheen hem en zei: «Païsius, als jij je niet wilt ergeren, verlang dan niets, veroordeel of haat niemand en jij zult je niet ergeren.» Iedere mens die tegenover God en de mensen zijn eigen wil afsnijdt, zal zodoende altijd vrede bezitten in zijn ziel, maar wie er van houdt om zijn eigen wil te doen, zal nooit de vrede hebben.

De ziel die zich aan de wil van God heeft overgegeven verdraagt iedere droefenis en elke ziekte met gemak, omdat zij ook tijdens haar ziekte bidt en God schouwt: «Heer, Gij ziet mijn ziekte; Gij weet hoe zondig en zwak ik ben; help mij dit te dulden en U voor Uw goedheid te danken.» En de Heer verlicht de pijn, de ziel voelt Gods hulp en zij is blij en dankbaar tegenover God.

Als jou een of andere tegenslag overkomt, moet je denken: «De Heer ziet mijn hart en als het Hem welgevallig is, zal het én voor mij én voor de anderen goed zijn» en zo zal jouw ziel altijd in vrede verkeren. Maar wanneer iemand gaat mopperen, dat dit niet goed is en dat niet goed, zal er nooit vrede in zijn ziel zijn, zelfs al hield hij zich aan alle vasten en zou hij veel bidden.

De apostelen kenden een grote overgave aan de wil van God; hierdoor wordt de vrede bewaard. En alle grote heiligen verdroegen eveneens elk leed, doordat zij zich overgaven aan Zijn wil. De Heer heeft ons lief en daarom hoeven we niets te vrezen behalve de zonde, want door de zonde gaat de genade verloren en zonder Gods genade zal de vijand de ziel opjagen, zoals de wind een droog blaadje of rook opjaagt.

We moeten goed onthouden dat de vijanden zelf door de trots gevallen zijn en dat zij steeds proberen ons diezelfde weg op te duwen en zij hebben velen verleid. Maar de Heer heeft gezegd: «Leert zachtmoedigheid en nederigheid van mij en gij zult rust vinden voor uw zielen» (naar Matth. 11:29).

«Barmhartige Heer, schenk ons Uw vrede,
zoals Gij Uw heilige apostelen de vrede hebt gegeven:
"Mijn vrede geef Ik u" (Joh. 14:27).»

Heer, verleen ook aan ons om van Uw vrede te genieten.
De heilige apostelen hebben Uw vrede ontvangen
en deze over de gehele wereld verspreid
en terwijl zij bezig waren met de redding van het volk
verloren zij deze vrede niet
en is zij in hen niet minder geworden.
Ere zij de Heer en Zijn barmhartigheid
want Hij heeft ons zeer lief
en geeft ons Zijn vrede
en de genade van Zijn Heilige Geest.

Hoe kunnen wij temidden van de verleidingen van onze tijd de vrede in onze ziel bewaren ? Te oordelen naar de Schriften en naar het karakter van de mensen heden ten dage, leven wij in de eindtijd, maar toch moeten we de vrede in onze ziel bewaren, want zonder deze vrede is het onmogelijk om gered te worden, zoals de grote voorbidder van het Russische land, de zalige Serafim, gezegd heeft. Tijdens het leven van de heilige Serafim heeft de Heer Rusland behouden omwille van zijn gebeden; maar na hem was er een andere zuil die van de aarde tot de hemel reikte: Vader Johannes van Kronstadt. We zullen bij hem stilstaan, omdat hij van onze tijd is en wij hem gezien hebben terwijl hij aan het bidden was en omdat wij anderen niet hebben gezien.

Wij herinneren ons hoe het volk hem omringde om zijn zegen te ontvangen na de Liturgie, wanneer zijn paard en rijtuig werden voorgeleid en hij daarin wilde plaatsnemen, en hoe zijn ziel in die drukte onophoudelijk verbleef in God en in die mensenmenigte werd zijn aandacht niet verstrooid en evenmin verloor hij de vrede in zijn ziel.

HOOFDSTUK 4 : OVER DE VREDE 335

Onze vraag is nu: Hoe bereikte hij dit ?.

Hij bereikte dit en raakte niet verstrooid, omdat hij van het volk hield en niet ophield voor hen te bidden:

«Heer, schenk aan Uw mensen Uw vrede,
Heer, schenk aan Uw dienaren Uw Heilige Geest
opdat Hij hun harten moge verwarmen met Uw liefde
en hen moge onderrichten in elke waarheid en in het goede.
Heer, ik wil dat Uw vrede op heel Uw volk rust,
dat Gij hebt liefgekregen tot het einde
en waaraan Gij Uw Eniggeboren Zoon hebt gegeven
om de wereld te redden.

Heer, schenk hun Uw genade
opdat zij U in vrede en liefde
mogen leren kennen en liefkrijgen
en dat zij zoals de apostelen op de Thabor mogen zeggen:
"Het is goed voor ons, Heer, om met U te zijn" (vgl. Mark. 9:5; Luk. 9:33).»

Terwijl hij zo onophoudelijk voor het volk aan het bidden was, bewaarde hij de vrede in zijn ziel, maar wij verliezen de vrede omdat er in ons geen liefde voor het volk is. De heilige apostelen en alle heiligen verlangden naar de redding van het volk en tijdens hun verblijf tussen de mensen hebben zij vurig voor hen gebeden. De Heilige Geest gaf hun de kracht het volk lief te hebben; als wij onze broeder niet liefhebben, zullen wij geen vrede kunnen bezitten.

Laat iedere mens hierover nadenken.

―――

Ere zij de Heer, dat Hij ons niet als wezen heeft achtergelaten (vgl. Joh. 14:18), maar ons op aarde de Heilige Geest heeft geschonken. De Heilige Geest leert de ziel onuitsprekelijke liefde voor het volk en medelijden met allen die verdwaald zijn. De Heer had medelijden met de verdwaalden en Hij heeft Zijn eniggeboren Zoon gezonden om hen te verlossen; en de Heilige Geest leert hetzelfde medelijden met de verdwaalden die naar de hel gaan. Maar wie de Heilige Geest niet heeft verworven, wil niet voor zijn vijanden bidden.

De heilige Païsius de Grote was aan het bidden voor zijn leerling die zich van Christus had afgewend en toen hij aan het bidden was, verscheen de Heer aan hem en sprak: «Païsius, voor wie bid jij ? Maar hij heeft Mij toch verloochend ?» Maar de heilige Vader bleef medelijden hebben met zijn leerling en toen zei de Heer tegen hem:

«Païsius, door jouw liefde ben jij op Mij gaan lijken.»

Zo wordt de vrede bereikt; en *er is geen andere weg* dan deze.

Als iemand veel bidt en vast, maar geen liefde voor zijn vijanden heeft, kan hij geen vrede in zijn ziel hebben. En ik zou hierover niet kunnen spreken, als de Heilige Geest mij de liefde niet had geleerd.

De zondige ziel die gevangen is door haar hartstochten kan geen vrede hebben en zich verheugen over de Heer, al zou zij alle rijkdommen van de aarde bezitten en over de gehele wereld heersen. Wanneer er aan een koning die vrolijk aan het feestvieren is met al zijn edelen en die in zijn volle glorie op de troon zit, plotseling zou worden meegedeeld: «Koning u gaat nu dadelijk sterven,» dan zou zijn ziel in verwarring raken en gaan beven van angst en dan zou hij zijn onmacht inzien.

Maar hoeveel arme stakkers zijn er niet die slechts rijk aan liefde voor God zijn en die, wanneer hun gezegd zou worden: «Jij gaat nu sterven», vredig zouden antwoorden: «Moge Gods wil geschieden: ere zij God, dat Hij aan mij heeft gedacht en mij daarheen wil brengen waar de goede moordenaar als eerste is binnengegaan.»

Er zijn armen die geen angst voor de dood hebben, maar deze vredig tegemoet treden zoals de rechtvaardige Simeon, die het lied zong: «Nu laat Gij, o Meester, Uw dienaar volgens Uw heilig woord in vrede heengaan» (Luk. 2:29).

Welke vrede er in de ziel van de rechtvaardige Simeon was, kunnen slechts zij begrijpen die Gods vrede in hun ziel dragen of die deze vrede tenminste ervaren hebben.

Over deze vrede heeft de Heer tot Zijn leerlingen gezegd: «Mijn vrede geef ik u» (naar Joh. 14:27). Wie deze vrede bezit, gaat in vrede over tot het eeuwige leven en zegt: «Ere zij U, o Heer, dat ik heden tot U kom en eeuwig Uw Gelaat in vrede en liefde zal zien. Uw vredige, zachtmoedige blik heeft mijn ziel aangetrokken en zij smacht naar U.»

Hoofdstuk 4 : Over de vrede

Je moet jouw broeder zachtmoedig en liefdevol berispen. De vrede gaat verloren als jouw ziel zelfingenomen wordt of als zij zich boven haar broeder stelt of als zij iemand veroordeelt of haar broeder berispt zonder zachtmoedigheid of zonder liefde; als we veel eten of lusteloos bidden, gaat om al deze dingen de vrede verloren.

Maar als wij eraan wennen, vurig te bidden voor onze vijanden en hen lief te hebben, zal de vrede steeds in onze zielen wonen; maar als wij onze broeder haten of hem veroordelen, raakt onze geest verduisterd en verliezen wij de vrede en onze vrijmoedigheid jegens God.

De ziel kan geen vrede bezitten, als zij niet dag en nacht Gods wet overweegt, want deze wet is geschreven door de Geest van God; Zijn Geest gaat vanuit de Schriften over in de ziel en de ziel voelt hierbij zoetheid en behaaglijkheid en zij wil het aardse al niet meer liefhebben, omdat de liefde voor het aardse de ziel leeg maakt; dan wordt zij moedeloos en zij verwildert en wil niet tot God bidden. Maar de vijand, die ziet dat de ziel niet in God is, brengt haar aan het wankelen en hij legt vrijelijk in de geest wat hij wil. Hij jaagt de ziel op van de ene naar de andere gedachte en zo brengt de ziel de hele dag door in deze gejaagdheid en kan zij de Heer niet met een zuiver hart schouwen.

Wie de vrede van de Heilige Geest in zich draagt, straalt die vrede uit naar anderen toe; maar wie een boze geest in zich draagt, straalt ook dit kwaad uit naar anderen toe.

Vraag: Hoe kan iemand die leiding geeft de vrede bewaren, als zijn ondergeschikten ongehoorzaam zijn ?

Het is moeilijk en pijnlijk voor hem, als zijn mensen hem niet gehoorzamen, maar om de vrede te bewaren moet hij onthouden dat zelfs wanneer zijn mensen ongehoorzaam zijn, de Heer toch van hen houdt en dat Hij in lijden gestorven is omwille van hun verlossing; en hij moet dus vurig voor hen bidden. Dan zal de Heer aan degene die bidt het gebed schenken en je zult uit ervaring leren kennen dat de geest van de biddende mens vrijmoedigheid en liefde bezit bij God en ofschoon je een zondig mens bent, zal de Heer je toch de vruchten van het gebed laten proeven; en als jij jezelf aanwent om zo te bidden voor je ondergeschikten, zal er een grote vrede en liefde in jouw ziel zijn.

Vraag: Hoe kan een ondergeschikte de vrede in zijn ziel bewaren, als zijn meerdere een prikkelbaar en slecht mens is?

Een prikkelbaar mens heeft zelf het meest te lijden van de boze geest. Hij verduurt deze kwelling omdat hij trots is. Een ondergeschikte, wie hij ook moge zijn, moet dit weten en bidden voor de zieke ziel van zijn meerdere en dan zal de Heer Die zijn geduld ziet, hem – de ondergeschikte – de vergeving van zonden en het onophoudelijke gebed schenken. Het is een groot werk om tot God te bidden voor degenen die ons kwetsen en verdriet doen. Daartoe zal de Heer jou Zijn genade schenken en jij zult de Heer in de Heilige Geest leren kennen en dan zal jouw ziel alle smarten voor Hem met vreugde verdragen en zal de Heer je de liefde voor de gehele wereld schenken en je zult vurig voor alle mensen het goede wensen en voor iedereen bidden als voor je eigen ziel.

De Heer heeft ons geboden onze vijanden lief te hebben; wie zijn vijanden liefheeft, wordt «naar de gelijkenis van God»; maar je kunt je vijanden slechts liefhebben door de genade van de Heilige Geest en daarom moet je, zodra iemand je beledigt, voor hem tot God bidden en dan zul je de vrede en de genade van God in je ziel behouden.

Maar als je gaat mopperen en schelden op je meerdere, dan zul je ook zelf prikkelbaar worden net als hij, dan zal het woord van de profeet David over jou vervuld worden: «Gij zijt uitgelezen met een uitverkorene, maar met de arglistige toont gij uw list» (Ps. 17:27).

Zo is het ook voor een novice moeilijk om de vrede te bewaren als zijn overste een slecht karakter heeft. Het is een groot kruis voor een novice om te leven met een slechte overste; hij moet dan voor zijn overste bidden en zo zal de vrede in zijn ziel en lichaam bewaard blijven. Maar als jij de overste bent en je moet iemand oordelen om zijn slechte daden, bid dan tot de Heer dat Hij jou een barmhartig hart schenkt: de Heer heeft een dergelijk hart lief en dan zul je juist oordelen. Maar wanneer jij iemand slechts naar zijn daden oordeelt, zul je fouten maken en zul je de Heer niet behagen.

Jij moet een zodanig oordeel geven dat een mens zich gaat beteren en jij moet medelijden hebben met elke ziel, met ieder schepsel en met de gehele schepping van God en zelf moet je in alles een zuiver

Hoofdstuk 4 : Over de vrede

geweten hebben; dan zal er een grote vrede zijn in de ziel en in de geest. Laten wij in vrede en in liefde leven, dan zal de Heer ons verhoren en ons alles geven wat wij vragen en wat nuttig voor ons is.

De Heilige Geest is in de liefde. Zo spreekt de Heilige Schrift en de ervaring toont dit.

Het is voor de ziel onmogelijk om de vrede te bezitten als wij de Heer niet met heel onze kracht smeken, ons te verlenen alle mensen lief te hebben. De Heer wist dat wanneer wij onze vijanden niet zouden liefhebben, wij geen vrede in de ziel zouden hebben en daarom gaf hij ons het gebod: «Hebt Uw vijanden lief». Wanneer wij onze vijanden niet liefhebben, zal onze ziel hoogstens af en toe zogenaamd rustig zijn; maar als we onze vijanden wel liefhebben, blijft de vrede dag en nacht in onze ziel.

Waak in je ziel over de vrede van de genade van de Heilige Geest.

Verlies hem niet vanwege kleinigheden. Als jij jouw broeder vrede geeft, zal de Heer jou onvergelijkelijk veel meer schenken; maar als jij jouw broeder kwetst, dan zal het leed ook onvermijdelijk op jouw ziel neerkomen.

Als er een onreine gedachte in jou opkomt, verjaag die dan dadelijk en je zult de vrede van de ziel behouden, maar neem je die gedachte aan, dan verliest je ziel de liefde voor God en zul je al geen vrijmoedigheid meer bezitten in het gebed.

Als je aan jouw eigen wil verzaakt, heb je de vijand overwonnen en zul jij als beloning de vrede van de ziel ontvangen, maar wanneer jij jouw eigen wil doet, ben *jij* overwonnen door de vijand en zal de moedeloosheid jouw ziel kwellen.

Wie de hartstocht van de hebzucht bezit, kan God en zijn naaste niet liefhebben; de geest en het hart van een dergelijk mens worden in beslag genomen door de rijkdom en hij heeft geen berouwvolle noch vermorzelde geest over zijn zonden en zijn ziel kan de zoetheid van de vrede van Christus niet kennen.

De ziel die de Heer heeft leren kennen, verlangt er steeds naar om Hem in zichzelf te zien, want Hij komt de ziel in stilte binnen en geeft haar de vrede en Hij getuigt zonder woorden van haar redding.

Als de vorsten en de regeerders van de volkeren de liefde van God zouden kennen, zouden zij nooit oorlog voeren. De oorlog wordt gezonden vanwege zonden maar niet vanwege liefde. De Heer heeft ons uit liefde geschapen en ons opgedragen in liefde te leven en Hem te verheerlijken.

Als de overheden de geboden van de Heer zouden onderhouden en het volk en de ondergeschikten hen in nederigheid zouden gehoorzamen, zou er op aarde grote vrede en blijdschap zijn, maar omwille van de heerszucht en de ongehoorzaamheid van trotse mensen lijdt de gehele wereld.

Ik bid U, Barmhartige Heer,
verleen aan heel Uw volk
vanaf Adam tot aan het einde der tijden
om U te leren kennen,
dat Gij goed en barmhartig zijt,
opdat alle volkeren Uw vrede mogen genieten
en allen het licht van Uw Gelaat mogen zien.
Uw blik is kalm en zachtmoedig
en trekt mijn ziel aan.

V

OVER DE GENADE

Ik heb slechts zonden meegebracht naar het klooster en ik weet niet waarom de Heer mij, toen ik nog een jonge novice was, zo overvloedig de genade van de Heilige Geest schonk, dat zowel mijn ziel als mijn lichaam daarvan vervuld waren. En deze genade leek op de genade van de martelaren en mijn lichaam hunkerde naar het lijden omwille van Christus.

Ik heb de Heer niet gevraagd om de Heilige Geest: ik wist niet Wie de Heilige Geest was, hoe Hij in de ziel komt en wat Hij met de ziel doet; maar nu ben ik verheugd om daarover te schrijven.

O Heilige Geest, Gij zijt zoet voor mijn ziel. Het is onmogelijk U te beschrijven, maar de ziel kent Uw komst en Gij geeft vrede aan de geest en zoetheid aan het hart.

De Heer heeft gezegd: «Leert van mij zachtmoedigheid en nederigheid, en gij zult rust vinden voor uw zielen» (naar Matth. 11:29). Dit zegt de Heer over de Heilige Geest: «Slechts in de Heilige Geest verkrijgt de ziel volkomen rust.»

Wij orthodoxe christenen zijn zalig omdat de Heer ons zeer liefheeft en ons de genade schenkt van de Heilige Geest; en in de Heilige Geest laat Hij ons Zijn heerlijkheid zien. Maar om de genade te behouden, moeten wij onze vijanden liefhebben en de Heer danken voor elk leed.

De Heer heeft een zondige ziel geroepen tot het berouw en deze ziel heeft zich tot de Heer gekeerd en Hij heeft haar genadig aangenomen en Zich aan haar getoond. De Heer is zo barmhartig, nederig en zachtmoedig. Volgens de overvloed van Zijn goedheid is Hij de zonden van deze ziel niet indachtig en zij heeft Hem liefgekregen tot het einde en zij hunkert naar Hem, zoals een vogel in zijn nauwe kooi hunkert naar het groene struikgewas.

De ziel van deze mens heeft de Heer leren kennen: de barmhartige, de milde, de allerzoetste Heer. Zij heeft Hem tot het einde liefgekregen en door haar grote brandende liefde wordt zij onverzadigbaar tot Hem aangetrokken, want de genade van de Heer is uiterst zoet en zij verwarmt de geest, het hart en heel het uitgeputte lichaam.

En plotseling verliest de ziel deze genade van de Heer; en dan denkt zij: ik heb mijn Meester door iets gekrenkt; ik zal om Zijn ontferming smeken; misschien verleent Hij mij deze genade opnieuw, want mijn ziel verlangt naar niets anders meer in deze wereld dan naar de Heer. De liefde van de Heer is zo vurig dat de ziel die haar eenmaal geproefd heeft, naar niets anders meer verlangt; en wanneer zij haar verliest, of wanneer de genade afneemt, *welke* gebeden stort de ziel niet uit voor God, omdat zij ernaar verlangt Zijn genade opnieuw te vinden. Zo heeft de heilige Serafim drie jaar lang, dag en nacht, gebeden op een steen, want zijn ziel had de Heer leren kennen en Zijn genade geproefd en zij had de Heer tot het einde liefgekregen.

De ziel die de Heer heeft leren kennen, wordt tot Hem aangetrokken door de liefde; en de vurigheid van deze liefde voor God staat haar niet toe Hem te vergeten, overdag noch 's nachts, zelfs geen seconde. En wanneer wij, die de Heer zo weinig liefhebben, zo vurig naar Hem verlangen, wie zal dan de volheid beschrijven van de liefde van de Moeder Gods voor haar Zoon en haar God ?

«Zeg ons, Alreine, hoe gij uw Zoon en Heer liefhadt
en welke gebeden gij baadt,
toen Uw Zoon ten hemel voer.»

Dit kunnen wij niet bevatten.

———

Zalig is de ziel die de reinheid van ziel en lichaam bewaart: de Heer heeft haar lief en schenkt haar de genade van de Heilige Geest en deze genade bindt de ziel om God zo lief te hebben dat zij zich door de zoetheid van de Heilige Geest niet meer van Hem kan losrukken. Zij streeft onverzadigbaar naar Hem, want aan de liefde van God is geen einde; maar toch ken ik iemand die door de Barmhartige Heer werd bezocht met Zijn genade en toen de Heer hem gevraagd had: «Wil jij dat Ik jou nog meer genade geef ?» zou de ziel, die zwak was in het lichaam, geantwoord hebben: «Heer, Gij ziet dat als Gij mij nog meer geeft, ik dit niet kan verdragen en zal sterven !» Een mens kan de volheid van de genade niet verdragen; daarom vielen Christus' leerlingen op de Thabor op hun aangezicht voor de heerlijkheid des Heren (naar Matth. 17:6).

Elke dag voeden wij ons lichaam en ademen we lucht in om te leven. Maar de ziel heeft de Heer en de genade van de Heilige Geest nodig, anders is de ziel dood. Zoals de zon de veldbloemen warmte geeft en tot leven wekt en deze zich naar haar oprichten, zo wordt ook de ziel die God liefheeft, tot Hem aangetrokken en zij voelt zich gelukzalig in Hem en in haar grote vreugde verlangt zij, dat alle mensen van ditzelfde geluk zouden genieten. De Heer heeft ons ook daartoe geschapen, dat wij eeuwig met Hem in liefde zouden verblijven in de hemelen.

Ere zij de Heer en Zijn barmhartigheid: Hij heeft ons zozeer liefgehad dat Hij ons de Heilige Geest heeft geschonken, Die ons al het goede leert en ons de kracht geeft om de zonde te overwinnen. In Zijn grote barmhartigheid schenkt de Heer ons Zijn genade en wij moeten haar vastbesloten bewaren om haar niet te verliezen, want zonder de genade is een mens geestelijk blind.

Blind is hij die zijn rijkdommen verzamelt in deze wereld; dit betekent dat zijn ziel de Heilige Geest niet kent en dat zij niet weet hoe zoet Hij is en daarom laat zij zich kluisteren door de aarde. Maar wie de zoetheid van de Heilige Geest heeft leren kennen, weet dat zij met niets vergelijkbaar is en die kan al door niets meer op aarde worden gekluisterd, hij laat zich slechts kluisteren door de liefde van de Heer; hij vindt zijn rust in God en verheugt zich en hij weent over de mensen, omdat niet allen de Heer hebben leren kennen; en hij heeft medelijden met hen.

Wanneer de ziel in de Heilige Geest is, is zij tevreden en verlangt niet naar het hemelse, want het Koninkrijk Gods is binnen in ons: want de Heer is gekomen en heeft zijn intrek in ons genomen. Maar als de ziel de genade verliest, verlangt zij naar het hemelse en onder tranen zoekt zij de Heer.

Alvorens een mens geraakt wordt door de genade leeft hij met de gedachte dat alles goed en voorspoedig gaat in zijn ziel; maar wanneer de genade hem bezoekt en met hem is, dan gaat hij zichzelf volkomen anders zien en wanneer hij daarna de genade opnieuw verliest, dan wordt hij zich pas bewust in welke grote ellende hij zich bevindt.

Een koningszoon ging eens ver weg op jacht en toen hij in het dichte bos verdwaald was, kon hij de weg naar zijn paleis niet meer terugvinden. Hij schreide bitter terwijl hij een uitweg zocht maar hij vond er geen. Achtergebleven in het wilde woud, verlangde hij hevig naar zijn vader, de koning, en naar zijn moeder, de koningin, en naar zijn broeders en zusters. Hoe zou hij, een koningszoon, kunnen leven in een dicht, wild woud ? En hij weende bitter over zijn vroegere leven in zijns vaders paleis en treurde diep over zijn moeder.

Zo en nog veel sterker treurt en smacht de ziel als zij de genade verliest. Toen zijn broers de schone Jozef als slaaf hadden verkocht aan de Egyptenaren naar een ver, vreemd land, weende hij ontroostbaar over zijn vader; en toen hij het graf van zijn moeder Rachel zag, schreide hij bitter en zei: «O moeder, zie je hoe zij mij in slavernij wegvoeren naar een ver land ?»

Zo en nog veel meer lijdt en smacht de ziel die de genade van de Heilige Geest heeft verloren en die door de boze gedachten in slavernij is gebracht.

Maar wie de genade niet kent, die zoekt haar ook niet. Zo is de wereld vastgekleefd aan de aarde en de mensen weten niet dat niets op aarde de zoetheid van de Heilige Geest kan vervangen.

De dorpshaan leeft op een klein erf en is tevreden met zijn lot. Maar de adelaar die onder de wolken vliegt en die vanuit de hoogte de blauwe verten ziet, kent zovele landen. Hij heeft bossen en weiden, rivieren en bergen, zeeën en steden gezien; maar als je zijn vleugels zou kortwieken en hem samen met een haan op het dorpserf liet leven, zou hij dan niet hevig verlangen naar de blauwe hemel en de rotsen in de woestijn ?

Zo treurt ook de ziel die de genade heeft leren kennen en haar verliest; zij is ontroostbaar en vindt in niets haar rust.

De Heer «heeft ons niet als wezen achtergelaten» (Joh. 14:16-18) zoals een moeder bij haar sterven haar kinderen als wezen achterlaat, maar

HOOFDSTUK 5 : OVER DE GENADE

Hij heeft ons de Trooster, de Heilige Geest, geschonken en Hij beweegt ons, God onverzadigbaar lief te hebben en naar Hem te verlangen en Hem onder tranen dag en nacht te zoeken.

Hoe slecht vergaat het de ziel wanneer zij de liefde en de vrijmoedigheid verliest; dan roept zij met een bedroefd hart tot God: «Wanneer zal ik de Heer opnieuw zien en van Zijn vrede en liefde mogen genieten ?»

Waarom weeklaag jij mijn ziel, waarom vergiet jij tranen ?

Of ben jij vergeten dat de Heer jou geschapen heeft en dat jij elke straf verdient ?

Neen, ik ben niet vergeten, hoe groot de barmhartigheid is die de Heer over mij heeft uitgegoten en ik herinner me de zoetheid van de genade van de Heilige Geest en ik ken de liefde van de Heer en ik weet hoe zoet die liefde is voor ziel en lichaam.

Waarom vergiet je tranen, mijn ziel, als je je Meester en Zijn onuitsprekelijke liefde voor jou kent ? Wat wil je nog meer van je Meester, Die je zoveel goedheid heeft bewezen ?

Mijn ziel wil de genade van de Heer nooit verliezen, want haar zoetheid beweegt mijn ziel onophoudelijk om haar Schepper lief te hebben.

Wanneer de genade in de ziel afneemt, smeekt de ziel de Heer opnieuw om de ontferming die zij heeft leren kennen. Dan is de ziel onrustig omdat boze gedachten haar teisteren en zij zoekt bescherming bij de Heer, haar Schepper. Zij smeekt Hem haar een nederige geest te geven, zodat de genade haar niet verlaat, maar haar de kracht geeft om haar hemelse Vader onophoudelijk lief te hebben.

De Heer neemt Zijn genade weg uit de ziel en daardoor voedt Hij haar met ontferming en wijsheid op; voor haar heeft Hij Zijn armen op het Kruis in grote smarten uitgestrekt, opdat zij nederig zou worden. Hij verleent de ziel zelfs om in de strijd met de vijanden haar vrije wil te tonen, maar de ziel zelf is te zwak om hen te overwinnen en daarom is mijn ziel bedroefd en smacht naar de Heer en onder tranen zoekt zij Hem.

Heer, Gij ziet, hoe machteloos mijn ziel is zonder Uw genade
en dat zij nergens rust vindt.
Gij zijt onze zoetheid, onze hemelse Vader.
Geef ons de kracht U lief te hebben,
geef ons Uw heilige vreze,
zoals de cherubijnen voor U beven en U liefhebben.

Gij, ons Licht, verlicht de ziel
om U onverzadigbaar te beminnen.
Gij neemt Uw genade van mij weg
omdat mijn ziel niet altijd in de nederigheid verblijft
maar Gij ziet hoe bedroefd ik ben
en ik smeek U: «Geef mij de nederige Heilige Geest.»

Een mens is zelf machteloos om de geboden van God uit te voeren, daarom is er ook gezegd: «Vraagt, en u zal gegeven worden» (naar Matth. 7:7; Luk. 11:9). Als wij niet vragen, kwellen wij onszelf en beroven onszelf van de genade van de Heilige Geest; en zonder de genade raakt de ziel in vele zaken verward omdat zij de wil van God niet begrijpt.

Om de genade te bezitten moet een mens in alles gematigd zijn: in zijn bewegingen, zijn woorden, zijn kijken, zijn denken en zijn voedsel.

En de overweging van het woord van God helpt elke vorm van onthouding (naar Ps. 1:2). Er is gezegd: «De mens zal niet leven bij brood alleen, maar door ieder woord dat uit Gods mond komt» (naar Mt. 4:4 ; Deut. 8:3).

De heilige Maria van Egypte nam met haar vingers wat geweekte linzen aan van de heilige Zosimas en zei: «Dit is genoeg met Gods genade.» Jij moet jezelf eraan wennen zo min mogelijk te eten, maar je moet dit met verstand doen, voorzover jouw werk het toelaat. De mate waarin men zich matigt, moet zodanig zijn dat men na de maaltijd het verlangen heeft te bidden.

De Heer heeft ons meer lief dan een moeder haar kinderen en Hij geeft ons de genade van de Heilige Geest om niet, maar wij moeten

Hoofdstuk 5 : Over de genade

haar vastbesloten vasthouden want er bestaat geen groter verdriet dan haar te verliezen. Als de ziel de genade verliest, is zij zeer bedroefd en denkt: «Ik heb mijn Meester door iets gekrenkt.» In die droevige minuten lijkt de ziel vanuit de hemel op de aarde te zijn gevallen en zij ziet alle droefheid op de wereld. Hoe smeekt de ziel dan tot de Heer dat Hij opnieuw Zijn genade moge geven. Het is onmogelijk dit hevige verlangen naar God te beschrijven. De ziel die de zoetheid van de Heilige Geest geproefd heeft, kan haar niet vergeten en dag en nacht dorst en hunkert zij onverzadigbaar naar God. Wie zal haar vurige liefde voor God beschrijven, Die zij heeft leren kennen als haar hemelse Vader. Zolang de Heer Zijn genade niet aan deze ziel zal hebben gegeven, zal zij op aarde geen ogenblik tevreden zijn.

De ziel die de genade verloren heeft, verlangt naar haar Meester en zij weent zoals Adam na diens verdrijving uit het paradijs. En dan kan niemand haar troosten behalve God. Adams tranen waren overvloedig en zij stroomden als beken die zijn gezicht, zijn borst en de aarde doorweekten; en zijn zuchten was zo diep en zwaar als de blaasbalg van een smid. Hij riep: «Heer, neem mij weer op in het paradijs.»

Adams ziel was volmaakt in de liefde van God en zij kende heel de zoetheid van het paradijs, maar zij was onervaren; en Adam weerstond de verleiding van Eva niet, terwijl de veelduldende Job de verleiding van zijn vrouw wel weerstond (Job 2:9-10).

Wat verlang jij, mijn ziel en waarom treur jij
en vergiet jij tranen ?
Ik treur over mijn Meester
omdat ik Hem al zo lang niet heb gezien
en niemand zal mij in mijn verdriet om Hem troosten.
Hij heeft mij verleend Zijn ontferming te leren kennen
en ik zou willen dat Hij altijd in mij verbleef.

Een moeder weent over haar geliefde zoon, als zij hem lang niet ziet en zegt: «Waar ben je, mijn geliefd kind ?»

Maar moederliefde is nietig naast de liefde van God: zo groot en onverzadigbaar is deze.

Wanneer de ziel vervuld is met de goddelijke liefde treurt zij van *eindeloze vreugde* en onder tranen bidt zij voor de gehele wereld, opdat alle mensen hun Heer en hun hemelse Vader mogen leren kennen; en zij kent geen rust en zij wil geen rust voordat allen van de genade van Zijn liefde zullen genieten.

Mijn ziel verlangt naar U, maar zij kan U niet vinden. Heer, Gij ziet hoe zij tot Uw genade wordt aangetrokken en weent terwijl zij haar zoekt. Het heeft U behaagd en Gij schonkt haar aan mij en weer heeft het U behaagd en Gij naamt haar van mij weg. Toen ik haar niet kende, kon ik er U ook niet om vragen. En hoe kan ik om iets vragen wat ik niet ken ? Maar nu smeek ik U omdat mijn ziel U heeft leren kennen en de zoetheid heeft geproefd van Uw Heilige Geest; en zij heeft U, haar Schepper, liefgekregen.

Gij hebt aan Uw heiligen Uw genade geschonken en zij hebben U tot het einde liefgehad en zij hebben al het wereldse gehaat, want de zoetheid van Uw liefde laat niet toe de aarde en de schoonheid van deze wereld lief te hebben, omdat deze niets is vergeleken bij Uw genade.

Hoe zwak is mijn ziel; zij heeft geen kracht om op te stijgen naar de Heer en nederig voor Hem te staan en dag en nacht te wenen.

De ziel die God, haar Schepper en hemelse Vader, heeft leren kennen, kan op aarde geen rust meer vinden. En zij denkt: «Wanneer ik voor de Heer zal verschijnen, zal ik Hem smeken voor heel het geslacht der christenen». En tegelijkertijd denkt zij: «Wanneer ik Zijn geliefd Gelaat zal zien, zal ik van vreugde niets kunnen zeggen, want door een grote liefde kan de mens niets zeggen.» En weer denkt zij: «Ik zal bidden voor de gehele mensheid, dat alle mensen zich tot de Heer mogen bekeren en hun rust in Hem vinden, de liefde van God wil immers dat allen gered worden.»

Waak over de genade van God; met haar is het gemakkelijk te leven; alles wordt goed met God, alles is geliefd en vreugdevol, de ziel is vredig in God en zij wandelt als door een prachtige tuin, waar de Heer en de Moeder Gods wonen. Zonder de genade is de mens slechts zondige stof, maar met Gods genade gaat zijn geest op een engel lijken. De engelen dienen God door hun geest en zij beminnen Hem; zo kan de mens eveneens als een engel zijn door zijn geest.

Zalig zijn zij die er dag en nacht voor zorgen de Heer te behagen om Zijn liefde waardig te worden. Door ervaring en op merkbare wijze zullen zij de genade van de Heilige Geest leren kennen.

De genade nadert de ziel niet onopgemerkt en wanneer de genade verloren gaat, verlangt de ziel hevig naar haar en zoekt haar onder tranen. Als ouders hun lievelingskind zouden verliezen, hoe naarstig zouden zij het dan niet overal zoeken. Maar de ziel die de Heer liefheeft, zoekt de Heer met een nog groter en heviger verlangen zodat zij zich zelfs haar familie en dierbaren niet meer kan herinneren.

Ere zij de Heer dat Hij ons verleent, de komst van de genade te onderscheiden en dat Hij ons leert om te herkennen waardoor de genade komt en waardoor zij verloren gaat. Wie alle geboden onderhoudt, zal in zijn ziel steeds de aanwezigheid van de genade voelen, hoe gering deze ook is. Maar de genade gaat gemakkelijk verloren door ijdelheid of door één enkele trotse gedachte. We kunnen veel vasten en bidden en veel goeds doen, maar als wij daarbij zelfingenomen zijn, zullen we op een trommel lijken die wel lawaai maakt maar die van binnen leeg is. IJdelheid maakt de ziel leeg en er is veel ervaring en langdurige strijd voor nodig om haar te overwinnen. In het klooster heb ik uit ervaring en uit de Schriften het kwaad van de ijdelheid leren kennen en nu smeek ik onze Heer dag en nacht om de nederigheid van Christus. Dit is een grote wetenschap, die men nooit bestudeerd krijgt.

Onze oorlog is verwoed, vervuld van wijsheid en tegelijkertijd eenvoudig. Als de ziel de nederigheid liefkrijgt, zullen alle netten van de vijanden worden verscheurd en al hun vestingen worden ingenomen. Bij onze geestelijke strijd moeten we er ook waakzaam op toezien dat er nog voldoende ammunitie en proviand is. De ammunitie is onze nederigheid, het proviand is de genade van God; verliezen wij ze, dan zullen onze vijanden ons overwinnen.

Deze oorlog is hardnekkig, maar alleen voor de trotsen; voor de nederigen is hij gemakkelijk omdat zij de Heer hebben liefgekregen en omdat Hij hun Zijn machtig wapen geeft: de genade van de Heilige Geest, waarvoor onze vijanden bang zijn, want zij verzengt hen.

Ziehier de kortste en de gemakkelijkste weg naar de verlossing:

«Wees gehoorzaam en sober, oordeel niet en behoed je geest en je hart voor slechte gedachten, maar bedenk dat alle mensen goed zijn en de Heer hen liefheeft.» Omwille van deze nederige gedachten zal de genade van de Heilige Geest in je wonen en je zult zeggen: «De Heer is barmhartig.»

Indien jij echter oordeelt, moppert en ervan houdt je eigen wil te doen, zal jouw ziel verarmen, zelfs al zou jij veel bidden, en jij zult zeggen: «De Heer is mij vergeten.» Maar niet de Heer is jou vergeten, maar jíj bent vergeten dat je nederig moet worden en daarom leeft de goddelijke genade niet in jouw ziel; zij gaat gemakkelijk een nederige ziel binnen en verleent haar de vrede en de rust in God. De Moeder Gods was het nederigst van alle mensen en daarom verheerlijken de hemel en de aarde haar; en een ieder die zich vernedert, zal door God worden verheerlijkt en hij zal de heerlijkheid des Heren zien.

De Heilige Geest is wonderlijk zoet en aangenaam voor ziel en lichaam. Hij maakt de goddelijke liefde kenbaar en deze liefde is van de Heilige Geest.

Het is een wonder: door de Heilige Geest leert de mens zijn Heer en Schepper kennen; en zalig zijn zij die Hem dienen, want Hij heeft gezegd: «Waar Ik ben, daar zal ook Mijn dienaar zijn» en «hij zal Mijn heerlijkheid zien» (naar Joh. 12,26; 17,24).

En als het op aarde al zo is, hoezeer beminnen dan de heiligen God in de hemel, waar zij Hem loven in de Heilige Geest; deze liefde is onuitsprekelijk.

De ziel die de Heilige Geest heeft leren kennen, begrijpt wat ik schrijf.

Waarom heeft de Heer ons dan zozeer lief ? Wij allen zijn zondaars en heel de wereld ligt in het kwaad, zoals Johannes de Theoloog het zegt. Waarom heeft Hij ons dan lief ?

De Heer Zelf is *volkomen liefde.*

Zoals de zon de gehele aarde verwarmt, zo verwarmt de genade van de Heilige Geest de ziel en beweegt haar om de Heer lief te hebben; en zij verlangt naar Hem en zoekt Hem onder tranen.

Hoe zou ik U niet zoeken ? Gij zijt op ondoorgrondelijk wijze aan mijn ziel verschenen en Gij hebt haar door Uw liefde geboeid en de genade van de Heilige Geest heeft mijn ziel in verrukking gebracht en zij kan haar niet vergeten.

Hoofdstuk 5 : Over de genade

Hoe zouden we de Heer kunnen vergeten, wanneer Hij in ons is ? En de apostelen verkondigden aan de volkeren: «Moge Christus in u gestalte krijgen» (naar Gal. 4, 19).

Ja, kende de gehele wereld maar de Heer, wist ze maar hoe Hij ons liefheeft en hoe zoet deze liefde is en hoe alle hemelse krachten hierdoor gevoed worden en hoe alles wordt bewogen door de Heilige Geest en hoe de Heer wordt verheerlijkt om Zijn Lijden en hoe alle heiligen Hem verheerlijken.

Aan deze heerlijkheid komt geen einde.

De Heer verheugt Zich over de ziel die nederig berouw toont en Hij schenkt haar de genade van de Heilige Geest. Ik ken een novice die de Heilige Geest ontving nadat hij een half jaar in het klooster had geleefd; anderen ontvingen Hem na tien jaar kloosterleven; weer anderen leven er soms veertig jaar of langer voordat zij de genade leren kennen. Maar *niemand* kon deze genade behouden, omdat wij niet nederig zijn.

De heilige Serafim was zevenentwintig jaar toen hij de Heer aanschouwde en zijn ziel kreeg God zozeer lief dat hij door de zoetheid van de Heilige Geest volkomen veranderde; maar later trok hij de eenzaamheid in en toen hij besefte dat *die* genade niet meer met hem was, is hij drie jaar blijven bidden op een steen onder het aanroepen van de Heer: «God, wees mij zondaar genadig.»

De ziel die God heeft leren kennen in de Heilige Geest, strekt zich naar Hem uit; de gedachte aan Hem trekt haar sterk aan en zij vergeet de wereld gemakkelijk. Maar wanneer zij zich de wereld herinnert, wenst zij vurig voor iedereen dezelfde genade en bidt zij voor de gehele wereld. De Heilige Geest Zelf beweegt haar ervoor te bidden, dat alle mensen berouw mogen krijgen, God leren kennen en weten hoe barmhartig Hij is.

Laten we nederig worden, broeders, en de Heer zal ons liefhebben. Dat de Heer ons liefheeft, dat weet de ziel door de genade die de Heer aan haar verleent. Wanneer de genade in de ziel leeft, zelfs al is zij zwak, dan bemint de ziel de Heer en haar naaste en heeft zij de vrede in zichzelf. Maar er bestaat nog een grotere liefde: dan vergeet de ziel de gehele wereld.

Zalig is hij die de goddelijke genade niet verliest maar die van kracht tot kracht gaat. Ik heb echter de genade verloren, maar de Heer heeft veel medelijden met mij gehad en Hij heeft mij uit pure ontferming een nog grotere genade laten proeven.

Hoe zwak is de ziel ! Zonder de goddelijke genade lijken wij op redeloze dieren maar met de genade is de mens groot bij God.

De mensen hechten zoveel waarde aan aardse kennis, of aan het kennen van een koning uit deze wereld en zij verheugen zich als zij op goede voet met hem staan, maar werkelijk groot is het om de Heer te kennen en Zijn wil.

Vernedert uw ziel met al uw krachten, broeders, opdat de Heer haar lief krijge en haar Zijn barmhartigheid moge schenken. Maar de genade zal niet in ons wonen, als wij onze vijanden niet liefhebben.

Mijn ziel heeft de Heer door de Heilige Geest leren kennen en daarom is het gemakkelijk en aangenaam voor mij om over Hem en over Gods werken na te denken; maar zonder de Heilige Geest is de ziel dood, al zou zij al de kennis van de wereld bezitten. Als de mensen zouden weten wat geestelijke kennis is, zouden ze al hun wetenschappen en de techniek opgeven en slechts de Heer beschouwen. Zijn schoonheid kluistert de ziel en zij hunkert naar Hem en zij verlangt ernaar eeuwig met Hem te zijn en zij wil niets anders. Zij houdt alle wereldse koninkrijken voor wolken die in de lucht voorbijdrijven.

―――

De Heer heeft gezegd: «Ik ben in de Vader, en de Vader is in Mij» (Joh. 14:10) en «Gij zijt in Mij, en Ik in u» (Joh. 14:20). Onze ziel voelt dat de Heer in ons is en daarom kan zij Hem geen ogenblik vergeten.

Welk een ontferming !
De Heer verlangt dat wij in Hem en in de Vader zouden zijn.
Maar wat hebben wij dan voor U gedaan, o Heer,
of waarmee zij wij U welgevallig geweest
dat Gij verlangt in ons te zijn en dat wij in U mogen zijn ?
Wij hebben U door onze zonden op het Kruis genageld
maar toch wilt Gij dat wij met U zouden zijn ?
O hoe groot is Uw ontferming !
Ik zie haar boven mij uitgespreid.

Ik verdien de hel en alle kwellingen
maar Gij verleent mij de genade van de Heilige Geest.

En als Gij aan mij, zondaar, hebt verleend U te leren kennen door de Heilige Geest, dan smeek ik U, Heer, verleen toch aan alle volkeren om U te leren kennen.

VI

OVER DE WIL VAN GOD EN OVER DE VRIJHEID

Het is een groot goed om zich aan de wil van God over te geven. Dan is slechts de Heer in de ziel en is er geen andere gedachte; de ziel bidt met een reine geest tot God en zij voelt de liefde van God, zelfs wanneer het lichaam lijdt.

Wanneer de ziel zich volkomen heeft overgegeven aan Gods wil, dan gaat de Heer haar Zelf leiden en leert zij rechtstreeks van God, terwijl zij voorheen onderricht werd door leraren en door de Heilige Schrift. Maar het gebeurt maar zelden dat de Heer Zelf door de genade van de Heilige Geest de Leermeester is van de ziel en bijna niemand weet hiervan, behalve degenen die leven naar de wil van God.

De trotse mens wil niet leven volgens de wil van God: hij wil zichzelf leiden; hij begrijpt niet dat de mens niet voldoende verstand bezit om zichzelf zonder God te leiden. Toen ik nog in de wereld leefde en de Heer en Zijn Heilige Geest nog niet kende en ik niet wist hoezeer de Heer ons liefheeft, vertrouwde ik op mijn eigen verstand. Maar toen ik onze Heer Jezus Christus, de Zoon van God, door de Heilige Geest had leren kennen, heeft mijn ziel zich overgegeven aan God. En nu aanvaard ik al het leed dat mij overkomt en zeg: «De Heer ziet op mij neer; wat zou ik vrezen?» Maar vroeger kon ik zo niet leven.

Voor wie zich aan de wil van God overgeeft, is het leven veel gemakkelijker, omdat hij ook bij ziekte, armoede en vervolging denkt: «Zo behaagt het God en omwille van mijn zonden moet ik dit verdragen.»

Zo heb ik al jarenlang hoofdpijn en dat is voor mij moeilijk te verdragen maar het is goed omdat mijn ziel hierdoor nederig wordt. Mijn ziel wil vurig bidden en 's nachts waken, maar de ziekte hindert mij omdat mijn zieke lichaam rust en stilte nodig heeft; en dikwijls heb ik de Heer gesmeekt mij te genezen, maar de Heer heeft mij niet verhoord. Dat betekent dat het niet nuttig voor mij is.

Maar eens is mij het volgende overkomen en heeft de Heer mij snel verhoord en gered: op een keer toen het feest was, werd er in de refter vis gegeven; en toen ik daarvan at, schoot er een graat heel diep in mijn keel. Ik riep de heilige grootmartelaar Panteleimon aan en smeekte hem mij te genezen, want een dokter kan geen graat uit je borst halen. En zodra ik het woord «genees» had gezegd, kreeg ik in mijn ziel het antwoord: «Verlaat de refter, haal diep adem en de graat zal met wat bloed naar buiten komen.» En dat heb ik gedaan. Ik ging naar buiten, haalde diep adem, hoestte en er kwam een grote graat met bloed naar buiten. En ik heb begrepen dat als de Heer mijn hoofdpijn niet geneest, dit betekent dat het nuttig voor mijn ziel is op die manier te lijden.

Het is de meest kostbare zaak op deze wereld om God te kennen en – desnoods gedeeltelijk – Zijn wil te verstaan.

Als de ziel God heeft leren kennen, moet zij zich in alles aan Zijn wil overgeven; en zij moet in vreze en liefde voor Hem leven. In liefde, omdat de Heer liefde is. In vreze, omdat zij ervoor beducht moet zijn God niet door een of andere slechte gedachte te beledigen.

Heer, maak ons waardig
door de kracht van de genade van de Heilige Geest
volgens Uw heilige wil te leven.

Wanneer de genade met ons is, zijn wij sterk in de geest; maar wanneer wij haar verliezen, zien wij onze onmacht; wij zien dat wij zonder God zelfs niets goeds kunnen denken.

Barmhartige God,
Gij kent onze zwakte.
Ik bid U: geef mij een nederige geest.

HOOFDSTUK 6 : OVER DE WIL VAN GOD EN OVER DE VRIJHEID

In Uw barmhartigheid schenkt Gij
immers aan een nederige ziel de kracht
om volgens Uw wil te leven.
Gij openbaart haar al Uw mysteriën;
Gij verleent haar U te leren kennen
en hoe oneindig Gij ons liefhebt.

Hoe kan men weten of men volgens de wil van God leeft ? Dit is een teken: als jij over iets bedroefd bent, dan wil dat zeggen dat jij je niet volkomen aan de wil van God hebt overgegeven, ofschoon het jouzelf misschien voorkomt dat jij volgens Zijn wil leeft.

Wie volgens de wil van God leeft, maakt zich nergens bezorgd over. En als hij iets nodig heeft, dan vertrouwt hij zichzelf en hetgeen hij nodig heeft aan God toe; als hij het benodigde niet ontvangt, dan blijft hij even rustig als wanneer hij het wel gekregen had.

De ziel die zich aan de wil van God heeft overgegeven, vreest niets: geen onweer, geen rovers, *niets*. Maar wat er ook moge gebeuren, zij zegt: «Zo heeft het God behaagd.» Wanneer zij ziek is, denkt zij: «Dit betekent dat ik deze ziekte nodig heb, anders had God mij haar niet gegeven.»

En op deze wijze blijft de vrede in de ziel en het lichaam bewaard.

Wie bezorgd is over zichzelf kan zich niet op zodanige wijze aan de wil van God overgeven dat zijn ziel vrede bezit in God. Maar de nederige ziel bezit de overgave aan Zijn wil en zij leeft voor Hem in vreze en in liefde. In vreze, om God niet door iets te krenken. In liefde, want de ziel heeft ontdekt hoezeer de Heer ons liefheeft.

Het is het allerbeste om zich aan de wil van God over te geven en leed in vertrouwen te verdragen. De Heer Die ons leed ziet, zal ons nooit overbelasten. Als ons leed ons te zwaar lijkt, betekent dit dat wij ons niet aan de wil van God hebben overgegeven.

De ziel die zich in alles aan de wil van God heeft overgegeven, vindt haar rust in Hem, want zij weet uit ervaring en uit de Heilige Schrift dat de Heer ons zeer liefheeft en over onze zielen waakt, terwijl Hij door Zijn genade alles in vrede en liefde doet herleven.

Wie zich aan de wil van God heeft overgegeven, treurt nergens over, ook al was hij ziek of arm of al werd hij vervolgd. De ziel weet dat de Heer in Zijn ontferming voor ons zorgt. De Heilige Geest, Die door de ziel wordt gekend, getuigt van Gods werken. Maar de mensen, die hoogmoedig en eigenzinnig zijn, willen zich niet overgeven aan Gods wil omdat zij ervan houden hun eigen wil te doen, hetgeen zo schadelijk is voor de ziel.

Pimen de Grote heeft gezegd: «Onze eigen wil is als een koperen muur tussen ons en God en deze verhindert ons Hem te naderen of Zijn barmhartigheid te beschouwen.»[64]

Wij moeten God steeds smeken om vrede voor de ziel, zodat wij de geboden van de Heer gemakkelijker kunnen uitvoeren; want de Heer heeft degenen lief die zich inspannen om Zijn wil te doen en zo vinden zij een grote rust in God.

Wie de wil van God uitvoert, is met alles tevreden, ook al was hij arm of misschien ziek of lijdend, want de genade van de Heer verblijdt hem. Maar wie ontevreden is met zijn lot, wie klaagt over zijn ziekte of tegen degene die hem beledigd heeft, beseffe dat hij zich in de geest van de hoogmoed bevindt, die hem het gevoel van dankbaarheid jegens God ontnomen heeft.

Maar zelfs als dit zo is, wees dan niet moedeloos maar probeer vast te hopen op de Heer en vraag Hem om een nederige geest; en wanneer de nederige Geest van God tot jou zal naderen, dan zul je Hem liefkrijgen en zul je de rust vinden, ofschoon er ook leed zal zijn.

De ziel die de nederigheid heeft bereikt, is God steeds indachtig en zij denkt: «God heeft mij geschapen; Hij heeft voor mij geleden; Hij vergeeft mij mijn zonden en troost mij; Hij geeft mij voedsel en zorgt voor mij. Waarom zou ik me dan zorgen maken of wat zou ik vrezen, zelfs al zou de dood mij bedreigen.»

HOOFDSTUK 6 : OVER DE WIL VAN GOD EN OVER DE VRIJHEID

De Heer verlicht elke ziel, die zich aan Gods wil heeft overgegeven. Want Hij heeft gezegd: «Roep mij aan op de dag der beproeving, dan zal ik U bevrijden en gij zult mij eren» (naar Ps. 49:15).

Elke ziel die door iets verontrust wordt, moet de Heer hierover vragen en de Heer zal haar inzicht schenken. Maar dit geldt voornamelijk ten tijde van ongeluk en van verwarring, maar gewoonlijk moet men veeleer zijn geestelijke vader raadplegen, want dat is nederiger.

Het is goed om te leren leven naar de wil van God. Dan verblijft de ziel onophoudelijk in God en is zeer rustig; en vanuit deze vreugde bidt de mens dat elke ziel de Heer moge leren kennen; en moge leren, hoezeer Hij ons liefheeft en hoe rijkelijk Hij ons de Heilige Geest geeft, Die de ziel in God verblijdt.

En alles, alles is zoet voor de ziel, want alles is van God.

In Zijn ontferming schenkt de Heer de mens het inzicht om leed met een dankbaar hart te dragen. Mijn leven lang heb ik niet één keer gemopperd over mijn leed, maar ik heb alles uit de hand van God aanvaard als een geneesmiddel; en ik heb God steeds gedankt en daarom heeft de Heer mij verleend om alle leed gemakkelijk te verdragen.

Alle mensen op aarde krijgen onvermijdelijk leed te verdragen en ofschoon het leed dat God ons zendt niet groot is, lijkt het voor de mensen onverdraaglijk en raken zij erdoor verpletterd. Dit komt omdat zij hun ziel niet willen vernederen noch zich aan de wil van God willen overgeven. Maar wie zich wel aan Zijn wil hebben overgegeven, die worden door de Heer Zelf, door Zijn genade geleid; zij verdragen alles moedig omwille van God, Die zij liefhebben en met Wie zij eeuwig zullen worden verheerlijkt.

Op aarde kan men niet aan het leed ontkomen, maar wie zich heeft overgegeven aan de wil van God, kan het gemakkelijk verdragen. Hij ziet het leed maar hij hoopt op de Heer en dan gaat het leed over.

Toen de Moeder Gods bij het Kruis stond, was haar leed *onvoorstelbaar groot*, omdat zij meer van haar Zoon hield dan iemand zich kan voorstellen. En wij weten dat des te meer iemand liefheeft, des te meer hij ook lijdt. Als menselijk wezen zou de Moeder Gods haar verdriet onmogelijk hebben kunnen verdragen, maar zij had zich aan de wil van God overgegeven en de Heilige Geest sterkte haar en gaf haar de kracht om dit leed te verdragen.

En weer later, na de Hemelvaart des Heren, werd zij voor geheel het volk van God een grote vertroosting in de droefenissen.

―――

De Heer heeft de Heilige Geest op aarde gegeven en de mens in wie Hij leeft, draagt het paradijs in zich.

Misschien zul jij zeggen: «Waarom heb ik die genade niet ?» Dit komt doordat jij je niet hebt overgegeven aan de wil van God maar omdat jij leeft volgens jouw eigen wil.

Kijk eens naar de mens die zijn eigen wil liefheeft: hij heeft nooit vrede. Hij is altijd ontevreden: dit is niet goed en dat is niet goed. Maar wie zich volkomen heeft overgegeven aan de wil van God, die bezit het reine gebed. Zijn ziel bemint de Heer en hij vindt alles aangenaam en zoet.

Zo heeft de alheilige Moeder Gods zich aan God overgegeven: «Zie de dienstmaagd des Heren, mij geschiede naar Uw woord» (naar Luk. 1:38). En als wij eveneens zouden zeggen: «Zie de dienstknecht des Heren, mij geschiede naar Uw woord,» dan zouden de woorden uit het Evangelie van de Heer, die door de Heilige Geest zijn opgeschreven, in onze zielen wonen en dan zou de gehele wereld vervuld zijn met de liefde van God. Ofschoon de woorden van de Heer al eeuwenlang over de gehele wereld worden gehoord, begrijpen de mensen ze toch niet en willen ze niet aanvaarden. Maar wie volgens Gods wil leeft, zal worden verheerlijkt in de hemel en op de aarde.

―――

Wie zich aan de wil van God heeft overgegeven, wordt slechts in beslag genomen door God. De goddelijke genade helpt hem steeds in

HOOFDSTUK 6 : OVER DE WIL VAN GOD EN OVER DE VRIJHEID 361

gebed te verkeren. Zelfs wanneer hij werkt of spreekt, is zijn ziel in God, omdat zij zich aan de goddelijke wil heeft overgeven en daarom heeft de Heer haar onder Zijn hoede genomen.

―――

Een legende vertelt dat de heilige Familie op hun weg naar Egypte een rover tegenkwam, maar dat hij Hen geen kwaad heeft gedaan; toen hij het Kind zag, zei hij dat als God vlees zou zijn geworden, Hij niet mooier zou kunnen zijn dan dit Kind; en hij liet hen in vrede gaan.

Het is wonderbaarlijk dat een rover, die gewoonlijk als een wild dier niemand ontziet, de heilige Familie geen leed of kwaad heeft gedaan. Bij de aanblik van het Kind en van Zijn zachtaardige Moeder werd het hart van de rover vertederd en de goddelijke genade raakte hem aan.

Ditzelfde gebeurde met de wilde dieren die bij het zien van martelaren of van heiligen vreedzaam werden en hen geen kwaad deden. En zelfs de demonen vrezen een zachtmoedige en nederige ziel, die hen door gehoorzaamheid, onthouding en gebed overwint.

En er is nog iets wonderlijks: de rover kreeg medelijden met het goddelijke Kind, maar de priesters en de oudsten gaven Hem aan Pilatus over ter kruisiging. En dit kwam omdat zij niet baden en niet het inzicht van de Heer zochten bij wat zij moesten doen en hoe ze moesten handelen.

Zo zoeken de leiders en andere mensen dikwijls het goede, maar zij weten niet waar het goede is; zij weten niet dat het in God is en dat het door God aan ons gegeven wordt.

―――

Wij moeten steeds bidden dat de Heer ons inzicht geeft in wat wij moeten doen en de Heer zal ons niet laten verdwalen.

Adam had niet de wijsheid om de Heer te vragen over de vrucht die Eva hem gaf en daarom verloor hij het paradijs.

David heeft niet aan de Heer gevraagd: «Is het goed dat ik de vrouw van Uriah tot vrouw neem ?» en hij viel in de zonde van doodslag en van overspel.

Zo hebben ook alle heiligen die gezondigd hadden, een zonde begaan omdat zij God niet te hulp hadden geroepen om hun inzicht te schenken. De heilige Serafim van Sarov heeft gezegd: «Als ik sprak en daarbij op mijn eigen verstand vertrouwde, gebeurden er vergissingen.»

Maar er bestaan ook fouten vanwege onze onvolmaaktheid: dit zijn geen zonden. We zien dit zelfs bij de Moeder Gods: in het Evangelie wordt gezegd dat, toen zij met Jozef Jeruzalem verlaten had, zij dacht dat haar Zoon met familieleden of met bekenden op weg was... en pas na drie dagen zoeken vonden zij Hem in de Tempel van Jeruzalem, waar hij in gesprek was met de leraren (naar Luk. 2:44-46).

En zo is slechts de Heer alwetend en wij moeten allemaal, *wie we ook zijn,* bidden tot God om inzicht en wij moeten onze geestelijke vader raadplegen om fouten te voorkomen.

De goddelijke Geest onderricht ieder mens op een verschillende manier: de één beoefent het zwijgen in de afzondering van de woestijn; de ander bidt voor de mensheid; weer een ander heeft de roeping om de kudde van Christus te weiden en weer een ander is het gegeven om te prediken of om degenen die lijden, te troosten; nog weer een ander dient zijn naaste door middel van zijn arbeid of zijn bezit. Het zijn allemaal gaven van de Heilige Geest, die in verschillende mate worden verleend: aan de één dertig-, aan de ander zestig- en aan weer een ander honderdvoudig (naar Mark. 4:20).

Als wij elkaar in de eenvoud van ons hart zouden liefhebben, dan zou de Heer ons door de Heilige Geest vele wonderen tonen en ons grote mysteriën openbaren.

God is onverzadigbare liefde...

Mijn geest is in God tot stilstand gekomen en ik ben met schrijven gestopt...

Hoe duidelijk is het voor mij dat de Heer ons leidt! Zonder Hem kunnen we zelfs geen goede gedachte hebben; daarom moeten wij ons nederig overgeven aan Gods wil, opdat de Heer ons moge leiden.

HOOFDSTUK 6 : OVER DE WIL VAN GOD EN OVER DE VRIJHEID

Wij allen kwellen onszelf op aarde en wij zoeken de vrijheid, maar er zijn maar weinig mensen die weten wat vrijheid is en waar zij is.

Ook ik wil de vrijheid en dag en nacht zoek ik haar. Ik heb geleerd dat zij bij God is en door God wordt gegeven aan degenen met een nederig hart, die berouw hebben en die hun eigen wil verzaakt hebben tegenover Hem. De Heer schenkt een berouwvolle mens Zijn vrede en de vrijheid om Hem lief te hebben. En er bestaat niets beters op de wereld dan God en zijn naaste lief te hebben. Hierin vindt de ziel haar vrede en haar vreugde.

Volkeren van de gehele aarde, ik val op mijn knieën voor jullie neer en smeek jullie met tranen in de ogen: Kom tot Christus ! Ik ken Zijn liefde voor jullie. Ik ken haar en daarom schreeuw ik tot heel de aarde. Als men iets niet kent, hoe kan men er dan over spreken ?

Jij zult vragen: «Hoe kan men God kennen ?» Maar ik zeg jou dat wij de Heer gezien hebben door de Heilige Geest. En ook aan jou, als jij nederig wordt, zal de Heilige Geest onze Heer laten zien; en ook jij zult Hem luidkeels over de gehele aarde willen verkondigen.

Ik ben oud en ik wacht op de dood. Ik schrijf de waarheid uit liefde voor de mensen, voor wie mijn ziel treurt. Als ik slechts één ziel kon helpen redden, dan zou ik God daarvoor danken. Maar mijn hart lijdt voor de gehele wereld; ik bid en vergiet tranen voor de gehele wereld, opdat alle mensen berouw mogen krijgen en God leren kennen, in de liefde leven en van de vrijheid in God genieten.

Gij, alle mensen op aarde,
bidt en weent over uw zonden
opdat de Heer u ze moge vergeven.

Waar vergeving van zonden bestaat, daar is vrijheid van geweten én liefde, hoe gering ook.

―――

De Heer wil niet de dood van de zondaar en aan de berouwvolle mens schenkt Hij de genade van Zijn Heilige Geest. Zij schenkt de vrede aan de ziel en de vrijheid om met geest en hart in God te zijn. Wanneer de Heilige Geest ons onze zonden vergeeft, dan krijgt onze ziel de vrijheid om met een reine geest te bidden; dan schouwt zij

God in vrijheid en verblijft vredig en verheugd in Hem. En dit is de ware vrijheid. Maar zonder God kan er geen vrijheid zijn, omdat onze vijanden de ziel door slechte gedachten doen wankelen.

Ik zal tegenover de gehele wereld de waarheid zeggen: ik ben een gruwel voor God. Als God mij niet Zijn genade van de Heilige Geest had verleend, zou ik gewanhoopt hebben over mijn redding. En de Heilige Geest heeft mij onderricht en daarom schrijf ik zonder moeite over God, want Hij zet mij tot schrijven aan.

Ik heb medelijden met de mensen en ik ween en weeklaag over hen. Veel mensen denken: «Ik heb veel gezondigd: ik heb gemoord, gestolen, ben gewelddadig geweest, heb kwaad gesproken, bandeloos geleefd en ik heb nog veel meer slechte dingen gedaan.» En de schaamte weerhoudt hen van het pad van het berouw. Maar zij vergeten dat al hun zonden voor God niet méér zijn dan een druppel water in de zee.

O mijn broeders op de gehele aarde, bekeert u, zolang er nog tijd is. God wacht barmhartig op ons berouw. En heel de hemel en alle heiligen wachten op ons berouw. Zoals God liefde is, zo is de Heilige Geest liefde in de heiligen. Vraag en de Heer zal jou vergeven. En wanneer jij de vergeving van jouw zonden hebt ontvangen, zal er vreugde en blijdschap in jouw ziel zijn; de genade van de Heilige Geest zal in je ziel binnengaan en je zult roepen: «Zie, dit is de ware vrijheid; zij is in God en zij komt van God.»

De goddelijke genade neemt de vrijheid niet weg, maar helpt de mens slechts bij het volbrengen van Gods geboden. Adam was in de genade, maar zijn wil was hem niet ontnomen. Eveneens wonen zo de engelen in de Heilige Geest, maar hun vrije wil is hun niet ontnomen.

Talloze mensen kennen de weg der verlossing niet, zij zijn in de duisternis beland en zien het licht der waarheid niet. Maar Hij was, Hij is en Hij zal zijn. En Hij roept allen in Zijn barmhartigheid tot Zich: «Komt herwaarts tot mij, gij allen, die vermoeid en belast zijt, en leert Mij kennen, en Ik zal u de rust en de vrijheid schenken» (naar Matth. 11:28).

Hoofdstuk 6 : Over de wil van God en over de vrijheid

Dit is de ware vrijheid: wanneer wij in God zijn. Ook ik wist dat vroeger niet. Tot mijn zevenentwintigste jaar geloofde ik slechts in het bestaan van God, maar ik kende Hem niet. Maar toen mijn ziel Hem door de Heilige Geest had leren kennen, werd zij verteerd door verlangen naar Hem; en nu zoek ik Hem dag en nacht met een brandend hart.

De Heer wil dat wij elkaar liefhebben. Hierin bestaat de vrijheid: in de liefde tot God en tot onze naaste. Daarin is zowel liefde als gelijkheid. In de sociale ordening van de wereld kan geen gelijkheid bestaan, maar dat is niet belangrijk voor de ziel. Niet iedereen kan koning of prins zijn; niet iedereen kan patriarch, hegoumen of overste zijn; maar men kan in iedere omgeving God liefhebben en Hem welgevallig zijn en slechts dat is belangrijk. En wie God op aarde meer liefheeft, die zal ook in een grotere heerlijkheid in het Koninkrijk zijn. Wie meer liefheeft, zal zich sterker op God richten en dichter bij Hem zijn. Iedere mens zal worden verheerlijkt naar de mate van zijn liefde. En ik heb ontdekt dat de liefde in kracht kan verschillen.

De vreze om God door iets te krenken, dat is de eerste graad van liefde.

Je geest rein bewaren tegen opdringerige gedachten, dat is de tweede graad van liefde, die groter is dan de eerste. De aanwezigheid van de genade in je ziel voelen, dat is de derde graad van liefde, die nog groter is.

De vierde graad – de volmaakte liefde voor God – dat is het bezitten van de genade in ziel en lichaam. Het lichaam van een dergelijk mens wordt geheiligd en na zijn dood zal het veranderen in relieken. Dit is met de heilige martelaren, de profeten, en de heilige asceten gebeurd. Wie deze graad van liefde bezit, is onaantastbaar voor de invloed van zinnelijke liefde. Hij kan ongehinderd naast een meisje slapen, zonder dat hij voor haar het minste verlangen voelt. De liefde voor God is sterker dan de liefde voor de jonge vrouw, waartoe de gehele wereld wordt aangetrokken, behalve degenen die in de volheid van de goddelijke genade zijn; want de zoetheid van de Heilige Geest transformeert de gehele mens en leert hem God volkomen lief te hebben. Wanneer de ziel in de volheid van de goddelijke liefde verblijft, wordt zij niet meer beïnvloed door deze wereld. Zelfs al leeft een mens op aarde samen met anderen, hij vergeet in zijn liefde voor God toch alles van deze wereld. Het is ons ongeluk, dat wij vanwege de hoogmoed van onze geest niet volharden in deze genade; zij verlaat de ziel. De ziel zoekt haar wenend en weeklagend en zegt:

«Mijn ziel smacht naar de Heer.»

VII

OVER HET BEROUW

Mijn ziel heeft u leren kennen, Heer, en ik schrijf aan Uw volk over Uw barmhartigheid.
Weest niet bedroefd, volkeren, dat het moeilijk is voor u om te leven. Strijdt slechts tegen de zonde en smeekt de Heer om hulp, Hij zal ze u verlenen want Hij is barmhartig en Hij heeft ons lief.

O volkeren! Onder tranen schrijf ik u deze regels. Mijn ziel verlangt dat gij de Heer leert kennen en dat gij Zijn barmhartigheden en Zijn heerlijkheid zult schouwen. Ik ben tweeënzeventig jaar; ik ga spoedig sterven, ik schrijf voor u over de barmhartigheid van de Heer, die Hij mij verleend heeft te leren kennen door de Heilige Geest; en de Heilige Geest heeft mij geleerd alle mensen lief te hebben. Ik zou u op een hoge berg willen plaatsen, zodat gij vanaf de top het zachtmoedige en barmhartige Gelaat van de Heer zoudt kunnen zien en uw harten zich zouden verheugen. Ik zeg u de waarheid: ik vind in mijzelf niets goeds en ik heb talrijke zonden begaan, maar de genade van de Heilige Geest heeft ze uitgewist. En ik weet dat de Heer aan degenen die tegen de zonde strijden, niet slechts de vergeving van zonden geeft maar ook de genade van Zijn Heilige Geest, Die de ziel vreugde schenkt en haar een diepgaande en zoete vrede geeft.

Heer, Gij hebt Uw schepsel lief.
Wie kan Uw liefde begrijpen of van haar genieten,
als Gij hem niet Zelf onderricht door Uw Heilige Geest?
Ik bid U, Heer:
zend de genade van de Heilige Geest neer op Uw volk
opdat zij Uw liefde mogen leren kennen.

Verwarm de bedroefde harten der mensen
opdat zij U in vreugde mogen verheerlijken,
terwijl ze het leed op aarde vergeten.
Genaderijke Trooster, onder tranen smeek ik U,
troost de bedroefde zielen van Uw mensen.
Verleen de volkeren om de zoete klank van Uw stem te horen,
die tegen hen zegt:
«Uw zonden zijn u vergeven.»

Ja Heer, het ligt in Uw macht om wonderen te verrichten
en er bestaat geen groter wonder
dan het liefhebben van de zondaar in zijn val.
Het is gemakkelijk om een heilige lief te hebben:
want hij is dit waardig.
Ja, Heer, verhoor het gebed van de aarde.
Alle volkeren treuren;
alle zijn zij moedeloos door de zonde;
alle zijn zij beroofd van Uw genade en wonen in de duisternis.

Volkeren, laat de gehele aarde tot God roepen ! En ons gebed zal worden verhoord, want de Heer verheugt zich over het berouw van de mensen; en alle hemelse machten wachten op ons, opdat ook wij ons mogen verheugen in de zoetheid van Gods liefde en de schoonheid van Zijn Gelaat mogen aanschouwen.

―――

Wanneer de mensen de vreze Gods bewaren, is het leven op aarde vreedzaam en zoet. Maar tegenwoordig zijn de mensen gaan leven volgens hun eigen wil en inzicht en hebben zij de heilige geboden verlaten. Zij denken vreugde op aarde te kunnen vinden zonder de Heer, terwijl zij niet weten dat de Heer – en Hij alleen – onze vreugde is en dat de ziel van een mens haar geluk slechts in Hem vindt. Hij verwarmt de ziel zoals de zon de veldbloemen en zoals de wind die ze wiegt, geeft Hij de mensen het leven. De Heer heeft ons alles gegeven, opdat wij Hem zouden verheerlijken. Maar de wereld begrijpt dit niet. En hoe zou men kunnen begrijpen wat men niet gezien en niet geproefd heeft ? Ook ik dacht, toen ik nog in de wereld was, dat

Hoofdstuk 7 : Over het berouw

dit het geluk op aarde was: gezondheid genieten, knap en rijk zijn en geliefd worden door de mensen. En ik was hierdoor ijdel geworden. Maar nadat ik de Heer heb leren kennen door de Heilige Geest, ben ik al het geluk van de wereld gaan beschouwen als rook die door de wind wordt weggewaaid. Maar de genade van de Heilige Geest schenkt vreugde aan de ziel en verblijdt haar en in een diepe vrede beschouwt zij de Heer, terwijl zij de aarde vergeet.

Heer, maak dat de mensen zich tot U wenden
opdat zij allen Uw liefde mogen leren kennen
en in de Heilige Geest
Uw zachtmoedig Gelaat mogen aanschouwen;
mogen zij allen reeds hier op aarde genieten
van deze beschouwing van U
opdat zij door te zien hoe Gij zijt
gelijk mogen worden aan U.

―――

Ere zij de Heer, dat Hij ons het berouw heeft gegeven; door het berouw zullen wij allen zonder uitzondering worden gered. Slechts zij die geen berouw willen tonen, zullen niet worden gered: daarin zie ik hun wanhoop en ik ween veel uit medelijden met hen. Zij hebben door de Heilige Geest niet leren kennen hoe groot Gods barmhartigheid is. Maar als elke ziel de Heer zou kennen en zou weten hoezeer Hij ons liefheeft, dan zou geen mens ooit wanhopen of zelfs maar mopperen.

Elke ziel die de vrede verloren heeft, moet berouw krijgen en de Heer zal haar haar zonden vergeven. Dan zal er opnieuw vreugde en vrede in de ziel zijn. En men heeft geen andere getuigen nodig, want de Geest getuigt er Zelf van dat de zonden vergeven zijn. Dit is een teken van de vergeving van zonden: als je de zonde haat, dan heeft de Heer je je zonden vergeven.

En wat kunnen we nog meer verwachten ? Dat iemand vanuit de hemel voor ons een hemels gezang zal zingen ? Maar in de hemel leeft alles door de Heilige Geest en op aarde heeft de Heer ons *dezelfde* Heilige Geest geschonken. En in de kerken worden de goddelijke diensten gevierd in de Heilige Geest; in de woestijnen, in de bergen, in de spelonken en overal leven de asceten van Christus door de

Heilige Geest. En als wij de Heilige Geest bewaren, dan zullen we vrij zijn van alle duisternis en het eeuwige leven zal in onze zielen zijn.

Als alle mensen berouw zouden hebben en Gods geboden zouden bewaren, dan zou het paradijs op aarde zijn, want «het Koninkrijk Gods is binnenin ons.» Het Koninkrijk Gods is de Heilige Geest en de Heilige Geest is dezelfde in de hemel als op de aarde.

———

De Heer schenkt aan een berouwvol mens het paradijs en het eeuwige Koninkrijk met Hemzelf. In Zijn grote barmhartigheid zal Hij onze zonden niet indachtig zijn, zoals Hij ook de zonden van de moordenaar die naast Hem gekruisigd was, niet indachtig is geweest.

Groot is Uw barmhartigheid, Heer,
en wie kan U op waardige wijze dankzeggen
dat Gij ons op aarde de Heilige Geest hebt geschonken?
Groot is Uw gerechtigheid, Heer.
Gij hebt aan Uw apostelen beloofd:
«Ik zal u niet als wezen achterlaten» (naar Joh. 14:18)
en nu ondervinden wij deze barmhartigheid
en onze ziel voelt dat de Heer ons liefheeft.

Maar laat hij die dit niet voelt, berouw krijgen en gaan leven volgens de wil van God. Dan zal de Heer hem Zijn genade schenken, die zijn ziel zal leiden. Maar als je een mens ziet die zondigt en jij voelt geen medelijden met hem, dan zal de genade jou verlaten.

Wij hebben het gebod gekregen om lief te hebben; de liefde van Christus heeft medelijden met alle mensen en de Heilige Geest leert de ziel om de goddelijke geboden op te volgen en Hij geeft haar de kracht om het goede te doen.

Heilige Geest, verlaat ons niet.
Wanneer Gij met ons zijt,
dan voelt de ziel Uw tegenwoordigheid,
en is zij gelukzalig in God,
want Gij doet ons ontvlammen in liefde voor God.

———

Hoofdstuk 7 : Over het berouw

De Heer heeft Zijn volk zo liefgekregen dat Hij het geheiligd heeft door de Heilige Geest en het aan Hemzelf gelijk heeft gemaakt. De Heer is barmhartig en ook aan ons geeft de Heilige Geest de kracht om barmhartig te zijn. Broeders, laten wij nederig worden en ons door de rouwmoedigheid een barmhartig hart verwerven. Dan zullen wij de heerlijkheid van de Heer zien, die door de genade van de Heilige Geest aan de ziel en aan de geest wordt geopenbaard.

Wie oprecht berouw heeft, verdraagt bereidwillig elk leed: honger en naaktheid, koude en hitte, ziekte en armoede, vernedering en vervolging, onrecht en kwaadsprekerij, want zijn ziel richt zich op de Heer en hij maakt zich geen zorgen over aardse zaken, maar hij bidt met een reine geest tot God. Maar wie gehecht is aan bezit en aan geld kan nooit een reine geest in God hebben, omdat er diep in zijn ziel de voortdurende zorg bestaat: wat moet ik met mijn bezit doen ? En als hij geen oprecht berouw krijgt en niet betreurt dat hij God bedroefd heeft, zal hij in deze hartstocht sterven zonder de Heer te hebben gekend.

Wanneer men van jou jouw bezit wil afnemen, geef het dan, want de goddelijke liefde kan niets weigeren; maar wie de liefde niet heeft leren kennen, kan niet barmhartig zijn, omdat de vreugde van de Heilige Geest niet in zijn ziel is.

Als de barmhartige Heer door Zijn Lijden ons op aarde de Heilige Geest van Zijn Vader heeft gegeven en als Hij ons Zijn Lichaam en Bloed heeft gegeven, dan is het vanzelfsprekend dat Hij ons ook al het overige dat we nodig hebben zal geven. Laten we ons aan de wil van God overgeven, dan zullen we de goddelijke voorzienigheid zien en dan zal de Heer ons zelfs geven wat we niet verwachten. Maar wie zich niet aan de wil van God overgeeft, zal nooit Zijn voorzienigheid voor ons kunnen zien.

Laten wij niet treuren over het verlies van ons bezit: dat is maar een onbelangrijke zaak. Mijn eigen vader heeft me dit nog geleerd. Als er thuis een ongeluk was gebeurd, dan bleef hij kalm. Toen ons huis op een keer was afgebrand, zei men tegen hem: «Ivan Petrovitsj, je huis is afgebrand, de brand heeft je geruïneerd !» Maar hij antwoordde: «Met Gods hulp zal ik er weer bovenop komen.» Een andere keer liepen we langs ons veld en ik zei tegen hem: «Kijk eens, ze stelen ons hooi.» «En wat dan nog, mijn jongen, antwoordde hij toen, de Heer heeft het graan voor ons doen groeien en wij hebben genoeg. Maar wanneer iemand steelt, dan zal hij wel gebrek lijden.» Weer een andere keer zei ik tegen hem: «Jij geeft veel aalmoezen; maar zij die daarginds wonen, hebben het beter dan wij en ze geven minder.» Maar hij antwoordde: «Welnu, mijn jongen, de Heer zal ons geven wat we nodig hebben.» En de Heer heeft zijn hoop niet beschaamd.

―――

Aan een barmhartige mens vergeeft de Heer diens zonden onmiddellijk. De barmhartige mens is het kwaad niet indachtig. Zelfs als men hem zou beledigen of als men hem zijn bezittingen zou afnemen, dan blijft hij onbewogen, want hij kent de barmhartigheid van de Heer en *deze barmhartigheid van de Heer kan geen mens ons afnemen*, omdat zij hoogverheven is: zij is bij God.

―――

Alle mensen die rein en nederig, gehoorzaam en gematigd zijn geweest en die hun zonden berouwd hebben, zijn opgegaan naar de hemel, waar zij onze Heer, Jezus Christus, in Zijn heerlijkheid zien en waar zij de hymnen der cherubijnen horen; zij hebben de aarde vergeten. Maar wij op aarde worden opgezweept als stof dat door de wind wordt opgewaaid en onze geest blijft gehecht aan aardse zaken.

Wat is mijn geest zwak! Als een kaarsje kan hij door een briesje uitdoven; maar de geest van de heiligen was in een gloed ontstoken als het brandende Braambos en vreesde de wind niet. Wie geeft mij een zodanig vuur dat ik dag noch nacht rust ken van de liefde van de Heer? De liefde van de Heer is verzengend. Omwille van deze liefde hebben de heiligen alle leed verdragen en de macht verkregen wonderen te doen. Zij hebben zieken genezen, doden opgewekt, zij liepen op de wateren en zij werden tijdens het gebed in de lucht opgeheven; door hun gebed lieten zij de regen uit de hemel neerkomen. Maar ik zou slechts de nederigheid en de liefde van Christus willen leren opdat ik niemand zou kwetsen maar voor allen zou bidden als voor mijzelf.»

―――

Wee mij! Ik schrijf over de liefde van God, maar zelf heb ik God zo weinig lief en daarom ben ik zeer bedroefd en treur ik zoals Adam, toen hij uit het paradijs was verjaagd; ik snik en slaak een luide kreet:

«Ontferm U over mij, God, over uw gevallen schepsel.»

Hoofdstuk 7 : Over het berouw

Hoeveel keer hebt Gij mij Uw genade niet gegeven
en heb ik haar laten verloren gaan, omdat mijn ziel ijdel is ?
Maar mijn ziel kent U, mijn Schepper en God,
en daarom zoek ik u luid wenend
zoals Jozef over zijn vader Jakob weende
op het graf van zijn moeder
toen hij werd weggevoerd naar de Egyptische slavernij.
Ik bedroef U door mijn zonden
en Gij gaat van mij weg
en mijn ziel verlangt naar U.

Heilige Geest, verlaat mij niet.
Wanneer Gij mij verlaat,
komen er slechte gedachten op mij af
en mijn ziel smacht naar U in een stroom van tranen.

Alheilige Meesteres en Moeder Gods,
gij ziet mijn verdriet:
ik heb de Heer bedroefd
en Hij heeft mij verlaten.
Maar ik smeek uw goedheid:
red mij, die Gods gevallen schepsel ben;
red mij, uw dienaar.

———

Als jij slecht denkt van andere mensen, dan betekent dit dat er een boze geest in jou leeft en dat hij jou slechte gedachten ingeeft tegen de mensen. En als iemand sterft zonder berouw te voelen en zonder zijn broeder te vergeven, zal zijn ziel naar de plaats gaan waar de boze geest verblijft die haar overheerst.

Wij hebben deze wet: als jij vergeeft, dan betekent dit, dat de Heer jou ook vergeven heeft; maar als jij je broeder niet vergeeft, betekent dit, dat jouw zonde in jou blijft.

De Heer wil dat wij onze naaste liefhebben: als jij je indenkt dat de Heer hem liefheeft, dan wil dit zeggen dat de liefde van de Heer met jou is. En als jij bedenkt dat de Heer Zijn schepsel zeer liefheeft en als jijzelf medelijden hebt met elk schepsel en jouw vijanden liefhebt en als jij tegelijkertijd jezelf als de geringste van alle mensen beschouwt, dan betekent dit, dat de grote genade van de Heilige Geest met jou is.

Wie de Heilige Geest in zich draagt, zelfs al is het in geringe mate, die treurt dag en nacht over alle mensen; zijn hart voelt medelijden met elk schepsel van God, vooral met de mensen die God niet kennen of die zich tegen Hem verzetten en die daarom naar het vuur der kwellingen zullen gaan. Hij bidt dag en nacht voor hen, nog meer dan voor zichzelf, opdat allen berouw mogen krijgen en de Heer leren kennen.

Christus heeft gebeden voor degenen die Hem gekruisigd hebben: «Vader, reken hun deze zonde niet toe; want zij weten niet, wat zij doen» (naar Luk. 23:34). Stefan, de eerste diaken, bad voor degenen die hem stenigden, opdat de Heer hun deze zonde niet zou toerekenen (naar Hand. 7:60). Als wij de genade willen bewaren, moeten wij voor onze vijanden bidden. Als jij geen medelijden voelt met de zondaar, die in het vuur zal worden gekweld, dan betekent dit, dat er in jou niet de genade van de Heilige Geest is, maar een boze geest. Zolang je nog in leven bent, moet jij jezelf door berouw inspannen om je van hem te bevrijden.

VIII

OVER DE KENNIS VAN GOD

De Vader heeft ons zozeer liefgehad dat Hij ons Zijn Zoon heeft gegeven. Maar de Zoon wilde dit ook Zelf: Hij is vlees geworden en Hij heeft met ons op aarde geleefd. En de heilige apostelen en talloze mensen hebben de Heer in het vlees aanschouwd, doch niet allen hebben Hem als de Heer herkend; maar de Heilige Geest heeft aan mij, die een groot zondaar ben, verleend te leren kennen dat Jezus Christus God is.

De Heer heeft de mens lief en verschijnt aan hem, als Hij dat wil. Wanneer de ziel de Heer ziet, verheugt zij zich nederig over de barmhartigheid van de Meester en voortaan kan zij niets meer zozeer liefhebben als haar Schepper. Zelfs al zou zij alles zien en alle mensen liefhebben, toch heeft zij de Heer bovenal lief.

De ziel kent deze liefde, maar zij kan haar niet onder woorden brengen. Enkel de mens aan wie de Heer de Heilige Geest geeft, kan door Hem deze liefde leren kennen.

Plotseling ziet de ziel de Heer en herkent Hem. Wie zal deze vreugde en deze blijdschap beschrijven?

De Heer wordt gekend in de Heilige Geest en de Heilige Geest woont in *de gehele mens: in zijn ziel, in zijn geest en in zijn lichaam.*

Op deze wijze wordt God zowel in de hemel als ook op de aarde gekend.

In zijn onmetelijke barmhartigheid heeft de Heer aan mij, zondaar, deze genade geschonken, opdat de mensen God mogen leren kennen en zich tot Hem wenden.

Ik schrijf uit naam van de barmhartigheid van God.

Ja, dit is de waarheid.

De Heer Zelf is mijn getuige.

De Heer heeft ons lief als Zijn eigen kinderen. Zijn liefde is nog groter dan de liefde van een moeder, want zelfs een moeder kan haar kind vergeten, maar de Heer vergeet ons *nooit*. En als de Heer niet Zelf aan het orthodoxe volk en aan onze grote herders de Heilige Geest had geschonken, dan hadden wij niet kunnen weten hoezeer Hij ons liefheeft.

Ere zij de Heer en Zijn grote barmhartigheid, dat Hij aan zondige mensen de genade van de Heilige Geest schenkt. Rijke mensen en koningen kennen de Heer niet, maar wij armzalige monniken en herders kennen de Heer door de Heilige Geest.

Om de Heer te leren kennen, hoeft men niet rijk of geleerd te zijn, maar men moet gehoorzaam en gematigd zijn, een nederige geest hebben en zijn naaste liefhebben. De Heer zal een dergelijke ziel beminnen, Hij zal Zich aan haar openbaren, Hij zal haar liefde en nederigheid leren en Hij zal haar alles schenken wat nuttig voor haar is om de vrede in God te verwerven.

Al studeren we nog zoveel, toch zal het voor ons onmogelijk zijn God te leren kennen, als we niet volgens Zijn geboden gaan leven, want de Heer wordt niet gekend door de wetenschap maar door de Heilige Geest. Talloze geleerden en filosofen zijn tot het geloof in Gods bestaan gekomen, maar God hebben zij niet leren kennen. Wij monniken oefenen ons (naar Ps. 1:2) dag en nacht in de wet van de Heer, maar nog lang niet iedereen van ons heeft God leren kennen, ofschoon wij in Hem geloven.

Geloven dat God bestaat, is één ding, maar God kennen is iets anders.

Dit is een mysterie: er zijn zielen die de Heer hebben leren kennen en er zijn er die Hem niet hebben leren kennen, maar die in Hem geloven; en dan zijn er ook mensen die niet slechts God niet kennen, maar die zelfs niet in Hem geloven; en onder hen bevinden zich zelfs ontwikkelde mensen.

Maar ongeloof komt voort uit trots. De trotse mens wil alles door zijn verstand en door zijn wetenschap leren begrijpen, maar het wordt hem niet verleend God te leren kennen, omdat de Heer zich slechts aan nederige zielen openbaart. Aan nederige zielen toont de Heer Zijn werken, die ons begrip te boven gaan, maar die door de Heilige Geest geopenbaard worden. Louter door het verstand kan men slechts het aardse – en dan nog maar gedeeltelijk – leren kennen, terwijl men God en al wat hemels is, slechts kan kennen door de Heilige Geest.

Sommige mensen doen hun leven lang moeite om uit te vinden wat er op de zon of op de maan is, of zij zoeken iets anders, maar kijk: dit heeft voor de ziel geen nut. Maar als wij ons gaan inspannen om te weten te komen wat er binnenin het hart van een mens is, dan gaan wij het volgende zien: het hemelse Koninkrijk in de ziel van een heilige, maar in de ziel van een zondaar duisternis en kwelling. En dit is nuttig om te weten, want wij zullen eeuwig óf in het Koninkrijk óf in de kwellingen verblijven.

Wie niet van bidden houdt, onderzoekt nieuwsgierig alles wat hij op de aarde en in de hemel ziet; maar van de Heer weet hij niets en hij spant zich niet in om dit te weten te komen. Wanneer hij een lering over God hoort, dan zegt hij:

«Welnu, hoe kan men God leren kennen ? En jij, waar heb jij Hem leren kennen ?»

Ik zal het jou zeggen: «De Heilige Geest getuigt van God. Hij kent Hem en Hij onderricht ons.»

«Maar is de Geest dan zichtbaar ?»

De apostelen hebben Hem zien neerdalen in de gedaante van vurige tongen, maar wij voelen Zijn aanwezigheid in ons. Hij is veel zoeter dan al wat er op aarde is.

De profeten hebben Hem geproefd en zij hebben het volk toegesproken en het volk heeft naar hen geluisterd. De heilige apostelen hebben de Heilige Geest ontvangen en zij hebben aan de mensen de verlossing verkondigd zonder enige vrees, want de Heilige Geest versterkte hen. Tegen Higemon[65], die dreigde hem te kruisigen als hij bleef prediken, heeft de apostel Andreas gezegd: «Als ik het Kruis vreesde, zou ik het niet verkondigen.»

Op deze wijze traden de overige apostelen en later de martelaren en weer later de heilige asceten, de kwellingen en het lijden vreugdevol tegemoet. En dit alles omdat de Heilige Geest, Die zoet en goed is, de ziel aantrekt om de Heer lief te hebben; en door de zoetheid van de Heilige Geest vreest de ziel het lijden niet.

Tijdens hun lijden hebben talloze heilige martelaren de Heer en Zijn hulp leren kennen. Talloze monniken beoefenen een grote ascese en verduren zware inspanningen omwille van de Heer; ook zij hebben de Heer leren kennen en zij strijden om de hartstochten die in hen leven, te overwinnen. Zij bidden voor heel de wereld. De goddelijke genade leert hun om de vijanden lief te hebben, want wie zijn vijanden niet liefheeft, kan de Heer, Die voor Zijn vijanden op het Kruis gestorven is, niet leren kennen. Hij heeft ons in Zichzelf (naar Joh. 13:15) een voorbeeld gegeven en Hij heeft ons het gebod gegeven, onze vijanden lief te hebben.

De Heer is liefde. Hij heeft ons opgedragen, elkaar lief te hebben en onze vijanden lief te hebben; de Heilige Geest leert ons deze liefde.

De ziel die de Heilige Geest niet heeft leren kennen, begrijpt niet hoe men zijn vijanden lief kan hebben en neemt dit gebod niet aan. Maar de Heer heeft medelijden met alle mensen en wie mét de Heer wil zijn, moet zijn vijanden liefhebben.

Wie de Heer heeft leren kennen door de Heilige Geest, gaat op de Heer lijken, zoals Johannes de Theoloog gezegd heeft: «En wij zullen gelijk zijn aan Hem, omdat wij Hem zullen zien, zoals Hij is» (naar 1Joh. 3:2) en wij zullen Zijn heerlijkheid zien.

Jij zegt dat talloze mensen allerlei tegenspoed verduren en lijden onder slechte mensen; maar ik smeek jou, word nederig onder de sterke hand van God (naar 1Petr. 5:6) en dan zal de genade jou onderrichten en zul jij zelf willen lijden omwille van de liefde van de Heer. Dit is wat de Heilige Geest, Die wij in de Kerk hebben leren kennen, jou zal openbaren.

Maar wie scheldt op slechte mensen en niet voor hen bidt, zal Gods genade nooit leren kennen.

Als jij wilt weten hoezeer de Heer ons liefheeft, haat dan de zonden en de slechte gedachten en bid vurig dag en nacht. Dan zal de Heer jou Zijn genade geven en zul je de Heer door de Heilige Geest leren kennen. Na de dood, als jij in het paradijs bent gekomen, zul jij ook daar de Heer leren kennen door de Heilige Geest, zoals jij Hem op aarde hebt gekend.

Zowel op aarde als in de hemel wordt de Heer slechts gekend door de Heilige Geest en niet door de wetenschap. Kinderen die nog helemaal niets hebben geleerd, zullen de Heer ook leren kennen door de Heilige Geest. Toen de heilige Johannes de Doper nog in de schoot van zijn moeder was, heeft hij de komst van de Heer gevoeld. Simeon de Styliet van de Wonderbare Berg[66] was een jongen van zeven jaar toen de Heer hem is verschenen; en hij heeft Hem herkend. De heilige Serafim was al volwassen[67] toen de Heer aan hem verscheen tijdens de Liturgie. En Simeon de Goddragende was in hoge ouderdom toen hij de Heer herkende en Hem op de arm nam.

Zo schikt de Heer Zich naar ons om iedere ziel beter te troosten.

De liefde van de Heer kan op geen andere wijze worden gekend dan door de Heilige Geest; maar de vreedzame ziel die haar geweten rein bewaart, leert God uit de schepping kennen, dat Hij de hemel en de aarde geschapen heeft. Maar ook dit is het werk van de genade, zelfs al is zij nog maar zwak; zonder de genade kan onze geest God niet leren kennen, maar wordt steeds aangetrokken tot aardse zaken: tot rijkdom, tot eer en tot genoegens.

Zowel de liefde van Jezus Christus als ook Zijn Lijden zijn te groot voor ons bevattingsvermogen, omdat wij de Heer te weinig liefhebben. Maar wie meer liefheeft, kan ook het Lijden van de Heer beter begrijpen. Er bestaat geringe, middelmatige en ook volmaakte liefde; des te volmaakter de liefde, des te volmaakter de kennis.

In het algemeen kan een ieder van ons God slechts beschouwen in de mate waarin hij de Heilige Geest heeft leren kennen; want hoe zouden we over iets kunnen denken en oordelen dat we noch gezien noch gehoord noch gekend hebben ?

Kijk: de heiligen zeggen dat zij God hebben gezien, maar er zijn mensen die zeggen dat God niet bestaat. Het is duidelijk waarom zij dit zeggen: zij hebben God niet leren kennen, maar dit betekent niet dat God niet bestaat.

De heiligen spreken over wat zij werkelijk hebben gezien en over wat zij weten.

Zij spreken niet over iets dat ze niet hebben gezien. Ze zeggen bijvoorbeeld niet dat ze een paard hebben gezien dat één kilometer lang is of een boot met een lengte van 10 km, hetgeen niet bestaat.

Ik denk dat als God niet bestond, er op aarde ook niet over Hem zou worden gesproken. Maar de mensen willen volgens hun eigen wil leven en daarom zeggen zij dat God niet bestaat, waardoor zij bewijzen dat Hij wel bestaat.

Zelfs bij de heidenen werd de ziel het bestaan van God al gewaar, ofschoon zij niet wisten hoe zij de ware God moesten aanbidden. Maar de Heilige Geest heeft de heilige profeten onderricht, vervolgens de apostelen en daarna de heilige Vaders en onze heilige bisschoppen en zo heeft het ware geloof ons bereikt. En wij hebben de Heer leren kennen door de Heilige Geest en toen wij Hem hadden leren kennen, werd onze ziel in Hem bevestigd.

De ziel die de Heer heeft leren kennen, voelt onzichtbaar de aanwezigheid van haar Schepper en blijft zeer vredig en verheugd in Hem. Waarmee zou men deze vreugde kunnen vergelijken ? Zij lijkt op de vreugde die een geliefde zoon voelt, die na een lange scheiding terugkeert naar zijn vaderlijk huis, waar hij naar hartelust kan praten met zijn dierbaren: zijn vader, moeder, broeders en zusters.

Mensen, schepsels van God, leert uw Schepper kennen ! Hij heeft ons lief ! Leert de liefde van Christus kennen en leeft in vrede en verblijdt de Heer daarmee. In Zijn barmhartigheid verwacht Hij alle mensen bij Zich.

Wendt u tot Hem, alle volkeren der aarde en verheft uw gebeden tot God. Dan zal het gebed van heel de aarde omhoog stijgen naar de hemel, als een prachtige, kalme wolk, die verlicht wordt door de zon; dan zullen alle hemelen zich verheugen en voor de Heer een lofzang zingen om Zijn Lijden te verheerlijken, waardoor Hij ons gered heeft.

Weet dan, volkeren, dat wij geschapen zijn ter ere van God in de hemelen. Hecht u niet vast aan de aarde, want God is onze Vader en Hij heeft ons lief als Zijn geliefde kinderen.

Hoofdstuk 8 : Over de kennis van God

De Barmhartige Heer heeft de Heilige Geest op aarde gegeven en door de Heilige Geest is de Heilige Kerk gegrondvest.

De Heilige Geest heeft ons niet slechts het aardse maar ook het hemelse ontsluierd.

Door de Heilige Geest hebben wij de liefde van de Heer leren kennen. De liefde van de Heer is vurig. De heilige apostelen, die vervuld waren van liefde, zijn de gehele wereld rondgetrokken en hun geest dorstte ernaar dat alle mensen de Heer zouden leren kennen.

De profeten, Gods lievelingen, zijn in de Heilige Geest verzoet en daarom was hun woord krachtig en aangenaam, want iedere ziel wilde het woord van de Heer horen.

O wonder ! De Heer heeft zelfs mij, die een groot zondaar ben, niet veracht maar Hij heeft mij door de Heilige Geest verleend Hem te leren kennen.

Verleen mij, Heer, een nederige geest
opdat ik U steeds moge danken
dat Gij de Heilige Geest hebt gegeven op aarde.
En ik ben Hem indachtig.
Hijzelf helpt mij om Hem indachtig te zijn.
O Heilige Geest, o Grote Koning,
Wat zal ik, die zondige aarde ben, U teruggeven ?
Gij hebt mij een ondoorgrondelijk mysterie ontsluierd.
Gij hebt mij verleend de Heer, mijn Schepper, te leren kennen.
Gij hebt mij doen kennen
hoe ontzagwekkend Zijn liefde voor ons is.

De Heer heeft ons zozeer lief dat het onverklaarbaar is. Slechts door de Heilige Geest kan deze liefde worden gekend en de ziel voelt op onverklaarbare wijze deze liefde. De Heer is van nature goed en barmhartig, zachtmoedig en liefdevol en men kan Zijn goedheid niet beschrijven, maar zonder een enkel woord ervaart de ziel deze liefde en verlangt ze ernaar om altijd in zulk een grote vrede te verblijven.

Hij heeft gezegd: «Ik zal u niet als wezen achterlaten» (naar Joh. 14:18) en wij zien dat Hij ons werkelijk niet heeft verlaten, maar dat Hij ons de Heilige Geest heeft geschonken.

Op onzichtbare wijze geeft de Heilige Geest aan de ziel kennis. De ziel vindt rust in de Heilige Geest. De Heilige Geest verblijdt de ziel en geeft haar vreugde op aarde. Welke vreugde en blijdschap zal er dan wel niet zijn in de hemelen ? Door de Heilige Geest hebben wij geleerd om Gods liefde te leren kennen, maar daarboven zal zij volmaakt zijn. O wat ben ik een zwak mens. Ik heb alleen de liefde van God in haar volmaaktheid gekend, maar ik kan haar niet verwerven. Iedere dag weent mijn ziel en ik denk voortdurend:

«Nog heb ik niet ontvangen wat mijn ziel zoekt.»

Toen de Heilige Geest neerdaalde op de apostelen, hebben zij uit ervaring geleerd, wat de liefde voor God is en wat de liefde voor de mens is.

«Kinderen, ik lijd totdat Christus in u gestalte zal aannemen» (naar Gal. 4:19) zegt de Apostel.

Wat zou ik blij zijn, als alle volkeren de Heer leerden kennen !

Heer, verleen aan hen
U te leren kennen door de Heilige Geest.
Zoals Gij aan de apostelen de Heilige Geest hebt gegeven
en zij U leerden kennen, verleen zo aan alle mensen
om U te leren kennen door de Heilige Geest.

IX

OVER DE LIEFDE

Mijn ziel dorst naar de levende God. Opnieuw verlangt mijn ziel ernaar om ten volle te genieten van de Heer. Ondoorgrondelijke barmhartigheid Gods: uit stof heeft de Heer de mens geschapen, Hij heeft hem de levensadem ingeblazen en de ziel van de mens is aan God verwant geworden.

De Heer heeft Zijn schepping zozeer liefgehad dat Hij de Heilige Geest aan de mens heeft geschonken; en de mens heeft Zijn Schepper leren kennen en hij heeft zijn Heer lief.

De Heilige Geest is de liefde en de zoetheid van de ziel, van de geest en van het lichaam; maar wanneer de ziel de genade verliest of wanneer de genade afneemt, dan zal de ziel opnieuw onder tranen naar de Heilige Geest zoeken. Zij zal naar God verlangen en zij zegt:
«Mijn ziel smacht naar U, Heer en onder tranen zoek ik U.
Hoe zou ik U niet zoeken ? Gij hebt mij het eerst gevonden
en mij laten genieten van Uw Heilige Geest
en nu verlangt mijn ziel naar U.
Mijn hart heeft U liefgekregen en ik smeek U:
Verleen mij om tot aan het einde in Uw liefde te blijven;
verleen mij, omwille van Uw liefde, alle smart en leed te doorstaan.»

Vreze en beven bevangen mijn ziel, wanneer ik wil schrijven over de liefde van God.

Mijn ziel is arm en ik heb geen kracht om de liefde van de Heer te beschrijven.

Mijn ziel is bevreesd en tegelijkertijd wordt zij meegesleept om tenminste enkele woorden over de liefde van Christus op te schrijven.

Mijn geest bezwijkt als ik dit schrijf, maar de liefde dwingt mij ertoe.

Mens, jij bent een zwak schepsel !

Als de genade in ons is, brandt onze geest en strekt zich dag en nacht uit tot de Heer, want de genade verenigt de ziel met God in de liefde. Zij heeft Hem lief en wil zich niet van Hem losrukken, want zij kan zich niet verzadigen aan de zoetheid van de Heilige Geest.

En er is geen einde aan de liefde van God. Ik ken een mens die door de Heer werd bezocht met Zijn genade; en als de Heer hem had gevraagd: «Wil jij dat Ik jou nog meer geef ?», dan zou de ziel, die zwak is in het lichaam, hebben geantwoord: «Heer, Gij ziet dat als Gij mij nog meer geeft, ik dit niet verdragen kan en zal sterven !» Want de mens is beperkt en hij kan de volheid van de genade niet verdragen.

Zo vielen de leerlingen van Christus op de Thabor op hun aangezicht voor de Heerlijkheid des Heren. En niemand kan begrijpen, hoe de Heer Zijn genade aan de ziel geeft.

―――

Gij zijt goed, Heer. Ik dank u voor Uw barmhartigheid: Gij hebt Uw Heilige Geest op mij uitgestort en Gij hebt mij verleend, Uw liefde voor mij, die een groot zondaar ben, te proeven; en mijn ziel strekt zich uit naar U, het ontoegankelijk Licht.

Wie zou U kunnen leren kennen, als Gij Barmhartige U niet verwaardigd had, U aan de ziel te openbaren ? Zij heeft U gezien en haar Schepper en haar God herkend. Mijn ziel verlangt onverzadigbaar steeds naar U, want Gij Barmhartige hebt haar tot U aangetrokken door Uw liefde en mijn ziel heeft Uw liefde leren kennen.

Gij ziet, Heer, hoe zwak en zondig de ziel van een mens is; maar Gij Barmhartige geeft aan de ziel de kracht U te beminnen. De ziel is bevreesd de nederigheid te verliezen die de vijanden haar proberen te ontnemen, want dan zal Uw genade de ziel verlaten.

―――

Wat zal ik mijn Heer teruggeven ?

Ik ben een gruwel, de Heer weet dat; maar ik houd ervan mijn ziel te vernederen en mijn naaste lief te hebben, zelfs wanneer hij mij gekwetst heeft. Ik smeek de Heer voortdurend dat Hij, de Barmhartige, mij verleent mijn vijanden lief te hebben. Door de barmhartigheid van God heb ik ondervonden wat de liefde van God is en wat het is om de naaste lief te hebben. Dag en nacht smeek ik de Heer om deze liefde; de Heer verleent mij tranen om voor de gehele wereld te wenen. Maar als ik iemand veroordeel of scheef aankijk, dan drogen de tranen op en wordt mijn ziel moedeloos; en opnieuw begin ik de Heer vergeving te vragen en de Barmhartige Heer vergeeft mij, zondaar.

Broeders, ik schrijf voor het Aangezicht van mijn God: maakt uw harten nederig en gij zult de barmhartigheid van de Heer al hier op aarde zien. Gij zult uw hemelse Schepper leren kennen en uw ziel zal nooit verzadigd zijn van liefde.

———

Niemand kan vanuit zichzelf weten wat de liefde van God is, als de Heilige Geest hem dat niet leert; maar in onze Kerk wordt de goddelijke liefde gekend door de Heilige Geest en daarom spreken wij over deze liefde.

De zondige ziel, die de Heer niet kent, heeft angst voor de dood en zij denkt dat de Heer haar haar zonden niet zal vergeven. Maar dit komt doordat de ziel de Heer niet kent en niet weet hoezeer Hij ons liefheeft. Maar als de mensen dat wel zouden weten, dan zou geen enkel mens wanhopen, omdat de Heer niet slechts vergeeft, maar Zich ook zeer verheugt over de bekering van de zondaar. Zelfs als je de dood voor ogen hebt, geloof dan vast dat zodra je dit zou vragen, je vergeving zult krijgen.

De Heer is niet zoals wij. Hij is buitengewoon zachtmoedig, barmhartig en goed en wanneer de ziel Hem leert kennen, dan zal zij zich eindeloos verwonderen en zeggen: «Welk een Heer hebben wij!»

De Heilige Geest heeft het aan onze Kerk verleend te leren hoe groot de goddelijke barmhartigheid is.

———

De Heer heeft ons lief en Hij ontvangt ons zachtmoedig en zonder verwijten, evenals de vader uit het Evangelie die zijn verloren zoon geen verwijten maakte, maar die opdracht gaf hem een nieuw kleed te brengen, een kostbare ring voor zijn hand en laarzen voor zijn voeten. Hij liet het gemeste kalf slachten en feest vieren en hij heeft zijn zoon geen enkel verwijt gemaakt.

Hoe zachtmoedig en geduldig moeten wij onze broeder terechtwijzen, opdat er in onze ziel feest moge zijn over zijn terugkeer! Op onuitsprekelijke wijze leert de Heilige Geest aan de ziel de mensen lief te hebben.

Broeders, laten wij de aarde en alles wat zich daarop bevindt, vergeten! Zij leidt ons af van de beschouwing van de Heilige Drie-Eenheid, Die ondoorgrondelijk is voor ons verstand, maar de heiligen schouwen Haar in de hemelen in de Heilige Geest.

En wij moeten zonder enige verbeelding volharden in het gebed en we moeten de Heer smeken om een nederige geest. De Heer zal ons liefkrijgen en Hij zal ons op aarde alles geven wat nuttig is voor ziel en lichaam.

Barmhartige Heer,
verleen Uw genade aan alle volkeren op aarde
opdat zij U mogen leren kennen,
want zonder Uw Heilige Geest
kan een mens U niet leren kennen
noch Uw liefde begrijpen.
Kleine kinderen, leert de Schepper van hemel en aarde kennen.

Heer, zend Uw barmhartigheid neer op de kinderen der aarde,
Gij hebt hen lief;
verleen hun U te leren kennen door de Heilige Geest.
Onder tranen smeek ik U:
verhoor mijn gebed voor Uw kinderen
en verleen hun allen Uw heerlijkheid te leren kennen
door de Heilige Geest.

―――

Van jongs af aan overdacht ik graag: de Heer is opgevaren ten hemel en Hij wacht totdat wij bij Hem komen; maar om met de Heer te zijn, moeten we zijn zoals Hij of zoals kinderen – nederig en zachtmoedig – en we moeten Hem dienen; dan zullen ook wij volgens het woord des Heren met Hem in het hemelse Koninkrijk zijn: «Waar ik ben, daar zal mijn dienaar zijn.» Maar nu is mijn ziel zeer somber en ter-

Hoofdstuk 9 : Over de liefde

neergeslagen. Ik kan geen reine geest opheffen tot God en ik heb geen tranen om mijn boze daden te bewenen; mijn ziel is uitgedroogd en versmacht door dit duistere leven...

Wie zal mij het lied voorzingen dat ik liefheb vanaf mijn jeugd: over hoe de Heer ten hemel is gevaren, hoezeer Hij ons bemint en hoe verlangend Hij ons bij Zich verwacht ? Ik zou met tranen naar dit lied luisteren, want mijn ziel versmacht op aarde.

Wat is er met mij gebeurd ?

Hoe heb ik de vreugde verloren en hoe zal ik haar weer verkrijgen ?

Weeklaagt met mij, dieren en vogels. Weeklaagt met mij, bos en woestijn. Weeklaag met mij, gehele schepping van God en troost mij in mijn verdriet en mijn smart.

Mijn ziel heeft zo gedacht: Als ik, die de Heer maar zo *weinig* liefheb, zulk een hevig verlangen heb naar de Heer, hoe buitengewoon groot moet dan de droefheid van de Moeder Gods niet geweest zijn, toen Zij op aarde achterbleef na de Hemelvaart van de Heer ? Zij heeft de smart van haar ziel niet aan het schrift toevertrouwd en we weten maar weinig van haar aardse leven; maar we moeten bedenken dat we de volheid van haar liefde voor haar Zoon en haar God niet kunnen bevatten.

Het hart van de Moeder Gods, al haar gedachten, geheel haar ziel, werden in beslag genomen door de Heer; maar aan haar was nog iets anders gegeven: Zij hield van de mensen en zij bad vurig voor hen, voor de nieuwe christenen, dat de Heer hen mocht versterken; zij bad voor de gehele wereld, dat allen mochten worden gered. In dit gebed lag haar vreugde en haar troost op aarde.

Wij kunnen de liefde van de Moeder Gods in haar volheid niet begrijpen, maar dit weten wij wel:

des te groter de liefde, des te groter het lijden van de ziel;
des te voller de liefde, des te voller de kennis;
des te vuriger de liefde, des te vuriger het gebed;
des te volmaakter de liefde, des te heiliger het leven.

Niemand van ons kan de volheid van de liefde van de Moeder Gods bereiken en wij hebben het berouw van Adam nodig. Maar gedeeltelijk, zoals de Heilige Geest het ons in de Kerk leert, mogen wij deze liefde begrijpen.

«Waren onze harten niet brandend in ons ?» (naar Luk. 24:32) zeiden de apostelen, toen Christus vlakbij hen was geweest. Zo herkent de ziel haar Meester en heeft Hem lief; en de zoetheid van Zijn liefde is als een vuur.

In de hemelen hebben allen slechts één liefde, maar op aarde beminnen sommigen de Heer veel, anderen weinig en weer anderen beminnen Hem helemaal niet.

De ziel die vervuld is van de liefde voor God vergeet zowel de aarde als de hemel. De geest staat in brand en ziet onzichtbaar Degene naar Wie zij verlangt. De ziel vergiet talloze zoete tranen en zij kan de Heer nog voor geen ogenblik vergeten, want de genade van God geeft de kracht om de Geliefde lief te hebben.

In welke heerlijkheid is de Heer ! En met welke hymnen wordt Hij in de hemelen verheven ! Hoe zoet zijn deze gezangen, die voortvloeien uit de liefde voor God !

Wie is waardig om naar deze gezangen te luisteren, die op ingeving van de Heilige Geest worden gezongen en waarin de Heer om Zijn Lijden wordt verheerlijkt ?

En hoe groot zal de vreugde zijn bij het horen van dit gezang ?

Op aarde hoeft de ziel maar nauwelijks door de goddelijke liefde te worden aangeraakt of zij wordt door de zoetheid van de Heilige Geest al in verrukking gebracht over haar geliefde God en hemelse Vader .

Geliefde broeders, laten wij nederig worden om de goddelijke liefde waardig te zijn, opdat de Heer ons moge sieren met Zijn zachtmoedigheid en Zijn nederigheid, opdat wij de hemelse woontenten mogen betreden, die de Heer voor ons heeft voorbereid.

———

De Heer heeft alle mensen lief, maar Hij heeft degene die Hem zoekt, nog meer lief.

«Ik heb lief die Mij liefhebben, zegt de Heer, en die Mij zoeken, zullen de genade vinden» (naar Spr. 8,17). En met haar is het leven goed, de ziel is verheugd en zegt: «MIJN Heer, ik ben Uw dienaar.»

In deze woorden ligt een zeer grote blijdschap: als de Heer *van ons* is, dan is *alles* van *ons*. Wat zijn wij rijk !

HOOFDSTUK 9 : OVER DE LIEFDE

Groot en ondoorgrondelijk is onze Heer. Maar omwille van ons heeft Hij Zich kleingemaakt opdat wij Hem zouden leren kennen en liefhebben, opdat wij door Hem lief te hebben de aarde zouden vergeten, opdat wij in de hemelen zouden wonen en de heerlijkheid van de Heer schouwen.

Aan Zijn uitverkorenen geeft de Heer zulk een grote genade dat zij in hun liefde de gehele aarde, de gehele wereld omhelzen. Hun ziel brandt van verlangen dat alle mensen mogen worden gered en de heerlijkheid des Heren zien.

De Heer heeft tegen Zijn heilige leerlingen gezegd: «Kinderen, hebt gij niet enige toespijs ?» (naar Joh. 21:5). Welk een grote liefde is er in deze liefkozende woorden: de Heer noemt ons kinderen ! Wat kan er nog vreugdevoller zijn dan dit ? We moeten diep nadenken over deze woorden en over het lijden dat de Heer voor ons op het Kruis heeft verduurd.

Hoezeer heeft de Heer Zijn schepsel lief !

En zie, de Heer heeft ons verwaardigd daarover met u te spreken en onze ziel verheugt zich dat de Heer met ons is.

Nederig vraag ik u: «Bidt voor mij.» De Heer zal het u vergelden.

Broeder R. heeft mij verteld dat toen hij ernstig ziek was, zijn moeder tegen zijn vader zei: «Wat lijdt onze jongen toch ! Ik zou mijzelf met vreugde in stukjes laten snijden, als hem dat zou helpen om zijn lijden te verlichten.»

Zo is de liefde van de Heer voor de mensen. Hij heeft gezegd: «Er bestaat geen grotere liefde, dan wanneer iemand zijn leven geeft voor zijn naaste» (naar Joh. 15:13). De Heer had zoveel medelijden met de mensen dat Hij voor hen wilde lijden zoals een moeder en zelfs nog meer. Maar niemand kan deze grote liefde begrijpen zonder de genade van de Heilige Geest. De Heilige Schrift spreekt hierover, maar ook de Schrift kan niet louter met het verstand worden begrepen, want ook in de Schrift spreekt dezelfde Heilige Geest.

De liefde van de Heer is zodanig dat Hij wil dat alle mensen gered worden en eeuwig met Hem in de hemelen zijn en Zijn heerlijkheid aanschouwen. Wij kennen deze heerlijkheid niet in haar volheid, maar door de Heilige Geest begrijpen wij haar gedeeltelijk. Maar wie de Heilige Geest niet heeft leren kennen, kan deze heerlijkheid niet begrijpen, maar gelooft slechts in de belofte van de Heer en bewaart Zijn geboden. Maar ook zij zijn zalig, zoals de Heer het tegen de apostel Thomas gezegd heeft; (naar Joh. 20:29) en zij zullen gelijk zijn aan hen, die reeds hier Gods heerlijkheid hebben geschouwd.

Als je de Heer wilt leren kennen, word dan tot het uiterste nederig, wees gehoorzaam en gematigd in alles, bemin de waarheid en de Heer zal je zeker verlenen Hem te leren kennen door de Heilige Geest. Dan zul je door ervaring weten, WAT de liefde is voor God en WAT de liefde voor de mens. En des te volmaakter de liefde, des te volmaakter de kennis. Er bestaat geringe, middelmatige en grote liefde.

Wie de zonde vreest, die heeft God lief; wie de tederheid bezit, die heeft Hem meer lief; wie in zijn ziel licht en vreugde draagt, die heeft nog meer lief; maar wie de genade in ziel en lichaam draagt, die bezit de volmaakte liefde. De Heilige Geest schonk een dergelijke genade aan de martelaren en zij hielp hen al het lijden dapper te dulden.

Kan men iets zeggen over het paradijs en over hoe het daar zal zijn ?

Slechts wie in de Heilige Geest de Heer en Zijn liefde voor ons heeft leren kennen, kan iets over het paradijs zeggen.

De Heer is zo zoet en zo goed dat de ziel door Zijn liefde aan niets anders kan denken. De genade van de Heilige Geest is zo zoet en zij verandert de mens zozeer dat hij zelfs zijn ouders gaat vergeten.

De ziel die de Heer in Zijn volheid heeft leren kennen en die haar vreugde in Hem gevonden heeft, verlangt verder nergens meer naar en zij hecht zich aan niets meer op aarde. Als men haar een koninkrijk zou aanbieden, dan zou zij het niet willen, want de liefde van Christus is zo zoet en schenkt de ziel zoveel blijdschap en vreugde dat zelfs een koninklijk leven haar al niet meer zou kunnen bekoren.

Ik zou een paar woorden willen zeggen – voorzover de goddelijke genade mij zal verlichten – over de verschillende graden van liefde voor God.

Hoofdstuk 9 : Over de liefde

Wanneer een mens vreest God door een of andere zonde te bedroeven, is dat de eerste graad van liefde. Wie een geest heeft die niet vertroebeld wordt door gedachten, bezit de tweede graad van liefde, die groter is dan de eerste. De derde, nog hogere graad van liefde komt voor, wanneer iemand de genade voelbaar in zijn ziel heeft. Wie tenslotte de genade van de Heilige Geest zowel in zijn ziel als in zijn lichaam draagt, die bezit de volmaakte liefde. Het lichaam van degene die deze genade bewaart, zal een reliek worden; dit is het geval bij de heilige martelaren, bij de profeten, bij de zalige asceten of bij de andere heiligen.

Wie in deze mate liefheeft, wordt niet meer in verleiding gebracht door de liefde van een jonge vrouw waardoor de gehele wereld in verrukking wordt gebracht, omdat de ziel door de zoetheid van de goddelijke liefde al het aardse vergeet. De genade van de Heilige Geest trekt de ziel aan, de Heer volkomen lief te hebben en in deze volheid van liefde voor de Heer is de ziel los van de wereld, ofschoon zij nog op aarde woont.

Wij zijn trots van geest en daarom kunnen wij niet in deze genade blijven. Zij trekt zich terug uit de ziel en dan smacht de ziel naar haar en onder tranen zoekt zij haar opnieuw, zij weent en weeklaagt en zij roept tot de Heer :

«Barmhartige God, Gij ziet hoe bedroefd mijn ziel is en hoe ik naar U verlang.»

Er bestaat op aarde geen zachtmoediger en liefdevoller mens, dan onze Heer Jezus Christus. In Hem is onze vreugde en onze blijdschap. Laten wij Hem liefhebben, dan zal Hij ons naar Zijn Koninkrijk leiden, waar wij Zijn heerlijkheid zullen zien.

———

Sinds de Heer mij verleend heeft de goddelijke liefde door de Heilige Geest te leren kennen, treur ik nu al veertig jaar over Gods volk.

Broeders, er bestaat niets beters dan de goddelijke liefde, wanneer de Heer onze ziel verwarmt met de liefde voor God en voor onze naaste. Groot is de barmhartigheid van de Heer : de ziel heeft God, haar hemelse Vader, leren kennen; zij huilt en zij is verslagen : waarom heb ik de Heer zo dikwijls bedroefd ? De Heer verleent aan de ziel de vergeving van zonden, de vreugde en de blijdschap om haar Schepper en haar naaste te beminnen en voor hem te wenen, opdat de barmhartige Heer elke ziel bij Zich moge opnemen daar waar Hij voor ons een plaats heeft bereid door Zijn Lijden aan het Kruis.

Wie de zoetheid van de goddelijke liefde heeft leren kennen en wiens ziel God en Zijn broeder liefheeft, die begrijpt gedeeltelijk dat «het Koninkrijk Gods binnenin ons is» (naar Luk. 17:21).

———

Barmhartige Heer, hoe groot is Uw liefde voor mij, zondaar !
Gij hebt mij verleend U te leren kennen;
Gij hebt mij Uw genade laten proeven.
«Proeft en ziet dat de Heer goed is» (naar Ps. 33:9).
Gij hebt mij Uw goedheid en Uw barmhartigheid laten proeven en
dag en nacht wordt mijn ziel onverzadigbaar naar U getrokken.
Zij kan haar geliefde Schepper niet vergeten,
want de goddelijke Geest geeft haar de kracht
om haar Geliefde te beminnen.

De ziel kent geen verzadiging
maar zij strekt zich uit naar haar hemelse Vader.
Zalig de ziel, die de nederigheid en de tranen liefheeft
en die de slechte gedachten haat.

Zalig de ziel, die haar broeder liefheeft, want *onze broeder is ons leven*.

Zalig de ziel die haar broeder liefheeft: de Geest des Heren woont merkbaar in haar. Hij schenkt haar vrede en vreugde en zij weent voor de gehele wereld.

Mijn ziel heeft zich de liefde van de Heer herinnerd en mijn hart heeft zich gewarmd. Mijn ziel heeft zich overgegeven aan een diep geweeklaag, omdat ik de Heer, mijn geliefde Schepper zozeer heb bedroefd. Maar Hij is mijn zonden niet indachtig geweest; en toen heeft mijn ziel zich overgegeven aan een nog diepere en droevigere jammerklacht: dat de Heer elke ziel moge vergeven en opnemen in Zijn hemels Koninkrijk. En mijn ziel weent voor de gehele wereld.

———

Hoofdstuk 9 : Over de liefde

Ik kan niet zwijgen over het volk dat ik tot tranen toe liefheb. Ik kan niet zwijgen, omdat mijn ziel steeds over Gods volk treurt en onder tranen bid ik voor hen. Broeders, ik moet u de barmhartigheid van God en de slimme streken van de vijand wel bekendmaken.

Er zijn veertig jaren verstreken sinds de dag dat de genade van de Heilige Geest mij geleerd heeft, de mens en de gehele schepping lief te hebben; zij heeft mij ook de slimme streken van de vijand geopenbaard, die door bedrog zijn kwaad in de wereld doet.

Gelooft mij broeders. Ik schrijf voor Gods Aangezicht, Die Zich in Zijn grote barmhartigheid aan mijn ziel heeft bekend gemaakt door de Heilige Geest. Maar als mijn ziel de Heilige Geest niet proeft, dan kan zij de Heer niet leren kennen, noch Zijn liefde.

De Heer is goed en barmhartig, maar wij zouden buiten de Heilige Schrift niets kunnen zeggen over Zijn liefde, als de Heilige Geest het ons niet geleerd had. Maar jij, broeder, raak niet verward als je de goddelijke liefde niet in je voelt, maar wees de Heer indachtig, weet dat Hij barmhartig is; onthoud je van zonden en de Heilige Geest zal je onderrichten.

Liefde is niet afhankelijk van tijd en zij behoudt altijd haar kracht. Sommige mensen geloven dat de Heer geleden heeft uit liefde voor de mens, maar aangezien zij deze liefde niet in hun eigen ziel vinden, lijkt het hun alsof dat ooit langgeleden is gebeurd. Maar wanneer de ziel de goddelijke liefde door de Heilige Geest leert kennen, voelt zij duidelijk dat de Heer een Vader voor ons is, Die het meest verwant, het meest nabij, het meest vertrouwd en geliefd is. Er bestaat geen groter geluk dan het liefhebben van God met geheel ons verstand, met geheel ons hart en met geheel onze ziel, zoals de Heer het ons geboden heeft, en onze naaste gelijk onszelf. Wanneer deze liefde de ziel vervult, dan schenkt alles haar vreugde; maar wanneer de liefde verloren gaat, dan vindt de mens geen rust meer en raakt hij verward en beschuldigt anderen ervan dat zij hem hebben gekwetst. Hij begrijpt niet dat hij zelf schuldig is: hij heeft de liefde voor God verloren en hij heeft zijn broeder veroordeeld of gehaat. Uit de liefde voor onze broeder komt de genade voort en de genade blijft bewaard door de liefde voor onze broeder, maar als wij onze broeder niet liefhebben, dan zal de goddelijke genade niet in onze ziel komen.

Als de mensen zich hielden aan de geboden van Christus, zou het op aarde een paradijs zijn. Allen zouden door een geringe inspanning voldoende hebben van hetgeen noodzakelijk is. De goddelijke Geest zou in de zielen van de mensen wonen, want Hij zoekt Zelf de ziel van de mens en Hij verlangt ernaar, in ons te wonen. Als Hij Zijn intrek niet in ons neemt, dan komt dit slechts door de trots van onze geest.

Tegenwoordig zijn de mensen trots geworden; ze kunnen slechts door leed en berouw worden gered, maar het gebeurt maar zelden dat iemand de liefde bereikt.

De heilige Antonius heeft gezegd: «Ik vrees de Heer niet langer, maar ik heb Hem lief.» Hij sprak zo omdat er een grote genade van de Heilige Geest in zijn ziel was, Die van deze liefde getuigde; en dan kan de ziel niet anders spreken. Maar aan degene die een dergelijke genade niet bezit, leren de heilige Vaders het berouw; en het berouw staat niet ver van de liefde, die afhankelijk van de eenvoud van hart en de nederigheid van ziel, naderbij komt. Als jij goed denkt van jouw broeder en jij denkt dat de Heer hem liefheeft en in het bijzonder als jij denkt dat de Heilige Geest in de ziel van de ander woont, dan ben jij Gods liefde nabij.

Misschien zal iemand zeggen: «Hij weidt steeds uit over de liefde van God.» Maar waarover zou men anders kunnen nadenken als over God ? Hij heeft ons toch geschapen om eeuwig met Hem te leven en Zijn heerlijkheid te zien. Wat men liefheeft, daarover wil men ook praten; en vervolgens wordt dit een gewoonte: als je eraan went om aan God te denken, dan zul je Hem steeds in je ziel dragen. Als je eraan went om aan wereldse dingen te denken, dan zal je geest steeds daarin vertoeven. Als je jezelf eraan went om het Lijden van de Heer te overdenken of om aan het eeuwige vuur te denken, dan gaat dit wortelen in je ziel.

Bij het goede helpt God ons; bij het kwaad zijn het de vijanden; maar dat hangt ook van onze eigen wil af; men moet zich tot het goede dwingen, maar met mate; men moet zijn grenzen kennen.

We moeten onze ziel leren kennen en weten wat nuttig voor haar is. Voor de één is het nuttig om te bidden, voor de ander om te lezen of om te schrijven. Het is nuttig om te lezen, maar het is beter om zonder verstrooiing te bidden en het is nog beter om te wenen: ieder volgens wat de Heer hem geeft. Wanneer je wakker wordt en opstaat moet je natuurlijk God danken, vervolgens berouw hebben en langdurig bidden. Lees daarna, zodat je geest uitrust en ga dan opnieuw bidden en werk. De genade komt voort uit al wat goed is. Maar bovenal komt ze voort uit de liefde voor onze broeder.

Eens met Pasen na de Vespers, die in de grote Pokrovkerk waren gevierd, liep ik terug naar de molen. Op het pad stond een arbeider. Toen ik vlakbij hem was gekomen, vroeg hij mij hem een ei te geven. Ik had geen ei, maar ik ging terug naar het klooster en haalde bij mijn geestelijke vader twee eieren en gaf er één aan de arbeider. Hij zei: «Wij zijn met ons tweeën.» Ik gaf hem ook het andere ei en toen ik een eindje van hem vandaan was, begon ik te huilen uit medelijden met alle arme mensen en ik kreeg medelijden met heel de wereld en met ieder schepsel.

Op een andere keer, ook met Pasen, wandelde ik vanuit de hoofdpoort van het klooster naar het nieuwe gebouw van de Transfiguratie, toen ik een jongetje zag dat me tegemoet rende. Hij was een jaar of vier en had een blij gezichtje. De goddelijke genade vrolijkt kinderen op. Ik had een ei en gaf dit aan het jongetje. Hij was hier erg blij mee en rende naar zijn vader om zijn geschenk te laten zien. En om deze kleinigheid kreeg ik een zeer grote vreugde van God. Ik kreeg elk schepsel van God lief en in mijn ziel was de goddelijke Geest voelbaar. Toen ik thuiskwam, heb ik uit medelijden met de wereld langdurig met veel tranen gebeden.

Heilige Geest, verblijf steeds in ons!
Het is goed voor ons om met U te zijn.

―――

Maar de ziel maakt het niet altijd zo goed; want door trots gaat de genade verloren. Dan weeklaag ik, zoals Adam heeft geweeklaagd over het verloren paradijs, en ik zeg:
«Waar zijt Gij, mijn Licht? Waar zijt Gij, mijn vreugde?
Waarom hebt Gij mij verworpen en wordt mijn hart gekweld?
Waarom hebt Gij U voor mij verborgen en treurt mijn ziel?

Toen Gij in mijn ziel waart gekomen,
hebt Gij mijn zonden verbrand.

Kom nu opnieuw in mijn ziel
en verbrand mijn zonden opnieuw,
die U voor mij verbergen zoals de wolken de zon.

Kom en schenk mij vreugde door Uw komst.
Waarom aarzelt Gij, Heer ?
Gij ziet dat mijn ziel gekweld wordt
en onder tranen zoek ik U.

Waar verbergt Gij U ?
Gij zijt op elke plaats, maar mijn ziel ziet U niet
en bedroefd en treurend zoekt zij U.»

Zo zochten de alheilige Maagd en Jozef U met beklemd gemoed, toen Gij nog een klein kind waart. Wat moeten zij in hun verdriet wel niet gedacht hebben, toen zij hun geliefde Zoon niet vonden (naar Luk. 2:48) ? Zo hadden de apostelen na de dood van de Heer pijn in hun hart en treurden zij, omdat hun hoop was verdwenen. Maar na Zijn Opstanding verscheen de Heer aan hen en zij herkenden Hem en verheugden zich zeer. Zo verschijnt de Heer ook nu aan onze zielen en de ziel herkent Hem door de Heilige Geest.

De heilige Simeon van de Wonderbare Berg was nog maar een kind, toen de Heer hem verscheen; vóór die tijd kende hij de Heer niet, maar toen de Heer hem verscheen, herkende hij Hem door de Heilige Geest. De Heer heeft ons op aarde de Heilige Geest geschonken en door de Heilige Geest leren wij de Heer en al het hemelse kennen, maar zonder de Heilige Geest is de mens slechts zondige aarde.

De ziel moet God onverzadigbaar liefhebben en op die manier zal de geest door niets anders bekoord worden maar wel met al zijn kracht in God verblijven.

Ik heb grote barmhartigheid van God ondervonden, ofschoon ik naar mijn daden zowel hier op aarde als na mijn dood straf zou verdienen.

HOOFDSTUK 9 : OVER DE LIEFDE

Maar de Heer heeft de mens zozeer lief dat wij ons een dergelijke liefde zelfs niet kunnen voorstellen.

Gelukkig is de zondaar die zich tot God heeft gewend en die Hem lief heeft gekregen.

Wie de zonde haat, staat op de eerste trede van de hemelse ladder. Als het denken niet meer opwekt tot zonde, dan is dit al de tweede trede. Maar wie door de Heilige Geest de volmaakte liefde voor God heeft leren kennen, die staat op de derde tree. Maar dit gebeurt zelden met iemand.

Om de liefde van God te bereiken, moeten wij alles wat de Heer ons in Zijn Evangelie geboden heeft, in acht nemen. Wij moeten een medelijdend hart hebben en niet alleen liefde voelen voor de mens, maar ook medeleven hebben met elk schepsel, met alles wat de Heer geschapen heeft. Er zit een groen blad aan een boom en zonder noodzaak trek jij dit eraf; natuurlijk is dit wel geen zonde, maar toch is het ergens jammer van het blad. Het hart dat heeft leren liefhebben, voelt erbarmen voor de gehele schepping. Maar de mens is een verheven schepsel en als jij ziet dat hij verdwaald is en dat hij ten onder gaat, bid en ween dan voor hem, als je kunt; maar kun jij dat niet, verzucht dan tenminste over hem tegenover God. En de ziel die zo handelt, wordt bemind door de Heer, want zij lijkt op Hem.

Op die wijze bad de heilige Païsius voor zijn leerling (deze had Christus verloochend en een joodse vrouw getrouwd), dat de Heer hem zou mogen vergeven. En de Heer was zo blij met dit gebed dat Hij Zijn dienaar Zelf wilde troosten; Hij verscheen hem en sprak: «Païsius, waarom bid je toch voor iemand die Mij verloochend heeft ?» Maar Païsius zei: «Heer, Gij zijt barmhartig, vergeef hem.» Toen sprak de Heer: «Païsius door je liefde ben je op mij gaan lijken.» Zo aangenaam is voor de Heer het gebed voor onze vijanden.

Zelf ben ik een groot zondaar, maar ik schrijf over de goddelijke barmhartigheid die door mijn ziel op aarde wordt gekend door de Heilige Geest.

De ziel kan geen vrede bezitten, als zij niet bidt voor haar vijanden. De ziel die door de genade van God geleerd heeft te bidden, voelt liefde en medelijden voor ieder schepsel en in het bijzonder voor de mens. De Heer heeft voor de mensen aan het Kruis geleden en Zijn ziel heeft de doodstrijd gekend voor ieder van ons.

De Heer heeft mij geleerd mijn vijanden lief te hebben. Zonder de goddelijke genade kunnen wij onze vijanden niet liefhebben, maar de Heilige Geest leert de liefde; en dan krijgt men zelfs medelijden met de demonen, omdat zij zijn afgevallen van het goede, zij hebben de nederigheid en de liefde voor God verloren.

Ik smeek u, beproeft het. Als iemand u beledigt of veracht of u afneemt wat u toebehoort, of de Kerk vervolgt, bidt dan tot de Heer en zegt: «Heer, wij zijn allen Uw schepsels; heb medelijden met Uw dienaren en keer hen tot het berouw.» Dan zul je de genade voelbaar in je ziel dragen. In het begin moet je je ziel dwingen om je vijanden lief te hebben; de Heer, Die je goede voornemen ziet, zal je bij alles helpen en de ervaring zelf zal je wijzen. Maar wie slecht denkt over zijn vijanden, die heeft de liefde van God niet in zich en hij heeft God niet gekend.

Als jij bidt voor jouw vijanden, dan zal de vrede over jou komen; en wanneer jij jouw vijanden liefkrijgt, weet dan dat er een grote genade van God in je leeft; ik zeg nog niet dat zij al volmaakt is, maar zij is toereikend voor de verlossing. Maar als jij jouw vijanden uitscheldt, betekent dit dat er een boze geest in je leeft, die slechte gedachten in je hart brengt; want, zoals de Heer gezegd heeft, uit het hart komen slechte en goede gedachten (naar Matth. 15:19; Mark. 7:21).

Een goed mens denkt: «Iedere mens die afdwaalt van de waarheid gaat ten onder» en daarom heb ik medelijden met hem. Maar wie niet door de Heilige Geest in de liefde is onderricht, zal natuurlijk niet bidden voor zijn vijanden. Wie van de Heilige Geest de liefde heeft geleerd, zal zijn leven lang treuren over de mensen die niet gered worden; hij zal vele tranen vergieten voor de mensen en Gods genade geeft hem de kracht om zijn vijanden lief te hebben. Als je hen niet liefhebt, scheld hen dan tenminste niet uit of vervloek hen niet; en dat zal al beter zijn. Maar als iemand vloekt en scheldt op zijn vijanden, dan leeft er duidelijk een boze geest in hem; als hij geen berouw krijgt, dan zal hij na zijn dood naar de plaats gaan waar de boze geesten wonen. Moge de Heer elke ziel behoeden voor een dergelijk ongeluk.

Begrijpt me, het is zo eenvoudig. De mensen die God niet kennen of die zich tegen Hem verzetten, zijn beklagenswaardig. Mijn hart lijdt voor hen en de tranen stromen uit mijn ogen. Wij kunnen het paradijs en de kwellingen duidelijk zien: wij hebben dit door de Heilige Geest leren kennen. Ziet wat de Heer heeft gezegd: «Het Konink-

HOOFDSTUK 9 : OVER DE LIEFDE

rijk Gods is binnenin u» (naar Luk. 17:21). Zo begint het eeuwige leven al vanaf hier, beneden op aarde; en ook de eeuwige kwelling begint vanaf hier.

———

De genade gaat verloren door trots en tegelijkertijd gaat hiermee ook de liefde voor God en de vrijmoedigheid in het gebed verloren; de ziel wordt dan gekweld door boze gedachten en ze begrijpt niet dat men zich moet verdeemoedigen en dat men zijn vijanden moet liefhebben, want er is geen andere manier waarop men God kan behagen. Je zegt: «De vijand vervolgt onze Heilige Kerk, hoe kan ik hem dan liefhebben ?» Hierop is mijn antwoord: «Je arme ziel heeft God niet leren kennen; ze heeft niet geleerd hoezeer Hij ons liefheeft en hoe verlangend Hij erop wacht dat alle mensen berouw krijgen en gered worden. De Heer is liefde; Hij heeft de aarde Zijn Heilige Geest geschonken, Die aan de ziel leert om haar vijanden lief te hebben en voor hen te bidden, opdat ook zij mogen worden gered. Dat is liefde. Maar als men hen naar hun daden moet oordelen, dan verdienen zij straf.»

Ere zij de Heer, dat Hij ons zozeer liefheeft en dat Hij ons onze zonden vergeeft en ons door de Heilige Geest Zijn mysteriën openbaart.

———

De Heer heeft ons het gebod gegeven: «Hebt uw vijanden lief» (naar Matth. 5:44). Maar hoe kan men hen liefhebben, wanneer zij kwaad doen ? Of hoe kan men degenen liefhebben die de Heilige Kerk vervolgen ?

Toen de Heer naar Jeruzalem liep en de Samaritanen Hem niet wilden ontvangen, waren Johannes de Theoloog en Jakob bereid om het vuur uit de hemel af te roepen en hen daarvoor te verdelgen. Maar in Zijn barmhartigheid zei de Heer zei tot hen: «Ik ben niet gekomen om te verdelgen, maar om te redden» (naar Luk. 9:54-56).

Zo moeten ook wij maar één gedachte hebben: dat allen gered mogen worden. De ziel heeft medelijden met haar vijanden en bidt voor hen, omdat zij zijn afgedwaald van de waarheid en naar de hel gaan. Dat is de liefde voor onze vijanden. Toen Judas op de gedachte kwam om de Heer te verraden, schonk de Heer hem in Zijn barmhartigheid inzicht. Ook wij moeten altijd met erbarmen omgaan met degene die verdwaald is; dan zullen we door de barmhartigheid van God worden gered.

———

Men leert de liefde kennen door de Heilige Geest. En de ziel herkent de Heilige Geest aan vrede en zoetheid. Hoe moeten wij God danken dat Hij ons zozeer liefheeft ! Bedenkt toch, geliefde broeders: aan een zondige ziel schenkt de Heer de Heilige Geest en Hij verleent haar, Zijn genade te leren kennen. Om de Heer te leren kennen hoeft men niet rijk te zijn, men moet slechts zijn naaste liefhebben, een nederige geest bezitten, gehoorzaam en matig zijn; en omwille van deze goede deugden verleent de Heer ons Hem te kennen. En wat kan er op de wereld kostbaarder zijn dan deze kennis: God leren kennen en weten hoe Hij ons liefheeft en hoe Hij ons geestelijk onderricht ?

Waar vind je een vader die aan een kruis zou willen sterven voor de overtredingen van zijn kinderen ? Gewoonlijk is een vader dan zielsbedroefd en heeft hij medelijden met zijn zoon, die voor zijn overtredingen moet worden gestraft; maar ook al heeft hij medelijden met zijn zoon, toch zal hij tegen hem zeggen: «Jij hebt niet goed gehandeld; en jij wordt terecht voor jouw slechte daden gestraft.»

Maar de Heer zal dit nooit tegen ons zeggen. Hij zal tegen ons zeggen zoals tegen de apostel Petrus: «Heb je mij lief ?» Zo zal Hij in het paradijs eveneens aan alle mensen vragen: «Hebt gij mij lief ?» En allen zullen antwoorden: «Ja Heer, wij hebben U lief. Gij hebt ons gered door Uw Lijden aan het Kruis en nu hebt Gij ons het hemelse Koninkrijk geschonken.» En in de hemel zal niemand zich *schamen* zoals Adam en Eva zich hebben geschaamd na de zondeval, maar er zal slechts zachtmoedigheid, liefde en nederigheid zijn. Niet de soort van nederigheid die wij nu zien, wanneer wij ons vernederen en verwijten verduren of wanneer wij onszelf als de geringsten van alle mensen beschouwen; maar allen zullen de nederigheid van Christus bezitten, die voor de mensen ondoorgrondelijk is, behalve voor diegenen die haar hebben leren kennen door de Heilige Geest.

———

Ik kan niet begrijpen, waarom de mensen God niet om vrede vragen. De Heer bemint ons immers zozeer dat Hij ons niets zal weigeren.

HOOFDSTUK 9 : OVER DE LIEFDE

Vroeger wist ik dit niet en ik dacht: zal de Heer zich over mij bekommeren, nu ik Hem zo dikwijls bedroefd heb ? Maar toen werd mijn ziel vervuld met de goddelijke liefde en met de zoetheid van de Heilige Geest en wel zo overvloedig dat, als de Heer mij had gevraagd: «Wil je dat Ik je nog meer geef van Mijn liefde en van de genade van de Heilige Geest ?» mijn ziel dan zou hebben gezegd: «Gij ziet, Heer, ik kan niet méér verdragen of ik zal sterven.» En als de wonderbare barmhartigheid van de Heer voor een zondaar al zo onbegrijpelijk is, wat moeten we dan zeggen over de heiligen ? Welke genade hebben zij ?

Misschien zal iemand zich afvragen: «Waarom heeft de Heer mij niet zo lief en geeft Hij mij niet zulke genade ?» Zo zei een woestijnvader tegen de heilige Antonius: « Vader Antonius, waarom getroost je je minder inspanning dan ik, maar bezit je toch een grotere roem dan ik ?» Daarop antwoordde de Heilige: «Omdat ik God meer liefheb dan jij.»

Ook wij moeten dit bedenken en we moeten eraan denken dat wie God liefheeft ook zijn broeder liefheeft, zoals Johannes de Theoloog zegt (naar Joh. 1:4, 21); en wanneer iemand ons kwetst, moeten we voor hem bidden als voor onszelf en dat zal op die manier een gewoonte worden. Wij zijn zelf zwak, maar de Heer helpt ons hierbij, want Hij heeft ons zeer lief.

De Heer heeft ons zozeer lief dat wij dit niet kunnen begrijpen. Wij zien het Kruis, wij weten dat Hij voor ons gekruisigd is en dat Hij in lijden gestorven is en toch kan onze ziel deze liefde zelf niet begrijpen; men kan haar slechts leren kennen door de Heilige Geest.

De genade van de Heilige Geest is zo zoet en de barmhartigheid van de Heer zo groot dat het onmogelijk is ze te beschrijven. Maar de ziel strekt zich slechts onverzadigbaar naar Hem uit, want zij is ontstoken in liefde. Zij wordt volledig in beslag genomen door God en zij vindt in Hem grote rust en dan vergeet zij de wereld volkomen. Maar de barmhartige Heer verleent de ziel niet altijd op deze wijze een gave; soms verleent Hij haar heel de wereld lief te hebben en dan weent de ziel voor de gehele wereld en smeekt haar goede en barmhartige Meester om Zijn genade uit te storten over iedere ziel en om Zich volgens Zijn barmhartigheid over elke ziel te ontfermen.

Hoe zal ik het U vergelden, Heer,
dat Gij talloze barmhartigheden
over mijn ziel hebt uitgegoten ?
Ik smeek U: verleen mij om mijn overtredingen te zien
en steeds voor Uw aangezicht te wenen
want Gij bemint de nederige zielen
en geeft hun de genade van de Heilige Geest.

Barmhartige God, vergeef mij.
Gij ziet hoe mijn ziel
tot U, mijn Schepper, aangetrokken wordt.
Gij hebt mijn ziel geraakt door Uw liefde en zij dorst naar U;
Haar verlangen is oneindig
en onverzadigbaar, dag en nacht, strekt zij zich naar U uit
en zij wil deze wereld niet meer zien.
Toch heb ik de wereld lief
maar boven alles heb ik mijn Schepper lief;
naar U verlangt mijn ziel.

Mijn Schepper, waarom heb ik, uw kleine schepsel,
U zo dikwijls bedroefd ?
Maar Gij zijt mijn zonden niet indachtig geweest.

———

Laten we terugkeren en laten we opnieuw over hetzelfde spreken. Zoals we iedere dag brood eten en water drinken en zoals ons lichaam de volgende dag toch weer drinken en eten nodig heeft, op diezelfde wijze vermoeit het indachtig zijn van de weldaden van God de ziel nooit, maar zal haar nog ontvankelijker maken om aan God te denken. Of ook: des te meer hout men op een vuur legt, des te groter de hitte wordt; zo is het ook met God, des te meer je aan Hem denkt, des te groter wordt de vlam van liefde en van ijver voor Hem.

Als de mensen wisten wat de liefde van de Heer is, zouden zij massaal naar Christus stromen en zou Hij hen allen verwarmen met Zijn genade. Zijn barmhartigheid is onuitsprekelijk. De ziel vergeet de aarde door de liefde van God.

Hoofdstuk 9 : Over de liefde

De Heer heeft de berouwvolle zondaar zeer lief en liefhebbend drukt Hij hem tegen Zijn borst: «Waar was je, Mijn kind ? Ik wacht al lang op je.» De Heer roept alle mensen tot Zich door de stem van het Evangelie en Zijn stem weerklinkt over de gehele aarde: «Komt tot Mij, gij allen die belast zijt en Ik zal u rust geven. Komt en drinkt van het levendmakende water (naar Matth. 11:28). Komt en verneemt dat Ik u liefheb. Als Ik u niet liefhad, zou Ik u niet roepen. Ik kan het niet verdragen dat er ook maar één van mijn schapen verloren zou gaan. Zelfs voor één enkel schaap gaat de Herder naar de bergen en zoekt het overal.»

«Komt tot Mij, Mijn schapen. Ik heb u geschapen en Ik heb U lief. Mijn liefde voor u heeft Mij naar de aarde gebracht en Ik heb alles geduld omwille van uw verlossing. Ik wil dat gij Mijn liefde leert kennen en dat gij evenals de apostelen op de Thabor zult zeggen: "Heer, het is goed voor ons om met U te zijn" (naar Matth. 17:4, Mark. 9:5, Luk. 9:33).»

Ere zij onze Heer en God, dat Hij ons Zijn eniggeboren Zoon heeft gegeven omwille van onze verlossing. Ere zij de eniggeboren Zoon, dat Hij Zich verwaardigd heeft om uit de alreine Maagd te worden geboren en dat Hij geleden heeft voor onze verlossing en dat Hij ons Zijn alheilig Lichaam en Bloed heeft gegeven tot eeuwig leven en dat Hij Zijn Heilige Geest voor ons op aarde heeft neergezonden. De Heilige Geest openbaart ons Gods mysteriën.

De Heilige Geest leert de ziel de onuitsprekelijke liefde voor de mensen. De Heilige Geest siert de ziel en het lichaam zodanig dat de mens gaat lijken op de Heer in het vlees en eeuwig met de Heer in de hemelen zal leven en Zijn heerlijkheid zal zien. In het eeuwige leven zullen alle mensen op de Heer lijken. En geen mens zou dit mysterie kunnen kennen, als de Heilige Geest het niet geopenbaard had. De Heer is vreugdevol en stralend en de mensen zullen stralen zoals Hij, zoals de Heer Zelf heeft gezegd dat de rechtvaardigen zullen schitteren als de zon; (naar Matth. 13:43) de apostel Johannes de Theoloog zegt dat wij aan Hem gelijk zullen zijn (naar 1Joh. 3:2).

Gij hebt de zielen van de heiligen tot U aangetrokken, Heer,
en zij stromen naar U als stille rivieren.
De geest van de heiligen heeft zich vastgehecht aan U, Heer,
en hij strekt zich uit naar U, ons Licht en onze vreugde.
De harten van Uw heiligen zijn bevestigd in Uw liefde, Heer,
en zij kunnen U geen ogenblik vergeten, zelfs niet in hun slaap,
want de genade van de Heilige Geest is zoet.

De barmhartige Heer heeft ons, zondaars, de Heilige Geest geschonken en Hij heeft van ons geen enkele voldoening geëist, maar zoals tot de apostel Petrus zegt Hij tot een ieder van ons: «Heb jij Mij lief?» (naar Joh. 21:15-17). Zo verlangt de Heer slechts liefde van ons en verheugt Hij Zich over onze bekering. Dit is Gods barmhartigheid voor de mens: zodra een mens niet meer zondigt en hij zich vernedert voor God, zal de Heer zich over hem ontfermen en hem alles vergeven en zal Hij hem de genade van de Heilige Geest geven en de kracht om de zonde te overwinnen.

Het is een wonderbaarlijke zaak: de mens verafschuwt zijn broeder – een mens net als hij – als hij arm of vuil is, maar de Heer vergeeft ons alles zoals een liefhebbende moeder haar kind vergeeft. Hij verafschuwt geen enkele zondaar, maar verleent hem zelfs de gave van de Heilige Geest.

Als de mensen de liefde van de Heer voor ons zouden kennen, dan zouden zij zich volkomen overgeven aan Zijn heilige wil en dan zouden zij vreedzaam in God leven, als koningskinderen. Een koning draagt voor alles zorg: voor zijn koninkrijk, voor zijn gezin, voor zijn zoon en voor zijn kinderen. Maar de zoon leeft rustig in het paleis; iedereen bedient hem en hij geniet onbezorgd van alle dingen. Zo vergaat het de mens, die zich heeft overgegeven aan de wil van God: hij leeft in vrede en is tevreden met zijn lot, zelfs wanneer hij ziek zou zijn, arm of vervolgd. Hij heeft rust, omdat de genade van de Heilige Geest met hem is; de zoetheid van de Heilige Geest vertroost hem en hij heeft er slechts verdriet over, dat hij zijn geliefde Heer zozeer bedroefd heeft.

Ach, we moeten op aarde zodanig leven dat de ziel steeds merkt dat zij met God verblijft. De Heer heeft gezegd: «Ik laat jullie niet verweesd achter» (naar Joh. 14:18). Hij heeft ons de Heilige Geest gegeven en de ziel behoort te voelen dat de Heilige Geest in haar leeft; zelfs als er maar weinig genade is, dan voelt de ziel toch de liefde van de Heer, zij voelt dat de Heer van ons is en wij van Hem zijn. Maar wie dit in zijn ziel niet zo voelt, die heeft de genade verloren. De ziel voelt dat de Heer haar liefheeft ondanks haar vele zonden, zoals in die dagen toen de Heer tot Zacheus sprak: «Zacheus, het is Mij goed om heden in uw huis te zijn» (naar Luk. 19:5). Dit kwam slechts, omdat Zacheus Christus had willen zien. Nu overkomt de zondaar ditzelfde, als zijn ziel zich bekeert tot God. Tegenwoordig zijn de volkeren van het goede pad afgeweken en de mensen zijn onbarmhartig geworden, allen zijn zij verhard en er is geen liefde meer; daarom voelen zij Gods liefde evenmin. Vanwege de hardheid van hun hart denken de mensen ook van God, dat Hij net zo is als zij en dan verliezen zij hun geloof in God helemaal.

O, als het mogelijk was, zou ik hun de Heer tonen en zeggen: «Kijk en ziet hoe de Heer is. Voor het aanschijn van Zijn liefde smelt de ziel van de mens.» Maar deze liefde kan men niet louter door het verstand waarnemen; men leert haar kennen door de Heilige Geest.

Heer, verleen mij om tranen te vergieten voor mijzelf,
en voor de gehele wereld
opdat de volkeren U mogen leren kennen
en eeuwig met U mogen leven.
Heer, verwaardig ons
met de gave van Uw nederige Heilige Geest
opdat wij Uw heerlijkheid mogen begrijpen.

Mijn ziel stort in haar droefheid een stroom van tranen: ik heb medelijden met de mensen, die de zoetheid van een heilig en vertederd hart niet kennen. Mijn ziel heeft een groot verlangen: dat de barmhartigheid van de Heer met alle mensen moge zijn, opdat de gehele wereld en alle mensen mogen weten hoe innig de Heer ons liefheeft als Zijn dierbare kinderen.

X

WIJ ZIJN KINDEREN VAN GOD EN LIJKEN OP DE HEER

Uit het stof heeft de Heer de mens geschapen en toch heeft Hij ons lief als Zijn eigen kinderen en vol verlangen wacht Hij op ons. De Heer heeft ons zo liefgekregen dat Hij voor ons vlees geworden is en dat Hij Zijn Bloed voor ons vergoten heeft en Het ons te drinken heeft gegeven. Hij heeft ons ook Zijn allerzuiverst Lichaam geschonken en op die manier zijn wij Zijn kinderen geworden, vlees van Zijn Vlees en bloed van Zijn Bloed. Zoals kinderen op hun vader lijken, onafhankelijk van hun leeftijd, zo lijken wij op de Heer in Zijn menselijke natuur; en Gods Geest getuigt aan onze geest dat wij eeuwig met Hem zullen zijn.

De Heer roept ons onophoudelijk tot Zich: «Komt tot Mij en Ik zal u rust geven» (naar Matth. 11:28). Hij voedt ons met Zijn allerzuiverst Lichaam en Bloed. In Zijn barmhartigheid onderricht Hij ons door Zijn woord en door Zijn Heilige Geest. Hij heeft ons Zijn mysteriën geopenbaard. Hij woont in ons en in de Mysteriën van de Kerk. Hij leidt ons naar de plaats waar wij Zijn heerlijkheid zullen zien. Maar elke mens zal die heerlijkheid zien in de mate waarin hij liefheeft. Wie meer liefheeft, die zal er sterker naar streven om met Zijn geliefde Heer te zijn en daarom zal hij meer tot Hem naderen; wie weinig liefheeft, die verlangt ook weinig en wie niet liefheeft, die verlangt niet en die streeft er niet naar om de Heer te zien en hij zal eeuwig in de duisternis verkeren.

Tot tranen toe beklaag ik de mensen die God noch Zijn barmhartigheden kennen. Maar aan ons heeft de Heer Zich getoond door de Heilige Geest en wij leven in het licht van Zijn heilige geboden. Een wonderbare zaak ! De genade heeft mij doen begrijpen dat alle mensen die God liefhebben en die Zijn geboden bewaren, vervuld zijn van licht en op de Heer lijken. Maar wie tegen God ingaat, is vervuld van duisternis en lijkt op de vijand.

En dit is natuurlijk. De Heer is Licht en Hij verlicht Zijn dienaren, maar degenen die de vijand dienen, hebben van hem de duisternis aangenomen.

Ik kende een jongetje. Hij zag eruit als een engel; hij was nederig, gewetensvol en zachtmoedig; zijn gezichtje was wit met een rode blos; zijn ogen waren helderblauw, vriendelijk en rustig. Maar toen hij was opgegroeid, ging hij op een onreine manier leven en verloor de goddelijke genade; en toen hij een jaar of dertig was, leek hij zowel op een mens als op een duivel, op een wild dier en op een moordenaar en heel zijn voorkomen was angstaanjagend en verschrikkelijk.

Ook kende ik een meisje dat heel mooi was, met een innemend en stralend gezicht, zodat vele mensen jaloers waren op haar schoonheid. Maar door de zonden verloor zij de genade en het was pijnlijk om haar aan te zien.

Maar ik heb ook het omgekeerde gezien. Ik heb mensen gezien die naar het klooster kwamen met gezichten die door de zonden en de hartstochten verwrongen waren, maar die door rouwmoedigheid en een vroom leven veranderden en het werd aangenaam om hen te zien.

Ook heeft de Heer mij verleend om in het oude Rossikon tijdens de Biecht een priestermonnik en biechtvader te zien die veranderd was naar het beeld van Christus. Hij stond op de plaats waar de Biecht werd gehoord terwijl hij op een onuitsprekelijke wijze straalde en ofschoon zijn haar wit was van ouderdom, was zijn gelaat mooi en jeugdig als dat van een jongen. Hetzelfde heb ik zien gebeuren met een bisschop tijdens de Liturgie. Ook heb ik vader Johannes van Kronstadt gezien: hij had het voorkomen van een gewone mens, maar de goddelijke genade gaf aan zijn gezicht een schoonheid als van een engel en men verlangde ernaar om naar hem te kijken.

Op deze wijze misvormt de zonde de mens, maar siert hem de genade.

Hoofdstuk 10 : Wij zijn kinderen van God

De mens is genomen uit de aarde, maar God kreeg hem zozeer lief dat Hij hem door Zijn genade opnieuw bekleed heeft met schoonheid; en de mens is geworden naar het beeld en de gelijkenis van de Heer.

Het is jammer dat maar weinig mensen hiervan weten; en dat komt omdat wij trots zijn. Maar als wij nederig zouden worden, zou de Heer ons dit mysterie openbaren, want Hij heeft ons zeer lief.

De Heer heeft tot Zijn apostelen gezegd: «Kinderen, hebt gij iets te eten ?» (naar Joh. 21:5). Welk een liefde voelt men in deze woorden ! Maar de Heer bemint niet slechts de apostelen, Hij bemint een ieder van ons op diezelfde wijze.

Toen men tegen de Heer zei: «Zie, Uw moeder en Uw broeders zijn gekomen om U te zien» heeft Hij geantwoord: «Wie de wil van Mijn Vader doet, is Mijn broeder en Mijn zuster en Mijn moeder» (naar Matth. 12:47-50).

Er zijn mensen die zeggen dat God niet bestaat. Zij praten zo omdat er in hun hart een trotse geest woont, die hun leugens influistert tegen de waarheid en tegen Gods Kerk. Zij denken dat zij intelligent zijn, maar in werkelijkheid begrijpen zij zelfs niet eens dat deze gedachten niet van hen zijn, maar afkomstig zijn van de vijand. Als iemand zulke gedachten aanneemt en koestert in zijn hart, zal hij op die wijze verbonden worden met de boze geest. En moge God verhoeden dat iemand in deze staat zou sterven.

Maar in de harten van de heiligen woont de genade van de Heilige Geest, die hen verenigt met God. Zij voelen duidelijk dat zij de geestelijke kinderen zijn van de hemelse Vader en daarom zeggen zij: «Onze Vader» (naar Rom. 8:15-16; Gal. 4:6-7).

De ziel verheugt en verblijdt zich over deze woorden. Door de Heilige Geest weet zij dat de Heer onze Vader is. Al zijn wij ook geschapen uit aarde, toch woont de Heilige Geest in ons; en Hij maakt ons naar de gelijkenis van de Heer Jezus Christus, zoals kinderen op hun vader lijken.

De mens is geschapen uit het stof der aarde; wat kan er voor goeds in hem zijn ?

Maar zie, in Zijn goedheid heeft God de mens gesierd met de genade van de Heilige Geest en hij is naar het beeld en de gelijkenis van Jezus Christus, de Zoon van God geworden.

Groot is dit mysterie, groot is ook Gods barmhartigheid voor de mens!

Als alle volkeren op aarde zouden weten, hoezeer de Heer de mens liefheeft, dan zou iedereen Christus en Zijn nederigheid liefkrijgen en men zou wensen om in alles op Hem te lijken. Maar zelf kan de mens dit onmogelijk bereiken, want slechts in de Heilige Geest wordt hij naar het beeld en de gelijkenis van Christus. De gevallen mens wordt gereinigd door het berouw, hij wordt vernieuwd door de genade van de Heilige Geest en in alles wordt hij naar het beeld en de gelijkenis van de Heer.

Zo geweldig groot is de goedheid van God jegens ons!

Wij danken U, o Heer,
dat Gij ons op aarde de Heilige Geest hebt geschonken;
Hij leert aan de ziel de kennis
waarvan zij zelf nooit vermoed had die te zullen kennen.

De Heilige Geest leert ons de nederigheid van Christus, opdat de ziel steeds de goddelijke genade die haar vreugde schenkt in zich moge dragen; maar tegelijkertijd verleent de Heer aan de ziel droefheid voor de mensen en Hij geeft haar een gebed met tranen, opdat alle volkeren de Heer mogen leren kennen en zich aan Zijn liefde verzadigen.

Wie de liefde van God door de Heilige Geest heeft leren kennen, kent geen rust, dag noch nacht; zelfs als zijn lichaam uitgeput raakt en als hij wil gaan liggen op zijn rustplaats, dan richt zijn onvermoeibare ziel zich met al haar kracht op God, haar Vader. De Heer heeft ons met Hem verenigd. «Gij, o Vader, zijt in Mij en Ik in U, mogen ook zij allen één zijn in Ons» (naar Joh. 17:21). Op die manier, door de Heilige Geest, maakt de Heer van ons één familie met God de Vader.

XI

OVER DE MOEDER GODS

Als de ziel in de liefde van God verblijft, hoe goed is alles dan, hoezeer is alles vervuld van lieflijkheid en blijdschap! Maar zelfs dan ontkomt men niet aan droefheid en: des te groter de liefde, des te groter de smart. De Moeder Gods heeft nooit, zelfs door geen enkele gedachte gezondigd en zij heeft de genade nooit verloren, maar ook zij heeft groot leed moeten verduren. Toen zij aan de voet van het Kruis stond, was haar verdriet zo onmetelijk als de oceaan. De kwellingen van haar ziel waren onvergelijkbaar veel groter dan die van Adam na zijn verjaging uit het paradijs, omdat ook haar liefde onvergelijkbaar veel groter was dan die van Adam in het paradijs. En dat zij is blijven leven, komt slechts omdat de kracht van de Heer haar gesterkt heeft, want de Heer wilde dat zij Zijn Opstanding zou zien en dat zij na Zijn Hemelvaart op aarde verder zou leven om de apostelen en het nieuwe volk der christenen te troosten en vreugde te schenken.

Wij bereiken de volheid van de liefde van de Moeder Gods niet en daarom kunnen wij ook haar leed niet ten volle begrijpen. Haar liefde was volmaakt. Zij had God en Zijn Zoon grenzeloos lief, maar zij beminde ook de mensen met een grote liefde. En wat moet zij wel niet hebben doorgemaakt, toen die mensen – die zij zozeer liefhad en voor wie zij tot aan het einde de verlossing wilde – haar geliefde Zoon kruisigden? Wij kunnen dit niet begrijpen, omdat wij maar weinig liefde voor God en voor de mensen hebben. Zo onmetelijk en zo ondoorgrondelijk als de liefde van de Moeder Gods voor ons is, zo onmetelijk en onbegrijpelijk is ook haar leed voor ons.

Alreine Maagd en Moeder Gods,
zeg ons, uw kinderen, hoe gij, toen gij op aarde leefde,
uw Zoon en God hebt liefgehad.
Hoe verheugde uw geest zich in God, uw verlosser ?
Hoe keekt gij naar Zijn schone Gelaat,
en overdacht gij dat Hij Degene is
Die alle hemelse krachten met vreze en liefde dienen ?
Zeg ons wat uw ziel gevoeld heeft
toen gij dit goddelijke Kind in uw armen droegt ?
Hoe hebt gij Hem opgevoed ?
Welke pijnen heeft uw ziel geleden,
toen gij samen met Jozef gedurende drie dagen
naar Hem gezocht hebt in Jeruzalem ?
Welke kwellingen hebt gij verduurd
toen de Heer werd overgegeven ter kruisiging,
en stierf op het Kruis ?
Zeg ons hoe uw vreugde was bij de Opstanding
of hoe uw ziel gesmacht heeft
na de Hemelvaart des Heren.

Onze zielen verlangen ernaar om uw leven met de Heer op aarde te leren kennen, maar gij hebt dat alles niet op schrift willen stellen, maar hebt uw geheim met zwijgen bedekt.

———

Ik heb talrijke wonderen en barmhartigheden van de Heer en van de Moeder Gods gezien, maar ik kan voor hun liefde niets teruggeven.

  Wat zal ik aan de alheilige Meesteres teruggeven, om haar te danken dat zij mij in mijn zondigheid niet verafschuwd heeft, maar dat zij mij met erbarming bezocht heeft en inzicht heeft geschonken ? Ik heb haar niet gezien, maar de Heilige Geest heeft mij verleend haar te leren kennen uit haar woorden, die vervuld waren van genade; en mijn geest verheugt zich en mijn ziel strekt zich naar haar uit met zoveel liefde dat slechts de aanroeping van haar naam al zoet is voor mijn hart.

HOOFDSTUK 11 : OVER DE MOEDER GODS 413

Toen ik nog een jonge novice was, bad ik eens voor de icoon van de Moeder Gods en het «Jezusgebed» kwam in mijn hart, waar het zich vanzelf begon uit te spreken. En op een keer in de kerk, toen ik luisterde naar de profetieën van Jesaja, moest ik bij de woorden «Wast u en gij zult schoon worden» (Jes. 1:16) denken: «Misschien heeft de Moeder Gods ooit één keer, al was het maar in gedachte, gezondigd.» En o wonder, tegelijkertijd met het gebed zei een stem duidelijk in mijn hart : «De Moeder Gods heeft nooit, zelfs niet in gedachte gezondigd.» Zo getuigde de Heilige Geest in mijn hart van haar zuiverheid. Maar tijdens haar aardse leven had zelfs zij een zekere onvolmaaktheid en was zij onderworpen aan fouten, maar niet aan zonde. Dit kan men zien in het Evangelie, toen zij op de terugweg uit Jeruzalem niet wist, waar haar Zoon was en zij Hem samen met Jozef drie dagen heeft gezocht (naar Luk. 2:44-46).

Mijn ziel is in vreze en beving, wanneer ik nadenk over de roem van de Moeder Gods.

Mijn verstand is te klein en mijn hart is arm en zwak, maar mijn ziel verheugt zich en verlangt ernaar om tenminste enkele woorden over haar te schrijven.

Mijn ziel is bevreesd om iets aan te roeren, maar de liefde dwingt mij om mijn dankbaarheid voor haar barmhartigheid niet te verbergen.

De Moeder Gods heeft noch haar gedachten noch haar liefde voor God en Haar Zoon noch het lijden van haar ziel tijdens de Kruisiging aan het schrift toevertrouwd, omdat wij daar toch niets van zouden kunnen begrijpen want haar liefde voor God is sterker en vuriger dan de liefde van de serafijnen en de cherubijnen; en alle hemelse machten van engelen en van aartsengelen staan versteld over haar.

En ofschoon het leven van de Moeder Gods als het ware toegedekt is door een heilig zwijgen, heeft de Heer van onze Orthodoxe Kerk ons verleend te kennen dat zij in haar liefde de gehele wereld omvat en dat zij in de Heilige Geest alle volkeren op aarde ziet; evenals haar Zoon heeft zij met alle mensen medelijden en ontfermt zij zich over hen.

Konden wij maar weten hoezeer de Alheilige alle mensen liefheeft die Christus' geboden bewaren en hoe zij treurt en medelijden heeft met degenen die zich niet beteren ! Dit heb ik zelf ondervonden. Ik lieg niet, ik spreek voor Gods Aangezicht, Die door mijn ziel wordt gekend: in de geest ken ik de alheilige Maagd. Ik heb haar niet gezien, maar de Heilige Geest heeft mij verleend om haar, evenals haar liefde voor ons, te leren kennen. Zonder haar barmhartigheid was ik al lang omgekomen; maar zij heeft mij willen bezoeken en willen vermanen om niet meer te zondigen. Ze heeft tegen mij gezegd:

«Ik vind het onaangenaam om te zien wat je doet.» En haar woorden waren vriendelijk, rustig en zachtmoedig, maar zij hebben op mijn ziel ingewerkt. Er is meer dan veertig jaar voorbijgegaan en toch kan mijn ziel deze zoete woorden niet vergeten. Ik weet niet wat ik zal teruggeven voor haar liefde voor mij, onreine zondaar, en hoe ik de goede, duldzame Moeder Gods zal danken.

Zij is waarlijk onze voorspreekster bij God en haar naam alleen al schenkt vreugde aan de ziel. En de ganse hemel en de gehele aarde verheugen zich over haar liefde.

Het is een ondoorgrondelijke, wonderbare zaak ! Zij woont in de hemelen en schouwt onafgebroken Gods heerlijkheid en toch vergeet zij ons, armzalige zondaars niet en met haar barmhartigheid bedekt zij de gehele aarde en alle volkeren.

En de Heer heeft ons Zijn alreine Moeder geschonken ! Zij is onze vreugde en onze hoop. Zij is onze Moeder naar de geest en naar haar natuur is zij als mens dichtbij ons en de ziel van iedere christen strekt zich in liefde naar haar uit.

XII

OVER DE HEILIGEN

Ik heb lief die Mij liefhebben en zij die Mij eren, zal Ik eren, zegt de Heer (naar Spr. 8:17 en 1Sam. 2:30). God wordt verheerlijkt in Zijn heiligen en de heiligen worden verheerlijkt in God.

De heerlijkheid die de Heer aan Zijn heiligen geeft, is zo groot dat als de mensen een heilige zouden zien zoals hij werkelijk is, zij dan uit eerbied en vreze op de grond zouden vallen, want de vleselijke mens kan de openbaring van de hemelse heerlijkheid niet verdragen.

Verbaast u hierover niet. De Heer heeft Zijn schepping zozeer lief dat Hij de mens de Heilige Geest heeft gegeven in overvloed en in de Heilige Geest is de mens naar het beeld en de gelijkenis van God geworden.

Maar waarom heeft de Heer de mens zozeer lief ? Omdat Hij de liefde zelf is; en deze liefde leert men kennen door de Heilige Geest.

De mens leert de Heer, Zijn Schepper, kennen door de Heilige Geest, Die de gehele mens met Zijn genade vervult: de ziel, de geest en het lichaam.

De Heer heeft de heiligen Zijn genade gegeven en zij beminnen Hem en hechtten zich tot het einde aan Hem vast, want de zoetheid van de liefde van God staat niet toe om de wereld en haar schoonheid lief te hebben.

En als het hier op aarde al zo is, hoeveel te meer nog zullen dan de heiligen met Hem in liefde verenigd zijn in de hemelen ! En deze liefde is onuitsprekelijk zoet en zij gaat uit van de Heilige Geest en alle hemelse machten voeden zich hiermee.

God is liefde; en in de heiligen is de Heilige Geest liefde.

Door de Heilige Geest leert men de Heer kennen. Door de Heilige Geest wordt de Heer in de hemelen verheven. Door de Heilige Geest loven de heiligen God en met de gaven van de Heilige Geest verheerlijkt de Heer Zijn heiligen en aan deze glorie zal geen einde zijn.

―――

Vele mensen hebben de indruk dat de heiligen ver van ons afstaan. De heiligen staan ver af van diegenen die zelf afstand hebben genomen, maar zij staan heel dichtbij degenen die Christus geboden bewaren en die de genade van de Heilige Geest bezitten.

In de hemelen leeft en beweegt alles in de Heilige Geest. Maar diezelfde Heilige Geest is ook op aarde: Hij leeft in onze Kerk, Hij leeft in onze Mysteriën, Hij is in de Heilige Schrift en Hij is in de zielen van de gelovigen. De Heilige Geest verenigt alle mensen en daarom zijn de heiligen dichtbij ons; en als wij tot hen bidden, dan horen zij onze gebeden in de Heilige Geest en onze ziel voelt dat zij voor ons bidden.

Wat zijn wij, orthodoxe christenen, gelukkig en gezegend dat de Heer ons het leven heeft gegeven in de Heilige Geest; Hij verblijdt onze zielen. Maar men moet Hem verstandig bewaken, want zelfs om één slechte gedachte verlaat Hij de ziel en dan is Gods liefde niet meer met ons; dan hebben wij geen vrijmoedigheid meer in het gebed en ook geen vaste hoop meer dat wij zullen ontvangen wat wij vragen.

―――

De heiligen wonen in een andere wereld en daar, door de Heilige Geest, zien zij de glorie van God en de schoonheid van het Gelaat des Heren. Maar in diezelfde Heilige Geest zien zij ook ons leven en onze daden. Zij kennen ons leed en zij horen onze vurige gebeden. Toen zij nog op aarde leefden, leerden zij de goddelijke liefde van de Heilige Geest; en wie de liefde bewaart op aarde, die gaat met haar over naar het eeuwige leven, naar het hemelse Koninkrijk, waar de liefde groeit en volmaakt wordt. En als reeds hier de liefde haar broeder niet kan vergeten, hoeveel te meer zijn de heiligen ons indachtig en bidden zij voor ons !

―――

HOOFDSTUK 12 : OVER DE HEILIGEN

De Heer heeft aan de heiligen de Heilige Geest geschonken en in de Heilige Geest beminnen zij ons. De zielen der heiligen kennen de Heer en Zijn goedheid voor de mens en daarom brandt hun geest van liefde voor het volk. Toen zij nog op aarde leefden, konden zij niet zonder smart horen praten over een zondaar en in hun gebeden vergoten zij tranen voor hen.

De Heilige Geest heeft hen uitgekozen om voor de gehele wereld te bidden en Hij verleende hun bronnen van tranen. De Heilige Geest schenkt aan Zijn uitverkorenen zoveel liefde dat hun zielen als door een vlam gehuld zijn in het verlangen dat alle mensen mogen worden gered en de heerlijkheid des Heren zien.

De heilige dienaren hebben het hemels Koninkrijk verworven en zij zien daar de heerlijkheid van onze Heer Jezus Christus; maar door de Heilige Geest zien zij ook het lijden van de mensen op aarde. De Heer heeft hun zulk een grote genade verleend dat zij de gehele wereld met hun liefde omhelzen. Zij zien en weten dat wij verzwakt zijn door leed en dat ons binnenste is opgedroogd en dat moedeloosheid onze zielen heeft geboeid; en onophoudelijk zijn zij onze voorspraak bij God.

De heiligen verheugen zich over ons berouw en zij treuren wanneer mensen God verlaten en gelijk worden aan redeloos vee. Het stemt hen droevig dat er mensen op aarde leven die niet weten dat, als zij elkaar liefhadden, er op aarde bevrijding van zonde zou zijn; en waar geen zonde is, daar is de vreugde en de blijdschap van de Heilige Geest, zodat alles goed is, waarheen je ook kijkt; en de ziel verwondert zich, waarom zij zich zo goed voelt en zij prijst God.

Roept met geloof de Moeder Gods en de heiligen aan en bidt tot hen. Zij horen onze gebeden en zij kennen zelfs onze gedachten.

En verbaast u niet hierover. De ganse hemel van heiligen leeft door de Heilige Geest en voor de Heilige Geest is niets op de gehele wereld verborgen. Ook ik kon vroeger niet begrijpen hoe de heilige hemelbewoners ons leven konden zien, maar toen de Moeder Gods mij streng berispte vanwege mijn zonden, heb ik begrepen dat zij ons zien in de Heilige Geest en ons hele leven kennen.

De heiligen horen onze gebeden en zij krijgen van God de kracht om ons te helpen. Dit weet het hele geslacht der christenen.

Vader Roman, de geestelijke zoon van vader Dositheus, vertelde mij dat toen hij nog een jongen in de wereld was, hij 's winters eens de Don moest oversteken en dat zijn paard toen in een wak viel en alles met de slee onder het ijs kwam. De kleine jongen gaf een schreeuw: «Heilige Vader Nikolaas, help mij om het paard hieruit te trekken.» En hij gaf een ruk aan de teugels en trok toen zo het paard met slee en al onder het ijs uit.

En vader Mattheus, die uit hetzelfde dorp kwam als ik, hoedde de schapen van zijn vader toen hij nog een kind was, net zoals de profeet David. Hij was zelf amper zo groot als een schaap. Zijn oudste broer was aan de andere kant van een groot veld aan het werk, toen hij plotseling zag dat er een troep wolven op Misja afstormde – dat was vader Mattheus' naam in de wereld – en de kleine Misja schreeuwde: «Heilige Nikolaas, help mij!» En zodra hij dit geschreeuwd had, draaiden de wolven zich om en ze deden noch hem noch de kudde enig kwaad. Nog lange tijd daarna moest men in ons dorp hierom lachen en men zei: «Onze Misja is heel erg geschrokken van de wolven, maar de heilige Nikolaas heeft hem gered!»

Wij kennen talrijke gevallen, waarbij de heiligen ons direct te hulp kwamen, zodra als wij hen hadden aangeroepen. Daaruit ziet men dat alle hemelen onze gebeden horen.

―――

De heiligen lijken op onze Heer en ook alle mensen die de geboden van Christus bewaren, lijken op Hem, maar diegenen die volgens hun harstochten leven en die geen berouw tonen, lijken op de vijand. Ik denk dat als dit mysterie aan de mensen zou worden geopenbaard, zij de vijand niet langer zouden dienen, maar dat elke mens er met al zijn kracht naar zou streven de Heer te leren kennen en op Hem te gaan lijken.

―――

De heiligen waren net zulke mensen als wij. Velen van hen zijn grote zondaars geweest, maar door rouwmoedigheid hebben zij het hemels Koninkrijk bereikt. En allen die daar binnengaan, komen er door het berouw dat de barmhartige Heer ons door Zijn Lijden heeft gegeven.

―――

HOOFDSTUK 12 : OVER DE HEILIGEN

In het hemelse Koninkrijk, waar de Heer en Zijn alreine Moeder zich bevinden, leven alle heiligen. Daar zijn onze heilige voorvaders en patriarchen, die hun geloof moedig met zich hebben meegedragen. Daar zijn de profeten die de Heilige Geest hebben ontvangen en die door hun woord het volk oproepen tot God. Daar zijn de apostelen, die voor de verkondiging van het Evangelie zijn gestorven. Daar zijn de martelaren, die hun leven uit liefde voor Christus vreugdevol hebben gegeven. Daar zijn de heilige bisschoppen, die de Heer hebben nagevolgd en die de last van hun geestelijke schapen hebben gedragen. Daar zijn de heilige asceten, die een leven van gebed en vasten hebben geleid en de dwazen om Christus' wil, die door hun inspanning de wereld hebben overwonnen. Daar zijn de gerechten, die Gods geboden bewaard hebben en die hun hartstochten hebben overwonnen.

Daarheen, naar deze wonderbare en heilige vergadering, die door de Heilige Geest is bijeengebracht, wordt mijn ziel getrokken. Maar wee mij ! Omdat ik geen nederigheid bezit, geeft de Heer mij geen kracht voor de geestelijke strijd en dooft mijn zwakke geest als een kaarsje, terwijl de geest van de heiligen brandde met een gloeiende vlam die niet alleen niet gedoofd werd door de wind der verzoekingen, maar die nog sterker ontbrandde. Zij wandelden met hun voeten over de aarde en zij werkten met hun handen, terwijl hun geest voortdurend in God verbleef en hun verstand zich niet wilde losmaken van de gedachte aan God. Omwille van hun liefde voor Christus verdroegen zij alle smarten op aarde en vreesden geen enkel lijden en daardoor verheerlijkten zij de Heer. Hierom beminde en verheerlijkte de Heer hen en schonk hun het eeuwige Koninkrijk.

XIII

OVER DE HERDERS

De apostelen keerden na de Hemelvaart des Heren, zoals in het Evangelie gezegd wordt, met grote vreugde terug (naar Luk. 24:52).
De Heer weet welke vreugde Hij hun heeft geschonken; hun zielen mochten deze vreugde ervaren.

Hun eerste vreugde was het leren kennen van de ware Heer, Jezus Christus. De tweede vreugde was dat zij Hem liefhadden.

De derde vreugde was dat zij het eeuwige hemelse leven hadden leren kennen.

En de vierde vreugde was dat zij naar de verlossing verlangden voor de wereld als voor zichzelf.

En verder waren zij verheugd omdat zij de Heilige Geest hadden leren kennen en zagen hoe Hij in henzelf werkzaam was.

De apostelen liepen over de aarde en zij vertelden de volkeren over de Heer en over het hemelse Koninkrijk, maar hun zielen smachtten en dorstten ernaar, hun geliefde Heer te zien en daarom vreesden zij de dood niet maar traden deze met vreugde tegemoet; en als zij op aarde wilden leven, dan was dit alleen omwille van het volk dat zij liefhadden.

De apostelen hadden de Heer lief en daarom vreesden zij geen enkel lijden. Zij hadden de Heer lief, maar zij hielden ook van de mensen en deze liefde nam elke angst van hen weg. Zij vreesden lijden noch dood en daarom zond de Heer hen uit in de wereld om de mensen te verlichten.

Tot op heden zijn er monniken die de goddelijke liefde ondervinden en die haar dag en nacht nastreven. Zij helpen de wereld door hun gebeden en door hun geschriften. Maar deze zorg rust vooral op de herders van de Kerk, die zulk een grote genade in zich dragen dat, als de mensen de heerlijkheid van deze genade konden zien, de hele wereld versteld zou staan; maar de Heer heeft haar verborgen, opdat Zijn dienaren niet trots zouden worden, maar in de nederigheid zouden worden gered.

———

De Heer roept de bisschoppen op Zijn kudde te hoeden en Hij geeft hun de genade van de Heilige Geest om niet. De Heilige Geest heeft, zoals gezegd, de bisschoppen in de Kerk aangesteld: in de Heilige Geest hebben zij de macht zonden te binden en te ontbinden. Maar wij zijn de schapen des Heren, die Hij liefkreeg tot aan het einde; en Hij heeft ons de heilige herders gegeven. Zij zijn de erfgenamen der apostelen en door de aan hen verleende genade leiden zij ons naar Christus. Zij leren ons het berouw, zij leren ons de geboden van de Heer te bewaren. Zij spreken Gods woord tot ons, opdat wij de Heer mogen leren kennen. Zij wijzen ons de weg der verlossing en zij helpen ons op te gaan naar de hoogte van Christus' nederige geest. Zij brengen de treurende en verdwaalde schapen bijeen binnen de omheining van de Kerk, opdat hun zielen de rust in God mogen vinden.

Zij bidden voor ons tot God, opdat wij allen mogen worden gered. Als vrienden van Christus kunnen zij de Heer smeken: voor de levenden vragen zij de nederigheid en de genade van de Heilige Geest, voor de overledenen de vergeving van hun zonden, voor de Kerk tenslotte vrede en vrijheid.

Zij dragen zelf de Heilige Geest in zich en door de Heilige Geest vergeven zij ons onze zonden. Zij hebben de Heer door de Heilige Geest leren kennen en zoals de engelen schouwen zij God in de geest. Zij zijn sterk genoeg om ook onze geest los te maken van de aarde en hem vast te hechten aan de Heer. Zij zijn bedroefd wanneer zij zien dat wij God kwetsen en de Heilige Geest beletten in onszelf te leven. Al het leed van de gehele wereld drukt op hun schouders. Hun zielen worden meegesleept door de goddelijke liefde en zij bidden onophoudelijk om voor ons vertroosting af te smeken in ons leed en om vrede voor de gehele wereld.

Door hun vurige gebeden slepen zij ons ook mee om God te dienen in nederigheid van geest en in liefde. Omwille van hun nederigheid en omwille van hun liefde voor de mensen heeft de Heer hen lief. Zij

Hoofdstuk 13 : Over de herders

zijn verwikkeld in grote strijd en in ascese en daarom worden ze verrijkt met de wijsheid van de heiligen, wier voorbeeld zij in hun leven proberen na te volgen.

De Heer heeft ons zozeer liefgehad dat Hij voor ons op het Kruis heeft geleden. En Zijn Lijden was zo groot dat wij het niet kunnen begrijpen, omdat wij de Heer maar weinig liefhebben. Op deze wijze lijden ook onze geestelijke herders voor ons, ofschoon wij hun lijden vaak niet zien. En des te groter de liefde van een herder is, des te groter is ook zijn lijden; en wij, de schapen, moeten dat begrijpen en onze herders liefhebben en eren.

Broeders, laten wij gehoorzaam blijven aan onze herders, dan zal er algehele vrede zijn en de Heer zal door de Heilige Geest in ieder van ons blijven.

De priester is een groot persoon, de dienaar aan Gods altaar. Wie hem kwetst, die kwetst de Heilige Geest, Die in hem leeft.

Wat zullen we dan zeggen van de bisschop ? Aan bisschoppen is een grote genade van de Heilige Geest verleend; zij zijn het hoogst geplaatst van allen; zij stijgen als adelaars op naar de hoogte en vandaar zien zij de eindeloze ruimte. Dankzij hun kennis van de theologie weiden zij Christus' kudde.

De Heilige Geest, zo wordt gezegd, heeft bisschoppen in de Kerk aangesteld om de kudde des Heren te weiden (naar Hand. 20:28); als de mensen dit zouden bedenken, dan zouden zij hun herders met een nog grotere liefde liefhebben en zouden zij zich van ganser harte verheugen bij het ontwaren van een herder. Wie de genade van de Heilige Geest in zich draagt, weet waarover ik spreek.

Een nederig en zachtmoedig man liep met zijn vrouw en zijn drie kinderen over straat. Zij kwamen een aartsbisschop tegen die in zijn rijtuig reisde. Toen de boer eerbiedig voor hem boog, zag hij hoe de bisschop die hen zegende, omgeven was door een vuur van genade.

Maar iemand zal misschien vragen: «Als de Heilige Geest bisschoppen heeft aangesteld en hen leidt, waarom hebben wij dan geen vrede en maken we geen geestelijke vooruitgang ?»

Dat komt omdat wij geen juist begrip over de macht hebben, zoals die door God is ingesteld en daarom worden wij zelf ongehoorzaam. Maar als wij ons aan Gods wil zouden overgeven, dan zouden wij snelle vorderingen maken, omdat de Heer een nederige en gehoorzame ziel bemint en haar Zelf leidt; maar op een ongehoorzame ziel wacht Hij geduldig en barmhartig, totdat zij zich betert. Door Zijn genade onderricht de Heer de ziel met wijsheid, als een goede leraar en vader. Maar zelfs een vader vergist zich, terwijl de Heer Zich nooit vergist; en een leraar weet niet alles, maar de Heer is alwetend.

Al ons ongeluk komt hieruit voort dat wij geen raad vragen aan de ouderen, die aangesteld zijn om ons te leiden. En van hun kant vragen de herders de Heer niet, hoe zij moeten handelen. Als Adam de Heer zou hebben geraadpleegd, toen Eva hem de vrucht gaf om te proeven, dan zou de Heer hem verlicht hebben en had Adam niet gezondigd. En over mijzelf kan ik zeggen: al mijn zonden en fouten zijn gebeurd, omdat ik in het uur der beproeving de Heer niet heb aangeroepen; maar nu heb ik geleerd te smeken om de goddelijke genade en de Heer behoudt mij omwille van de gebeden van mijn geestelijke vader.

Zo is het ook met de bisschoppen: ook al hebben zij de gave van de Heilige Geest ontvangen, toch begrijpen zij niet alles juist en daarom moeten zij in geval van nood bij de Heer verlichting zoeken. Maar zij handelen volgens hun eigen inzicht, waardoor zij de goddelijke barmhartigheid kwetsen en verwarring zaaien. De heilige Serafim heeft gezegd dat wanneer hij raad gaf vanuit zijn eigen inzicht, er fouten gebeurden; en fouten kunnen klein zijn maar ook groot. Daarom moeten wij allen de wil van God leren kennen; maar als wij niet willen leren, zullen wij deze weg nooit leren kennen.

De Heer heeft gezegd: «Roep Mij aan op de dag uwer beproeving en Ik zal u eruit bevrijden, en gij zult Mij verheerlijken» (naar Ps. 49:15). De Heer verlicht de mens door de Heilige Geest; maar zonder de Heilige Geest kan geen enkel mens juist onderscheiden. Tot aan de komst van de Heilige Geest waren zelfs de apostelen niet sterk en niet wijs, zodat de Heer tegen hen zei: «Hoelang zal ik u nog verdragen ?» (naar Matth. 17:17).

HOOFDSTUK 13 : OVER DE HERDERS

De Heer heeft herders in de heilige Kerk gegeven en zij vieren de Diensten naar het beeld van Christus en aan hen is de macht verleend zonden te vergeven door de Heilige Geest.

Jij zult misschien denken: hoe kan die bisschop, die geestelijke vader of die priester nu de Heilige Geest bezitten, als hij zoveel van eten houdt en andere zwakheden heeft ? Maar ik ga jou zeggen: «Dit is mogelijk als hij geen slechte gedachten aanneemt; en ofschoon hij bepaalde ondeugden bezit, hoeft dat voor de genade geen beletsel te zijn om in zijn ziel te wonen, zoals ook een groene boom een paar verdorde takken kan hebben zonder dat dit hem schaadt: toch brengt hij vruchten voort; of zoals een akker waar veel tarwe groeit waartussen onkruid staat: dit belet haar toch niet om te groeien.

Over de geestelijke vaders

Tijdens de Grote Vasten gedurende de Vespers in het oude Rossikon verleende de Heer aan een monnik om de hiëromonnik Abraham te zien naar het beeld van Christus. De eerbiedwaardige biechtvader was bekleed met zijn epitrachiel en hoorde de Biecht. Toen deze monnik was genaderd tot de plaats waar de Biecht wordt gehoord, zag hij de biechtvader, een oude man met grijze haren, en merkte op dat diens gezicht jong was als van een kleine jongen en dat hij helemaal stralend was en op Christus leek. Toen begreep deze monnik dat de geestelijke vader – die zijn dienst verricht – in de Heilige Geest staat en dat door de Heilige Geest de zonden worden vergeven aan degene die berouw heeft.

Als de mensen toch eens konden zien in welke heerlijkheid een priester de heilige Liturgie viert, dan zouden ze bij dit schouwspel op de grond vallen; en als de priester zichzelf zou zien, in welke hemelse heerlijkheid hij staat terwijl hij zijn dienst verricht, dan zou hij een groot asceet worden om op geen enkele wijze de genade van de Heilige Geest, die in hem leeft, te kwetsen.

Ik schrijf deze regels en mijn ziel verheugt zich dat onze herders op Christus lijken. Maar ook wij, de schapen, ofschoon wij maar weinig genade bezitten, lijken toch op de Heer (naar 1Joh. 3:2). De mensen kennen dit mysterie niet, maar Johannes de Theoloog heeft duidelijk gezegd: «Wij zullen zijn zoals Hij» en dat niet alleen ná de dood maar reeds nu, want de barmhartige Heer heeft op aarde de Heilige Geest geschonken en de Heilige Geest leeft in onze Kerk; Hij leeft in de heilige herders; Hij woont in de harten der gelovigen; Hij leert de ziel de goede strijd; Hij geeft de kracht om Gods geboden te bewaren; Hij onderricht ons in de gehele waarheid; Hij heeft de mens zo gesierd dat de mens gaat lijken op de Heer.

Wij moeten voortdurend indachtig zijn dat een geestelijke vader zijn dienst verricht in de Heilige Geest en daarom moeten wij hem eerbied betonen. Gelooft mij, broeders, dat als iemand kwam te sterven

Hoofdstuk 13 : Over de herders

in de aanwezigheid van zijn geestelijke vader en hij al stervende aan hem zou zeggen: «Heilige vader, geef mij uw zegen om de Heer te zien in het hemelse Koninkrijk» en de biechtvader zou zeggen: «Ga, mijn kind en aanschouw de Heer», het hem dan zou vergaan volgens de zegen van zijn geestelijke vader, want de Heilige Geest is Dezelfde op aarde als in de hemel.

De gebeden van een geestelijke vader hebben een grote kracht. Ik heb vanwege mijn hoogmoed veel moeten lijden van de demonen, maar de Heer heeft mij vernederd en Hij heeft zich over mij ontfermd omwille van de gebeden van mijn geestelijke vader. En nu heeft de Heer mij geopenbaard dat de Heilige Geest op de geestelijke vaders rust en daarom heb ik diepe eerbied voor hen. Door hun gebeden ontvangen wij de genade van de Heilige Geest en de vreugde in de Heer, Die ons liefheeft en Die ons al wat nodig is voor (de verlossing van) onze zielen heeft gegeven.

Als de mens zijn geestelijke vader niet alles zegt, dan is zijn weg bochtig en leidt niet tot de verlossing; maar wie alles zegt, die gaat rechtstreeks naar het hemelse Koninkrijk.

Een monnik vroeg mij eens: «Zeg mij wat ik moet doen om mijn leven te beteren ?» Hij hield veel van eten en buiten de daarvoor vastgestelde uren. En ik zei tegen hem: «Schrijf iedere dag op, hoeveel je gegeten hebt en wat je gedacht hebt en lees dat 's avonds voor aan je geestelijke vader.» Toen zei hij tegen mij: «Dat kan ik niet doen.»

Zo heeft hij het kleine beetje schaamte niet kunnen overwinnen om zijn zwakte te bekennen en daarom heeft hij zich niet gebeterd; hij is aan een infarct gestorven. Moge de Heer onze broeder vergeven en moge Hij ons behoeden voor een dergelijke dood.

Wie onafgebroken wil bidden, die moet moedig en wijs zijn en over alles raad vragen aan zijn geestelijke vader. En als jouw geestelijke vader zelf de ervaring van het gebed niet heeft doorgemaakt, dan moet jij hem toch raadplegen en de Heer zal Zich omwille van jouw nederigheid over jou ontfermen en jou behoeden voor elke onwaarheid. Maar als jij denkt dat jouw geestelijke vader onervaren is of dat hij zich bezig houdt met ijdele zaken en dat jij jouzelf moet laten leiden door boeken, dan ben jij op een gevaarlijke weg en niet ver af van geestelijke bekoring. Ik ken vele mensen die zich op die manier hebben vergist in hun gedachten en die vanwege hun minachting voor hun geestelijke vader geen vordering hebben gemaakt. Zij vergeten dat de genade van de Heilige Geest in het Mysterie werkzaam is en dat zij ons redt.

Zo brengt de vijand de asceten in de waan dat er geen ware voorbidders zijn, maar de Heilige Geest verlicht onze geest, wanneer wij naar de raad van onze herders luisteren.

In het Mysterie van de Biecht is de Heilige Geest door de biechtvader werkzaam en daarom voelt je ziel zich na een bezoek aan je geestelijke vader vernieuwd door een gevoel van vrede en van liefde voor de naaste, maar als je je geestelijke vader verlaat en je voelt je verward, dan betekent dit dat je niet op een goede manier hebt gebiecht en dat jij jouw broeder zijn overtredingen niet van ganser harte hebt vergeven.

Een geestelijke vader moet zich verheugen als de Heer hem iemand stuurt die berouw wil tonen; en volgens de aan hem verleende genade moet hij die ziel genezen en daarvoor zal hij als goede herder van zijn schapen grote barmhartigheid van God ontvangen.

XIV

OVER DE MONNIKEN

Sommige mensen zeggen dat monniken de wereld moeten dienen en dat zij niet het brood van het volk mogen eten zonder daarvoor te werken; maar men moet goed begrijpen, waaruit dit dienen bestaat en waarmee een monnik de wereld moet helpen.

De monnik is iemand die bidt voor de gehele wereld; hij weent voor de gehele wereld; en dat is zijn belangrijkste werk. Maar wie beweegt hem dan daartoe om te wenen voor de gehele wereld? Dat is onze Heer Jezus Christus, Gods Zoon. Hij geeft de monnik de liefde van de Heilige Geest en omwille van deze liefde is het hart van de monnik altijd bedroefd over de mensen, omdat niet allen worden gered.

De Heer was Zelf zo bedroefd over het volk dat Hij Zich aan de Kruisdood heeft overgeleverd. En de Moeder Gods droeg datzelfde verdriet over de mensen in haar hart. En zij heeft, evenals haar geliefde Zoon, voor allen tot het einde de verlossing gewenst.

De Heer heeft dezelfde Heilige Geest gegeven aan Zijn apostelen, aan onze heilige Vaders en aan de herders van de Kerk. Daaruit bestaat onze dienst voor de wereld. En daarom zouden noch de herders van de Kerk, noch de monniken zich bezig moeten houden met wereldse zaken, maar behoren zij de Moeder Gods na te volgen die in de Tempel in het «Heilige der Heiligen» de wet des Heren dag en nacht overwoog en voortdurend in gebed was voor het volk.

Het is niet de taak van een monnik om de wereld te dienen met het werk van zijn handen. Dat is de zaak van de mensen in de wereld. De mens die in de wereld leeft, bidt maar weinig, maar de monnik bidt constant. Dankzij de monniken wordt het gebed op aarde nooit onderbroken en dat is nuttig voor de gehele wereld, want de wereld bestaat door het gebed. Maar wanneer het gebed verslapt, zal de wereld vergaan.

En wat zou een monnik kunnen bereiken met zijn handen ? Misschien zou hij per dag een paar roebel kunnen verdienen; maar wat is dat voor God ? In diezelfde tijd kan één enkele gedachte die aan God behaagt, wonderen doen. Dit zien wij in de Heilige Schrift.

De profeet Mozes was innerlijk in gebed en de Heer zei tot hem: «Mozes, waarom roept ge Mij ?» en Hij heeft de Israëlieten verlost van de ondergang (naar Ex. 14:15). De heilige Antonius heeft de wereld door zijn gebed geholpen, niet door het werk van zijn handen. De heilige Sergius heeft door vasten en gebed het Russische volk geholpen zich te bevrijden van het Tartaarse juk. De heilige Serafim heeft inwendig gebeden en de Heilige Geest is neergedaald op Motovílov. En dat is de taak van monniken.

Maar als de monnik nalatig is en hij niet bereikt heeft dat zijn ziel voortdurend de Heer schouwt, laat hij dan de pelgrims bedienen en door zijn werk de mensen in de wereld helpen; dat behaagt de Heer ook, maar weet wel dat dit ver afstaat van monastiek leven.

Een monnik moet strijden tegen zijn hartstochten en ze met Gods hulp overwinnen. Soms is de monnik in Gods zaligheid en leeft hij als bij God in het paradijs; maar soms weent hij over de gehele wereld, omdat hij wenst dat alle mensen worden gered.

Zo heeft de Heilige Geest de monnik geleerd God te beminnen en heel de wereld lief te hebben.

Je zult misschien zeggen dat er tegenwoordig geen monniken meer zijn die voor de gehele wereld bidden; maar ik zeg je dat wanneer er op de wereld geen voorbidders meer zullen zijn, de wereld zal vergaan en er grote rampen zullen komen; en die zijn er nu al.

De wereld bestaat nog dankzij de gebeden van de heiligen; ook de monnik is geroepen voor heel de wereld te bidden. Dat is zijn dienst. Belast hem daarom niet met de zorgen van deze wereld. De monnik moet in voortdurende onthouding leven: als hij in beslag wordt genomen door wereldse zorgen, is hij gedwongen meer te eten; en dat is tot algemene schade, want als de monnik teveel eet, kan hij niet meer bidden zoals het hoort, want de genade houdt ervan om in een mager lichaam te wonen.

Hoofdstuk 14 : Over de monniken

De wereld denkt dat monniken een nutteloos geslacht zijn. Maar de mensen denken dit ten onrechte. Zij weten niet dat de monnik een voorbidder is voor de gehele wereld; zij zien zijn gebeden niet en zij weten niet hoe barmhartig de Heer hen aanneemt. Monniken voeren een harde strijd met de hartstochten en omwille van deze strijd zullen ze groot zijn bij God.

Ikzelf ben onwaardig monnik te heten. Ik heb meer als veertig jaar in het klooster geleefd en toch reken ik mijzelf tot de beginnende novicen; maar ik ken monniken die God en de Moeder Gods nabij zijn. De Heer is ons zo nabij, nabijer dan de lucht die wij inademen. De lucht gaat naar binnen door ons lichaam heen en komt tot aan het hart, maar de Heer woont in het hart zelf van de mens: «Ik zal in hen wonen en Ik zal onder hen wandelen,... en Ik zal hun tot een Vader zijn en zij zullen Mij tot zonen en dochters zijn, zegt de Heer» (naar 2Cor. 6:16-18).

Zie onze vreugde: God is met ons en in ons !

Weet iedereen dit wel ? Helaas niet iedereen, maar slechts zij die nederig geworden zijn voor God en die hun eigen wil hebben verzaakt, want de Heer verzet zich tegen de trotsen en Hij leeft slechts in een nederig hart. De Heer verheugt zich, wanneer wij Zijn barmhartigheid indachtig zijn en op Hem gaan lijken door onze nederigheid.

Zoals de harten van Lukas en Kleopas brandden, toen de Heer met hen meeliep, zo branden nu nog de harten van vele monniken in liefde voor de Heer; met een nederige geest en met liefde heeft hun ziel zich vastgehecht aan de ene God. Maar de ziel van een monnik die een voorliefde heeft voor geld, voor voorwerpen of voor iets aards in het algemeen, kan God niet echt liefhebben, want zijn geest is verdeeld tussen God en een voorwerp, terwijl de Heer gezegd heeft dat wij niet twee meesters kunnen dienen. Zo wordt de geest van de mensen in de wereld in beslag genomen door de aarde en daarom kunnen zij God niet zo liefhebben als de monniken Hem liefhebben.

Zeker, ook de monnik denkt aan het aardse, voorzover dit nodig is om zijn lichaam in leven te houden, maar zijn geest brandt van liefde voor God; ook al werkt hij met zijn handen, met zijn geest verblijft hij in God. Zo was het ook met de heilige apostelen, die het woord onderrichtten aan de mensen terwijl hun ziel volkomen in God was, want de goddelijke Geest leefde in hen en leidde hun geest en hun hart. En zo gaat het ook met de monnik: zelfs al verblijft hij met zijn lichaam in een kleine, armoedige cel, toch schouwt hij met zijn geest de goddelijke majesteit. Hij bewaart in alles een rein geweten: hij waakt ervoor dat hij zijn broeder niet door iets kwetst en dat hij de Heilige Geest die in hem leeft niet door de een of andere slechte gedachte bedroeft. Hij vernedert zijn ziel en door zijn nederigheid verjaagt hij de vijanden zowel van zichzelf als van degenen die zijn gebeden vragen.

Er zijn monniken die God kennen, die ook de Moeder Gods, de heilige engelen en het paradijs kennen; maar zij kennen ook de demonen en de kwellingen van de hel; en zij kennen die uit ervaring.

In de Heilige Geest leert de ziel God kennen. Zelfs hier op aarde reeds verleent de Heilige Geest, voorzover dat mogelijk is, de volheid te kennen van de vreugde van het paradijs, die de mens zonder de goddelijke genade niet zou kunnen verdragen, maar waaraan hij zou sterven.

Vanuit een rijke ervaring voert de monnik de strijd tegen de trotse vijanden; de Heilige Geest onderricht hem, schenkt hem verstand en de kracht om hen te verslaan. De wijze monnik weert door zijn nederigheid elke hoogmoed en trots af. Hij zegt:

«Ik ben God en het paradijs onwaardig. Ik verdien de kwellingen van de hel en ik zal eeuwig in het vuur branden. Ik ben waarlijk de slechtste van alle mensen en ik verdien geen barmhartigheid.»

De Heilige Geest leert ons om zo over onszelf te denken. En de Heer verheugt zich over ons, als wij onszelf vernederen en veroordelen en Hij geeft Zijn genade aan de ziel.

Wie de nederigheid heeft bereikt, heeft de vijand verslagen. *Geen enkele vijand kan naderen* tot de mens die in zijn hart meent dat hij het eeuwige vuur verdient; dan zijn er in de ziel volstrekt geen gedachten aan het aardse, maar heel de geest en heel het hart verblijven in God. Wie de Heilige Geest heeft leren kennen en van Hem de nederigheid heeft geleerd, die is geworden zoals zijn leermeester Jezus Christus, de Zoon van God; en hij lijkt op Hem.

Hoofdstuk 14 : Over de monniken

Wij allen die Christus navolgen, het uitverkoren volk van God – en in het bijzonder de monniken – voeren strijd tegen de vijand. Wij zijn in oorlog en onze strijd vindt iedere dag en ieder uur plaats. En wie ervan houdt zijn eigen wil te verzaken, die wordt niet overwonnen door de vijand. Maar om de vijand te verslaan, moet men de nederigheid van Christus leren; en de ziel van de mens die deze nederigheid heeft verworven, die heeft de vijand overwonnen.

Maar laten wij niet wanhopen, want de Heer is grenzeloos barmhartig en Hij heeft ons lief.

Door de genade van de Heilige Geest verleent God de ziel te leren kennen welk gebed een beginnersgebed is, welk gebed middelmatig en welk gebed volmaakt is. Maar zelfs naar een volmaakt gebed luistert de Heer niet omdat de ziel volmaakt zou zijn, maar omdat Hij barmhartig is en omdat Hij als een moeder die haar kinderen liefheeft, de ziel wil troosten zodat zij nog sterker brandt en dag noch nacht rust kent. Het reine gebed vereist de innerlijke vrede, maar de innerlijke vrede kan niet bestaan zonder gehoorzaamheid en zelfverloochening.

De heilige Vaders hebben de gehoorzaamheid hoger geplaatst dan het gebed en het vasten, omdat iemand zonder gehoorzaamheid van zichzelf kan denken dat hij een asceet en een man van gebed is; maar wie in alles tegenover zijn overste en zijn geestelijke vader zijn eigen wil heeft afgesneden, die heeft een reine geest.

Een ongehoorzame monnik zal nooit leren kennen wat rein gebed is. En wie trots is en wie graag zijn eigen wil doet, die zal niets op geestelijk gebied kunnen leren, zelfs al woont hij honderd jaar in een klooster, want door zijn ongehoorzaamheid kwetst hij de oversten en, in hun persoon, God.

Wee de monnik die zijn oversten niet gehoorzaamt. Hij had beter in de wereld kunnen blijven. Maar zelfs in de wereld gehoorzamen de mensen hun ouders, hebben zij eerbied voor ouderen en onderwerpen zij zich aan hun meerderen en aan de autoriteiten.

Wee ons ! De Heer, de Koning van hemel en aarde en van heel de wereld heeft Zich vernederd en Hij was gehoorzaam aan Zijn Moeder en aan de heilige Jozef, maar wij willen niet eens onze overste gehoorzamen, die door de Heer wordt bemind en aan wie Hij ons heeft toevertrouwd. En als een overste een slecht karakter heeft, dan moet zijn novice toch voor zijn overste bidden in nederigheid van geest, ook al is dit voor hem een grote beproeving, en dan zal de Heer Zich én over de novice én over de overste ontfermen.

Niet alle monniken vinden de vrede en zij geven daarvoor redenen op: ze hebben de verkeerde gehoorzaamheid[68] gekregen of hun cel is slecht of hun starets[69] heeft een moeilijk karakter. Maar zij begrijpen niet dat niet de cel schuld is of de taak of de overste, maar dat hun ziel ziek is. Niets kan een trotse ziel behagen, terwijl voor een nederige ziel alles goed is.

Als jij een slechte overste hebt, bid dan voor hem en jij zult vrede vinden in je ziel. Als jij een slechte cel hebt of jouw taak bevalt je niet of jij wordt geplaagd door ziekte, denk dan op deze manier bij jezelf: «De Heer ziet mij en Hij kent mijn situatie; misschien is dit God welgevallig» en je zult vrede hebben. Als de ziel zich niet aan de wil van God overgeeft, dan zal zij nergens vrede vinden, zelfs wanneer zij streng zou vasten en zich geheel aan het gebed zou overgeven. Wie anderen ervan beschuldigt dat zij hem verwijten maken, die weet niet dat zijn ziel ziek is en dat het niet de verwijten zijn die hieraan schuld zijn. Wie ervan houdt zijn eigen wil te doen, is volstrekt niet wijs; maar wie gehoorzaam is, zal snelle vorderingen maken, omdat de Heer hem liefheeft. Wie zelfs maar een weinig genade van de Heilige Geest in zich heeft, bemint elke macht die door God is ingesteld en zal er zich met vreugde aan onderwerpen ter ere van God. In onze Kerk leert men dit door de Heilige Geest en de Vaders hebben hierover geschreven.

———

Het is onmogelijk de innerlijke vrede te bewaren, als wij niet over onze geest waken, d.w.z. als wij de gedachten die God niet behagen, niet gaan verjagen en omgekeerd: als wij de gedachten die God aangenaam zijn, niet vasthouden. Wij moeten met onze geest ons hart onderzoeken, wat daarin gebeurt: is het er vredig of niet. Indien niet, onderzoek dan waardoor jij hebt gezondigd. Om de innerlijke vrede te bezitten, moeten we in onthouding leven, want ook door ons lichaam kunnen we de vrede in onze ziel verliezen. Men moet niet nieuwsgierig zijn. Het is niet nodig kranten of wereldse boeken te lezen, die de ziel leeg maken en die moedeloosheid en verwarring

Hoofdstuk 14 : Over de monniken

brengen. Veroordeel anderen niet, want het gebeurt dikwijls dat men zonder iemand te kennen, kwaad over hem spreekt, terwijl hij naar zijn geest gelijk is aan de engelen. Doe geen moeite om andermans zaken te kennen, maar slechts jouw eigen zaken; en wees slechts bezorgd over hetgeen jouw oversten jou opdragen. Dan zal de Heer jou omwille van jouw gehoorzaamheid met Zijn genade helpen en dan zul jij in jouw ziel de vruchten der gehoorzaamheid zien: de vrede en het onophoudelijk gebed. In een gemeenschap gaat de goddelijke genade vooral verloren, omdat wij niet geleerd hebben onze broeder volgens de geboden van de Heer lief te hebben. Als jouw broeder jou kwetst en jij op datzelfde ogenblik een woedende gedachte tegen hem aanneemt, of als jij hem veroordeelt of hem gaat haten, dan zul jij merken dat de genade jou verlaten heeft en dat de vrede verdwenen is. Om vrede in de ziel te hebben, moet men zijn ziel eraan wennen degene die haar gekwetst heeft, lief te hebben en direct voor hem te bidden. De ziel kan geen vrede bezitten, als zij de Heer niet uit alle macht om de gave van de liefde voor alle mensen vraagt. De Heer heeft gezegd: «Hebt uw vijanden lief» (naar Matth. 5:44). Als wij onze vijanden niet liefhebben, zullen wij geen vrede hebben in onze ziel. Het is noodzakelijk om gehoorzaamheid, nederigheid en liefde te verwerven, want anders zullen al onze grote inspanningen en ons waken zomaar verloren gaan. Een starets had het volgende visioen: een man goot water in een zeef met een bodem vol gaatjes; de man werkte heel hard, maar het water stroomde steeds weg en de zeef bleef leeg. Zo vergaat het ons ook: wij leven in ascese, maar als wij een willekeurige deugd verwaarlozen, dan zal onze ziel hierom leeg blijven.

Broeders, strijders van Christus, laten wij niet verslappen in de geestelijke strijd en in het gebed, maar laten wij ons ons leven lang vurig inspannen. Ik heb vele monniken gekend die naar het klooster zijn gekomen met een brandende ziel, maar die vervolgens die eerste ijver verloren hebben, maar ik ken ook monniken die haar tot het einde toe bewaard hebben.

Om deze ijver te behouden, moeten we de Heer onafgebroken indachtig zijn en denken: Mijn einde is gekomen en nu moet ik voor het gerecht van God verschijnen. Als de ziel steeds op deze wijze voorbereid is op de dood, dan zal zij de dood niet meer vrezen, maar zal zij tot een nederig en rouwmoedig gebed komen. Door het berouw wordt jouw geest gereinigd en zal hij zich niet meer in verleiding laten brengen door de wereld; jij zult alle mensen liefhebben en tranen voor hen vergieten. Maar als jij deze gave ontvangt, weet dan dat het een gave is van de barmhartigheid van God, maar dat de mens van zichzelf slechts zondige aarde is.

———

Ik heb mensen gezien die goed waren toen ze naar het klooster kwamen maar die vervolgens slecht werden. Ook heb ik mensen gezien die slecht waren toen ze kwamen maar die later zo nederig en zachtmoedig werden dat het voor de ziel een vreugde was om naar hen te kijken. Ik ken een monnik die toen hij jong was, met een boog om het dorp heen liep om geen verleiding te zien, maar niet zo lang geleden heeft hij twee uur lang gretig gekeken naar de wereld en toen heeft hij mij zelf verteld dat hij de wereld liefhad. Zo kan de ziel van een monnik veranderen en zich naar de wereld keren. En toch was hij als zeventienjarige jongeman naar het klooster gekomen en woonde hij er al vijfendertig jaar. Hieruit blijkt hoe bevreesd we ervoor moeten zijn dat dit vuur, dat ons gedwongen heeft de wereld te verlaten en de Heer lief te hebben, in ons zou uitdoven.

———

Vele monniken kennen de genade van de Heilige Geest. De Heilige Geest is zo zoet en liefdevol voor de ziel dat een man zelfs bij het aanschouwen van het mooiste meisje onbewogen blijft voor de begeerte; maar wie de genade slechts in zijn ziel heeft, die is nog bevreesd voor de zonde, omdat hij voelt dat de zonde nog in hem leeft en dat de hartstochten hem nog meeslepen.

Wij, monniken, voeren een geestelijke oorlog. Een soldaat die op weg was naar Thessaloniki, kwam langs in mijn magazijn. Mijn ziel kreeg hem lief en ik zei tegen hem: «Bid om verlichting van het lijden.» En hij antwoordde mij: «Bidden heb ik in de oorlog geleerd. Ik nam dikwijls deel aan grote gevechten; de kogels explodeerden om mij heen, maar ik ben in leven gebleven... Kijk, ik bad zo tot God: Heer, ontferm U.» Ik keek naar hem toen hij mij voordeed, hoe hij bad; men kon duidelijk zien dat hij volkomen opging in het gebed; en de Heer heeft hem behouden.

HOOFDSTUK 14 : OVER DE MONNIKEN

Zo heeft hij in nood gebeden in de oorlog, waar slechts het lichaam wordt gedood; maar wij, monniken, voeren een andere oorlog binnen in onszelf, waarbij de ziel kan omkomen: daarom moeten wij nog meer en vuriger bidden, opdat onze ziel met de Heer moge zijn. We moeten niet slechts onze toevlucht nemen tot Hem, maar voortdurend in Hem zijn; zoals de engelen God steeds dienen in de geest, zo moet ook een monnik steeds met zijn geest in God zijn en Zijn wet dag en nacht overwegen.

De wet van God lijkt op een grote, prachtige tuin, waar de Heer en al Zijn heiligen wonen: de profeten, de apostelen, de heilige bisschoppen, de martelaren, de zalige, nederige asceten; zij zijn allen op wonderbare wijze verenigd door de barmhartigheid van God; en de ziel verheugt zich over deze grootse, heilige en wonderbare Vergadering.

Velen willen graag een koning, die een sterflijk mens is, leren kennen en zien; maar het kennen van de Heer, de Koning van de eeuwige heerlijkheid, is de allerkostbaarste zaak.

Broeders, leest meer in het Evangelie, de Brieven van de apostelen en (de Werken van) de heilige Vaders ! Door deze studie zal uw ziel God leren kennen en uw geest zal zozeer in beslag worden genomen door de Heer dat gij de wereld volkomen zult vergeten, alsof gij er zelfs niet geboren waart.

De Heer heeft ons het Evangelie gegeven en Hij wil dat wij Hem volgen, maar bovendien onderricht Hij ons door Zijn genade; niet iedereen kan dit echter begrijpen, maar slechts enkelen, die zich in nederigheid hebben losgemaakt van hun eigen wil. Maar wij moeten onze heilige biechtvaders vragen stellen, dan zullen zij ons naar Christus leiden, want aan hen is de genade verleend om te binden en te ontbinden. Ga met geloof naar je geestelijke vader en je zult het paradijs ontvangen.

Het is goed voor een monnik om gehoorzaam te zijn en zijn zonden oprecht te belijden, zodat zijn geestelijke vader kan weten welke gedachten zijn ziel koestert.

Een dergelijke monnik zal steeds de vrede bezitten in God en in zijn ziel zullen goddelijke gedachten opkomen en zijn geest zal opbloeien door deze gedachten, terwijl zijn hart zal rusten in God.

Een dergelijke monnik woont op aarde temidden van verleidingen en allerlei verzoekingen, maar hij vreest niets, want zijn ziel is verankerd in God en hij heeft Hem lief. Al zijn verlangen is erop gericht zijn ziel te vernederen, omdat de Heer een nederige ziel bemint en de ziel weet wat de Heer van haar verlangt, omdat de Heer haar leermeester is.

―――

Zelfs in onze tijd zijn er nog talloze asceten die God welgevallig zijn, ofschoon zij geen zichtbare wonderen verrichten.

Maar kijk, dit is een wonder van God dat we in onze ziel kunnen zien: als jouw ziel nederig is geworden zoals het hoort, schenkt de Heer haar zeer grote vreugde en rouwmoedige tederheid; maar als de ziel ook maar enigszins neigt naar de trots, dan vervalt zij tot moedeloosheid en duisternis. Maar slechts degenen die een ascetisch leven leiden, weten dit.

―――

Als jij, toen jij in het klooster kwam, de Heer liefhad en als jij bedenkt dat de Heer jou hierheen geleid heeft en dat Hij ook jouw starets leidt, dan zal de goddelijke genade in jou haar intrek nemen en de Heer zal jou vrede geven en het vermogen goed en kwaad te onderscheiden; jouw ziel zal elke dag en ieder uur het goede najagen, omdat zij de zoetheid heeft geproefd van Gods wet.

Als jij bent ingetreden in een kloostergemeenschap, wees dan dapper en moge jouw ziel niet verward worden.

Als jij een taak krijgt in het gastenhuis, wees dan als Abraham, die waardig werd gekeurd om de drie wonderbare Pelgrims te ontvangen. Dien de vaders, de broeders en de pelgrims in nederigheid en met vreugde en je zult Abrahams beloning ontvangen.

Als jij tijdens het werk temidden van de broeders beproevingen moet verdragen, wees dan zoals de «dwazen om Christus' wil»: zij baden voor degenen, die hen beproefden en omwille van hun liefde heeft de Heer hun de genade van de Heilige Geest gegeven en was het voor hen gemakkelijk om tussen de mensen te leven en allerlei

HOOFDSTUK 14 : OVER DE MONNIKEN

leed te verdragen. Wie zijn taak in gehoorzaamheid vervult, ook al is hij wel eens verstrooid, die ondervindt barmhartigheid van de Heer; maar wie ongehoorzaam is, die verjaagt zelf de goddelijke genade.

Als jij het zwijgen beoefent in jouw cel, volg dan de zwijgzaamheid van de grote Arsenius na, opdat de Heilige Geest het schip van jouw ziel moge besturen.

Als het jou moeilijk gaat, gedenk dan de barmhartige woorden van de Heer: «Komt tot Mij, gij allen die belast en vermoeid zijt, en Ik zal u rust geven» (naar Matth. 12:28). Deze rust in de Heilige Geest zal de ziel door het berouw ontvangen.

De Heer bemint de ziel die Hem van ganser harte zoekt, want Hij heeft gezegd: «Wie Mij liefhebben, die heb Ik lief, en wie Mij zoeken, zullen de genade vinden» (naar Spr. 8:17). En deze genade beweegt de ziel, God onder tranen te zoeken.

Over de econoom
van het klooster

Vele monniken zeggen dat de econoom[70] geen tijd heeft om te bidden en dat hij de rust in zijn ziel niet kan bewaren, omdat hij de ganse dag met mensen moet omgaan. Maar ik zeg jullie: als hij de mensen liefheeft en van zijn werklieden denkt: «De Heer heeft Zijn schepsel lief», zal dat de Heer hem het onophoudelijke gebed schenken, want voor de Heer is alles mogelijk.

De econoom moet van zijn arbeiders houden, hij moet medelijden met hen hebben en voor hen bidden:

«Heer, schenk vreugde aan de bedroefde zielen van deze arme mensen; zend hun Uw Geest, de heilige Trooster». Zijn ziel zal dan leven als in een stille woestijn en de Heer zal hem in zijn gebed tranen en berouw schenken; en de genade van de Heilige Geest zal voelbaar in hem leven en zijn ziel zal de hulp van God duidelijk merken.

Het volgende geval deed zich eens in ons klooster voor: de econoom van het klooster stuurde een arbeider uit op een karwei, maar deze arbeider was onervaren en wilde niet gaan. De econoom zei tegen hem: «Ga!» Toen werd die arbeider kwaad en voor al het aanwezige volk – ongeveer veertig mensen – schold hij de econoom uit voor hond. Maar de econoom had medelijden met de man; hij gaf hem wat thee en suiker en zei: «Noem mij maar altijd hond.» En plotseling begon de arbeider zich zo te schamen dat zijn gezicht er rood van werd en vanaf dat ogenblik werd hij de meest gehoorzame van hen allemaal.

Het is goed volgens de liefde te leven; dan beschermt de Heer met Zijn genade en geeft een vurig gebed voor de mensen. Maar als de econoom prikkelbaar is, schaadt hij zijn eigen ziel en brengt hij anderen door zijn woede in verwarring.

HOOFDSTUK 14 : OVER DE MONNIKEN

De ervaring van vele jaren heeft laten zien dat de econoom van mensen moet houden, zoals een moeder van haar kinderen; en als één van hen ongehoorzaam is, dan moet hij vurig voor hem bidden: «Heer verlicht Uw dienaar: Gij hebt hem lief.» Jouw gebed zal hem van nut zijn en jijzelf zult ontdekken hoe goed het is voor de arbeiders te bidden.

Iedereen zal van een goede econoom houden, omdat alle mensen ervan houden liefdevol te worden behandeld. De ervaring heeft laten zien dat we van niemand slecht moeten denken, want hierom verlaat de genade van de Heilige Geest onze ziel. Maar wanneer we de mensen liefhebben, zal de Heer ons de gave van het gebed geven, zodat de ziel zelfs temidden van een mensenmenigte onafgebroken tot God kan roepen.

XV

OVER DE GEHOORZAAMHEID

Er zijn maar weinig mensen die het mysterie van de gehoorzaamheid kennen. De gehoorzame mens is groot bij God. Hij is een navolger van Christus, Die ons in Zichzelf het voorbeeld van de gehoorzaamheid heeft gegeven. De Heer bemint de gehoorzame ziel en geeft haar Zijn vrede; dan is alles goed en de ziel voelt voor allen liefde.

De gehoorzame mens heeft al zijn hoop op God gesteld en daarom is zijn ziel steeds in God. De Heer geeft hem Zijn genade en deze genade onderricht de ziel in allerlei goede dingen en geeft haar de kracht om in het goede te blijven. Hij ziet het kwaad maar dit raakt zijn ziel niet, want de genade van de Heilige Geest is met hem en behoedt hem voor elke zonde; hij is in vrede en bidt gemakkelijk tot God.

De Heilige Geest bemint de ziel van de gehoorzame mens en daarom zal hij de Heer spoedig leren kennen en de gave van het gebed van het hart ontvangen.

De gehoorzame mens heeft zich aan de goddelijke wil overgegeven en daarvoor wordt hem vrijheid en rust in God geschonken en hij bidt met een zuivere geest. Trotse en ongehoorzame mensen kunnen niet zonder verstrooiing bidden, zelfs al beoefenden zij een strenge ascese: zij weten noch hoe de genade werkzaam is noch of de Heer hun zonden vergeven heeft. Maar de gehoorzame mens weet zeker dat de Heer hem zijn zonden vergeven heeft, omdat hij de Heilige Geest in zijn ziel hoort.

De gehoorzaamheid is niet slechts nodig voor monniken maar voor elke mens. Zelfs de Heer was gehoorzaam. Trotse en eigenmachtige mensen geven de genade geen kans om in hen te leven en daarom hebben zij nooit vrede in hun ziel, terwijl de genade van de Heilige Geest gemakkelijk binnengaat in de ziel van een gehoorzaam mens en hem vreugde en rust schenkt.

Alle mensen zoeken rust en vreugde, maar slechts weinigen weten waar zij vreugde en rust kunnen vinden en wat er nodig is om die te bereiken. Al sinds vijfendertig jaar zie ik een monnik die steeds blij gestemd is in zijn ziel en die een innemend gezicht heeft, ook al is hij oud. En dit komt omdat hij van de gehoorzaamheid houdt en zijn ziel zich heeft overgegeven aan de wil van God; hij maakt zich nergens zorgen om, maar zijn ziel heeft de Heer lief en schouwt Hem.

Wie zelfs maar in geringe mate de genade in zich draagt, onderwerpt zich met vreugde aan elk gezag. Hij weet dat God zowel de hemel als de aarde als ook de onderwereld bestuurt en ook zijn eigen leven en zijn zaken en alles wat er op de wereld is en daarom is hij altijd rustig.

De gehoorzame mens heeft zich aan de wil van God overgegeven en vreest de dood niet, omdat zijn ziel eraan gewend is met God te leven en Hem liefheeft. Hij heeft zijn eigen wil afgesneden en daarom heeft hij noch in zijn ziel noch in zijn lichaam die strijd die de ongehoorzame en eigenzinnige mens kwelt.

De waarlijk gehoorzame mens haat zijn eigen wil en houdt van zijn geestelijke vader en hiervoor ontvangt hij de vrijheid om God met een zuivere geest te aanbidden; en zijn ziel schouwt God onbelemmerd, zonder gedachten, en verblijft vreedzaam in Hem. Hij bereikt de liefde voor God snel, dankzij zijn nederigheid en dankzij de gebeden van zijn geestelijke vader.

Ons leven is eenvoudig maar wijs. De Moeder Gods heeft tegen de heilige Serafim gezegd: «Geef hen (de monialen) een gehoorzaamheid en wie de gehoorzaamheid en de wijsheid zullen bewaren, die zullen met jou zijn en dichtbij mij.»

U ziet hoe eenvoudig de verlossing is. Maar de wijsheid verwerft men slechts na een lange ervaring. God verleent haar omwille van de gehoorzaamheid. De Heer heeft de gehoorzame ziel lief en als Hij

Hoofdstuk 15 : Over de gehoorzaamheid

liefheeft, zal Hij haar alles geven wat zij maar aan God vraagt. Evenals vroeger luistert de Heer ook nu nog naar onze gebeden en verhoort Hij onze verzoeken.

Waarom hebben de heilige Vaders de gehoorzaamheid boven het vasten en het bidden gesteld ? Omdat de ascese zonder gehoorzaamheid ijdelheid voortbrengt, maar de gehoorzame novice doet alles, zoals het hem gezegd wordt en hij heeft geen aanleiding om trots te zijn. Bovendien heeft de gehoorzame mens zijn eigen wil in alles afgesneden en luistert hij naar zijn geestelijke vader en daarom is zijn geest vrij van elke zorg en bidt hij onverstrooid. De gehoorzame mens heeft slechts God en het woord van zijn overste in zijn gedachten; maar de geest van de ongehoorzame mens wordt in beslag genomen door allerlei zaken en door kritiek op zijn overste en daarom kan hij God niet schouwen.

Ik heb een novice gezien die een moeilijke taak moest uitvoeren. Hij bezat de gave van het gebed van het hart en de Heer gaf hem tranen om voor heel de wereld te bidden. De hegoumen Andrej zei tegen hem: «Dit is jou geschonken omwille van jouw gehoorzaamheid.»

Door de gehoorzaamheid wordt de mens behoed voor de trots; omwille van de gehoorzaamheid wordt het gebed geschonken; en omwille van de gehoorzaamheid wordt ook de genade van de Heilige Geest geschonken. Kijk, daarom is gehoorzaamheid meer dan vasten en gebed. Als de (gevallen) engelen de gehoorzaamheid hadden bewaard, dan zouden ze in de hemelen wonen en de Heer lof zingen. En als Adam de gehoorzaamheid had bewaard, dan zou ook hij met zijn nakomelingschap in het paradijs hebben gewoond.

Maar zelfs nu is het mogelijk het paradijs door berouw terug te vinden. De Heer heeft ons zeer lief ondanks onze zonden, mits wij nederig worden en onze vijanden liefhebben. Maar wie zijn vijanden niet liefheeft, kan geen vrede hebben, ook al zou men hem in het paradijs plaatsen.

XVI

OVER DE GEESTELIJKE STRIJD

En ieder die onze Heer Jezus Christus volgt, voert een geestelijke strijd. Een lange ervaring van de genade van de Heilige Geest heeft de heiligen deze strijd geleerd. De Heilige Geest heeft hen onderricht, schonk hun inzicht en gaf hun de kracht om hun vijanden te overwinnen, maar zonder de Heilige Geest kan de ziel deze strijd zelfs niet beginnen, want zij weet niet en begrijpt niet, wie en waar haar vijanden zijn.

Wij orthodoxe christenen, zijn gezegend omdat wij onder Gods genade leven. Het is voor ons gemakkelijk om te strijden: de Heer heeft medelijden met ons gekregen en Hij heeft ons de Heilige Geest gegeven, Die in onze Kerk leeft. Ons enige verdriet is dat niet alle mensen God kennen en weten hoezeer Hij ons liefheeft. Deze liefde is hoorbaar in de ziel van de mens die bidt; en de Heilige Geest getuigt aan de ziel over haar redding.

―――

Onze strijd speelt zich iedere dag en elk uur af. Als jij jouw broeder een verwijt maakt, veroordeelt of bedroeft, dan verlies jij jouw eigen vrede.

Als jij ijdel bent of jij verheft je boven jouw broeder, dan ga je de genade verliezen. Als er een onreine gedachte opkomt en als je die niet direct verjaagt, dan gaat jouw ziel de liefde van God en de vrijmoedigheid in het gebed verliezen. Als jij van macht of van geld houdt, dan ga je de liefde van God nooit leren kennen. Als jij jouw eigen wil volgt, dan ben je overwonnen door de vijand en gaat de moedeloosheid in jouw ziel komen. Als jij jouw broeder haat, betekent dit dat jij God verloochend hebt en dat een boze geest jou overmeesterd heeft.

Als jij goed doet aan jouw broeder, ga je de innerlijke vrede verwerven. Als jij jouw eigen wil afsnijdt, ga je jouw vijanden verjagen en vrede verkrijgen in jouw ziel. Als jij jouw broeder zijn schulden vergeeft en als jij jouw vijanden liefhebt, dan ga je de vergeving van jouw zonden ontvangen en zal de Heer jou verlenen, de liefde van de Heilige Geest te leren kennen.

En wanneer jij volkomen nederig bent geworden, dan ga je de volmaakte rust in God vinden.

———

Wanneer de ziel nederig is en de goddelijke Geest in haar is, dan is de geest van de mens gelukzalig in de liefde van God. Wanneer zij de barmhartigheid van de Heer voelt, vreest de ziel verder niets meer – geen enkel ongeluk op aarde – maar dan verlangt zij ernaar voortdurend nederig voor God te zijn en haar broeder lief te hebben. Maar als de ziel verwaand wordt, dan is haar feest afgelopen, want de genade verlaat deze ziel en zij kan al niet meer onverstrooid bidden en er komen slechte gedachten op, die de ziel kwellen.

———

Waarom lijdt de mens op aarde, verdraagt hij leed en verduurt hij rampen?

Wij lijden omdat wij geen nederigheid hebben. In een nederige ziel woont de Heilige Geest en Hij geeft haar vrijheid, vrede, liefde en gelukzaligheid. Wij lijden omdat wij onze broeder niet liefhebben. De Heer zegt: «Hebt elkander lief en gij zult Mijn leerlingen zijn» (naar Joh. 13:35). Omwille van de liefde voor onze broeder komt de liefde van God naar ons. De liefde Gods is zoet; zij is een gave van de Heilige Geest en men kan haar slechts in de volheid leren kennen door de Heilige Geest. Maar er bestaat een middelmatige liefde die de mens verkrijgt als hij zich inspant de geboden van Christus te bewaren en als hij bevreesd is God door iets te kwetsen; en dat is ook goed. Iedere dag moeten we ons tot het goede dwingen en uit alle macht de nederigheid van Christus leren.

———

HOOFDSTUK 16 : OVER DE GEESTELIJKE STRIJD

De Heer heeft tot Zijn leerlingen gezegd: «Mijn vrede geef Ik u» (naar Joh. 14:27). Men moet deze vrede van Christus aan God vragen en de Heer zal haar geven aan degene die vraagt. Wanneer wij haar ontvangen, moeten wij heilig over haar waken en haar vermeerderen; maar wie zich in zijn leed niet aan de wil van God overgeeft, die kan de goddelijke barmhartigheid niet leren kennen.

Als jou een ongeluk overkomt, word dan niet ontmoedigd, maar gedenk dat de Heer barmhartig op jou neerziet. Laat de gedachte niet toe: «Zal de Heer op mij neerzien, wanneer ik Hem kwets?» want de Heer is van nature *barmhartigheid;* maar wend je met geloof tot God en zeg zoals de verloren Zoon uit het Evangelie: «Ik ben niet waard Uw zoon te heten» (naar Luk. 15:19) en jij zult zien hoe dierbaar jij bent voor de Vader en dan zal er een onbeschrijflijke vreugde in jouw ziel zijn.

De mensen leren de nederigheid niet en vanwege hun trots kunnen ze de genade van de Heilige Geest niet ontvangen en daarom lijdt de gehele wereld. Maar als de mensen de Heer zouden leren kennen – hoe barmhartig, nederig en zachtmoedig Hij is – dan zou het aanzien van de wereld *in één uur* veranderen en alle mensen zouden vervuld zijn van grote vreugde en liefde.

De barmhartige Heer heeft ons het berouw gegeven en door het berouw wordt alles hersteld. Door berouw krijgen wij de vergeving van zonden; omwille van ons berouw komt de genade van de Heilige Geest en zo leren wij de Heer kennen.

Als iemand de vrede heeft verloren en lijdt, laat hij dan berouw krijgen en de Heer zal hem Zijn vrede geven.

Als een volk of een Staat lijdt, dan moeten allen berouw hebben en dan zal alles door God worden hersteld.

Heel onze strijd heeft tot doel de nederigheid te vinden. Onze vijanden zijn ten val gekomen door de trots en in hun val trekken zij ons mee. Maar broeders, laten wij nederig worden, dan zullen wij de heerlijkheid van de Heer al hier op aarde zien (naar Matth. 16:28; Mark. 9:1) want aan de nederigen maakt de Heer Zich bekend door de Heilige Geest.

De ziel die de zoetheid van de goddelijke liefde heeft geproefd, wordt volkomen herboren en zij wordt totaal anders; zij bemint haar Heer en strekt zich dag en nacht met al haar kracht naar Hem uit. Tot een zeker ogenblik blijft zij vredig in God, maar daarna begint zij te treuren over de wereld.

De barmhartige Heer geeft aan de ziel soms de rust in God, maar soms pijn in het hart voor de gehele wereld, opdat alle mensen berouw mogen krijgen en het paradijs binnengaan. De ziel die de zoetheid van de Heilige Geest heeft leren kennen, wenst voor alle mensen dezelfde kennis, want de zoetheid van de Heer staat de ziel niet toe egoïst te zijn, maar geeft haar de liefde die opspringt uit het hart.

Laten wij dus de Heer liefhebben, Die ons het eerst heeft liefgehad en Die voor ons geleden heeft.

Ik zal voor u niet verbergen waarom de Heer Zijn genade verleent. Ik zal u niet uitgebreid schrijven, maar ik vraag u: hebt elkander lief, en dan zult gij de barmhartigheid van de Heer zien. Laten wij onze broeder liefhebben en de Heer zal ons liefhebben. Denk niet dat de Heer jou liefheeft, als jij iemand vijandig bekijkt. O neen ! Dan zijn het nog eerder de demonen die jou liefhebben, want jij bent hun dienaar geworden; maar treuzel niet, bekeer je en vraag de Heer de kracht jouw broeder lief te hebben en jij zult de vrede in jouw ziel zien.

Vraag de Heer met al jouw kracht om de nederigheid en de broederliefde, want omwille van de liefde voor je broeder geeft de Heer Zijn genade om niet. Stel jezelf op de proef: vraag God de ene dag om de liefde voor je broeder en leef de volgende dag zonder liefde; dan zul jij het verschil zien. De geestelijke vruchten van de liefde zijn duidelijk: vrede en vreugde in de ziel en alle mensen zullen voor jou als eigen en dierbare vrienden zijn; jij zult rijkelijk tranen vergieten voor je naaste, voor alles wat adem heeft en voor elk schepsel.

Omwille van een simpele groet voelt de ziel dikwijls al een weldadige verandering in zich; en omgekeerd, door een vijandige blik verliest men de genade en de goddelijke liefde. Heb dan zo snel mogelijk berouw opdat de goddelijke vrede in je ziel moge terugkeren.

Gelukkig de ziel die de Heer liefheeft en die van Hem de nederigheid heeft geleerd. De Heer bemint een nederige ziel die vast vertrouwt op God. Ieder ogenblik voelt zij Zijn barmhartigheid; ook wanneer zij in gesprek is met mensen, is zij toch voortdurend bezig

Hoofdstuk 16 : Over de geestelijke strijd

met haar geliefde Heer. Vanwege haar langdurige strijd met de vijanden heeft de ziel de nederigheid boven alles liefgekregen en laat zij zich de broederliefde niet door de vijand ontnemen.

Als wij uit alle macht proberen onze broeder lief te hebben en onze ziel nederig te maken, dan zal de overwinning voor ons zijn, want de Heer geeft Zijn genade bovenal omwille van de liefde voor onze broeder.

Ik heb uit ervaring de Heilige Geest in Zijn volheid gekend, maar ik kon niet in deze staat blijven. Ik betreur het, dat ik in mijn jeugd slecht heb geleefd en dat ik mijn heilige, de dienaar Gods Simeon de Styliet (van de Wonderbare Berg) niet heb nagevolgd. Zijn leven is wonderbaarlijk. Hij was zeven jaar toen de Heer hem verscheen en hij herkende de Heer direct en vroeg Hem: «Heer, hoe heeft men U gekruisigd ?» De Heer strekte Zijn handen uit en sprak: «Zo hebben ze Mij gekruisigd; maar Ik heb dat Zelf gewild. En jij, kruisig jij jezelf iedere dag met Mij.»

Zo moeten wij onszelf ons leven lang tot het goede dwingen, maar het voornaamste is dat wij de anderen hun overtredingen vergeven; en dan zal de Heer ook onze zonden niet indachtig zijn en zal Hij ons de genade van de Heilige Geest geven.

Toen ik in de wereld was, hield ik ervan om van ganser harte te vergeven; ik kon gemakkelijk vergeven en ik bad graag voor de mensen die mij hadden beledigd; maar toen ik in het klooster kwam, kreeg ik als novice een grote genade en zij heeft mij geleerd mijn vijanden lief te hebben.

De heilige apostel Johannes de Theoloog zegt dat Gods geboden «niet zwaar» maar licht zijn (naar 1Joh. 5:3). Maar zij zijn slechts licht omwille van de liefde; en als er geen liefde is, *is alles moeilijk*. Bewaar daarom de liefde, verlies haar niet; want, ook al is het mogelijk haar terug te krijgen, dit wordt slechts verleend ten koste van vele tranen en lange gebeden; en zonder de liefde is het moeilijk in de wereld te leven. Maar volharden in de haat is de dood voor de ziel. Moge de Heer ons hiervoor behoeden.

Wanneer de ziel die door de Heer is bezocht, om de een of andere reden de genade verliest die Hij haar gegeven heeft, treurt zij smartelijk hierover en wenst haar opnieuw te verwerven. O hoe smeekt zij de Meester dag en nacht dat Hij Zich over haar zou ontfermen en Zijn barmhartigheid opnieuw over haar zou uitstorten! Wie kan haar zuchten, de tranen of de grote poklonen[71] beschrijven? En gedurende vele jaren spant de ziel zich in en zoekt zij naar deze genade, die zij had geproefd en waardoor zij verzadigd was.

En het gebeurt dat de Heer de ziel gedurende lange tijd beproeft of zij Hem trouw is; maar de ziel die zoetheid die zij had leren kennen niet meer in zich voelt, dorst hier opnieuw naar en zij wacht nederig en strekt zich voortdurend tot de Heer uit in vurige liefde.

Als men in de staat van genade verblijft, is het gemakkelijk God lief te hebben en dag en nacht te bidden. Maar een wijs mens verdraagt ook de dorheid; hij vertrouwt vast op de Heer en hij weet dat Hij zijn hoop niet zal beschamen en dat Hij te Zijner tijd al het nodige zal schenken. De goddelijke genade komt soms spoedig, maar soms wordt zij lange tijd niet verleend; maar een wijs mens vernedert zich, hij heeft zijn naaste lief en draagt zijn kruis geduldig; hierdoor overwint hij de vijanden die hem van God proberen los te scheuren.

Wanneer de zonden als wolken het licht van de goddelijke barmhartigheid voor de ziel verbergen, blijft zij machteloos, ook al dorst zij naar de Heer; en zij is krachteloos als een vogel die in een kooi is opgesloten: zelfs al wil hij in het groene struikgewas vliegen om daar zijn loflied voor God in vrijheid te zingen, toch kan hij dat niet.

Lang ben ik gekweld geweest, toen ik de weg des Heren niet kende, maar nu na vele jaren en veel rampspoed heb ik de wil van God leren kennen door de Heilige Geest. Alles wat de Heer heeft geboden (naar Matth. 28:20) moeten wij nauwgezet volbrengen, want zo is de weg naar het hemelse Koninkrijk, waar wij God zullen zien. Denk niet dat jij God ziet, maar word nederig en bedenk dat jij na jouw dood in de kerker zult worden geworpen, waar jij zult smachten en verlangen naar de Heer. Wanneer wij wenen en onze ziel vernederen, behoedt de goddelijke genade ons, maar als wij het wenen en de nederigheid opgeven, kunnen wij worden meegesleept door de gedachten of door de verbeelding. De nederige ziel heeft geen visioenen en zij verlangt daar niet naar, maar zij bidt met een reine geest; een ijdele geest is

HOOFDSTUK 16 : OVER DE GEESTELIJKE STRIJD

daarentegen niet vrij van gedachten en voorstellingen en het kan zelfs zo ver komen dat hij demonen ziet en met hen spreekt. Ik schrijf hierover, omdat dit ongeluk mijzelf is overkomen.

Tweemaal ben ik in bekoring geweest. De eerste keer, in het allereerste begin, gebeurde het uit onervarenheid, toen ik nog een jonge novice was; toen heeft de Heer Zich snel over mij erbarmd. Maar de tweede keer gebeurde het vanwege de trots en toen werd ik lange tijd gekweld, alvorens de Heer mij genas omwille van de gebeden van mijn geestelijke vader. Dit is gebeurd nadat ik een visioen had gekregen. Ik heb bij vier wijze geestelijke mannen mijn hart uitgestort over dit visioen, maar niet één van hen heeft mij gezegd dat de vijand met mij spotte. Ikzelf dacht dat de demonen God niet konden verheerlijken en dat dit visioen daarom niet van de vijand kwam. Maar de bekoring van de ijdelheid kwelde mij voortdurend. En later heb ik zelf mijn fout begrepen, want de demonen begonnen opnieuw aan mij te verschijnen, niet slechts 's nachts, maar zelfs overdag. Mijn ziel zag hen maar had geen angst, want ik voelde ook de goddelijke barmhartigheid. En zo heb ik vele jaren van hen te lijden gehad. Als de Heer mij niet verleend had, Hem te leren kennen door de Heilige Geest en als ik niet de hulp van de alheilige en goede Meesteres had gekregen, dan zou ik gewanhoopt hebben over mijn redding. Maar nu vertrouwt mijn ziel vast op de barmhartigheid van God, ofschoon ik vanwege mijn daden de kwellingen zowel op aarde als in de hel verdien.

Gedurende lange tijd kon ik niet begrijpen, wat er mij overkomen was. Ik dacht: ik oordeel niemand, ik neem geen slechte gedachten aan, ik vervul mijn gehoorzaamheid onberispelijk, ik matig mij met eten, ik bid onophoudelijk; waarom word ik dan bezocht door de demonen ? Ik zag dat ik in een dwaling verkeerde, maar ik kon niet raden waarom. Wanneer ik bad, verdwenen zij voor een ogenblik, maar daarna kwamen zij opnieuw. En mijn ziel is lang in deze strijd geweest. Ik heb dit bij enkele geestelijke vaders uitgesproken; zij bleven zwijgen en ik was vertwijfeld.

Eens op een nacht, toen ik in mijn cel zat, kwamen de demonen op mij af, zij vulden mijn cel. Ik bad ingespannen. De Heer verjoeg hen, maar zij kwamen weer terug. Toen ben ik opgestaan om buigingen te maken voor de iconen, maar de duivels omringden mij. Een van hen stond zo voor mij, dat ik geen buiging kon maken voor de iconen, zonder dat het zou lijken alsof ik mij voor hem neerboog. Toen ben ik weer gaan zitten en ik heb gezegd:

«Heer, Gij ziet dat ik tot U wil bidden met een reine geest, maar de demonen verhinderen mij dit. Zeg mij, wat ik moet doen opdat zij van mij heengaan ?»

En ik kreeg in mijn ziel dit antwoord van de Heer:

«De hoogmoedigen hebben steeds te lijden van demonen.»

Ik zei: «Heer Gij zijt barmhartig, mijn ziel kent U. Zeg mij, wat ik moet doen, opdat mijn ziel nederig worde ?»

En de Heer antwoordde mij in mijn ziel: «Houd je geest in de hel en wanhoop niet.»

O barmhartigheid Gods ! Ik ben een gruwel voor God en voor de mensen, maar de Heer heeft mij zozeer lief, Hij verlicht mij en geneest mij. Zelf leert Hij mijn ziel nederigheid en liefde, geduld en gehoorzaamheid en Hij heeft al Zijn weldaden over mij uitgegoten.

Sinds die tijd houd ik mijn geest in de hel en brand ik in een duister vuur; ik verlang naar de Heer en onder tranen zoek ik Hem en zeg:

«Ik zal spoedig sterven en in de sombere kerker van de hel verblijven; alleen zal ik daar branden en naar de Heer verlangen en ik zal wenen: Waar zijt Gij, mijn Heer, Die door mijn ziel wordt gekend ?»

En deze gedachte is mij van groot nut geweest: mijn geest werd gereinigd en mijn ziel heeft rust gevonden.

Dit is wonderbaar: de Heer heeft mij opgedragen mijn geest in de hel te houden en niet te wanhopen. Zo nabij is Hij ons: «Zie, Ik ben met u tot aan het einde der tijden» en ook nog: «Roep mij aan op de dag uwer beproeving, Ik zal u eruit bevrijden en gij zult Mij verheerlijken» (naar Matth. 28:20 en Ps. 49:15).

Wanneer de Heer de ziel aanraakt, wordt zij volkomen nieuw, maar dit is slechts begrijpelijk voor degene, die dit uit ervaring heeft leren kennen, want zonder de Heilige Geest kan men het hemelse niet leren kennen; en deze Geest is door de Heer op aarde gegeven.

Wie zal de vreugde beschrijven, als men de Heer kent en men zich onverzadigbaar naar Hem uitstrekt, dag en nacht ? Wat zijn wij chris-

HOOFDSTUK 16 : OVER DE GEESTELIJKE STRIJD

tenen gezegend en gelukkig ! Er is niets kostbaarders dan het kennen van God; en er is ook niets ergers dan het niet kennen van Hem. Maar gelukzalig is ook degene die – zelfs al kent hij Hem niet – toch in Hem gelooft.

Ik ben gaan handelen zoals de Heer mij geleerd heeft en mijn ziel werd verzadigd door de rust in God en nu vraag ik God dag en nacht om de nederigheid van Christus. O nederigheid van Christus ! Ik ken haar, al kan ik haar niet verwerven. Ik ken haar door Gods genade, maar ik kan haar niet beschrijven. Ik zoek haar als een kostbare, fonkelende parel. Zij is aangenaam voor de ziel en zoeter dan de gehele wereld. Ik heb haar leren kennen uit ervaring. En verwondert u daarover niet. De Heilige Geest woont op de aarde in ons en Hij verlicht ons. Hij verleent ons God te leren kennen. Hij verleent ons om God lief te hebben. Hij verleent ons om over God te denken. Hij geeft ons de gave van het woord. Hij verleent ons de Heer te verheerlijken. Hij geeft ons vreugde en blijdschap.

De Heilige Geest geeft ons de kracht om de strijd te voeren tegen de vijanden en hen te verslaan.

Ik smeek alle mensen: laten we onze toevlucht nemen tot het berouw en dan zullen we de barmhartigheid van de Heer zien. Degenen die visioenen zien en er geloof aan hechten, smeek ik om te begrijpen dat daardoor in hen de trots zal worden opgewekt, evenals die zoete ijdelheid die de nederige geest van het berouw verjaagt; en hierin is het ongeluk, want zonder de nederigheid kan men de vijanden niet overwinnen.

Ik ben tweemaal misleid geweest. De eerste keer toonde de vijand mij een licht en de gedachte zei mij: «Neem aan, dit is de genade.» De tweede keer heb ik een visioen aanvaard en daarom heb ik veel geleden. Eens aan het einde van de Vigilie, toen er werd gezongen «Alles wat adem heeft, love de Heer», hoorde ik hoe Koning David in de hemel een lofprijzing voor God zong. Ik stond bij het koor en het scheen mij, alsof er geen dak was, geen koepel en dat ik de geopende hemel zag. Ik sprak hierover met vier wijze geestelijke mannen, maar niemand zei mij dat het de vijand was, die me bespot had. Ikzelf dacht dat de demonen God niet konden verheerlijken en dat daarom dit visioen niet van de vijand kwam. Maar de bekoring van de ijdelheid worstelde met mij en ik begon opnieuw demonen te zien. Toen erkende ik dat ik me vergist had; ik onthulde alles aan mijn geestelijke vader en vroeg om zijn gebeden. En omwille van zijn gebeden ben ik nu gered en ik bid en smeek de Heer voortdurend mij een geest van nederigheid te schenken. En als men mij zou vragen: «Wat wil je van God, welke gave ?» dan zou ik antwoorden: «De geest van nederigheid, waarover de Heer Zich boven alles verheugt.» Dankzij haar nederigheid is de Maagd Maria de Moeder Gods geworden en wordt zij boven alle heiligen op aarde en in de hemel verheerlijkt. Zij heeft zich volkomen aan Gods wil overgegeven. «Zie, de dienstmaagd des Heren», heeft zij gezegd; wij allen moeten het voorbeeld van de heilige Maagd volgen.

Omwille van de nederigheid ontvangt de ziel de rust in God; maar om deze rust te behouden, moet de ziel langdurig leren. We verliezen deze rust, omdat wij niet vast geworteld zijn in de nederigheid. De vijanden hebben ook mij zeer bedrogen. Ik dacht: mijn ziel kent de Heer, zij weet hoe goed Hij is en hoezeer Hij ons liefheeft; hoe kan het bestaan dat ik slechte gedachten krijg ? Gedurende lange tijd kon ik hier niet wijs uit worden, totdat de Heer mij inzicht schonk; toen heb ik erkend dat slechte gedachten uit de trots voortkomen.

Een onervaren monnik had te lijden van de demonen; wanneer zij hem aanvielen, vluchtte hij voor hen weg, maar zij achtervolgden hem.

Als jou iets dergelijks overkomt, wees dan niet bang en vlucht niet, maar hou dapper stand, word zelf nederig en zeg: «Heer, ontferm U over mij, die een groot zondaar ben» en de demonen zullen verdwijnen. Maar als jij laf op de vlucht slaat, zullen de demonen jou de afgrond injagen. Bedenk dat op het uur waarop de demonen jou aanvallen, de Heer ook naar jou kijkt om te zien of jij jouw hoop op Hem stelt.

Als jij Satan duidelijk ziet en hij wil jou met zijn vuur verschroeien en jouw geest gevangen nemen, wees dan wederom niet bevreesd, maar hoop vast op de Heer en zeg: «Ik ben de slechtste van alle mensen» en de vijand zal van jou weggaan.

Hoofdstuk 16 : Over de geestelijke strijd

Als jij voelt dat er een kwade geest binnenin jouzelf werkzaam is, schaam je dan niet, maar belijd je zonden oprecht en vraag de Heer met heel je hart om een nederige geest en de Heer zal jou dit zeker verlenen. Dan zul jij naar de mate van jouw nederigheid de genade in jezelf ervaren; wanneer jouw ziel volkomen nederig is geworden, zul jij de volmaakte vrede verwerven.

En een dergelijke oorlog voert de mens zijn leven lang.

De ziel die de Heer heeft leren kennen in de Heilige Geest, moet niet schrikken als zij vervolgens in de bekoring valt. Maar terwijl zij zich de liefde van God herinnert en weet dat de strijd met de vijanden wordt toegelaten vanwege haar ijdelheid en haar trots, moet ze nederig worden en de Heer om genezing vragen; de Heer geneest de ziel, soms snel en soms langzaam, stukje bij beetje. De gehoorzame leerling die vertrouwen heeft in zijn geestelijke vader en die niet in zichzelf gelooft, zal spoedig genezen van ieder kwaad dat de vijanden hem hebben aangedaan; maar wie niet gehoorzaamt, die zal zich niet beteren.

―――

De strijd van de ziel tegen de vijand duurt tot aan het graf. En als men in een gewone oorlog slechts het lichaam doodt, dan is onze oorlog moeilijker en gevaarlijker, want ook de ziel kan omkomen.

Vanwege mijn trots heeft de Heer de vijand toegestaan mijn ziel tweemaal op zodanige wijze aan te vallen dat zij zich in de hel bevond. Ik durf te zeggen dat als de ziel dapper is, zij zich niet zal overgeven, maar als zij het niet is, dan kan zij voor eeuwig verloren gaan. Ik schrijf voor al diegenen die net als ik in een dergelijk ongeluk zullen vallen: weest moedig en vertrouwt onwankelbaar op God en de vijanden zullen geen tegenstand bieden, want de Heer heeft hen overwonnen. Door de genade van God heb ik leren kennen dat de Heer in Zijn barmhartigheid voor ons zorg draagt en dat geen enkel gebed of geen enkele goede gedachte voor God verloren gaat. Dikwijls lijkt het ons dat de Heer ons niet hoort; maar dit komt slechts, omdat wij trots zijn en dat is voor ons niet nuttig. Het is moeilijk de trots in jezelf te herkennen; maar de Heer laat de trotse mens aan zichzelf over om in zijn onmacht te tobben totdat hij nederig wordt. En wanneer de ziel nederig is geworden, dan zijn de vijanden overwonnen en vindt zij een diepe rust in God.

―――

Tweemaal ben ik in de Heilige Geest geweest; en tweemaal ben ik in een grote beproeving geweest en heb ik een hevige verzoeking moeten verdragen. Een andere keer heb ik vanwege mijn trots moeten verduren dat de genade van de Heilige Geest mijn ziel had verlaten; ik voelde mij als een dier in het lichaam van een mens. Ik was God indachtig, maar mijn ziel was leeg geworden als die van een dier. Ik begon berouw te krijgen en de genade kwam terug. Dit heeft drie dagen geduurd.

Ook heb ik tijdens het gebed mogen ervaren dat ik niet wist of ik in mijn lichaam of buiten mijn lichaam was, maar mijn ziel schouwde God.

En kijk, nu weet ik uit ervaring wat het betekent om in de Heilige Geest te zijn en wat het betekent om zonder Hem te zijn.

O broeders ! Kondt gij het smachten maar begrijpen van de ziel die de Heilige Geest in zich heeft gedragen, maar die Hem vervolgens heeft verloren. Dit smachten is onverdraaglijk. De ziel verkeert dan in onbeschrijflijke droefheid en ellende.

Dit is de kwelling van Adam na zijn verjaging uit het paradijs.

Wie kan het paradijs bevatten ? Wie de Heilige Geest in zich draagt, kan het gedeeltelijk begrijpen, want het paradijs is het Koninkrijk van de Heilige Geest en de Heilige Geest is Dezelfde in de hemel en op de aarde.

Ik dacht: ik ben een gruwel en verdien allerlei straffen. Maar in plaats van straf heeft de Heer mij de Heilige Geest gegeven. O, de Heilige Geest is zoet, het zoetst van alles op aarde ! Het is hemels voedsel; het is de vreugde voor de ziel. Als jij de genade van de Heilige Geest voelbaar wil bezitten, word dan nederig zoals de heilige Vaders. Abba Pimen heeft tot zijn leerlingen gezegd: « Gelooft mij, mijn kinderen, waar Satan is, daar zal ik ook zijn.» De schoenlapper die in Alexandrië woonde, dacht: «Allen zullen gered worden, slechts ik zal tenonder gaan»; en de Heer heeft aan de heilige Antonius geopenbaard dat hij de maat van die schoenlapper nog niet bereikt had. Zij voerden een verbeten strijd tegen de demonen en zij waren gewend nederig over zichzelf te denken en daarom had de Heer hen lief.

De Heer heeft mij verleend de kracht van deze woorden te begrijpen. Wanneer ik mijn geest in de hel houd, heb ook ik vrede in mijn

HOOFDSTUK 16 : OVER DE GEESTELIJKE STRIJD 459

ziel; maar wanneer ik dat vergeet, komen er gedachten die God mishagen.

―――

Ik dacht: ik ben aarde, zondige aarde. Maar de Heer heeft mij Zijn geweldige goedheid getoond en Hij heeft mij overstelpt met Zijn genade; mijn geest verheugt zich, want de Heer houdt toch van mij, ook al ben ik ellendig. Daarom wordt mijn ziel onverzadigbaar tot Hem aangetrokken en als ik Hem vind, zal ik tegen mijn ziel zeggen: Kijk naar Hem, verlies Hem niet, «opdat u niet wat ergers geschiede» (naar Joh. 5:14). Want de ziel wordt zeer gekweld, wanneer zij de genade van de Heilige Geest verliest.

Gelooft mij, ik schrijf voor het Aangezicht van de Heer en mijn ziel kent Hem. Om de genade te bewaren, moet men zich voortdurend vernederen. En in Zijn barmhartigheid vernedert de Heer degenen die Hem dienen. De heilige Antonius dacht dat hij in de woestijn de oudste en volmaaktste van allen was, maar de Heer heeft hem naar Paulus van de Thebaïde gestuurd en Antonius zag een mens die ouder en volmaakter was dan hij.

De heilige Zosimas dacht dat hij vanaf zijn jeugd monnik was en dat niemand hem nog iets kon leren, maar Maria van Egypte verdeemoedigde hem; en hij zag dat hij haar maat nog lang niet bereikt had.

De heilige bisschop Tichon van Zadonsk[72] werd vernederd door een «dwaas in Christus», die hem op zijn wang sloeg en tegen hem zei: «Doe niet hoogmoedig».

Zo vernedert de Heer de heiligen op barmhartige wijze, opdat zij tot het einde nederig zouden blijven. Maar wij moeten des te meer nederig worden. Dag en nacht vraag ik God om de nederigheid van Christus. Mijn ziel dorst ernaar om haar te verwerven. Dit is de allerhoogste gave van de Heilige Geest. In de nederigheid van Christus is ook liefde, vrede, zachtmoedigheid, matigheid, gehoorzaamheid en lankmoedigheid: daarin liggen alle deugden besloten.

―――

Een nederige ziel, die rijkelijk de genade van de Heilige Geest in zich draagt en haar bewaart, heeft de benodigde kracht om een goddelijke verschijning te verdragen; maar wie weinig genade bezit, valt van een visioen op de grond, omdat de kracht van de genade in hem onvoldoende is.

Toen de Heer van gedaante veranderde op de Thabor stonden Mozes en Elia naast Hem en spraken met Hem, maar de apostelen vielen voorover ter aarde; maar veel later, toen de genade van de Heilige Geest in hen toenam, bleven ook zij tijdens verschijningen van de Heer staan en konden zij eveneens met Hem spreken.

Zo kon de heilige Sergius van Radonezj voor de Moeder Gods blijven staan toen zij hem verscheen, omdat hij een grote genade van de Heilige Geest bezat, maar zijn leerling Micheas viel voorover op de grond en kon niet naar de Moeder Gods kijken. Ook Serafim van Sarov had een grote genade van de Heilige Geest en kon blijven staan toen de Moeder Gods hem verscheen, maar zijn leerlinge viel op de grond, omdat zij minder genade had.

Als de ziel de genade in zich draagt, dan vreest zij demonen niet wanneer zij hen ziet, want zij voelt de goddelijke kracht in zich.

Het is nu vier uur 's nachts. Ik zit in mijn cel als in een paleis, in vrede en in liefde, en ik schrijf. Maar wanneer de grote genade komt, dan kan ik niet schrijven.

De grote wetenschap

Zolang we op de aarde leven, moeten we leren de strijd te voeren tegen de vijanden. Het moeilijkste is het vlees te versterven uit liefde voor God en de eigenliefde te overwinnen.

Om de eigenliefde te overwinnen, is het noodzakelijk zichzelf steeds te vernederen.

Dit is een *grote wetenschap* die men niet snel leert beheersen.

Men moet zichzelf beschouwen als het slechtst van allen en zichzelf veroordelen tot de hel. Hierdoor vindt de ziel de nederigheid en de tranen van het berouw, waaruit de vreugde wordt geboren. Het is goed om de ziel eraan te wennen te denken: «Ik zal branden in het vuur van de hel.» Maar jammer genoeg begrijpen maar weinig mensen dit. Veel mensen vervallen in de wanhoop en gaan ten onder.

HOOFDSTUK 16 : OVER DE GEESTELIJKE STRIJD

Hun zielen worden verhard en dan willen zij bidden noch lezen, noch zelfs maar denken aan God.

We moeten onszelf (in onze ziel) veroordelen, maar we moeten niet wanhopen over Gods barmhartigheid en Zijn liefde. Men moet een nederige en vermorzelde geest verwerven, dan zullen alle gedachten verdwijnen en zal de geest rein worden. Maar hierbij moet men zijn eigen grenzen kennen om zijn ziel niet te overbelasten. Leer jezelf kennen en belast je ziel niet boven haar krachten.

Niet alle zielen zijn even sterk: sommigen zijn sterk als steen, maar anderen zwak als rook. Trotse zielen lijken op rook. Zoals de wind de rook meevoert waarheen hij waait, zo trekt ook de vijand hen mee, waarheen hij wil, omdat zij geen geduld hebben of omdat zij zich door de vijand gemakkelijk laten misleiden. Maar nederige zielen bewaren de geboden van de Heer en zij blijven hierin onwankelbaar als een rots in de branding, waarop de golven breken. Zij hebben zich overgegeven aan de wil van God en hun geest schouwt God en de Heer verleent hun de genade van de Heilige Geest.

Wie naar de geboden leeft, die hoort ieder uur en elk ogenblik de genade in zijn ziel. Maar er zijn mensen die de komst van de genade niet herkennen.

Wie de liefde van God heeft leren kennen, gaat zeggen: «Ik heb de geboden niet bewaard. Ofschoon ik dag en nacht bid en mij inspan elk goed werk te doen, heb ik toch het gebod van de liefde voor God niet nageleefd. Ik bereik Zijn gebod slechts op zeldzame ogenblikken, maar mijn ziel zou voortdurend daarin willen verblijven.» Wanneer er in onze geest vreemde gedachten doordringen, dan denkt de geest zowel aan God als aan iets anders; dit betekent dat het gebod – God met *heel* je hart en *heel* je geest liefhebben – niet uitgevoerd is. Maar wanneer de geest volkomen opgaat in God en niet wordt afgeleid door andere gedachten, dan wordt het eerste gebod uitgevoerd, maar nog steeds onvolmaakt.

Er bestaan verschillende gradaties van liefde voor God. De mens die strijdt tegen de slechte gedachten, heeft God naar zijn vermogen lief. De mens die strijdt tegen de zonde, vraagt God hem de kracht te geven niet te zondigen, maar door zijn zwakheid valt hij nog in de zonde en treurt daarover en heeft berouw. Hij draagt de genade in het diepst van zijn ziel en van zijn geest, maar zijn hartstochten zijn nog niet overwonnen. Maar wie de hartstochten heeft overwonnen, die *heeft* verder *geen strijd* meer, maar hij is slechts op alle mogelijke manieren waakzaam over zichzelf, om niet in zonde te vervallen; hij heeft een grote en merkbare genade. Maar wie de aanwezigheid van de genade zowel in zijn lichaam als in zijn ziel voelt, die is een volmaakt mens; als hij deze genade bewaart, dan zal zijn lichaam geheiligd worden en na zijn dood veranderen in relieken.

XVII

OVER DE GEDACHTEN EN OVER DE BEKORING

Onthoud twee gedachten en vrees ze. De ene gedachte zegt: «Je bent heilig» en de andere: «Je zult niet gered worden.» Deze beide gedachten komen van de vijand en ze bevatten geen waarheid. Maar jij moet denken: «Ik ben een groot zondaar, doch de Heer is barmhartig, Hij heeft de mensen zeer lief en Hij zal mij mijn zonden vergeven.»

«Geloof dit en het zal zo gebeuren; de Heer zal jou vergeven.» Maar vertrouw niet op je eigen ascetische inspanningen, ook al span jij je zeer in. Een asceet zei mij eens: «Ik zal zeker worden gered, want ik maak iedere dag zoveel grote buigingen»; maar toen de dood kwam, verscheurde hij het hemd dat hij droeg.

Zodoende is het niet omwille van onze inspanningen, maar om niet, slechts uit pure goedheid, dat de Heer barmhartig is. De Heer wil dat de ziel nederig, zachtaardig is en dat zij iedereen liefdevol vergeeft; dan zal de Heer ook met vreugde vergeven. De Heer heeft alle mensen lief; wij moeten Hem navolgen en wij moeten ook iedereen liefhebben. Maar als wij daartoe niet in staat zijn, dan moeten wij vragen en de Heer zal niet weigeren ons bij te staan met Zijn genade.

Toen ik nog novice was heb ik de liefde van God leren kennen: zij is onbeschrijflijk. De ziel voelt dat zij met God en in God is, de geest verheugt zich in de Heer, zelfs al is het lichaam uitgeput door de uitwerking van Gods weldaden. Maar men kan deze genade al door één enkele slechte gedachte verliezen.

Met de slechte gedachten dringt de kracht van de vijand in ons binnen: de ziel wordt verduisterd en boze gedachten kwellen haar. De mens voelt dan zijn verlies en hij ziet dat hij zonder de goddelijke genade slechts zondige en broze aarde is.

———

De ziel die de Heer heeft leren kennen, leert door lange ervaring dat als de mens volgens de geboden leeft, hij de genade in zich voelt – ook al was het maar gering – en hij vrijmoedigheid in het gebed heeft; maar als hij door één enkele gedachte zondigt en geen berouw krijgt, zal de genade zich terugtrekken en dan smacht en weent de ziel tegenover God.

Zo breng de ziel haar hele leven door en strijdt tegen de gedachten. Maar verslap niet in deze strijd, want de Heer bemint de dappere strijder.

———

De slechte gedachten kwellen de trotse ziel en zolang zij niet nederig wordt, zal zij niet met rust worden gelaten. Wanneer slechte gedachten jou belegeren, roep dan God aan, zoals Adam: «Heer, mijn Schepper en Formeerder, Gij ziet dat mijn ziel verscheurd wordt door slechte gedachten... Ontferm U over mij.» En wanneer jij voor het Aangezicht van de Meester staat, wees dan onwankelbaar indachtig dat Hij al jouw verzoeken zal verhoren, mits zij nuttig zijn.

Er kwam een wolk die de zon bedekte en het werd duister. Op die manier verliest de ziel door één trotse gedachte de genade en bedekt de duisternis haar. Maar de genade komt ook omwille van één enkele nederige gedachte opnieuw terug. Ik heb dit in mijzelf waargenomen.

———

Weet dat als jouw geest geneigd is mensen gade te slaan om te zien hoe zij leven, dit een teken van trots is.

Let op jezelf. Sla jezelf gade en jij zult dit zien: zodra de ziel zich verheft boven haar broeder, volgt er direct een slechte gedachte die God mishaagt en dan moet de ziel nederig worden. Maar als zij niet nederig wordt, dan komt er een of andere kleine verzoeking op. Als

HOOFDSTUK 17 : OVER DE GEDACHTEN EN OVER DE BEKORING 465

zij wederom niet nederig wordt, dan begint er een aanval van onreinheid. En als zij nog altijd niet nederig wordt, dan valt zij in een of andere kleine zonde. En als zij dan nog niet nederig wordt, zal zij een grote zonde begaan. En zij zal doorgaan met zondigen totdat zij nederig gaat worden. Maar zodra zij berouw heeft gekregen, zal de barmhartige Heer aan de ziel vrede en het gevoel van nederige rouwmoedigheid schenken en dan zal al het kwaad voorbijgaan en de opdringerige gedachten zullen weggaan. Maar vervolgens moet jij de nederigheid uit alle macht vasthouden, anders zul je opnieuw in de zonde vallen.

Wanneer Hij ziet dat de ziel nog niet standvastig is in de nederigheid, neemt de Heer Zijn genade weg, maar verlies hierdoor de moed niet: de genade is in jou, maar zij is verborgen. Wen jezelf eraan om gedachten direct af te snijden. Als jij dit vergeet en jij verjaagt hen niet direct, dan moet jij boete doen. Span jezelf in om dit tot een gewoonte te maken. De ziel heeft haar gewoontes; men zal gedurende heel zijn leven handelen zoals men het gewend is.

Een goed mens heeft goede gedachten; een boos mens heeft boze gedachten; maar elke mens moet leren tegen de gedachten te strijden en slechte gedachten te veranderen in goede. Dit is het kenmerk van een ervaren ziel.

Misschien zul jij je afvragen hoe dit gebeurt.

Dit gebeurt als volgt: zoals de levende mens voelt of hij het koud of warm heeft, zo verneemt degene die uit ervaring de Heilige Geest heeft leren kennen, wanneer de genade in zijn ziel aanwezig is en wanneer de boze geesten naderen.

De Heer geeft aan de ziel het onderscheidingsvermogen om Zijn komst te herkennen, Hem lief te hebben en Zijn wil te doen. Zo zal de ziel eveneens de gedachten die van de vijand komen, niet herkennen aan hun uiterlijke verschijningsvorm maar aan hun uitwerking op de ziel.

Deze kennis wordt door ervaring verworven; maar de vijanden bedriegen gemakkelijk degene, die geen ervaring heeft.

De vijanden zijn door de trots gevallen; zij trekken ons daartoe ook aan en zij richten zich tot ons met lofuitingen. En wanneer de ziel deze lof aanneemt, dan zal de genade zich terugtrekken, totdat zij nederig gaat worden. En zo leert de mens zijn leven lang de nederigheid van Christus. Totdat hij zich haar heeft eigen gemaakt, zullen de gedachten zijn ziel niet met rust laten en zal hij niet kunnen bidden met een reine geest.

Wie streeft naar het reine gebed, moet zich voor geen enkel krantenbericht interesseren, hij moet geen slechte boeken lezen, noch uit nieuwsgierigheid proberen iets over het leven van anderen te weten te komen. Dit brengt vele onreine gedachten in de geest en wanneer de mens hieruit wijs wil worden, dan worden zij steeds verwarder en putten zijn ziel uit.

Wanneer de ziel de liefde van de Heer leert, heeft zij medelijden met de gehele wereld, met elk schepsel van God; zij bidt dat alle mensen berouw mogen krijgen en de genade ontvangen van de Heilige Geest. Maar als de ziel de genade verliest, dan verlaat de liefde haar, want zonder Gods genade is het onmogelijk de vijanden lief te hebben en dan «komen er boze gedachten uit het hart voort», zoals de Heer gezegd heeft (naar Matth. 15:19; Mark. 7:21-2).

Weet goed dat als boze gedachten jou kwellen, dit betekent dat jij niet nederig bent. De Heer heeft gezegd: «Leert van Mij: Ik ben zachtmoedig en nederig van hart en gij zult rust vinden voor uw zielen» (naar Matth. 11:29).

Zonder de nederigheid van Christus zal de ziel nooit vredig in God zijn, maar zal zij zich steeds laten opwinden door allerlei gedachten, die haar verhinderen God te schouwen.

Gelukkig is degene die zich vernedert, want hij heeft de volmaakte rust in God gevonden. Tot op heden vraag ik de Heer elke dag om de nederigheid, want mijn ziel heeft door de Heilige Geest geleerd wat de nederigheid van Christus is en daarom dorst ik ernaar ze te verwerven.

O nederigheid van Christus ! Wie je geproefd heeft, strekt zich onverzadigbaar, dag en nacht, verlangend uit tot God.

O wat ben ik zwak ! Ik heb een klein stukje geschreven en ik ben al afgemat en mijn lichaam zoekt rust. Ook de Heer heeft op aarde in Zijn Vlees de menselijke zwakheid leren kennen. Tijdens de storm sliep Hij op het schip, vermoeid als hij was van de reis; maar toen Zijn leerlingen Hem wekten, heeft Hij de zee en de wind bevolen te bedaren en het werd zeer stil.

Zo ontstaat er in onze ziel een grote vrede, wanneer wij de heilige Naam van de Heer aanroepen.

O Heer, verleen ons U te loven tot onze laatste adem.

De mens valt in de bekoring door onervarenheid of door trots. Als jij valt uit onervarenheid, dan zal de Heer jou snel genezen, maar als het komt door trots, dan zal jouw ziel net zo lang lijden tot zij de nederigheid heeft geleerd en dan zal de Heer haar genezen.

Wij vallen in de bekoring wanneer wij denken dat wij meer verstand en ervaring dan anderen en zelfs dan onze geestelijke vader hebben. Zo heb ik uit onervarenheid gedacht en heb daarom moeten lijden, maar ik ben God zeer dankbaar, want Hij heeft mij hierdoor vernederd en inzicht geschonken en Hij heeft Zijn barmhartigheid niet van mij weggenomen. En nu denk ik dat als men niet biecht bij zijn geestelijke vader, het onmogelijk is aan de bekoring te ontkomen, want aan geestelijke vaders heeft de Heer de macht gegeven te binden en te ontbinden.

Als jij binnenin jouzelf of buiten jouzelf een licht ziet, geloof hier dan niet in als jij op dat moment geen gevoel van nederige rouwmoedigheid voor God in je hebt, noch liefde voor je naaste; maar heb er ook geen angst voor, maar word nederig en dit licht zal verdwijnen.

Als je een visioen of een gezicht ziet of jij hebt een droom, stel daar dan geen vertrouwen in, want als het van God komt, dan zal de Heer jou ook inzicht geven. De ziel die de Heilige Geest niet door de smaak heeft leren kennen, kan de herkomst van een visioen niet begrijpen. De vijand geeft aan de ziel een zekere zoetheid die vermengd is met ijdelheid en daaraan herkent men de bekoring.

De Vaders zeggen dat als een visioen van de vijand komt, de ziel dan verwarring voelt. Maar het is slechts de nederige mens die zich niet waardig acht voor visioenen en die bij het optreden van de vijand verwarring of vrees zal voelen; maar een ijdel mens kan geen vrees en zelfs niet de minste verwarring voelen, omdat hij visioenen wil hebben en zich hiertoe waardig acht en daarom kan de vijand hem gemakkelijk bedriegen.

Al wat hemels is wordt gekend door de Heilige Geest, wat aards is door het verstand; maar wie God wil leren kennen met zijn verstand, langs wetenschappelijke weg, die is in bekoring, want God wordt slechts gekend door de Heilige Geest.

Als jij in de geest demonen ziet, word dan nederig en span je in hen niet te zien, ga zonder uitstel naar jouw geestelijke vader of starets aan wie jij je hebt toevertrouwd. Zeg alles aan jouw biechtvader en dan zal de Heer barmhartig voor jou zijn en zul jij aan de bekoring ontkomen. Maar als jij denkt dat jij van het geestelijke leven meer weet dan jouw biechtvader en als jij hem bij het biechten niet meer vertelt wat jou overkomt, dan zul jij vanwege deze trots onherroepelijk in bekoring worden geleid en dit zal worden toegelaten tot jouw lering.

―――

Bestrijd je vijanden met de nederigheid.

Als jij ziet dat jouw geest met een andere geest strijdt, verneder je dan en de strijd zal ophouden.

Als het jou overkomt dat jij demonen ziet, wees dan geenszins bevreesd maar word nederig en de demonen zullen verdwijnen; maar als jij bevangen wordt door angst, dan ontkom jij niet zonder schade. Wees dapper. Bedenk dat de Heer naar jou kijkt om te zien of jij jouw hoop op Hem stelt.

Als jij in de bekoring bent gevallen en daaruit bevrijd wilt worden, wanhoop dan niet, want de Heer heeft de mensen lief en Hij zal ver-

HOOFDSTUK 17 : OVER DE GEDACHTEN EN OVER DE BEKORING

lenen dat jij je betert; en de gedachten die de vijand aandraagt, zullen jou loslaten. Maar opdat jouw ziel zich kan bevrijden van de demonen, moet jij je vernederen en zeggen: «Ik ben het slechtst van alle mensen, ik ben slechter dan welk beest of roofdier ook» en jij moet jouw zonden oprecht belijden aan de priester en dan zullen de demonen verjaagd worden.

Zoals mensen een huis in en uit lopen, zo komen ook de gedachten die door de demonen zijn opgewekt en zij kunnen ook weer weggaan, als je hen niet aanneemt.

Als de gedachte tot je zegt: «Steel» en jij gehoorzaamt hieraan, dan heb jij hierdoor aan de duivel macht gegeven over jouzelf. Als de gedachte tegen je zegt: «Eet veel, tot je verzadigd bent» en jij doet dit, dan heeft de duivel opnieuw macht over jou gekregen. En wanneer de gedachte aan elke willekeurige hartstocht jou op die wijze zal beheersen, zul jij een woonplaats worden van de demonen. Maar als jij op de juiste manier berouw toont, dan zullen zij sidderen en gedwongen zijn te vertrekken.

Wanneer wij wenen over onze zonden en onze ziel vernederen, hebben wij geen visioenen en onze ziel verlangt er niet naar, maar als wij het wenen en de nederigheid opgeven, dan kunnen wij door visioenen worden meegesleept. Gedurende lange tijd heb ik niet geweten waarom wij een vermorzeld hart moeten bewaren als de Heer ons eenmaal vergeven heeft. Maar later heb ik begrepen dat wie geen vermorzeld hart heeft de nederigheid niet kan bewaren, want de boze geesten zijn trots en zij prenten ons ook trots in; maar de Heer leert zachtmoedigheid, nederigheid en liefde, waardoor de ziel rust vindt.

In onze strijd moeten wij dapper zijn. De Heer heeft tot de profeet Jeremia gezegd: «Spreek tot hen alles, wat Ik u gebieden zal; wees niet verslagen voor hun aangezicht, opdat Ik u voor hun aangezicht niet versla» (naar Jer. 1:17).

De Heer bemint een moedige en wijze ziel, maar als wij noch het een noch het ander bezitten, moeten wij God hierom vragen en wij moeten gehoorzaam zijn aan onze geestelijke vaders: in hen leeft de genade van de Heilige Geest. Vooral de mens wiens geest door toedoen van de demonen schade heeft geleden, moet in niets op zichzelf vertrouwen, maar hij moet altijd naar zijn geestelijke vader luisteren.

Geestelijke rampen overkomen ons vanwege onze trots, maar lichamelijk lijden laat God dikwijls toe uit liefde voor ons, zoals dat het geval was met de veelduldende Job.

Het is erg moeilijk om in zichzelf de trots te onderkennen. Maar hier zijn de tekenen: als de vijanden (de demonen) jou aanvallen of als slechte gedachten jou kwellen, betekent dit dat jij geen nederigheid bezit en daarom, ofschoon jij je niet bewust bent van jouw trots, moet jij nederig worden.

Als jij prikkelbaar bent of, zoals men wel zegt, zenuwachtig, dan is dat werkelijk rampzalig. Wanneer iemand lijdt aan aanvallen of angsten, dan worden deze ziekten genezen door een nederige geest of door het berouw en ook door het liefhebben van zijn broeder en zijn vijanden.

XVIII

DE KLAAGZANG VAN ADAM

Adam, de vader van de gehele mensheid, heeft in het paradijs de zoetheid van de liefde van God gekend en daarom leed hij bitter toen hij vanwege zijn zonde uit het paradijs verjaagd werd en de liefde van God verloor. Hij weende met een geweldig gekreun dat door heel de woestijn weerklonk. Zijn ziel werd gekweld door de gedachte: «Ik heb mijn geliefde God gekwetst.» Het speet hem niet zozeer van het paradijs en van haar schoonheid als wel van de liefde van God, die hij verloren had, de liefde van God, die de ziel onverzadigbaar elk ogenblik tot zich aantrekt.

Elke geest die God door de Heilige Geest heeft leren kennen en die vervolgens de genade heeft verloren, ervaart zo de kwelling van Adam. Het is pijnlijk voor de ziel en zij betreurt het diep dat zij haar geliefde Heer heeft gekwetst.

Adam heeft op aarde gesmacht en bitter geweend en de aarde was hem niet dierbaar. Hij had heimwee naar God en hij zei:

«Mijn ziel verlangt naar de Heer en onder tranen zoek ik Hem.
Hoe zou ik Hem niet zoeken ? Toen ik met Hem was,
was mijn ziel blij en rustig
en de vijand had geen toegang tot mij;
maar nu heeft een boze geest macht over mij gekregen
en brengt mijn ziel aan het wankelen en kwelt haar
en daarom verlangt mijn ziel tot stervens toe naar de Heer
en mijn geest hunkert naar God
en niets op aarde kan mij blij stemmen

en mijn ziel kan door niets worden getroost
maar zij wil Hem opnieuw zien
en door Hem verzadigd worden.

Ik kan Hem geen ogenblik vergeten
en mijn ziel smacht naar Hem
en vanwege mijn grote droefheid ween ik al kreunend:
«Ontferm U over mij, o God, over Uw gevallen schepsel.»

Zo jammerde Adam en de tranen stroomden over zijn gezicht, over zijn borst tot op de grond en de gehele woestijn luisterde naar zijn gekreun; de dieren en de vogels werden stil van verdriet; maar Adam weende, want door zijn zonde hadden allen de vrede en de liefde verloren.

 Groot was Adams droefheid toen hij uit het paradijs verjaagd was; maar toen hij zijn zoon Abel zag, die gedood was door zijn broeder Kaïn, werd zijn verdriet nog groter. Zijn ziel werd verscheurd door droefheid en hij weeklaagde en dacht:
«Uit mij zullen volkeren voortkomen
en zich vermenigvuldigen en zij zullen allen lijden;
zij zullen leven in vijandschap en elkaar doden.»
En zijn droefheid was zo onmetelijk als de zee.
En slechts de mens wiens ziel de Heer heeft leren kennen
en die weet hoezeer Hij ons liefheeft, kan dit begrijpen.

Ook ik heb de genade verloren en met Adam roep ik uit:
«God, wees mij zondaar genadig.
Verleen mij een geest van nederigheid en liefde.»

O liefde van de Heer ! Wie jou heeft leren kennen,
die zoekt jou onafgebroken dag en nacht en schreeuwt uit:
«Ik verlang naar U, o Heer, en onder tranen zoek ik U.
Hoe zou ik U niet zoeken ?
Gij hebt mij verleend U te leren kennen door de Heilige Geest
en deze kennis van God sleept mijn ziel mee
om U onder tranen te zoeken.»

HOOFDSTUK 18 : DE KLAAGZANG VAN ADAM

Adam weende:
«De woestijn is mij niet dierbaar.
De hoge bergen zijn mij niet dierbaar
noch de wouden noch de weidegronden
noch het gezang van vogels; niets is mij dierbaar.
Mijn ziel verkeert in diepe droefheid:
ik heb God gekwetst.
En als de Heer mij weer zou opnemen in het paradijs,
dan zou ik zelfs daar treuren en wenen:
"Waarom heb ik mijn geliefde God gekwetst ?" »

Adams ziel is na de verjaging uit het paradijs ziek geworden en in zijn droefheid heeft hij talloze tranen vergoten. Zo verlangt iedere ziel die de Heer heeft leren kennen naar Hem en roept uit:
«Heer, waar zijt Gij ? Waar zijt Gij mijn Licht ?
Waarom hebt Gij Uw Gelaat voor mij verborgen ?
Het is al lang geleden, sinds mijn ziel U gezien heeft
en zij verlangt naar U en onder tranen zoekt zij U.»
«Waar is mijn Heer ?
Waarom zie ik Hem niet meer in mijn ziel ?
Wat belet Hem om in mij te wonen ?
Dit:
de nederigheid van Christus en de liefde voor mijn vijanden
is niet in mij.»

God is onverzadigbare liefde en het is onmogelijk haar te beschrijven.

Adam liep over de aarde en hij weende vanwege de talloze kwalen van zijn hart en zijn geest dacht aan God. En toen zijn lichaam uitgeput was en hij geen tranen meer kon vergieten, zelfs toen brandde zijn geest van verlangen voor God, want hij kon het paradijs en haar schoonheid niet vergeten.

Maar Adams ziel had God nog meer lief en zij strekte zich tot Hem uit door de kracht van diezelfde liefde.

O Adam, ik schrijf over u;
maar gij ziet dat mijn geest te zwak is
om uw verlangen naar God te begrijpen
en hoe gij de last van de boetedoening hebt gedragen.
O Adam gij ziet hoezeer ik, uw kind, op aarde lijd.
Er is bijna geen vuur meer in mij
en de vlam van mijn liefde dooft haast.
O Adam, zing voor ons het lied van de Heer
opdat mijn ziel zich in Hem moge verheugen
en zich inspanne om Hem te loven en te verheerlijken
zoals de cherubijnen en de serafijnen
en alle hemelse heerscharen der engelen,
die voor Hem het Driemaal Heilig zingen.

O Adam, onze vader, zing voor ons het lied van de Heer
opdat de gehele aarde het moge horen
en al uw zonen hun geest verheffen tot God
en zich verzadigen aan de klanken van het hemelse gezang
en hun leed op aarde vergeten.

―――

De Heilige Geest is liefde en zoetheid voor ziel, geest en lichaam.

En wie God heeft leren kennen door de Heilige Geest, die strekt zich dag en nacht onverzadigbaar uit tot de levende God, want de goddelijke liefde is buitengewoon zoet. Maar wanneer de ziel de genade verliest, zoekt zij onder tranen opnieuw de Heilige Geest.

Maar wie God niet door de Heilige Geest heeft leren kennen, die kan Hem niet onder tranen zoeken en zijn ziel wordt telkens aangevallen door de hartstochten; zijn geest is voortdurend bezig met het aardse en kan niet tot beschouwing komen noch Jezus Christus leren kennen. Hij wordt door de Heilige Geest gekend.

Adam kende God en het paradijs; na zijn val heeft hij Hen onder tranen gezocht.

HOOFDSTUK 18 : DE KLAAGZANG VAN ADAM

«Adam, onze vader, spreek ons, uw zonen, van de Heer.
Uw ziel heeft God gekend op aarde,
Zij heeft ook het paradijs gekend,
haar zoetheid en haar blijdschap.
Nu woont gij in de hemelen
en gij ziet de heerlijkheid des Heren.
Zeg ons hoe onze Heer wordt verheerlijkt
omwille van Zijn Lijden;
Spreek ons van de gezangen
die in de hemelen worden gezongen,
en hoe zoet zij zijn
want zij worden in de Heilige Geest gezongen.
Spreek ons van de Heerlijkheid van de Heer;
en zeg ons hoe barmhartig Hij is
en hoezeer Hij Zijn schepsel liefheeft.
Spreek ons ook van de alheilige Moeder Gods.
Zeg ons, hoe zij verheven wordt in de hemelen
en met welke hymnen zij wordt zaliggeprezen.
Spreek ons van de vreugde van de heiligen.
Zeg ons hoe zij schitteren van genade,
hoezeer zij de Heer liefhebben
en met welk een nederigheid zij voor God staan.

O, Adam, troost ons
en schenk vreugde aan onze bedroefde zielen.
Spreek ons van hetgeen gij in de hemelen ziet...

Waarom zwijgt gij ?... De hele aarde treurt immers...
Of zijt gij zo vervuld van de liefde van God
dat gij u ons niet meer kunt herinneren ?
Of ziet ge de Moeder Gods in haar glorie
en kunt gij u niet losrukken van dat gezicht ?
Waarom wilt gij ons, die treuren, geen liefdevol woord zeggen
opdat wij het leed op aarde mogen vergeten ?

O Adam, onze vader, gij ziet toch de droefheid van uw zonen
op aarde.
Waarom zwijgt ge dan ?»

En Adam spreekt:
«Mijn kinderen, laat mij met rust.
Ik kan mij niet van Gods liefde losrukken om met u te spreken.
Mijn ziel is gewond door de liefde van de Heer
en zij verheugt zich in Zijn schoonheid.
Hoe zou ik de aarde indachtig kunnen zijn ?
Wie voor het Aangezicht van de Heer leven,
kunnen niet aan het aardse denken.»

«O Adam, onze vader, gij hebt ons, uw wezen, verlaten.
Maar wij verkeren toch in ellende op aarde.
Zeg ons, wat we moeten doen om God te behagen ?
Kijk naar uw kinderen,
die over de gehele aarde verstrooid zijn,
die ook verstrooid zijn in hun geest.
Velen zijn God vergeten,
zij wonen in de duisternis
en zijn op weg naar de afgrond van de hel.»

«Stoort mij niet. Ik zie de Moeder Gods in haar glorie;
Hoe zou ik mij kunnen losrukken om met u te spreken ?
Ik zie de heilige profeten en de apostelen.
Zij zijn allen naar het beeld en de gelijkenis
van onze Heer Jezus Christus, de Zoon van God.
Ik wandel door de tuinen van het paradijs
en overal zie ik de heerlijkheid van de Heer.
Want de Heer is in mij en heeft mij naar Zijn beeld gemaakt.
De Heer verheerlijkt de mens
door hem naar Zijn beeld en gelijkenis te maken.»

Hoofdstuk 18 : De klaagzang van Adam

«O Adam, wij zijn toch uw kinderen !
Zeg ons, die treuren op aarde
hoe wij het paradijs kunnen beërven
opdat wij, evenals gij, de heerlijkheid van de Heer mogen zien.
Onze zielen verlangen naar de Heer
maar gij woont in de hemelen en verheugt u in de heerlijkheid van de Heer.
Wij smeken u, troost ons !»

«Waarom roept gij mij, mijn kinderen ?
De Heer heeft u lief en heeft u de geboden gegeven.
Bewaart ze en hebt elkander lief en gij zult de rust in God vinden.
Weest ieder uur berouwvol over uw zonden
opdat ge de Heer moogt ontmoeten.
De Heer heeft gezegd: "Ik heb lief wie Mij liefhebben
en verheerlijk wie Mij verheerlijken." »

«O Adam, bid voor ons, uw kinderen.
Onze zielen zijn bedroefd door veel verdriet.»

―――

«O Adam, onze vader, gij woont in de hemelen;
gij ziet de Heer Die in Heerlijkheid zetelt
aan de rechterhand van God, de Vader.
Gij ziet de cherubijnen en de serafijnen en alle heiligen;
Gij hoort de hemelse gezangen,
en door hun zoetheid heeft uw ziel de aarde vergeten.
Maar wij op aarde, wij zijn bedroefd
en wij smachten naar God.
Er is bijna geen vuur meer in ons
om de Heer vurig lief te hebben.
Schenk ons bezieling !
Wat moeten wij doen om het paradijs te vinden ?»

En Adam antwoordt:
«Verstoort mijn rust niet, mijn kinderen,
want omwille van de zoetheid van de liefde van God
kan ik niet aan de aarde denken.»

«O Adam, onze zielen versmachten
en het leed drukt zwaar op ons.
Zeg ons een woord van troost.
Zing voor ons een van de gezangen die gij in de hemelen hoort
zodat de gehele aarde het hoort
en alle mensen hun ellende mogen vergeten...
O Adam, wij zijn zeer bedroefd.»

«Verstoort mijn rust niet.
De tijd van mijn rampspoed is voorbij.
Omwille van de schoonheid van het paradijs
en de zoetheid van de Heilige Geest
kan ik al niet meer aan de aarde denken.
Maar dit ga ik u zeggen:
De Heer bemint u en gij moet ook in deze liefde leven;
weest gehoorzaam aan elke autoriteit,
vernedert uw harten.
En de Heilige Geest zal in u leven.
Hij komt stil in de ziel, schenkt haar vrede,
zonder een woord getuigt Hij van haar redding.
Bezingt de Heer in liefde en met nederigheid van geest
want hierover verheugt de Heer Zich.»

«O Adam, onze vader, wat moeten wij dan doen?
Wij zingen, maar er is geen liefde noch nederigheid in ons.»

«Hebt berouw voor de Heer en vraagt.
Hij heeft de mens lief en zal hem alles geven.
Ook ik had diep berouw en treurde erover,
dat ik God gekwetst had en dat ik door mijn zonde

HOOFDSTUK 18 : DE KLAAGZANG VAN ADAM

de vrede en de liefde op aarde heb verloren.
Mijn tranen stroomden over mijn gezicht
en doorweekten mijn borst en de aarde.
En de woestijn luisterde naar mijn gekreun.
Gij kunt u mijn leed niet voorstellen,
noch hoe ik geweend heb over God en het paradijs.
In het paradijs was ik verheugd en blij:
de Geest van God schonk mij vreugde
en ik kende geen enkel lijden.
Maar toen ik uit het paradijs verdreven was,
begonnen koude en honger mij te kwellen.
De dieren en de vogels, die in het paradijs zachtaardig waren
en die van mij hielden,
werden wild en vreesachtig en zij vluchtten voor mij.
Ik werd gekweld door boze gedachten,
zon en wind verschroeiden mij,
regen doorweekte mij,
ziekten en al het leed op de aarde teisterden mij
maar ik verdroeg alles en vertrouwde vast op de Heer.
Ook gij moet boete doen:
bemint de droefheid,
versterft uw lichaam, vernedert u en hebt uw vijanden lief
opdat de Heilige Geest Zijn intrek in u moge nemen
en dan zult gij het hemelse Koninkrijk leren kennen en vinden.

Maar valt mij niet lastig:
Nu ben ik omwille van de liefde voor God de aarde vergeten
en alles wat zich daarop bevindt.
Zelfs het door mij verloren paradijs ben ik vergeten
want ik zie de heerlijkheid des Heren
en de heerlijkheid der heiligen
die afstraalt van het licht van het Aangezicht van God
en hen evenzeer stralend maakt als de Heer Zelf.»

«O Adam, zing voor ons een hemels gezang
opdat de gehele aarde het moge horen
en zich verzadigen met de vrede in de liefde van God.
Wij willen deze gezangen graag horen:
zij zijn zoet, want zij worden gezongen in de Heilige Geest.»

―――

Adam had het aardse paradijs verloren en het al wenend gezocht:
«Mijn paradijs, mijn paradijs, mijn wonderbaar paradijs.»

Maar de Heer heeft hem door Zijn liefde aan het Kruis een ander paradijs gegeven, dat beter is dan het eerste: een paradijs in de hemelen, waar het Licht van de Heilige Drie-Eenheid straalt.

Wat zullen wij de Heer teruggeven voor Zijn liefde jegens ons ?

XIX

VERHALEN OVER ERVARINGEN EN ONTMOETINGEN MET ASCETEN

Vanaf mijn jeugd hield mijn ziel ervan, zich af te vragen hoe de Heer op de wolken ten hemel was gevaren en hoe de Moeder Gods en de heilige apostelen deze Hemelvaart aanschouwd hadden. Maar toen ik de goddelijke genade verloor (in mijn jongensjaren), verhardde mijn ziel en viel ten prooi aan de zonde en ik dacht nog maar zelden aan de Hemelvaart des Heren. Maar later erkende mijn ziel haar zonden; ik was diep bedroefd dat ik de Heer had gekwetst en alle vrijmoedigheid tegenover God en de Moeder Gods verloren had. Ik walgde van mijn zonden en besloot naar het klooster te gaan – om God vergeving te vragen – en ik nam me voor God te smeken dat de barmhartige Heer mij mijn zonden zou vergeven.

Na afloop van mijn militaire dienst begaf ik mij naar het klooster. Korte tijd later werd ik overvallen door gedachten die mij ingaven terug te keren naar de wereld en te trouwen; maar ik zei vastbesloten in mijn ziel: «Hier zal ik voor mijn zonden sterven.» En ik begon ingespannen te bidden opdat de Heer mij mijn talloze zonden zou vergeven.

Op een keer overviel mij de geest van de wanhoop: het scheen me toe alsof God zich definitief van mij had afgewend, dat ik niet zou worden gered en dat mijn ziel niet aan de verdoemenis zou ontkomen. Ik voelde in mijn ziel dat God onbarmhartig en onvermurwbaar was. Deze gemoedstoestand duurde een uur of nog iets langer. Deze geestesgesteldheid was zo zwaar en zo drukkend dat het zelfs al vreselijk is daaraan terug te denken. De ziel is niet in staat dit lang te verdragen. In die ogenblikken kan men voor heel de eeuwigheid ten onder gaan. De barmhartige Heer heeft de geest van het kwaad toegestaan om een dergelijke strijd met mijn ziel te voeren.

Er ging korte tijd voorbij; ik bezocht de kerk voor de Vespers en terwijl ik naar de icoon van de Verlosser keek, zei ik: «Heer Jezus Christus, ontferm U over mij, zondaar.» En terwijl ik deze woorden sprak, zag ik op de plaats van de icoon de levende Heer en de genade van de Heilige Geest vervulde mijn ziel en heel mijn lichaam. En zo heb ik door de Heilige Geest geleerd dat Jezus Christus God is; en ik kreeg het zoete verlangen voor Christus te lijden.

Sinds de tijd dat ik de Heer heb leren kennen, strekt mijn ziel zich naar Hem uit en niets meer op aarde kan mij vreugde schenken. God is mijn enige blijdschap. Hij is mijn vreugde, Hij is mijn kracht, Hij is mijn wijsheid, Hij is mijn rijkdom.

Heer, verlicht ons door Uw Heilige Geest
opdat wij Uw liefde mogen begrijpen.

De Heer heeft ons door de Rover en door de Verloren Zoon laten zien, hoe Hij een berouwvolle zondaar met liefde tegemoet treedt. Er is gezegd, dat «de vader hem van verre zag en met innerlijke ontferming bewogen werd en hem om zijn hals viel en hem kuste» (naar Luk. 15:20-23) en Hij maakte hem geen enkel verwijt, maar liet het gemeste kalf slachten en gaf opdracht feest te vieren. Zo zijn de barmhartigheid en de liefde van God. Maar voor de zondige mens lijkt de Heer onbarmhartig, omdat er in zijn ziel geen genade is.

In het Russische klooster van de H. Panteleimon op de Athos was er een novice die de gewoonte had onafgebroken te bidden, opdat God hem zijn zonden zou vergeven. En hij begon het hemelse Koninkrijk te overpeinzen en hij dacht: «Misschien zal ik gered worden als ik

HOOFDSTUK 19 : ERVARINGEN EN ONTMOETINGEN 483

God vurig smeek mij mijn zonden te vergeven; maar als ik in het paradijs mijn ouders niet vind, dan zal ik over hen treuren, want ik houd van hen. Wat zal dit paradijs dan voor mij zijn, als ik daar vanwege mijn ouders zal treuren, die zich misschien wel in de hel bevinden ?»

Deze zondige novice dacht over het hemelse Koninkrijk: «zoals er op aarde geen vrolijk feest kan bestaan als onze ouders of naasten daar niet aanwezig zijn, zo zal ik ook in het paradijs bedroefd zijn, als ik er mijn naasten die ik liefheb, niet zal zien.»

Op die manier heeft hij bijna een half jaar gedacht. En op een dag tijdens de Vespers sloeg de novice zijn ogen op naar de icoon van de verlosser en hij zei een kort gebed: «Heer Jezus Christus, ontferm U over mij, zondaar» en zie de icoon werd de levende verlosser. De ziel en het lichaam van de novice werden vervuld met een onuitsprekelijke zoetheid. Zijn ziel had door de Heilige Geest onze Heer Jezus Christus herkend; zij begreep dat de Heer barmhartig is en dat Zijn schoonheid en zachtmoedigheid onuitsprekelijk zijn. De novice werd zich bewust dat wanneer de liefde van God een mens vervult, hij zich dan niemand meer kan herinneren en sinds die tijd brandt zijn ziel van liefde voor de Heer.

Ere zij Uw barmhartigheid o Heer !
Gij verleent de ziel
Uw liefde voor Uw schepsel te leren kennen
en de ziel kent haar Meester en haar Schepper.

De Heer heeft aan de ziel van de mens voldoende kennis over Hemzelf gegeven; en de ziel die buiten zichzelf is van vreugde, heeft haar Schepper liefgekregen. «Barmhartig is onze Heer.» En bij deze term eindigt iedere gedachte.

De ziel wordt vervuld door de Meester. Hij schenkt haar de vrede en zij vergeet de aarde in God (d.w.z. zij verblijft in God). De ziel bemint slechts de ene Heer en zij vindt haar rust in niets behalve in haar Schepper, maar van tijd tot tijd vergiet zij brandende tranen: «Waarom heb ik mijn God gekwetst, Die zo barmhartig is ?»

De Heer heeft de zondige ziel opgeroepen tot het berouw. En zij heeft zich gewend tot de Heer en Hij heeft haar in Zijn barmhartigheid aanvaard en Zich aan haar geopenbaard.

En de ziel van de mens heeft God leren kennen, de barmhartige, de lankmoedige, de allerzoetste God en zij heeft Hem liefgekregen tot het einde. Zij wordt onverzadigbaar tot Hem aangetrokken door een overvloedige en vurige liefde en zij kan Hem niet vergeten, want deze vurige liefde voor God staat de ziel niet toe dat zij Hem vergeet, overdag noch 's nachts, noch voor een enkel ogenblik.

Maar als de genade in de ziel afneemt, dan weet ik niet waarmee ik het verdriet van mijn ziel zal vergelijken: o, hoe smeekt zij dan God opnieuw om die genade die zij geproefd heeft!

―――

Het is een wonder voor mij dat de Heer mij, Zijn gevallen schepsel, niet vergeten heeft. Sommige mensen wanhopen, omdat zij denken dat de Heer hen hun zonden niet zal vergeven. Zulke gedachten komen van de vijand. Wij kunnen ons niet voorstellen hoe barmhartig de Heer is. De mens wiens ziel vervuld is van de goddelijke liefde in de Heilige Geest, weet hoezeer de Heer de mens liefheeft. Maar wanneer de ziel deze liefde verliest, treurt en smacht zij en de geest wil bij niets blijven stilstaan, maar zoekt slechts God.

―――

Een diaken heeft mij verteld: «Satan is aan mij verschenen en hij zei: "Ik houd van de trotsen, zij behoren mij toe. Jij bent trots, ik zal jou meenemen." Maar ik heb de Satan geantwoord: "Ik ben slechter dan alle mensen" en de Satan werd onzichtbaar.»

Ook ik heb iets dergelijks beleefd toen de demonen mij verschenen. Ik schrok enigszins, maar ik zei:

«Heer, Gij ziet dat de demonen mij verhinderen te bidden. Geef mij in, wat ik doen moet, zodat de demonen mij verlaten.»

En de Heer zei in mijn ziel:

«Degenen die trots zijn, hebben altijd te lijden van de demonen.»

En ik zei: «Heer, verleen mij te begrijpen wat ik moet denken, opdat mijn ziel nederig worde.»

En ik ontving dit antwoord in mijn ziel:

«Houd je geest in de hel en wanhoop niet.»

Vanaf dat ogenblik heb ik dat gedaan en mijn ziel heeft de vrede gevonden in God.

Mijn ziel leert de nederigheid van de Heer. De Heer is op ondoorgrondelijke wijze aan mij verschenen en Hij heeft mijn ziel vervuld met Zijn liefde; maar daarna is Hij verdwenen; en nu strekt mijn ziel zich dag en nacht naar Hem uit. Hij, de barmhartige, goede Herder heeft mij gezocht, Zijn schaap, dat al verwond was door de wolven en Hij heeft ze verjaagd.

Mijn ziel kent de barmhartigheid van de Heer voor de zondige mens en ik schrijf de waarheid voor het Aangezicht van God: wij die allen zondaars zijn, zullen worden gered en niet één enkele ziel zal verloren gaan, mits zij berouw heeft. Want de Heer is van nature zo goed dat dit door geen enkel woord kan worden uitgedrukt.

Keer je ziel tot de Heer en zeg: «Heer, vergeef mij» en denk niet dat de Heer jou niet vergeven zal: Zijn goedheid vergeeft stellig en Hij vergeeft onmiddellijk en heiligt. Op deze wijze onderricht de Heilige Geest in onze Kerk.

De Heer is liefde. «Proeft en ziet, hoe goed de Heer is» zegt de Schrift (naar Ps. 33:9). Mijn ziel heeft deze goedheid van de Heer geproefd en onverzadigbaar strekt mijn geest zich dag en nacht uit tot God. Ik ga schrijven over de liefde van God en ik kan mij hieraan niet verzadigen, want de herinnering aan God, de Albeheerser, houdt mijn ziel gevangen.

Uit de Heilige Geest stroomt de liefde en zonder deze liefde kan men niet aan God denken zoals het behoort. Door de Heilige Geest leert men de liefde van God voor ons kennen: deze liefde die de Heer uitstort over Zijn dienaren, opdat zij mogen bidden voor het volk. En ik zou dit niet weten, als de genade mij niet onderricht had. Maar denk niet dat ik in een grote genade ben, of dat ik in bekoring ben. Neen. Ik heb slechts de genade in haar volmaaktheid leren kennen, maar ik leef slechter dan de minste en alleronwetendste mens ... Ik ben een monnik met het grote schima, maar ik ben die roeping onwaardig. Ik heb slechts het verlangen gered te worden, maar ik verricht geen enkele ascetische inspanning. Maar de Heer heeft mij verleend de genade van de Heilige Geest te proeven; en zij maakt aan mijn ziel Gods weg bekend, die naar het hemelse Koninkrijk voert.

Ik treur omdat ik op nalatige wijze leef, maar ik kan niet beter. Ik weet dat ik beperkt ben van geest, bijna een analfabeet en een zondaar; maar zie, de Heer bemint ook zulke mensen en daarom verlangt mijn ziel ernaar met al haar krachten voor Hem te werken.

Hoe groot is Gods barmhartigheid ! Ik ben echt een ellendig en slecht mens en toch heeft de Heer mij zozeer lief. Maar Hij is de liefde Zelf; en Hij heeft allen zo lief en in Zijn barmhartigheid roept Hij hen tot Zich: «Komt herwaarts tot mij, allen die vermoeid en belast zijt, en Ik zal u rust geven» (Matth. 11:28). Deze rust in de Heilige Geest ontvangt de nederige ziel voor haar berouw.

Wij zijn nu de laatste monniken. Maar zelfs nu zijn er nog talrijke asceten, die de Heer verborgen heeft voor de mensen, omdat zij geen zichtbare wonderen doen, maar in hun ziel gebeuren elke dag ware wonderen, alleen de mensen kunnen ze niet zien. Dit is een wonder: wanneer de ziel geneigd is tot trots, verzinkt zij in neerslachtigheid en in duisternis; maar wanneer zij nederig wordt, dan komen de vreugde, de nederige rouwmoedigheid en het licht.

Wie geen strijd voert, wie niet oprecht berouw heeft, die weet dit niet en die voelt geen genade. Maar in Zijn barmhartigheid heeft de Heer aan de mensen het berouw gegeven en door het berouw worden allen zonder uitzondering gered.

Aan degenen die de genade bezitten, brengen de vijanden eerbetoon en wanneer de ziel zich door deze lofuitingen laat verleiden, zal zij hierdoor de genade verliezen. En de ziel hoort dat de genade weggaat, maar in het begin begrijpt zij niet dat dit komt door de trots en pas na een lange strijd leert zij de nederigheid.

Wanneer ik de genade verlies, dan wordt mijn ziel zeer bedroefd en ik zeg: «Waarom heb ik door mijn ongehoorzaamheid de Heer verloren ?» Wanneer zal mijn ziel opnieuw door de liefde van God verzadigd worden ? Wanneer zal zij opnieuw jubelen in de Heer ? Wanneer zal mijn hart zich verblijden en vervuld worden met Gods wijsheid, zodat Hij mij liefheeft zoals Hij de profeet David heeft liefgehad omwille van diens zachtmoedigheid, of Mozes omdat hij trouw was in het Huis des Heren (Hebr. 3:5) ?

―――

De Heer heeft ons oneindig lief. Dit blijkt duidelijk uit de Heilige Schrift en uit persoonlijke ervaring. Mijn ziel zondigt dag en nacht in gedachte, maar zodra ik zeg: «Vergeef mij, Heer, want ik ben uiterst zwak en schenk mij Uw vrede, die Gij aan Uw dienaren geeft», dan verkrijgt mijn ziel terstond de vrede.

―――

De Heer zegt: «Zalig die vrede brengen.» En ik dacht: «Ik ga een gedeelte van mijn tijd zwijgend in gebed doorbrengen, de overige tijd zal ik proberen de mensen vrede te brengen.» En ik vestigde mij in een cel die grensde aan de cel van een broeder met een opvliegend karakter, een monnik met het grote schima...

Tijdens een gesprek met hem, begon ik hem te overreden om met iedereen in vrede te leven en allen te vergeven. Hij duldde dit even, maar toen kreeg hij zulk een geweldige uitbarsting tegen mij dat ik zelfs mijn cel moest verlaten en ternauwernood aan hem ben ontkomen. Daarna heb ik hierover langdurig voor God geweend, omdat de vrede niet bewaard was gebleven. En ik begreep dat men de wil van God moest zoeken en leven zoals de Heer het wil en dat men niet voor zichzelf ascetische daden moest verzinnen. En ik heb dergelijke fouten nogal veel gemaakt. Ik lees iets en dan lijkt het me dat het goed zou zijn om zo te handelen, maar in werkelijkheid komt het heel anders uit.

Het is moeilijk om zonder starets te leven. Een nog onervaren ziel begrijpt de wil van God niet en moet veel leed verduren alvorens zij de nederigheid zal leren.

―――

In het allereerste begin toen ik een jonge novice was, zei ik tegen mijn biechtvader dat ik een zinnelijke gedachte had aangenomen en hij antwoordde mij: «Neem zoiets nooit meer aan.» Sinds die tijd zijn er vijfenveertig jaar verstreken en ik heb geen enkele keer meer een onreine gedachte aangenomen en ik ben geen enkele maal op iemand kwaad geweest, want mijn ziel is de liefde van de Heer indachtig en de zoetheid van de Heilige Geest en ik vergeet beledigingen.

Vijftien jaar geleden stuurde vader hegoumen (archimandriet Misaël) vader S. naar de boot van het klooster, maar hij weigerde en zei: «Ik ga niet.» Toen vroeg de hegoumen hem: «Waar wil je dan naar toe ?» Vader S. antwoordde: «Hout hakken in het bos.» Hij ging erheen maar korte tijd later viel er een boom op hem en toen moest hij lange tijd in het ziekenhuis liggen en hij deed boete voor zijn ongehoorzaamheid.

Zo heb ik tenslotte ook een keer een gehoorzaamheid gevraagd die overeenkwam met mijn eigen wil. Ik was werkzaam als klooster-econoom en ik wilde als hesychast gaan wonen in het oude Rossikon. Daar werd altijd gevast: de hele week at men er zonder olie behalve op zaterdag en zondag en vanwege deze vasten gingen daar maar weinig mensen heen. In die tijd was vader Serapion de «gastenmonnik»; hij at slechts water en brood; en na hem kreeg vader Onisiforus deze taak. Deze monnik trok veel mensen aan door zijn nederigheid en zijn zachtmoedigheid en door zijn gave van het woord. Hij was zo zachtmoedig en zo nederig dat je ook zonder woorden, door slechts naar hem te kijken, al beter werd. Zo vreedzaam en goed was zijn karakter. Ik heb lang met hem samengeleefd. Vader Sabinus heeft gedurende zeven jaar niet op zijn bed gelegen. Vader Dositheus was in alle opzichten een voorbeeldige monnik. Vader Anatoli, een monnik met het grote schima, had de gave van het berouw. Hij zei tegen mij: «Gedurende talrijke jaren wist ik niet hoe de genade werkte, maar nu weet ik het.» Hij ontving de genade tijdens een maaltijd in de refter.

Daar woonde ook vader Israël. Hij had een visioen van de Moeder Gods gekregen. Hij was heel oud en toen hij nog in Rusland verbleef, heeft hij de heilige Serafim van Sarov bezocht en hem gezien toen deze nog leefde. Vader Israël woonde in het hutje waar nu de moestuinen zijn; daar was gras en wij hooiden dat. Op een keer ging ik bij hem langs. Hij zat op een bankje onder een groene eik. Hij was lang en erg mager; hij zat daar, met zijn gebedsnoer in de handen. Ik was een jonge monnik; ik ging naar hem toe, maakte eerbiedig een diepe buiging en zei tegen hem: «Zegen, vader.» En hij sprak liefdevol: «God

Hoofdstuk 19 : Ervaringen en ontmoetingen

zegene je, kind van Christus.» En ik zei tegen hem: «Vader, u bent hier alleen; u hebt het hier goed om u toe te leggen op het geestelijke gebed.» En hij antwoordde: «Het gebed is altijd geestelijk, maar wij zijn het, die zonder geest zijn.» Ik schaamde me en durfde hem verder niets meer te vragen, maar ik had ook de betekenis van zijn woorden niet begrepen. Pas veel later begreep ik wat «wij die zonder geest zijn» betekende, omdat wij niet kunnen leven noch werken voor God zoals dat zou moeten. Behalve starets Israël waren er in ons klooster nog twee vaders die de heilige Serafim van Sarov hadden bezocht: vader Sabinus en vader Serafim. Zij kwamen uit Tambov.

En naar deze asceten wilde ik toegaan om met hen te leven; en ik drong er uit alle macht bij de hegoumen op aan dit toe te staan en ik verliet mijn post als econoom. Maar het was God niet welgevallig dat ik daar leefde; na anderhalf jaar werd ik weer teruggeroepen en moest ik mijn vroegere gehoorzaamheid weer opnemen omdat ik in de bouw ervaring had. Maar de Heer heeft mij vanwege mijn eigenzinnigheid gestraft en in het Rossikon heb ik een hoofdverkoudheid opgelopen en tot op heden heb ik voortdurend hoofdpijn. Zo moeten we altijd Gods wil, die door de hegoumen wordt vertolkt, herkennen en wij moeten niet voor onszelf op iets aandringen.

———

De liefde voor God verleent kracht om de gehele nacht in gebed door te brengen, maar ik, zwakkeling, kon dit vanwege de hoofdpijn niet meer volhouden en ik moest rust nemen. De hoofdpijn was mij gegeven, omdat ik op mijn eigen wil had aangedrongen en omdat ik de gehoorzaamheid als econoom had opgegeven om naar de «woestijn» te gaan, om meer vrijheid te hebben voor gebed; maar de Heer wilde dat ik mijn leven lang econoom zou zijn in het klooster.

Tweemaal werd ik benoemd tot bouwmeester, de eerste keer als hoofd-econoom, maar ik weigerde en daarvoor heeft de Heer mij gestraft. Pas veel later heb ik begrepen dat iedereen nodig is op zijn eigen plaats en dat allen onafhankelijk van hun rang gered worden.

———

Toen de vergadering van de oudsten van het klooster mij tot econoom had benoemd in plaats van vader Severianus, begon ik bij terugkomst in mijn cel te bidden: «Heer, Gij vertrouwt aan mij de zorg voor ons grote klooster toe, help mij om deze taak te vervullen.» En in mijn ziel ontving ik het antwoord: «Wees de genade van de Heilige Geest indachtig en span je in haar te verwerven.»

Mijn ziel treurt. Vanwege mijn ziekte kan ik God niet dienen. De hoofdpijn put me uit en de genade die de pijn overwint, is niet met mij. Wanneer men een grote genade heeft, dan verlangt de ziel ernaar te lijden. Op deze wijze hadden de martelaren een grote genade en verheugde hun lichaam zich samen met hun ziel, wanneer zij gemarteld werden omwille van hun geliefde Heer. Wie deze genade heeft ervaren, die weet dat; maar wij moeten ziekten dulden. Ziekte en armoede maken een mens tot het einde nederig. Ik bezocht de zieke vader S. en zei tegen hem: «Hoe gaat het met u ?» Maar door zijn ziekte was hij van streek geraakt en in plaats van een antwoord gooide hij zijn muts op de grond. Ik zei tegen hem: «Dank God voor je ziekte, want anders zul je een moeilijke dood hebben. Zie jij zult het grote schima ontvangen; de genade zal komen en jou troosten in jouw leed.»

Toen hij het grote schima had ontvangen, ging ik hem de volgende dag gelukwensen en ik vroeg: «Hoe gaat het met je ?» En hij antwoordde mij vol vreugde:

«Als in de heilige Doop heeft de Heer mij om niet de Heilige Geest geschonken.»

En verder verdroeg hij zijn ziekte gemakkelijk en is in grote vrede ontslapen, want de zoetheid van de Heilige Geest gaat alle zoetheid van de wereld te boven.

De Heer geeft aan zondaars de genade van de Heilige Geest en daarom is ons geloof vast. En hoe zullen wij aan de Heer onze dankbaarheid tonen voor Zijn liefde, die wij iedere dag en op elk uur voelen ?

Een jonge monnik, die gewijd was met het grote schima, heb ik gevraagd of hij niet de genade had verloren die hij bij deze wijding ontvangen had. Er waren al twaalf dagen verstreken sinds hij zijn wijding had ontvangen. Hij zei tegen mij:

«Ofschoon ik ziek ben, hoor ik toch de genade van God in mijn ziel.»

Er verstreken nog eens tien dagen en weer vroeg ik hem hetzelfde.

«God zij dank, ik voel de barmhartigheid van de Heer», antwoordde hij met een stralend gezicht.

Hoofdstuk 19 : Ervaringen en ontmoetingen

Als mijn ziel de nederigheid verloor, dan merkte ik dat ik prikkelbaar werd, maar mijn ziel was de nederigheid van Christus indachtig en dorstte hiernaar. Ik smeekte God om mij te vergeven en te reinigen van de geest van trots en mij vrede te schenken. En toen mijn ziel de zonden ging haten, heeft de Heilige Geest mij het onophoudelijk gebed en de liefde geleerd. En terwijl ik wist, hoezeer de Heer Zijn volk liefhad, in het bijzonder de overledenen, vergoot ik voor hen iedere avond tranen. Ik vind het ellendig dat de mensen zichzelf beroven van een Heer die zo barmhartig is. En op een keer heb ik tegen mijn biechtvader gezegd:

«Ik heb medelijden met de mensen die lijden in de hel en iedere nacht ween ik voor hen en mijn ziel heeft zulke pijn dat ik zelfs de demonen beklaag.» En mijn biechtvader antwoordde mij dat dit gebed afkomstig was van Gods genade.

Een asceet vroeg mij: «Ween jij over jouw zonden ?» Ik antwoordde hem: «Vrij weinig, maar ik ween veel voor de gestorvenen.» Toen zei hij tegen mij: «Ween jij maar over jezelf, de Heer zal Zich wel erbarmen over de anderen. Zo heeft hegoumen Makarius gesproken.»

Ik gehoorzaamde en deed zoals hij mij gezegd had; ik weende niet langer over de gestorvenen, maar toen droogden ook de tranen voor mijzelf op.

Hierover sprak ik met een andere asceet die de gave van tranen had. Hij hield ervan het Lijden van Christus te overdenken, hoe de Heer, de Koning der Heerlijkheid, zozeer voor ons geleden had; en iedere dag vergoot hij talloze tranen. Ik vroeg deze asceet: «Moet ik voor de gestorvenen bidden ?» Hij zuchtte en zei: «Als het mogelijk was, zou ik hen allen uit de hel halen en slechts dan zou mijn ziel de vrede vinden en zich verheugen.»

Tegelijkertijd maakte hij met zijn armen een gebaar alsof hij schoven op een veld vergaarde en de tranen stroomden uit zijn ogen.

Daarna hield ik de gebeden voor de ontslapenen niet langer tegen en de tranen keerden terug en ik weende veel terwijl ik voor hen bad.

Ik heb mijn leven in het goede en in zonden doorgebracht en in de loop van zestig jaar heb ik ontdekt welke kracht de gewoonte heeft. De ziel en het verstand kunnen ook gewoonten krijgen. En de mens handelt zoals hij gewend is. Als hij aan de zonde gewend is geraakt, zal hij voortdurend tot de zonde worden aangetrokken en de demonen helpen hem daarbij; maar als hij gewend is aan het goede, zal God hem door Zijn genade bijstaan.

Als jij jezelf eraan went voortdurend te bidden, je naaste lief te hebben en in je gebed voor de gehele wereld te wenen, dan zal jouw ziel zich uitstrekken tot het gebed, de tranen en de liefde. En als jij je eraan went aalmoezen te geven, gehoorzaam te zijn en tegenover je geestelijke vader open te zijn in je Biecht en jij altijd op deze wijze zult handelen, dan zul jij hierin de vrede in God vinden.

———

De ziel die ervan houdt mensen te oordelen of die ongehoorzaam is of onmatig of die de rouwmoedigheid in de steek laat, zal niet kunnen ontkomen aan demonische intriges noch zich weten te bevrijden van slechte gedachten; maar als zij haar zonden beweent en haar broeder liefheeft, dan zal de Heer haar tranen geven voor de gehele wereld.

«O Heer, geef mij tranen
opdat mijn ziel dag en nacht moge wenen
uit liefde voor mijn broeder.»

En zie, God verhoort het gebed en geeft *tranen in overvloed* aan de ziel.

Onze Heer houdt ervan wanneer wij in ons gebed voor de mensen uit liefde tranen vergieten en in Zijn barmhartigheid luistert Hij naar ons.

———

Op een keer liep ik door de velden vanuit het kamp Oestizjorsk, waar ons bataljon van geniesoldaten 's zomers gelegerd was, naar het dorp Kolpino om daar op het postkantoor geld over te maken dat ik wilde opsturen naar de heilige Berg; onderweg kwam er een hond die hondsdol was recht op mij afgestormd en toen hij vlakbij mij was gekomen, zei ik slechts: «Heer, ontferm U.» Bij deze woorden wierp een kracht de hond opzij, alsof hij ergens op was gebotst en hij rende langs mij heen in de richting van Kolpino. Daar heeft hij veel mensen gebeten en grote schade berokkend aan mens en aan dier.

Hoofdstuk 19 : Ervaringen en ontmoetingen

Vanaf dat ogenblik heb ik begrepen hoezeer de Heer de zondige mens nabij is en hoe snel Hij zijn gebeden verhoort.

Eens sloeg ik zonder noodzaak een vlieg dood en gewond kroop het arme insekt nog over de grond met een kapot lijfje. Drie dagen achtereen heb ik geweend over mijn wreedheid jegens een schepsel en tot op heden herinner ik me deze gebeurtenis steeds.

Op een keer verschenen er vleermuizen op de balustrade in mijn magazijn; ik goot kokend water over hen heen; opnieuw heb ik hierom vele tranen vergoten. Vanaf die tijd heb ik geen enkel levend wezen ooit nog kwaad gedaan. Op een keer, toen ik vanuit het klooster naar het oude Rossikon liep, zag ik op het pad een dode slang liggen die in stukjes was gesneden; elk deeltje kronkelde nog krampachtig. Ik werd gegrepen door medelijden met alle schepsels, voor elk wezen dat lijdt en ik weende langdurig voor God.

De Geest van God leert de ziel om al wat leeft lief te hebben, zodat zij zelfs geen groen blaadje aan een boom zou willen beschadigen en geen veldbloem vertrappen. Zo leert de Geest van God ons de liefde voor alles wat bestaat en de ziel heeft medelijden met elk schepsel; zij heeft ook haar vijanden lief en zij beklaagt zelfs de demonen, want door hun val zijn zij van het goede afgevallen.

Daarom heeft de Heer ons ook opgedragen onze vijanden lief te hebben en de Geest van God geeft ons de kracht hen lief te hebben. En als wij hiertoe niet in staat zijn en als er geen liefde in ons is, laten wij de Heer, Zijn alheilige Moeder en alle heiligen vurig smeken en de Heer zal ons bij alles helpen: Hij Wiens liefde voor ons zo grenzeloos is. Wanneer Hij onze ziel en ons lichaam aanraakt, verandert alles in ons en is er een grote vreugde in de ziel, want zij kent haar Schepper en Zijn ondoorgrondelijke barmhartigheid.

Er zijn mensen die zich hechten aan dieren, die hen aanhalen, liefkozen en met hen praten. Zij hebben de liefde van God verlaten en hierdoor gaat ook de onderlinge liefde tussen broeders verloren: die liefde waarvoor Christus in groot Lijden gestorven is. Het is onverstandig om zo te handelen. Geef de dieren en het vee hun voedsel en sla hen niet; daaruit bestaat de goedheid van de mens tegenover hen; maar zich aan hen hechten, hen liefhebben, hen aaien en met hen praten, dat is dwaasheid voor de ziel.

De ziel die de Heer heeft leren kennen, staat steeds in liefde en vreze voor Hem; hoe is het dan mogelijk om daarbij nog van dieren, katten en honden te houden, hen te aaien en met hen te spreken ? Dat betekent dat de mens Christus' gebod vergeten is om God lief te hebben, met geheel zijn hart, geheel zijn ziel en geheel zijn verstand. Wilde dieren, vee en elk ander dier, dat is de aarde; wij moeten onze geest niet hechten aan de aarde, maar wij moeten met alle kracht van onze geest de Heer, Zijn alreine Moeder, onze Beschutting, en de heiligen liefhebben en hen vereren; zij bidden voor ons en zij zijn bedroefd wanneer wij Gods gebod verwaarlozen.

Op een keer kreeg ik de gedachte verse vis te kopen. Ik had geen eigen geld maar wel geld van het klooster bij mij en ik had hem kunnen kopen, maar ik wilde de regel van het kloosterleven niet overtreden. Deze gedachte achtervolgde mij echter en dit ging zover dat ik zelfs in de kerk tijdens de Liturgie die vis in mijn gedachten had. Toen begreep ik dat deze gedachte van de vijand kwam en heb ik leren inzien dat de genade ons helpt om weinig te eten, maar dat de duivel ons aanzet tot veel eten en tot het genieten van voedsel.

Gedurende drie dagen werd ik door deze gedachte gekweld en kon haar slechts met grote moeite door gebed en tranen afweren. Zo moeilijk is het om te strijden zelfs met zulke kleine verzoekingen. Maar in een metochion van het klooster gebeurde het volgende met mij: ik at tot ik verzadigd was, maar twee uur later kon ik al weer net zoveel eten. En ik woog me op de weegschaal en wat zag ik: in drie dagen tijd was ik 4 kilo aangekomen. En ik begreep dat dit een verzoeking was, want wij, monniken, moeten ons lichaam mager houden zodat daarin geen enkele beweging is die het gebed zou kunnen hinderen. Een verzadigd lichaam verhindert een rein gebed. En de goddelijke Geest komt niet als de buik verzadigd is. Overigens moeten wij met mate weten te vasten, zodat wij niet vroegtijdig verzwakken en dan geen gehoorzaamheid meer kunnen uitvoeren. Ik heb een novice gekend die zichzelf door vasten had uitgeput, maar hij verzwakte zozeer dat hij voortijdig gestorven is.

HOOFDSTUK 19 : ERVARINGEN EN ONTMOETINGEN 495

Ik herinner me dat ik in de Vespers stond in de kerk gewijd aan de Bescherming van de Moeder Gods.

Vader N., de biechtvader, las de Akathist; onderwijl keek ik naar hem en dacht: deze hiëromonnik is dik, hij kan geen grote buigingen maken. Op dat ogenblik maakte ik zelf een buiging en plotseling gaf iemand mij op onzichtbare wijze een slag in mijn middel; ik wilde schreeuwen: «Houd mij vast», maar vanwege de felle pijn kon ik dit niet.

Zo heeft de Heer mij in Zijn goedheid gestraft en hierdoor kreeg ik het inzicht dat men zijn naaste niet moet oordelen.

Op een keer na het gebed ging ik zitten en dacht: «Ik heb geen zin om te sterven.» En ik zei: «Heer, Gij ziet mijn hart, Gij ziet dat ik niet wil sterven. Wanneer iemand lange tijd zijn ouders niet heeft gezien, gaat hij verheugd naar hen toe, maar mijn ziel kent U, barmhartige Heer, en ondanks alles heb ik geen zin om te sterven.»

En ik kreeg dit antwoord in mijn ziel: «Dat komt omdat je niet voldoende van Mij houdt.» En inderdaad heb ik de Heer te weinig lief.

Vader Lazarus, die kapitein in het leger was geweest, vertelde het volgende: «Een man reed naar het bos om hout te halen. Uitgeput van het werk ging hij liggen uitrusten onder een grote eik, hij keek omhoog naar de takken van de eikeboom en zag daaraan massa's grote eikels hangen en hij dacht: "Het zou beter zijn geweest als er aan die boom pompoenen groeiden." Met die gedachte sloot hij zijn ogen en plotseling viel er een eikel omlaag die hard terecht kwam op zijn lippen. Toen zei de man: "Ik heb me vergist, God is verstandiger dan ik en Hij heeft het goed ingericht dat er aan een eik eikels groeien en geen pompoenen. Als dat een pompoen was geweest, dan had hij mij gedood door zijn gewicht." »

Zo oordelen wij vaak over Gods schepping in plaats van ons aan de wil van God over te geven. De mens die zich heeft overgegeven aan Zijn heilige wil, heeft vrede; maar wie met zijn verstand probeert alles te begrijpen, die is ongeoefend in het geestelijk leven. Om Gods wil te leren kennen, moet men zich hieraan onderwerpen en dan zal de Heer door Zijn genade verstand schenken en wordt het gemakkelijk om te leven. En ook al was die mens nu ziek of arm, in zijn ziel zal hij verheugd zijn omdat hij zowel van ziel als van verstand gezond is en hij schouwt de Heer met zijn geest en in nederigheid van geest bemint hij Hem en vergeet de wereld omwille van die liefde; maar als hij zich de wereld herinnert, dan dwingt de goddelijke liefde hem voor de wereld te bidden, zelfs tot tranen toe. Zo aangenaam is de weg van de Heer voor onze geest.

———

Onlangs is er brand geweest in de «kellion»[73] van de heilige Stefanus. Een monnik van deze kellion was buiten toen er brand uitbrak in het gebouw. Hij wilde een aantal zaken redden, stormde er naar binnen en werd toen zelf verbrand. Maar als hij tot de Heer gebeden had en gezegd had: «Heer, ik wil dit en dat voorwerp redden, geef mij in of ik dit mag doen», dan zou de Heer hem *absoluut* duidelijkheid hebben gegeven en Hij zou hem gezegd hebben: «Ga», indien dat mogelijk was geweest en: «Ga niet», als dat niet had gekund. Zo is de Heer ons nabij en zozeer heeft Hij ons lief.

In mijn leven heb ik dikwijls op het moment van een ongeluk aan de Heer vragen gesteld en ik heb altijd een antwoord gekregen. Deze liefde hebben wij niet gekend door ons verstand maar door de genade van de Heilige Geest, dankzij Gods barmhartigheid. Misschien zal men zeggen: «Dit gebeurt slechts met heiligen.» Maar ik zeg dat de Heer ook de allergrootste zondaar liefheeft en hem Zijn genade geeft, mits zijn ziel zich maar afkeert van de zonde. De Heer zal haar met grote vreugde in Zijn armen opnemen en zal haar naar de Vader dragen en dan verheugen alle hemelen zich over haar.

———

Op 14 september 1932 vond er een hevige aardbeving plaats. Dat gebeurde 's nachts, op het vierde uur[74], tijdens de Vigilie voor het feest van Kruisverheffing. Ik stond in het koor, naast de biechtplaats van de overste, terwijl hijzelf vlakbij mij stond, net naast die biechtplaats. Juist op die plaats viel uit het plafond een baksteen naar beneden en regende het stucwerk omlaag. Eerst schrok ik een beetje, maar al gauw werd ik kalm en zei tegen de overste: «Zie de barmhartige Heer wil dat wij berouw krijgen.» En wij keken naar de monniken; beneden in de kerk en in het koor was bijna niemand geschrokken. Ongeveer zes mensen verlieten de kerk, de anderen bleven op hun plaats en de Vigilie ging gewoon verder, zo rustig alsof er niets was gebeurd. En ik dacht: «Hoe overvloedig is de genade van de Heilige Geest in de monniken, dat zij kalm blijven tijdens zo'n grote aardbeving, waarvan heel het reusachtige kloostergebouw trilt, de kalk naar beneden valt, de kroonluchters, de olielampen, de kandelaars zwaaien en de klokken in de klokketoren luiden en zelfs de grote klok luidt vanwege de enorme schokken !» En ik dacht: «De ziel die de Heer heeft leren kennen, is voor niets bevreesd, behalve voor de zonde en vooral voor de zonde van hoogmoed. Zij weet dat de Heer ons liefheeft; en als Hij ons liefheeft, waarvoor zouden wij dan angst hebben. De barmhartige Heer stuurt ons de vermaning: "Mijn kinderen, bekeert u en leeft in de liefde, weest gehoorzaam en sober en leert van Mij zachtmoedigheid en nederigheid; en gij zult rust vinden voor uw zielen." »

Op een keer was ik op weg naar het Servische klooster Chilandari. Vader Nikolaj, de gastenmonnik van onze skite van de Thebaïde, voegde zich bij mij. Het was nacht, wij liepen door een groen bos; de weg was aangenaam, evenals het gesprek. Wij spraken over de liefde tot de naaste, en vader Nikolaj vertelde me een opmerkelijke gebeurtenis.

In Zuid-Rusland, in de buurt van Rostov, werkte een ploeg van twintig arbeiders. Een van hen, Andrej genaamd, had een onmogelijk karakter en een slecht gedrag, zodat het moeilijk was om met hem samen te leven. Een ander, de jongste van hen, was een buitengewoon goed mens, die God liefhad en de geboden van de Heer bewaarde; hij heette Nikolaj. Toen Andrej zijn kameraden allerlei kwaad deed en narigheid had bezorgd, bedachten zij een plan om hem te doden, maar de jonge Nikolaj was het niet eens met dit misdadige voornemen en probeerde hen te overreden om hem in geen geval te doden. De ploegmaten luisterden niet naar Nikolaj en vermoordden Andrej. De moord kwam aan het licht. De zaak kwam bij de politie. Nikolaj, die hun ongeluk zag, zei toen tegen hen: «Jullie hebben allen een vrouw en kinderen maar ik ben vrijgezel, ik ben alleen. Jullie moeten zeggen dat ik de moord heb gepleegd en ik zal datzelfde ook zeggen; voor mij is het niet erg dwangarbeid te verrichten en ik zal alleen gaan; maar als men jullie veroordeelt, hoeveel mensen zullen er dan wel niet lijden !» Eerst antwoordden zijn maten niet, omdat zij zich schaamden tegenover Nikolaj, die nog geprobeerd had hen af te houden van de moord; maar ondanks alles overreedde hij hen tenslotte toch en stemden zij er allen mee in om te zeggen dat Nikolaj de moord had gepleegd.

De autoriteiten, de officier van justitie, de onderzoeksrechter en de politie arriveerden ter plaatse en het onderzoek begon: «Wie heeft de moord gepleegd ?» Nikolaj antwoordde: «Ik heb hem gedood.» De anderen werden ondervraagd en zij zeiden eveneens dat Nikolaj de dader was. Nikolaj had een lief gezicht en een nederig karakter en hij sprak rustig en zacht. De rechters van instructie ondervroegen hem langdurig, want zij konden niet geloven dat een dergelijk zachtmoedig en rustig persoon een moordenaar was, maar de zaak kreeg zijn verloop en werd overgegeven aan de rechtbank. Ook bij de rechtbank was iedereen verbaasd dat een dergelijk beminnelijk en nederig mens een moord zou hebben gepleegd en geen enkele rechter wilde hem geloven, ofschoon Nikolaj bevestigde dat hij degene was die gedood had. En het duurde lang alvorens men het vonnis wees. Niemand in de rechtbank wilde zijn vonnis onderschrijven. En weer verhoorde men Nikolaj en alle anderen langdurig om het mysterie op te helderen en zij bezworen hem de waarheid te zeggen. Tenslotte verklaarde de onschuldig beklaagde Nikolaj dat hij de waarheid zou zeggen, als men de echte moordenaar niet zou vervolgen. Tijdens de rechtzaak was gebleken dat de vermoorde Andrej een slecht mens was geweest en de officier van justitie en de rechters kwamen overeen de zaak te sluiten, als zij de waarheid zouden horen. En toen vertelde niet Nikolaj zelf, maar de anderen, wat er gebeurd was en hoe Nikolaj besloten had de schuld op zich te nemen om hen te redden van de straf. De rechters schorsten de zaak en zeiden dat de misdaad van Nikolaj niet was bewezen; en één van de rechtslieden zei zelf: «Andrej was een slecht mens, hij heeft slechts gekregen wat hij verdiende, maar dit zijn goede mensen, laat hen in vrede leven.»

Uit deze gebeurtenis ziet men welk een kracht de liefde voor de naaste bezit. De goddelijke genade was in het hart van de jonge Nikolaj en weerspiegelde zich op zijn gezicht en werkte in op alle andere mensen.

Vader Johannes van Kronstadt

Vader Johannes heb ik gezien in Kronstadt. Hij celebreerde de Liturgie. Ik was getroffen door de kracht van zijn gebed en tot op heden – sinds toen zijn bijna veertig jaar verstreken – heb ik nooit meer iemand zo zien dienen als hij. Het volk hield van hem en alle mensen stonden onbeweeglijk in vreze voor God. En dat is niet verwonderlijk: de Heilige Geest trekt de harten van mensen tot Zich aan. Wij zien in het Evangelie hoe een menigte mensen de Heer volgde. Het woord van de Heer trok het volk aan, want het werd gesproken door de Heilige Geest en daarom is het zoet en aangenaam voor de ziel. Toen Lukas en Kleopas naar Emmaüs liepen en de Heer onderweg tot hen naderde en met hen sprak, ontvlamden hun harten in liefde voor God. Vader Johannes had ook in overvloed de Heilige Geest in zich, Die zijn ziel deed ontvlammen in liefde voor God; en diezelfde Geest was door hem werkzaam in de mensen. Ik heb gezien hoe het volk achter hem aanrende alsof er brand was, om zijn zegen te krijgen; en wanneer zij de zegen hadden ontvangen, waren zij gelukkig, omdat de Heilige Geest aangenaam is en vrede en zoetheid geeft aan de ziel.

Sommige mensen dachten slecht van vader Johannes en daardoor beledigden zij de Heilige Geest, Die na zijn dood in hem woonde en nog steeds woont. Zij zeiden dat hij rijk was en goed gekleed ging. Maar zij weten niet dat rijkdom geen schade toebrengt aan de mens in wie de Heilige Geest woont, omdat zijn ziel volkomen in God is; zij werd door God veranderd en zij had rijkdom en kleding vergeten. Gelukkig zijn degenen die vader Johannes liefhebben, want hij zal voor hen bidden. Zijn liefde voor God is vurig; hij is volkomen ontvlamd in liefde.

Grote Vader Johannes, gij zijt onze voorbidder !
Ik dank God, dat ik u heb gezien,
ik dank u ook, goede, heilige herder,

want dankzij uw gebeden
heb ik de wereld verlaten en de heilige Athosberg bereikt,
waar ik de grote barmhartigheid van God heb gezien.

En nu schrijf ik terwijl ik mij verheug dat de Heer mij verleend heeft het leven en de ascese van deze goede herder te begrijpen.

Het is een grote ascese om met een jonge vrouw samen te leven en haar niet aan te raken. Dat kunnen alleen zij, die de Heilige Geest merkbaar in zich dragen. De Heilige Geest is zoet en overwint de aantrekkingskracht van een jonge echtgenote. Talloze heiligen hebben de nabijheid van vrouwen gevreesd, maar zelfs temidden van vrouwen bezat Vader Johannes de Heilige Geest, Wiens zoetheid de vleselijke liefde te boven gaat.

Ik zal er nog bij zeggen dat hij zo nederig was, dat hij de genade van de Heilige Geest niet verloren heeft, daarom hield hij zoveel van het volk en leidde hij hun geest naar God.

Zie je in hem de werkzame kracht van de Heilige Geest ? Als je zijn boek «Mijn leven in Christus» leest, dan voelt je ziel de kracht van Gods genade in zijn woorden. Misschien zul je zeggen: «Maar ik lees dit zonder enig plezier.» Dan vraag ik je: «Komt dat niet omdat je trots bent ? De genade beroert een trots hart niet.»

Vader Johannes, heden woont gij in de hemelen
en schouwt gij de Heer,
Die door uw ziel al op aarde werd bemind.
Wij smeken u: bid voor ons
opdat wij ook de Heer mogen liefhebben
en het berouw tonen waarin de Heer Zich verheugt.
Goede en heilige herder,
als een adelaar zijt gij opgestegen
hoog boven het uitgestrekte Rusland
en vanuit de hoogte hebt gij de noden gezien van het volk,
De Heilige Geest, die in u woont,
heeft u daarheen omhooggetrokken.
Door de kracht van de Heilige Geest
hebt gij het volk tot God aangetrokken

en de mensen die luisterden naar Gods woord uit uw mond
weenden en kregen vurig berouw.

Grote en goede herder,
ook al zijt gij naar het lichaam gestorven,
toch zijt gij in de geest met ons
en terwijl gij voor God staat in de Heilige Geest,
ziet gij ons vanuit de hemelen.
En nederig vereren wij u.

Vader Stratonik

Tweemaal heeft een kluizenaar uit de Kaukasus, vader Stratonik genaamd, de heilige Berg bezocht. Hij was afkomstig uit het gouvernement van Charkov; in de wereld was hij koopman geweest met een eigen winkel; hij had ook kinderen. Zijn ziel ontvlamde in een zeer vurig berouw en nadat hij zijn gezin en zijn goederen had achtergelaten, trok hij zich terug in de Kaukasus.

Hij was een buitengewone man. Als je hem zag, dan begon je ziel te beven. Er stonden voortdurend tranen in zijn ogen; en wanneer hij over God begon te spreken, sprak hij met groot gevoel en op nederige wijze en allen die naar hem luisterden, kregen vreugde en troost. Zijn woord was krachtig, doordrenkt van vrees voor God en van liefde; hij was waarlijk als een adelaar onder de Vaderen. De mensen die met hem omgingen, veranderden in hun ziel en bij het aanschouwen van zijn heilig leven werden zij nederig. Door zijn woord vormde hij zielen om en richtte hij velen op uit hun val. Als iemand naar hem luisterde, dan vergat zijn ziel het aardse en strekte zich verlangend uit tot God.

Hij was iets langer dan gemiddeld; hij had een vriendelijk gezicht en donkere haren; alle mensen mochten hem. De asceten in de Kaukasus hadden eerbied voor hem en dat was terecht: hij voerde een zware strijd, hij verdroeg koude en hitte, 's winters liep hij blootsvoets en hij leed omwille van de liefde Gods. Nooit was er gemopper op zijn lippen tegen God: zijn ziel had zich volledig aan Gods wil overgegeven en verdroeg vreugdevol alle beproevingen. Hij predikte een vurig berouw en hij leidde vele monniken uit een diepe moedeloosheid naar een vurige ascese. In zijn woorden was duidelijk Gods genade voelbaar en zij hernieuwde de geest van de mensen en maakte hen los van de aarde.

Op een keer brachten Kaukasische asceten hem naar een bezetene en toen vader Stratonik hem zag, begon hij uit overvloedige liefde te wenen en zei: «Arm schepsel van God ! Wat wordt hij gekweld door de duivel !» En hij maakte het kruisteken over hem met de woorden:

«Moge de Heer Jezus Christus jou genezen» en de zieke werd ogenblikkelijk gezond. Zo was de kracht van het geloof en van het gebed van deze man.

Wondere minnaar der tranen, geliefde vader Stratonik !
Waar verblijft gij nu ? Kom tot ons
en wij zullen een cel voor u bouwen op een hoge berg;
wij zullen kijken naar uw heilige leven
en naar de mate van onze krachten
zullen wij uw grote ascese navolgen.
De tijd van uw tranen, vader, is voorbij.
Heden luistert gij in de hemelen
naar de gezangen van de cherubijnen
en ziet gij de heerlijkheid van de Heer,
Die door uw ziel werd bemind op aarde,
en terwijl zij haar verlangen op Hem richtte,
hebt gij u overgegeven aan de tranen van het berouw.
De Heer heeft de mens lief
en heeft hem deze gave van tranen geschonken
opdat de ziel zich in dit water zou wassen
en de Heer zonder verstrooiing zou mogen aanschouwen
in een geest van liefde en eerbiedige vreze.

Vader Stratonik heeft nog gezegd dat er een tijd zal komen waarin monniken zich voor hun verlossing zullen inspannen terwijl zij gekleed gaan in wereldlijke kleding.

———

Uit alle macht moet men tot het einde van zijn leven de eerste ijver bewaren, want velen hebben deze verloren en niet teruggevonden. Daarom moet men de dood voortdurend indachtig zijn; en als een mens op de dood voorbereid is, al is het maar ten dele, dan zal hij de dood niet vrezen, maar vindt hij de nederigheid en het berouw en vergeet hij al het wereldse en bewaart hij zijn geest onverstrooid en bidt vurig.

Wie de dood indachtig is, laat zich niet verleiden door de wereld; hij heeft zijn naasten en zelfs zijn vijanden lief, hij is gehoorzaam en sober; hierdoor bewaart hij de vrede in de ziel en komt de genade van de Heilige Geest. En wanneer jij door de Heilige Geest God leert kennen, zal jouw ziel verzadigd worden door de Heer en zul jij Hem liefkrijgen; jij zult je steeds de zoetheid van de Heilige Geest herinneren en dit is waarlijk hemels voedsel.

We hebben hierover lang gesproken met de grote asceet vader Stratonik. Hij vertelde mij dat hij in de Kaukasus zeven mannen had ontmoet die de genade van de Heilige Geest hadden geproefd, maar sommigen van hen kenden de weg van de Heer niet en wisten niet hoe de Heer de ziel onderrichtte en daarom zijn zij later verslapt. Hierover wordt gesproken in de Heilige Schrift en bij de heilige Vaders, maar men moet lang leven om dit alles door persoonlijke ervaring te leren kennen.

Wanneer een mens begint te werken voor de Heer, schenkt de Heer door Zijn genade de kracht aan de ziel om zich te beijveren voor het goede; en alles valt hem gemakkelijk en gaat moeiteloos; maar wanneer de mens dat in zichzelf ziet, denkt hij in zijn onervarenheid: «Zo zal ik mij mijn leven lang inspannen.» En dan verheft hij zich boven degenen die nalatig leven en hij begint hen te oordelen; en zo verliest hij die genade die hem geholpen had, Gods geboden te bewaren. De ziel begrijpt niet hoe dat gebeurd is; vroeger was alles zo goed, maar nu is alles moeilijk en ze heeft geen zin in bidden. Maar men moet niet schrikken: het is de Heer die in Zijn barmhartigheid de ziel opvoedt. Zodra de ziel zich verheft boven haar broeder, komt er op datzelfde ogenblik een slechte gedachte die God niet behaagt. Als de ziel nederig wordt, zal de genade niet weggaan; maar als zij niet nederig wordt, volgt er een kleine verzoeking, opdat de ziel nederig worde. Als zij opnieuw niet nederig wordt, begint er een aanval van zinnelijke gedachten. En als zij dan nog niet nederig wordt, valt zij in een of andere zonde. En als zij zelfs dan nog niet nederig is, zal er een nog grotere verzoeking komen en zal zij een grote zonde begaan. En op die wijze zal de verzoeking vergroot worden, totdat de ziel zich vernedert; dan verdwijnt de verzoeking; en als de ziel zeer nederig wordt, zal zij vertedering en vrede kennen en al het slechte zal verdwijnen.

Zo *gaat deze hele oorlog om de nederigheid*. De vijanden zijn gevallen door de trots en zij trekken ons op diezelfde weg mee naar de afgrond. De vijanden prijzen ons en als de ziel hun lof aanneemt, trekt

HOOFDSTUK 19 : ERVARINGEN EN ONTMOETINGEN

de genade zich uit haar terug, totdat zij berouw krijgt. Zo zal de ziel haar leven lang de nederigheid van Christus leren en zolang zij niet werkelijk nederig is geworden, zullen de slechte gedachten haar steeds kwellen. Maar een nederige ziel vindt de rust en de vrede waarover de Heer spreekt (naar Joh. 14:27).

Het vasten, de onthouding, het nachtwaken, het zwijgen en andere ascetische inspanningen helpen ons, maar de belangrijkste kracht ligt in de nederigheid. Maria van Egypte had haar lichaam door vasten binnen een jaar onderworpen, omdat zij niets had om zich mee te voeden, maar met haar gedachten heeft zij zeventien jaar lang moeten strijden.

Nederigheid leer je niet onmiddellijk. Daarom zegt de Heer ook: «Leert van Mij nederigheid en zachtmoedigheid» (naar Matth. 11:29). Om te leren is er tijd nodig. Sommige mensen zijn tijdens hun ascetische inspanningen wel oud geworden maar hebben toch de nederigheid niet geleerd; zij kunnen niet begrijpen waarom het niet goed gaat met hen, waarom zij geen vrede hebben en waarom hun ziel teneergeslagen is.

Vandaag is vader T., een kluizenaar, naar mij toegekomen. Aangezien ik wist dat deze starets een asceet was, dacht ik dat hij ervan hield om over God te spreken. Ik heb een lang onderhoud met hem gehad en daarna heb ik hem gesmeekt mij een woord te zeggen, opdat ik mijn fouten mocht beteren. Hij zweeg een ogenblik en zei toen: «In jou is de trots zichtbaar... Waarom spreek jij zoveel over God ? De heiligen verborgen hun liefde voor God in hun ziel maar hielden ervan over de tranen te spreken.»

Vader T., jij hebt mijn ziel verdeemoedigd, die Haar Schepper liefheeft. Mijn ziel heeft de Heer lief en hoe kan ik dit vuur verbergen, dat mijn ziel verwarmt ?

Hoe kan ik de barmhartigheden van de Heer verbergen, waardoor mijn ziel wordt aangetrokken ?

Hoe kan ik de weldaden van de Heer vergeten, waardoor mijn ziel God heeft leren kennen ?

Hoe zou ik niet kunnen spreken over God, als mijn ziel door Hem gevangen is ?

Hoe kan ik zwijgen over God, als mijn geest dag en nacht brandt van liefde voor Hem ? Zou ik een tegenstander zijn van de tranen ?

Vader, wat hebt gij tegen mijn ziel gezegd: «Waarom spreek jij zoveel over God ?»

Mijn ziel heeft Hem immers lief en hoe kan ik de liefde verbergen, die de Heer voor mij heeft ?

Ik verdien zeker de eeuwige kwellingen, maar Hij heeft mij vergeven en Zijn genade gegeven, die niet verborgen kan blijven in mijn ziel.

Weet ge dan niet dat ik u liefheb en dat ik over God ben gaan spreken omdat ik dacht dat uw ziel God ook liefhad en dat zij verwarmd werd door de goddelijke liefde ?

Maar wat zal ik tegen mijn ziel zeggen ? «Verberg de woorden van de Heer in je ?»

Maar alle hemelen weten toch wat de Heer voor mij gedaan heeft; en men zal mij vragen waarom ik de barmhartigheden van de Heer verborgen heb en er tegen de mensen niet over gesproken heb, zodat zij allen God kunnen liefhebben en in Hem de rust vinden.

De Meester roept ons toch allen in Zijn barmhartigheid: «Komt herwaarts tot Mij allen die belast zijt, en Ik zal u rust geven» (naar Matth. 11:28).

Mijn ziel kent deze rust in God en daarom spreek ik, die God en mijn broeder liefheb, over Gods barmhartigheid. Ik dacht dat uw ziel zich net zoals de mijne verheugde in God, maar gij hebt mijn ziel verdeemoedigd, toen gij zegdet: «Waarom spreek je zoveel over God ?»

Maar ik spreek toch de waarheid wanneer ik zeg dat onze Heer barmhartig is en Hij de mensen hun zonden vergeeft ?

Zo zal ik mijn lippen in stilzwijgen sluiten en slechts in mijn ziel zal ik een hymne voor God zingen, opdat onze Heer zich moge verheugen, want Hij heeft ons grenzeloos lief en Hij heeft Zijn Bloed voor ons vergoten en ons de Heilige Geest gegeven.

———

Vader Kassian heeft gezegd dat alle ketters verloren zullen gaan. Dat weet ik niet, maar ik heb slechts vertrouwen in de Orthodoxe Kerk: in haar is de vreugde van de verlossing in de nederigheid van Christus.

Ik dank U, mijn God en Schepper,
dat Gij in Uw barmhartigheid mijn ziel vernederd hebt
en mij de weg hebt geopenbaard die Uw heiligen gevolgd zijn.
Gij bemint hen die wenen
en door de weg van tranen zijn alle heiligen bij U aangekomen.
Gij bemint de nederigen
en door Uw genade leert gij hun de liefde en de nederigheid,
waarvoor onze vijanden, de demonen, angst hebben.
Gij verheugt U, Heer, over een nederige ziel;
verleen ook aan mij, Barmhartige,
tot U te komen door de weg van Uw heiligen te gaan,
die Gij mij getoond hebt: de weg van het nederige wenen.

―――

Er was in ons klooster een novice die uit de boom was gevallen tijdens het plukken van de olijven; zijn beide benen waren verlamd geraakt. Toen hij op de ziekenafdeling lag, die zich in het gebouw van de Transfiguratie bevond, stierf daar een monnik, die op het bed naast hem lag. Een monnik-verpleger was bezig met de voorbereidselen van het lichaam van de overledene voor de begrafenis en hij vroeg aan de zieke novice om even een naald vast te houden. De zieke antwoordde: «Waarom val jij mij lastig?» Maar toen hij dit gezegd had, verloor zijn ziel de vrede en hij riep om zijn biechtvader en beleed hem zijn zonde van ongehoorzaamheid.

De wijze mens zal begrijpen waarom de ziel van de novice de vrede had verloren, maar de dwaas zal zeggen dat het maar kleinigheden zijn.

―――

Op 1 juli 1932 kreeg ik bezoek van vader Panteleimon uit het oude Rossikon. Ik vroeg hem hoe hij het maakte en hij antwoordde met een stralend gezicht: «Ik ben zeer gelukkig.»

«Waarom zijt gij dan gelukkig?», vroeg ik hem.

«Alle broeders houden van mij.»

«Waarom houden zij van u?»

«Ik gehoorzaam aan iedereen, zei hij, en ik ga waarheen men mij stuurt.» En ik dacht: «Gemakkelijk is de weg die naar het Koninkrijk Gods leidt.» Hij heeft de rust gevonden door de gehoorzaamheid die hij uitvoert uit liefde tot God en daarom maakt zijn ziel het goed.

Een vader, de hiëromonnik I., heeft mij verteld dat bij ons in Krumitsa, een schimamonnik stervende was, maar dat deze niet kon sterven. Men zei tegen hem: «Jij hebt je zonden niet beleden en daarom kun je niet sterven.» Hij antwoordde: «Ik heb tweemaal gebiecht, maar ik denk dat mijn zonden mij niet vergeven zijn en ik wil biechten bij hegoumen Makarius.» Men gaf gevolg aan zijn wens: de hegoumen Makarius kwam uit het klooster en hoorde de Biecht van de monnik, waarna deze in vrede ontsliep. Hiëromonnik I. vroeg mij waarom dit zo gebeurd was. Ik antwoordde hem dat ofschoon hij zijn zonden beleden had, hij toch niet het geloof bezat dat zijn zonden hem vergeven waren en vanwege zijn geestelijke gesteldheid, dat wil zeggen vanwege zijn ongeloof was dit zo. Maar wij moeten het vaste geloof hebben dat in onze Kerk alles ingesteld is door de Heilige Geest en dan ontvangt de mens naar de mate van zijn geloof de genade van de Heer.

HOOFDSTUK 19 : ERVARINGEN EN ONTMOETINGEN 509

Een jonge monnik

Ik dank U, Heer, dat Gij vandaag Uw dienaar, een jonge monnik, wiens naam ik zal verbergen, naar mij hebt gestuurd opdat hij niet ten val zou komen door ijdelheid en daardoor de waarde van zijn heilige leven zou verliezen.

Tijdens een gesprek over de liefde zei deze jonge monnik mij dat hij gedurende de dertig jaar van zijn leven nog nooit iemand had gekrenkt. Ik keek naar hem en mijn ziel vernederde zich tot stof voor hem.

Vanaf zijn jeugd beminde zijn ziel God; en omdat hij de Heer schouwde in de geest, waagde hij het niet ook maar iemand te krenken en hierom had de Heer hem behoed voor zonden.

Omwille van deze mensen behoudt de Heer de wereld, denk ik, want zij zijn God zo welgevallig en God verhoort Zijn nederige dienaren altijd en ons gaat het allen goed dankzij hun gebeden.

Ik dank U, Heer, dat Gij mij Uw dienaar hebt getoond. En hoeveel heiligen zijn er nog meer, waarvan wij niets afweten. Maar de ziel bemerkt de komst van heiligen en zij wordt getransformeerd in de nederigheid van de Geest van Christus. De Geest van God woont in de heiligen en de ziel voelt Zijn komst. Heer, verleen dat alle mensen mogen lijken op deze jonge monnik. De gehele wereld zou schitteren van de Heerlijkheid, omdat Gods genade in overvloed in de wereld zou leven. De Heilige Geest verleent de ziel, de liefde voor God en de liefde voor de mensen te leren kennen. De Heilige Geest leert de ziel nederigheid en zachtmoedigheid; zij heeft rust in God en zij vergeet alle ellende van deze wereld, want de Heilige Geest troost haar. De zielen van de heiligen proeven de Heilige Geest al terwijl zij op aarde zijn. Dat is het «Koninkrijk Gods», dat «binnen in ons is», zoals de Heer zegt (naar Luk. 17:21).

―――

Vandaag heb ik met vader N. gesproken over de adeldom van de ziel. Zij is werkelijk edel, want zij heeft haar adeldom van de Heer

Zelf ontvangen, die Hij haar heeft gegeven omdat Hij haar liefheeft. En wij moeten deze bewaren; en hij wordt bewaard door diezelfde adeldom, die de Heer aan de ziel heeft gegeven.

Toen de Heer na Zijn Opstanding aan Zijn leerlingen is verschenen en Hij met de apostel Petrus begon te spreken, heeft Hij hem geen enkel verwijt gemaakt, maar Hij vroeg edelmoedig: «Heb je Mij lief ?» (naar Joh. 21:15). Dit liefdevolle woord van vaderlijke liefde van de Heer leert ons, op dezelfde wijze om te gaan met de mensen die ons krenken. Hierin bestaat de adeldom van Christus, en deze is ondoorgrondelijk voor de mens, en men kent hem slechts door de Heilige Geest.

Ere zij de Heer en Zijn barmhartigheid, dat Hij ons onderricht heeft door de Heilige Geest, want anders hadden wij niet geweten hoe onze Heer is !

De adelaar en de haan

Een adelaar vloog hoog in de lucht: hij genoot onderwijl van de schoonheid van de wereld en dacht: «Ik vlieg boven grote ruimten en ik zie dalen en bergen, zeeën en rivieren, weiden en wouden; ik zie talloze dieren en vogels; ik zie steden en dorpen en hoe de mensen leven; maar kijk, een gewone dorpshaan kent niets behalve zijn eigen erf, waar hij hoogstens maar enkele mensen en dieren ziet; ik zal eens naar hem toevliegen en hem vertellen over het leven van de wereld.»

De adelaar vloog naar het dak van de boerderij en hij zag hoe de haan dapper en vrolijk temidden van zijn kippen rondstapte en de adelaar dacht: «Hij is dus tevreden met zijn lot ! Maar toch zal ik hem vertellen over wat ik weet.»

En de adelaar begon te vertellen over de schoonheid en de rijkdom van de wereld. Aanvankelijk luisterde de haan aandachtig, maar hij begreep er niets van. Toen de adelaar zag dat de haan er niets van begreep, werd hij bedroefd en het viel hem zwaar met de haan te spreken; maar de haan die van zijn kant niet begreep waarover de adelaar sprak, begon zich te vervelen en het viel hem zwaar om naar de adelaar te luisteren. Maar elk van hen bleef tevreden met zijn eigen lot.

Dit gebeurt zo, wanneer een ontwikkeld mens gaat spreken met iemand die niet ontwikkeld is; maar dat is nog sterker het geval, als een geestelijk mens spreekt met iemand die niet geestelijk is. De geestelijke mens lijkt op de adelaar, de ander op de haan; de geest van de geestelijke mens overweegt dag en nacht de wet van de Heer en stijgt door het gebed omhoog naar God; maar de geest van de ander is gehecht aan de aarde of wordt in beslag genomen door gedachten. De ziel van de geestelijke mens geniet vrede, maar de ziel van de mens die niet geestelijk is, blijft leeg en verstrooid. De geestelijke mens vliegt als een adelaar in de hoogten en zijn ziel voelt God; en hij ziet de gehele wereld, zelfs als hij bidt in het holst van de nacht, terwijl de mens die niet geestelijk is, zich verzadigt aan ijdelheid of aan rijkdom of aan vleselijke genietingen. En wanneer een geestelijk mens en zijn tegenpool elkaar ontmoeten, dan vervelen beiden zich en hun contact is moeilijk.

XX

ASCETISCHE GEDACHTEN, RAADGEVINGEN EN WAARNEMINGEN

Mijn gedachten hebben de proef doorstaan van vele jaren. Gods barmhartigheden vergezelden mij onophoudelijk. Als de Heer als een Goede Herder mij niet door Zijn genade verlicht had, dan zouden de vijanden mij hebben verslonden.

Ik schrijf over de barmhartigheden van de Heer en het schrijven valt mij gemakkelijk, want mijn ziel kent de Heer door de Heilige Geest en zij weet hoezeer Hij de mens liefheeft. In Zijn grote liefde en Zijn zachtmoedigheid is Hij ook onze zonden niet indachtig.

Onverzadigbaar verlangt mijn geest ernaar, dan weer te bidden, weer te schrijven of te spreken over God; maar over wereldse zaken wil mijn ziel niets horen.

Wanneer jij schrijft of spreekt over God, bid en smeek de Heer dan om hulp en verlichting en de Heer zal jou bijstaan en jou inzicht schenken. Wanneer jij iets niet begrijpt, maak dan drie poklonen en zeg: «Gij ziet, barmhartige Heer, dat mijn ziel ontsteld is en ik vrees dat ik mij zal vergissen. Heer, schenk mij inzicht.» En de Heer zal jou zeker inzicht schenken, omdat Hij ons heel nabij is. Maar als jij twijfelt, zul je het gevraagde niet ontvangen. Daarom heeft de Heer tot Petrus gezegd: «Waarom heb je gewankeld, kleingelovige?» (naar Matth. 14:31), toen deze begon te verdrinken in de golven. Zo ook begint de ziel in slechte gedachten te verdrinken, wanneer zij twijfelt,.

«Heer, schenk mij een onwankelbaar geloof in U door de Heilige Geest.»

Wie niet de gave heeft om te onderrichten maar toch onderricht, die beledigt de goddelijke majesteit.

―――――

Er zijn mensen – zelfs vooraanstaande personen – die zich niet tot God richten wanneer zich een onzekerheid voordoet; maar men moet eerlijk vragen: «Heer, ik ben een zondaar en ik begrijp niet hoe ik moet handelen, maar Gij Die barmhartig zijt, toon mij hoe ik handelen moet.» De barmhartige Heer wil niet dat onze ziel in verwarring wordt gebracht door de vijand en Hij geeft ons in wat we wel en wat we niet moeten doen.

―――――

Als wij vele dingen weten, zullen wij de Heer danken voor de kennis die ons geschonken is. Maar kennis alleen is niet voldoende; het moet zo zijn dat de ziel de vruchten van de Heilige Geest draagt, ook al is het maar een graankorreltje, dat te zijner tijd zal uitgroeien en rijkelijk vrucht dragen.

―――――

Ik schrijf en het schrijven valt me gemakkelijk, omdat mijn ziel de Heer kent. Maar het is beter om onverstrooid te bidden, want het gebed is het kostbaarste van alle dingen. Maar de ziel heeft er niet de kracht voor om onophoudelijk vurig te bidden en daarom moet zij van de inspanning van het bidden kunnen uitrusten; dan kan men lezen of overdenken of schrijven over God: een ieder zoals God het hem ingeeft.

Het is goed om de wet van de Heer dag en nacht te overwegen. Hierdoor verwerft de ziel de rust in God; de Heer omhelst heel de ziel en voor haar bestaat er niets anders meer behalve God.

Wanneer de ziel in God is, vergeet zij de wereld volkomen en schouwt zij God.

Maar op andere ogenblikken brengt de Heer door Zijn genade de ziel ertoe voor de gehele wereld en soms ook voor een enkele persoon te bidden: wanneer en zoals de Heer het wil. Maar om de mysteriën van God te mogen zien, moeten wij de Heer vurig smeken ons een nederige geest te geven en dan zullen wij ze door de Heilige Geest leren kennen.

―――――

HOOFDSTUK 20 : ASCETISCHE GEDACHTEN, RAADGEVINGEN... 515

Weet dat wanneer een volk een ramp overkomt en jouw ziel voor God over hen weent, God dit volk zal sparen. De Heilige Geest heeft jouw ziel aangeraakt en haar het gebed voor de mensen gegeven, opdat zij vergeving zouden krijgen. Op deze wijze heeft de Heer Zijn schepsel lief.

Misschien zal iemand zich afvragen: «Hoe zal ik kunnen bidden voor de gehele wereld, terwijl ik zelfs niet eens voor mijzelf kan bidden ?» Maar zo spreken de mensen die niet begrepen hebben dat de Heer naar onze gebeden luistert en ze verhoort.

Bid eenvoudig als een kind en de Heer zal naar jouw gebed luisteren, want onze Heer is waarlijk een Vader, Wiens barmhartigheid wij ons niet kunnen voorstellen of begrijpen; slechts de Heilige Geest openbaart ons Zijn geweldige liefde.

Aan degene die de treurenden liefheeft, zal de Heer een vurig gebed voor de mensen schenken. Hij bidt met tranen voor het volk dat hij liefheeft en waarvoor hij lijdt en deze droefheid is God welgevallig.

De Heer kiest de mensen uit die voor de gehele wereld bidden. Aan de asceet Parthenius van Kiev (19e eeuw), die wilde weten wat de betekenis van het monastieke «grote schima» was, heeft de Moeder Gods geantwoord: «Een monnik, die bekleed is met het grote schima, is een voorbidder voor de gehele wereld.»

De Heer wil alle mensen redden en in Zijn goedheid roept Hij de gehele wereld tot Zich. De Heer ontneemt de ziel haar wil niet, maar door Zijn genade zet Hij een mens aan tot het goede en trekt hem aan tot Zijn liefde. En wanneer de Heer Zich over iemand wil ontfermen, dan geeft Hij anderen het verlangen in om voor die persoon te bidden en Hij staat hen bij in hun gebed. Daarom moeten we weten dat wanneer het verlangen ontstaat om voor iemand te bidden, dit een teken is dat de Heer Zichzelf over die ziel wil ontfermen en dat Hij welwillend luistert naar jouw gebeden. Dit verlangen om te bidden, dat door de Heer is ingegeven, moet men niet verwarren met het verlangen dat is opgewekt uit een hartstocht voor de persoon voor wie je bidt.

Wanneer het gebed zuiver uit medelijden met een levende persoon of met een overledene voortkomt, dan is het vrij van hartstocht. De ziel treurt in dit gebed over die ander en zij bidt vurig en dat is een teken van goddelijke barmhartigheid.

———

Ik heb in mijzelf en in mijn leven grote goddelijke barmhartigheid ervaren en gezien en ook in het leven van degenen voor wie ik gebeden heb; zo heb ik begrepen dat, als de Heer ons verdriet geeft over iemand en als Hij ons het verlangen ingeeft voor die persoon te bidden, dit betekent dat de Heer Zich over hem wil ontfermen. Daarom moet jij, als jij verdriet krijgt over een ander, voor hem bidden, want de Heer zal hem omwille van jou Zijn genade verlenen. Maar jij moet bidden ! De Heer zal naar jou luisteren en jij zult God verheerlijken.

———

Elke moeder die verneemt dat haar kinderen een ongeluk is overkomen, lijdt hevig en soms sterft zij zelfs. Ik heb iets dergelijks ervaren. Een boom die omgehakt en geschild was, rolde plotseling van een helling op een man af. Ik zag dit, maar mijn angst was zo groot dat ik hem niet kon toeroepen: «Ga snel opzij»; mijn hart kromp ineen en weende en de boom kwam tot stilstand. Die man was een vreemde voor mij; ik kende hem niet, maar als hij familie van mij was geweest, dan had ik dat zeker niet overleefd.

———

Het gebed van hoogmoedige mensen is de Heer niet welgevallig. Maar wanneer de ziel van een nederig mens treurt, dan zal de Heer zeker naar haar luisteren. Een starets – een hiëromonnik met het grote schima – die op een zijhelling van de Athos woonde, zag hoe de gebeden van de monniken opstegen naar de hemelen – en dit verbaast me niet. Toen diezelfde starets nog een kind was en het verdriet van zijn vader zag tijdens een grote droogte, die dreigde de gehele oogst te doen mislukken, ging hij naar het hennepveldje in de moestuin en begon te bidden:

«Heer, Gij zijt barmhartig, Gij hebt ons geschapen, Gij voedt ons en geeft ons allen kleding; Gij ziet, Heer, hoe bedroefd mijn vader is omdat het niet regent. Laat het regenen op aarde !»

En de hemel betrok, het begon te regenen en de aarde werd gedrenkt met water.

Een andere starets, die aan de rand van de zee woonde bij de kade, vertelde mij het volgende: «Het was een zeer donkere nacht. De haven lag vol met vissersboten. Er stak een storm op en het begon steeds harder te waaien. De boten sloegen tegen elkaar. De mannen probeerden ze vast te leggen, maar dat was onmogelijk vanwege de duisternis en de storm. Verwarring rondom. De vissers schreeuwden uit alle macht en het was vreselijk om het geschreeuw van deze angstige mensen aan te horen. Ik voelde een groot verdriet voor hen en onder tranen bad ik: "Heer, kalmeer de storm, bedaar de golven, heb medelijden met Uw volk dat lijdt en red hen." En spoedig ging de storm liggen, de zee werd kalm en de mensen die gekalmeerd waren, dankten God.»[75]

Vroeger dacht ik dat de Heer slechts wonderen verrichtte in antwoord op het gebed van de heiligen, maar nu heb ik begrepen dat de Heer ook wonderen doet voor de zondaar, zodra zijn ziel nederig is geworden; want wanneer de mens nederigheid leert, luistert de Heer naar zijn gebeden.

Velen zeggen uit onervarenheid dat deze of gene heilige een wonder heeft verricht, maar ik heb begrepen dat het de Heilige Geest is, Die in de mens woont, Die wonderen verricht. De Heer wil dat allen gered worden en eeuwig bij Hem zijn en daarom luistert Hij naar de gebeden die de zondaar voor het welzijn van anderen of van zichzelf tot Hem richt.

Onder tranen bid ik voor degenen die mij vragen voor hen te bidden:

«Heer, geef hen Uw Heilige Geest, opdat zij U door de Heilige Geest mogen leren kennen.»

De Heer heeft ons zondaars oneindig lief. Hij schenkt aan de mens de Heilige Geest; door de Heilige Geest kent de ziel de Heer; zij is gelukzalig in Hem, zij dankt en bemint Hem: in haar grote vreugde lijdt zij voor de gehele wereld en zij verlangt hevig dat alle mensen de Heer mogen leren kennen, omdat de Heer dit Zelf ook voor iedereen wil. Maar in werkelijkheid is deze barmhartigheid slechts mogelijk door de genade, zelfs als deze zwak is. Maar zonder de genade lijkt de mens op een dier. Hoe beklaag ik de mensen die God niet kennen. Maar wij, orthodoxe christenen, zijn gelukkig omdat wij God kennen. De Heilige Geest heeft ons deze kennis gegeven. Hij leert ons zelfs onze vijanden lief te hebben.

Zolang hij niet iets groters kent, is de mens tevreden met het weinige dat hij heeft. Hij lijkt op een dorpshaan die op een klein erf woont, die enkele mensen en enkele dieren ziet en die een tiental kippen kent: hij is tevreden met zijn leven, omdat hij niet beter weet.

Maar de adelaar die hoog boven de wolken vliegt, die met zijn scherpe oog verre horizonten ziet, die de geuren van de aarde van verre ruikt, die geniet van de schoonheid van de wereld, die talloze landen, zeeën en rivieren kent, die een menigte dieren en vogels ziet, zou niet gelukkig zijn, als hij samen met de haan op een klein erf zou worden geplaatst.

Ook de mens stelt zich tevreden met het weinige dat hij heeft, totdat hij iets groters leert kennen. Zo is een arme boer dikwijls tevreden als hij voedsel en kleding heeft, waarvoor hij God dankt. Maar een ontwikkeld en geleerd mens zal niet tevreden zijn met een dergelijk leven en hij zal meer ruimte zoeken voor zijn geest.

Zo is het ook in het geestelijke leven. Wie de genade van de Heilige Geest niet heeft leren kennen, die lijkt op de haan die de vlucht van de adelaar niet kent en die de zoetheid van de rouwmoedige nederigheid en de goddelijke liefde niet kent. Hij leert God kennen uit de natuur en uit de Heilige Schrift; hij neemt genoegen met één regel en is daarmee tevreden, zoals de haan, die tevreden is met zijn lot en die geen spijt heeft dat hij geen adelaar is.

Maar wie de Heer heeft leren kennen door de Heilige Geest, die bidt dag en nacht, want de genade van de Heilige Geest sleept hem mee om de Heer lief te hebben en vanwege de zoetheid van de goddelijke liefde verdraagt hij gemakkelijk alle beproevingen van de aarde; zijn ziel verlangt onophoudelijk naar de Heer en naar Hem alleen en onvermoeibaar zoekt zij de genade van de Heilige Geest.

Hoofdstuk 20 : Ascetische gedachten, raadgevingen...

Wie onophoudelijk wil bidden, moet in alles matig zijn en gehoorzaam zijn aan de geestelijke vader die hij dient. Hij moet oprecht zijn in het belijden van zijn zonden en indachtig zijn dat de Heer zowel zijn geestelijke vader als zijn overste leidt door Zijn genade, dan zal hij geen slechte gedachten koesteren tegen hen. Omwille van zijn heilige gehoorzaamheid zullen de goede gedachten die uit de genade voortkomen, hem onderrichten en hij zal grote vorderingen maken in de nederigheid van Christus. Maar als hij denkt: «Ik heb van niemand raad nodig» en hij laat de gehoorzaamheid in de steek, dan zal hij prikkelbaar worden en niet alleen geen vooruitgang maken in het gebed, maar hij zal het zelfs verliezen.

Om het gebed te behouden, moet je diegenen liefhebben die jou kwetsen en net zo lang voor hen bidden totdat jouw ziel zich met hen verzoend heeft; dan zal de Heer jou het onophoudelijke gebed schenken, want Hij geeft het gebed aan degene die bidt voor zijn vijanden.

De Heer is Zelf de ware leermeester van het gebed, maar jij moet jouw ziel vernederen. Wie op de juiste wijze bidt, heeft de vrede van God in zijn ziel. Het hart van iemand die bidt moet vol erbarming zijn met ieder schepsel. Iemand die bidt heeft alle mensen lief en hij heeft met allen medelijden, want de genade van de Heilige Geest heeft hem de liefde geleerd.

Het gebed is een gave van de Heilige Geest. De demonen proberen de mens op alle mogelijke manieren van de aandacht voor God en van het gebed los te rukken. Maar de ziel die God liefheeft, verlangt naar Hem en bidt rechtstreeks tot Hem: «Mijn ziel verlangt naar U en onder tranen zoek ik U !»

Het hart van de biddende mens bidt zonder moeite: de genade zelf verricht het gebed in het hart. Maar word zoveel mogelijk nederig; houd je geest in je hart en in de hel. Des te meer jij jezelf vernedert, des te groter zullen de gaven zijn van God.

Ere zij de barmhartigheid van de Heer, omdat Hij ons zondaars verleent in God te zijn. Als jij in God wilt blijven, wees dan tevreden met wat je hebt, zelfs al zou jij niets hebben. Wees tevreden en dank God dat jij niets hebt. Wees ermee tevreden dat jij God dient en Hij zal jou bij de heiligen plaatsen.

———

Wie de Heer wil liefhebben, moet zijn vijanden liefhebben en niet boosaardig zijn; dan geeft de Heer de vreugde om Hem onophoudelijk dag en nacht te prijzen en jouw geest zal de wereld vergeten; maar ook als jij weer tot jezelf komt en jij je de wereld herinnert, dan zal jij vurig voor de wereld bidden. Zo leefden de heiligen, want de Geest van God onderricht de ziel om te bidden voor de mensen.

———

De Heilige Geest leert om God lief te hebben en de liefde bewaart de geboden. De Heer heeft gezegd: «Wie mij liefheeft, bewaart mijn geboden» (naar Joh. 14:15-23). Als Adam de Heer had liefgehad, zoals de Moeder Gods Hem liefhad, dan zou hij het gebod bewaard hebben. En wij zien door de ervaring dat de geest van degene die God liefheeft, bestuurd wordt door de goddelijke genade en alle listen van de vijand scherp ziet. Maar wanneer de Heer de ziel troost, ziet zij geen vijanden meer, maar schouwt slechts de Heer.

———

Wie de goddelijke wet gehoorzaamt, zal de volmaaktheid van alle geboden van de Heer begrijpen. Welk gebod jij ook neemt, het verschaft vreugde en blijdschap. Neem bijvoorbeeld het eerste gebod: God liefhebben. Als jij bedenkt dat de Heer ons liefheeft, dan zul jij omwille van deze gedachte vrede ontvangen. Neem het tweede gebod: je naaste liefhebben. Als jij bedenkt dat de Heer de Zijnen liefheeft en dat de Heilige Geest in hen woont, dan zal jouw ziel verzoet worden door de wet van God; je zult deze wet dag en nacht najagen en het onderscheidingsvermogen tussen goed en kwaad zal je gegeven worden.

———

Wanneer de Heer een bedroefde ziel wil troosten, geeft Hij haar vreugde, tranen, een gevoel van nederige rouwmoedigheid voor het

HOOFDSTUK 20 : ASCETISCHE GEDACHTEN, RAADGEVINGEN... 521

hart en vrede voor de ziel en het lichaam; soms openbaart Hij ook Zichzelf aan de ziel.

De apostelen hebben de Heer in Zijn glorie gezien, toen Hij van gedaante veranderde op de Thabor, maar later tijdens Zijn Lijden zijn ze kleinmoedig op de vlucht gegaan. Zo zwak is de mens. Wij zijn waarlijk aarde en daarbij nog zondige aarde. Daarom heeft de Heer ook gezegd: «Zonder Mij kunt gij niets doen» (naar Joh. 15:5). Zo is het ook. Wanneer de genade in ons is, zijn wij werkelijk nederig; dan zijn we verstandig, gehoorzaam, zachtmoedig en behagen aan God en de mensen, maar wanneer wij de genade verliezen, verdrogen wij als een wijnrank die afgesneden is van de wijnstok.

Wie zijn broeder niet liefheeft, voor wie de Heer in groot Lijden is gestorven, die is afgevallen van de Wijnstok (van de Heer); maar wie tegen de zonde strijdt, die zal door de Heer worden geholpen.

———

Soms is een mens zo zwak dat hij zelfs geen kracht heeft om een vlieg te verjagen en dat hij de slechte gedachten niet kan afweren uit zijn ziel; maar zelfs in deze zwakte bewaart de barmhartigheid van God de mens en dan verdwijnen de slechte gedachten en slechts God is in de ziel, in de geest en overal.

———

De mens op zich is teer als een veldbloem; iedereen houdt van haar en iedereen vertrapt haar.

Zo is ook de mens: soms is hij in de heerlijkheid, soms in de schande. Maar wie God liefheeft, dankt de Heer voor alle leed en blijft rustig zowel bij verheffing als bij vernedering.

———

Ik vind dat men zoveel moet eten dat men na het eten nog verlangen heeft om te bidden, opdat de geest altijd moge branden en zich onverzadigbaar dag en nacht naar God moge uitstrekken. Men moet eenvoudig leven, zoals kleine kinderen; dan zal de goddelijke genade voortdurend in de ziel blijven: omwille van Zijn liefde geeft de Heer haar om niet. Wanneer zij deze genade in zich draagt, leeft de ziel alsof zij in een andere wereld is; en de liefde van God trekt haar daartoe zo sterk aan dat zij niet meer verlangt naar deze wereld te kijken, ook al heeft ze haar lief.

Hoe kan ik weten of de Heer mij liefheeft of niet ? Dit zijn enkele tekenen. Als jij vastberaden strijdt tegen de zonde, dan heeft de Heer jou lief. Als jij jouw vijanden liefhebt, dan word je nog meer geliefd door God. Maar als jij jouw leven geeft voor anderen, dan ben jij zeer geliefd bij de Heer, Die Zelf Zijn leven voor ons heeft gegeven.

Vroeger wist ik niet wat het betekende om een zieke ziel te hebben, maar nu zie ik dat duidelijk in mijzelf en in anderen. Als de ziel nederig wordt en zich overgeeft aan de goddelijke wil, dan wordt zij weer gezond en vindt een grote vrede in God en vanwege deze vreugde bidt zij dat alle mensen de Heer mogen leren kennen door de Heilige Geest, Die aan onze ziel duidelijk getuigt van haar redding.

«De Heer ziet vanuit de hemelen neer op de kinderen der mensen, om te zien of er iemand begrip heeft en God zoekt» (naar Ps. 13:2).

De monnik oefent zich dag en nacht in de wet van de Heer en hij voert eveneens dag en nacht een onafgebroken strijd met de vijand. Hij moet zeven vestingen innemen:

De eerste vesting: het afsnijden van de eigen wil.

De tweede vesting: zich overgeven in gehoorzaamheid aan zijn starets.

De derde vesting: zichzelf versterven uit liefde voor God.

De vierde vesting: de armoede omhelzen.

De vijfde vesting: de eigenliefde overwinnen.

De zesde vesting: zich vernederen.

De zevende vesting: zijn ziel aan God toevertrouwen, d.w.z. zich in alles aan Gods wil overgeven.

Laat ons nu zien welke beloningen de monnik al op aarde voor zijn overwinningen ontvangt van de Heer.

HOOFDSTUK 20 : ASCETISCHE GEDACHTEN, RAADGEVINGEN...

De eerste beloning: de innerlijke vrede.

De tweede beloning: de ziel en het lichaam hebben de vrede die van de Heer komt.

De derde beloning: de ziel heeft God lief en terwijl zij Hem schouwt, overdenkt ze dat de Heer ons liefheeft.

De vierde beloning: omwille van haar liefde voor God heeft de ziel ook haar naaste lief als zichzelf.

De vijfde beloning: de ziel vindt haar rust in God en zij overweegt Gods majesteit en Zijn barmhartigheid.

De zesde beloning: de mens wandelt over de aarde en werkt met zijn handen, maar zijn geest heeft zich vastgehecht aan God; terwijl hij Hem schouwt, vergeet hij de aarde, want de goddelijke liefde sleept de ziel mee om haar Geliefde lief te hebben.

De zevende beloning: de ziel voelt de genade van God in haar gedachten.

De achtste beloning: de mens voelt de genade in zijn hart.

De negende beloning: hij voelt de genade zelfs in zijn lichaam.

De tiende beloning: de goddelijke liefde opent het hemelse Koninkrijk en de ziel leert door de Heilige Geest onze Heer kennen zoals Hij is.

Aan u, die dit leest, vraag ik vergeving voor hetgeen ik geschreven heb, voor mijn fouten en voor alles en ik smeek u voor mij te bidden.

Maar ik heb geschreven omdat ik door de goddelijke liefde ben meegesleept, waarvan ik niet genoeg kan krijgen. Ik zat, en heel mijn ziel was verdiept in God; er is geen enkele gedachte op mij afgekomen om mijn geest te beletten te schrijven over mijn geliefde Heer. Wanneer ik een woord opschrijf, dan ken ik het volgende woord nog niet, maar dat ontstaat in mij en dan schrijf ik het op. Als ik ophoud met schrijven, dan stromen de gedachten soms toe en hinderen mijn arme, zwakke geest, maar dan weeklaag ik voor de barmhartige Heer en de Heer verleent mij, Zijn gevallen schepsel, Zijn genade.

Gedachten over het einde

Mijn lichaam ligt languit op aarde, maar mijn geest strekt zich uit om de Heer te zien in Zijn heerlijkheid. Ook al ben ik een groot zondaar, toch heeft de Heer aan mij verleend, Hem te leren kennen door de Heilige Geest; mijn ziel kent Hem en weet hoe grenzeloos Zijn barmhartigheid is en welke vreugde Hij uitstraalt.

Zolang zij de goddelijke genade niet heeft leren kennen, vreest de ziel de dood. De ziel vreest God ook, omdat zij niet weet hoe nederig, zachtmoedig en barmhartig Hij is. Want niemand kan de liefde van Christus begrijpen, voordat hij de genade van de Heilige Geest heeft geproefd. Mijn geliefde broeders in de Heer: de barmhartige Heer is Zelf de getuige voor mijn ziel dat ik de waarheid schrijf. Weet dit, broeders, en laat niemand zichzelf bedriegen: wie zijn broeder niet liefheeft, die heeft ook God niet lief. De Schrift spreekt getrouw over deze waarheid en wij moeten deze nauwgezet uitvoeren; dan zul jij in jezelf de barmhartigheid van de Heer zien, die jouw ziel zal vangen, want de genade van de Heer is zoet.

Een jongeman zoekt zich een bruid en een jonge vrouw zoekt zich een bruidegom. Dit is het aardse leven dat door God gezegend is. Maar de ziel die door de Heer voor Zichzelf wordt uitgekozen en aan wie Hij de zoetheid van de goddelijke liefde zal laten proeven, acht het aardse leven niet vergelijkbaar met de goddelijke liefde. Zij is slechts in God verdiept en hecht zich aan niets aards. En als aardse gedachten tot haar naderen, dan geniet zij daar niet van, want zij kan de dingen van deze aarde niet liefhebben, maar zij verlangt volkomen naar het hemelse.

De Moeder Gods en Jozef zochten angstig naar Christus toen Hij in Jeruzalem was achtergebleven, waar Hij Zich in de tempel met de oudsten onderhield; en zij vonden Hem pas na drie dagen.

HOOFDSTUK 20 : ASCETISCHE GEDACHTEN, RAADGEVINGEN...

Wat heeft het hart van de Moeder Gods gedurende die dagen moeten lijden ! Zij dacht: «Waar ben Jij, mijn geliefde Zoon ? Waar ben Je, mijn kostbaar Licht ? Waar ben Je, mijn geliefd hart ?»

Zo moet iedere ziel de Zoon van God, en de Zoon van de Maagd, zoeken totdat zij Hem gevonden heeft.

De ziel die de goddelijke liefde in de Heilige Geest heeft leren kennen, ondervindt op het uur van haar dood een zekere angst, als de engelen haar naar de Heer begeleiden, omdat zij zich aan zonden schuldig heeft gemaakt, toen zij in de wereld leefde. Maar wanneer zij de Heer zal zien, zal zij de vreugde ervaren door Zijn barmhartig en zachtmoedig Gelaat en de Heer zal haar zonden niet indachtig zijn omwille van Zijn grote zachtmoedigheid en liefde. Vanaf haar eerste blik op de Heer wordt de ziel overstroomd door de liefde van de Heer; deze liefde en de zoetheid van de Heilige Geest veranderen haar volkomen.

Onze Vaders zijn van de aarde naar de hemel overgegaan. Wat doen zij daar ? Zij verblijven daar in de goddelijke liefde en zij schouwen de schoonheid van Gods Aangezicht. De schoonheid van de Heer sleept iedere ziel van blijdschap en van liefde mee. Deze schoonheid wordt ook al op aarde gekend, maar dan gedeeltelijk, want een lichaam dat aan bederf is onderworpen, kan de volheid van de liefde niet verdragen. Op aarde geeft de Heer zoveel aan de ziel als zij kan bevatten en zoveel als de vrijgevige Hand van de Heer haar wil verlenen.

Mijn ziel is genaderd tot de dood; zij verlangt er vurig naar om de Heer te zien en eeuwig bij Hem te blijven.

De Heer heeft mij mijn talloze zonden vergeven en Hij heeft mij door de Heilige Geest verleend te leren kennen, hoezeer Hij de mensen liefheeft.

De ganse hemel verwondert zich over de Menswording van de Heer: hoe Hij, de hoogste Heer, gekomen is om ons zondaars te redden en om door Zijn Lijden voor ons de eeuwige rust te verwerven. Mijn ziel wil aan niets aards meer denken, maar zij wordt daarheen getrokken, waar de Heer is.

Zoet voor het hart zijn de woorden van de Heer, wanneer de Heilige Geest de ziel verleent ze te begrijpen. Toen de Heer op de aarde leefde, volgde een menigte mensen Hem; dagenlang konden zij zich niet van Hem losmaken, maar hongerig luisterden zij naar Zijn zoete woorden.

De ziel heeft de Heer lief en alles wat haar belet om aan God te denken, bedroeft haar. En als de ziel, al hier op aarde, de zoetheid van de Heilige Geest zo intens proeft, hoeveel groter nog zal haar vreugde in de hemel zijn !

«Heer, hoezeer hebt Gij Uw schepsel lief.»

«Mijn ziel kan Uw rustige, zachtmoedige blik niet vergeten.»

―――――

Heer, heel de dag en heel de nacht is mijn ziel U indachtig
en ik zoek U.
Uw Geest sleept mij mee om U te zoeken
en de gedachte aan U verblijdt mijn geest.
Mijn ziel heeft U liefgekregen;
zij verheugt zich dat Gij mijn God en mijn Heer zijt,
en tot tranen toe verlang ik naar U.
En ook al is alles in de wereld mooi,
toch word ik door niets aards in beslag genomen;
mijn ziel verlangt slechts naar de Heer.

Wanneer de ziel God heeft leren kennen, dan kan niets op aarde haar nog voldoening schenken, maar zij streeft voortdurend naar de Heer en als een klein kind dat zijn moeder heeft verloren, roept zij:

«Mijn ziel verlangt naar U en onder tranen zoek ik U.»

―――――

De ziel is door de liefde van de Heer waanzinnig geworden. De mens blijft zwijgend zitten en wil niet spreken; als een waanzinnige kijkt hij naar de wereld en verlangt niet naar haar en ziet haar zelfs niet.

En de mensen weten niet dat hij zijn geliefde Heer schouwt; de wereld is vergeten, alsof zij is achtergebleven en de ziel wil niet aan haar denken, want er is geen zoetheid in haar.

Zo vergaat het de ziel die de zoetheid van de Heilige Geest heeft leren kennen.

«Heer, verspreid Uw liefde over de gehele wereld !»

«Heilige Geest, kom en verblijf in onze zielen
opdat wij allen eenstemmig
onze Schepper mogen verheerlijken,
de Vader, de Zoon en de Heilige Geest.»

Amen

Door de h. Gemeenschap van de h. Berg ontvangen oorkonde betreffende de heiligverklaring van Starets Silouan (vertaling op volgende bladzijden)

¡ Dimitrios, door de genade Gods aartsbisschop van Constantinopel, het nieuwe Rome, en œcumenisch patriarch

Prot. nr. 823

Voor de volheid van de Kerk is het waardig en nuttig om diegenen die in hun aardse leven schitterden door uitmuntende daden, ook na hun overlijden jaarlijks met ceremonies en in lofhymnen te vereren en te roemen. Enerzijds omdat de lof die toegekend wordt aan diegenen die deugdzaam geleefd hebben, gericht is op God zelf, uit Wie elke goedheid voor de mensen ontspringt, zoals verklaard wordt in de theologie van de heilige Gregorios die de grote Theoloog genoemd wordt; en anderzijds omdat de lofprijzing van hun goede daden de tragen en de luien aanspoort tot deugdzame ijver en bij de ijverigen een nog grotere uitnemendheid bewerkstelligt.

De uit Rusland afkomstige monnik Silouan, die in het patriarchale en stavropegiale klooster van de heilige en roemrijke grootmartelaar en arts Panteleïmon ongeveer een halve eeuw geleefd heeft, straalde in dergelijke uitstekende heldendaden van deugd. Hij toonde zich een beeld van de levenswandel volgens Christus door zijn heilige leven als monnik, als levende icoon van volmaaktheid, en door velerlei orthodoxe stichtelijke geschriften als apostolische en profetische leraar der Kerk en haar naar Christus genoemde volheid. Hij bereikte grote geestelijke hoogten en werd een vat van de Heilige Geest. Als weinigen beoefende hij de liefde voor God en de naaste en om dit alles werd hij door God geëerd met de gave van genezing van zieken en lijdenden en de gave van verbazingwekkende helderziendheid.

Met het oog op zijn godwelgevallige levenswandel en hetgeen hij in daden verricht heeft en denkend aan het algemene nut der gelovigen, heeft het onze nederigheid goedgedocht, tezamen met de ons omringende metropolieten en onze zeer geëerde en in de Heilige Geest geliefde broeders en concelebranten, in navolging van de goddelijke vaders voor ons, het gebruik van de Kerk te volgen en hem de eer te verlenen die Gode toegewijde mannen toekomt.

Daarom verklaren wij als Synode en besluiten en bevelen wij in de Heilige Geest dat vanaf nu en tot in de eeuwen der eeuwen Starets Silouan de Athoniet gerekend wordt tot de heilige mannen der Kerk. Hij zal geëerd worden in jaarlijkse vieringen en geprezen in lofhymnen op zijn feestdag 24 september, dag van zijn zalig ontslapen in de Heer.

Ten bewijze en ter bekrachtiging hiervan werd deze patriarchale en synodale acte opgesteld, samengesteld en ondertekend op deze gewijde codex van onze heilige Grote Kerk van Christus, waarvan een gelijkluidend afschrift gezonden is naar de heilige Gemeenschap van de Heilige Berg ter bewaring in haar eigen archief.

In het jaar des Heren 1987, de 26ste november, 11e indictie.

[getekend]

; patriarch van Constantinopel Dimitrios
; metropoliet van Rodopolis Hiëronymos
; metropoliet van Imvros en Tenedos Fotios
; metropoliet van Stavropolis Maximos
; metropoliet van Myra Chrysostomos

VOETNOTEN

1. ik = de auteur van dit boek, archimandriet Sophrony (noot van de vertaler)
2. groep dorpen onder één bestuur
3. Hetgeen betekent 'heden'.
4. Hij leefde van 1829 tot 1908.
5. «Heer Jezus Christus, Zoon van God, ontferm U over mij, zondaar.»
6. meestal een zwart-wollen geknoopt gebedssnoer met een bepaald aantal knopen
7. letterlijk vertaald: «gehoorzaamheid»
8. *Het honderdtal over de liefde* I, 2
9. Het oude Rossikon lag op ongeveer 250 meter boven de zeespiegel in de heuvels, op een uur loopafstand van het klooster. Het was een stille verlaten plek, waartoe monniken waren aangetrokken die naar een grotere eenzaamheid verlangden omwille van de beoefening van het Jezusgebed. Het leven was er veel strenger dan in het klooster van de h. Panteleimon.
10. buigingen tot op de grond, waarbij het hoofd de grond raakt
11. Hij leefde van 1759 tot 1833.
12. Egyptische monnik, overleden ca. 450
13. Hij leefde van ca. 250 tot ca. 355
14. Egyptische monnik, overleden ca. 429
15. Hij leefde van ca. 300 tot ca. 390
16. Egyptische monnik (4e-5e eeuw); Palestijns monnik, overleden in 475; monnik van de Sketis, gestorven ca. 449.
17. Op de Athos tijdens de nachtdiensten en in het bijzonder tijdens de diensten die de hele nacht doorgaan en acht tot negen uur of langer duren, wordt er veel voorgelezen uit het onderricht van de werken van de heilige Vaders.
18. plaats op de Athos niet ver van Karyes
19. kalyva = hut, eenvoudig huisje op de Athos
20. Apostelvasten, of Petrus-en-Paulusvasten. Vanaf acht dagen na Pinksteren tot 29 juni.

21 uit het boek van de H. Johannes KLIMAKOS, *De Ladder*
22 Egyptische monnik, 5e eeuw
23 uit deel II, hoofdstuk 9.
24 zie onder deel II, hoofdstuk 13: «Over de herders»
25 ascetisch begrip (Grieks «pleroforia», Slavisch «izvjetsjenie»): een door God geïnspireerde ingeving, waarvan het antwoord van de geestelijke vader afhangt
26 Een aparte cel/huisje voor een kluizenaar heet op de Athos een kalyva.
27 Cenobitische monniken en kluizenaars op de Athos eten naar het woord van de Apostel in het geheel geen vlees: «Indien deze spijze mijn broeder ergert, zo zal ik in eeuwigheid geen vlees eten» (naar 1Cor. 8:13).
28 Gedurende het jaar wordt er volgens het kloostertypikon zesenzestig keer een nachtelijke Vigilie gevierd.
29 Deze leer wordt toegeschreven aan Origenes (185-254) en is bekend onder de naam apokatastase en volgens deze doctrine zullen alle mensen en zelfs de demonen uiteindelijk worden gered. De Kerk heeft deze leer verworpen die niet voldoende rekening houdt met de zelfbeschikking van de mens.
30 zie deel II, hoofdstuk 1
31 «nous» (Grieks): het geestelijk zwaartepunt van de mens. Een term uit de orthodoxe hesychastische literatuur. Een term die in veel westerse talen niet bestaat, te benaderen met het Engelse «mind»; in het Russisch «um». Vanuit dit geestelijk zwaartepunt tracht de hesychast vrij van gedachten zonder verstrooiing te bidden.
32 gevoel van nederige, berouwvolle tederheid (Slavisch «umiljenije», Grieks «katanyxis» = berouw, rouwmoedigheid). De vertaling is een benadering van het Russische woord, dat de smart van het hart uitdrukt, die verbonden is met de zoetheid van de liefde van God en een diepgaande nederigheid.
33 Gedachte: technische term (Grieks «logismos», Slavisch «pomysl'») uit de ascetische geschriften om de *vorm* aan te duiden die in de strijd met het bewustzijn een demonische invloed aanneemt of soms ook de heilzame werking van de genade.
34 «Hesychasme», ook «hesychastisch gebed», komt van het Griekse «hesychia» en betekent stilte, innerlijke vrede, die men in de eenzaamheid vindt. Het hesychastische gebed (ook nog wel het gees-

telijke gebed of het gebed van het hart genoemd) is dikwijls verbonden aan een ascetische methode waarvan het doel is de aandacht van de geest te concentreren in het hart. De mens bidt dan met een reine, onverstrooide geest.

35 'Grote Leer', deel II, hoofdstuk16
36 H. Makarius, *Homilieën* 1:7
37 H. Isaäk de Syriër, *Logos* 82
38 ibidem
39 «waan» (Russisch «prelest'»): een vast begrip voor de gevaarlijke toestand van zelfbedrog, zelfmisleiding, dwaling.
40 «helderziendheid» moet niet begrepen worden in de zin van het westers begrip paranormaal denken.
41 «waakzaamheid» of nuchterheid: een toestand van oplettende geestelijke aandacht, samengaande met ascetische soberheid, vooral gebruikt door de hesychasten.
42 zie onder voetnoot 40
43 Johannes Klimakos
44 Abba Thalasius 1,56
45 uit deel II, hoofdstuk 8
46 uit deel II, hoofdstuk 20
47 uit deel II, hoofdstuk 14
48 uit deel II, hoofdstuk 19
49 uit deel II, hoofdstuk 14
50 monnik in Palestina, overleden in 540
51 uit deel II, hoofdstuk 1
52 «ontologie» = de leer over het zijn. Wij gebruiken dat woord hier in navolging van de algemeen aanvaarde theologische en filosofische terminologie.
53 Volgens de canons is dit de mantija, maar op de heilige Berg bestaat de neiging tot eenvoud bij alles, en monniken dragen gewoonlijk geen mantija, uitgezonderd een priester-monnik, de canonarch en de ecclesiarch bij de uitoefening van hun dienst in de kerk.
54 Het probleem van de ascetische «zelf-vermomming» =auto-dissimulatie: dit aspect van het geestelijke leven is voor elke asceet zeer belangrijk. Er zijn vele oorzaken die hiertoe aanleiding geven. Maar op de Athos zijn er behalve de algemene redenen die

voor de wereld gelden ook nog bepaalde plaatselijke redenen. In de kloosters en de skiten van de Athos zijn mensen bijeengekomen die de wereld hebben verlaten en die als gevolg daarvan door het vuur van de verzaking zijn heengegaan. Al die mensen, op een enkele uitzondering na, hebben op het ogenblik van gespannen gerichtheid op God een offer gebracht waarvan de naam is: «De wereld is voor mij gekruisigd en ik voor de wereld» (Gal. 6:14). Een ieder heeft deze heldhaftige daad naar vermogen verricht en daarom is het niet verwonderlijk dat een ieder denkt haar ook volledig te hebben uitgevoerd. Als een monnik na deze heldendaad, na dit offer, ziet dat hij het gezochte niet bereikt, dan wordt hij aan andere beproeving onderworpen: de geestelijke jaloezie. Zoals Kaïn uit jaloersheid tot broedermoord kwam toen hij zag dat het offer van zijn broer Abel werd aangenomen maar het zijne verworpen, zo ook scheppen de monniken, ofschoon ze niet overgaan tot het fysiek doden van hun broeder, niet zelden buitengewoon moeilijke geestelijke omstandigheden voor hem. Maar behalve deze pogingen om obstakels te scheppen in het geestelijke leven van degene die men vooruitgang ziet maken in het gebed en in andere geestelijke werken, is de innerlijke kwelling die degene verduurt die zich bewust is van zijn eigen falen al een voldoende sterk motief voor elke asceet om in tegenwoordigheid van anderen niets te laten merken van zijn innerlijke leven.

In de wereld zijn er talloze mensen die graag een heilige zouden willen zien om hem te kunnen vereren, maar dan ontstaat er voor een asceet het gevaar van de ijdelheid. Maar er zijn ook mensen die bezeten worden door een boze geest en aan wie het zien van heiligheid zwaar valt; zij kunnen dat niet verdragen en verharden nog sterker in het kwaad. In de wereld is echter het overgrote deel der mensen onervaren en zij begrijpen de geestelijke mens niet. Het is gemakkelijk en eenvoudig om zich voor dergelijke mensen te verbergen. Het is moeilijker om zich voor monniken te verbergen omdat zij voortdurend een ascetisch leven leiden en in staat zijn om aan een aantal nauwelijks merkbare aanwijzingen te vermoeden wat een medebroeder doormaakt. Daarom bestaat er ook op de Athos de noodzaak om zich uiterlijk te leren gedragen op een manier die niets laat doorschemeren van het innerlijke leven. En volgens mij is deze kunst bij de Athosbewoners zeer ontwikkeld.

55 naam van het Servische klooster op de Athos

56   Dit geval was mij ook bekend. Bij zijn correspondentie met verschillende personen was ik de Starets behulpzaam als secretaris. De Starets vertelde mij hoe God hem tijdens het bidden de toestand van de dochter van deze vrouw geopenbaard had.
57   Alle onderstreepte passages en de punctuatie zijn van de auteur van de brieven.
58   naar H. Johannes KLIMAKOS, *De Ladder*
59   uit deel II, hoofdstuk 8
60   uit H. Johannes KLIMAKOS, *De Ladder*
61   Bisschop van Trimyfont op het eiland Cyprus, gestorven rond 348
62   Onder «gedachte» (Grieks: «logismos», Slavisch: «pomysl'») wordt een technische term uit de ascetische geschriften verstaan om de vorm aan te geven die een demonische invloed of soms ook de zegenrijke werking van de genade in het bewustzijn aanneemt.
63   Deze Heilige leefde tegen het einde van de vijfde of aan het begin van de zesde eeuw. Zij bracht talrijke jaren door in de woestijn van Palestina.
64   Vergelijk: *Heiligenlevens van de Vaders*, Bisschop I. BRJANTSJANIVOV, p. 336, § 58: «Abba Pimen zei: "De wil van een mens is een koperen muur tussen hem en God; ze is een steen des aanstoots."» Starets Silouan zegt: «...en verhindert haar, Hem te naderen of Zijn barmhartigheid te beschouwen.» Slechts de betekenis stemt overeen met de woorden van Pimen de Grote. Eveneens zijn de citaten van de H. Silouan in sommige andere gevallen niet altijd letterlijk maar veeleer een interpretatie.
65   Romeinse gouverneur van Patras
66   Syrische monnik (521-592). Zijn gedachtenis valt op 24 mei.
67   27 jaar oud
68   In dit geval wordt onder gehoorzaamheid verstaan: een dienst of een taak, die de monnik is opgedragen.
69   De naam «starets» wordt in het Russische kerkelijke bewustzijn voornamelijk gebruikt met betrekking tot de asceten die een lange leerschool hebben doorlopen, die uit ervaring de geestelijke strijd hebben gekend, die door vele inspanningen de gave van onderscheiding hebben ontvangen en die tenslotte in staat zijn, door gebed de wil van God voor de mens te begrijpen, d.w.z. dat zij in zekere mate de gave van helderziendheid ontvangen hebben en

daarom in staat zijn de mensen die zich tot hen wenden, geestelijke raad te geven. Maar op de Athos heeft de naam «starets» als eretitel ook andere zogezegd plaatselijke betekenissen gekregen. In de Russische cenobitische skite van de H. apostel Andreas wordt de hegoumen «starets» genoemd. In de «cellen» (dat is een kleine kloostergemeenschap die onder een bepaald klooster valt) wordt de «cellenoverste» zo genoemd. Leden van de Raad of van de Synode worden «synodale staretsen» genoemd. In het algemeen wordt vaak een oudere ascetische monnik «starets» genoemd. Als teken van eerbied noemen ondergeschikte monniken in het Panteleimonklooster hun overste «starets», d.w.z. de overste die een bepaalde werkplaats leidt of ander werk waarover monniken zijn aangesteld. Starets Silouan heeft in dit geval deze laatstgenoemde, «plaatselijke kloosterbetekenis» van het woord voor ogen.

70 In het klooster betekent de naam econoom: ofwel iemand die verantwoordelijk is voor de algehele kloosterhuishouding (ook de financiële aspecten) ofwel iemand die de verantwoordelijkheid draagt voor een bepaalde werkplaats, waar hij het werk organiseert, leidt en daarop toeziet.
71 buigingen waarbij het hoofd de grond raakt
72 Russische bisschop uit de 18e eeuw
73 kleine monastieke communauteit die zich op het terrein van een van de grote kloosters bevindt
74 In Europese tijd uitgedrukt is dit 9 uur 's avonds.
75 Hier vertelt de starets in de derde persoon over een gebeurtenis die hem zelf is overkomen.

INHOUDSTAFEL

Over de auteur 5
Getuigenis 8
Inleiding 13

EERSTE DEEL:
   LEVEN EN ONDERRICHT VAN DE STARETS 19
I. KINDERTIJD EN JEUGDJAREN 21
De militaire dienst 29
Aankomst op de heilige berg Athos 32
II. MONASTIEKE ASCESE 45
III. HET UITERLIJK EN DE GESPREKKEN VAN DE STARETS ... 63
IV. HET ONDERRICHT VAN DE STARETS 87
Over het leren kennen van de goddelijke wil 89
Over de gehoorzaamheid 96
Over de Heilige Traditie en de Heilige Schrift 99
Over de Naam van God 104
Gedachten van de Starets: over planten en dieren 105
De schoonheid van de wereld 108
Over kerkdiensten 109
Over de gelijkenis van de mens met Christus 109
Over het zoeken naar God 111
Over de relatie tot de naaste 112
Over de eenheid van de geestelijke wereld
   en de grootheid der heiligen 113
Over het geestelijke visioen van de wereld 114
Over de twee wijzen der kennis van de wereld 115
Over het onderscheiden van de genade en de bekoring 116
Gedachten over de vrijheid 118
Over de verhouding van de mens met de persoonlijke God 123
Over de liefde voor de vijanden 126
Over het onderscheid tussen goed en kwaad 129
De weg van de Kerk 130
Over het verschil tussen de christelijke liefde
   en de menselijke rechtvaardigheid 133
Over het onophoudelijke gebed van de Starets 136

V. OVER HET HESYCHASME EN HET ZUIVERE GEBED 141
Over de drie vormen van gebed 141
Over de ontwikkeling van de gedachte 144
Aan het hesychasme ligt het gebod van Christus ten grondslag:
    God liefhebben met heel je verstand en heel je hart 150
De antropologische basis van het hesychasme 152
Ervaring van de eeuwigheid 154
Het begin van het geestelijke leven:
    de strijd tegen de hartstochten 158
VI. OVER DE SOORTEN VAN VERBEELDING EN OVER DE
    STRIJD DAARMEE 161
VII. OVER DE GAVE VAN DE HELDERZIENDHEID
    EN HAAR VORMEN 181
Over geestelijke leiding 185
VIII. OVER HET ONGESCHAPEN GODDELIJKE LICHT
    EN OVER DE VORMEN VAN ZIJN BESCHOUWING 189
Over de hartstochteloosheid naar Gods gelijkenis 194
Over de duisternis van het afleggen van de gedachten 197
IX. OVER DE GENADE EN OVER DE DAARUIT
    VOORTKOMENDE DOGMATISCHE KENNIS 203
X. GEESTELIJKE BEPROEVINGEN 213
XI. «HOUD JE GEEST IN DE HEL EN WANHOOP NIET» 227
XII. OVER HET GODDELIJK WOORD EN OVER DE GRENZEN
    VAN DE MOGELIJKHEDEN VAN DE SCHEPPING 233
Over de betekenis van het gebed voor de wereld 241
Het laatste woord 247
XIII. HET EINDE VAN DE STARETS 255
XIV. GETUIGENISSEN 267
NAWOORD 273

VOORWOORD OP HET TWEEDE DEEL 283

TWEEDE DEEL:
DE GESCHRIFTEN VAN DE HEILIGE SILOUAN 289
I. HET VERLANGEN NAAR GOD 291
II. OVER HET GEBED 313
III. OVER DE NEDERIGHEID 319
IV. OVER DE VREDE 333
V. OVER DE GENADE 341
VI. OVER DE WIL VAN GOD EN OVER DE VRIJHEID 355
VII. OVER HET BEROUW 367
VIII. OVER DE KENNIS VAN GOD 375
IX. OVER DE LIEFDE 383
X. WIJ ZIJN KINDEREN VAN GOD EN LIJKEN OP DE HEER .. 407
XI. OVER DE MOEDER GODS 411
XII. OVER DE HEILIGEN 415
XIII. OVER DE HERDERS 421
Over de geestelijke vaders 426
XIV. OVER DE MONNIKEN 429
Over de econoom van het klooster 440
XV. OVER DE GEHOORZAAMHEID 443
XVI. OVER DE GEESTELIJKE STRIJD 447
De grote wetenschap 460
XVII. OVER DE GEDACHTEN EN OVER DE BEKORING 463
XVIII. DE KLAAGZANG VAN ADAM 471
XIX. VERHALEN OVER ERVARINGEN EN ONTMOETINGEN
     MET ASCETEN 481
Vader Johannes van Kronstadt 499
Vader Stratonik 502
Een jonge monnik 509
De adelaar en de haan 511
XX. ASCETISCHE GEDACHTEN, RAADGEVINGEN EN
     WAARNEMINGEN 513
Gedachten over het einde 524
Amen 527
HEILIGVERKLARING 528
VOETNOTEN 533
INHOUDSTAFEL 539

Uitgeverij Orthodox Logos
Rosmolenplein 50, 5014 ET Tilburg, Nederland
contact@orthodoxlogos.com
www.orthodoxlogos.com

www.ingramcontent.com/pod-product-compliance
Lightning Source LLC
LaVergne TN
LVHW091652070526
838199LV00050B/2149